NTC's
Compac
RUSSIAN
and
ENGLISH
Dictionary

L. P. Popova

Managing Editor

Printed on recyclable paper

NTC Publishing Group

Library of Congress Cataloging-in-Publication Data
is available from the United States Library of Congress.

Published by NTC Publishing Group
A division of NTC/Contemporary Publishing Group, Inc.
4255 West Touhy Avenue, Lincolnwood (Chicago), Illinois 60646-1975 U.S.A.
Copyright © 1994 by NTC/Contemporary Publishing Group, Inc.
Original copyright © 1993 Russky Yazyk Publishers, Moscow
Printed in the United States of America
International Standard Book Number: 0-8442-4283-7 (cloth)
0-8442-4284-5 (paper)

11 12 13 14 DOH 15 14 13

CONTENTS

TO THE USER

NTC's Compact Russian and English Dictionary contains about 30,000 senses of 20,000 entry words—10,000 in each language—used in normal conversational speech. This vocabulary is that used at an intermediate level of language instruction. Words that are highly specialized, archaic, dialectal, or slang are not included. The dictionary is intended for a wide range of users, including students, tourists, and businesspeople who travel abroad.

Each English entry is transcribed in the phonetic symbols of the International Phonetic Association. The approximate Russian sound values of these symbols are shown on pages vii and viii. Stress marks are given to indicate the proper accentuation of the entry words in both parts of the dictionary (with the exception of one-syllable words). Parentheses are used to indicate words, parts of words, and expressions that are optional rather than integral parts of the words or expressions contained in the entries. Parentheses are also used to indicate translations of expressions as well as any alternate expressions that might be given. Geographical names are listed separately at the end of each section of the dicitonary. Names requiring the definite article appear with the place name first and the article second. Example: *Alps, the.* Read this as *the Alps.*

In each Russian entry, the stem of the entry word is separated from its endings by a vertical bar (|). Within each entry, the entry word is replaced by a swung dash (~) in examples requiring a repetition of the entry word. In order to highlight endings, a swung dash (~) is used for the stem, separated from the endings by a vertical bar (|). Words that are homonyms are entered separately and preceded by Roman numerals (I, II, etc.). Subsenses are indicated by Arabic numerals in partial parentheses, e.g., "1)." Subsenses that are different parts of speech are indicated by boldface Arabic numerals followed by periods. Special explanations appear in italics, in parentheses. In translated text, synonyms of translated words are preceded by commas; semicolons are used to set off nonsynonymous definitions. A diamond (♦) is used to signal an idiomatic phrase or any other phrase not directly related to the main definitions. Idioms and special expressions are included here to only a limited degree. A special section at the end of the dictionary provides conversion tables for U.S./British and Metric weights and measures, along with a scale showing equivalent Fahrenheit and Celsius temperatures.

PHONETIC SYMBOLS ФОНЕТИЧЕСКИЕ ЗНАКИ

Vowels- *Гласные*

i: — долгое и

ı — краткое и очень открытое и

e — е в словах «шесть», «эти»

æ — э, но более открытое; этот звук в английских словах встречается в начале слова или следует за твердыми согласными

ɑ: — долгое, заднее а, похожее на а в слове «палка»

ɔ — краткое, очень открытое о

ɔ: — долгое о

u — краткое у со слабым округлением губ

u: — долгое у без сильного выдвижения губ

ʌ — русское неударное о и а в словах «мосты́», «сады́»; но английский звук «ʌ» почти всегда стоит под ударением

ə — неясный безударный звук, близкий к «ʌ»

ə: — произносится как долгое ё, но встречается и под ударением

Diphthongs – *Двугласные*

eı ... эй	ɔı ... ой
əu ... оу	ıə ... иа
aı ... ай	ɛə ... эа
au ... ау	uə... уа

Ударение в двугласных падает на первый элемент.

Consonants- *Согласные*

p — п
b — б
m — м
w — звук, близкий к у, но не образующий слога
f — ф
v — в
θ — (без голоса), ð (с голосом). Для того, чтобы получить эти два щелевых звука — один без голоса, а другой с голосом, — следует образовать щель между передним краем языка и верхними зубами
s — с
z — з
t — т, произнесенное не у зубов, а у десен (альвеол)
d — д   „   „   „
n — н   „.   „   „
l — л   „   „   „
r — нераскатистое, невибрирующее, очень краткое слабое р (кончик языка, немного завернутый назад, находится против той части твердого неба, где производится звук ж)
ʃ — мягкое ш
ʒ — мягкое ж
tʃ — ч
dʒ — очень слитное мягкое дж (иными словами — ч, произнесенное звонко, с голосом)
k — к
g — г
ŋ — задненебное н (т.е. н, произнесенное не кончиком языка, а задней частью его спинки)
h — простой выдох
i — слабое й

viii

УСЛОВНЫЕ СОКРАЩЕНИЯ
ABBREVIATIONS

Русские
Russian

ав. — авиация aviation

амер. — американизм American

анат. — анатомия anatomy

архит. — архитектура architecture

безл. — безличная форма impersonal

биол. — биология biology

бот. — ботаника botany

бухг. — бухгалтерия book-keeping

вводн. сл. — вводное слово parenthesis

вин. п. — винительный падеж accusative

воен. — военное дело military

вчт. — вычислительная техника и программирование computer and programming

где-л. — где-либо somewhere

геогр. — география geography

геол. — геология geology

гл. — глагол verb

грам. — грамматика grammar

дат. п. — дательный падеж dative

дип. — дипломатия diplomacy

ед. ч. — единственное число singular

ж.-д. — железнодорожное дело railway

зоол. — зоология zoology

им. п. — именительный падеж nominative

карт. — термин карточной игры cards

кино — кинематография cinema

кто-л. — кто-либо somebody

куда-л. — куда-либо somewhere

кул. — кулинария cookery

мат. — математика mathematics

мед. — медицина medicine

мест. — местоимение pronoun

мн. ч. — множественное число plural

мор. — морское дело nautical

муз. — музыка music

нареч. — наречие adverb
п. — падеж case
перен. — переносное значение figurative
полигр. — полиграфия printing
полит. — политика politics
поэт. — поэтическое выражение poetical
превосх. ст. — превосходная степень superlative
предл. п. — предложный падеж prepositional
прил. — имя прилагательное adjective
радио — радиотехника radio
разг. — разговорное слово, выражение colloquial
род. п. — родительный падеж genitive
см. — смотри see
собир. — собирательно collective
спорт. — физкультура и спорт sports
сравнит. ст. — сравнительная степень comparative
сущ. — имя существительное noun

с.-х. — сельское хозяйство agriculture
тв. п. — творительный падеж instrumental
театр. — театральный термин theatre
текст. — текстильное дело textile
тех. — техника engineering
тж. — также also
физ. — физика physics
физиол. — физиология physiology
филос. — философия philosophy
фото — фотография photo
хим. — химия chemistry
числит. — числительное numeral
что-л. — что-либо something
шахм. — термин шахматной игры chess
эк. — экономика economics
эл. — электротехника electricity
юр. — юридический термин law

Английские
English

a — adjective имя прилагательное

adv — adverb наречие

conj — conjunction союз

inf — infinitive инфинитив

int — interjection междометие

n — noun имя существительное

num — numeral числительное

pl — plural множественное число

poss — possessive притяжательное (местоимение)

p.p. — past participle причастие прошедшего времени

prep — preposition предлог

pres — present настоящее время

pron — pronoun местоимение

sing — singular единственное число

sl. — slang сленг, жаргон

smb. — somebody кто-либо, кого-либо, кому-либо

smth. — something что-либо, чего-либо, чему-либо

v — verb глагол

АНГЛИЙСКИЙ АЛФАВИТ
ENGLISH ALPHABET

Aa	Gg	Nn	Uu
Bb	Hh	Oo	Vv
Cc	Ii	Pp	Ww
Dd	Jj	Qq	Xx
Ee	Kk	Rr	Yy
Ff	Ll	Ss	Zz
	Mm	Tt	

NTC's
Compact
RUSSIAN
and
ENGLISH
Dictionary

A

a [eɪ] *грам. неопределённый артикль*

abandon [ə'bændən] поки-
да́ть

abbreviation [əbri:vɪ'eɪʃn]
сокраще́ние

ABC ['eɪbi:'si:] 1) алфа-
ви́т; а́збука; буква́рь 2) азы́

abhorrent [əb'hɔrənt] от-
врати́тельный

ability [ə'bɪlɪtɪ] спосо́б-
ность, уме́ние

able [eɪbl] спосо́бный; be
~ to мочь, быть в состоя́нии

abnormal [æb'nɔ:məl] не-
норма́льный

aboard [ə'bɔ:d] на борту́;
на корабле́

abolish [ə'bɔlɪʃ] отменя́ть;
упраздня́ть

abolition [æbə'lɪʃn] отме́-
на, упраздне́ние

abominable [ə'bɔmɪnəbl]
отврати́тельный, проти́вный

abound [ə'baund] (in)
изоби́ловать

about [ə'baut] 1. *adv* 1)
круго́м 2) о́коло, приблизи́-
тельно 2. *prep* 1) о, относи́-
тельно 2) вокру́г 3) :be ~ to
+ *inf* собира́ться (*что-л. сделать*)

above [ə'bʌv] 1) над 2)
вы́ше; свы́ше

abridge [ə'brɪdʒ] сокра-
ща́ть

abroad [ə'brɔ:d] за грани́-
цей; за грани́цу

abrupt [ə'brʌpt] 1) ре́з-
кий, внеза́пный 2) круто́й,
обры́вистый

abscess ['æbsɪs] нары́в

absence ['æbsəns] отсу́тст-
вие

absent ['æbsənt] отсу́тст-
вующий; be ~ отсу́тствовать

absent-minded ['æbsənt
'maɪndɪd] рассе́янный; от-
су́тствующий

absolute ['æbsəlu:t] 1) аб-
солю́тный; безусло́вный 2)
неограни́ченный

absolutely ['æbsəlu:tlɪ] со-
все́м; соверше́нно

absorb [əb'sɔ:b] погло-
ща́ть; вса́сывать; впи́тывать

abstain [əb'steɪn] возде́р-
живаться

abstract ['æbstrækt] отвлечённый, абстра́ктный

absurd [əb'sə:d] неле́пый;
~ity [-ɪtɪ] неле́пость

abundant [ə'bʌndənt]
оби́льный

abuse 1. *v* [ə'bju:z] 1) злоупотреблять 2) ругать 2. *n* [ə'bju:s] 1) злоупотребление 2) брань

abusive [ə'bju:sɪv] бранный

Academy [ə'kædəmɪ] академия

accelerate [æk'seləreɪt] ускорять

accent ['æksənt] 1) ударение 2) произношение, акцент

accept [ək'sept] принимать

access ['ækses] доступ; ~ible [æk'sesəbl] доступный

accident ['æksɪdənt] (несчастный) случай; by ~ нечаянно; ~al [æksɪ'dentl] случайный; нечаянный

accommodation [əkɔmə'deɪʃn] 1) помещение, жильё 2) приспособление

accompany [ə'kʌmpənɪ] 1) сопровождать 2) *муз.* аккомпанировать

accomplice [ə'kɔmplɪs] сообщник

accomplish [ə'kʌmplɪʃ] исполнять, завершать

accord [ə'kɔ:d] 1. *n* согласие; соответствие 2. *v* согласовать(ся); соответствовать; ~ance [-əns]: in ~ance with согласно, в соответствии с; ~ing [-ɪŋ]: ~ing to согласно; ~ingly [-ɪŋlɪ] соответственно

account [ə'kaunt] 1. *n* 1) счёт 2) отчёт ◇ on ~ of из-за; on no ~ ни в коем слу-

чае 2. *v:* ~ for давать отчёт; объяснять

accountant [ə'kauntənt] бухгалтер

accumulate [ə'kju:mjuleɪt] накапливать(ся)

accuracy ['ækjurəsɪ] точность

accurate ['ækjurɪt] точный

accusation [ækju:'zeɪʃn] обвинение

accusative [ə'kju:zətɪv] *грам.* винительный падеж

accuse [ə'kju:z] обвинять

accustom [ə'kʌstəm] приучать; be ~ed to привыкать

ache [eɪk] 1. *n* боль 2. *v* болеть

achieve [ə'tʃi:v] достигать; ~ment [-mənt] достижение

acid ['æsɪd] 1. *a* кислый 2. *n* кислота

acknowledge [ək'nɔlɪdʒ] 1) признавать 2) подтверждать (*получение*); ~ment [-mənt] 1) признание 2) подтверждение (*получения*)

acorn ['eɪkɔ:n] жёлудь

acquaintance [ə'kweɪntəns] знакомый

acquire [ə'kwaɪə] приобретать

acquit [ə'kwɪt] оправдывать

acre ['eɪkə] акр

acrid ['ækrɪd] 1) едкий 2) колкий

across [ə'krɔs] 1. *prep.* через; сквозь 2. *adv* поперёк

act [ækt] 1. *n* 1) действие, поступок 2) *театр.* акт 3)

закóн (*принятый парламентом*) **2.** *v* 1) дéйствовать; вестú себя́; 2) игрáть (*роль*)

acting ['æktɪŋ] **1.** *a* 1) исполня́ющий обя́занности 2) дéйствующий **2.** *n* игрá (актёра)

action ['ækʃn] 1) дéйствие, постýпок 2) *юр.* иск 3) воéнные дéйствия

active ['æktɪv] дéятельный, актúвный; ~ voice *грам.* действúтельный залóг; on ~ service на действúтельной воéнной слýжбе

activity [æk'tɪvɪtɪ] дéятельность, актúвность

actor ['æktə] актёр

actress ['æktrɪs] актрúса

actual ['æktjuəl] действúтельный; ~ly [-lɪ] фактúчески, на сáмом дéле

acute [ə'kju:t] óстрый ◇ ~ satisfaction огрóмное удовлетворéние

adaptation [ædæp'teɪʃn] 1) приспособлéние 2) передéлка; обрабóтка (*литературного произведения*)

add [æd] 1) прибавля́ть 2) *мат.* склáдывать

addict ['ædɪkt] наркомáн

addition [ə'dɪʃn] 1) добавлéние 2) *мат.* сложéние; ~al [-əl] добáвочный

address [ə'dres] **1.** *v* 1) адресовáть, направля́ть 2) обращáться **2.** *n* 1) áдрес 2) обращéние, речь

adequate ['ædɪkwɪt] 1) со-

ответствующий 2) достáточный

adherent [əd'hɪərənt] привéрженец, сторóнник

adjacent [ə'dʒeɪsənt] смéжный

adjective ['ædʒɪktɪv] *грам.* úмя прилагáтельное

adjourn [ə'dʒə:n] 1) отсрóчивать; отклáдывать 2) дéлать перерыв (*в заседаниях*)

adjust [ə'dʒʌst] 1) оправля́ть (*платье и т. п.*) 2) улáживать 3) приспособля́ть, прилáживать

administration [ədmɪnɪs'treɪʃn] 1) администрáция 2) правúтельство

admiral ['ædmərəl] адмирáл

admiralty ['ædmərəltɪ] морскóе министéрство

admiration [ædmə'reɪʃn] восхищéние

admire [əd'maɪə] восхищáться

admission [əd'mɪʃn] 1) вход 2) признáние

admit [əd'mɪt] впускáть; *перен.* допускáть, признавáться; ~ting that this is the case допýстим, что э́то так; ~tance [-əns] вход; no ~tance нет вхóда, вход воспрещён

adolescent [ædəu'lesnt] **1.** *a* ю́ношеский **2.** *n* ю́ноша, подрóсток

adopt [ə'dɔpt] 1) усыновля́ть 2) принимáть; ~ion

[ə'dɔpʃn] 1) усыновле́ние 2) приня́тие

adore [ə'dɔ:] обожа́ть; поклоня́ться; люби́ть

adult ['ædʌlt] взро́слый

advance [əd'vɑ:ns] 1. *v* продвига́ть(ся) 2) повыша́ть(ся) 3) выдвига́ть 2. *n* 1) продвиже́ние 2) ава́нс

advantage [əd'vɑ:ntɪdʒ] преиму́щество

adventure [əd'ventʃə] приключе́ние

adventurer [əd'ventʃərə] иска́тель приключе́ний; авантюри́ст

adventurous [əd'ventʃərəs] отва́жный, предприи́мчивый; ~ journey путеше́ствие, по́лное приключе́ний

adverb ['ædvə:b] *грам.* наре́чие

adversary ['ædvəsərɪ] проти́вник

adversity [əd'və:sɪtɪ] бе́дствие, несча́стье

advertisement [əd'və:tɪsmənt] объявле́ние; рекла́ма

advice [əd'vaɪs] сове́т (*наставление*)

advise [əd'vaɪz] 1) сове́товать 2) извеща́ть, уведомля́ть

advocate 1. *v* ['ædvəkeɪt] выступа́ть за; защища́ть 2. *n* ['ædvəkɪt] сторо́нник, защи́тник

aerial ['ɛərɪəl] 1. *a* возду́шный 2. *n* анте́нна

aeroplane ['ɛərəpleɪn] самолёт

affair [ə'fɛə] де́ло

affect [ə'fekt] 1) (воз)де́йствовать 2) затра́гивать 3) поража́ть (*здоровье*)

affectation [æfek'teɪʃn] притво́рство

affection [ə'fekʃn] привя́занность; ~ate [-ɪt] любя́щий; не́жный

affirm [ə'fə:m] утвержда́ть

affirmative [ə'fə:mətɪv] утверди́тельный

afford [ə'fɔ:d] 1) доставля́ть 2) позволя́ть себе́; I can't ~ a car я не в состоя́нии купи́ть маши́ну

affront [ə'frʌnt] оскорбле́ние

Afghan ['æfgæn] 1. *a* афга́нский 2. *n* афга́нец

afraid [ə'freɪd]: be ~ (of) боя́ться

afresh [ə'freʃ] за́ново

African ['æfrɪkən] 1. *a* африка́нский 2. *n* африка́нец

after ['ɑ:ftə] 1. *conj* по́сле того́ как 2. *prep* по́сле; за; day ~ day день за днём; ~ all в конце́ концо́в

afternoon [ɑ:ftə'nu:n] послеполу́денное вре́мя; good ~! до́брый день!, здра́вствуйте!

afters ['ɑ:ftəz] *pl разг.* десе́рт

afterwards ['ɑ:ftəwədz] пото́м, впосле́дствии

again [ə'gen] опя́ть; сно́ва

against [ə'genst] про́тив

agate ['ægət] ага́т

age [eɪdʒ] 1. *n* 1) во́зраст

2) век ◇ for ~s давнó 2. *v* 1) старéть 2) стáрить

aged ['eɪdʒɪd] престарéлый

agency ['eɪdʒənsɪ] 1) агéнтство 2) срéдство 3) :by (through) the ~ of посрéдством, с пóмощью

agenda [ə'dʒendə] повéстка дня

agent ['eɪdʒənt] агéнт; представитель

aggravate ['ægrəveɪt] 1) усугублять, отягощáть 2) *разг.* раздражáть, надоедáть

aggression [ə'greʃn] агрéссия

agile ['ædʒaɪl] подвижный, провóрный

agitate ['ædʒɪteɪt] 1) волновáть, возбуждáть 2) агитировáть

agitator ['ædʒɪteɪtə] агитáтор

ago [ə'gəu] томý назáд; long ~ давнó

agony ['ægənɪ] 1) страдáние 2) агóния

agree [ə'gri:] 1) соглашáться; договáриваться 2) уживáться 3) соотвéтствовать; ~able [ə'grɪəbl] приятный; ~ment [ə'gri:mənt] 1) соглáсие 2) соглашéние; договóр 3) *грам.* согласовáние

agriculture ['ægrɪkʌltʃə] сéльское хозяйство

ahead [ə'hed] вперёд; впереди ◇ go ~! начинáйте!, давáйте!

aid [eɪd] 1. *n* пóмощь 2. *v* помогáть

AIDS, Aids [eɪdz] СПИД

aim [eɪm] 1. *n* цель 2. *v* 1) цéлиться 2) стремиться

air I [ɛə] 1. *n* вóздух 2. *a* 1) воздýшный 2) авиациóнный 3. *v* провéтривать

air II [ɛə] вид; an ~ of importance вáжный вид

air-conditioner ['ɛəkən dɪʃ(ə)nə] кондиционéр (вóздуха)

aircraft ['ɛəkrɑ:ft] 1) самолёт 2) авиáция

airmail ['ɛəmeɪl] авиапóчта

airport ['ɛəpɔ:t] аэропóрт

airterminal ['ɛətə:mɪn(ə)l] аэровокзáл

air time ['ɛətaɪm] эфирное врéмя

alarm [ə'lɑ:m] 1. *n* тревóга 2. *v* (вс)тревóжить; ~-clock [-klɔk] будильник

alas! [ə'lɑ:s] увы!

Albanian [æl'beɪnjən] 1. *a* албáнский 2. *n* албáнец

alcohol ['ælkəhɔl] алкогóль

alert [ə'lə:t] 1. *a* 1) бдительный 2) провóрный 2. *n:* on the ~ насторожé

algebra ['ældʒɪbrə] áлгебра

alien ['eɪljən] 1. *a* 1) инострáнный 2) чýждый 2. *n* иностáнец

alight [ə'laɪt] 1) выйти (*из трамвая и т. п.*) 2) спускáться (*о самолёте*); сесть (*о птице*)

alike [ə'laɪk] **1.** *a* 1): they are very much ~ они́ о́чень похо́жи друг на дру́га 2): all children are ~ все де́ти одина́ковы **2.** *adv* одина́ково

alive [ə'laɪv] 1) живо́й 2): ~ with киша́щий ◇ be ~ to понима́ть

all [ɔ:l] **1.** *a* весь, вся, всё, все ◇ once for ~ раз навсегда́ **2.** *n* всё, все ◇ at ~ совсе́м, вообще́; not at ~ ! во́все нет; пожа́луйста! (*в ответ на благода́рность*); ~ right! ла́дно!, хорошо́!

allege [ə'ledʒ] 1) утвержда́ть 2) ссыла́ться; приводи́ть (*в подтвержде́ние*)

allegiance [ə'li:dʒəns] пре́данность, ве́рность

alley ['ælɪ] 1) алле́я 2) переу́лок

alliance [ə'laɪəns] 1) сою́з 2) родство́

allied [ə'laɪd] 1) сою́зный 2) ро́дственный

allot [ə'lɔt] назнача́ть; ~ment [-mənt] уча́сток

allow [ə'lau] 1) позволя́ть 2) допуска́ть, признава́ть; ~ for принима́ть во внима́ние

allowance [ə'lauəns] 1) посо́бие, регуля́рная де́нежная по́мощь 2) *воен.* паёк ◇ make ~s for учи́тывать

alloy ['ælɔɪ] 1) при́месь 2) сплав

all-purpose ['ɔ:lpə:pəs] универса́льный

allude [ə'lu:d] (to) 1) упомина́ть 2) ссыла́ться

allusion [ə'lu:ʒn] 1) намёк 2) ссы́лка

ally 1. *n* ['ælaɪ] сою́зник **2.** *v* [ə'laɪ] соединя́ть

almond ['ɑ:mənd] минда́ль; минда́лина

almost ['ɔ:lməust] почти́

aloft [ə'lɔft] наверху́

alone [ə'ləun] оди́н; I'm (all) ~ я (совсе́м) оди́н; let *smb.* ~ оставля́ть в поко́е

along [ə'lɔŋ] вдоль, по

alongside [ə'lɔŋ'saɪd] вдоль

aloof [ə'lu:f] : hold (keep) ~ from *перен.* сторони́ться

aloud [ə'laud] гро́мко, вслух

alphabet ['ælfəbɪt] алфави́т, а́збука

alpine ['ælpaɪn] альпи́йский

already [ɔ:l'redɪ] уже́

also ['ɔ:lsəu] та́кже, то́же

alter ['ɔ:ltə] (видо)изменя́ть(ся); ~ation [ɔ:ltə'reɪʃn] измене́ние; переме́на

alternate 1. *a* [ɔ:l'tə:nɪt] переме́нный **2.** *v* ['ɔ:ltə:neɪt] чередова́ть(ся)

alternative [ɔ:l'tə:nətɪv] вы́бор; альтернати́ва; there was no ~ не́ было друго́го вы́хода

although [ɔ:l'ðəu] хотя́

altitude ['æltɪtju:d] высота́

altogether [ɔ:ltə'geðə] совсе́м

aluminium [ælju'mɪnjəm] алюми́ний

always ['ɔ:lwəz] всегда́

am [æm] *1 л. ед. ч. наст. вр. гл.* be

a.m. [ˈeɪˈem] (ante meridiem) до полу́дня; 5 a. m. 5 часо́в утра́

amalgamated [əˈmælgəmeɪtɪd] объединённый, соединённый

amateur [ˈæmətə:] 1. *n* люби́тель, непрофессиона́л 2. *a* люби́тельский

amaze [əˈmeɪz] удивля́ть, изумля́ть; **~ment** [-mənt] удивле́ние, изумле́ние

ambassador [æmˈbæsədə] посо́л

amber [ˈæmbə] 1. *n* янта́рь 2. *a* янта́рный

ambiguous [æmˈbɪgjuəs] двусмы́сленный

ambition [æmˈbɪʃn] 1) честолю́бие 2) стремле́ние

ambitious [æmˈbɪʃəs] честолюби́вый

ambulance [ˈæmbjuləns] маши́на ско́рой по́мощи

ambush [ˈæmbuʃ] заса́да

amends [əˈmendz] *pl* возмеще́ние; make ~ (for) искупа́ть вину́

amenities [əˈmenɪti:z] *pl* удо́бства

American [əˈmerɪkən] 1. *a* америка́нский 2. *n* америка́нец

amiable [ˈeɪmjəbl] любе́зный, ми́лый

amicable [ˈæmɪkəbl] дру́жеский; дру́жественный

amid(st) [əˈmɪd(st)] среди́

amiss [əˈmɪs] 1) оши́бочно 2) неуда́чно

ammonia [əˈməunjə] аммиа́к; liquid ~ нашаты́рный спирт

ammunition [æmjuˈnɪʃn] боеприпа́сы

amnesty [ˈæmnɪstɪ] амни́стия

among(st) [əˈmʌŋ(st)] ме́жду, среди́

amount [əˈmaunt] 1. *n* 1) су́мма; ито́г 2) коли́чество 2. *v* доходи́ть до; равня́ться

amputate [ˈæmpjuteɪt] ампути́ровать

amuse [əˈmju:z] забавля́ть, развлека́ть; **~ment** [-mənt] заба́ва; развлече́ние

amusing [əˈmju:zɪŋ] заба́вный, интере́сный

an [æn] *грам. неопределённый артикль перед гласными*

anaesthetic [ænɪsˈθetɪk] нарко́з; обезбо́ливающее сре́дство

analyse [ˈænəlaɪz] анализи́ровать, разбира́ть

analysis [əˈnæləsɪs] ана́лиз

anarchy [ˈænəkɪ] ана́рхия

anatomy [əˈnætəmɪ] анато́мия

ancestor [ˈænsɪstə] пре́док

anchor [ˈæŋkə] я́корь

ancient [ˈeɪnʃənt] дре́вний

and [ænd] 1) и 2) а, но

angel [ˈeɪndʒəl] а́нгел

anger [ˈæŋgə] гнев

angle [ˈæŋgl] *мат.* у́гол

7

angry [ˈæŋgrɪ] серди́тый; be ~ серди́ться

anguish [ˈæŋgwɪʃ] страда́ние

animal [ˈænɪməl] 1. *n* живо́тное 2. *a* живо́тный

animated [ˈænɪmeɪtɪd] оживлённый; ~ cartoon мультипликацио́нный фильм

animosity [ænɪˈmɔsɪtɪ] враждéбность

ankle [ˈæŋkl] щи́колотка

annex 1. *v* [əˈneks] присоединя́ть; аннекси́ровать 2. *n* [ˈæneks] 1) приложéние 2) пристро́йка; ~ation [ænekˈseɪʃn] присоединéние; аннéксия

annihilate [əˈnaɪəleɪt] уничтожáть

annihilation [ənaɪəˈleɪʃn] уничтожéние

anniversary [ænɪˈvəːsərɪ] годовщи́на; юбилéй

announce [əˈnauns] объявля́ть; ~ment [-mənt] объявлéние; сообщéние; ~r [-ə] ди́ктор

annoy [əˈnɔɪ] досаждáть, надоедáть

annual [ˈænjuəl] 1. *a* годово́й, ежегóдный 2. *n* ежегóдник

annul [əˈnʌl] аннули́ровать, отменя́ть, уничтожáть

another [əˈnʌðə] другóй

answer [ˈɑːnsə] 1. *n* отвéт 2. *v* отвечáть; ~ back огрызáться

answerphone [ˈɑːnsəfəun] автоотвéтчик

ant [ænt] муравéй

antarctic [æntˈɑːktɪk] антаркти́ческий

antenna [ænˈtenə] 1) *зоол.* щу́пальце, у́сик 2) *радио* антéнна

anthem [ˈænθəm] гимн; national ~ госудáрственный гимн

anticipate [ænˈtɪsɪpeɪt] ожидáть, предви́деть; ~ smb.'s wishes предупреждáть чьи-л. желáния

anticipation [æntɪsɪˈpeɪʃn] ожидáние, предвкушéние

antidote [ˈæntɪdəut] противоя́дие

anti-fascist [æntɪˈfæʃɪst] 1. *a* антифаши́стский 2. *n* антифаши́ст

antipathy [ænˈtɪpəθɪ] антипáтия

antique [ænˈtiːk] дрéвний, анти́чный

antiquity [ænˈtɪkwɪtɪ] дрéвность

anxiety [æŋˈzaɪətɪ] беспокóйство, забóта; тревóга

anxious [ˈæŋkʃəs] 1) озабóченный; встревóженный; I am ~ about children я беспокóюсь о дéтях 2) стрáстно желáющий; he is ~ to see you он óчень хотéл бы повидáть вас

any [ˈenɪ] какóй-нибудь; любóй; ~body [-bɔdɪ] ктó-нибудь; ~how [-hau] во всяком слýчае; ~one [-wʌn] любо́й, вся́кий; кто́-нибудь; ~thing [-θɪŋ] что́-нибудь; что уго́дно; ~way [-weɪ] во вся́ком слу́чае; ~where [-wɛə] где́-нибудь, куда́-нибудь; где уго́дно, куда́ уго́дно

apart [ə'pɑ:t] в стороне́, отде́льно; врозь; take ~ разобра́ть (*на части*); ~ from не счита́я, кро́ме; joking ~ шу́тки в сто́рону

apartment [ə'pɑ:tmənt] ко́мната; кварти́ра

ape [eɪp] обезья́на (*человекообразная*)

apiece [ə'pi:s] за шту́ку

apologize [ə'pɔlədʒaɪz] извиня́ться

apology [ə'pɔlədʒɪ] извине́ние

appal [ə'pɔ:l] ужаса́ть, пуга́ть

apparatus [æpə'reɪtəs] аппара́т, прибо́р

apparently [ə'pærəntlɪ] очеви́дно; по-ви́димому

appeal [ə'pi:l] 1. *n* 1) призы́в; обраще́ние; воззва́ние 2) *юр.* апелля́ция 2. *v* 1) обраща́ться, взыва́ть 2) (to) нра́виться, привлека́ть 3) *юр.* апелли́ровать

appear [ə'pɪə] 1) появля́ться 2) каза́ться 3) я́вствовать

appearance [ə'pɪərəns] 1) появле́ние 2) нару́жность, вид

appease [ə'pi:z] умиротворя́ть; успока́ивать

appendix [ə'pendɪks] 1)

приложе́ние 2) *анат.* аппе́ндикс

appetite ['æpɪtaɪt] 1) аппети́т 2) охо́та, жела́ние

applaud [ə'plɔ:d] 1) аплоди́ровать 2) хвали́ть

applause [ə'plɔ:z] 1) аплодисме́нты 2) похвала́

apple ['æpl] я́блоко; ~ tree я́блоня

appliance [ə'plaɪəns] прибо́р, приспособле́ние

applicant ['æplɪkənt] 1) проси́тель 2) претенде́нт (*на место, должность*)

application [æplɪ'keɪʃn] 1) про́сьба, заявле́ние 2) примене́ние; ~ package *вчт.* паке́т прикладны́х да́нных 3) прилежа́ние 4) употребле́ние (*лекарства*)

applied [ə'plaɪd] прикладно́й

apply [ə'plaɪ] 1) (to, for) обраща́ться к, за 2) прилага́ть; применя́ть; употребля́ть (в де́ло)

appoint [ə'pɔɪnt] назнача́ть; ~ment [-mənt] 1) назначе́ние 2) до́лжность 3) свида́ние

appraise [ə'preɪz] оце́нивать

appreciable [ə'pri:ʃəbl] заме́тный, ощути́мый

appreciate [ə'pri:ʃɪeɪt] 1) цени́ть; отдава́ть до́лжное 2) оце́нивать

apprehend [æprɪ'hend] 1) понима́ть 2) заде́рживать, аресто́вывать

apprentice [ə'prentıs] ученйк, подмастёрье; ~ship [-ʃıp] ученйчество

approach [ə'prəutʃ] 1. *v* приближáться, подходйть 2. *n* приближéние; подхóд

approbation [æprə'beıʃn] одобрéние

appropriate 1. *a* [ə'prəuprııt] подходя́щий, соотвéтствующий 2. *v* [ə'prəuprıeıt] присвáивать

approval [ə'pru:vəl] одобрéние

approve [ə'pru:v] одобря́ть

approximate [ə'prɔksımıt] приблизйтельный

apricot ['eıprıkɔt] абрикóс

April ['eıprəl] апрéль

apron ['eıprən] фáртук

apt [æpt] 1) подходя́щий; умéстный 2) склóнный

aquatics [ə'kwætıks] *pl* вóдный спорт

Arab ['ærəb] 1. *a* арáбский 2. *n* арáб

arable ['ærəbl] пáхотный

arbitrary ['a:bıtrərı] произвóльный

arbour ['a:bə] бесéдка

arc [a:k] *мат.* дугá

arch [a:tʃ] 1) áрка 2) свод

archaic [a:'keıık] устарéлый, архайческий

archbishop [a:tʃ'bıʃəp] архиепйскоп

architect ['a:kıtekt] архитéктор; ~ure ['a:kıtektʃə] архитектýра

arctic ['a:ktık] поля́рный, арктйческий

ardent ['a:dənt] пы́лкий

ardour ['a:də] жар; пыл, рвéние

arduous ['a:djuəs] тяжёлый, напряжённый

are [a:] *мн. ч. наст. вр. гл.* be

area ['ɛərıə] 1) прострáнство, плóщадь 2) райóн, óбласть; зóна

arena [ə'ri:nə] арéна

aren't [a:nt] *разг.* = are not

argue ['a:gju:] 1) спóрить 2) докáзывать

argument ['a:gjumənt] 1) дóвод 2) спор

arid ['ærıd] сухóй, засýшливый

arise [ə'raız] (arose; arisen) возникáть, появля́ться

arisen [ə'rızn] *p. p. om* arise

arithmetic [ə'rıθmətık] арифмéтика

arm I [a:m] рукá (*от кисти до плеча*)

arm II [a:m] 1. *n* (*обыкн. pl*) орýжие; ~s race гóнка вооружéний 2. *v* вооружáть(ся)

armament ['a:məmənt] вооружéние

armchair ['a:mtʃɛə] крéсло

armistice ['a:mıstıs] перемйрие

armour ['a:mə] броня́; ~-clad [-klæd] *a* бронирóванный

armoury ['ɑːmərɪ] 1) арсена́л 2) *амер.* оруже́йный заво́д

armpit ['ɑːmpɪt] подмы́шка

army ['ɑːmɪ] а́рмия

arose [ə'rəuz] *past om* arise

around [ə'raund] вокру́г, круго́м

arouse [ə'rauz] буди́ть, пробужда́ть

arrange [ə'reɪndʒ] расставля́ть, располага́ть по вку́су (*мебель, цветы и т. п.*); устра́ивать; ~ the children according to height поста́вить дете́й по ро́сту; ~ment [-mənt] 1) устро́йство, расположе́ние 2) *pl* приготовле́ния

arrest [ə'rest] 1. *v* 1) аресто́вывать 2) прико́вывать (*внимание*) 2. *n* аре́ст

arrival [ə'raɪvəl] прибы́тие

arrive [ə'raɪv] прибыва́ть

arrogance ['ærəgəns] высокоме́рие, надме́нность

arrow ['ærəu] стрела́

arsenic ['ɑːsnɪk] мышья́к

art [ɑːt] 1) иску́сство 2) ремесло́ 3) *pl* гуманита́рные нау́ки

artful ['ɑːtful] хи́трый, ло́вкий

article ['ɑːtɪkl] 1) статья́ 2) предме́т 3) *грам.* арти́кль, член

artificial [ɑːtɪ'fɪʃəl] иску́сственный; притво́рный; ~

teeth вставны́е зу́бы; ~ limb проте́з

artillery [ɑː'tɪlərɪ] артилле́рия

artist ['ɑːtɪst] худо́жник; ~ic [ɑː'tɪstɪk] худо́жественный

arts and crafts [ɑːtsənd 'krɑːfts] прикладно́е иску́сство

as [æz] 1. *conj* 1) так как 2) в то вре́мя как, когда́ ◇ as if как бу́дто; as to что каса́ется 2. *adv* как; так ◇ as far as наско́лько; as well та́кже; as well as так же, как

ascent [ə'sent] восхожде́ние, подъём

ascertain [æsə'teɪn] установи́ть, удостове́риться

ascribe [əs'kraɪb] (to) припи́сывать

ash I [æʃ] 1) зола́; пе́пел 2) *pl* прах

ash II [æʃ] я́сень

ashamed [ə'ʃeɪmd]: be ~ стыди́ться

ashore [ə'ʃɔː] к бе́регу, на бе́рег(у)

Asiatic [eɪʃɪ'ætɪk] азиа́тский

aside [ə'saɪd] в сто́рону; в стороне́, отде́льно

ask [ɑːsk] 1) спра́шивать 2) проси́ть; ~ after справля́ться о

askew [ə'skjuː] кри́во, ко́со

asleep [ə'sliːp]: be ~ спать; fall ~ засну́ть

asp [æsp] оси́на

aspect ['æspekt] 1) вид 2) аспéкт, сторонá

aspiration [æspə'reɪʃn] стремлéние

aspire [əs'paɪə] стремúться

ass [æs] осёл

assassin [ə'sæsɪn] убúйца; ~ation [əsæsɪ'neɪʃn] убúйство

assault [ə'sɔːlt] 1. *n* нападéние; штурм 2. *v* нападáть; штурмовáть

assemble [ə'sembl] 1) собирáть(ся) 2) *тех.* монтúровать

assembly [ə'semblɪ] собрáние; ассамблéя

assent [ə'sent] 1. *n* соглáсие 2. *v* соглашáться

assert [ə'sə:t] утверждáть; ~ oneself отстáивать свои правá

assign [ə'saɪn] 1) назначáть 2) ассигновáть; ~ment [-mənt] 1) назначéние 2) задáние, поручéние

assimilate [ə'sɪmɪleɪt] 1) усвáивать(ся) 2) ассимилúровать(ся)

assist [ə'sɪst] помогáть, содéйствовать; ~ance [-əns] пóмощь; содéйствие; ~ant [-ənt] помóщник, ассистéнт

associate 1. *v* [ə'səuʃɪeɪt] 1) соединя́ть(ся) 2) общáться 2. *n* [ə'səuʃɪt] коллéга; учáстник

association [əsəusɪ'eɪʃn] óбщество; ассоциáция

assortment [ə'sɔ:tmənt] вы́бор, ассортимéнт

assume [ə'sju:m] 1) брать, принимáть на себя́ 2) предполагáть, допускáть

assurance [ə'ʃuərəns] увéренность

assure [ə'ʃuə] уверя́ть; заверя́ть (*кого-л.*)

astonish [əs'tɔnɪʃ] удивля́ть, изумля́ть; ~ment [-mənt] удивлéние, изумлéние

astronaut ['æstrənɔ:t] космонáвт

astronomy [əs'trɔnəmɪ] астронóмия

asylum [ə'saɪləm] 1) при́ют; убéжище 2) психиатрúческая лечéбница

at [æt] в, на; при, у, óколо; по ◇ at all вообщé

ate [et] *past от* eat

atheist ['eɪθɪɪst] атеúст

athlete ['æθli:t] спортсмéн; атлéт

athletics [æθ'letɪks] атлéтика

atlas ['ætləs] áтлас

atmosphere ['ætməsfɪə] атмосфéра

atom ['ætəm] áтом; ~ bomb áтомная бóмба

atomic [ə'tɔmɪk] áтомный

atrocious [ə'trəuʃəs] 1) звéрский, жестóкий 2) *разг.* отвратúтельный

atrocity [ə'trɔsɪtɪ] звéрство

attach [ə'tætʃ] 1) прикрепля́ть, присоединя́ть; *перен.* привя́зывать 2) придавáть (*значение*); ~ment [-mənt] 1) привя́занность 2) прикреплéние attack [ə'tæk] 1. *v* атаковáть; напáдáть 2. *n* 1) атáка; нападéние 2) припáдок, пристуn (*болезни*)

attain [ə'teın] достигнуть; добиться

attempt [ə'tempt] 1. *n* 1) попытка 2) покушéние 2. *v* 1) пытáться 2) покушáться

attend [ə'tend] 1) уделять внимáние; слýшать (*внимáтельно*); sorry, I wasn't ~ing простите, я отвлёкся 2) забóтиться; I'll ~ to luggage я позабóчусь о багажé 3) присýтствовать, посещáть; ~ance [-əns] посещáемость; ~ant [-ənt] служитель, слугá

attention [ə'tenʃn] внимáние

attentive [ə'tentıv] внимáтельный

attest [ə'test] свидéтельствовать

attic ['ætık] чердáк

attitude ['ætıtju:d] 1) отношéние 2) пóза

attorney [ə'tə:nı] повéренный; адвокáт; power of ~ полномóчие

attract [ə'trækt] притягивать; привлекáть; ~ion [ə'trækʃn] 1) притяжéние, тяготéние 2) привлекáтельность; ~ive [ə'træktıv] привлекáтельный; замáнчивый

attribute 1. *n* ['ætrıbju:t] 1) свойство; признак 2) *грам.* определéние 2. *v* [ə'trıbju:t] припиcывать; относить (к)

auction ['ɔ:kʃn] аукциóн

audacious [ɔ:'deıʃəs] отвáжный; дéрзкий

audacity [ɔ:'dæsıtı] 1) отвáга 2) нахáльство

audible ['ɔ:dəbl] слышный; слышимый

audience ['ɔ:djəns] 1) аудиéнция 2) аудитóрия, пýблика, слýшатели

August ['ɔ:gəst] áвгуст

aunt [a:nt] тётка, тётя

austere [ɔs'tıə] сурóвый, стрóгий

Australian [ɔs'treıljən] 1. *a* австралийский 2. *n* австралиец

authentic [ɔ:'θentık] пóдлинный

author ['ɔ:θə] áвтор

authoritative [ɔ:'θɒrıtətıv] авторитéтный

authority [ɔ:'θɒrıtı] 1) власть, полномóчие 2) *pl* влáсти 3) авторитéт

authorize ['ɔ:θəraız] уполномóчивать

autobiography [ɔ:tɒbaı'ɒgrəfı] автобиогрáфия

automatic [ɔ:tə'mætık] автоматический

automobile ['ɔ:təməbi:l] автомобиль

autonomous [ɔ:'tɒnəməs] автонóмный

autumn ['ɔ:təm] óсень

auxiliary [ɔ:g'zıljərı] вспомогáтельный; дополнительный

available [ə'veıləbl] наличный, имéющийся в распоряжéнии; are any tickets ~? нет ли билéтов в продáже?

avalanche [ˈævəlɑːnʃ] снéжный обвáл, лавѝна

avarice [ˈævərɪs] áлчность, скýпость

avenge [əˈvendʒ] (ото)мстѝть

avenue [ˈævɪnjuː] проспéкт; аллéя

average [ˈævərɪdʒ] 1. n: on an ~ в срéднем 2. a срéдний

averse [əˈvəːs]: be ~ to быть прóтив

aversion [əˈvəːʃn] отвращéние

avert [əˈvəːt] 1) отвернýться 2) отвращáть; отводѝть 3) предотвращáть

aviation [eɪvɪˈeɪʃn] авиáция

avoid [əˈvɔɪd] избегáть; уклонáться

awake [əˈweɪk] 1. v (awoke; awaked) проснýться 2. a: be ~ бóдрствовать; не спать

award [əˈwɔːd] присуждáть; награждáть

aware [əˈwɛə]: be ~ of знать; I am ~ мне извéстно, я знáю

away [əˈweɪ] 1) прочь 2): he is ~ егó нет (в городе и т. n.)

awe [ɔː] (благоговéйный) страх

awful [ˈɔːful] ужáсный; ~ly 1) [ˈɔːfulɪ] ужáсно 2) [ˈɔːflɪ] разг. óчень; крáйне

awkward [ˈɔːkwəd] 1) не-

уклюжий, нелóвкий 2) неудóбный, затруднѝтельный

awoke [əˈwəuk] past и p. p. om awake

axe [æks] топóр

axis [ˈæksɪs] ось

azure [ˈæʒə] 1. n небéсная лазýрь 2. a голубóй, лазýрный; перен. безóблачный

B

baby [ˈbeɪbɪ] ребёнок, младéнец; ~ish [-ɪʃ] ребáческий

baby-sitter [ˈbeɪbɪsɪtə] нáня (приходящая)

bachelor I [ˈbætʃələ] холостáк

bachelor II [ˈbætʃələ] бакалáвр

back [bæk] 1. n 1) спинá 2) спѝнка (стула) 3) тѝльная сторонá 2. a зáдний 3. adv назáд 4. v 1) поддéрживать 2) пáтиться назáд; осáживать

backbone [ˈbækbəun] позвонóчник; перен. оснóва, суть

backdoor [ˈbækˈdɔː] чёрный ход

background [ˈbækgraund] фон; зáдний план; keep in the ~ перен. оставáться в тенѝ, на зáднем плáне

backward [ˈbækwəd] 1. adv назáд 2. a 1) обрáтный 2) отстáлый

bacon ['beɪkən] бекóн
bad [bæd] 1) плохóй, нехорóший; too ~! обúдно! 2) испóрченный (*о пище*); go ~ испóртиться (*о пище*)
badge [bædʒ] знак, значóк
badger ['bædʒə] барсýк
bag [bæg] мешóк; сýмка
baggage ['bægɪdʒ] багáж
bait [beɪt] примáнка
bake [beɪk] печь (*что-л.*)
bakery ['beɪkərɪ] бýлочная; пекáрня
balance ['bæləns] 1. *n* 1) весы́ 2) равновéсие 3) остáток; балáнс 2. *v* балансúровать
bald [bɔ:ld] лы́сый
bale [beɪl] кúпа, тюк
ball I [bɔ:l] шар; мяч
ball II [bɔ:l] бал
ballet ['bæleɪ] балéт
balloon [bə'lu:n] воздýшный шар; barrage ~ аэростáт заграждéния
ballot ['bælət] баллотирóвка
ball-point ['bɔ:lpɔɪnt]: ~ pen шáриковая рýчка
balls [bɔ:lz] *разг.* чушь!
bamboo [bæm'bu:] бамбýк
ban [bæn] 1. *n* запрéт, запрещéние 2. *v* запрещáть, налагáть запрéт
banana [bə'na:nə] банáн
band I [bænd] 1) лéнта, завя́зка; тесьмá 2) óбод, ободóк
band II [bænd] шáйка, бáнда

band III [bænd] духовóй оркéстр
band IV [bæŋ] ударя́ть; хлóпать (*дверью и т. п.*)
bandage ['bændɪdʒ] 1. *n* бинт; повя́зка 2. *v* перевя́зывать, бинтовáть
banisters ['bænɪstəz] *pl* перúла (*лестницы*)
bank I [bæŋk] 1) вал, нáсыпь 2) бéрег (*реки*)
bank II [bæŋk] банк
banknote ['bæŋknəut] банкнóта
bankrupt ['bæŋkrəpt] 1. *n* банкрóт 2. *a* несостоя́тельный, обанкрóтившийся; go ~ обанкрóтиться
bankruptcy ['bæŋkrəpsɪ] банкрóтство
banner ['bænə] знáмя, флаг
baptize [bæp'taɪz] крестúть
bar I [ba:] 1. *n* 1) брусóк; ~ of chocolate плúтка шоколáда 2) засóв 3) препя́тствие 2. *v* 1) запирáть на засóв 2) преграждáть
bar II [ba:] бар, буфéт
bar III [ba:]: the Bar адвокатýра; prisoner at the ~ подсудúмый
barbed [ba:bd] колю́чий; ~ wire колю́чая прóволока
barber ['ba:bə] парикмáхер (*мужской*)
bar code ['ba:kəud] кодúрованная информáция (*на товарах*) для компью́тера

bare [bɛə] гóлый, обнажённый

barefooted ['bɛə'futɪd] босóй

bare-headed ['bɛə'hedɪd] с обнажённой головóй

bargain ['ba:gɪn] 1. *n* 1) сдéлка 2) удáчная покýпка 2. *v* торговáться

barge [ba:dʒ] бáржа

bark I [ba:k] корá

bark II [ba:k] 1. *n* лай 2. *v* лáять

barley ['ba:lɪ] ячмéнь

barn [ba:n] амбáр

barrack ['bærək] 1) барáк 2) *pl* казáрмы

barrage ['bæra:ʒ] заграждéние

barrel ['bærəl] бóчка

barren ['bærən] бесплóдный; неплодорóдный

barrier ['bærɪə] 1) барьéр 2) прегрáда

barrister ['bærɪstə] адвокáт

barter ['ba:tə] 1. *n* 1) товарообмéн 2) *эк.* бáртер 2. *v* менять

base I [beɪs] 1. *n* 1) основáние 2) бáза 2. *v* оснóвывать

base II [beɪs] пóдлый, нúзкий

baseball ['beɪsbɔ:l] бейсбóл

basement ['beɪsmənt] подвáл

basic ['beɪsɪk] основнóй

basin ['beɪsn] 1) таз, чáшка, мúска 2) *геогр.* бассéйн

basis ['beɪsɪs] 1) основáние; бáзис 2) бáза

basket ['ba:skɪt] корзúн(к)а

basketball ['ba:skɪtbɔ:l] баскетбóл

bass [beɪs] 1. *n* бас 2. *a* басóвый

bastard ['ba:stəd] внебрáчный ребёнок

bat I [bæt] *спорт.* битá

bat II [bæt] летýчая мышь

bath [ba:θ] вáнна; have a ~ принять вáнну; swimming ~ бассéйн для плáвания

bathe [beɪð] 1) купáться 2) смáчивать

bathrobe ['ba:θrəub] купáльный халáт

bathroom ['ba:θru:m] вáнная (кóмната)

battalion [bə'tæljən] батальóн

battery ['bætərɪ] батарéя

battle ['bætl] бúтва, бой; ~ship ['bætlʃɪp] линéйный корáбль

bay [beɪ] бýхта; залúв

be [bi:] (was; been) быть, существовáть

beach [bi:tʃ] пляж; взмóрье

beacon ['bi:kən] сигнáльный огóнь; маяк

bead [bi:d] 1) бýсина 2) *pl* бýсы; чётки

beak [bi:k] клюв

beam [bi:m] 1. *n* 1) бáлка, стропúло 2) луч 2. *v* (про)сиять

bean [bi:n] боб

bear I [bɛə] (bore; borne) 1) носúть, нестú 2) рождáть;

~ fruit приносить плоды 3) выносить, терпеть

bear II [bɛə] медведь

beard [bɪəd] борода

bearer ['bɛərə] 1) носитель 2) податель, предъявитель

beast [bi:st] зверь; don't be such a ~ *шутл.* не будь таким противным; ~ly ['bi:stlɪ] *разг.* противный

beat [bi:t] (beat; beaten) 1) бить; ~ time отбивать такт 2) победить (*в игре, в споре*) 3) биться (*о сердце*); ~en [-n] *p. p. om* beat

beautiful ['bju:təful] красивый, прекрасный

beauty ['bju:tɪ] 1) красота 2) красавица

became [bɪ'keɪm] *past om* become

because [bɪ'kɔz] потому что; так как; ~ of из-за, вследствие

beckon ['bekən] манить, кивать

become [bɪ'kʌm] (became; become) 1) становиться, делаться; what has ~ of him? что с ним случилось? 2) идти, быть к лицу

becoming [bɪ'kʌmɪŋ] (идущий) к лицу; it's a very ~ hat вам эта шляпа очень идёт

bed [bed] 1) постель, кровать; go to ~ ложиться спать 2) клумба; грядка 3) дно (*моря, реки*)

bedbug ['bedbʌg] клоп

bedclothes ['bedkləuðz] *pl* постельное бельё

bedroom ['bedru:m] спальня

bee [bi:] пчела

beech [bi:tʃ] бук

beef [bi:f] говядина; horse ~ конина

beehive ['bi:haɪv] улей

been [bi:n] *p. p. om* be

beer [bɪə] пиво

beet [bi:t] (сахарная) свёкла

beetle ['bi:tl] жук

beetroot ['bi:tru:t] красная свёкла

before [bɪ'fɔ:] 1. *prep* перед; до 2. *adv* 1) впереди 2) раньше; ~ long вскоре; long ~ задолго до 3. *conj* прежде чем, скорее чем

beforehand [bɪ'fɔ:hænd] заранее

beg [beg] просить

began [bɪ'gæn] *past om* begin

beggar ['begə] нищий

begin [bɪ'gɪn] (began; begun) начинать(ся); to ~ with во-первых; ~ner [-ə] новичок, начинающий; ~ning [-ɪŋ] начало

begun [bɪ'gʌn] *p. p. om* begin

behalf [bɪ'ha:f]: on ~ of от имени; in (on) ~ of для, ради, в пользу

behave [bɪ'heɪv] вести себя, поступать

behaviour [bɪ'heɪvjə] поведение

behind [bɪ'haɪnd] позади, сзади, за

being ['biːŋ] 1) существо 2) бытие, существование

Belgian ['beldʒən] 1. *a* бельгийский 2. *n* бельгиец

belief [bɪ'liːf] вера

believe [bɪ'liːv] 1) верить 2) думать, полагать

bell [bel] 1) колокол 2) звонок

belligerent [bɪ'lɪdʒərənt] воюющий

bellow ['beləu] мычать

belong [bɪ'lɔŋ] принадлежать; ~ings [-ɪŋz] *pl* вещи, пожитки

below [bɪ'ləu] 1. *adv* внизу 2. *prep* ниже, под; ~ zero ниже нуля

belt [belt] 1) пояс; ремень; safety ~ ремень безопасности 2) зона

bench [bentʃ] 1) скамейка 2) верстак, станок

bend [bend] 1. *v* (bent; bent) сгибать(ся), гнуть(ся); изгибать(ся) 2. *n* сгиб; изгиб; излучина

beneath [bɪ'niːθ] 1. *prep* под, ниже; ~ criticism ниже всякой критики 2. *adv* внизу

beneficial [benɪ'fɪʃəl] благотворный, полезный

benefit ['benɪfɪt] 1) милость 2) выгода

benevolence [bɪ'nevələns] 1) благосклонность 2) благотворительность

bent [bent] *past и p. p. от* bend 1

berry ['berɪ] ягода

berth [bəːθ] 1) полка (*в поезде*); койка (*на пароходе*) 2) причал

beside [bɪ'saɪd] рядом, около ◇ ~ oneself вне себя

besides [bɪ'saɪdz] кроме (того)

besiege [bɪ'siːdʒ] осаждать

best [best] 1. *a* (наи)лучший 2. *adv* лучше всего

bestial ['bestjəl] 1) скотский 2) жестокий

best-seller [best'selə] бестселлер

bet [bet] 1. *v* (bet, betted; bet, betted) держать пари 2. *n* 1) пари 2) ставка

betray [bɪ'treɪ] предавать; ~al [-əl] предательство

better ['betə] 1. *a* лучший; be ~, get ~ поправляться (*о больном*) 2. *adv* лучше

between [bɪ'twiːn] между

beware [bɪ'wɛə] (of) остерегаться

bewildered [bɪ'wɪldəd] пораженный, изумленный

bewitch [bɪ'wɪtʃ] зачаровывать

beyond [bɪ'jɔnd] 1) по ту сторону, за 2) вне, сверх

bias(s)ed ['baɪəst] предубежденный, тенденциозный

Bible ['baɪbl] Библия

bicker ['bɪkə] ссориться

bicycle ['baɪsɪkl] велосипед

bicyclist ['baɪsɪklɪst] велосипедист

bid [bɪd] (bid, bidden) 1)

18

предлагáть (*цену*) 2) прикá-зывать

bidden ['bɪdn] *p. p. om* bid
big [bɪg] большóй
bigot ['bɪgət] фанáтик
bill I [bɪl] 1) законопро-éкт, билль 2) счёт 3) *юр.* иск 4) афи́ша, плакáт 5): ~ of fare меню́
bill II [bɪl] клюв
billboard ['bɪlbɔ:d] *амер.* реклáмный щит, доскá для объявлéний
billiards ['bɪljədz] бильярд
billion ['bɪljən] биллиóн; *амер.* миллиáрд
bind [baɪnd] (bound; bound) 1) свя́зывать; завя́зывать; привя́зывать 2) пере-плетáть (*кни́гу*); ~ing ['baɪndɪŋ] переплёт
biology [baɪ'ɔlədʒɪ] биолó-гия
birch [bə:tʃ] 1) берёза 2) рóзга
bird [bə:d] пти́ца
birth [bə:θ] 1) рождéние; ~ control плани́рование семьи́ 2) рóды 3) происхож-дéние; ~rate ['bə:θreɪt] рож-дáемость; процéнт рождáе-мости
biscuit ['bɪskɪt] печéнье
bishop ['bɪʃəp] 1) епи́скоп 2) *шахм.* слон
bit I [bɪt] *past и p. p. om* bite 1
bit II [bɪt] кусóчек ◇ a ~ (of) *разг.* немнóго; not a ~ *разг.* совсéм не
bitch [bɪtʃ] сýка

bite [baɪt] 1. *v* (bit; bit, bitten) кусáть 2. *n* 1) укýс 2) кусóк
bitten ['bɪtn] *p. p. om* bite 1
bitter ['bɪtə] гóрький; ~ly [-lɪ]: it's ~ly cold ужáсно хó-лодно; he said ~ly он сказáл с гóречью
bizarre [bə'za:] стрáнный, эксцентри́чный
black [blæk] 1. *a* чёрный 2. *n* чернотá
blackberry ['blækbərɪ] ежеви́ка
blackboard ['blækbɔ:d] клáссная доскá
blackcurrant ['blækkʌrənt] чёрная смородина
blacken ['blækən] 1) чер-ни́ть 2) чернéть
black marketeer [blæk 'ma:kətɪə] спекуля́нт, фар-цóвщик
blackout ['blækaut] затем-нéние
blacksmith ['blæksmɪθ] кузнéц
bladder ['blædə] мочевóй пузы́рь
blade [bleɪd] 1) лéзвие 2) лóпасть 3) лист
blame [bleɪm] 1. *v* осуж-дáть, вини́ть 2. *n* порицá-ние, упрёк
blameless ['bleɪmlɪs] без-упрéчный
blanch [bla:ntʃ] 1) бели́ть 2) бледнéть
blank [blæŋk] 1. *a* пустóй, незапóлненный 2. *n* пробéл

blanket ['blæŋkɪt] (шерстяное) одеяло

blast [blɑːst] 1. n 1) порыв ветра 2) взрыв 2. v взрывать

blaze [bleɪz] 1. n пламя 2. v пылать, гореть

bleach [bliːtʃ] белить (ткань)

bleak [bliːk] холодный; пустынный; голый

bled [bled] past и p. p. om bleed

bleed [bliːd] (bled; bled) истекать кровью; кровоточить

blend [blend] 1. v смешивать 2. n смесь

blender ['blendə] миксер

bless [bles] благословлять; ~ing ['blesɪŋ] благословение

blew [bluː] past om blow II

blind [blaɪnd] 1. a слепой 2. n штора; перен. ширма 3. v ослеплять

blind alley [blaɪnd'ælɪ] тупик

blink [blɪŋk] мигать

blister ['blɪstə] волдырь, водяной пузырь

blizzard ['blɪzəd] метель, пурга

bloc [blɔk] полит. блок

block I [blɔk] 1. n 1) чурбан 2) пробка, затор (движения) 2. v преграждать

block II [blɔk] квартал

blockade [blɔ'keɪd] блокада

blockhead ['blɔkhed] болван

blocks [blɔks] pl кубики (детские)

blond [blɔnd] белокурый

blood [blʌd] кровь ◇ in cold ~ преднамеренно; ~shed ['blʌdʃed] кровопролитие

bloom [bluːm] расцвет

blossom ['blɔsəm] 1. n цветок (на деревьях, кустах) 2. v расцветать

blot [blɔt] 1. n 1) клякса 2) пятно (тж. перен.) 2. v промокать

blouse [blauz] кофточка (блузка)

blow I [bləu] удар

blow II [bləu] (blew; blown) дуть; раздувать; ~ one's nose сморкаться; ~ out задувать; тушить; ~ over миновать; ~ up взрывать

blown [bləun] p. p. om blow II

blowout ['bləuaut] разрыв (шины)

blue [bluː] голубой, синий

blues [bluːz] блюз

bluff [blʌf] обман, блеф

blunder ['blʌndə] (грубая) ошибка

blunt [blʌnt] 1) тупой 2) резкий; прямой

blurt [bləːt]: ~ out сболтнуть

blush [blʌʃ] 1. v (по)краснеть 2. n краска стыда, смущения

board [bɔːd] 1. n 1) доска 2) стол, питание; ~ and lodging квартира и стол 3) правлéние; министéрство 4) борт (*судна*) 2. *v* столовáться

boarding-house [ˈbɔːdɪŋhaus] пансиóн

boarding-school [ˈbɔːdɪŋskuːl] интернáт (*школа*)

boast [bəust] хвáстать(ся)

boat [bəut] лóдка; сýдно

body [ˈbɔdɪ] тéло ◇ in a ~ в пóлном состáве

body-building [ˈbɔdɪbɪldɪŋ] культурúзм

bog [bɔg] трясúна

boil [bɔɪl] кипéть; кипятúть(ся); варúть(ся); ~er [ˈbɔɪlə] котёл

boisterous [ˈbɔɪstərəs] нeúстовый; шýмный

bold [bəuld] 1) смéлый; дéрзкий 2) размáшистый (*почерк*)

bolt [bəult] 1. *n* 1) болт; засóв 2): like a ~ from the blue ≈ как снег нá голову 2. *v* 1) запирáть на засóв; 2) понестú (*о лошади*)

bomb [bɔm] 1. *n* бóмба 2. *v* бомбúть

bomber [ˈbɔmə] (самолёт-) бомбардирóвщик

bond [bɔnd] 1) ýзы; связь 2) *pl* облигáции

bondage [ˈbɔndɪdʒ] рáбство; завúсимость

bone [bəun] кость

bonfire [ˈbɔnfaɪə] костёр

bonnet [ˈbɔnɪt] *тех.* капóт

bonny [ˈbɔnɪ] красúвый, здорóвый

bonus [ˈbəunəs] прéмия

book [buk] 1. *n* кнúга 2. *v* закáзывать билéт

bookcase [ˈbukkeɪs] кнúжный шкаф

booking office [ˈbukɪŋɔfɪs] билéтная кáсса

bookmaker [ˈbukmeɪkə] букмéкер

boom [buːm] 1. *v* 1) гудéть; гремéть 2) производúть сенсáцию 2. *n* 1) гул 2) бум, большóй спрос

boot [buːt] 1) ботúнок; сапóг 2) багáжник

booth [buːð] бýдка; палáтка

booty [ˈbuːtɪ] награбленное добрó, добыча

border [ˈbɔːdə] 1. *n* 1) granúца; край 2) каймá 2. *v* 1) granúчить 2) окаймлять

bore I [bɔː] 1. *v* бурáвить 2. *n* высверленное отвéрстие

bore II [bɔː] 1. *v* надоедáть 2. *n* нýдный человéк

bore III [bɔː] *past om* bear I

born [bɔːn] (при)рождённый

borne [bɔːn] *p. p. om* bear I

borrow [ˈbɔrəu] 1) занимáть 2) заúмствовать

bosom [ˈbuzəm] грудь; ~ friend закадычный друг

boss [bɔs] хозяин; босс

botany [ˈbɔtənɪ] ботáника

botcher [ˈbɔtʃə] «сапóжник», плохóй рабóтник

both [bəuθ] óба

bother [ˈbɔðə] 1. *v* беспокóить(ся); надоедáть; don't ~ ! не беспокóйтесь! 2. *n* беспокóйство; хлóпоты; what a ~ ! как досáдно!

bottle ['bɔtl] буты́лка

bottom ['bɔtəm] дно

bough [bau] ветвь, сук

bought [bɔ:t] *past u p. p. om* buy

bound I [baund] *past u p. p. om* bind

bound II [baund]: be ~ for направля́ться

bound III [baund] предéл

boundary ['baundərı] грани́ца

boundless ['baundlıs] безграни́чный

bourgeoisie [buəʒwɑ:'zi:] буржуази́я

bow I [bau] 1. *n* поклóн 2. *v* кля́няться

bow II [bau] 1) лук (*оружие*) 2) смычóк 3) бант 4) изги́б

bow III [bau] нос (*корабля*)

bowels ['bauəlz] *pl* кишéчник

bowl [boul] чáша; ми́ска; кýбок

box I [bɔks] 1) я́щик; корóбка 2) лóжа (*театральная*)

box II [bɔks] 1. *v* бокси́ровать 2. *n* 1) удáр; ~ on the ear пощёчина 2) бокс; ~er ['bɔksə] боксёр

box office ['bɔks'ɔfıs] театрáльная кáсса

boy [bɔı] мáльчик

boy friend ['bɔıfrend] «молодóй человéк», возлю́бленный

boyhood ['bɔıhud] óтрочество

bra [brɑ:] ли́фчик, бюстгáльтер

braces ['breısız] *pl* подтя́жки

bracket ['brækıt] 1. *n* 1) скóбка 2) подпóрка 3): higher ~s вы́сшие слои́ óбщества 2. *v* заключáть в скóбки

brag [bræg] 1. *v* хвáстаться 2. *n* хвастовствó

braid [breıd] 1. *n* 1) косá (*волос*) 2) тесьмá 2. *v* плести́, заплетáть

brain [breın] мозг; *перен.* ум

brainwash ['breınwɔʃ] *разг.* «промывáть мозги́»

brake [breık] 1. *n* тóрмоз 2. *v* тормози́ть

branch [brɑ:ntʃ] 1) ветвь, вéтка 2) óтрасль 3) филиáл 4) рукáв (*реки́*)

brand [brænd] 1. *n* 1) головня́ 2) клеймó 3) фабри́чная мáрка 4) сорт 2. *v* клейми́ть

brandy ['brændı] конья́к, брéнди

brass [brɑ:s] жёлтая медь, латýнь

brave [breıv] 1. *a* хрáбрый 2. *v* презирáть (*опасность и т. п.*)

brawl [brɔ:l] шýмная ссóра

brazen ['breızn] бессты́жий, нáглый

breach [bri:tʃ] 1) брешь, отвёрстие 2) нарушёние (*закона*) 3) разрыв (*отношений*)

bread [bred] хлеб

breadth [bredθ] ширина

break [breɪk] **1.** *v* (broke; broken) 1) ломать(ся); разрушать(ся) 2) нарушать (*закон*); ~ away убежать; ~ down 1) разрушаться 2) проваливаться; ~ off обрывать; ~ out разразиться; вспыхнуть; ~ up расходиться (*о собрании*) **2.** *n* 1) прорыв 2) перерыв; lunch ~ обёденный перерыв

breakdown ['breɪkdaun] 1) упадок сил 2) поломка; авария

breakfast ['brekfəst] **1.** *n* (утренний) завтрак **2.** *v* завтракать

breakthrough ['breɪkθru:] 1) прорыв 2) достижёние, побёда (*научная и т. п.*)

breast [brest] грудь ◇ make a clean ~ of it чистосердёчно признаться в чём-л.

breath [breθ] дыхание; вздох; be out of ~ запыхаться

breathe [bri:ð] 1) дышать 2) тихо говорить

breathing ['bri:ðɪŋ] дыхание

breathless ['breθlɪs] запыхавшийся ◇ ~ silence немая тишина

bred [bred] *past и p. p. от* breed 1

breeches ['brɪtʃɪz] *pl* брюки, бриджи

breed [bri:d] **1.** *v* (bred; bred) 1) разводить; выводить; вскармливать 2) размножаться **2.** *n* порода; ~ing ['bri:dɪŋ] (благо)воспитанность

breeze [bri:z] ветерок, бриз

brevity ['brevɪtɪ] краткость

brew [bru:] 1) варить (*пиво*) 2) заваривать (*чай*)

bribe [braɪb] **1.** *v* подкупать **2.** *n* взятка; ~ry ['braɪbərɪ] взяточничество

brick [brɪk] **1.** *n* 1) кирпич 2) *разг.* молодёц, славный парень **2.** *a* кирпичный; ~layer ['brɪkleɪə] каменщик

bricks [brɪks] *pl* кубики (*детские*)

bride [braɪd] невёста, новобрачная; ~groom ['braɪd grum] жених

bridge [brɪdʒ] мост; ~ of one's nose перенόсица

bridle ['braɪdl] **1.** *n* узда, повод **2.** *v* взнуздывать

brief [bri:f] краткий

briefcase ['bri:fkeɪs] портфёль

briefing ['bri:fɪŋ] брифинг, инструктаж

brigade [brɪ'geɪd] бригада; отряд

bright [braɪt] 1) яркий; свётлый 2) смышлёный

brilliant ['brɪljənt] **1.** *a* блестящий **2.** *n* бриллиант brim [brɪm] 1) край 2) поля (*шляпы*)

bring [brɪŋ] (brought; brought) 1) приносить 2) приводить; ~ about осуществлять; ~ up воспитывать

brink [brɪŋk] край (*обрыва, пропасти*)

brisk [brɪsk] живой; проворный

bristle ['brɪsl] 1. *n* щетина 2. *v* (о)щетиниться; ~ up вспылить

British ['brɪtɪʃ] 1. *a* британский 2. *n:* the ~ британцы

brittle ['brɪtl] хрупкий, ломкий

broad [brɔːd] широкий

broadcast ['brɔːdkɑːst] 1. *v* (broadcast; broadcast) передавать по радио 2. *n* радиопередача

broke [brəuk] *past om* break 1

broken ['brəukən] 1. *p. p. om* break 1 2. *a* 1) разбитый; сломанный 2) нарушенный 3) ломаный (*о языке*)

broker ['brəukə] маклер, брокер

brooch [brəutʃ] брошь

brood [bruːd] 1. *v* 1) высиживать (*цыплят*) 2) (on, over) размышлять 2. *n* выводок

brook [bruk] ручей

broom [brum] метла; половая щётка

broth [brɔθ] бульон

brother ['brʌðə] брат;

~hood [-hud] братство; ~-in-law ['brʌðərɪnlɔː] зять

brought [brɔːt] *past и p. p. om* bring

brow [brau] бровь

brown [braun] коричневый; бурый; ~ paper обёрточная бумага ◇ in a ~ study в глубоком раздумье

bruise [bruːz] 1. *v* ушибать 2. *n* синяк; ушиб

brunch [brʌntʃ] *амер. разг.* поздний завтрак

brush [brʌʃ] 1. *n* 1) щётка 2) кисть 2. *v* 1) чистить щёткой 2) причёсывать (*волосы*)

brutal ['bruːtl] жестокий, грубый

brute [bruːt] зверь, скотина

bubble ['bʌbl] 1. *v* кипеть; пузыриться 2. *n* пузырь

bubble gum ['bʌblgʌm] надувная жевательная резинка

buck [bʌk] *амер. разг.* доллар США

bucket ['bʌkɪt] ведро

buckle ['bʌkl] пряжка

buckwheat ['bʌkwiːt] гречиха

bud [bʌd] 1. *n* почка; бутон 2. *v* давать почки; пускать ростки

buddy ['bʌdɪ] *амер. разг.* приятель

budget ['bʌdʒɪt] бюджет

buffalo ['bʌfəlou] буйвол

bug [bʌg] 1) клоп; насекомое; жук (*амер.*) 2) микрофо́н для та́йного подслу́шивания

bugle ['bju:gl] горн, рог

build [bɪld] (built; built) стро́ить; ~er ['bɪldə] строи́тель; ~ing ['bɪldɪŋ] строе́ние, зда́ние

built [bɪlt] *past и p. p. от* build

bulb [bʌlb] 1) лу́ковица 2) электри́ческая ла́мпочка

Bulgarian [bʌl'gɛərɪən] 1. *a* болга́рский 2. *n* болга́рин

bulge [bʌldʒ] вы́пуклость

bulk [bʌlk] (основна́я) ма́сса

bulky ['bʌlkɪ] громо́здкий

bull [bul] бык

bullet ['bulɪt] пу́ля

bulletin ['bulɪtɪn] бюллете́нь

bull's-eye ['bulzaɪ] мише́нь, «я́блочко»

bully I ['bulɪ] 1. *n* зади́ра; забия́ка 2. *v* запу́гивать; дразни́ть

bully II ['bulɪ] *разг.* мясны́е консе́рвы

bumble ['bʌmbl] мя́млить

bump [bʌmp] 1. *n* 1) уда́р, толчо́к 2) ши́шка 2. *v* ударя́ть(-ся); сту́каться

bun [bʌn] сдо́бная бу́лочка

bunch [bʌntʃ] свя́зка, пучо́к; буке́т

bundle ['bʌndl] у́зел, паке́т

bungalow ['bʌŋgələu] (одноэта́жная) да́ча, бу́нгало

buoy [bɔɪ] буй, ба́кен

burden [bə:dn] 1. *n* но́ша; бре́мя 2. *v* нагружа́ть; обременя́ть; ~some ['bə:dnsəm] обремени́тельный

bureau [bjuə'rəu] 1) бюро́; секрете́р 2) конто́ра, отде́л

burglar ['bə:glə] вор-взло́мщик; ~y [-rɪ] кра́жа со взло́мом

burial ['berɪəl] погребе́ние

burn [bə:n] 1. *v* (burnt; burnt) 1) сжига́ть 2) горе́ть 2. *n* ожо́г

burnt [bə:nt] *past и p. p. от* burn 1

burst [bə:st] 1. *v* (burst; burst) 1) ло́паться 2) взрыва́ть(ся) 3) (into) разража́ться (*смехом, слеза́ми*) 2. *n* взрыв; вспы́шка

bury ['berɪ] 1) хорони́ть 2) зарыва́ть

bus [bʌs] авто́бус; ~ stop авто́бусная остано́вка

bush [buʃ] куст, куста́рник

business ['bɪznɪs] де́ло, заня́тие; ~like [-laɪk] делово́й; ~man [-mən] деле́ц

bust I [bʌst] бюст

bust II [bʌst] 1) разби́ть 2) арестова́ть

bustle ['bʌsl] 1. *v* суети́ться 2. *n* сумато́ха, суета́

busy ['bɪzɪ] заня́той; be ~ быть за́нятым

but [bʌt] 1. *conj* а, но, одна́ко; ~ for е́сли бы не 2. *prep* кро́ме, за исключе́нием; the last page ~ one предпосле́дняя страни́ца

butcher ['butʃə] 1) мясни́к 2) уби́йца, пала́ч

butter ['bʌtə] ма́сло (*сли́вочное*)

butterfly ['bʌtəflaɪ] ба́бочка

buttocks ['bʌtəks] *pl* я́годицы

button ['bʌtn] 1. *n* 1) пу́говица 2) кно́пка 2. *v* застёгивать(ся); ~hole [-həul] пе́тля

buy [baɪ] (bought; bought) покупа́ть

buzz [bʌz] 1. *v* жужжа́ть; гуде́ть 2. *n* жужжа́ние; гул; ~er ['bʌzə] (фабри́чный) гудо́к

by [baɪ] 1. *prep* 1) у, при, о́коло; к (*о сро́ке*); by two к двум (*часа́м*); by July к ию́лю 2) посре́дством; by air (train, sea) самолётом (по́ездом, парохо́дом); by kindness добро́той; it runs by electricity рабо́тает на электри́честве; by hand от руки́ ◇ by heart наизу́сть 2. *adv* 1) ря́дом, поблизости 2) ми́мо ◇ by and by вско́ре; by the by, by the way кста́ти, ме́жду про́чим

bye [baɪ] (*тж.* bye-bye) *разг.* пока́!

by-election ['baɪɪlekʃn] дополни́тельные вы́боры

bypass ['baɪpɑ:s] объездна́я доро́га

byword ['baɪwə:d] погово́рка

C

cab [kæb] наёмный экипа́ж; изво́зчик; такси́

cabbage ['kæbɪdʒ] (коча́нная) капу́ста

cabin ['kæbɪn] 1) каби́на 2) каю́та

cabinet ['kæbɪnɪt] кабине́т (мини́стров)

cable ['keɪbl] 1. *n* 1) кана́т 2) ка́бель; ~ television ка́бельное телеви́дение 3) *разг.* телегра́мма 2. *v* телеграфи́ровать

cad [kæd] хам

cage [keɪdʒ] 1. *n* кле́тка 2. *v* сажа́ть в кле́тку

cake [keɪk] 1) торт, пиро́жное 2) кусо́к, брусо́к; пли́тка; ~ of soap кусо́к мы́ла

calamity [kə'læmɪtɪ] (стихи́йное) бе́дствие

calculate ['kælkjuleɪt] 1) вычисля́ть 2) рассчи́тывать

calculator ['kælkjuleɪtə] калькуля́тор

calendar ['kælɪndə] календа́рь

calf I [kɑ:f] телёнок

calf II [kɑ:f] икра́ (*ноги́*)

call [kɔ:l] 1. *n* 1) зов, о́клик 2) (телефо́нный) вы́зов 3) визи́т 2. *v* 1) звать, оклика́ть 2) называ́ть 3) буди́ть; ~ for а) тре́бовать; б) заходи́ть за кем-л., чем-л.; ~ on посеща́ть; навеща́ть; ~ up а)

звони́ть (*по телефо́ну*); б)
воен. призыва́ть

calling ['kɔ:lɪŋ] 1) призва́ние 2) профе́ссия

callous ['kæləs] безду́шный, чёрствый

calm [kɑ:m] 1. *a* споко́йный 2. *n* 1) тишина́ 2) безве́трие, штиль 3. *v* успока́ивать

came [keɪm] *past om* come

camel ['kæməl] верблю́д

camera ['kæmərə] фотоаппара́т; кинока́мера; ~man [-mæn] фоторепортёр; кинооператор

camp [kæmp] 1. *n* ла́герь, прива́л 2. *v* располага́ться ла́герем

campaign [kæm'peɪn] кампа́ния; похо́д

campus ['kæmpəs] университе́тский городо́к

can I [kæn] (could) мочь

can II [kæn] 1. *n* 1) бидо́н 2) жестяна́я коро́бка, ба́нка 2. *v* консерви́ровать

canal [kə'næl] кана́л

cancel ['kænsəl] аннули́ровать

cancer ['kænsə] *мед.* рак

candid ['kændɪd] че́стный, и́скренний; открове́нный

candle ['kændl] свеча́; ~stick ['kændlstɪk] подсве́чник

candy ['kændɪ] 1) леденец 2) *амер.* конфе́та

cane [keɪn] 1) тростни́к 2) трость

canned [kænd] консерви́рованный

cannibal ['kænɪbəl] людое́д, каннибал

cannon ['kænən] пу́шка, ору́дие

cannot ['kænɔt]: I ~ я не могу́

canoe [kə'nu:] кано́э; байда́рка

can opener ['kænəupnə] консе́рвный нож

can't [kɑ:nt] *разг.* = cannot

canvas ['kænvəs] 1) паруси́на; холст; полотно́ (*карти́на*) 2) *собир.* паруса́

canvass ['kænvəs] агити́ровать (*перед вы́борами*)

cap [kæp] ша́пка; фура́жка

capable ['keɪpəbl] спосо́бный

capacious [kə'peɪʃəs] просто́рный, вмести́тельный, объёмистый

capacity [kə'pæsɪtɪ] 1) ёмкость 2) спосо́бность ◇ in my ~ as a doctor я как врач

cape I [keɪp] капюшо́н; накидка

cape II [keɪp] мыс

capital I ['kæpɪtl] 1. *n* столи́ца 2. *a* 1) превосхо́дный 2): ~ letter загла́вная бу́ква ◇ ~ punishment сме́ртная казнь

capital II ['kæpɪtl] капита́л; ~ism ['kæpɪtəlɪzm] капитали́зм; ~ist ['kæpɪtəlɪst] 1. *n* капитали́ст 2. *a* капиталисти́ческий

capitulate [kə'pɪtjuleɪt] капитули́ровать

captain ['kæptɪn] капита́н

caption ['kæpʃn] на́дпись; по́дпись; *кино* титр

captivate ['kæptɪveɪt] увлека́ть

captive ['kæptɪv] пле́нный

capture ['kæptʃə] 1. *v* захва́тывать 2. *n* захва́т

car [kɑ:] 1) ваго́н 2) автомоби́ль

carbon ['kɑ:bən] углеро́д; ~ paper копирова́льная бума́га

card [kɑ:d] 1) ка́рта (*игра́льная*) 2) ка́рточка 3) биле́т (*членский, пригласи́тельный*)

cardboard ['kɑ:dbɔ:d] карто́н

cardinal ['kɑ:dɪnl] 1. *a* основно́й, гла́вный; ~ numbers коли́чественные числи́тельные; ~ points стра́ны све́та 2. *n* кардина́л

care [kɛə] 1. *n* забо́та; ~ of (c/о) для переда́чи... (*на письмах*); take ~ (of) забо́титься; take ~ ! береги́тесь! 2. *v* (for) люби́ть (*кого-л., что-л.*); интересова́ться (*чем-л.*) ◇ I don't ~ мне всё равно́

career [kə'rɪə] карье́ра

careful ['kɛəful] 1) осторо́жный; be ~ ! осторо́жно! 2) забо́тливый 3) аккура́тный; тща́тельный

careless ['kɛəlɪs] небре́жный

caress [kə'res] 1. *n* ла́ска 2. *v* ласка́ть

caretaker ['kɛəteɪkə] сто́рож

carfare ['kɑ:fɛə] пла́та за прое́зд в авто́бусе

cargo ['kɑ:gəu] (корабе́льный) груз

caricature [kærɪkə'tjuə] карикату́ра

carnation [kɑ:'neɪʃn] (кру́пная) гвозди́ка

carpenter ['kɑ:pɪntə] столя́р

carpet ['kɑ:pɪt] ковёр

carriage ['kærɪdʒ] 1) экипа́ж 2) ваго́н (*ж.-д.*) 3) перево́зка 4) сто́имость доста́вки 5) оса́нка

carriage free ['kærɪdʒ'fri:] доста́вка беспла́тно

carrier ['kærɪə] носи́льщик; (пере)во́зчик

carrier rocket ['kærɪə 'rɔkɪt] раке́та-носи́тель

carrot ['kærət] морко́вь

carry ['kærɪ] носи́ть; ~ on продолжа́ть; ~ out выполня́ть, осуществля́ть

cart [kɑ:t] теле́га; пово́зка

cartoon [kɑ:'tu:n] 1) карикату́ра 2) мультипликацио́нный фильм (*тж.* animated ~)

cartridge ['kɑ:trɪdʒ] патро́н

carve [kɑ:v] 1) выреза́ть (*по дереву и т. п.*); высека́ть (*из камня*) 2) ре́зать мя́со (*за столом*)

case I [keɪs] 1) ящик 2) футляр

case II [keɪs] 1) случай; in any ~ во всяком случае 2) дело (*судебное*) 3) *грам.* падёж

cash [kæʃ] 1. *n* наличные деньги; ~ register касса 2. *v:* ~ a cheque получать деньги по чёку

cashier [kæ'ʃɪə] кассир

cask [ka:sk] бочонок

cassette [kə'set] кассета

cast [ka:st] 1. *v* (cast; cast) 1) бросать; сбрасывать 2) лить (*металл*) 2. *n* слёпок

cast iron ['ka:st'aɪən] чугун

castle ['ka:sl] 1) замок 2) *шахм.* ладья

cast-off ['kast'ɔf] 1. *a* поношенный; негодный 2. *n pl* обноски

casual ['kæʒjuəl] 1) случайный 2) небрёжный, непринуждённый; ~ty [-tɪ] 1) несчастный случай 2) *pl* потери (*на войне*)

cat [kæt] кот; кошка

catalogue ['kætəlɔg] каталог

catch [kætʃ] 1. *v* (caught; caught) ловить, поймать; схватывать; ~ cold простудиться; ~ fire загореться 2. *n* 1) поимка, захват 2) улов, добыча

catchpenny ['kætʃpenɪ] показной, рассчитанный на дешёвый успех

caterpillar ['kætəpɪlə] гусеница (*тж. тех.*)

cathedral [kə'θi:drəl] собор

catnap ['kætnæp] вздремнуть

cattle ['kætl] (рогатый) скот

caught [kɔ:t] *past и p. p. от* catch 1

cauliflower ['kɔlɪflauə] цветная капуста

cause [kɔ:z] 1. *n* 1) причина 2) повод 3) дело 2. *v* 1) причинять 2) заставлять

cautious ['kɔ:ʃəs] осторожный

cavalry ['kævəlrɪ] кавалерия, конница

cave [keɪv] пещера

caviare ['kævɪa:] икра

cavity ['kævɪtɪ] впадина; полость

cease [si:s] прекращать(ся); ~less ['si:slɪs] беспрестанный, непрерывный

cedar ['si:də] кедр

ceiling ['si:lɪŋ] потолок

celebrate ['selɪbreɪt] 1) праздновать 2) прославлять

celebrated ['selɪbreɪtɪd] знаменитый

celebrity [sɪ'lebrɪtɪ] известность; знаменитость

cell [sel] 1) тюремная камера 2) ячейка 3) *биол.* клёт(оч)ка

cellar ['selə] 1) подвал 2) винный погреб

cemetery ['semɪtrɪ] кладбище

censorship ['sensəʃɪp] цензу́ра

censure ['senʃə] 1. *v* порица́ть, осужда́ть 2. *n* порица́ние, осужде́ние

census ['sensəs] пе́репись

cent [sent] цент

central ['sentrəl] центра́льный

centre ['sentə] 1. *n* центр 2. *v* сосредото́чивать(ся)

century ['sentʃʋrɪ] век, столе́тие

cereals ['sɪərɪəlz] *pl* зерновы́е

ceremony ['serɪmənɪ] обря́д; церемо́ния

certain ['sə:tn] определённый, изве́стный; be ~ быть уве́ренным; for ~ наверняка́; a ~ не́который, не́кий; ~ly [-lɪ] коне́чно, непреме́нно; ~ty [-tɪ] уве́ренность

certificate [sə'tɪfɪkɪt] свиде́тельство, удостовере́ние

certitude ['sə:tɪtju:d] уве́ренность; несомне́нность

cessation [se'seɪʃn] прекраще́ние

chain [tʃeɪn] 1. *n* цепь; цепо́чка 2. *v* ско́вывать

chair [tʃɛə] 1) стул 2) ка́федра 3) председа́тельское ме́сто; ~man ['tʃɛəmən] председа́тель

chalk [tʃɔ:k] мел

challenge ['tʃælɪndʒ] 1. *n* вы́зов 2. *v* вызыва́ть

chamber ['tʃeɪmbə] пала́та

champion ['tʃæmpjən] 1) боре́ц; побо́рник 2) чемпи-

о́н; ~ship [-ʃɪp] 1) чемпиона́т 2) зва́ние чемпио́на

chance [tʃɑ:ns] 1. *n* возмо́жность; слу́чай 2. *a* случа́йный

chancellor ['tʃɑ:nsələ] ка́нцлер

change [tʃeɪndʒ] 1. *v* 1) меня́ть(ся); ~ one's mind переду́мать 2) переса́живаться, де́лать переса́дку 2. *n* 1) измене́ние; переме́на 2) сда́ча, ме́лочь 3) переса́дка

channel ['tʃænl] 1) ру́сло 2) кана́л; проли́в

chaos ['keɪɔs] ха́ос

chap [tʃæp] *разг.* па́рень, ма́лый; old ~ старина́, прия́тель

chapter ['tʃæptə] глава́ (*книги*)

character ['kærɪktə] хара́ктер; ~istic [kærɪktə'rɪstɪk] характе́рный

charge [tʃɑ:dʒ] 1. *n* 1) попече́ние; be in ~ of заве́довать; отвеча́ть за (*кого-л., что-л.*) 2) *юр.* обвине́ние 3) цена́; free of ~ беспла́тно 2. *v* 1) поруча́ть; возлага́ть на (*кого-л.*) 2) *юр.* обвиня́ть 3) заряжа́ть 4) назнача́ть це́ну

charitable ['tʃærɪtəbl] 1) благотвори́тельный 2) милосе́рдный 3) терпи́мый

charity ['tʃærɪtɪ] 1) благотвори́тельность 2) милосе́рдие

charm [tʃɑ:m] 1. *n* обая́ние, очарова́ние 2. *v* очаро́-

вывать; ~ing ['tʃɑ:mɪŋ] очарова́тельный, преле́стный

chart [tʃɑ:t] 1) (морска́я) ка́рта 2) диагра́мма

charter ['tʃɑ:tə] *полит.* пакт

charwoman ['tʃɑ:wumən] убо́рщица

chase [tʃeɪs] 1. *n* пого́ня 2. *v* 1) охо́титься 2) гна́ться, пресле́довать 3) прогоня́ть

chat [tʃæt] дру́жеская бесе́да; let's have a ~ поболта́ем; ~ show телеинтервью

chatter ['tʃætə] 1. *v* болта́ть 2. *n* болтовня́

chauffeur ['ʃəufə] шофёр

cheap [tʃi:p] 1. *a* дешёвый 2. *adv* дёшево

cheat [tʃi:t] 1. *v* обма́нывать, надува́ть 2. *n* обма́нщик, плут

check [tʃek] 1. *n* 1) заде́ржка 2) *амер.* чек 3) бага́жная квита́нция 4) *шахм.* шах 5) кле́тка (*на материи*) 2. *v* 1) сде́рживать 2) проверя́ть, контроли́ровать

check-in ['tʃekɪn] регистра́ция (*в аэропорту́*)

checkout ['tʃekaut] контро́ль (*в магази́не, в библиоте́ке*)

cheek [tʃi:k] 1) щека́ 2) *разг.* наха́льство; ~y ['tʃi:kɪ] развя́зный

cheer [tʃɪə] 1. *n* приве́тственное восклица́ние, ура́; give a ~ крича́ть ура́; three ~s for...! да здра́вствует...! 2. *v* 1) приве́тствовать 2) обод-

ря́ть; ~ up приободря́ть(ся); ~ful ['tʃɪəful] бо́дрый, весёлый, жизнера́достный

cheese [tʃi:z] сыр

chemical ['kemɪkəl] хими́ческий

chemise [ʃɪ'mi:z] соро́чка (*же́нская*)

chemist ['kemɪst] 1) хи́мик 2) апте́карь; ~ry ['kemɪstrɪ] хи́мия

cheque [tʃek] чек

cherry ['tʃerɪ] ви́шня; чере́шня

chess [tʃes] ша́хматы; ~men ['tʃesmen] ша́хматные фигу́ры

chest [tʃest] 1) сунду́к; я́щик; ~ of drawers комо́д 2) грудь

chestnut ['tʃesnʌt] 1. *n* кашта́н 2. *a* кашта́новый (*о цве́те*)

chew [tʃu:] жева́ть

chewing gum ['tʃu:ɪŋgʌm] жева́тельная рези́нка, жва́чка

chicken ['tʃɪkɪn] 1) цыплёнок 2) ку́рица (*как ку́шанье*)

chief [tʃi:f] 1. *n* глава́, руководи́тель, нача́льник 2. *a* гла́вный; ~ly ['tʃi:flɪ] гла́вным о́бразом

child [tʃaɪld] дитя́, ребёнок; ~birth ['tʃaɪldbə:θ] ро́ды; ~hood ['tʃaɪldhud] де́тство; ~ish ['tʃaɪldɪʃ] де́тский, ребя́ческий

children ['tʃɪldrən] *pl от* child

chill [tʃɪl] просту́да; you'll get a ~ вы просту́дитесь

chilly ['tʃɪlɪ] 1) холо́дный 2) сухо́й, чо́порный

chimney ['tʃɪmnɪ] труба́ (дымовая)

chin [tʃɪn] подборо́док

china ['tʃaɪnə] 1. n фарфо́р 2. a фарфо́ровый

Chinese [tʃaɪ'niːz] 1. a кита́йский 2. n кита́ец

chip [tʃɪp] 1. n ще́пка; стру́жка 2. v отка́лывать; отбива́ть

chirp [tʃəːp] 1. n чири́канье 2. v чири́кать

chit I [tʃɪt] ребёнок

chit II [tʃɪt] 1) запи́ска 2) распи́ска

chivalrous ['ʃɪvəlrəs] ры́царский

chocolate ['tʃɔklət] шокола́д

choice [tʃɔɪs] вы́бор

choir ['kwaɪə] хор

choke [tʃəuk] 1) души́ть 2) задыха́ться

choose [tʃuːz] (chose; chosen) выбира́ть

chop [tʃɔp] 1. v руби́ть 2. n (отбивна́я) котле́та

chord I [kɔːd] 1) струна́ 2) анат. свя́зка; spinal ~ спинно́й мозг; vocal ~s голосовы́е свя́зки

chord II [kɔːd] акко́рд

chorus ['kɔːrəs] хор

chose [tʃəuz] past от choose; ~n [-n] p. p. от choose

christen ['krɪsn] крести́ть; дава́ть и́мя

Christian ['krɪstjən] 1. a христиа́нский; ~ name и́мя (в отличие от фамилии) 2. n христиани́н

Christmas ['krɪsməs] рождество́; ~ Eve соче́льник; ~ tree нового́дняя ёлка

chronic ['krɔnɪk] хрони́ческий

chronicle ['krɔnɪkl] 1. n ле́топись, хро́ника 2. v отмеча́ть

church [tʃəːtʃ] це́рковь; ~yard ['tʃəːtʃjɑːd] кла́дбище

cigarette [sɪgə'ret] сигаре́та

cinder ['sɪndə] 1) шлак 2) pl зола́

Cinderella [sɪndə'relə] Зо́лушка

cinema ['sɪnɪmə] кино́

cipher ['saɪfə] 1. n 1) шифр 2) ци́фра 3) нуль; перен. ничто́жество 2. v зашифро́вывать

circle ['səːkl] круг; окру́жность

circuit ['səːkɪt] 1) объе́зд 2) о́круг 3) эл. цепь; short ~ коро́ткое замыка́ние

circular ['səːkjulə] 1. a 1) кру́глый 2) кругово́й 2. n циркуля́р

circulate ['səːkjuleɪt] 1) циркули́ровать 2) обраща́ться (о деньгах) 3) распространя́ться

circulation [səːkju'leɪʃn] 1) кровообраще́ние 2) тира́ж

circumference [sə'kʌm-fərəns] окру́жность

circumstance ['sə:kəm-stəns] обстоя́тельство

circus ['sə:kəs] цирк

cistern ['sɪstən] 1) цисте́рна, бак 2) водоём

cite [saɪt] цити́ровать

citizen ['sɪtɪzn] 1) граждани́н 2) горожа́нин

city ['sɪtɪ] (большо́й) го́род

civil ['sɪvl] 1) гражда́нский, шта́тский 2) ве́жливый

civilian [sɪ'vɪljən] шта́тский

civility [sɪ'vɪlɪtɪ] любе́зность, ве́жливость

civilization [sɪvɪlaɪ'zeɪʃn] цивилиза́ция

claim [kleɪm] 1. v 1) тре́бовать 2) претендова́ть 3) утвержда́ть 2. n 1) тре́бование 2) прете́нзия

clamour ['klæmə] шум, кри́ки

clap [klæp] 1. v хло́пать; аплоди́ровать 2. n уда́р; хлопо́к

clarity ['klærətɪ] прозра́чность, я́сность

clash [klæʃ] 1. n 1) столкнове́ние 2) лязг 2. v ста́лкиваться

clasp [klɑ:sp] 1. v прижима́ть (к груди́); обнима́ть; сжима́ть (в руке́) 2. n 1) рукопожа́тие; объя́тия 2) застёжка, пря́жка

class I [klɑ:s] 1. n (обще́-

ственный) класс 2. a кла́ссовый

class II [klɑ:s] 1) класс (в шко́ле) 2) разря́д

classify ['klæsɪfaɪ] классифици́ровать

classmate ['klɑ:smeɪt] однокла́ссник

classroom ['klɑ:sru:m] класс

clatter ['klætə] 1. n стук; звон 2. v стуча́ть, греме́ть

clause [klɔ:z] 1) статья́, пункт 2) грам. предложе́ние

claw [klɔ:] 1) ко́готь 2) клешня́

clay [kleɪ] гли́на

clean [kli:n] 1. a 1) чи́стый 2) чистопло́тный 2. v чи́стить; ~ up убира́ть; ~liness ['klenlɪnɪs] чистопло́тность

clear [klɪə] 1. a 1) я́сный 2) све́тлый; чи́стый; ~ conscience чи́стая со́весть; ~ sky чи́стое не́бо 2. v очища́ть; ~ up а) проясни́ться; б) выясня́ть; в) убира́ть

clench [klentʃ] сжима́ть (кулаки́, зу́бы)

clergy ['klə:dʒɪ] духове́нство; ~man [-mən] свяще́нник

clerk [klɑ:k] чино́вник; слу́жащий

clever ['klevə] 1) у́мный; спосо́бный 2) иску́сный

client ['klaɪənt] клие́нт, покупа́тель

cliff [klɪf] утёс, скала́

climate ['klaɪmɪt] кли́мат

climax ['klaɪmæks] кульминационный пункт

climb [klaɪm] подниматься; карабкаться; лазить

cling [klɪŋ] (clung; clung) 1) цепляться 2) (при)льнуть

clip I [klɪp] стричь; отрезать; отсекать

clip II [klɪp] зажим; скрепка

cloak [kləuk] плащ; ~room ['kləukru:m] 1) раздевалка 2) камера хранения (багажа)

clock [klɔk] часы (стенные, настольные, башенные)

close I [kləuz] 1. v закрывать(ся) 2. n конец

close II [kləus] 1) близкий 2) душный

closet ['klɔzɪt] чулан

cloth [klɔθ] 1) ткань 2) сукно 3) скатерть

clothe [kləuð] (clothed; clothed) одевать

clothes [kləuðz] pl одежда, платье; бельё

cloud [klaud] 1. n облако, туча 2. v омрачать(ся); затемнять

clover ['kləuvə] клевер ◇ be (live) in ~ жить припеваючи

club I [klʌb] клуб

club II [klʌb] дубинка; клюшка

clue [klu:] ключ (к разгадке); улика

clumsy ['klʌmzɪ] неуклюжий

clung [klʌŋ] past и p. p. от cling

cluster ['klʌstə] 1. n гроздь 2. v скопляться; тесниться

coach I [kəutʃ] 1) экипаж 2) ж.-д. вагон

coach II [kəutʃ] 1. n тренер; инструктор; репетитор 2. v тренировать, подготовлять

coal [kəul] (каменный) уголь

coarse [kɔ:s] грубый, вульгарный

coast [kəust] морской берег, побережье

coat [kəut] 1. n 1) пальто 2) пиджак; жакет 3) шерсть (животных) 4) слой (краски и т. п.) 2. v покрывать (краской и т. п.)

cobbler ['kɔblə] сапожник

cobblestone ['kɔblstəun] булыжник

cobweb ['kɔbweb] паутина

cock I [kɔk] петух

cock II [kɔk] 1) кран 2) курок

cockroach ['kɔkrəutʃ] таракан

cocktail ['kɔkteɪl] коктейль

cocoa ['kəukəu] какао

coco-nut ['kəukənʌt] кокос

cocoon [kə'ku:n] кокон

c.o.d. ['si:'əu'di:] (cash on delivery) наложенным платежом

cod [kɔd] треска

code [kəud] 1. n 1) кодекс 2) шифр; код 3) система

34

COE COM C

сигна́лов **2.** *v* шифрова́ть по
ко́ду

coexistence [kəuɪg'zɪstəns]
сосуществова́ние

coffee ['kɔfɪ] ко́фе; ~
beans *pl* ко́фе в зёрнах; ~pot
[-pɔt] кофе́йник

coffin ['kɔfɪn] гроб

coil [kɔɪl] **1.** *v* свёрты-
вать(ся) кольцо́м, спира́лью
2. *n* кольцо́; спира́ль; бу́хта
(*троса*)

coin [kɔɪn] **1.** *n* моне́та **2.**
v чека́нить (*монету*)

coincidence [kəu'ɪnsɪdəns]
совпаде́ние

coke [kəuk] 1) кокс 2) ко́-
ка-ко́ла

cold [kəuld] **1.** *a* холо́д-
ный; it's ~ хо́лодно **2.** *n* 1)
хо́лод 2) простуда, на́сморк

collaboration [kəlæbə-
'reɪʃn] сотру́дничество

collapse [kə'læps] **1.** *n* 1)
обва́л 2) прова́л 3) упа́док
сил **2.** *v* 1) ру́шиться, обва-
ли́ться 2) спуска́ть (*о мяче,
камере*)

collapsible [kə'læpsəbl]
складно́й (*о стуле, столе и
т. п.*)

collar ['kɔlə] 1) воротни́к;
воротничо́к 2) оше́йник 3)
хому́т

colleague ['kɔliːg] колле́-
га

collect [kə'lekt] соби-
ра́ть(ся); ~ion [kə'lekʃn] 1)
собира́ние 2) колле́кция 3)
сбор

collective [kə'lektɪv] кол-
лекти́вный

college ['kɔlɪdʒ] ко́лледж

collier ['kɔlɪə] углеко́п,
шахтёр

collision [kə'lɪʒn] столкно-
ве́ние

colloquial [kə'ləukwɪəl]
разгово́рный

collusion [kə'luːʒn] тайный сго́вор

colon ['kəulən] двоето́чие

colonel ['kəːnl] полко́вник

colonial [kə'ləunjəl] коло-
ниа́льный

colonize ['kɔlənaɪz] засе-
ля́ть, колонизи́ровать

colony ['kɔlənɪ] коло́ния

column ['kɔləm] 1) коло́н-
на 2) столб(ик) 3) столбе́ц

comb [kəum] **1.** *n* гре́бень,
гребёнка **2.** *v* чеса́ть, расчёсывать

combat ['kɔmbət] сраже́-
ние

combination [kɔmbɪ'neɪʃn]
сочета́ние

combine 1. *v* [kəm'baɪn] 1)
объединя́ть(ся) 2) сочета́ть
2. *n* ['kɔmbaɪn] 1) с.-х. ком-
ба́йн 2) комбина́т

combustion [kəm'bʌstʃn]
горе́ние, сгора́ние

come [kʌm] (came; come)
приходи́ть; приезжа́ть; ~
back возвраща́ться; ~ in вхо-
ди́ть ◇ it didn't ~ off! не вы́-
шло!

comedy ['kɔmɪdɪ] коме́дия

comfort ['kʌmfət] **1.** *n* 1)
утеше́ние 2) *pl* удо́бства **2.** *v*

35

утешáть; ~able [ˈkʌmfətəbl] удóбный; уютный

comic [ˈkɔmɪk] смешнóй, комúческий; ~ strip кóмикс

coming [ˈkʌmɪŋ] бýдущий, наступáющий

comma [ˈkɔmə] запятáя; inverted ~s кавы́чки

command [kəˈmɑːnd] 1. v 1) прикáзывать 2) комáндовать 3) госпóдствовать 2. n 1) прикáз 2) комáндование; ~er [kəˈmɑːndə] командúр, военачáльник; комáндующий

commend [kəˈmend] хвалúть

comment [ˈkɔment] 1. n примечáние, толковáние; any ~s? есть замечáния? 2. v комментúровать; ~ator [-eɪtə] комментáтор

commerce [ˈkɔm əːs] торгóвля

commercial [kəˈməːʃəl] торгóвый

commission [kəˈmɪʃn] 1) комúссия 2) поручéние

commit [kəˈmɪt] совершáть (*преступление*)

committee [kəˈmɪtɪ] комитéт; комúссия

commodity [kəˈmɔdɪtɪ] товáр, предмéт потреблéния

common [ˈkɔmən] 1) óбщий 2) общéственный 3) обыкновéнный

commonplace [ˈkɔmənpleɪs] 1. n банáльность, óбщее мéсто 2. a банáльный

common sense [ˈkɔmən ˈsens] здрáвый смысл

commotion [kəˈməuʃn] 1) смятéние 2) волнéние

commune [ˈkɔmjuːn] коммýна

communicate [kəˈmjuːnɪkeɪt] 1) сообщáть, передавáть 2) сообщáться

communication [kəmjuːnɪˈkeɪʃn] сообщéние; связь; коммуникáция

communism [ˈkɔmjunɪzm] коммунúзм

communist [ˈkɔmjunɪst] 1. n коммунúст 2. a коммунистúческий

community [kəˈmjuːnɪtɪ] 1) общúна 2) óбщность

compact 1. a [kəmˈpækt] компáктный; плóтный, сжáтый 2. n [ˈkɔmpækt] пýдреница

companion [kəmˈpænjən] товáрищ; спýтник, попýтчик

company [ˈkʌmpənɪ] óбщество; компáния; товáрищество

comparative [kəmˈpærətɪv] 1. a сравнúтельный; относúтельный 2. n *грам.* сравнúтельная стéпень

compare [kəmˈpɛə] срáвнивать

comparison [kəmˈpærɪsn] сравнéние; in ~ with по сравнéнию с

compartment [kəmˈpɑːtmənt] отделéние; купé

compass [ˈkʌmpəs] 1) объём; диапазо́н 2) ко́мпас 3) *pl* ци́ркуль

compassion [kəm'pæʃn] жа́лость, сострада́ние

compatriot [kəm'pætrɪət] соотéчественник

compel [kəm'pel] заставля́ть, вынужда́ть

compensate ['kɔmpenseɪt] возмеща́ть; вознагражда́ть; компенси́ровать

compete [kəm'piːt] состяза́ться; конкури́ровать

competence ['kɔmpɪtəns] 1) уме́ние, квалифика́ция 2) компете́нтность 3) доста́ток

competent ['kɔmpɪtənt] 1) уме́лый 2) полнопра́вный

competition [kəmpɪ'tɪʃn] 1) соревнова́ние; ко́нкурс 2) конкуре́нция

competitor [kəm'petɪtə] конкуре́нт; уча́стник ко́нкурса

compile [kəm'paɪl] составля́ть

complacent [kəm'pleɪsnt] самодово́льный

complain [kəm'pleɪn] жа́ловаться

complaint [kəm'pleɪnt] 1) жа́лоба; недово́льство 2) боле́знь

complement ['kɔmplɪmənt] дополне́ние (*тж. грам.*)

complete [kəm'pliːt] 1. *a* по́лный 2. *v* 1) зака́нчивать, заверша́ть 2) пополня́ть; ~ly [-lɪ] соверше́нно

complex ['kɔmpleks] сло́жный

complexion [kəm'plekʃn] цвет лица́

compliance [kəm'plaɪəns]: in ~ with в соотве́тствии с, согла́сно

complicate ['kɔmplɪkeɪt] усложня́ть

complicated ['kɔmplɪkeɪtɪd] сло́жный, запу́танный

compliment 1. *n* ['kɔmplɪmənt] 1) комплиме́нт 2) *pl* приве́т 2. *v* ['kɔmplɪment] де́лать комплиме́нт(ы)

complimentary [kɔmplɪ'mentərɪ] 1) ле́стный 2) даровой; ~ ticket беспла́тный биле́т; ~ copy беспла́тный экземпля́р

comply [kəm'plaɪ] 1) соглаша́ться 2) исполня́ть (*про́сьбу, жела́ние*)

compose [kəm'pəuz] 1) составля́ть 2) сочиня́ть 3) набира́ть 4): ~ oneself успока́иваться; ~d [-d] споко́йный

composer [kəm'pəuzə] компози́тор

composition [kɔmpə'zɪʃn] 1) компози́ция 2) соста́в, смесь 3) музыка́льное произведе́ние 4) шко́льное сочине́ние

compositor [kəm'pɔzɪtə] набо́рщик

composure [kəm'pəuʒə] споко́йствие, самооблада́ние

compound ['kɔmpaund] 1. *n* смесь 2. *a* 1) составно́й 2) сло́жный 3) *грам.* сложносочинённый

comprehensive [ˌkɔmprɪ
'hensɪv] всесторо́нний; ис-
че́рпывающий

compress ['kɔmpres] комп-
ре́сс

comprise [kəm'praɪz] охва́-
тывать; заключа́ть (*в себе́*)

compromise ['kɔmprəmaɪz]
1. *n* компроми́сс 2. *v* 1) пойти́ на компроми́сс 2) комп-
ромети́ровать

compulsory [kəm'pʌlsərɪ]
принуди́тельный; обяза́тель-
ный

computer [kəm'pju:tə]
компью́тер, ЭВМ

comrade ['kɔmrɪd] това́-
рищ

concave [kɔn'keɪv] во́гну-
тый

conceal [kən'si:l] скрыва́ть

concede [kən'si:d] 1) усту-
па́ть 2) допуска́ть (*возможность и т. п.*)

conceit [kən'si:t] самомне́-
ние; ~ed [kən'si:tɪd] самодо-
во́льный, тщесла́вный

concentrate ['kɔnsentreɪt]
сосредото́чить (ся)

concentration [ˌkɔnsen
'treɪʃn] сосредото́чение; кон-
центра́ция; ~ camp концент-
рацио́нный ла́герь

conception [kən'sepʃn] 1)
поня́тие; представле́ние;
конце́пция 2) зача́тие

concern [kən'sə:n] 1. *n* 1)
де́ло, отноше́ние; it's no ~ of
mine э́то меня́ не каса́ется 2)
предприя́тие 3) огорче́ние 2.
v каса́ться; интересова́ться;

as far as I am ~ed что каса́-
ется меня́; ~ed [-d] 1) заин-
тересо́ванный 2) озабо́чен-
ный; огорчённый; ~ing [-ɪŋ]
относи́тельно

concert ['kɔnsət] конце́рт
◇ in ~ with вме́сте с

concession [kən'seʃn] 1)
усту́пка 2) *эк.* конце́ссия

conciliate [kən'sɪlɪeɪt] 1)
примиря́ть 2) задо́брить;
утихоми́рить

concise [kən'saɪs] сжа́тый,
кра́ткий

conclude [kən'klu:d] 1) за-
ка́нчивать; заключа́ть 2) де́-
лать вы́вод

conclusion [kən'klu:ʒn] 1)
оконча́ние; заключе́ние 2)
вы́вод

conclusive [kən'klu:sɪv]
оконча́тельный, реша́ющий;
убеди́тельный

concrete ['kɔnkri:t] 1. *a* 1)
конкре́тный 2) бето́нный 2.
n бето́н

concur [kən'kə:] 1) совпа-
да́ть; сходи́ться 2) согла-
ша́ться

concussion [kən'kʌʃn] со-
трясе́ние (*мозга*)

condemn [kən'dem] осуж-
да́ть; пригова́ривать

condensed [kən'denst] сгущённый

condescend [ˌkɔndɪ'send]
снисходи́ть; ~ing [ˌkɔndɪ
'sendɪŋ] снисходи́тельный

condition [kən'dɪʃn] 1) ус-
ло́вие 2) состоя́ние 3) *pl* об-
стоя́тельства

conduct 1. *v* [kən'dʌkt] 1) вести 2) дирижи́ровать 2. *n* ['kɔndəkt] поведе́ние

conductor [kən'dʌktə] 1) конду́ктор 2) дирижёр 3) проводни́к (*тж. физ.*)

cone [kəun] 1) ко́нус 2) ши́шка (*еловая и т. п.*)

conference ['kɔnfərəns] сове́щание, конфере́нция

confess [kən'fes] 1) признава́ться 2) испове́доваться; ~ion [kən'feʃn] 1) призна́ние 2) и́споведь

confide [kən'faɪd] 1) доверя́ть; полага́ться 2) признава́ться

confidence ['kɔnfɪdəns] 1) дове́рие 2) уве́ренность; самоуве́ренность

confident ['kɔnfɪdənt] уве́ренный; ~ial [kɔnfɪ'denʃəl] конфиденциа́льный, секре́тный

confine [kən'faɪn] 1) ограни́чивать 2) заключа́ть в тюрьму́; ~ment [-mənt] тюре́мное заключе́ние

confirm [kən'fə:m] подтвержда́ть; ~ation [kɔnfə:'meɪʃn] подтвержде́ние

conflict 1. *n* ['kɔnflɪkt] конфли́кт 2. *v* [kən'flɪkt] (with) противоре́чить

conform [kən'fɔ:m] 1) соотве́тствовать 2) подчиня́ться; ~ist [-ɪst] конформи́ст; ~ity [-ɪtɪ]: in ~ity with в соотве́тствии с

confront [kən'frʌnt] 1) стоя́ть лицо́м к лицу́ 2) дать кому́-л. о́чную ста́вку

confuse [kən'fju:z] 1) сме́шивать; спу́тывать 2) смуща́ться

confusion [kən'fju:ʒn] 1) пу́таница, беспоря́док 2) смуще́ние

congenial [kən'dʒi:njəl] 1) подходя́щий, благоприя́тный 2) бли́зкий по ду́ху

congratulate [kən'grætjuleɪt] поздравля́ть

congress ['kɔŋgres] съезд; конгре́сс

conjecture [kən'dʒektʃə] 1. *n* дога́дка, предположе́ние 2. *v* предполага́ть

conjugation [kɔndʒu'geɪʃn] *грам.* спряже́ние

conjunction [kən'dʒʌŋkʃn] 1) соедине́ние 2) *грам.* сою́з

connect [kə'nekt] соединя́ть(ся); свя́зывать(ся)

connection [kə'nekʃn] связь

conquer ['kɔŋkə] завоёвывать; побежда́ть; ~or ['kɔŋkərə] завоева́тель; победи́тель

conquest ['kɔŋkwest] завоева́ние

conscience ['kɔnʃəns] со́весть

conscientious [kɔnʃɪ'enʃəs] добросо́вестный

conscious ['kɔnʃəs] 1) сознаю́щий; ощуща́ющий; be ~ of знать, сознава́ть 2) созна́тельный; ~ness [-nɪs] 1) созна́ние 2) созна́тельность consecutive [kən'sekjutɪv] последовательный

consent [kən'sent] 1. *n* согласие 2. *v* соглашаться

consequence ['kɔnsɪkwəns] 1) последствие 2) значение; it's of no ~ это не имеет значения, неважно

consequently ['kɔnsɪkwəntlɪ] следовательно, поэтому

conservation [kɔnsə:'veɪʃn] сохранение

conservative [kən'sə:vətɪv] 1. *a* консервативный ◇ at a ~ estimate без преувеличения 2. *n* консерватор

consider [kən'sɪdə] 1) считать, полагать 2) рассматривать, обсуждать

considerable [kən'sɪdərəbl] значительный

considerate [kən'sɪdərɪt] внимательный (к другим), чуткий

consideration [kənsɪdə'reɪʃn] 1) размышление; рассмотрение 2) соображение; take into ~ принять во внимание; have ~ for others считаться с другими

consignment [kən'saɪnmənt] 1) отправка товаров 2) накладная

consist [kən'sɪst] (of) состоять (из)

consistent [kən'sɪstənt] последовательный

consolation [kɔnsə'leɪʃn] утешение

console [kən'səul] утешать

consolidate [kən'sɔlɪdeɪt] укреплять(ся)

consonant ['kɔnsənənt] согласный (звук)

conspicuous [kən'spɪkjuəs] заметный; выдающийся

conspiracy [kən'spɪrəsɪ] заговор

conspire [kən'spaɪə] тайно договариваться

constable ['kʌnstəbəl] констебль, полицейский

constancy ['kɔnstənsɪ] постоянство

constant ['kɔnstənt] постоянный

constellation [kɔnstə'leɪʃn] созвездие; *перен.* плеяда

constituency [kən'stɪtjuənsɪ] избирательный округ

constituent [kən'stɪtjuənt] 1. *a* составной 2. *n* 1) составная часть 2) избиратель

constitute ['kɔnstɪtjuːt] составлять, образовывать

constitution [kɔnstɪ'tjuːʃn] конституция; ~al [kɔnstɪ'tjuːʃənəl] конституционный

construct [kən'strʌkt] строить; ~ion [kən'strʌkʃn] 1) строительство 2) здание

consult [kən'sʌlt] 1) советоваться 2) справляться (*по книгам*)

consume [kən'sjuːm] потреблять; ~r [-ə] потребитель; ~ goods товары народного потребления

consumption I [kən'sʌmpʃn] потребле́ние

consumption II [kən'sʌmpʃn] туберкулёз лёгких, чахо́тка

contact ['kɔntækt] (со)прикоснове́ние; конта́кт

contagious [kən'teɪdʒəs] зара́зный

contain [kən'teɪn] содержа́ть; вмеща́ть

container [kən'teɪnə] конте́йнер

contaminate [kən'tæmɪneɪt] 1) загрязня́ть 2) заража́ть

contemplate ['kɔntempleɪt] 1) созерца́ть 2) предполага́ть, намерева́ться

contemporary [kən'tempərərɪ] 1. *a* совреме́нный 2. *n* совреме́нник

contempt [kən'tempt] презре́ние; ~ible [kən'temptəbl] презре́нный, ничто́жный

contend [kən'tend] 1) боро́ться 2) (that) утвержда́ть 3) спо́рить

content [kən'tent] 1. *a* дово́льный 2. *v* удовлетворя́ть

contents ['kɔntents] *pl* 1) содержа́ние 2) содержи́мое 3) оглавле́ние

contest 1. *n* ['kɔntest] спор; состяза́ние 2. *v* [kən'test] оспа́ривать

continent ['kɔntɪnənt] матери́к

contingency [kən'tɪndʒənsɪ] слу́чай; случа́йность

continual [kən'tɪnjuəl] бес-

преста́нный; ~ly [kən'tɪnjuəlɪ] постоя́нно

continuation [kəntɪnju'eɪʃn] продолже́ние

continue [kən'tɪnju:] продолжа́ть(ся)

continuous [kən'tɪnjuəs] непреры́вный

contraceptive [kɔntrə'septɪv] противозача́точное сре́дство

contract ['kɔntrækt] догово́р

contraction [kən'trækʃn] сжа́тие, сокраще́ние

contradict [kɔntrə'dɪkt] 1) опроверга́ть 2) противоре́чить; ~ion [kɔntrə'dɪkʃn] 1) опроверже́ние 2) противоре́чие

contrary ['kɔntrərɪ] 1. *a* 1) противополо́жный 2) проти́вный (*о ветре*) 2. *n:* on the ~ наоборо́т

contrast 1. *n* ['kɔntræst] контра́ст 2. *v* [kən'træst] 1) противопоставля́ть 2) составля́ть контра́ст

contribute [kən'trɪbju:t] 1) де́лать вклад 2) же́ртвовать (*де́ньги*) 3) (to) спосо́бствовать; that will not ~ much to my happiness э́то не о́чень спосо́бствует моему́ сча́стью 4) сотру́дничать (*в газе́те, журна́ле*)

contribution [kɔntrɪ'bju:ʃn] 1) вклад; ~ to science вклад в нау́ку 2) соде́йствие 3) сотру́дничество

contrivance [kən'traɪvəns]

изобретéние; приспособлéние

control [kən'trəul] 1. *n* 1) управлéние; have ~ over one's feelings владéть собóй 2) контрóль 2. *v* 1) управлять; ~ oneself! держи себя в рукáх! 2) контролировать

controversy ['kɔntrəvə:sɪ] спор; полéмика

convalescence [kɔnvə'lesns] выздоровлéние

convene [kən'vi:n] созывáть

convenience [kən'vi:njəns] удóбство

convenient [kən'vi:njənt] удóбный; подходящий

conventional [kən'venʃənl] 1) принятый 2) чóпорный, благовоспитанный

conversation [kɔnvə'seiʃn] разговóр, бесéда

conversion [kən'və:ʃn] 1) превращéние 2) конвéрсия

convert [kən'və:t] 1) превращáть 2) обращáть (*в другую вéру*); ~ible [-əbl] конвертируемый

convex ['kɔnveks] выпуклый

convey [kən'vei] 1) перевозить 2) передавáть (*мысль, звук*)

convict 1. *v* [kən'vɪkt] признавáть винóвным, осуждáть 2. *n* ['kɔnvɪkt] осуждённый, заключённый; кáторжник

conviction [kən'vɪkʃn] 1) убеждéние 2) *юр.* осуждéние

convince [kən'vɪns] убеждáть

convincing [kən'vɪnsɪŋ] убедительный

cook [kuk] 1. *v* готóвить пищу; варить 2. *n* кухáрка; пóвар

cooker ['kukə] плитá

cool [ku:l] 1. *a* 1) прохлáдный, свéжий 2) хладнокрóвный 2. *v* 1) охлаждáть 2) остывáть

cooperate [kəu'ɔpəreit] сотрýдничать

coordinate 1. *v* [kəu'ɔ:dɪneit] координировать 2. *n* [kəu'ɔ:dənɪt] координáта

coordinated [kəu'ɔ:dɪneitɪd] согласóванный

cop [kɔp] *разг.* полицéйский

cope [kəup] справляться (*с дéлом, задáчей*)

copper ['kɔpə] медь

copy ['kɔpɪ] 1. *n* 1) кóпия 2) экземпляр 3) репродýкция 2. *v* 1) снимáть кóпию 2) копировать 3) подражáть комý-л.; ~book [-buk] тетрáдь

copyright ['kɔpɪrait] áвторское прáво

cord [kɔ:d] 1) верёвка; шнур 2) *анат.* связка

cordial ['kɔdjəl] сердéчный

core [kɔ:] 1) сердцевина 2) сýщность, суть

cork [kɔ:k] 1. *n* прóбка 2.

42

v затыкáть прóбкой; ~-screw ['kɔ:kskru:] штóпор

corn I [kɔ:n] 1) зернó 2) хлебá 3) *амер.* кукурýза, маи́с

corn II [kɔ:n] мозóль

corner ['kɔ:nə] ýгол

cornflower ['kɔ:nflauə] василёк

corps [kɔ:] *воен.* кóрпус

corpse [kɔ:ps] труп

correct [kɔ'rekt] 1. *a* прáвильный 2. *v* корректи́ровать; исправля́ть; ~ion [kə'rekʃn] исправлéние

correspond [kɔrıs'pɔnd] 1) соотвéтствовать 2) перепи́сываться

corroborate [kə'rɔbəreıt] подтверждáть

corrupt [kə'rʌpt] 1. *v* 1) пóртить; развращáть 2) подкупáть 2. *a* 1) испóрченный; развращённый 2) продáжный; ~ion [kə'rʌpʃn] 1) извращéние 2) продáжность 3) ковéрканье (*слова, фамилии и т. п.*)

cosmodrome ['kɔzmədrəum] космодрóм

cosmonaut ['kɔzmənɔ:t] космонáвт

cosmos ['kɔzməs] кóсмос, вселéнная

cost [kɔst] 1. *n* 1) ценá; стóимость 2) *pl* судéбные издéржки 2. *v* (cost; cost) стóить, обходи́ться; how much does it ~? скóлько э́то стóит?

cosy ['kəuzı] ую́тный

cottage ['kɔtıdʒ] 1) дере-

вéнский дом; хи́жина 2) коттéдж

cotton ['kɔtn] 1. *n* 1) хлóпок 2) (хлопчато)бумáжная ткань 2. *a* (хлопчато)бумáжный; ~ wool вáта

couch [kautʃ] кушéтка

cough [kɔf] 1. *n* кáшель 2. *v* кáшлять

could [kud] *past от* can I

council ['kaunsl] 1) совéт (*организация*) 2) совещáние

counsel ['kaunsəl] 1. *n* 1) совéт (*указание*) 2) адвокáт 2. *v* совéтовать; ~or [-ə] совéтник

count [kaunt] 1. *v* считáть; ~ on рассчи́тывать (*на кого-л., что-л.*) 2. *n* счёт

counter ['kauntə] прилáвок; стóйка

counteract [kauntə'rækt] противодéйствовать

countermand [kauntə'ma:nd] отменя́ть (*приказание, заказ*)

country ['kʌntrı] 1) странá 2) дерéвня; ~man [-mən] соотéчественник

county ['kauntı] грáфство

couple ['kʌpl] пáра; четá

courage ['kʌrıdʒ] мýжество; хрáбрость; ~ous [kə'reıdʒəs] хрáбрый

course [kɔ:s] 1) курс 2) ход, течéние; let things take their ~! пусть всё идёт свои́м чередóм! 3) блюдо (*за обедом и т. п.*) ◇ of ~ конéчно court [kɔ:t] 1. *n* 1) двор 2) суд 2. *v* уха́живать

courteous ['kə:tjəs] ве́жливый, учти́вый

courtesy ['kə:tısı] ве́жливость, учти́вость

courtyard ['kɔ:tja:d] двор

cousin ['kʌzn] двою́родный брат, двою́родная сестра́

cover ['kʌvə] 1. *v* 1) закрыва́ть; покрыва́ть 2) охва́тывать 2. *n* 1) (по)кры́шка; покрыва́ло; чехо́л; take ~ пря́таться 2) прибо́р (*обеденный*)

covet ['kʌvıt] жа́ждать; домога́ться; ~ous ['kʌvıtəs] а́лчный, скупо́й

cow [kau] коро́ва

coward ['kauəd] трус; ~ice [-ıs] тру́сость; ~ly [-lı] трусли́вый; малоду́шный

cowboy ['kaubɔı] ковбо́й

coy [kɔı] засте́нчивый

crab [kræb] 1) краб 2) (C.) Рак (*знак зодиака*)

crack [kræk] 1. *v* 1) раска́лывать(ся), тре́скаться 2) щёлкать 2. *n* тре́щина

cracker ['krækə] 1) пече́нье 2) хлопу́шка

crackle ['krækl] хрусте́ть; потре́скивать

cradle ['kreıdl] колыбе́ль

craft [kra:ft] 1) ремесло́ 2) су́дно; *собир.* суда́

craftsman ['kra:ftsmən] реме́сленник

cram [kræm] 1) запи́хивать 2) пи́чкать 3) учи́ть на-спех; ната́скивать (*к экзаменам*)

crane [kreın] 1) жура́вль 2) подъёмный кран

crank I [kræŋk] рукоя́тка, ру́чка

crank II [kræŋk] чуда́к

crash [kræʃ] 1. *n* 1) треск, гро́хот 2) ава́рия 3) крах, банкро́тство 2. *v* 1) разби́ть(ся) (*о самолёте, машине*) 2) потерпе́ть крах

crawl [krɔ:l] по́лзать

craze [kreız] ма́ния; увлече́ние

crazy ['kreızı] поме́шанный

creak [kri:k] 1. *n* скрип 2. *v* скрипе́ть

cream [kri:m] 1. *n* сли́вки; крем; double ~ густы́е сли́вки 2. *a* кре́мовый

crease [kri:s] скла́дка

create [kri:'eıt] твори́ть, создава́ть

creation [kri:'eıʃn] созда́ние; (со)творе́ние

creative [kri:'eıtıv] тво́рческий

creator [kri:'eıtə] творе́ц, созда́тель, а́втор

creature ['kri:tʃə] созда́ние

credentials [krı'denʃəlz] *pl* 1) вери́тельные гра́моты 2) рекоменда́ция

credit ['kredıt] 1) дове́рие 2) честь 3) креди́т

credulity [krı'dju:lıtı] легкове́рие

credulous ['kredjuləs] легкове́рный

creed [kri:d] 1) вероуче́ние 2) кре́до

creep [kri:p] (crept; crept) 1) по́лзать 2) кра́сться; ~er ['kri:pə] вью́щееся расте́ние

cremate [krɪ'meɪt] сжига́ть, креми́ровать

crept [krept] *past и p. p. от* creep

crescent ['kresnt] полуме́сяц

crest [krest] 1) гребешо́к, хохоло́к 2) гре́бень (*волны́, горы́*)

crevice ['krevɪs] тре́щина, расще́лина

crew I [kru:] экипа́ж, кома́нда (*судна*)

crew II [kru:] *past от* crow I

crib [krɪb] *разг.* шпарга́лка

cricket I ['krɪkɪt] сверчо́к

cricket II ['krɪkɪt] *спорт.* кри́кет

crime [kraɪm] преступле́ние

criminal ['krɪmɪnl] 1. *a* престу́пный; уголо́вный 2. *n* престу́пник

crimson ['krɪmzn] а́лый; мали́новый

cringe [krɪndʒ] раболе́пствовать

cripple ['krɪpl] 1. *n* кале́ка 2. *v* кале́чить

crisis ['kraɪsɪs] 1) кри́зис 2) перело́м (*в ходе болезни*)

crisp [krɪsp] рассы́пчатый, хрустя́щий

critical ['krɪtɪkəl] крити́ческий

criticism ['krɪtɪsɪzm] кри́тика

criticize ['krɪtɪsaɪz] критикова́ть; порица́ть

crocodile ['krɔkədaɪl] кроко́дил

crook [kruk] 1) изги́б 2) *разг.* жу́лик, моше́нник; ~ed ['krukɪd] 1) криво́й 2) нече́стный

crop [krɔp] 1. *n* 1) урожа́й; посе́в 2) зоб 2. *v* 1) подстрига́ть (*волосы*) 2) щипа́ть траву́ (*о животных*)

cross I [krɔs] 1. *n* крест 2. *v* 1) пересека́ть 2) переезжа́ть, переходи́ть (*реку, доро́гу*) 3) скре́щивать (*поро́ды*); ~ out вычёркивать

cross II [krɔs] серди́тый

cross-examination [krɔs ɪgzæmɪ'neɪʃn] перекрёстный допро́с

crossing ['krɔsɪŋ] перепра́ва

crossroads ['krɔsrəudz] перекрёсток

crouch [krautʃ] притаи́ться

crow I [krəu] (crowed, crew; crowed) петь, крича́ть (*о петухе*)

crow II [krəu] воро́на

crowd [kraud] 1. *n* толпа́ 2. *v* толпи́ться; тесни́ться

crown [kraun] 1. *n* 1) коро́на 2) вено́к 3) маку́шка 4) кро́на (*моне́та*) 2. *v* 1) коронова́ть 2) увенчива́ть; to ~ all в доверше́ние всего́ crucial ['kru:ʃjəl] реша́ющий, крити́ческий

crucify ['kru:sɪfaɪ] распя́ть (на кресте)

crude [kru:d] 1) сыро́й, незре́лый; перен. примити́вный 2) необрабо́танный

cruel [kruəl] жесто́кий; ~ty ['kruəltɪ] жесто́кость

cruise [kru:z] 1. v крейси́ровать 2. n крейси́рование

cruiser ['kru:zə] кре́йсер

crumb [krʌm] кро́шка

crumble ['krʌmbl] 1) кроши́ть(ся) 2) мять(ся)

crush [krʌʃ] 1. v 1) (раз)дави́ть 2) (с)мять 2. n да́вка

crust [krʌst] ко́рка

crutch [krʌtʃ] косты́ль

cry [kraɪ] 1. v 1) крича́ть; восклица́ть 2) пла́кать 2. n крик

cub [kʌb] детёныш (зверя)

cube [kju:b] куб

cubic ['kju:bɪk] куби́ческий

cuckoo ['kuku:] куку́шка

cucumber ['kju:kəmbə] огуре́ц

cue [kju:] 1) ре́плика 2) намёк

cuff [kʌf] 1) манже́та; обшла́г 2) уда́р

culprit ['kʌlprɪt] 1) обвиня́емый 2) престу́пник

cultivate ['kʌltɪveɪt] 1) возде́лывать (землю) 2) развива́ть (таланты)

culture ['kʌltʃə] культу́ра; ~d [-d] культу́рный

cunning ['kʌnɪŋ] 1. n хи́трость 2. a хи́трый, кова́рный

cup [kʌp] 1) ча́шка 2) ку́бок; ~board ['kʌbəd] шкаф; буфе́т

curb [kə:b] 1. n 1) узда́ 2) край тротуа́ра 2. v обу́здывать

curdle ['kə:dl] свёртываться (о молоке)

curds [kə:dz] pl творо́г

cure [kjuə] 1. v 1) лечи́ть 2) консерви́ровать 2. n сре́дство; лече́ние

curiosity [kjuərɪ'ɔsɪtɪ] любопы́тство

curious ['kjuərɪəs] 1) любопы́тный 2) любозна́тельный 3) курьёзный, стра́нный

curl [kə:l] 1. v ви́ться; завива́ть(ся) 2. n ло́кон, завито́к

currant ['kʌrənt] 1) кори́нка 2) сморо́дина

currency ['kʌrənsɪ] 1) (де́нежное) обраще́ние 2) валю́та

current ['kʌrənt] 1. a 1) теку́щий 2) ходя́чий (о выражениях и т. п.) 2. n 1) пото́к; тече́ние 2) струя́; эл. ток

curse [kə:s] 1. v проклина́ть 2. n прокля́тие

cursory ['kə:sərɪ]: ~ reading бе́глое чте́ние

curt [kə:t] сухо́й (об ответе и т. п.)

curtail [kə:'teɪl] сокращáть, урéзывать

curtain ['kə:tn] 1. *n* зáнавес, занавéска 2. *v* за(на)вéшивать

curve [kə:v] 1. *n* кривáя (лúния) 2. *v* изгибáть(ся)

cushion ['kuʃən] (дивáнная) подýшка

custody ['kʌstədɪ] 1) опéка 2): in ~ под арéстом

custom ['kʌstəm] 1) обы́чай 2) привы́чка

customary ['kʌstəmərɪ] обы́чный

customer ['kʌstəmə] покупáтель; закáзчик

custom house ['kʌstəm haus] тамóжня

customs ['kʌstəmz] *pl* 1) тамóженный контрóль 2) тамóженные пóшлины

cut [kʌt] 1. *n* порéз; разрéз 2. *v* (cut; cut) 1) рéзать 2) рубúть 3) стричь; ~ down сокращáть; ~ off отключáть (*электричество*); ~ out вырезáть; кройть ◇ he is ~ting his teeth у негó прорéзываются зýбы

cut glass ['kʌtglɑ:s] хрустáль (*посуда*)

cutlery ['kʌtlərɪ] столóвый прибóр (*вилки, ложки, ножи*)

cutlet ['kʌtlɪt] котлéта

cutting ['kʌtɪŋ] 1. *n* газéтная вы́резка 2. *a* óстрый, рéзкий; ~ remark язвúтельное замечáние

cybernetics [saɪbə:'netɪks] кибернéтика

cycle ['saɪkl] цикл

cyclist ['saɪklɪst] велосипедúст

cynical ['sɪnɪkəl] цинúчный; бессты́дный

cypress ['saɪprɪs] кипарúс

Czech [tʃek] 1. *n* чех 2. *a* чéшский

Czechoslovak ['tʃekəu'sləu væk] чехословáцкий

D

dad, daddy [dæd, 'dædɪ] *разг.* пáпа, пáпочка

dagger ['dægə] кинжáл

daily ['deɪlɪ] 1. *a* ежеднéвный 2. *adv* ежеднéвно

dainty ['deɪntɪ] лáкомство; деликатéс

dairy ['dɛərɪ] молóчный магазúн; ~ farm молóчная фéрма

daisy ['deɪzɪ] маргарúтка

dam [dæm] 1. *n* дáмба, плотúна 2. *v* запрýживать

damage ['dæmɪdʒ] 1. *n* 1) вред 2) ущéрб 3) *pl юр.* убы́тки; вознаграждéние за убы́тки 2. *v* 1) повреждáть 2) наносúть ущéрб

damn [dæm] 1. *n* проклятие 2. *v:* ~ it! чёрт возьмú!

damp [dæmp] 1. *n* 1) сы́рость; влáжность 2) уны́ние, подáвленность 2. *a* сырóй, влáжный dance [dɑ:ns] 1. *n* 1) тáнец 2) бал 2. *v* танцевáть

dancer ['dɑ:nsə] танцóвщица; танцóр

dandelion ['dændɪlaɪən] одувáнчик

Dane [deɪn] датчáнин

danger ['deɪndʒə] опáсность; ~ous ['deɪndʒrəs] опáсный

dangle ['dæŋgl] 1) качáться 2) подвéшивать

Danish ['deɪnɪʃ] дáтский

dare [dɛə] 1) сметь, отвáживаться 2) (*smb. to*) вызывáть на ◇ I ~ say вероя́тно

daring ['dɛərɪŋ] 1. *n* смéлость, отвáга 2. смéлый, отвáжный

dark [dɑ:k] 1. *a* 1) тёмный 2) смýглый 2. *n* темнотá; ~ness ['dɑ:knɪs] темнотá

darling ['dɑ:lɪŋ] 1. *a* любúмый; мúлый; дорогóй 2. *n* любúмец

darn [dɑ:n] штóпать

dash [dæʃ] 1. *v* промчáться 2. *n* тирé

data ['deɪtə] *pl* 1) дáнные 2) фáкты

database ['deɪtəbeɪs] *вчт.* бáза дáнных

date I [deɪt] 1. *n* 1) дáта, числó; врéмя; out of ~ устарéлый; up to ~ совремéнный 2) *амер. разг.* свидáние; make a ~ назначáть свидáние 2. *v* датúровать; ~ from относúться (*к какому-л. врéмени*)

date II [deɪt] фúник

daughter ['dɔ:tə] дочь; ~-in-law ['dɔ:tərɪnlɔ:] невéстка, снохá

daunt ['dɔ:nt] запýгивать, обескурáживать

daw [dɔ:] гáлка

dawdle ['dɔ:dl] (away) зря трáтить врéмя, бездéльничать

dawn [dɔ:n] 1. *v* рассветáть 2. *n* рассвéт; (ýтренняя) заря́

day [deɪ] день; ~ off выходнóй день; the ~ before yesterday позавчерá; the ~ after tomorrow послезáвтра; ~break ['deɪbreɪk] рассвéт

daze [deɪz] удивúть, ошеломúть

dazed [deɪzd] ошеломлённый

dazzle ['dæzl] ослепля́ть; прельщáть

dead [ded] мёртвый; he is ~ он ýмер ◇ ~ shot мéткий стрелóк

deaf [def] глухóй; ~ mute глухонемóй; ~en ['defn] 1) оглушáть 2) заглушáть

deal [di:l] 1. *v* (dealt; dealt) сдавáть (*кáрты*); ~ in торговáть; ~ out распредéля́ть; ~ with имéть дéло (*с кем-л.*) 2. *n* 1) колúчество; a great ~ of мнóго 2) сдéлка, дéло; ~ing(s) ['di:lɪŋ(z)] делá, деловы́е отношéния

dealt [delt] *past и p. p. от* deal 1

dean [di:n] 1) декáн 2) настоя́тель собóра

dear I [dɪə] 1. *a* дорогóй; my ~ мой мúлый; ~ Sir мúлостивый госудáрь (*в письмáх*) 2. *adv* дóрого

death [deθ] смерть; put to ~ казнúть; ~ rate ['deθreɪt] смéртность, процéнт смéртности

debate [dɪ'beɪt] 1. *v* обсуждáть 2. *n* 1) дебáты, прéния 2) спор

debt [det] долг; ~or ['detə] должнúк

decade ['dekeɪd] десятилéтие

decathlon [dɪ'kæθlɔn] десятибóрье

decay [dɪ'keɪ] 1. *v* 1) гнить, разлагáться 2) приходúть в упáдок 2. *n* 1) гниéние; разложéние; распáд 2) упáдок

deceased [dɪ'si:st] (the) покóйник, умéрший

deceit [dɪ'si:t] обмáн, хúтрость

deceive [dɪ'si:v] обмáнывать

December [dɪ'sembə] декáбрь

decency ['di:snsɪ] прилúчие, благопристóйность

decent ['di:snt] 1) прилúчный; порядочный 2) скрóмный

deception [dɪ'sepʃn] обмáн

deceptive [dɪ'septɪv] обмáнчивый

decide [dɪ'saɪd] решáть

decimal ['desɪməl] 1. *a* десятúчный 2. *n* десятúчная дробь

decimate ['desɪmeɪt] убúть, уничтóжить бóльшую часть

decipher [dɪ'saɪfə] расшифрóвывать

decision [dɪ'sɪʒn] 1) решéние 2) решúмость

decisive [dɪ'saɪsɪv] 1) решáющий 2) решúтельный

deck [dek] пáлуба

declaim [dɪ'kleɪm] 1) говорúть с пáфосом, декламúровать 2) (against) протестовáть

declaration [deklə'reɪʃn] 1) заявлéние; декларáция 2) объявлéние

declare [dɪ'klɛə] 1) объявлять; провозглашáть 2) заявлять

declension [dɪ'klenʃn] *грам.* склонéние

decline [dɪ'klaɪn] 1. *v* 1) отклонять; отказывать(ся) 2) *грам.* склонять 2. *n* упáдок, падéние

decontrol [di:kən'trəul] освобождáть от госудáрственного контрóля

decorate ['dekəreɪt] 1) украшáть 2) награждáть знáком отлúчия

decoration [dekə'reɪʃn] 1) украшéние 2) знак отлúчия, óрден

decoy [dɪ'kɔɪ] 1. *n* 1) западня 2) примáнка 2. *v* замáнивать в ловýшку

decrease 1. *v* [di:'kri:s] уменьшáть(ся); убывáть 2. *n* ['di:kri:s] уменьшéние; ýбыль

decree [dı'kri:] 1. *n* декрéт, укáз 2. *v* издавáть декрéт; постановлять

decrepit [dı'krepıt] 1) вéтхий 2) дрЯхлый

decry [dı'kraı] выступáть прóтив, осуждáть

dedicate ['dedıkeıt] посвящáть

deduct [dı'dʌkt] вычитáть; отнимáть; ~ion [dı'dʌkʃn] 1) вычитáние; вЫчет; удержáние 2) вЫвод, заключéние

deed [di:d] 1) дéло, постýпок 2) *юр.* докумéнт, акт

deep [di:p] 1. *a* глубóкий 2. *adv* глубокó; ~ly ['di:plı] глубокó

deer [dıə] олéнь; лань

deface [dı'feıs] пóртить (внéшний вид)

defame [dı'feım] клеветáть, порóчить

defeat [dı'fi:t] 1. *v* побеждáть, наносúть поражéние 2. *n* поражéние

defect [dı'fekt] недостáток; недочёт; ~ive [-ıv] неиспрáвный; недостáточный, неполноцéнный; дефектúвный

defence [dı'fens] защúта; оборóна; ~less [-lıs] беззащúтный

defend [dı'fend] защищáть

defensive [dı'fensıv] 1. *a* оборонúтельный 2. *n* оборóна

deference ['defərəns] почтúтельность

defiance [dı'faıəns] вЫзов, открЫтое неповиновéние

defiant [dı'faıənt] вызывáющий

deficiency [dı'fıʃənsı] недостáток; дефицúт

define [dı'faın] определять, устанáвливать

definite ['defınıt] определённый

definition [defı'nıʃn] определéние

deflection [dı'flekʃn] отклонéние

deformed [dı'fɔ:md] обезобрáженный

deft [deft] лóвкий, искýсный

defuse [di:'fju:z] снúзить напряжéние, успокóить

defy [dı'faı] 1) дéйствовать наперекóр; ~ *smb.* to вызывáть на спор; I ~ you to find ручáюсь, что не найдёте 2) пренебрегáть (*опасностью и т. п.*)

degenerate 1. *v* [dı'dʒenəreıt] вырождáться 2. *a* [dı'dʒenərıt] вырождáющийся 3. *n* [dı'dʒenərıt] дегенерáт

degrade [dı'greıd] понижáть; разжáловать; ~d [-ıd] 1) разжáлованный 2) опустúвшийся

degree [dı'gri:] 1) ступéнь; стéпень; by ~s постепéнно 2) грáдус 3) учёная стéпень

deign [deın] снизойтú

deity ['di:ıtı] божествó

dejected [dɪ'dʒektɪd] удру-
чённый, угнетённый

delay [dɪ'leɪ] 1. *v* задёр-
живать; откладывать; мед-
лить 2. *n* задержка; промед-
ление

delegate 1. *v* ['delɪgeɪt] по-
сылать делегатом 2. *n*
['delɪgɪt] делегат

deliberate [dɪ'lɪbərɪt] обду-
манный, намеренный

delicacy ['delɪkəsɪ] 1) де-
ликатность; тонкость 2)
нежность (*красок*) 3) хруп-
кость, болезненность 4) ла-
комство

delicate ['delɪkɪt] 1) тонкий 2) болезненный, слабый
3) щекотливый (*вопрос, дело*) 4) тактичный

delicious [dɪ'lɪʃəs] 1) вос-
хитительный, прелестный 2)
вкусный

delight [dɪ'laɪt] 1. *n* на-
слаждение; восторг 2. *v* приводить в восторг; ~ful
[dɪ'laɪtful] прелестный, вос-
хитительный

delinquency [dɪ'lɪŋkwənsɪ]
преступность, правонаруше-
ние (несовершеннолетних)

delirium [dɪ'lɪrɪəm] бред

deliver [dɪ'lɪvə] 1) доставлять 2) освобождать; избав-
лять 3) сделать (*доклад*);
произносить (*речь*); ~ance
[dɪ'lɪvərəns] освобождение,
избавление

delivery [dɪ'lɪvərɪ] 1) до-
ставка 2) роды

delusion [dɪ'lu:ʒn] заблуждение

demand [dɪ'ma:nd] 1. *v* 1)
требовать 2) спрашивать 2.
n 1) требование 2) эк. спрос;
in ~ имеющий спрос

demeanour [dɪ'mi:nə] поведение

demobilize [di:'məubɪlaɪz]
демобилизовать

democracy [dɪ'mɔkrəsɪ] де-
мократия

democratic [demə'krætɪk]
демократический

demolish [dɪ'mɔlɪʃ] разрушать

demonstrate ['demənstreɪt]
1) показывать; демонстриро-
вать 2) доказывать

demonstration [deməns
'treɪʃn] 1) показ; демонстра-
ция 2) доказательство

demoralized [dɪ'mɔrəlaɪzd]
1) обескураженный; демора-
лизованный 2) опустившийся
ся

demote [dɪ'məut] понизить
в должности

den [den] 1) берлога 2)
притон

denial [dɪ'naɪəl] отрица-
ние

denomination [dɪnɔmɪ
'neɪʃn] 1) название; наиме-
нование 2) вероисповедание
3) : money of small ~s купю-
ры малого достоинства

denote [dɪ'nəut] означать;
обозначать

denounce [dɪ'nauns] обвинять, обличать

dense [dens] густóй, плóтный

density ['densıtı] плóт-
ность

dent [dent] вы́емка, углуб-
лéние

dentist ['dentıst] зубнóй
врач

denude [dı'nju:d] обна-
жáть, оголя́ть

deny [dı'naı] 1) отрицáть
2) откáзывать (ся)

deodorant [di:'əudərənt]
дезодорáнт

depart [dı'pa:t] отбывáть,
уезжáть

department [dı'pa:tmənt]
1) отдéл; ~ store универмáг
2) вéдомство; департáмент
3) *амер.* министéрство

departure [dı'pa:tʃə] 1)
отбы́тие, отъéзд; вы́лет, от-
лёт 2) отклонéние

depend [dı'pend] (on) 1)
зави́сеть (от) 2) полагáться
(на); ~ant [-ənt] иждивéнец;
~ence [-əns] зави́симость;
~ent [-ənt] зави́симый

depict [dı'pıkt] опи́сывать

deplorable [dı'plɔ:rəbl]
плачéвный

deportation [di:pɔ:'teıʃən]
депортáция, вы́сылка

deposit [dı'pɔzıt] 1. *v* 1)
класть 2) положи́ть (*в банк*)
3) отлагáть, давáть осáдок 2.
n 1) вклад 2) задáток 3)
осáдок

depot ['depəu] 1) депó 2)
склад 3) *амер.* железнодо-
рóжная стáнция

depraved [dı'preıvd] ис-
пóрченный; развращённый

deprecate ['deprəkeıt]
осуждáть, протестовáть

depreciate [dı'pri:ʃıeıt]
обесцéнивать (ся)

depress [dı'pres] удру-
чáть, угнетáть; ~ion
[dı'preʃn] 1) уны́ние 2) *эк.*
депрéссия

deprive [dı'praıv] лишáть

depth [depθ] глубинá

deputy ['depjutı] 1) депу-
тáт; делегáт 2) замести́тель

deranged [dı'reındʒd] не-
нормáльный, сумасшéдший

derisive [dı'raısıv] на-
смéшливый, ирони́ческий

derivation [derı'veıʃn] ис-
тóчник, происхождéние, начáло

descend [dı'send] спу-
скáться; be ~ed from происхо-
ди́ть от; ~ant [-ənt] потó-
мок

descent [dı'sent] 1) спуск
2) склон 3) десáнт 4) происхождéние

describe [dıs'kraıb] опи́-
сывать

description [dıs'krıpʃn]
описáние

desert 1. *v* [dı'zə:t] 1) покидáть, бросáть 2) дезерти́-
ровать 2. *n* ['dezət] пусты́ня
3. *a* ['dezət] необитáемый;
~ed [dı'zə:tıd] брóшенный,
пусты́нный; ~er [dı'zə:tə]
дезерти́р

deserts [dı'zə:ts] *pl* заслýги; according to one's ~ по заслу́гам

deserve [dı'zə:v] заслу́живать

design [dı'zaın] 1. *n* 1) за́мысел 2) прое́кт 3) узо́р 2. *v* 1) замышля́ть; намерева́ться 2) проекти́ровать

designate ['dezıgneıt] (пред)назнача́ть

desirable [dı'zaıərəbl] жела́тельный

desire [dı'zaıə] 1. *n* жела́ние 2. *v* жела́ть

desirous [dı'zaıərəs]: be ~ of жела́ть

desk [desk] 1) пи́сьменный стол 2) конто́рка 3) па́рта

desolate ['desəlıt] поки́нутый, забро́шенный

despair [dıs'pɛə] 1. *n* отча́яние 2. *v* (of) отча́иваться

despatch [dıs'pætʃ] *см.* dispatch

desperate ['despərıt] отча́янный, безнадёжный

despicable [de'spıkəbl] презре́нный

despise [dıs'paız] презира́ть

despite [dıs'paıt] несмотря́ на, вопреки́

despotic [des'pɔtık] деспоти́ческий

destination [destı'neıʃn] 1) (пред)назначе́ние 2) ме́сто назначе́ния

destiny ['destını] судьба́

destitute ['destıtju:t]

(си́льно) нужда́ющийся; ~ of лишённый чего́-л.

destroy [dıs'trɔı] разруша́ть; уничтожа́ть

destroyer [dıs'trɔıə] эска́дренный миноно́сец

destruction [dıs'trʌkʃn] разруше́ние, уничтоже́ние

detach [dı'tætʃ] 1) отделя́ть 2) *воен.* посыла́ть; ~ment [-mənt] 1) отделе́ние 2) отря́д

detail ['di:teıl] подро́бность, дета́ль

detain [dı'teın] 1) заде́рживать 2) уде́рживать (*зарплату*)

detect [dı'tekt] обнару́живать

detective [dı'tektıv] сы́щик

detention [dı'tenʃən] задержа́ние, аре́ст

deteriorate [dı'tıərıəreıt] ухудша́ться, по́ртиться

determination [dıtə:mı-'neıʃn] 1) определе́ние 2) реши́мость

determine [dı'tə:mın] 1) определя́ть 2) реша́ть(ся)

detest [dı'test] ненави́деть

detonate ['detəneıt] взрыва́ть

devaluation [di:vælju'eıʃən] девальва́ция

devastate ['devəsteıt] опустоша́ть, разоря́ть

develop [dı'veləp] 1) развива́ть(ся) 2) *фото* проявля́ть; ~ment [-mənt] 1) разви́тие 2) *фото* проявле́ние

deviation [di:vɪ'eɪʃn] 1) отклонéние 2) *полит.* уклóн

device [dɪ'vaɪs] 1) план, схéма, проéкт 2) девúз 3) приспособлéние; механúзм

devil ['devl] дьáвол, чёрт

devise [dɪ'vaɪz] придýмывать; изобретáть

devoid [dɪ'vɔɪd] (of) лишённый чегó-л.

devote [dɪ'vəut] посвящáть (себя́); ~d [-ɪd] прéданный

devotion [dɪ'vəuʃn] прéданность

devour [dɪ'vauə] пожирáть

dew [dju:] росá

dexterity [deks'terɪtɪ] провóрство, лóвкость

diagram ['daɪəgræm] диагрáмма; схéма

dial ['daɪəl] 1. *n* циферблáт 2. *v* набирáть нóмер (*по телефóну*)

dialectical [daɪə'lektɪkəl] диалектúческий

diameter [daɪ'æmɪtə] диáметр

diamond ['daɪəmənd] алмáз; бриллиáнт

diaper ['daɪəpə] пелёнка

diary ['daɪərɪ] дневнúк

dictate [dɪk'teɪt] диктовáть

dictation [dɪk'teɪʃn] диктáнт

dictatorship [dɪk'teɪtəʃɪp] диктатýра

dictionary ['dɪkʃənrɪ] словáрь

did [dɪd] *past om* do

die [daɪ] умирáть; ~ away замирáть (*о звýке*)

diet ['daɪət] 1) пúща 2) диéта

differ ['dɪfə] 1) отличáться 2) расходúться во мнéниях; ~ence ['dɪfrəns] 1) рáзница, разлúчие 2) разноглáсие; ~ent ['dɪfrənt] 1) другóй 2) рáзный

difficult ['dɪfɪkəlt] трýдный; ~y [-ɪ] трýдность; затруднéние

diffidence ['dɪfɪdəns] неувéренность в себé

diffident ['dɪfɪdənt] неувéренный; застéнчивый

diffuse [dɪ'fju:s] 1) многослóвный 2) рассéянный (*о свéте*)

dig [dɪg] (dug; dug) рыть, копáть; закáпывать

digest 1. *v* [dɪ'dʒest] 1) перевáривать 2) усвáивать 2. *n* ['daɪdʒest] крáткое изложéние; ~ion [dɪ'dʒestʃn] пищеварéние

dignified ['dɪgnɪfaɪd] достóйный

dignity ['dɪgnɪtɪ] 1) достóинство 2) звáние, сан

dike [daɪk] 1) канáва 2) дáмба

dilapidated [dɪ'læpɪdeɪtɪd] вéтхий, полуразвалúвшийся

diligence ['dɪlɪdʒəns] прилежáние

diligent ['dɪlɪdʒənt] прилéжный

dilittante [dɪlɪ'tæntɪ] дилетáнт, любúтель

dill [dɪl] укрóп

dilute [daɪ'lju:t] разбавля́ть

dim [dɪm] 1) ту́склый, нея́сный 2) сла́бый (*о зрении*) 3) тума́нный, сму́тный

dime [daɪm] *амер.* моне́та в 10 це́нтов

dimension [dɪ'menʃn] 1) измере́ние 2) *pl* разме́ры, величина́

diminish [dɪ'mɪnɪʃ] уменьша́ться

diminutive [dɪ'mɪnjutɪv] 1) миниатю́рный 2) *грам.* уменьши́тельный

dimple ['dɪmpl] я́мочка (*на щеке*)

dine [daɪn] обе́дать

dining car ['daɪnɪŋka:] ваго́н-рестора́н

dining room ['daɪnɪŋrum] столо́вая

dinner ['dɪnə] обе́д

dip [dɪp] 1. *v* окуна́ть; ~ the flag спусти́ть флаг 2. *n:* have a ~ искупа́ться

diplomacy [dɪ'pləuməsɪ] дипломати́я

diplomat ['dɪpləmæt] диплома́т; ~ic [dɪplə'mætɪk] дипломати́ческий

direct [dɪ'rekt] 1. *a* прямо́й 2. *v* 1) направля́ть 2) руководи́ть 3) прика́зывать; ~ion [dɪ'rekʃn] 1) направле́ние 2) указа́ние 3) руково́дство; ~ly [-lɪ] 1) пря́мо 2) то́тчас, неме́дленно

directory [dɪ'rektərɪ] а́дресная кни́га, спра́вочник

dirt [də:t] грязь; ~y ['də:tɪ] гря́зный

disabled [dɪs'eɪbld] иска́леченный, вы́веденный из стро́я

disadvantage [dɪsəd'va:ntɪdʒ] неудо́бство; невы́года; at a ~ в невы́годном положе́нии; catch smb. at a ~ заста́ть кого́-л. враспло́х

disagree [dɪsə'gri:] 1) не соглаша́ться 2) расходи́ться, противоре́чить

disagreeable [dɪsə'grɪəbl] неприя́тный

disappear [dɪsə'pɪə] исчеза́ть

disappoint [dɪsə'pɔɪnt] 1) разочаро́вывать 2) обману́ть (*надежды*)

disapprobation [dɪsæprə'beɪʃən] неодобре́ние, осужде́ние

disapproval [dɪsə'pru:vəl] неодобре́ние

disarm [dɪs'a:m] 1) обезору́живать; ~ing smile обезору́живающая улы́бка 2) разоружа́ть(ся)

disaster [dɪ'za:stə] катастро́фа; бе́дствие

disastrous [dɪ'za:strəs] ги́бельный; катастрофи́ческий

disband [dɪs'bænd] распуска́ть (*войска́*)

disbelief [dɪsbɪ'li:f] неве́рие

discern [dɪ'sə:n] различа́ть, ви́деть

discharge [dɪs'tʃa:dʒ] 1. *v*

1) разгружа́ть 2) *эл.* разря-
жа́ть 3) вы́стрелить 4)
увольня́ть 5) выпи́сывать (*из
больни́цы*) **2.** *n* 1) *эл.* разря́д
2) вы́стрел 3) увольне́ние

disciple [dı'saıpl] учени́к,
после́дователь

discipline ['dısıplın] дис-
ципли́на

disclose [dıs'kləus] рас-
крыва́ть, обнару́живать

discomfit [dıs'kʌmfıt] при-
води́ть в замеша́тельство,
наруша́ть пла́ны

discomfort [dıs'kʌmfət] не-
удо́бство

disconcert [dıskən'sə:t]
приводи́ть в замеша́тельство,
смуща́ть

disconnect [dıskə'nekt]
разъединя́ть

discontent [dıskən'tent]
недово́льство; ~ed [-ıd] не-
дово́льный

discontinue [dıskən'tınju:]
прекраща́ть, прерыва́ть

discord ['dısko:d] 1) раз-
до́ры 2) *муз.* диссона́нс

discount 1. *v* [dıs'kaunt] 1)
учи́тывать векселя́ 2) де́лать
ски́дку **2.** *n* ['dıskaunt] 1)
учёт векселе́й 2) ски́дка

discourage [dıs'kʌrıdʒ]
обескура́живать, озада́чи-
вать

discover [dıs'kʌvə] откры-
ва́ть; обнару́живать

discovery [dıs'kʌvərı] от-
кры́тие

discredit [dıs'kredıt] недо-
ве́рие, сомне́ние

discreet [dıs'kri:t] 1) осто-
ро́жный 2) сде́ржанный

discrepancy [dıs'krepənsı]
разногла́сие; противоре́чие

discretion [dıs'kreʃn] 1)
такт; сде́ржанность 2): at
your ~ на ва́ше усмотре́ние

discriminat|e [dıs'krımı
neıt] различа́ть; ~ion [dıskrı
mı'neıʃn] 1) предпочте́ние 2)
дискримина́ция

discuss [dıs'kʌs] обсуж-
да́ть; ~ion [dıs'kʌʃn] обсуж-
де́ние; диску́ссия

disdain [dıs'deın] **1.** *v* пре-
зира́ть; пренебрега́ть **2.** *n*
презре́ние; пренебреже́ние

diseas|e [dı'zi:z] боле́знь;
~ed [-d] больно́й; ~ed liver
больна́я пе́чень

disembark [dısəm'ba:k]
выгружа́ть, выса́живать (на
бе́рег)

disfigure [dıs'fıgə] обезоб-
ра́живать; по́ртить

disgrace [dıs'greıs] **1.** *n* 1)
позо́р, бесче́стье 2): be in ~
быть в неми́лости **2.** *v* позо́-
рить; ~ful [-ful] позо́рный

disguise [dıs'gaız] **1.** *v* 1)
переодева́ться; маскирова́ть-
ся 2) скрыва́ть **2.** *n* маски-
ро́вка; *перен.* ма́ска; in ~ пе-
реоде́тый

disgust [dıs'gʌst] **1.** *n* от-
враще́ние **2.** *v* вызыва́ть от-
враще́ние; be ~ed чу́вство-
вать отвраще́ние

dish [dıʃ] блю́до

dishevelled [dı'ʃevəld] рас-
трёпанный; взъеро́шенный

dishonest [dɪs'ɔnɪst] нечёстный

dishonour [dɪs'ɔnə] позóр; ~**able** [dɪs'ɔnərəbl] бесчéстный, позóрный

dishwasher ['dɪʃwɔʃə] посудомóечная машúна

disillusion [dɪsɪ'lu:ʒn] 1. *v* разочарóвывать 2. *n* разочарóвание

disinterested [dɪs'ɪntrɪstɪd] 1) бескорúстный; беспристрáстный 2) *амер.* равнодýшный

disk [dɪsk] диск; floppy ~ гúбкий диск; ~**ette** [dɪs'ket] дискéта

dislike [dɪs'laɪk] 1. *n* нелюбóвь, непрúязнь 2. *v* не любúть

dismal ['dɪzməl] мрáчный, унúлый

dismay [dɪs'meɪ] ýжас

dismiss [dɪs'mɪs] 1) распускáть (*учеников*) 2) выгонять, увольнять 3): ~ an idea выбросить из головы

dismount [dɪs'maunt] спéшиваться

disobey ['dɪsə'beɪ] не повиновáться; не слýшаться

disorder [dɪs'ɔ:də] беспорядок

disorganize [dɪs'ɔ:gənaɪz] расстрáивать, вносúть беспорядок

dispatch [dɪs'pætʃ] 1. *v* отправлять; посылáть 2. *n* 1) отпрáвка 2) депéша

dispense [dɪs'pens] раздавáть; ~ with обходúться без чегó-л.

disperse [dɪs'pə:s] 1) рассéивать(ся) 2) разгонять

displace [dɪs'pleɪs] перемещáть; ~d persons перемещённые лúца

display [dɪs'pleɪ] 1. *n* 1) покáз, выставка 2) дисплéй 2. *v* 1) выставлять; покáзывать 2) проявлять, обнарýживать

displease [dɪs'pli:z] сердúть, раздражáть; ~d [-d] недовóльный

displeasure [dɪs'pleʒə] неудовóльствие, недовóльство, досáда

disposable [dɪ'spəuzəbl] однорáзовый, однорáзового пóльзования; ~ syringe однорáзовый шприц

disposal [dɪs'pəuzəl]: at my ~ в моём распоряжéнии

dispose [dɪs'pəuz] располагáть ◇ ~ of избавляться от

disposition [dɪspə'zɪʃn] харáктер

dispute [dɪs'pju:t] 1. *v* спóрить; оспáривать 2. *n* спор

disregard ['dɪsrɪ'ga:d] 1. *v* пренебрегáть 2. *n* пренебрежéние

disreputable [dɪs'repjutəbl] пóльзующийся дурнóй репутáцией, позóрный

disrupt [dɪs'rʌpt] разрывáть, разрушáть

dissatisfaction [dɪsætɪs'fækʃn] недовóльство, неудовлетворённость

dissemble [dɪ'sembl] скрывать, маскировать

disseminate [dɪ'semɪneɪt] разбрасывать, рассеивать

dissension [dɪ'senʃn] 1) разногласие 2) разлад

dissident ['dɪsɪdənt] инакомыслящий

dissimilar [dɪ'sɪmɪlə] несходный, непохожий

dissipate ['dɪsəpeɪt] рассеивать, разгонять

dissolution [dɪsə'lu:ʃn] 1) распад 2) роспуск 3) расторжение

dissolve [dɪ'zɔlv] 1) растворять(ся) 2) распускать 3) расторгать

dissuade [dɪ'sweɪd] отговаривать

distance ['dɪstəns] расстояние

distant ['dɪstənt] отдалённый

distinct [dɪs'tɪŋkt] отчётливый, ясный; ~ion [dɪs'tɪŋkʃn] 1) различие, отличие 2) знак отличия

distinguish [dɪs'tɪŋgwɪʃ] 1) различать 2) отличать; ~ed [-t] выдающийся; почётный

distract [dɪs'trækt] отвлекать

distress [dɪs'tres] 1. n 1) горе 2) нужда 2. v огорчать, расстраивать

distribute [dɪs'trɪbju:t] распределять

distribution [dɪstrɪ'bju:ʃn] распределение

district ['dɪstrɪkt] район; округ

distrust [dɪs'trʌst] 1. n недоверие 2. v не доверять

disturb [dɪs'tə:b] 1) беспокоить, мешать 2) тревожить

ditch [dɪtʃ] канава

dive [daɪv] 1. v 1) нырять 2) ав. пикировать 2. n ныряние

diver ['daɪvə] водолаз

diverse [daɪ'və:s] разный, различный

diversity [daɪ'və:sɪtɪ] разнообразие, различие

divert [daɪ'və:t] 1) отводить 2) отвлекать

divide [dɪ'vaɪd] делить(ся); разделять(ся)

divine [dɪ'vaɪn] божественный

division [dɪ'vɪʒn] 1) (раз)деление 2) часть, раздел; отдел 3) воен. дивизия

divorce [dɪ'vɔ:s] 1. n развод 2. v 1) разводить(ся) 2) разъединять

do [du:] (did; done) 1) делать; do one's bed стелить постель; do a room убирать комнату; do one's hair причёсываться 2) как вспомогат. глагол в вопросит. и отрицат. формах: didn't you see me? разве вы меня не видели?; I do not (don't) speak French я не говорю по-французски 3) для усиления: do come! пожалуйста, приходите!; do up застёгивать; do without обходиться без ◇ that will do! a) хватит!; довольно!; б) это подходяще!; how do you do! здравствуйте!; this will never do это никуда не годится

dock I [dɔk] скамья подсудимых

dock II [dɔk] 1) док 2) пристань; ~er ['dɔkə] докер, портовый рабочий

doctor ['dɔktə] врач, доктор

document ['dɔkjumənt] документ

doesn't ['dʌznt] *разг.* = does not

dog [dɔg] собака

dogged ['dɔgɪd] упорный

doll [dɔl] кукла

dollar ['dɔlə] доллар

dolphin ['dɔlfɪn] дельфин

dome [dəum] купол

domestic [dɔ'mestɪk] 1) домашний 2) внутренний

dominant ['dɔmɪnənt] господствующий

dominate ['dɔmɪneɪt] 1) преобладать 2) господствовать

dominion [də'mɪnjən] 1) владычество 2) владение 3) доминион

donate [dəu'neɪt] пожертвовать

donation [dəu'neɪʃn] пожертвование

done [dʌn] *p. p. om* do

donkey ['dɔŋkɪ] осёл

don't [dəunt] *разг.* = do not

doom [du:m] 1. *n* 1) рок,

судьба 2) (по)гибель 2. *v* осуждать, обрекать

door [dɔ:] дверь

doorstep ['dɔ:step] порог

dormitory ['dɔ:mɪtərɪ] 1) спальня 2) *амер.* студенческое общежитие

dot [dɔt] точка

double ['dʌbl] 1. *a* двойной 2. *adv* вдвойне 3. *v* удваивать 4. *n* двойник

doubly ['dʌblɪ] вдвое

doubt [daut] 1. *n* сомнение; no ~ несомненно 2. *v* сомневаться; ~ful ['dautful] сомнительный; be ~ful сомневаться; ~less ['dautlɪs] несомненно

dough [dəu] тесто

dove [dʌv] голубь

down I [daun] 1. *adv* 1) вниз 2) внизу 2. *prep* вниз; по

down II [daun] пух

downstairs ['daun'stɛəz] 1) вниз (*по лестнице*) 2) внизу, в нижнем этаже

doze [dəuz] дремать

dozen ['dʌzn] дюжина

draft [drɑ:ft] 1) *см.* draught 2) *воен.* набор в армию

drag [dræg] тащить(ся)

drain [dreɪn] 1. *v* 1) осушать 2) истощать (*силы, средства*) 2. *n pl* канализация; ~ pipe водоотвод

dramatic [drə'mætɪk] драматический

drank [dræŋk] *past om* drink 1

drapery ['dreɪpərɪ] 1) ткáни 2) драпирóвка

drastic ['dræstɪk]: ~ measures решúтельные мéры; ~ remedy сúльное срéдство

draught [drɑːft] 1) сквознáк 2) набрóсок; черновúк

draw [drɔː] 1. v (drew; drawn) 1) тянýть; тащúть; ~ near приближáться 2) привлекáть 3) чертúть; рисовáть 4) чéрпать 2. n ничья́ (*в игре*); the match ended in a ~ игрá окóнчилась вничью́

drawer [drɔː] я́щик (*выдвижнóй*)

drawers [drɔːz] *pl* кальсóны

drawing ['drɔːɪŋ] рисýнок

drawn [drɔːn] *p. p. om* draw 1

dread [dred] 1. v страшúться 2. n страх; ~ful ['dredful] ужáсный, стрáшный

dream [driːm] 1. n 1) сон 2) мечтá 2. v (dreamt; dreamt) 1) вúдеть во снé 2) мечтáть

dreamt [dremt] *past u p. p. om* dream 2

dreary ['drɪərɪ] мрáчный, унб́лый

dress [dres] 1. n плáтье, одéжда 2. v 1) одевáть(ся) 2) перевя́зывать (*рану*)

dressing gown ['dresɪŋ gaun] халáт

dressing table ['dresɪŋ teɪbl] туалéтный стóлик

dressmaker ['dresmeɪkə] портнúха

drew [druː] *past om* draw 1

dried [draɪd] сушёный

drift [drɪft] 1. n 1) течéние 2) стремлéние 3) сугрóб 2. v относúть течéнием; плыть по течéнию

drill I [drɪl] *воен.* строевóе учéние

drill II [drɪl] 1. n сверлó 2. v сверлúть

drink [drɪŋk] 1. v (drank; drunk) пить 2. n питьё; напúток (*тж. алкогóльный*); to have a ~ вы́пить

drip [drɪp] кáпать

drive [draɪv] 1. v (drove; driven) 1) гнать 2) везтú, éхать (*в машúне, экипáже*); управля́ть (*машúной*) 3) вбивáть (*гвоздь*) 2. n 1) поéздка, прогýлка (*в машúне, экипáже*) 2) подъезднáя аллéя (*к дóму*); ~n ['drɪvn] *p. p. om* drive 1; ~r ['draɪvə] 1) возни́ца 2) водúтель (*машúны*)

droop [druːp] поникáть

drop [drɔp] 1. n 1) кáпля 2) понижéние; падéние 2. v 1) кáпать 2) роня́ть 3) опускáть; бросáть 4) понижáть(ся); ~ in зайтú (*мимохóдом*)

dropout ['drɔpaut] вы́бывший, исключённый (*человéк*)

drought [draut] зáсуха

drove [drəuv] *past om* drive 1

drown [draun] 1) тону́ть 2) топи́ть(ся) 3) заглуша́ть

drowse [drauz] дрема́ть

drug [drʌg] 1) медика́мент, лека́рство 2) нарко́тик; **~gist** ['drʌgɪst] апте́карь; **~store** ['drʌgstɔ:] *амер.* апте́ка

drum [drʌm] 1. *n* бараба́н 2. *v* бараба́нить; стуча́ть

drunk [drʌŋk] 1. *p. p. от* drink 1 2. *a* пья́ный

drunkard ['drʌŋkəd] пья́ница

dry [draɪ] 1. *a* сухо́й 2. *v* 1) суши́ть 2) со́хнуть

dry cleaner's [draɪ'kli:nəz] химчи́стка

dubious ['dju:bjəs] сомни́тельный

duchess ['dʌtʃɪs] герцоги́ня

duck [dʌk] у́тка

due [dju:] 1) до́лжный 2) причита́ющийся 3) обусло́вленный, вы́званный; ~ to благодаря́, всле́дствие

dues [dju:z] *pl* 1) сбо́ры 2) взно́сы

dug [dʌg] *past и p. p. от* dig

duke [dju:k] ге́рцог

dull [dʌl] 1) тупо́й, глу́пый 2) ску́чный 3) ту́склый; па́смурный 4) приту́пленный; ~ edge тупо́е ле́звие

dumb [dʌm] 1) немо́й 2) бессло́весный 3) *амер.* бестолко́вый

dummy ['dʌmɪ] 1) манеке́н 2) маке́т

dump [dʌmp] му́сорная сва́лка

dupe [dju:p] 1. *n* же́ртва обма́на; проста́к 2. *v* обма́нывать, води́ть за́ нос

duplicate ['dju:plɪkɪt] дубли́ка́т, ко́пия

durable ['djuərəbl] про́чный

duration [djuə'reɪʃn] продолжи́тельность

during ['djuərɪŋ] в тече́ние, в продолже́ние

dusk [dʌsk] су́мерки

dust [dʌst] 1. *n* пыль 2. *v* стира́ть пыль; **~er** ['dʌstə] пы́льная тря́пка; **~y** ['dʌstɪ] пы́льный

dustpan ['dʌstpæn] сово́к

Dutch [dʌtʃ] 1. *a* голла́ндский 2. *n:* the ~ голла́ндцы; **~man** ['dʌtʃmən] голла́ндец; **~woman** ['dʌtʃwumən] голла́ндка

duty ['dju:tɪ] 1) долг; обя́занность 2) по́шлина ◇ on ~ дежу́рный

duty-free ['dju:tɪ'fri:] беспо́шлинный; ~ shop магази́н в междунаро́дных аэропо́ртах

dwarf [dwɔ:f] ка́рлик; *миф.* гном

dwell [dwel] (dwelt; dwelt) жить; ~ on распространя́ться (*о чём-л.*); **~ing** ['dwelɪŋ] жильё

dwelt [dwelt] *past и p. p. от* dwell

dye [daɪ] 1. *n* кра́ска 2. *v*

кра́сить; ~d [-d] кра́шеный;
~d hair кра́шеные во́лосы

dying [ˈdaɪɪŋ] 1) умира́ю-
щий 2) предсме́ртный

dysentery [ˈdɪsntrɪ] дизен-
тери́я

E

each [iːtʃ] ка́ждый; ~ other
друг дру́га

eager [ˈiːgə] пы́лкий; be ~
to горе́ть жела́нием; ~ness
[ˈiːgənɪs] пыл, рве́ние, же-
ла́ние

eagle [ˈiːgl] орёл

ear I [ɪə] у́хо

ear II [ɪə] 1. *n* ко́лос 2. *v*
колоси́ться

early [ˈəːlɪ] 1. *a* ра́нний 2.
adv ра́но

earn [əːn] 1) зараба́тывать
2) заслу́живать

earnest [ˈəːnɪst] 1. *a* 1)
серьёзный 2) горя́чий, убе-
ди́тельный 2. *n:* in ~ всерьёз

earnings [ˈəːnɪŋz] *pl* за́ра-
боток

earring [ˈɪərɪŋ] серьга́

earth [əːθ] земля́ ◇ what
on ~ is the matter? в чём же
де́ло?; ~ly [ˈəːθlɪ] земно́й ◇
it's no ~ly use asking him бес-
поле́зно его́ спра́шивать

earthquake [ˈəːθkweɪk]
землетрясе́ние

ease [iːz] 1. *n* лёгкость; at
~ непринуждённо; ill at ~
нело́вко 2. *v* облегча́ть (*боль
и т. п.*)

easel [ˈiːzl] мольбе́рт

easily [ˈiːzɪlɪ] легко́

east [iːst] 1. *n* восто́к 2. *a*
восто́чный 3. *adv* на вос-
то́к(е), к восто́ку

Easter [ˈiːstə] Па́сха

eastern [ˈiːstən] восто́чный

easy [ˈiːzɪ] 1) лёгкий; it's
~ э́то легко́ 2) непринуждённый (*о манерах*)

eat [iːt] (ate; eaten) есть;
~en [-n] *p. p. от* eat

eaves [iːvz] карни́з (*кры-
ши*)

eavesdrop [ˈiːvzdrɔp] (on)
подслу́шивать

ebb [eb] 1. *n* отли́в 2. *v*
убыва́ть

eccentric [ɪkˈsentrɪk] чуда-
кова́тый, стра́нный

echo [ˈekəu] 1. *n* 1) э́хо 2)
подража́ние 2. *v* вто́рить,
подража́ть

eclipse [ɪˈklɪps] 1. *n* затме́-
ние 2. *v* затмева́ть

ecology [ɪˈkɔlədʒɪ] эколо́-
гия

economic [iːkəˈnɔmɪk] эко-
номи́ческий; ~al [-l] береж-
ли́вый, эконо́мный

economics [iːkəˈnɔmɪks]
эконо́мика; наро́дное хозя́й-
ство

economy [iːˈkɔnəmɪ] 1)
эконо́мия; бережли́вость 2)
(наро́дное) хозя́йство ◇
political ~ полити́ческая эко-
но́мия

edge [edʒ] край; остриё;
кро́мка

edible [ˈedɪbl] съедо́бный

edit ['edɪt] редакти́ровать; **~ion** [ɪ'dɪʃn] изда́ние; **~or** ['edɪtə] реда́ктор; **~orial** [edɪ'tɔːrɪəl] 1. *a* редакцио́нный 2. *n амер.* передова́я статья́

educate ['edjuːkeɪt] дава́ть образова́ние; воспи́тывать; **~d** [-ɪd] образо́ванный

education [edjuː'keɪʃn] образова́ние; воспита́ние

effect [ɪ'fekt] 1) результа́т 2) де́йствие; **~ive** [-ɪv] эффекти́вный, де́йственный

efficient [ɪ'fɪʃnt] 1) де́льный, толко́вый, уме́лый 2) эффекти́вный

effort ['efət] уси́лие; напряже́ние

e.g. ['iː'dʒiː] напр. (наприме́р)

egg [eg] яйцо́; **bacon and ~s** яи́чница с ветчино́й

egocentric [egəu'sentrɪk] эгоцентри́ст

Egyptian [ɪ'dʒɪpʃn] 1. *a* еги́петский 2. *n* египтя́нин

eight [eɪt] во́семь

eighteen ['eɪ'tiːn] восемна́дцать; **~th** [-θ] восемна́дцатый

eighth [eɪtθ] восьмо́й

eightieth ['eɪtɪθ] восьмидеся́тый

eighty ['eɪtɪ] во́семьдесят

either ['aɪðə] 1. *a, pron* ка́ждый, любо́й (*из двух*) 2. *adv, conj:* **~ ... or** и́ли... и́ли

elaborate [ɪ'læbərɪt] тща́тельно разрабо́танный; подро́бный; **~ lie** иску́сная

ложь; **~ explanation** простра́нное объясне́ние

elapse [ɪ'læps] проходи́ть (*о времени*)

elastic [ɪ'læstɪk] 1. *a* эласти́чный, упру́гий 2. *n* рези́нка

elated [ɪ'leɪtɪd] окрылённый

elbow ['elbəu] ло́коть

elder ['eldə] ста́рший; **~ly** [-lɪ] пожило́й

eldest ['eldɪst] (са́мый) ста́рший

elect [ɪ'lekt] выбира́ть, избира́ть; **~ion** [ɪ'lekʃn] 1) вы́боры; **general ~ion** всео́бщие вы́боры 2) избра́ние; **~ive** [-ɪv] вы́борный; избира́тельный; **~or** [ɪ'lektə] избира́тель

electric(al) [ɪ'lektrɪk(əl)] электри́ческий

electricity [ɪlek'trɪsɪtɪ] электри́чество

electrocution [ɪlektrə'kjuːʃn] казнь на электри́ческом сту́ле

electronics [ɪlek'trɔnɪks] электро́ника

elegant ['elɪgənt] изя́щный

element ['elɪmənt] 1) элеме́нт 2) стихи́я 3) *pl* осно́вы (*науки и т. п.*)

elementary [elɪ'mentərɪ] элемента́рный; (перво)нача́льный

elephant ['elɪfənt] слон

elevate ['elɪveɪt] поднима́ть, возвыша́ть

eleven [ɪ'levn] оди́ннадцать; **~th** [-θ] оди́ннадцатый

elicit [ı'lısıt] извлекáть, дéлать вы́воды (*на основе фактов*)

eligible ['elıdʒəbl] 1) имéющий прáво быть и́збранным 2) подходя́щий

eliminate [ı'lımıneıt] исключáть; устраня́ть

elk [elk] лось

elm [elm] вяз

eloquent ['eləkwənt] красноречи́вый

else [els] 1) ещё; крóме; what ~? что ещё?; who ~? кто ещё?; somebody ~ ктó-нибудь другóй; no one ~ бóльше никогó; никтó другóй 2): or ~ инáче

elsewhere [els'wɛə] гдé-нибудь в другóм мéсте

elude [ı'lu:d] избегáть, уклоня́ться

emancipation [ımænsı'peıʃn] освобождéние, эмансипáция

embankment [ım'bæŋkmənt] нáбережная

embargo [em'ba:gəu] эмбáрго

embark [ım'ba:k] сади́ться на корáбль; ~ for отплывáть; ~ upon приступи́ть к чемý-л.

embarrass [ım'bærəs] смущáть

embassy ['embəsı] посóльство

emblem ['embləm] эмблéма; си́мвол

embody [ım'bɔdı] воплощáть

embrace [ım'breıs] 1. *v* 1) обнимáть(ся) 2) охвáтывать 2. *n* объя́тия

embroider [ım'brɔıdə] 1) вышивáть 2) приукрáшивать; ~y [-rı] вы́шивка

embryo ['embrıəu] эмбриóн, зарóдыш

emerald ['emərəld] изумрýд

emerge [ı'mə:dʒ] появля́ться

emergency [ı'mə:dʒənsı] кри́тическое положéние, крáйность; in case of ~ при крáйней необходи́мости; ~ exit запáсный вы́ход

eminent ['emınənt] выдаю́щийся

emotion [ı'məuʃn] волнéние; чýвство

emperor ['empərə] импéратор

emphasis ['emfəsıs] ударéние

emphasize ['emfəsaız] подчёркивать

emphatic [ım'fætık] 1) вырази́тельный; многозначи́тельный 2) реши́тельный; ~ refusal реши́тельный откáз

empire ['empaıə] импéрия

employ [ım'plɔı] 1) нанимáть; держáть на слýжбе 2) употребля́ть, применя́ть

employee [emplɔ'i:] слýжащий

employer [ım'plɔıə] предпринимáтель, хозя́ин

employment [ım'plɔımənt] рабóта, слýжба; заня́тие

64

empower [ɪm'pauə] уполномо́чивать

empty ['emptɪ] 1. *a* пусто́й 2. *v* опорожня́ть

emulation [emju'leɪʃn] соревнова́ние

enable [ɪ'neɪbl] дава́ть возмо́жность (*сделать что-л.*)

enamel [ɪ'næməl] 1) эма́ль 2) глазу́рь

encamp [ɪn'kæmp] располага́ть ла́герь

encase [ɪn'keɪs] упако́вывать

enchanted [ɪn'tʃɑ:ntɪd] очаро́ванный, околдо́ванный

encircle [ɪn'sə:kl] окружа́ть

enclose [ɪn'kləuz] 1) огора́живать; заключа́ть 2) вкла́дывать (*в конверт*)

encompass [ɪn'kʌmpəs] включа́ть, охва́тывать

encounter [ɪn'kauntə] 1. *n* 1) встре́ча 2) столкнове́ние 2. *v* 1) встреча́ть(ся); 2) ста́лкиваться (*с кем-л., с чем-л.*)

encourage [ɪn'kʌrɪdʒ] 1) ободря́ть 2) поощря́ть

end [end] 1. *n* коне́ц 2. *v* конча́ть(ся)

endearment [ɪn'dɪəmənt] выраже́ние любви́

endeavour [ɪn'devə] 1. *v* пыта́ться, стара́ться 2. *n* попы́тка, стара́ние

ending ['endɪŋ] оконча́ние, коне́ц

endless ['endlɪs] бесконе́чный

endurance [ɪn'djuərəns] выно́сливость; терпе́ние

enemy ['enɪmɪ] враг, неприя́тель

energetic [enə'dʒetɪk] энерги́чный

energy ['enədʒɪ] эне́ргия, си́ла

enforce [ɪn'fɔ:s] 1) принужда́ть; наста́ивать 2) проводи́ть в жизнь

engage [ɪn'geɪdʒ] 1) нанима́ть 2) (in) вступа́ть (*в сраже́ние, в разговор*) ◇ be ~d а) быть за́нятым; б) быть помо́лвленным; ~d [-d] 1) за́нятый 2) приглашённый 3) помо́лвленный; ~ment [-mənt] 1) де́ло, заня́тие 2) приглаше́ние; свида́ние 3) помо́лвка

engine ['endʒɪn] 1) мото́р, дви́гатель 2) парово́з; ~ driver машини́ст

engineer [endʒɪ'nɪə] 1) инжене́р; меха́ник 2) *амер.* машини́ст; ~ing [endʒɪ 'nɪərɪŋ] те́хника

English ['ɪŋglɪʃ] 1. *a* англи́йский 2. *n* 1): the ~ англича́не 2) англи́йский язы́к

Englishman ['ɪŋglɪʃmən] англича́нин

Englishwoman ['ɪŋglɪʃ wumən] англича́нка

engrave [ɪn'greɪv] гравирова́ть

engross [ɪn'grəus] (in) по́лностью поглоща́ть (*вре́мя, внима́ние*)

enhance [ɪn'ha:ns] увели́-
чивать, уси́ливать, углубля́ть
enjoin [ɪn'dʒɔɪn] прика-
за́ть вы́полнить
enjoy [ɪn'dʒɔɪ] 1) наслаж-
да́ться; получа́ть удово́льст-
вие 2) облада́ть; ~ment
[-mənt] 1) удово́льствие, на-
слажде́ние 2) облада́ние
enlarge [ɪn'la:dʒ] 1) рас-
ширя́ть(ся) 2) увели́чи-
вать(ся)
enlighten [ɪn'laɪtn] просве-
ща́ть
enlist [ɪn'lɪst] поступа́ть на
вое́нную слу́жбу
enmity ['enmɪtɪ] вражда́
enormous [ɪ'nɔ:məs] гро-
ма́дный
enough [ɪ'nʌf] дово́льно;
доста́точно; not ~ ма́ло, не-
доста́точно; have you ~
money? у вас хва́тит де́нег?;
that's ~ ! дово́льно!; is that
~ ? хва́тит?
enquire [ɪn'kwaɪə] см.
inquire
enrich [ɪn'rɪtʃ] обогаща́ть
enrol(l) [ɪn'rəul] регистри́-
ровать
enslave [ɪn'sleɪv] порабо-
ща́ть
ensue [ɪn'sju:] сле́довать,
вытека́ть, получа́ться в ре-
зульта́те
entangled [ɪn'tæŋgld] за-
пу́танный
enter ['entə] 1) входи́ть 2)
вноси́ть (в книгу; в список);
~ into вступа́ть (в перегово-
ры и т. п.)

enterprise ['entəpraɪz] 1)
предприя́тие 2) предприи́м-
чивость
enterprising ['entəpraɪzɪŋ]
предприи́мчивый
entertain [entə'teɪn] 1)
развлека́ть; принима́ть (гос-
те́й) 2) пита́ть (наде́жду)
enthusiasm [ɪn'θju:zɪæzm]
энтузиа́зм; восто́рг
enthusiastic [ɪnθju:zɪ'æstɪk]
восто́рженный, горя́чий
entice [ɪn'taɪs] соблазня́ть
entire [ɪn'taɪə] по́лный;
це́лый; весь; ~ly [-lɪ] всеце́-
ло, вполне́, соверше́нно
entitle [ɪn'taɪtl] 1) назы-
ва́ться 2) дава́ть пра́во; be
~d (to) име́ть пра́во
entrance ['entrəns] вход
entreat [ɪn'tri:t] умоля́ть;
~y [-ɪ] мольба́
entry ['entrɪ] 1) вход 2)
вступле́ние 3) за́пись
enumerate [ɪ'nju:məreɪt]
перечисля́ть
envelop [ɪn'veləp] заворá-
чивать; заку́тывать
envelope ['envɪləup] кон-
ве́рт
envious ['envɪəs] зави́ст-
ливый
environment [ɪn'vaɪərən
mənt] среда́, окруже́ние,
обстано́вка
envy ['envɪ] 1. n за́висть 2.
v зави́довать
epidemic [epɪ'demɪk] 1. a
эпидеми́ческий 2. n эпиде́-
мия
epoch ['i:pɔk] эпо́ха

66

equal ['i:kwəl] 1. *a* ра́вный 2. *v* равня́ться; ~ity [i:'kwɔlı tı] ра́венство

equation [ı'kweıʒn] *мат.* уравне́ние

equator [ı'kweıtə] эква́тор

equip [ı'kwıp] снаряжа́ть; ~ment [-mənt] 1) обору́дование; снаряже́ние 2) обмундирова́ние

equivalent [ı'kwıvələnt]: be ~ to равня́ться

era ['ıərə] э́ра

eradicate [ı'rædıkeıt] искореня́ть

erase [ı'reız] стира́ть (*резинкой*); *перен.* изгла́живать

erect [ı'rekt] 1. *v* воздвига́ть, сооружа́ть 2. *a* прямо́й

errand ['erənd] поруче́ние

erroneous [ı'rəunjəs] оши́бочный

error ['erə] оши́бка, заблужде́ние

eruption [ı'rʌpʃn] изверже́ние

escalation [eskə'leıʃən] эскала́ция, расшире́ние, обостре́ние

escape [ıs'keıp] 1. *v* 1) убежа́ть 2) избежа́ть 3) ускольза́ть 2. *n* бе́гство; избавле́ние; he had a narrow ~ он едва́ спа́сся

escort 1. *n* ['eskɔ:t] охра́на, конво́й 2. *v* [ıs'kɔ:t] сопровожда́ть, конво́ировать

especially [ıs'peʃəlı] осо́бенно

essay ['eseı] о́черк

essence ['esns] 1) су́щ-ность, существо́ 2) эссе́нция; духи́

essential [ı'senʃəl] суще́ственный

establish [ıs'tæblıʃ] устана́вливать; осно́вывать; ~ment [-mənt] учрежде́ние

estate [ıs'teıt] 1) име́ние 2) иму́щество; real ~ недви́жимое иму́щество

esteem [ıs'ti:m] 1. *v* уважа́ть, почита́ть 2. *n* уваже́ние

estimate 1. *v* ['estımeıt] оце́нивать 2. *n* ['estımıt] 1) оце́нка 2) сме́та

etc. [ıt'setrə] (et cetera) и т. д., и т. п. (и так да́лее, и тому́ подо́бное)

eternal [i:'tə:nəl] ве́чный

eternity [i:'tə:nıtı] ве́чность

ether ['i:θə] эфи́р

European [juərə'pi:ən] 1. *a* европе́йский 2. *n* европе́ец

evacuate [ı'vækjueıt] эвакуи́ровать

evade [ı'veıd] 1) избега́ть 2) уклоня́ться; обходи́ть (*закон*)

evaluate [ı'væljueıt] оце́нивать

evaporate [ı'væpəreıt] 1) испаря́ться 2) выпа́ривать

eve [i:v] кану́н; on the ~ накану́не

even I ['i:vən] ро́вный; ~ number чётный но́мер

even II ['i:vən] да́же

evening ['i:vnıŋ] ве́чер; ~ party вечери́нка

event [ı'vənt] собы́тие,

происшéствие; at all ~s во
всяком слýчае; ~ful [-ful]
знаменáтельный

eventually [ı'ventjuəlı] в
концé концóв

ever ['evə] когдá-либо; for
~ навсегдá

every ['evrı] кáждый; ~
other day чéрез день; ~body
[-bɔdı] кáждый; все; ~day
[-deı] ежеднéвный, повсед-
нéвный; ~one [-wʌn] кáж-
дый; ~thing [-θıŋ] всё;
~where [-wεə] всюду

evidence ['evıdəns] 1) до-
казáтельство 2) юр. улúка;
свидéтельское показáние

evidently ['evıdəntlı] оче-
вúдно

evil ['i:vl] 1. a дурнóй 2. n
зло

evince [ı'vıns] проявлять,
выкáзывать

evoke [ı'vəuk] вызывáть
(симпатию и т. п.)

exact [ıg'zækt] тóчный;
~ly [-lı] тóчно

exaggerate [ıg'zædʒəreıt]
преувелúчивать

exalt [ıg'zɔ:lt] 1) возвы-
шáть 2) превозносúть

examination [ıgzæmı'neıʃn]
1) экзáмен 2) осмóтр; исслé-
дование

examine [ıg'zæmın] 1) эк-
заменовáть 2) осмáтривать;
исслéдовать

example [ıg'za:mpl] при-
мéр, образéц; for ~ напримéр

exasperation [ıgza:spə

'reıʃn] раздражéние; ожесто-
чéние

excavate ['ekskəveıt] выкá-
пывать; раскáпывать

excavator ['ekskəveıtə] экскавáтор; walking ~ шагáю-
щий экскавáтор

exceed [ık'si:d] 1) превы-
шáть 2) превосходúть 3)
преувелúчивать

exceedingly [ık'si:dıŋlı]
чрезвычáйно

excel [ık'sel] 1) превосходúть 2) отличáться

excellent ['eksələnt] пре-
восхóдный

except [ık'sept] исключáя,
крóме; ~ing [-ıŋ] за исключéнием; ~ion [ık'sepʃn] иск-
лючéние; ~ional [ık'sepʃənəl]
исключúтельный

excess [ık'ses] излúшек; to
~ до крáйности; ~ive [-ıv]
чрезмéрный

exchange [ıks'tʃeındʒ] 1. n
1) обмéн; размéн 2) бúржа
2. v обмéнивать

excite [ık'saıt] возбуждáть;
~ment [-mənt] возбуждéние,
волнéние

exclaim [ıks'kleım] воскли-
цáть

exclamation [eksklə'meıʃn]
восклицáние

exclude [ıks'klu:d] исключáть

exclusive [ıks'klu:sıv]: for
the ~ use of исключúтельно
(тóлько) для

excursion [ıks'kə:ʃn] экс-
кýрсия; поéздка

excuse 1. *v* [ɪks'kju:z] извинять; прощать **2.** *n* [ɪks'kju:s] оправдание; a good ~ предлог

execute ['eksɪkju:t] 1) исполнять 2) казнить

execution [eksɪ'kju:ʃn] 1) выполнение 2) казнь

executive [ɪg'zekjutɪv] 1) исполнительный 2) *амер.* административный

exercise ['eksəsaɪz] **1.** *n* упражнение; take ~ гулять; заниматься спортом **2.** *v* упражнять(ся)

exert [ɪg'zə:t] 1) напрягать (*силы*); ~ oneself стараться 2) оказывать (*действие, влияние и т. n.*); ~ion [ɪg'zə:ʃn] напряжение, усилие

exhaust [ɪg'zɔ:st] **1.** *v* исчерпывать; истощать **2.** *n тех.* выхлоп; ~ed [-ɪd] истощённый; измученный; изнурённый; ~ion [ɪg'zɔ:stʃn] истощение; изнеможение

exhibit [ɪg'zɪbɪt] **1.** *v* 1) показывать 2) выставлять **2.** *n* экспонат; ~ion [eksɪ'bɪʃn] выставка

exile ['eksaɪl] **1.** *n* 1) ссылка 2) изгнанник **2.** *v* ссылать

exist [ɪg'zɪst] существовать; ~ence [-əns] существование

exit ['eksɪt] выход

expand [ɪks'pænd] расширять(ся)

expansion [ɪks'pænʃn] 1) расширение 2) экспансия

expatriate [eks'pætrɪeɪt] изгонять из отечества

expect [ɪks'pekt] ожидать; надеяться; ~ation [ekspek'teɪʃn] ожидание

expedient [ɪk'spi:dɪənt] целесообразный, подходящий, выгодный

expedition [ekspɪ'dɪʃn] экспедиция

expel [ɪks'pel] выгонять, исключать

expenditure [ɪks'pendɪtʃə] трата, расход

expense [ɪks'pens] расход; at smb.'s ~ за счёт кого-л.

expensive [ɪks'pensɪv] дорогой (*о цене*)

experience [ɪks'pɪərɪəns] **1.** *n* 1) опыт 2) переживание **2.** *v* испытывать; ~d [-t] опытный; много испытавший

experiment 1. *n* [ɪks'perɪmənt] опыт, эксперимент **2.** *v* [ɪks'perɪment] экспериментировать

expert ['ekspə:t] **1.** *a* опытный, искусный; квалифицированный **2.** *n* знаток, эксперт

expire [ɪks'paɪə] истекать (*о сроке*)

explain [ɪks'pleɪn] объяснять

explanation [eksplə'neɪʃn] объяснение, толкование

explicit [ɪks'plɪsɪt] ясный, высказанный до конца, определённый; категорический

explode [ɪks'pləud] взры-
ва́ть(ся)

exploit I [ɪks'plɔɪt] 1) раз-
раба́тывать 2) эксплуати́ро-
вать

exploit II ['eksplɔɪt] по́двиг

explore [ɪks'plɔ:] иссле́до-
вать; ~r [ɪks'plɔ:rə] иссле́до-
ватель

explosion [ɪks'pləuʒn]
взрыв

explosive [ɪks'pləusɪv] 1. a
взры́вчатый 2. n взры́вчатое
вещество́

Expo. [ɪks'pəu] вы́ставка;
экспози́ция

export 1. v [eks'pɔ:t] экс-
порти́ровать; вывози́ть 2. n
['ekspɔ:t] э́кспорт, вы́воз

expose [ɪks'pəuz] 1) вы-
ставля́ть 2) подверга́ть 3)
разоблача́ть

express I [ɪks'pres] 1. v
выража́ть 2. a определён-
ный, я́сно вы́раженный

express II [ɪks'pres] 1)
сро́чный 2) курье́рский; ~
train экспре́сс

expression [ɪks'preʃn] вы-
раже́ние

expressive [ɪks'presɪv] вы-
рази́тельный

expressly I [ɪks'preslɪ] на-
ро́чно, специа́льно

expressly II [ɪks'preslɪ]
то́чно, я́сно; категори́чески

extend [ɪks'tend] 1) про-
стира́ться 2) выка́зывать
(сочу́вствие)

extension [ɪks'tenʃn] 1)

протяже́ние 2) расшире́ние,
распростране́ние

extensive [ɪks'tensɪv] об-
ши́рный

extent [ɪks'tent] протяже́-
ние; to what ~? до како́й сте́-
пени?

extenuating [eks'tenjueɪt
ɪŋ]: ~ circumstances смягча́-
ющие (вину́) обстоя́тельст-
ва

exterior [eks'tɪərɪə] 1. a
вне́шний 2. n вне́шность,
вне́шний вид

external [eks'tə:nl] вне́ш-
ний

extinct [ɪks'tɪŋkt] 1) поту́х-
ший (о вулка́не) 2) вы́мер-
ший

extinguish [ɪks'tɪŋgwɪʃ] га-
си́ть

extort [ɪks'tɔ:t] 1) вымо-
га́ть 2) выпы́тывать

extra ['ekstrə] доба́воч-
ный; сверх-

extract 1. v [ɪks'trækt] уда-
ля́ть, извлека́ть 2. n
['ekstrækt] 1) экстра́кт 2)
вы́держка (из кни́ги)

extraordinary [ɪks'trɔ:dnrɪ]
1) необыча́йный 2) чрезвы-
ча́йный

extravagant [ɪks'trævəgənt]
1) сумасбро́дный; ~ speeches
сумасбро́дные ре́чи 2) расто-
чи́тельный 3) преувели́чен-
ный

extreme [ɪks'tri:m] 1. a
кра́йний 2. n кра́йность

extremity [ɪks'tremɪtɪ] 1)

конец, край 2) крайность 3) *pl* конечности

exult [ɪg'zʌlt] ликовать, радоваться

eye [aɪ] 1. *n* глаз 2. *v* рассматривать, смотреть; ~brow ['aɪbrau] бровь; ~lash ['aɪlæʃ] ресница; ~lid ['aɪlɪd] веко

eyedropper ['aɪdrɔpə] пипетка

eyeglasses ['aɪqlɑ:sɪz] очки

eye shadow ['aɪʃædəu] тени для век

F

fable ['feɪbl] басня

fabric ['fæbrɪk] ткань

fabricate ['fæbrɪkeɪt] выдумывать, сочинять

fabulous ['fæbjuləs] 1) баснословный 2) невероятный, неправдоподобный

face [feɪs] 1. *n* лицо; make ~s гримасничать; ~ of the clock циферблат (*часов*) 2. *v* 1) быть обращённым к 2) встречать (*трудности и т. п.*); we must ~ facts надо прямо смотреть правде в лицо; the problem that ~s us стоящая перед нами проблема

facetious [fə'si:ʃəs] игривый

facility [fə'sɪlɪtɪ] 1) лёгкость 2) *pl* средства; удобства

fact [fækt] факт; in ~ действительно

faction ['fækʃn] фракция

factory ['fæktərɪ] фабрика, завод

faculty ['fækəltɪ] 1) дар, способность 2) факультет

fade [feɪd] увядать

fail [feɪl] 1) недоставать, не хватать 2) обмануть ожидания 3) провалиться (*на экзамене*) 4) не удаваться

failure ['feɪljə] 1) неудача 2) банкротство

faint [feɪnt] 1. *a* слабый 2. *v* падать в обморок

fair I [fɛə] ярмарка

fair II [fɛə] 1) честный; справедливый 2) белокурый; ~ly ['fɛəlɪ] 1) честно; справедливо 2) довольно, достаточно; ~ly well неплохо

fairy tale ['fɛərɪteɪl] (волшебная) сказка

faith [feɪθ] вера; ~ful ['feɪθful] верный; преданный

falcon ['fɔ:lkən] сокол

fall [fɔ:l] 1. *v* (fell; fallen) 1) падать; понижаться 2) впадать в 3) пасть (*в бою*) 4) наступать (*о ночи*) ◇ ~ asleep засыпать; ~ in love влюбляться 2. *n* 1) падение 2) *амер.* осень

fallacy ['fæləsɪ] ложное заключение; ошибка

fallen ['fɔ:lən] *p. p. от* fall 1

false [fɔ:ls] 1) ложный 2) лживый; фальшивый 3) искусственный; ~hood ['fɔ:lshud] ложь

fame [feɪm] слава; известность

familiar [fə'mɪljə] 1) знакомый, общеизвестный 2) фамильярный

family ['fæmɪlɪ] 1) семья 2) род

famine ['fæmɪn] голод

famous ['feɪməs] знаменитый, известный

fan I [fæn] 1. *n* 1) веер 2) вентилятор 3) веялка 2. *v* обмахивать (ся) веером

fan II [fæn] *разг.* 1) энтузиаст, поклонник; a Charlie Chaplin ~ поклонник Чарли Чаплина; ~ mail письма почитателей (*актёру и т. п.*) 2) *спорт.* болельщик

fancy ['fænsɪ] 1. *n* 1) воображение, фантазия 2) пристрастие; take a ~ to облюбовать 3) каприз 2. *a* 1) причудливый 2): ~ dress маскарадный костюм 3. *v* представлять себе, воображать

fantastic [fæn'tæstɪk] 1) фантастический 2) причудливый

far [fɑ:] 1. *adv* далеко ◇ as ~ as поскольку; so ~ до сих пор, пока 2. *a* дальний, далёкий

fare [fɛə] плата за проезд

farewell [fɛə'wel] 1. *n* прощание 2. *int* прощайте!, до свидания!

farm [fɑ:m] 1. *n* 1) (кре-

стьянское) хозяйство 2) ферма 2. *v* обрабатывать землю; ~er ['fɑ:mə] фермер

farsighted [fɑ:'saɪtɪd] дальновидный

farther ['fɑ:ðə] дальше

fascinate ['fæsɪneɪt] очаровывать

fashion ['fæʃn] мода; ~able [-əbl] 1) модный 2) светский

fast [fɑ:st] 1. *a* 1) скорый, быстрый; be ~ спешить (*о часах*) 2) прочный (*о краске*) 2. *adv* 1) быстро 2) крепко

fasten ['fɑ:sn] прикреплять, скреплять; привязывать

fat [fæt] 1. *a* толстый 2. *n* жир, сало

fatal ['feɪtl] 1) роковой 2) смертельный; пагубный

fate [feɪt] судьба, рок

father ['fɑ:ðə] отец; ~-in-law ['fɑ:ðərɪnlɔ:] тесть; свёкор

fatigue [fə'ti:g] 1. *n* усталость 2. *v* утомлять (ся)

fault [fɔ:lt] 1) недостаток 2) ошибка, вина; it's my ~ я виноват

favour ['feɪvə] 1) благосклонность 2) одолжение ◇ in ~ of в пользу; ~able ['feɪvərəbl] 1) благоприятный 2) благосклонный

favourite ['feɪvərɪt] 1. *a* любимый 2. *n* любимец

fear [fɪə] 1. *n* страх 2. *v*

бояться; ~less ['fɪəlɪs] бесстрашный

feast [fi:st] пир

feat [fi:t] подвиг

feather ['feðə] перо (птичье)

feature ['fi:tʃə] 1) особенность; признак 2) pl черты лица

featuring ['fi:tʃərɪŋ] (о фильме) с участием

February ['februərɪ] февраль

fed [fed] past и p. p. от feed

federal ['fedərəl] федеральный; союзный

federative ['fedərətɪv] федеративный

fee [fi:] гонорар

feeble ['fi:bl] слабый

feed [fi:d] (fed;fed) кормить

feel [fi:l] (felt; felt) 1) чувствовать 2) щупать; прощупывать; ~ing ['fi:lɪŋ] чувство

feet [fi:t] pl от foot

feign [feɪn] притворяться

felicity [fɪ'lɪsɪtɪ] счастье, блаженство

fell I [fel] рубить, валить (деревья)

fell II [fel] past от fall 1

fellow ['feləu] 1) парень; old ~ дружище, старина; poor ~ бедняга 2) товарищ, собрат 3) член учёного общества

felt I [felt] войлок; фетр

felt II [felt] past и p. p. от feel

female ['fi:meɪl] 1. a женского пола; женский 2. n самка

feminine ['femɪnɪn] 1) женский 2) грам. женского рода

fence I [fens] 1. n изгородь, забор 2. v огораживать

fenc|e II [fens] фехтовать; ~ing ['fensɪŋ] фехтование

ferment 1. n ['fɜ:ment] закваска; фермент 2. v [fə'ment] бродить (о вине, варенье)

fern [fɜ:n] бот. папоротник

ferocious [fə'rəuʃəs] свирепый

ferocity [fə'rɔsɪtɪ] свирепость

ferry ['ferɪ] 1. n паром 2. v перевозить, переезжать (на лодке, пароме)

fertile ['fɜ:taɪl] плодородный

fertilizer ['fɜ:tɪlaɪzə] удобрение

fervent ['fɜ:vənt] горячий, пылкий

fervour ['fɜ:və] жар, пыл, страсть

festival ['festəvəl] 1) празднество 2) фестиваль

fetch [fetʃ] 1) принести 2) сходить за кем-л., чем-л.

feudalism ['fju:dəlɪzm] феодализм

fever ['fi:və] жар, лихорадка; ~ish ['fi:vərɪʃ] лихорадочный

few [fju:] 1) немногие; немного, мало 2): a ~ несколько

fiancé [fɪ'ɑ:nseɪ] жених

fiancée [fɪ'ɑ:nseɪ] невеста

fiction ['fɪkʃn] 1) вымысел 2) беллетристика

fiddle ['fɪdl] 1. n скрипка 2. v 1) играть на скрипке 2) вертеть в руках

fidget ['fɪdʒɪt] ёрзать, вертеться

field [fi:ld] 1) поле; ~ glasses полевой бинокль 2) сфера, поприще

fierce [fɪəs] свирепый, лютый

fifteen [fɪf'ti:n] пятнадцать; ~th [-θ] пятнадцатый

fifth [fɪfθ] пятый

fiftieth ['fɪftɪɪθ] пятидесятый

fifty ['fɪftɪ] пятьдесят

fight [faɪt] 1. v (fought; fought) сражаться; бороться 2. n бой; драка; ~er ['faɪtə] 1) боец 2) ав. истребитель

figure ['fɪgə] 1) фигура; ~ skating фигурное катание 2) цифра

file I [faɪl] 1. n напильник 2. v подпиливать; шлифовать

file II [faɪl] 1. n шеренга, строй; ряд 2. v идти шеренгой

file III [faɪl] 1. n 1) папка, дело 2) картотека 2. v регистрировать (документы)

fill [fɪl] 1) наполнять(ся) 2) пломбировать (зуб)

film [fɪlm] 1. n фильм;

плёнка 2. v производить киносъёмку

filter ['fɪltə] 1. n фильтр 2. v 1) фильтровать 2) просачиваться

fin [fɪn] плавник; swim ~s спорт. ласты

final ['faɪnəl] конечный; заключительный; последний; ~ly [-ɪ] наконец

finance [faɪ'næns] 1. n финансы 2. v финансировать

find [faɪnd] (found; found) находить; ~ out узнавать; обнаруживать

fine I [faɪn] 1. n штраф 2. v штрафовать

fine II [faɪn] 1) превосходный 2) изящный, тонкий 3) мелкий

finger ['fɪŋgə] палец

finish ['fɪnɪʃ] кончать

Finn [fɪn] финн; ~ish ['fɪnɪʃ] финский

fir [fə:] ель

fire ['faɪə] 1. n 1) огонь; set on ~, set ~ to поджигать; be on ~ гореть 2) пожар 2. v стрелять; ~arm ['faɪərɑ:m] огнестрельное оружие; ~man [-mən] пожарный; ~place [-pleɪs] очаг, камин; ~proof [-pru:f] огнеупорный; ~wood [-wud] дрова; ~works [-wə:ks] фейерверк

firm I [fə:m] фирма

firm II [fə:m] 1) твёрдый 2) стойкий

first [fə:st] 1. a, пит первый 2. adv сначала; at ~

сначáла; ~-rate ['fə:st'reɪt] первоклáссный

fish [fɪʃ] 1. *n* рыба 2. *v* ловить, удить рыбу; ~ing ['fɪʃɪŋ] рыбная лóвля

fisherman ['fɪʃəmən] рыбáк

fishy ['fɪʃɪ] *разг.* подозрительный, сомнительный

fist [fɪst] кулáк

fit I [fɪt] 1) припáдок 2) порыв; by ~s and starts урывками

fit II [fɪt] 1. *a* гóдный 2. *v* быть впóру

fitter ['fɪtə] слéсарь-монтáжник

five [faɪv] пять

fix [fɪks] 1) укреплять; устанáвливать 2) фиксировать; ~ed [-t] 1) неподвижный 2) устанóвленный

flag [flæg] флаг, знáмя

flakes [fleɪks] *pl* хлóпья

flame [fleɪm] 1. *n* плáмя 2. *v* пылáть

flank [flæŋk] фланг

flannel ['flænəl] фланéль

flap [flæp] 1. *v* 1) развевáться 2) взмáхивать (*крыльями*) 2. *n* 1) взмах (*крыльев*) 2) клáпан

flare [flɛə] 1. *v* вспыхивать 2. *n* 1) вспышка 2) осветительная ракéта

flash [flæʃ] 1. *v* 1) сверкáть 2) мелькáть; промелькнýть 2. *n* вспышка; прóблеск; ~light ['flæʃlaɪt] 1) сигнáльный огóнь 2) вспыш-

ка мáгния 3) ручнóй электрический фонáрь

flask [flɑ:sk] фляжка

flat I [flæt] плóский

flat II [flæt] квартира

flatter ['flætə] льстить; ~ing ['flætərɪŋ] 1) льстивый 2) лéстный; ~y ['flætərɪ] лесть

flavour ['fleɪvə] 1. *n* приятный вкус 2. *v* приправлять

flaw [flɔ:] изъян, недостáток; ~less ['flɔ:lɪs] безукоризненный

flax [flæks] лён

flea [fli:] блохá

fleck [flek] крáпинка

fled [fled] *past и p. p. от* flee

flee [fli:] (fled; fled) бежáть, спасáться бéгством

fleet [fli:t] флот (*и лия*)

flesh [fleʃ] 1) плоть; тéло 2) мякоть (*плодóв*)

flew [flu:] *past от* fly I, 1

flexible ['fleksəbl] гибкий

flick [flɪk] лёгкий удáр, щелчóк

flier ['flaɪə] лётчик

flight I [flaɪt] 1) полёт 2): ~ of stairs пролёт (лéстницы)

flight II [flaɪt] бéгство, побéг

fling [flɪŋ] (flung; flung) бросáть(ся); швырять(ся)

float [fləut] 1. *v* плáвать (*на повéрхности воды*) 2. *n* поплавóк

flock [flɔk] 1. *n* стáдо; стáя 2. *v* собирáться толпóй, толпиться flood [flʌd] 1. *n* наводне́ние; пото́п 2. *v* затопля́ть, залива́ть

floor [flɔ:] 1) пол 2) эта́ж; ground ~ пе́рвый эта́ж; first ~ второ́й эта́ж (*в Англии*) ◇ take the ~ выступа́ть, брать сло́во

flour ['flauə] мука́

flourish ['flʌrɪʃ] 1. *v* 1) процвета́ть 2) разма́хивать 2. *n* ро́счерк

flow [fləu] 1. *v* течь 2. *n* тече́ние

flower ['flauə] 1. *n* цвето́к 2. *v* цвести́; ~bed [-bed] клу́мба; ~y ['flauərɪ] цвети́стый

flown [fləun] *p. p. om* fly I, 1

fluent ['flu:ənt] бе́глый; гла́дкий; ~ly [-lɪ] бе́гло; гла́дко

fluid ['flu:ɪd] 1. *a* жи́дкий 2. *n* жи́дкость

flung [flʌŋ] *past u p. p. om* fling

flush [flʌʃ] 1. *n* пото́к; прили́в 2. *v* вспы́хнуть, покрасне́ть

flute [flu:t] фле́йта

flutter ['flʌtə] 1) маха́ть, бить кры́льями; перепа́рхивать 2) развева́ться; колыха́ться

fly I [flaɪ] 1. *v* (flew; flown) лета́ть 2. *n* полёт

fly II [flaɪ] му́ха

flyer ['flaɪə] *см.* flier

foal [fəul] жеребёнок

foam [fəum] пе́на

fob [fɔb]: ~ off не обраща́ть внима́ния

f. o. b. ['ef'əu'bi:] (free on board) с беспла́тной погру́зкой

fodder ['fɔdə] фура́ж; корм

foe [fəu] враг

fog [fɔg] (густо́й) тума́н; ~gy ['fɔgɪ] тума́нный

foil [fɔɪl] фольга́

fold [fəuld] 1. *v* 1) скла́дывать; сгиба́ть 2) скре́щивать (*ру́ки*) 2. *n* скла́дка; ~er ['fəuldə] 1) па́пка (*для дел*) 2) *амер.* брошю́ра; ~ing ['fəuldɪŋ] складно́й

foliage ['fəulɪɪdʒ] листва́

folk [fəuk] 1) лю́ди 2) *pl разг.* родня́

folklore ['fəuklɔ:] фолькло́р

folk song ['fəuksɔŋ] наро́дная пе́сня

follow ['fɔləu] 1) сле́довать 2) следи́ть; ~er [-ə] после́дователь; ~ing [-ɪŋ] сле́дующий

folly ['fɔlɪ] глу́пость; безу́мие; безрассу́дство

fond [fɔnd]: be ~ of быть привя́занным, люби́ть кого́--л., что-л.

food [fu:d] пи́ща; ~stuffs ['fu:dstʌfs] проду́кты, продово́льствие

fool [fu:l] 1. *n* дура́к; make a ~ of oneself поста́вить себя́ в глу́пое положе́ние; play the ~ валя́ть дурака́ 2. *v* 1) дура́читься, шути́ть 2) одура́-

чивать; обма́нывать; ~ about болта́ться без де́ла

foolish ['fu:lɪʃ] глу́пый

foot [fut] 1) нога́; on ~ пешко́м 2) фут 3) подно́жие; ~ball ['futbɔ:l] 1) футбо́л 2) футбо́льный мяч; ~note ['futnəut] подстро́чное примеча́ние, сно́ска; ~step ['futstep] след; по́ступь, похо́дка

for [fɔ:] **1.** *prep.* 1) для; it's good ~ you вам э́то поле́зно 2) из-за 3) на (*определённое время*); ~ a few minutes на не́сколько мину́т 4) в тече́ние, в продолже́ние; ~ the past six weeks за после́дние 6 неде́ль 5) за, вме́сто; pay ~ me! заплати́ за меня́! **2.** *conj* и́бо, потому́ что

forbade [fə'beid] *past om* forbid

forbid [fə'bid] (forbade; forbidden) запреща́ть

forbidden [fə'bidn] *p. p. om* forbid

force [fɔ:s] **1.** *n* си́ла; armed ~s вооружённые си́лы **2.** *v* 1) заставля́ть; принужда́ть 2) взла́мывать

forced [fɔ:st] 1) вы́нужденный 2) натя́нутый (*об улыбке и т. п.*)

forcible ['fɔ:səbl] 1) наси́льственный 2) убеди́тельный

ford [fɔ:d] **1.** *n* брод **2.** *v* переходи́ть вброд

foreground ['fɔ:graund] пере́дний план

forehead ['fɔrid] лоб

foreign ['fɔrin] иностра́нный; Foreign Office министе́рство иностра́нных дел (*Англии*); ~er [-ə] иностра́нец

foreman ['fɔ:mən] ма́стер, ста́рший рабо́чий; те́хник, прора́б

foremost ['fɔ:məust] пере́дний, передово́й

foresaw [fɔ:'sɔ:] *past om* foresee

foresee [fɔ:'si:] (foresaw; foreseen) предви́деть; ~n [-n] *p. p. om* foresee

foresight ['fɔ:sait] 1) предви́дение 2) предусмотри́тельность

forest ['fɔrist] лес

foretell [fɔ:'tel] (foretold; foretold) предска́зывать

foretold [fɔ:'təuld] *past и p. p. om* foretell

foreword ['fɔ:wə:d] предисло́вие

forfeit ['fɔ:fit] лиша́ться, утра́чивать (*что-л.*)

forgave [fə'geiv] *past om* forgive

forge [fɔ:dʒ] **1.** *n* ку́зница **2.** *v* 1) кова́ть 2) подде́лывать; ~ry ['fɔ:dʒəri] подде́лка, подло́г

forget [fə'get] (forgot; forgotten) забыва́ть; ~ful [-ful] забы́вчивый

forget-me-not [fə'getminɔt] незабу́дка

forgive [fə'gɪv] (forgave; forgiven) прощáть; ~n [-n] *p. p. om* forgive

forgot [fə'gɔt] *past om* forget; ~ten [-n] *p. p. om* forget

fork [fɔ:k] 1. *n* 1) вйлка 2) вйлы 3) разветвлéние 2. *v* разветвлйться

form [fɔ:m] 1. *n* 1) фóрма 2) формáльность 3) бланк, анкéта 4) класс (*в школе*) 2. *v* 1) придавáть фóрму 2) образóвывать; составлйть 3) вырабáтывать (*характер*)

formal ['fɔ:məl] 1) формáльный; официáльный 2) внéшний

formation [fɔ:'meɪʃn] образовáние; составлéние

former ['fɔ:mə] 1) прéжний 2) предшéствующий 3): the ~ пéрвый (*из упомянутых*); ~ly [-lɪ] прéжде; когдá-то

formula ['fɔ:mjulə] 1) фóрмула 2) рецéпт

forsake [fə'seɪk] оставлйть, покидáть навсегдá

forth [fɔ:θ] вперёд; ~coming [fɔ:θ'kʌmɪŋ] предстоящий, грядýщий

fortieth ['fɔ:tɪɪθ] сороковóй

fortifications [fɔ:tɪfɪ'keɪʃnz] *pl* укреплéния

fortify ['fɔ:tɪfaɪ] 1) укреплйть 2) подкреплйть

fortitude ['fɔ:tɪtju:d] стóйкость, мýжество

fortnight ['fɔ:tnaɪt] две недéли

fortress ['fɔ:trɪs] крéпость

fortunate ['fɔ:tʃnɪt] счастлйвый; ~ly [-lɪ] к счáстью

fortune ['fɔ:tʃən] 1) счáстье, удáча 2) судьбá 3) состояние, богáтство

forty ['fɔ:tɪ] сóрок

forward ['fɔ:wəd] 1. *adv* 1) вперёд 2) впредь 2. *v* отправлйть, пересылáть; ~s [-z] *см.* forward 1

fossil ['fɔsl] ископáемое

fought [fɔ:t] *past и p. p. om* fight 1

foul [faul] 1) загрязнённый, грязный 2) бесчéстный; ~ play мошéнничество

found I [faund] *past и p. p. om* find

found II [faund] оснóвывать; ~ation [faun'deɪʃn] основáние, фундáмент

founder ['faundə] основáтель

fountain ['fauntɪn] фонтáн; ~ pen автоматйческая рýчка

four [fɔ:] четыре; ~teen [fɔ:'ti:n] четырнадцать; ~teenth [fɔ:'ti:nθ] четырнадцатый; ~th [fɔ:θ] четвёртый

fowl [faul] (домáшняя) птйца

fox [fɔks] лисйца

fraction ['frækʃn] 1) дробь 2) частйца

fracture ['fræktʃə] 1. *n* 1) перелóм 2) излóм 2. *v* ломáть

fragile ['frædʒaɪl] хрýпкий

fragment ['frægmənt] 1) обло́мок 2) отры́вок

fragrance ['freɪgrəns] арома́т

frail [freɪl] хру́пкий; хи́лый

frame [freɪm] 1. *v* обрамля́ть 2. *n* 1) ра́ма 2) о́стов; ~-up ['freɪmʌp] *амер.* суде́бная инсцениро́вка; ~work ['freɪmwə:k] карка́с; о́стов ◇ ~work of society обще́ственный строй

frank [fræŋk] и́скренний, открове́нный

frantic ['fræntɪk] безу́мный

fraternal [frə'tə:nl] бра́тский

fraud [frɔ:d] 1) обма́н 2) обма́нщик

fraught [frɔ:t] (with) чрева́тый

free [fri:] 1. *a* 1) свобо́дный 2) беспла́тный 3) откры́тый (*о конкурсе и т. п.*) 2. *v* освобожда́ть

freedom ['fri:dəm] свобо́да

freeze [fri:z] (froze; frozen) 1) замора́живать 2) замерза́ть, мёрзнуть; ~r ['fri:zə] морози́льник

freight [freɪt] груз; ~ train *амер.* това́рный по́езд

French [frentʃ] 1. *a* францу́зский 2. *n:* the ~ францу́зы; ~man ['frentʃmən] францу́з; ~woman ['frentʃwumən] францу́женка

frequency ['fri:kwənsɪ] частота́

frequent 1. *a* ['fri:kwənt] ча́стый 2. *v* [frɪ'kwent] ча́сто посеща́ть; ~ly ['fri:kwəntlɪ] ча́сто

fresh [freʃ] 1) све́жий 2) пре́сный (*о воде*)

friction ['frɪkʃn] тре́ние

Friday ['fraɪdɪ] пя́тница

friend [frend] друг; това́рищ; ~less ['frendlɪs] одино́кий; ~ly ['frendlɪ] дру́жеский; дружелю́бный; ~ship ['frendʃɪp] дру́жба

fright [fraɪt] испу́г; ~en [-n] пуга́ть; ~ful ['fraɪtful] стра́шный; ужа́сный

fringe [frɪndʒ] 1. *n* 1) бахрома́ 2) кайма́ 3) чёлка 2. *v* окаймля́ть; украша́ть бахромо́й

fro [frəu]: to and ~ взад и вперёд

frock [frɔk] пла́тье

frog [frɔg] лягу́шка

from [frɔm] от, из, с; по

front [frʌnt] 1. *n* 1) пере́дняя сторона́; фаса́д; in ~ of впереди́; пе́ред 2) фронт 2. *a* пере́дний; ~ door пара́дная дверь

frontier ['frʌntjə] грани́ца; ~ guard пограни́чник

frost [frɔst] моро́з; ~-bitten ['frɔstbɪtn] обморо́женный; ~y ['frɔstɪ] моро́зный

froth [frɔθ] 1. *n* пе́на 2. *v* пе́ниться

frown [fraun] 1. *v* нахму́риться 2. *n* недово́льное выраже́ние лица́

froze [frəuz] *past om*

freeze; ~n [-n] *p. p. om* freeze

fruit [fru:t] плод; фрукт; bear ~ приносить плоды; ~ful ['fru:tful] плодотворный; ~less ['fru:tlıs] бесплодный

frustrate [frʌs'treıt] расстраивать, срывать (*планы*)

fry [fraı] жарить(ся)

frying pan ['fraıŋpæn] сковорода

fuel [fjuəl] топливо

fugitive ['fju:dʒıtıv] **1.** *a* 1) беглый 2) мимолётный **2.** *n* беглец

fulfil [ful'fıl] 1) выполнять; осуществлять 2) завершать

full [ful] полный (*чего-л.*) ◇ ~ dress парадная форма

fully ['fulı] вполне; совершенно

fume [fju:m] **1.** *n* 1) дым 2) *pl* пары 3) запах 4) волнение **2.** *v* 1) дымить; испаряться 2) окуривать 3) волноваться

fun [fʌn] шутка; забава; веселье; have ~ веселиться; for ~ в шутку; make ~ of высмеивать

function ['fʌŋkʃn] **1.** *n* 1) функция 2) обязанности **2.** *v* функционировать; действовать

fund [fʌnd] 1) запас 2) фонд

fundamental [fʌndə'mentl] основной; коренной

funeral ['fju:nərəl] 1. *n* похороны 2. *a* похоронный

funnel ['fʌnəl] 1) воронка 2) труба (*паровоза, парохода*)

funny ['fʌnı] 1) смешной, забавный 2) странный

fur [fə:] мех; ~ coat меховое пальто

furious ['fjuərıəs] 1) взбешённый; be ~ беситься 2) бешеный, неистовый

furlough ['fə:ləu] *воен.* отпуск

furnace ['fə:nıs] печь, топка; горн

furnish ['fə:nıʃ] 1) снабжать 2) меблировать, обставлять

furniture ['fə:nıtʃə] мебель, обстановка

furrow ['fʌrəu] борозда; ~ed [-d]: ~ed cheeks морщинистые щёки

furry ['fə:rı] пушистый

further ['fə:ðə] 1. *adv* дальше 2. *a* 1) более отдалённый 2) дальнейший 3. *v* способствовать

furtive ['fə:tıv] скрытый, незаметный, тайный; ~ glance взгляд украдкой

fury ['fjuərı] неистовство, бешенство, ярость

fuse I [fju:z] 1) плавить(ся), сплавлять(ся) 2) перегорать; the bulb is ~d лампа перегорела

fuse II [fju:z] 1) взрыватель 2) *эл.* предохранитель

fuss [fʌs] 1. *n* суета; make

a ~ about суети́ться, поднима́ть шум (*вокруг чего-л.*) **2.** *v* суети́ться; беспоко́иться; хлопота́ть

futile ['fju:taɪl] 1) беспо-ле́зный, тще́тный 2) пусто́й (*о человеке*)

future ['fju:tʃə] **1.** *a* бу́дущий; ~ tense *грам.* бу́дущее вре́мя **2.** *n* бу́дущее

G

gadfly ['gædflaɪ] о́вод, слепе́нь

gaiety ['geɪətɪ] 1) весе́лье 2) наря́дность 3) *pl* развле-че́ния

gaily ['geɪlɪ] ве́село

gain [geɪn] **1.** *v* 1) полу-ча́ть, зараба́тывать 2) дости-га́ть 3) выи́грывать 4) при-бавля́ть (*в весе*) **2.** *n* пре-иму́щество

gait [geɪt] похо́дка

galaxy ['gæləksɪ] гала́кти-ка

gall [gɔ:l] жёлчь; ~ **bladder** ['gɔ:lblædə] жёлч-ный пузы́рь

gallant ['gælənt] хра́брый, до́блестный

gallery ['gælərɪ] галере́я

gamble ['gæmbl] игра́ть (*в азартные игры*); ~r [-ə] иг-ро́к

game I [geɪm] игра́
game II [geɪm] дичь

gang [gæŋ] 1) ша́йка, ба́нда 2) брига́да; па́ртия;

артель; ~ster ['gæŋstə] бан-ди́т, га́нгстер

gap [gæp] 1) проло́м 2) пробе́л 3) промежу́ток

gape [geɪp] зева́ть, глазе́ть

garage ['gæra:ʒ] гара́ж

garbage ['ga:bɪdʒ] му́сор

garden ['ga:dn] сад; ~ flowers садо́вые цветы́; ~er [-ə] садо́вник

garland ['ga:lənd] гирля́н-да

garlic ['ga:lɪk] чесно́к

garment ['ga:mənt] оде́ж-да, одея́ние

garret ['gærət] манса́рда; черда́к

garrison ['gærɪsn] **1.** *n* гарнизо́н **2.** *v* ста́вить гарни-зо́н

gas [gæs] 1) газ 2) *амер.* горю́чее

gasolene ['gæsəli:n] 1) га-золи́н 2) *амер.* бензи́н

gasp [ga:sp] задыха́ться

gate [geɪt] кали́тка; воро́-та

gather ['gæðə] соби-ра́ть(ся)

gauge [geɪdʒ] разме́р; ка-ли́бр; измери́тельный при-бо́р; этало́н

gave [geɪv] *past om* give

gay [geɪ] 1) весёлый 2) беспу́тный

gaze [geɪz] **1.** *v* приста́ль-но гляде́ть **2.** *n* приста́льный взгляд

gear [gɪə] 1) приспособле́-ния; принадле́жности 2) *тех.* шестерня́; переда́ча;

привод; in ~ включённый;
out ~ выключенный

geese [gi:s] *pl om* goose

gender ['dʒendə] *грам.*
род

general ['dʒenərəl] **1.** *a* 1)
общий; in ~ вообще 2) обыч-
ный **2.** *n* генерал

generally ['dʒenərəlı] 1)
вообще 2) обычно

generate ['dʒenəreıt] 1)
вызывать 2) генерировать

generation [dʒenə'reıʃn]
поколение

generosity [dʒenə'rɔsıtı] 1)
великодушие 2) щедрость

generous ['dʒenərəs] 1)
великодушный; благородный
2) щедрый

genial ['dʒi:njəl] привет-
ливый

genitive ['dʒenıtıv] *грам.*
родительный падеж

genius ['dʒi:njəs] гений

gentle ['dʒentl] ласковый;
нежный; мягкий

gentleman ['dʒentlmən]
джентльмен, господин

gently ['dʒentlı] 1) мягко,
нежно 2) осторожно; спо-
койно

genuine ['dʒenjuın] 1) под-
линный; настоящий 2) иск-
ренний

geography [dʒı'ɔgrəfı] география

geology [dʒı'ɔlədʒı] геология

geometry [dʒı'ɔmıtrı] гео-
метрия

germ [dʒə:m] 1) *биол.* за-
родыш 2) микроб

German ['dʒə:mən] **1.** *a*
германский, немецкий **2.** *n*
немец

gesture ['dʒestʃə] жест

get [get] (got; got) 1) получать; доставать 2) становиться; ~ warm согреться; ~
better поправляться; ~ wet
промокнуть 3) *в конструк-
циях с* have *не переводится;*
have you got a pencil? есть у
вас карандаш? ~ in входить;
~ on a) уживаться; б) делать
успехи; how are you ~ting
on? как дела?; ~ out (of) выходить; ~ up вставать

ghost [gəust] привидение,
дух

giant ['dʒaıənt] великан,
гигант

giddy ['gıdı]: I am ~ у
меня кружится голова

gift [gıft] подарок; дар;
~ed ['gıftıd] одарённый

gigantic [dʒaı'gæntık] ги-
гантский

giggle ['gıgl] хихикать

gild [gıld] золотить

gilt [gılt] **1.** *n* позолота **2.**
a золочёный

Gipsy ['dʒıpsı] **1.** *a* цыган-
ский **2.** *n* цыган(ка)

girl [gə:l] 1) девочка 2)
девушка

girlfriend ['gə:lfrend] лю-
бимая девушка, возлюблен-
ная

give [gıv] (gave; given) 1)
давать 2) доставлять (*удо-

вольствие); причиня́ть (*боль и т. п.*); ~ in уступа́ть; ~ up бро́сить (*привыч-ку*)

given ['gɪvn] *p. p. om* give

glacier ['glæsjə] ледни́к, гле́тчер

glad [glæd]: be ~ ра́доваться; I am ~ я рад, дово́лен

glance [glɑ:ns] **1.** *n* бы́стрый взгляд **2.** *v* ме́льком взгляну́ть

gland [glænd] железа́

glass [glɑ:s] 1) стекло́ 2) стака́н; бока́л 3) зе́ркало 4) *pl* очки́

gleam [gli:m] **1.** *n* про́блеск **2.** *v* свети́ться

glide [glaɪd] 1) скользи́ть 2) *ав.* плани́ровать

glimpse [glɪmps]: have a ~, get a ~ уви́деть ме́льком

glitter ['glɪtə] **1.** *v* блесте́ть, сверка́ть **2.** *n* блеск

globe [gləub] 1) (земно́й) шар 2) гло́бус

gloom [glu:m] 1) мрак 2) уны́ние; ~y ['glu:mɪ] 1) мра́чный 2) угрю́мый

glorify ['glɔ:rɪfaɪ] прославля́ть

glorious ['glɔ:rɪəs] 1) сла́вный 2) великоле́пный

glory ['glɔ:rɪ] 1) сла́ва 2) великоле́пие

glossy ['glɔsɪ] глянцеви́тый; блестя́щий (*о волосах*)

glove [glʌv] перча́тка

glow [gləu] **1.** *v* пыла́ть **2.** *n* 1) пыл, жар 2) румя́нец ◇ evening ~ вече́рняя заря́

glue [glu:] **1.** *n* клей **2.** *v* кле́ить; прикле́ивать

gnat [næt] мо́шка

gnaw [nɔ:] грызть, глода́ть

go [gəu] (went; gone) 1) идти́; ходи́ть 2) уходи́ть; уезжа́ть; ~ in войти́; ~ on продолжа́ть; ~ out вы́йти

goal [gəul] 1) цель 2) *спорт.* гол

goat [gəut] козёл; коза́

god [gɔd] бог; ~dess ['gɔdɪs] боги́ня

goggles ['gɔglz] защи́тные очки́, очки́-консе́рвы

gold [gəuld] **1.** *n* зо́лото **2.** *a* золото́й; ~en ['gəuldən] золото́й; золоти́стый

gone [gɔn] *p. p. om* go

good [gud] **1.** *a* 1) хоро́ший 2) до́брый **2.** *n* по́льза; добро́ ◇ for ~ навсегда́

goodbye [gud'baɪ] до свида́ния!, проща́йте!

good-looking ['gud'lukɪŋ] краси́вый

good-natured ['gud'neɪtʃəd] добро́ду́шный

goodness ['gudnɪs] добро́та́

goods [gudz] *pl* това́ры

goose [gu:s] гусь

gooseberry ['guzbərɪ] крыжо́вник

Gospel ['gɔspəl] Ева́нге́лие

gossip ['gɔsɪp] **1.** *n* 1) спле́тня 2) болтовня́ 3) спле́тник **2.** *v* 1) спле́тничать 2) болта́ть

got [gɔt] *past u p. p. om* get

gout [gaut] подáгра

govern [ˈgʌvən] управлять, прáвить; **~ment** [-mənt] прави́тельство; **~or** [-ə] губернáтор

gown [gaun] плáтье

grab [græb] хватáть, схвáтывать

grace [greɪs] грáция; **~ful** [ˈgreɪsful] грациóзный

grade [greɪd] 1. *n* 1) класс (*в школе*) 2) стéпень; ранг 3) кáчество, сорт 2. *v* сортировáть

gradual [ˈgrædjuəl] постепéнный

graduate 1. *v* [ˈgrædjueɪt] кончáть (вы́сшую) шкóлу 2. *n* [ˈgrædjuɪt] окóнчивший вы́сшую шкóлу

grain [greɪn] 1) зернó 2) крупи́нка 3) гран 4) волокнó

grammar [ˈgræmə] граммáтика

grammar school [ˈgræmə ˈskuːl] срéдняя шкóла

gramme [græm] грамм

granary [ˈgrænərɪ] амбáр; жи́тница

grand [grænd] 1) величественный 2) *разг.* замечáтельный

grandchild [ˈgræntʃaɪld] внук; внýчка

grand-daughter [ˈgræn dɔːtə] внýчка

grandeur [ˈgrændʒə] 1) вели́чие 2) великолéпие, грандиóзность

grandfather [ˈgrænfɑːðə] дéд(ушка)

grandmother [ˈgrænmʌðə] бáбушка

grandson [ˈgrænsʌn] внук

granite [ˈgrænɪt] грани́т

grant [grɑːnt] 1. *v* 1) удовлетвори́ть (*просьбу*) 2) жáловать, дари́ть ◇ take for **~ed** считáть самó собóй разумéющимся 2. *n* 1) субси́дия 2) дар

grape [greɪp] виногрáд

graphic [ˈgræfɪk] 1) графи́ческий 2) нагля́дный, óбразный

grasp [grɑːsp] 1. *v* 1) зажимáть в рукé; схвáтывать 2) улáвливать смысл 2. *n:* hold in one's **~** держáть в рукáх; be in his **~** быть в егó влáсти; have a good **~** (of) хорошó схвáтывать (*смысл*)

grass [grɑːs] травá; **~hopper** [ˈgrɑːshɔpə] кузнéчик

grate I [greɪt] ками́нная решётка

grate II [greɪt] 1) скрести́; терéть 2) скрипéть

grateful [ˈgreɪtful] благодáрный

grater [ˈgreɪtə] тёрка

gratitude [ˈgrætɪtjuːd] благодáрность

grave I [greɪv] моги́ла

grave II [greɪv] серьёзный; вáжный

gravel [ˈgrævəl] грáвий

gravity ['grævɪtɪ] 1) серь-
ёзность; ва́жность 2) *физ.*
си́ла тя́жести

gray [greɪ] *см.* grey

graze I [greɪz] пасти́(сь)

graze II [greɪz] 1) заде-
ва́ть 2) оцара́пать; содра́ть
(*кожу*)

grease 1. *n* [gri:s] 1) жир,
са́ло 2) мазь, сма́зка 2. *v*
[gri:z] сма́зывать (*жиром и
т. n.*)

greasy ['gri:zɪ] жи́рный,
са́льный

great [greɪt] 1) вели́кий 2)
большо́й; a ~ deal мно́го

greedy ['gri:dɪ] жа́дный

Greek [gri:k] 1. *a* гре́че-
ский 2. *n* грек

green [gri:n] зелёный

greengrocer's ['gri:n
grəʊsəz] овощно́й магази́н

greet [gri:t] приве́тство-
вать; кла́няться; ~ing
['gri:tɪŋ] приве́тствие, по-
кло́н

grenade [grɪ'neɪd] грана́та

grew [gru:] *past om* grow

grey [greɪ] 1) се́рый 2)
седо́й

grief [gri:f] го́ре

grievance ['gri:vəns] 1)
оби́да 2) жа́лоба

grieve [gri:v] 1) горева́ть
2) огорча́ть

grim [grɪm] 1) мра́чный
2) неумоли́мый

grin [grɪn] 1. *v* 1) ухмы-
ля́ться 2) ска́лить зу́бы 2. *n*
усме́шка

grind [graɪnd] (ground;
ground) 1) моло́ть; толо́чь 2)
точи́ть ◇ ~ one's teeth скре-
жета́ть зуба́ми; ~stone
['graɪndstəʊn] точи́льный
ка́мень

grip [grɪp] 1. *n* пожа́тие;
хва́тка 2. *v* 1) схва́тывать 2)
зажима́ть

groan [grəʊn] 1. *n* стон 2.
v стона́ть

grocer ['grəʊsə] владе́лец
небольшо́го продукто́вого
магази́на; ~y ['grəʊsərɪ] 1)
небольшо́й продукто́вый ма-
гази́н 2) *pl* бакале́я

groove [gru:v] жёлоб

gross [grəʊs] 1) гру́бый 2)
валово́й; опто́вый

ground I [graʊnd] *past и
p. p. om* grind

ground II [graʊnd] 1) зем-
ля́, по́чва; ~ floor ни́жний
эта́ж 2) основа́ние, моти́в 3)
жив. грунт, фон 4) *pl* гу́ща
5) *pl* ча́стный парк

group [gru:p] 1. *n* гру́ппа
2. *v* группирова́ть(ся)

grow [grəʊ] (grew; grown)
1) расти́ 2) выра́щивать;
разводи́ть 3) станови́ться

growl [graʊl] 1. *v* 1) ры-
ча́ть 2) ворча́ть 2. *n* 1) ры-
ча́ние 2) ворча́ние

grown [grəʊn] *p. p. om*
grow; ~-up ['grəʊnʌp] взро́с-
лый

growth [grəʊθ] 1) рост 2)
увеличе́ние 3) о́пухоль

grudge [grʌdʒ] 1. *n:* bear
(have) a ~ against smb. зата-

ить злобу, иметь зуб против кого́-л. 2. *v* 1) зави́довать 2) жале́ть (*время, де́ньги*)

grumble ['grʌmbl] ворча́ть, жа́ловаться

grunt [grʌnt] 1. *v* хрю́кать 2. *n* хрю́канье

guarantee [gærən'tiː] 1. *n* гара́нтия; зало́г 2. *v* гаранти́ровать

guard [gɑːd] 1. *n* 1) стра́жа; охра́на 2) *pl* гва́рдия 3) сто́рож 4) проводни́к (*в по́езде*) 5) бди́тельность; be on (one's) ~ быть насторожé 2. *v* охраня́ть; сторожи́ть

guardian ['gɑːdjən] опеку́н, попечи́тель

guerilla [gə'rɪlə] партиза́н; ~ war партиза́нская война́

guess [ges] 1. *v* 1) уга́дывать 2) дога́дываться 3) *амер.* счита́ть, полага́ть 2. *n* предположе́ние, дога́дка

guest [gest] гость

guide [gaɪd] 1. *n* 1) проводни́к, гид 2) руководи́тель 3) путеводи́тель 2. *v* 1) руководи́ть 2) вести́

guilt [gɪlt] вина́; вино́вность

guilty ['gɪltɪ] вино́вный

guinea ['gɪnɪ] гине́я

guitar [gɪ'tɑː] гита́ра

gulf [gʌlf] 1) зали́в 2) про́пасть, бе́здна 3) водоворо́т

gull [gʌl] ча́йка

gulp [gʌlp] 1. *n* большо́й глото́к 2. *v* жа́дно *или* бы́стро глота́ть

gum [gʌm] 1. *n* смола́; клей 2. *v* скле́ивать(ся)

gumboots ['gʌmbuːts] *pl* рези́новые сапоги́

gums [gʌmz] *pl* дёсны

gun [gʌn] 1) огнестре́льное ору́жие; ружьё 2) пу́шка 3) *амер.* револьве́р; ~ner ['gʌnə] артиллери́ст; пулемётчик; ~powder ['gʌn paudə] по́рох

gust [gʌst] поры́в (*ве́тра*)

gusto ['gʌstəu] удово́льствие, смак

guts [gʌts] *pl* кишки́

gutter ['gʌtə] 1) водосто́чный жёлоб 2) кана́ва

Gypsy ['dʒɪpsɪ] *см.* Gipsy

H

haberdashery ['hæbə dæʃərɪ] галантере́я

habit ['hæbɪt] 1) привы́чка 2) обы́чай

habitual [hə'bɪtjuəl] привы́чный, обы́чный

had [hæd] *past и p. p. от* have

hadn't ['hædnt] *разг.* = had not

haggard ['hægəd] измождённый, изму́ченный

hail I [heɪl] 1. *n* град 2. *v* сы́паться гра́дом; it ~s, it is ~ing идёт град

hail II [heɪl] 1) приве́тствовать 2) оклика́ть, звать

hair [hɛə] во́лос; во́лосы; ~brush ['hɛəbrʌʃ] щётка для

волóс; ~do ['hɛədu:] причёска; ~dresser ['hɛədresə] парикмáхер; ~pin ['hɛəpɪn] шпи́лька

hairy ['hɛərɪ] волосáтый

half [hɑ:f] **1.** *n* половúна **2.** *adv* наполовúну

half-hearted ['hɑ:f'hɑ:tɪd] нереши́тельный

halfpenny ['heɪpnɪ] полпéнни

half time [hɑ:f'taɪm] 1) непóлный рабóчий день (*на производстве*) 2) *спорт.* половúна игры́

hall [hɔ:l] 1) зал 2) перéдняя, вестибю́ль, холл

hallo [hə'ləu] аллó!

halt [hɔ:lt] **1.** *n* останóвка; привáл **2.** *v* останáвливать(ся) **3.** *int* стой!

ham [hæm] ветчинá; óкорок

hammer ['hæmə] **1.** *n* мóлот, молотóк **2.** *v* 1) вбивáть 2) колоти́ть

hammock ['hæmək] гамáк

hamper ['hæmpə] мешáть, препя́тствовать

hand [hænd] **1.** *n* 1) рукá 2) стрéлка (*часов*) **2.** *v* вручáть; передавáть

handbag ['hændbæg] дáмская сýмочка

handbook ['hændbuk] спрáвочник; руковóдство

handful ['hændful] при́горшня

handicraft ['hændɪkrɑ:ft] ремеслó

handkerchief ['hæŋkətʃɪf] носовóй платóк

handle ['hændl] **1.** *n* рýчка; рукоя́ть **2.** *v* трóгать, хватáть

handsome ['hænsəm] краси́вый, интерéсный

handwriting ['hændraɪtɪŋ] пóчерк

handy ['hændɪ] 1) удóбный 2) лóвкий, искýсный

hang [hæŋ] (hung; hung) 1) висéть 2) вéшать; подвéшивать

hangar ['hæŋə] ангáр

hangover ['hæŋəuvə] 1) *амер.* пережи́ток 2) *разг.* похмéлье

happen ['hæpən] 1) случáться 2) случáйно оказáться

happiness ['hæpɪnɪs] счáстье

happy ['hæpɪ] счастли́вый

harass ['hærəs] тревóжить, беспокóить

harbour ['hɑ:bə] **1.** *n* гáвань **2.** *v* таи́ть (*мысль, злобу и т. п.*)

hard [hɑ:d] **1.** *a* 1) твёрдый, жёсткий 2) сурóвый 3) трýдный, тяжёлый **2.** *adv* 1) си́льно 2) усéрдно

harden ['hɑ:dn] 1) твердéть; грубéть 2) черствéть 3) закáливать

hardly ['hɑ:dlɪ] 1) едвá (ли) 2) с трудóм

hardship ['hɑ:dʃɪp] лишéние; it is no ~ (э́то) нетрýдно

hare [hɛə] зáяц

harm [hɑːm] 1. *n* вред 2. *v* вреди́ть; ~less ['hɑːmlɪs] безвре́дный, безоби́дный

harmonious [hɑː'məunjəs] 1) гармони́чный 2) дру́жный

harmony ['hɑːmənɪ] 1) гармо́ния; созву́чие 2) согла́сие

harness ['hɑːnɪs] 1. *n* у́пряжь 2. *v* запряга́ть

harrow ['hærəu] борона́

harsh [hɑːʃ] 1) жёсткий; гру́бый 2) суро́вый; жесто́кий

harvest ['hɑːvɪst] 1) жа́тва 2) урожа́й; ~er [-ə] 1) жнец 2) жа́твенная маши́на

hasn't ['hæznt] *разг.* = has not

haste [heɪst] поспе́шность; make ~ торопи́ться; ~n ['heɪsn] торопи́ть(ся)

hastily ['heɪstɪlɪ] 1) поспе́шно 2) опроме́тчиво 3) запа́льчиво

hasty ['heɪstɪ] 1) поспе́шный 2) опроме́тчивый 3) запа́льчивый

hat [hæt] шля́па

hatch [hætʃ] выси́живать (*цыплят*); be ~ed вылу́пливаться

hatchet ['hætʃɪt] топо́р(ик)

hate [heɪt] 1. *v* ненави́деть 2. *n* не́нависть; ~ful ['heɪtful] ненави́стный

hatred ['heɪtrɪd] не́нависть

hatstand ['hætstænd] ве́шалка для шляп

haughty ['hɔːtɪ] высокоме́рный, надме́нный

haul [hɔːl] 1. *v* тяну́ть, букси́ровать 2. *n* 1) тя́га, воло́чение 2) уло́в

haunt [hɔːnt] 1) пресле́довать (*о мыслях и т. п.*) 2) появля́ться (*как призрак*)

have [hæv] (had; had) 1) име́ть 2) получа́ть; (will you) ~ a cigarette? хоти́те папиро́су? 3): ~ to + *inf.* быть до́лжным, вы́нужденным что-л. сде́лать; I ~ to go мне ну́жно идти́, я до́лжен идти́

haven ['heɪvn] 1) га́вань 2) убе́жище

hawk [hɔːk] я́стреб

hay [heɪ] се́но; ~stack ['heɪstæk] стог се́на

hazard ['hæzəd] опа́сность, риск

hazel ['heɪzl] 1. *n* оре́шник 2. *a* све́тло-кори́чневый; ка́рий

he [hiː] он

head [hed] 1. *n* 1) голова́ 2) глава́; руководи́тель; ~ master дире́ктор шко́лы 3) заголо́вок 2. *v* 1) возглавля́ть 2) озагла́вливать

headache ['hedeɪk] головна́я боль

heading ['hedɪŋ] заголо́вок

headlight ['hedlaɪt] фа́ра (*автомобиля*); огни́ (*паровоза*)

headlong ['hedlɔŋ] очертя́ го́лову

headquarters ['hed

'kwɔ:təz] 1) штаб 2) главное управление; центр

heal [hi:l] 1) излечивать 2) заживать

health [helθ] здоровье; ~ resort курорт

healthy ['helθɪ] здоровый

heap [hi:p] **1.** *n* куча; груда **2.** *v* нагромождать

hear [hɪə] (heard; heard) 1) слышать 2) слушать

heard [hə:d] *past и p. p. от* hear

hearer ['hɪərə] слушатель

hearing ['hɪərɪŋ] 1) слух 2) *юр.* разбор дела

heart [hɑ:t] 1) сердце; at ~ в глубине души 2) сердцевина ◇ by ~ наизусть

hearth [hɑ:θ] очаг

hearty ['hɑ:tɪ] 1) искренний; (чисто)сердечный; радушный 2) сытный; ~ meal сытная еда

heat [hi:t] **1.** *n* 1) тепло, жара 2) пыл 3)течка (*у животных*) **2.** *v* 1) нагревать(ся) 2) топить

heather ['heðə] вереск

heating ['hi:tɪŋ] 1) нагревание 2) отопление

heaven ['hevn] небеса, небо

heavy ['hevɪ] тяжёлый

hectare ['hektɑ:] гектар

hedge [hedʒ] живая изгородь

hedgehog ['hedʒhɔg] ёж

heedless ['hi:dlɪs] невнимательный; небрежный

heel [hi:l] 1) пятка 2) каблук

height [haɪt] 1) высота; вышина, рост 2) возвышенность 3): the ~ of верх (*глупости и т. п.*)

heir [ɛə] наследник

held [held] *past и p. p. от* hold I

hell [hel] ад

he'll [hi:l] *разг.* = he will

helm [helm] руль

helmet ['helmɪt] шлем, каска

help [help] **1.** *v* помогать **2.** *n* 1) помощь 2) *амер.* прислуга; ~ful ['helpful] полезный; ~less ['helplɪs] беспомощный

hem [hem] **1.** *n* 1) рубец 2) кромка; кайма **2.** *v* подшивать, подрубать

hemisphere ['hemɪsfɪə] полушарие

hemp [hemp] конопля; пенька

hen [hen] курица

hence [hens] следовательно; ~forward [hens'fɔ:wəd] впредь, отныне

her [hə:] 1) ей; её 2) своя

herald ['herəld] **1.** *n* вестник **2.** *v* возвещать

herb [hə:b] (лекарственная) трава

herd [hə:d] стадо

here [hɪə] 1) здесь, тут 2) сюда ◇ ~ you are! вот, пожалуйста!; ~by [hɪə'baɪ] этим; при сём

hereditary [hɪ'redɪtərɪ] на-
следственный

herein [hɪər'ɪn] в э́том;
при сём

heresy ['herəsɪ] е́ресь

herewith [hɪə'wɪð] при
сём; настоя́щим

heritage ['herɪtɪdʒ] насле́д-
ство

hermit ['hə:mɪt] отше́ль-
ник

hero ['hɪərəu] геро́й; ~ic
[hɪ'rəuɪk] герои́ческий; ге-
ро́йский; ~ine ['herəuɪn] ге-
рои́ня; ~ism ['herəuɪzm] ге-
рои́зм

heron ['herən] ца́пля

herring ['herɪŋ] сельдь

hers [hə:z] её

herself [hə:'self] 1) себя́;
-ся 2) сама́

he's [hi:z] разг. = he is

hesitate ['hezɪteɪt] коле-
ба́ться

hid [hɪd] past и p. p. от
hide I

hidden ['hɪdn] p. p. от
hide I

hide I [haɪd] (hid; hid,
hidden) пря́тать(ся); скры-
ва́ть(ся)

hide II [haɪd] шку́ра;
~bound ['haɪdbaund] огра-
ни́ченный

hideous ['hɪdɪəs] безобра́з-
ный, уро́дливый, стра́шный

high [haɪ] высо́кий ◇ ~
school сре́дняя шко́ла

highly ['haɪlɪ] весьма́

highway ['haɪweɪ] шоссе́

hill [hɪl] холм

him [hɪm] ему́; его́

himself [hɪm'self] 1) себя́;
-ся 2) сам

hinder ['hɪndə] меша́ть;
препя́тствовать

hindrance ['hɪndrəns] по-
ме́ха, препя́тствие

Hindu ['hɪndu:] 1. a ин-
ду́сский 2. n инду́с

hinge [hɪndʒ] 1. n пе́тля;
шарни́р 2. v 1) висе́ть; вра-
ща́ться на пе́тлях 2) перен.
(on) зави́сеть (от)

hint [hɪnt] 1. n намёк 2. v
намека́ть

hip [hɪp] бедро́

hippie, hippy ['hɪpɪ] хи́п-
пи

hire ['haɪə] нанима́ть; for
~ выдаётся напрока́т

his [hɪz] его́; свой

hiss [hɪs] 1. n шипе́ние;
свист 2. v 1) шипе́ть; сви-
сте́ть 2) освиста́ть

historic(al) [hɪs'tɔrɪk(əl)]
истори́ческий

history ['hɪstərɪ] исто́рия

hit [hɪt] 1. v (hit; hit) 1)
ударя́ть 2) попада́ть 2. n
уда́ча; «гвоздь» (сезо́на)

hitherto ['hɪðə'tu:] пре́ж-
де, до сих пор

hive [haɪv] у́лей

hoard [hɔ:d] 1. n запа́с 2.
v запаса́ть; копи́ть

hoarfrost [hɔ:'frɔst] и́ней

hoarse [hɔ:s] хри́плый

hoax [həuks] зла́я шу́тка,
обма́н

hobby ['hɔbɪ] люби́мое занятие в часы́ досу́га; страсть; «конёк», хо́бби

hockey ['hɔkɪ] хоккéй

hoe [həu] моты́га

hog [hɔg] свинья́; бóров

hoist [hɔɪst] поднима́ть (*флаг, парус*)

hold I [həuld] (held; held) 1) держа́ть 2) вмеща́ть; содержа́ть (*в себе*); ~ out a) выдéрживать; б) протя́гивать; ~ up задéрживать

hold II [həuld] трюм

holdup ['həuldʌp] *разг.* налёт, ограблéние

hole [həul] 1) дыра́ 2) нора́

holiday ['hɔlədɪ] 1) пра́здник 2) óтпуск 3) *pl* кани́кулы

hollow ['hɔləu] 1. *a* 1) пóлый, пустóй 2) впа́лый 3) глухóй (*о звуке*) 2. *n* 1) пустота́ 2) дуплó 3) вы́боина 3. *v* выда́лбливать

holy ['həulɪ] свящéнный, святóй

homage ['hɔmɪdʒ]: do (pay) ~ воздава́ть пóчести; свидéтельствовать почтéние

home [həum] 1. *n* жили́ще; дом; at ~ дóма 2. *a* 1) дома́шний 2) внýтренний; Home Office министéрство внýтренних дел 3. *adv* домóй; ~less ['həumlɪs] бездóмный, бесприю́тный; ~sick ['həumsɪk] тоскýющий по рóдине, по дóму

honest ['ɔnɪst] чéстный

honesty ['ɔnɪstɪ] чéстность

honey ['hʌnɪ] мёд; ~comb [-kəum] сóты; ~moon [-mu:n] медóвый мéсяц

honour ['ɔnə] 1. *n* 1) честь 2) почёт 3) *pl* пóчести 2. *v* почита́ть; ~able ['ɔnərəbl] 1) почётный 2) почтéнный 3) чéстный

hood [hud] 1) капюшóн; ка́пор 2) *тех.* кры́шка, колпа́к

hoof [hu:f] копы́то

hook [huk] 1. *n* крюк 2. *v* 1) зацепля́ть 2) застёгивать (*на крючок*)

hoop [hu:p] óбруч

hop I [hɔp] *бот.* хмель

hop II [hɔp] 1. *v* скака́ть 2. *n* прыжóк

hope [həup] 1. *n* надéжда 2. *v* надéяться; ~ful ['həupful] 1) надéющийся; оптимисти́чески настрóенный 2) подаю́щий надéжды, многообеща́ющий; ~less ['həuplɪs] безнадёжный

horizon [hɔ'raɪzn] 1) горизóнт 2) (ýмственный) кругозóр

horizontal [hɔrɪ'zɔntəl] горизонта́льный

horn [hɔ:n] рог

horrible ['hɔrəbl] ужа́сный; отврати́тельный

horror ['hɔrə] ýжас; отвращéние

horse [hɔ:s] лóшадь; ~back ['hɔ:sbæk]: on ~back верхóм; ~man ['hɔ:smən] вса́дник; ~shoe ['hɔ:ʃu:] подкóва

horticulture ['hɔ:tɪkʌltʃə] садоводство

hose [həuz] рукав, шланг

hosiery ['həuʒərɪ] чулочные изделия; трикотаж

hospitable ['hɔspɪtəbl] гостеприимный

hospital ['hɔspɪtl] больница, госпиталь

host I [həust] хозяин

host II [həust] множество; толпа

hostage ['hɔstɪdʒ] заложник

hostess ['həustɪs] хозяйка

hostile ['hɔstaɪl] враждебный

hostility [hɔs'tɪlɪtɪ] 1) враждебность 2) pl военные действия

hot [hɔt] 1) горячий, жаркий 2) пылкий ◇ ~ line прямая телефонная связь

hotel [həu'tel] гостиница, отель

hothouse ['hɔthaus] оранжерея; теплица

hour ['auə] час

house 1. n [haus] 1) дом; ~ painter маляр 2) палата; the House of Commons палата общин; the House of Lords палата лордов 2. v [hauz] 1) поселить 2) приютить (ся)

household ['haushəuld] 1) семья 2) хозяйство; ~er [-ə] съёмщик (дома, квартиры)

housekeeper ['hauski:pə] экономка

housemaid ['hausmeɪd] горничная

housewife ['hauswaɪf] домашняя хозяйка

hover ['hɔvə] 1) парить 2) вертеться

how [hau] как?, каким образом?; ~ever [hau'evə] однако; всё-таки, тем не менее

howl [haul] 1. v выть 2. n вой

huge [hju:dʒ] огромный, громадный

hum [hʌm] жужжать, гудеть

human ['hju:mən] человеческий

humane [hju:'meɪn] человечный, гуманный

humanity [hju:'mænɪtɪ] 1) человечество 2) гуманность

humble ['hʌmbl] 1. a 1) скромный 2) покорный, смиренный 2. v унижать

humbug ['hʌmbʌg] 1) обманщик 2) ханжа

humiliate [hju:'mɪlɪeɪt] унижать

humorous ['hju:mərəs] юмористический; забавный, смешной

humour ['hju:mə] 1) юмор 2) настроение; out of ~ не в духе

hump [hʌmp] горб

hunchback ['hʌntʃbæk] горбун

hundred ['hʌndrəd] сто; сотня; ~th [-θ] сотый

hundredweight ['hʌndrəd weɪt] центнер

hung [hʌŋ] past и p. p. от hang

Hungarian [hʌŋ'gɛərɪən] 1. *a* венгéрский 2. *n* венгр

hunger ['hʌŋgə] гóлод

hungry ['hʌŋgrɪ] голóдный

hunt [hʌnt] 1. *n* охóта 2. *v* 1) охóтиться 2) гнáться; ~ for искáть

hunter ['hʌntə] охóтник

hurl [hə:l] швырять

hurrah [hu'rɑ:] ypá!

hurricane ['hʌrɪkən] ypaгáн

hurry ['hʌrɪ] 1. *v* торопи́ть(ся); ~ up! скорée! 2. *n* спéшка; in a ~ второпя́х; I'm in a great ~ я óчень спешý

hurt [hə:t] (hurt; hurt) причиня́ть боль; *перен.* задевáть

husband ['hʌzbənd] муж

hush [hʌʃ] водворя́ть тишинý; ~! ти́ше!

husk [hʌsk] 1. *n* шелухá, скорлупá; нарýжная оболóчка 2. *v* очищáть от шелухи́

hut [hʌt] хи́жина

hydrogen ['haɪdrɪdʒən] водорóд

hydrophobia [haɪdrə'fəubjə] водобоя́знь; бéшенство

hygienic [haɪ'dʒi:nɪk] гигиени́ческий

hyphen ['haɪfən] дефи́с

hypocrisy [hɪ'pɔkrəsɪ] лицемéрие

hypocrite ['hɪpəkrɪt] лицемéр

hysterical [hɪs'terɪkəl] истери́ческий

I

I [aɪ] я

ice [aɪs] 1) лёд 2) морóженое; ~berg ['aɪsbə:g] áйсберг; ~ cream [aɪs'kri:m] морóженое

Icelander ['aɪsləndə] ислáндец

Icelandic [aɪs'lændɪk] ислáндский

icicle ['aɪsɪkl] сосýлька

icy ['aɪsɪ] ледянóй

I'd [aɪd] *разг.* = I should, I would, I had

idea [aɪ'dɪə] идéя; представлéние; мысль

ideal [aɪ'dɪəl] 1. *a* идеáльный 2. *n* идеáл

identical [aɪ'dentɪkəl] тождéственный

identify [aɪ'dentɪfaɪ] 1) отождествля́ть(ся) 2) опознавáть

ideology [aɪdɪ'ɔlədʒɪ] идеолóгия

idiot ['ɪdɪət] идиóт

idle ['aɪdl] 1) прáздный, лени́вый 2) тщéтный; бесполéзный

idol ['aɪdl] 1) и́дол 2) куми́р

i.e. ['aɪ'i:] (id est) тó есть, а и́менно

if [ɪf] éсли; if only éсли бы; хотя́ бы; I don't know if he is here я не знáю, здесь ли он

ignorance ['ɪgnərəns] 1) невѐжество 2) незнѐние

ignorant ['ɪgnərənt] 1) невѐжественный 2) неосведомлённый, несвѐдущий

ignore [ɪg'nɔ:] игнорѝровать; пренебрегѐть

ill [ɪl] больнóй; be ~ быть больнѝм; fall ~ заболѐть

ill-bred ['ɪl'bred] невоспѝтанный

illegal [ɪ'li:gəl] незакóнный, нелегѐльный

illiterate [ɪ'lɪtərɪt] негрѐмотный

illness ['ɪlnɪs] болѐзнь

illuminate [ɪ'lju:mɪneɪt] освещѐть

illustrate ['ɪləstreɪt] иллюстрѝровать

I'm [aɪm] *разг.* = I am

image ['ɪmɪdʒ] óбраз; изображѐние

imagination [ɪmædʒɪ'neɪʃn] воображѐние

imagine [ɪ'mædʒɪn] воображѐть, представлѐть себѐ

imitate ['ɪmɪteɪt] подражѐть

imitation [ɪmɪ'teɪʃn] 1) подражѐние 2) имитѐция

immediately [ɪ'mi:djətlɪ] немѐдленно

immense [ɪ'mens] огрóмный, необъѝтный

immigrant ['ɪmɪgrənt] иммигрѐнт

imminent ['ɪmɪnənt] неминѝемый; грозѝщий

immoral [ɪ'mɔrəl] безнрѐвственный

immortal [ɪ'mɔ:tl] бессмѐртный

immunity [ɪ'mju:nɪtɪ] неприкоснóвенность

impartial [ɪm'pɑ:ʃəl] беспристрѐстный

impatience [ɪm'peɪʃəns] нетерпѐние

impatient [ɪm'peɪʃənt] нетерпелѝвый; be ~ to + *inf.* горѐть желѐнием

impediment [ɪm'pedɪmənt] препѝтствие

impel [ɪm'pel] побуждѐть

impenetrable [ɪm'penɪtrəbl] непроницѐемый

imperative [ɪm'perətɪv] 1. *a* 1) повелѝтельный 2) насѝщный (*о потребностях*) 2. *n* грам. повелѝтельное наклонѐние

imperfect [ɪm'pə:fɪkt] несовершѐнный

imperialism [ɪm'pɪərɪəlɪzm] империалѝзм

imperialistic [ɪmpɪərɪə'lɪstɪk] империалистѝческий

impersonal [ɪm'pə:snəl] безлѝчный (*тж. грам.*)

impertinence [ɪm'pə:tɪnəns] дѐрзость

imperturbable [ɪmpə:'tə:bəbl] невозмутѝмый, спокóйный

implement ['ɪmplɪmənt] 1. *n* орѝдие, инструмѐнт 2. *v* выполнѝть, осуществлѝть

implore [ɪm'plɔ:] умолѝть

imply [ɪm'plaɪ] подразумевѐть; намекѐть

import 1. *v* [ɪm'pɔ:t] ввозить **2.** *n* ['ɪmpɔ:t] импорт; ввоз

importance [ɪm'pɔ:təns] ва́жность, значи́тельность

important [ɪm'pɔ:tənt] ва́жный, значи́тельный

importunity [ɪmpɔ:'tjunɪtɪ] назо́йливость

impose [ɪm'pəuz] 1) налага́ть; облага́ть (*налогом, штрафом*) 2) навя́зывать; ~ (up)on злоупотребля́ть (*гостеприимством, доверием*)

impossible [ɪm'pɔsəbl] невозмо́жный; it is ~ невозмо́жно

impostor [ɪm'pɔstə] самозва́нец

impoverish [ɪm'pɔvərɪʃ] 1) доводи́ть до нищеты́ 2) истоща́ть

impress [ɪm'pres] 1) производи́ть впечатле́ние 2) внуша́ть

impression [ɪm'preʃn] 1) впечатле́ние 2) отпеча́ток

imprison [ɪm'prɪzn] заключа́ть в тюрьму́

improbable [ɪm'prɔbəbl] неправдоподо́бный; it is ~ маловеро́ятно, вря́д ли

improper [ɪm'prɔpə] неподходя́щий; неприли́чный

improve [ɪm'pru:v] улучша́ть(ся), соверше́нствовать(ся); ~ment [-mənt] улучше́ние, усоверше́нствование

impulse ['ɪmpʌls] побужде́ние; поры́в

impunity [ɪm'pju:nɪtɪ]: with ~ безнака́занно

in [ɪn] **1.** *prep* в, во **2.** *adv* внутри́; внутрь; is he in? он до́ма?

inability [ɪnə'bɪlɪtɪ] неспосо́бность

inaccessible [ɪnæk'sesəbl] недосту́пный

inadequate [ɪn'ædɪkwɪt] не отвеча́ющий тре́бованиям; недоста́точный

inapt [ɪn'æpt] неуме́стный

inattentive [ɪnə'tentɪv] невнима́тельный

inaudible [ɪn'ɔ:dəbl] неслы́шный

inauguration [ɪnɔ:gju'reɪʃn] 1) торже́ственное откры́тие 2) торже́ственное вступле́ние в до́лжность

inborn [ɪn'bɔ:n] прирождённый

inbred [ɪn'bred] врождённый

incapable [ɪn'keɪpəbl] (of) неспосо́бный (к)

incentive [ɪn'sentɪv] сти́мул, побужде́ние

incessant [ɪn'sesnt] непреры́вный, бесконе́чный

inch [ɪntʃ] дюйм

incident ['ɪnsɪdənt] слу́чай, происше́ствие; ~ally [ɪnsɪ'dentəlɪ] ме́жду про́чим

incite [ɪn'saɪt] возбужда́ть; подстрека́ть

inclination [ɪnklɪ'neɪʃn] скло́нность

inclined [ɪn'klaɪnd] накло́нный; ~ to скло́нный

include [ɪn'klu:d] заключа́ть, содержа́ть, включа́ть

including [ɪn'klu:dɪŋ] включа́я, в том числе́

inclusive [ɪn'klu:sɪv] включа́ющий в себя́, содержа́щий

incoherent [ɪŋkəu'hɪərənt] бессвя́зный

income ['ɪnkəm] дохо́д; ~ tax подохо́дный нало́г

incompatible [ɪŋkəm'pæt əbl] несовмести́мый

incomprehensible [ɪnkəm prɪ'hensəbl] непоня́тный, непостижи́мый

inconsiderate [ɪnkən 'sɪdərɪt] невнима́тельный (к други́м), нечу́ткий

inconsistent [ɪnkən'sɪstənt] непосле́довательный

inconvenient [ɪnkən'vi:n jənt] неудо́бный

incorrect [ɪnkə'rekt] неве́рный, непра́вильный

increase 1. v [ɪn'kri:s] увели́чивать(ся); уси́ливать(ся) 2. n ['ɪnkri:s] возраста́ние; увеличе́ние; приро́ст

incredible [ɪn'kredəbl] невероя́тный

incumbent [ɪn'kʌmbənt]: it is ~ upon me мне прихо́дится, я обя́зан

incur [ɪn'kə:] подверга́ться чему́-л., навле́чь на себя́

incurable [ɪn'kjuərəbl] неизлечи́мый

indebted [ɪn'detɪd]: be ~ быть обя́занным, быть в долгу́

indecent [ɪn'di:snt] неприли́чный

indeed [ɪn'di:d] в са́мом де́ле, действи́тельно

indefinite [ɪn'defɪnɪt] 1) неопределённый 2) неограни́ченный

independence [ɪndɪ'pendə ns] незави́симость

independent [ɪndɪ'pendənt] незави́симый

index ['ɪndeks] 1) указа́тель; и́ндекс 2) показа́тель

Indian ['ɪndjən] 1. a 1) инди́йский 2) инде́йский ◇ ~ summer «ба́бье ле́то» 2. n 1) инди́ец 2) инде́ец

indicate ['ɪndɪkeɪt] 1) ука́зывать; пока́зывать 2) тре́бовать (лечения)

indicative [ɪn'dɪkətɪv] грам. изъяви́тельное наклоне́ние

indicator ['ɪndɪkeɪtə] указа́тель, индика́тор

indifference [ɪn'dɪfrəns] равноду́шие, безразли́чие

indifferent [ɪn'dɪfrənt] равноду́шный, безразли́чный

indignant [ɪn'dɪgnənt] негоду́ющий, возмущённый

indignation [ɪndɪg'neɪʃn] негодова́ние, возмуще́ние

indirect [ɪndɪ'rekt] 1) ко́свенный 2) непрямо́й 3) укло́нчивый

indiscreet [ɪndɪs'kri:t] 1) неосторо́жный 2) нескро́мный; ~ question нескро́мный вопро́с

indispensable [ɪndɪs

'pensəbl] необходи́мый; обя-
за́тельный; nobody is ~! не-
замени́мых люде́й нет!

individual [ɪndɪ'vɪdjuəl] **1.**
a 1) ли́чный; индивидуа́ль-
ный 2) отде́льный **2.** *n* 1)
индиви́дуум 2) челове́к

indivisible [ɪndɪ'vɪzəbl] не-
дели́мый

indoors [ɪn'dɔ:z] до́ма, в
помеще́нии

induce [ɪn'dju:s] 1) убеж-
да́ть 2) побужда́ть

indulge [ɪn'dʌldʒ] 1) по-
тво́рствовать, балова́ть 2)
(in) предава́ться (удово́льст-
виям)

industrial [ɪn'dʌstrɪəl] про-
мы́шленный; произво́дствен-
ный

industrious [ɪn'dʌstrɪəs]
трудолюби́вый, приле́жный

industry ['ɪndəstrɪ] 1) про-
мы́шленность 2) прилежа́-
ние

inedible [ɪn'edɪbl] несъе-
до́бный

inefficient [ɪnɪ'fɪʃənt] 1)
неспосо́бный; неуме́лый 2)
неэффекти́вный

inept [ɪ'nept] 1) неуме́лый
2) неуме́стный

inertia [ɪ'nə:ʃjə] 1) инёр-
ция 2) инёртность

inevitable [ɪn'evɪtəbl] неиз-
бе́жный

inexorable [ɪn'eksərəbl]
неумоли́мый

inexplicable [ɪn'eksplɪkəbl]
необъясни́мый

infant ['ɪnfənt] младе́нец

infantry ['ɪnfəntrɪ] пехо́та

infect [ɪn'fekt] заража́ть;
~ious [ɪn'fekʃəs] зара́зный

infer [ɪn'fə:] заключа́ть,
де́лать вы́вод

inferior [ɪn'fɪərɪə] 1) ни́з-
ший (*по чину, положению*)
2) плохо́й; ху́дший (*по каче-
ству*)

infinite ['ɪnfɪnɪt] безгра-
ни́чный, бесконе́чный

infinitive [ɪn'fɪnɪtɪv] *грам.*
неопределённая фо́рма гла-
го́ла

inflammation [ɪnflə'meɪʃn]
воспале́ние

inflate [ɪn'fleɪt] надува́ть,
наполня́ть га́зом

inflict [ɪn'flɪkt] 1) нано-
си́ть (*удар*) 2) налага́ть
(*взыскание*) 3) причиня́ть
(*боль, горе и т. п.*)

influence ['ɪnfluəns] **1.** *n*
влия́ние **2.** *v* влия́ть

inform [ɪn'fɔ:m] 1) сооб-
ща́ть; уведомля́ть 2) доно-
си́ть (*на кого-л.*)

informal [ɪn'fɔ:məl] нео-
фициа́льный

information [ɪnfə'meɪʃn]
сообще́ние; све́дения

ingenious [ɪn'dʒi:njəs] 1)
изобрета́тельный; остроу́м-
ный 2) нахо́дчивый

ingenuous [ɪn'dʒenjuəs] 1)
бесхи́тростный; простоду́ш-
ный 2) и́скренний

ingratitude [ɪn'grætɪtju:d]
неблагода́рность

ingredient [ɪn'gri:djənt]
составна́я часть

inhabit [ɪn'hæbɪt] жить, обитáть; ~ant [-ənt] жúтель

inhale [ɪn'heɪl] вдыхáть

inherent [ɪn'hɪərənt] 1) свóйственный 2) врождённый

inherit [ɪn'herɪt] (у)наслéдовать; ~ance [-əns] наслéдство

inhuman [ɪn'hjuːmən] бесчеловéчный

initial [ɪ'nɪʃəl] 1. a (перво)начáльный 2. n pl инициáлы

initiative [ɪ'nɪʃɪətɪv] почúн, инициатúва

injection [ɪn'dʒekʃn] инъéкция, впрúскивание

injure ['ɪndʒə] 1) поврeдúть; рáнить 2) оскорбúть

injury ['ɪndʒərɪ] 1) повреждéние; вред 2) оскорблéние; обúда

injustice [ɪn'dʒʌstɪs] несправедлúвость

ink [ɪŋk] чернúла; ~stand ['ɪŋkstænd] чернúльница; пúсьменный прибóр

inland 1. a ['ɪnlənd] внýтренний 2. adv [ɪn'lænd] внутрь; внутрú странú

inn [ɪn] гостúница, постоя́лый двор

inner ['ɪnə] 1) внýтренний 2) скрúтый; ~ meaning скрúтый смысл

innocence ['ɪnəsns] 1) невúнность 2) юр. невинóвность

innocent ['ɪnəsnt] 1) невúнный 2) юр. невинóвный

innovation [ɪnəu'veɪʃn] нóвшество

innumerable [ɪ'njuːmərəbl] бесчúсленный

inoculation [ɪnɔkju'leɪʃn] привúвка

inoffensive [ɪnə'fensɪv] безобúдный, безврéдный

input ['ɪnput] 1. n 1) ввод 2) загрýзка 2. v вводúть дáнные

inquest ['ɪnkwest] юр. слéдствие

inquire [ɪn'kwaɪə] 1) спрáшивать; справля́ться, осведомля́ться 2) (into) исслéдовать, разузнавáть

inquiries [ɪn'kwaɪərɪz] pl спрáвочное бюрó

inquiry [ɪn'kwaɪərɪ] 1) запрóс 2) расслéдование; ~ agent чáстный детектúв

inquisitive [ɪn'kwɪzɪtɪv] любопúтный

insane [ɪn'seɪn] душевнобольнóй, ненормáльный

inscription [ɪn'skrɪpʃn] нáдпись

insect ['ɪnsekt] насекóмое

insecure [ɪnsɪ'kjuə] ненадёжный, небезопáсный

inseparable [ɪn'sepərəbl] неотделúмый; неразлýчный

insert [ɪn'səːt] 1) вставля́ть 2) помещáть (в газете)

inside [ɪn'saɪd] 1. n внýтренняя сторонá; внýтренность; изнáнка; ~ out наизнáнку 2. a внýтренний ◇ ~ information секрéтные свéдения 3. adv внутрú, внутрь insignificant [ɪnsɪg'nɪfɪkənt] незначи́тельный; ничто́жный

insincere [ɪnsɪn'sɪə] нейскренний

insipid [ɪn'sɪpɪd] безвку́сный; бесцве́тный

insist [ɪn'sɪst] наста́ивать

insolent ['ɪnsələnt] на́глый, де́рзкий; оскорби́тельный

inspect [ɪn'spekt] 1) осма́тривать 2) инспекти́ровать; ~ion [ɪn'spekʃn] 1) осмо́тр 2) инспе́кция; ~or [-ə] контролёр; инспе́ктор

inspiration [ɪnspə'reɪʃn] вдохнове́ние

inspire [ɪn'spaɪə] 1) вдохновля́ть 2) внуша́ть 3) инспири́ровать

install [ɪn'stɔ:l] 1) водворя́ть; устра́ивать 2) устана́вливать

instalment [ɪn'stɔ:lmənt] 1) очередно́й взнос; by ~s в рассро́чку 2) вы́пуск, се́рия (об издании)

instance ['ɪnstəns] приме́р; for ~ наприме́р

instant ['ɪnstənt] мгнове́ние; this ~ сейча́с же; ~ly [-lɪ] неме́дленно, сейча́с же

instead [ɪn'sted] вме́сто; взаме́н; ~ of вме́сто того́, что́бы

instinct ['ɪnstɪŋkt] инсти́нкт

institute ['ɪnstɪtjuːt] институ́т, учрежде́ние

institution [ɪnstɪ'tjuːʃn] 1) учрежде́ние 2) установле́ние

instruct [ɪn'strʌkt] учи́ть, инструкти́ровать; ~ion [ɪn'strʌkʃn] инстру́кция; ~or [-ə] инстру́ктор

instrument ['ɪnstrumənt] инструме́нт, ору́дие; прибо́р

insubstantial [ɪnsəb'stænʃəl] 1) иллюзо́рный 2) непро́чный

insult 1. n ['ɪnsʌlt] оскорбле́ние 2. v [ɪn'sʌlt] оскорбля́ть

insurance [ɪn'ʃuərəns] страхова́ние

insure [ɪn'ʃuə] страхова́ть

insurrection [ɪnsə'rekʃn] восста́ние

integral ['ɪntɪgrəl] 1. a суще́ственный; це́лый 2. n интегра́л

intellect ['ɪntɪlekt] ум, интелле́кт; ~ual [ɪntɪ'lektjuəl] интеллектуа́льный; у́мственный

intelligence [ɪn'telɪdʒəns] 1) ум; поня́тливость 2) све́дение ◇ ~ service разве́дывательная слу́жба, разве́дка

intelligent [ɪn'telɪdʒənt] 1) развито́й, у́мный 2) толко́вый, смышлёный

intend [ɪn'tend] намерева́ться; ~ed [-ɪd] предназна́ченный, предполага́емый

intense [ɪn'tens] 1) си́льный 2) кра́йне напряжённый; интенси́вный

intensify [ɪn'tensɪfaɪ] уси́ливать (ся)

intention [ɪn'tenʃn] намéрение; ýмысел; ~al [-əl] умы́шленный

interact [ɪntər'ækt] 1) взаимодéйствовать 2) воздéйствовать

intercept [ɪntə:'sept] перехвáтывать

interchange 1. v [ɪntə'tʃeɪndʒ] 1) обмéнивать(ся) 2) чередовáться 2. n ['ɪntətʃeɪndʒ] 1) обмéн 2) смéна; чередовáние

intercity [ɪntə'sɪtɪ] междугорóдный

interest ['ɪntrəst] 1. n 1) интерéс 2) вы́года 2. v интересовáть; заинтересóвывать; ~ing [-ɪŋ] интерéсный

interface ['ɪntəfeɪs] 1) пересечéние 2) интерфéйс

interfere [ɪntə'fɪə] 1) вмéшиваться 2) помешáть; ~nce [ɪntə'fɪərəns] 1) вмешáтельство 2) помéха, препя́тствие

interior [ɪn'tɪərɪə] 1. a внýтренний 2. n 1) внýтренность 2) внýтренние райóны страны́; глуби́нка (разг.) ◇ Department of the Interior министéрство внýтренних дел

interjection [ɪntə'dʒekʃn] 1) восклицáние 2) грам. междомéтие

intermediary [ɪntə'mi:djərɪ] 1. n посрéдник 2. a промежýточный

internal [ɪn'tə:nəl] внýтренний

international [ɪntə'næʃnəl] междунарóдный; интернациoнáльный; ~ism [-ɪzm] интернационали́зм

interpret [ɪn'tə:prɪt] 1) переводи́ть (устно) 2) объясня́ть, толковáть; ~ation [ɪntə:prɪ'teɪʃn] толковáние; интерпретáция; ~er [-ə] перевóдчик (устный)

interrogate [ɪn'terəgeɪt] 1) спрáшивать 2) допрáшивать

interrupt [ɪntə'rʌpt] прерывáть

interval ['ɪntəvəl] 1) промежýток; интервáл 2) пáуза; переры́в; перемéна; антрáкт

intervene [ɪntə'vi:n] вмéшиваться

intervention [ɪntə'venʃn] 1) интервéнция 2) вмешáтельство

interview ['ɪntəvju:] 1. n 1) свидáние; бесéда 2) интервью́ 2. v имéть бесéду, интервью́ировать (когó-л.)

intimacy ['ɪntɪməsɪ] инти́мность; бли́зость

intimate ['ɪntɪmɪt] инти́мный; бли́зкий; ~ knowledge бли́зкое знакóмство

into ['ɪntu] в, во

intolerable [ɪn'tɔlərəbl] невыноси́мый, нестерпи́мый

intolerant [ɪn'tɔlərənt] нетерпи́мый

intonation [ɪntə'neɪʃn] интонáция

intoxicate [ɪn'tɔksɪkeɪt] опьяня́ть; возбуждáть

intransitive [ɪn'trænsɪtɪv] грам. перехóдный (о глагóле) intrepid [ɪn'trepɪd] бес-страшный

intricate ['ɪntrɪkɪt] запу-танный

intrigue [ɪn'triːg] интрига

introduce [ɪntrə'djuːs] 1) вносить на обсуждение (*вопрос и т. п.*) 2) вводить 3) представлять, знакомить

introduction [ɪntrə'dʌkʃn] 1) предисловие 2) введение чего-л

intrude [ɪn'truːd] 1) вторгаться, вмешиваться 2) навязываться

invade [ɪn'veɪd] 1) вторгаться 2) нахлынуть

invader [ɪn'veɪdə] захватчик; оккупант

invalid I ['ɪnvəliːd] больной, инвалид

invalid II [ɪn'vælɪd] *юр.* недействительный

invaluable [ɪn'væljuəbl] неоценимый

invasion [ɪn'veɪʒn] вторжение, нашествие

invent [ɪn'vent] 1) изобретать 2) выдумывать; ~ion [ɪn'venʃn] 1) изобретение 2) выдумка; ~or [-ə] изобретатель

inventory ['ɪnvəntrɪ] опись

invest [ɪn'vest] вкладывать, помещать (*капитал*)

investigate [ɪn'vestɪgeɪt] 1) исследовать 2) расследовать

investment [ɪn'vestmənt] (капитало)вложение

inveterate [ɪn'vetərɪt] зако-ренелый; an ~ smoker заядлый курильщик; an ~ foe заклятый враг

invisible [ɪn'vɪzəbl] невидимый

invitation [ɪnvɪ'teɪʃn] приглашение

invite [ɪn'vaɪt] приглашать

involuntary [ɪn'vɔləntərɪ] невольный

involve [ɪn'vɔlv] вовлекать; запутывать

inward ['ɪnwəd] внутренний; ~ly [-lɪ] 1) внутри, внутрь 2) в душе, про себя

iris ['aɪərɪs] 1) радужная оболочка (*глаза*) 2) *бот.* ирис

Irish ['aɪərɪʃ] 1. *a* ирландский 2. *n:* the ~ ирландцы; ~man [-mən] ирландец

iron ['aɪən] 1. *n* 1) железо 2) утюг 2. *a* железный 3. *v* гладить, утюжить; ~clad [-klæd] бронированный

ironical [aɪ'rɔnɪkəl] иронический

irregular [ɪ'regjulə] 1) неправильный 2) беспорядочный 3) неровный 4) несимметричный

irrelevant [ɪ'relɪvənt] неуместный, ненужный; that's ~ это к делу не относится

irresistible [ɪrɪ'zɪstəbl] неотразимый, непреодолимый

irresolute [ɪ'rezəluːt] нерешительный

irresponsible [ɪrɪs'pɔnsəbl] безответственный

irrigation [ırı'geıʃn] оро-
шéние
irritate ['ırıteıt] раздражáть
is [ız] *3 л. ед. ч. наст. вр.
гл.* be
island ['aılənd] óстров
isle [aıl] óстров
isn't ['ıznt] *разг.* = is not
isolate ['aısəleıt] изолѝро-
вать, отделя́ть
isolation [aısə'leıʃn] изоля́-
ция; in ~ отдéльно, изолѝро-
ванно; ~ hospital инфекци-
óнная больнѝца; ~ ward изо-
ля́тор
issue ['ısju:] 1. *n* 1) вы́-
ход 2) исхóд 3) издáние,
вы́пуск 2. *v* 1) выходѝть 2)
издавáть
isthmus ['ısməs] перешéек
it [ıt] 1) он, онá, онó 2)
э́то
Italian [ı'tæljən] 1. *a*
итальянский 2. *n* итальян-
нец
italics [ı'tælıks] *pl* курсѝв
itch [ıtʃ] зуд
item ['aıtem] 1) пункт,
парáграф; статья́; предмéт
(*в списке*) 2) нóмер про-
грáммы
its [ıts] егó, её; свой
it's [ıts] *разг.* = it is
itself [ıt'self] 1) себя́; -ся
2) самó, сам, самá
I've [aıv] *разг.* = I have
ivory ['aıvərı] слонóвая
кость
ivy ['aıvı] плющ

J

jack [dʒæk] домкрáт
jackal ['dʒækɔ:l] шакáл
jackdaw ['dʒækdɔ:] гáлка
jacket ['dʒækıt] 1) жакéт,
кýртка; пиджáк 2) супероб-
лóжка
jag [dʒæg] зубéц
jail [dʒeıl] тюрьмá; ~er
['dʒeılə] тюрéмщик
jam I [dʒæm] 1. *n* прóбка,
затóр (*уличного движения*)
2. *v* 1) зажимáть, сжимáть
2) *радио* заглушáть
jam II [dʒæm] повѝдло,
джем, варéнье
janitor ['dʒænıtə] 1)
швейцáр 2) стóрож; двóрник
January ['dʒænjuərı] ян-
вáрь
Japanese [dʒæpə'ni:z] 1. *a*
япóнский 2. *n* япóнец
jar [dʒɑ:] бáнка
jaw [dʒɔ:] чéлюсть
jazz [dʒæz] джаз ◇ and
all that ~ и всё такóе; ~y
['dʒæzı] 1) джáзовый 2) пёстрый, кричáщий
jealous ['dʒeləs] ревнѝ-
вый; ~y [-ı] рéвность
jeans [dʒi:nz] джѝнсы
jeer [dʒıə] высмéивать;
насмехáться
jelly ['dʒelı] 1) желé 2)
стýдень; ~fish [-fıʃ] медýза
jeopardize ['dʒepədaız]
подвергáть опáсности, рис-
ковáть

jerk [dʒə:k] 1. *n* 1) рéзкий толчóк 2) подёргивание 2. *v* рéзко толкáть, дёргать

jest [dʒest] 1. *n* шýтка; half in ~ полушутлúво 2. *v* шутúть; высмéивать

jet [dʒet] 1) струя́ (*воды, пара, газа*) 2) реактúвный самолёт

Jew [dʒu:] еврéй

jewel ['dʒu:əl] драгоцéнный кáмень; ~ler [-ə] ювелúр; ~lery [-rɪ] драгоцéнности

Jewish ['dʒu:ɪʃ] еврéйский

job [dʒɔb] рабóта, слýжба

jogging ['dʒɔgɪŋ] бег трусцóй

join [dʒɔɪn] 1) связывать(ся); соединя́ть(ся) 2) присоединя́ть(ся) 3) вступáть, поступáть

joiner ['dʒɔɪnə] плóтник; столя́р

joint [dʒɔɪnt] 1. *a* соединённый; совмéстный 2. *n* сустáв

joke [dʒəuk] 1. *n* шýтка 2. *v* шутúть

jolly ['dʒɔlɪ] 1) весёлый 2) *разг.* слáвный

journal ['dʒə:nəl] журнáл; ~ist [-ɪst] журналúст

journey ['dʒə:nɪ] путешéствие, поéздка

joy [dʒɔɪ] рáдость; ~ful ['dʒɔɪful], ~ous ['dʒɔɪəs] рáдостный, весёлый

jubilee ['dʒu:bɪli:] юбилéй

judge [dʒʌdʒ] 1. *n* 1) судья́ 2) знатóк 2. *v* судúть;

~ment ['dʒʌdʒmənt] 1) приговóр 2) суждéние

jug [dʒʌg] кувшúн

juice [dʒu:s] сок

juicy ['dʒu:sɪ] сóчный

July [dʒu:'laɪ] июль

jump [dʒʌmp] 1. *v* прыгать 2. *n* прыжóк

jumper ['dʒʌmpə] джéмпер

junction ['dʒʌŋkʃn] 1) соединéние 2) *ж.-д.* ýзел

June [dʒu:n] июнь

jungle ['dʒʌŋgl] джýнгли

junior ['dʒu:njə] млáдший

jury ['dʒuərɪ] 1) прися́жные 2) жюрú

just I [dʒʌst] справедлúвый

just II [dʒʌst] 1) тóчно, как рáз 2) тóлько что; ~ now сейчáс; тóлько что

justice ['dʒʌstɪs] 1) справедлúвость; do ~ воздавáть дóлжное (*человеку*) 2) правосýдие

justify ['dʒʌstɪfaɪ] опрáвдывать

juvenile ['dʒu:vɪnaɪl] юный, юношеский

K

keel [ki:l] киль

keen [ki:n] 1) óстрый 2) пронúзывающий 3) сúльный, рéзкий 4) проницáтельный (*об уме, взгляде*) 5) тóнкий (*о слухе*)

keep [ki:p] (kept; kept) 1) хранить 2) держать 3) соблюдать; ~er ['ki:pə] хранитель; смотритель

kennel ['kenl] (собачья) конура; *pl* собачий питомник

kept [kept] *past и p. p. от* keep

kerb [kə:b] обочина

kernel ['kə:nəl] ядро, зерно

kettle ['ketl] (металлический) чайник

key [ki:] 1) ключ 2) клавиша; ~hole ['ki:həul] замочная скважина

keyboard ['ki:bɔ:d] клавиатура (компьютера)

kick [kɪk] 1. *v* лягать, толкать (*ногой*); брыкаться 2. *n* пинок

kid I [kɪd] 1) козлёнок 2) *разг.* малыш; ~-glove ['kɪd glʌv] деликатный

kid II [kɪd] *v* подшучивать; обманывать; no ~ding? ты серьёзно?

kidnap ['kɪdnæp] похищать (*человека*)

kidney ['kɪdnɪ] *анат.* почка

kill [kɪl] 1) убивать 2) резать (*скот*)

kind I [kaɪnd] добрый; любезный; you are very ~ очень любезно с вашей стороны

kind II [kaɪnd] 1) род 2) сорт

kindly ['kaɪndlɪ] 1. *a* до-

брый; добродушный 2. *adv* ласково; любезно

kindness ['kaɪndnɪs] доброта

king [kɪŋ] король; ~dom ['kɪŋdəm] королевство, царство

kiss [kɪs] 1. *n* поцелуй 2. *v* целовать

kitchen ['kɪtʃɪn] кухня; ~ garden огород

kitten ['kɪtn] котёнок

knapsack ['næpsæk] 1) рюкзак 2) ранец

knave [neɪv] *карт.* валет

knee [ni:] колено

kneel [ni:l] (knelt; knelt) 1) становиться на колени 2) (to) стоять на коленях (*перед кем-л.*)

knelt [nelt] *past и p. p. от* kneel

knew [nju:] *past от* know

knife [naɪf] нож

knight [naɪt] 1) рыцарь 2) *шахм.* конь

knit [nɪt] 1) вязать; ~ting ['nɪtɪŋ] вязанье 2): ~ one's brows хмурить брови

knitwear ['nɪtwɛə] трикотаж

knock [nɔk] 1. *n* стук 2. *v* стучать; ~ down сбивать с ног

knot [nɔt] 1. *n* узел 2. *v* завязывать узел

know [nəu] (knew; known) 1) знать; быть знакомым 2) узнавать

knowledge ['nɔlɪdʒ] знание

known [nəun] 1. *p. p. om*
know 2. *a* изве́стный

Korean [kə'rɪən] 1. *a* коре́йский 2. *n* коре́ец

L

label ['leɪbl] 1. *n* ярлы́к;
этике́тка, накле́йка 2. *v* накле́ивать ярлы́к

laboratory [lə'bɔrətərɪ] лаборато́рия

labour ['leɪbə] 1. *n* 1)
труд; рабо́та 2) рабо́чий
класс ◇ Labour Party лейбо́ристская па́ртия 2. *v* труди́ться, рабо́тать

lace [leɪs] 1) кру́жево 2)
шнуро́к

lack [læk] 1. *n* отсу́тствие,
недоста́ток 2. *v* недоставать

lad [læd] па́рень

ladder ['lædə] ле́стница
(*приставная*)

lady ['leɪdɪ] да́ма

ladybird ['leɪdɪbəːd] бо́жья
коро́вка

lag [læg]: ~ behind отстава́ть

laid [leɪd] *past u p. p. om*
lay II

lain [leɪn] *p. p. om* lie II

lake [leɪk] о́зеро

lamb [læm] ягнёнок; *пе-рен.* а́гнец, ове́чка

lame [leɪm] 1) хромо́й 2)
неубеди́тельный; ~ excuse
сла́бое оправда́ние

lamp [læmp] ла́мпа;
~shade ['læmpʃeɪd] абажу́р

land [lænd] 1. *n* 1) земля́,
су́ша 2) страна́ 2. *v* 1) выса́живаться на бе́рег 2) приземля́ться; ~lady ['lænleɪdɪ]
хозя́йка (*дома, гостиницы*);
~lord ['lænlɔːd] 1) хозя́ин
(*дома, гостиницы*) 2) владе́лец; ~owner ['lændəunə]
землевладе́лец

landscape ['lændskeɪp]
пейза́ж

lane [leɪn] 1) просёлочная
доро́га 2) переу́лок

language ['læŋgwɪdʒ] язы́к
(*речь*); bad ~ брань

lap I [læp] коле́ни; *перен.*
ло́но; in the ~ of luxury в ро́скоши

lap II [læp] лака́ть

lard [lɑːd] топлёное свино́е са́ло

large [lɑːdʒ] большо́й;
кру́пный; at ~ a) в це́лом б)
простра́нно в) на свобо́де

lark [lɑːk] жа́воронок

laser ['leɪzə] ла́зер

lash [læʃ] 1. *v* хлеста́ть;
ударя́ть 2. *n* плеть

lass [læs] де́вушка

last I [lɑːst] 1. *a* 1) после́дний 2) про́шлый 2. *n*: at
~ наконе́ц; to the ~ до конца́

last II [lɑːst] 1) дли́ться 2)
сохраня́ться; хвата́ть; that'll
~ me for a week мне хва́тит
э́того на неде́лю

latch [lætʃ] задви́жка, щеко́лда; ~key ['lætʃkiː] ключ
от кварти́ры

late [leɪt] 1. *a* 1) поздний; запоздавший; be ~ опоздать 2) недавний, последний 2. *n*: the ~ покойный, умерший ◇ of ~ недавно; за последнее время 3. *adv* поздно; ~ly ['leɪtlɪ] за последнее время

later ['leɪtə] 1. *a* более поздний 2. *adv* позже, потом

latitude ['lætɪtju:d] *геогр.* широта

latter ['lætə] 1) последний 2) недавний

laugh [lɑ:f] 1. *v* смеяться 2. *n* смех; ~ter ['lɑ:ftə] смех; хохот

laundry ['lɔ:ndrɪ] прачечная

laurel ['lɔrəl] 1) лавр 2) *pl* лавры

lavatory ['lævətərɪ] туалет, уборная

law [lɔ:] закон; право

lawn I [lɔ:n] газон

lawn II [lɔ:n] батист

lawyer ['lɔ:jə] адвокат; юрист

lay I [leɪ] *past om* lie II

lay II [leɪ] (laid; laid) класть; положить

laziness ['leɪzɪnɪs] лень

lazy ['leɪzɪ] ленивый

lead I [li:d] (led; led) 1) вести 2) руководить

lead II [led] 1) свинец 2) грифель

leader ['li:də] 1) вождь; руководитель 2) передовая (статья); ~ship [-ʃɪp] руководство

leaf [li:f] 1) лист 2) страница

league [li:g] лига, союз

leak [li:k] 1. *n* течь 2. *v* протекать, просачиваться

lean I [li:n] (leaned, leant; leaned, leant) 1) наклонять(ся) 2) прислонять(ся)

lean II [li:n] худощавый, тощий

leant [lent] *past и p. p. om* lean I

leap [li:p] 1. *v* (leapt, leaped; leapt, leaped) прыгать 2. *n* прыжок

leapt [lept] *past и p. p. om* leap I

leap year ['li:pjə:] високосный год

learn [lə:n] (learnt, learned; learnt, learned) 1) учить; учиться 2) узнавать

learnt [lə:nt] *past и p. p. om* learn

lease [li:s] 1. *n* аренда 2. *v* сдавать; брать в аренду

least [li:st] 1. *a* наименьший 2. *adv* наименее 3. *n* (the) самое меньшее ◇ at ~ по крайней мере; not in the ~ ничуть

leather ['leðə] 1. *n* кожа 2. *a* кожаный

leave I [li:v] (left; left) 1) покидать 2) оставлять 3) уезжать; ~ out пропускать ◇ ~ smb. alone оставить кого-л. в покое

leave II [li:v] 1) разрешение 2) отпуск 3): take ~ (of)

прощаться (*с кем-л., чем-л.*)
leaves [li:vz] *pl om* leaf
lecture ['lektʃə] 1. *n* лекция 2. *v* читать лекции
led [led] *past и p. p. om* lead I
leech [li:tʃ] пиявка
left I [left] *past и p. p. om* leave I
left II [left] 1. *a* левый 2. *adv* налево; слева; **~-hander** [-'hændə] левша
leg [leg] 1) нога 2) ножка (*стола и т. п.*)
legacy ['legəsı] наследство
legal ['li:gəl] 1) юридический 2) законный
legend ['ledʒənd] 1) легенда 2) надпись
legible ['ledʒəbl] разборчивый, чёткий
legislation [ledʒıs'leıʃn] законодательство
legitimate [lı'dʒıtımıt] законный
leisure ['leʒə] досуг; **~ly** [-lı] неторопливый
lemon ['lemən] лимон; **~ade** [lemə'neıd] лимонад
lend [lend] (lent; lent) давать взаймы
length [leŋθ] длина ◇ at ~ наконец; at great ~ подробно; **~en** ['leŋθən] удлинять(ся)
lens [lenz] линза
lent [lent] *past и p. p. om* lend
leopard ['lepəd] леопард
less [les] 1. *a* меньший 2.

adv меньше, менее; **~en** ['lesn] уменьшать(ся)
lesson ['lesn] урок
let [let] (let; let) 1) давать; позволять; пускать 2) *в повелительном наклонении как вспомогат. глагол:* ~'s go пойдёмте 3) сдавать внаём; ~ in впускать; ~ out выпускать ◇ ~ smb. know сообщать (*кому-л.*); ~ alone оставлять в покое
letter ['letə] 1) буква 2) письмо 3) *pl* литература
lettuce ['letıs] салат (*растение*)
level ['levl] 1. *n* уровень 2. *a* ровный
levy ['levı] сбор (налогов)
lexical ['leksıkəl] словарный; лексический
liable ['laıəbl] (to) 1) подверженный 2) обязанный
liar ['laıə] лгун
libel ['laıbəl] 1. *n* клевета 2. *v* клеветать
liberal ['lıbərəl] 1. *a* 1) либеральный 2) щедрый 2. *n* либерал
liberate ['lıbəreıt] освобождать
liberty ['lıbətı] свобода
librarian [laı'breərıən] библиотекарь
library ['laıbrərı] библиотека; lending ~ абонемент (библиотеки)
lice [laıs] *pl om* louse
licence ['laısəns] разрешение; права; лицензия
lichen ['laıkən, 'lıtʃən] мох

lick [lık] лизáть
lid [lıd] крышка
lie I [laı] 1. *n* ложь 2. *v* лгать
lie II [laı] (lay; lain) лежáть; ~ down ложúться
lieutenant [lef'tenənt] лейтенáнт
life [laıf] жизнь
life belt ['laıfbelt] спасáтельный пояс
lift [lıft] 1. *v* поднимáть 2. *n* 1) лифт 2): give a ~ подвезтú (*кого-л.*)
light I [laıt] 1. *n* свет; *pl* огнú 2. *a* свéтлый 3. *v* (lit, lighted; lit, lighted) зажигáть(ся); освещáть(ся)
light II [laıt] лёгкий (*о весе*)
lighthouse ['laıthaus] маяк
lightning ['laıtnıŋ] мóлния
like I [laık] 1. *a* похóжий, подóбный 2. *adv* похóже; подóбно; как
like II [laık] любúть; I ~ мне нрáвится; я люблю; I should ~ я хотéл бы
likely ['laıklı] вероятно; скорée всегó
likeness ['laıknıs] схóдство
lilac ['laılək] 1. *n* сирéнь 2. *a* сирéневый
lily ['lılı] лúлия; ~ of the valley лáндыш
limb [lım] *анат.* конéчность
lime [laım] úзвесть
lime (tree) ['laım(tri:)] лúпа
limit ['lımıt] 1. *n* granúца,

предéл 2. *v* огранúчивать; ~ation [lımı'teıʃn] ограничéние
limp [lımp] хромáть
line [laın] 1. *n* 1) лúния 2) ряд 3) строкá 4) óбласть (*деятельности*) 2. *v:* ~ up выстрáивать в ряд
linen ['lının] 1. *a* льнянóй 2. *n* 1) (льнянóе) полотнó 2) бельё
liner ['laınə] лáйнер
linger ['lıŋgə] мéдлить, задéрживаться
linguistics [lıŋ'gwıstıks] лингвúстика
lining ['laınıŋ] подклáдка
link [lıŋk] 1. *n* 1) звенó; связь 2) *тех.* шарнúр 2. *v* соединять, связывать
lion ['laıən] лев
lip [lıp] губá; ~stick ['lıpstık] губнáя помáда
liquid ['lıkwıd] 1. *a* жúдкий 2. *n* жúдкость
liquor ['lıkə] *амер.* спиртнóй напúток
lisp [lısp] шепелявить
list [lıst] спúсок
listen ['lısn] слýшать; ~er ['lısənə] слýшатель
listless ['lıstləs] вялый, апатúчный
lit [lıt] *past u p. p. om* light I, 3
literal ['lıtərəl] бýквенный; буквáльный
literary ['lıtərərı] литератýрный
literate ['lıtərıt] грáмотный

literature ['lɪtərɪtʃə] литература

litmus ['lɪtməs] *хим.* лакмус

litre ['liːtə] литр

litter ['lɪtə] 1) сор, мусор 2) подстилка 3) помёт (*поросят, щенят*)

little ['lɪtl] 1. *a* маленький 2. *adv* мало; a ~ немного

little finger [lɪtl'fɪngə] мизинец

live [lɪv] жить

liver ['lɪvə] печень

living ['lɪvɪŋ] 1. *n* средства к существованию 2. *a* живой; живущий; ~ room гостиная

lizard ['lɪzəd] ящерица

load [ləud] 1. *n* 1) груз 2) бремя 2. *v* 1) грузить 2) обременять 3) заряжать

loaf I [ləuf] батон хлеба

loaf II [ləuf] бездельничать, слоняться

loan [ləun] заём

loathe [ləuθ] чувствовать отвращение; ненавидеть

lobe [ləub] мочка (уха)

lobby ['lɔbɪ] вестибюль

lobster ['lɔbstə] омар

local ['ləukəl] местный; ~ity [ləu'kælɪtɪ] местность

lock I [lɔk] 1. *n* 1) замок 2) шлюз 2. *v* запирать(ся)

lock II [lɔk] локон

locker ['lɔkə] запирающийся шкафчик

locksmith ['lɔksmɪθ] слесарь

locust ['ləukəst] саранча

lodge [lɔdʒ] помещение привратника, садовника *и т. n.*; сторожка у ворот

lodger ['lɔdʒə] жилец

lodgings ['lɔdʒɪŋz] *pl* квартира

loft [lɔft] 1) сеновал 2) чердак

lofty ['lɔftɪ] 1) высокий 2) возвышенный

log [lɔg] колода; бревно; чурбан

log cabin [lɔg'kæbɪn] бревёнчатая хижина

logic ['lɔdʒɪk] логика

loiter ['lɔɪtə] слоняться без дела

lollipop ['lɔlɪpɔp] леденец на палочке

lonely ['ləunlɪ] одинокий; be ~ чувствовать себя одиноким

long I [lɔŋ] 1. *a* 1) длинный 2) долгий 2. *adv* долго; ~ ago давно

long II [lɔŋ] 1) стремиться 2) (for) жаждать 3) (to) тосковать, томиться (по)

long-distance call ['lɔŋ dɪstəns'kɔːl] междугородный *или* международный разговор

longing ['lɔŋɪŋ] сильное, страстное желание

longitude ['lɔndʒɪtjuːd] *геогр.* долгота

loo [luː] *разг.* туалет

look [luk] 1. *v* 1) смотреть 2) выглядеть 3) выходить на (*о комнате, окнах*); ~ after заботиться; ~ for искать; ~

on наблюдáть; ~ out остерегáться; ~ over просмáтривать; ~ up справля́ться (*по книге*) **2.** *n* 1) взгляд 2) вид

looking glass ['lukɪŋglɑ:s] зéркало

looks [luks] *pl* внéшность (*особ. привлекательная*)

loom [lu:m] ткáцкий станóк

loop [lu:p] пéтля́; *ав.* мёртвая пéтля́

loophole ['lu:phəul] лазéйка, увéртка

loose [lu:s] 1) свобóдный 2) неприкреплённый; ~n ['lu:sn] 1) развя́зывать, распускáть 2) ослабля́ть

loot [lu:t] добы́ча, награбленное

lord [lɔ:d] лорд

lorry ['lɔrɪ] грузови́к

lose [lu:z] (lost; lost) 1) теря́ть 2) прои́грывать ◇ be lost заблуди́ться

loss [lɔs] 1) потéря 2) убы́ток; прóигрыш ◇ be at a ~ быть в затруднéнии

lost [lɔst] **1.** *past и p. p. от* lose **2.** *a* 1) поги́бший; потéрянный 2) прои́гранный

lot [lɔt] 1) жрéбий 2) ýчасть; дóля 3) учáсток земли́ 4) *разг.:* a ~ of мнóжество, мáсса

lotion ['ləuʃn] лосьóн, примóчка

loud [laud] **1.** *a* 1) грóмкий 2) шýмный 3) кричáщий (*о цвете*) **2.** *adv* грóмко

loudspeaker [laud'spi:kə] громкоговори́тель

lounge [ləundʒ] холл, кóмната для óтдыха

louse [laus] вошь

lousy ['lauzɪ] отврати́тельный

love [lʌv] **1.** *n* любóвь; in ~ with влюблённый в; make ~ to занимáться любóвью **2.** *v* люби́ть; ~ly ['lʌvlɪ] прелéстный, краси́вый; ~r ['lʌvə] 1) любóвник; возлю́бленный 2) люби́тель

low [ləu] **1.** *a* 1) ни́зкий 2) ти́хий (*о голосе*) 3): ~ spirits уны́ние **2.** *adv* ни́зко

lower ['ləuə] **1.** *a* ни́зший; ни́зкий **2.** *adv* ни́же **3.** *v* понижáть(ся)

loyal ['lɔɪəl] вéрный, прéданный; ~ty [-tɪ] вéрность, прéданность

luck [lʌk] счáстье, удáча; I'm in ~ мне везёт; a stroke of ~ везéние; good ~! счастли́во!; ~ily ['lʌkɪlɪ] к счáстью; ~y ['lʌkɪ] счастли́вый; удáчный; this is a ~y day for me мне сегóдня везёт

ludicrous ['lu:dɪkrəs] нелéпый, смехотвóрный

luggage ['lʌgɪdʒ] багáж

lull [lʌl] **1.** *v* 1) убаю́кивать 2) стихáть **2.** *n* зати́шье

lumber ['lʌmbə] лесоматериáлы

lump [lʌmp] кусóк, комóк

lunatic ['lu:nətɪk] сумасшéдший

lunch [lʌntʃ] **1.** *n* обéд; ~

hours обе́денный переры́в 2. *v* обе́дать

lung [lʌŋ] *анат.* лёгкое

lure [ljuə] 1. *n* прима́нка 2. *v* завлека́ть; зама́нивать

lustre [ˈlʌstə] блеск; лоск; гля́нец

lusty [ˈlʌstɪ] здоро́вый, кре́пкий

luxurious [lʌgˈzjuərɪəs] роско́шный

luxury [ˈlʌkʃərɪ] ро́скошь, ~ **goods** предме́ты ро́скоши

lying [ˈlaɪŋ] *pres. p. от* lie I, 2 и II

lynx [lɪŋks] рысь

lyric [ˈlɪrɪk] 1. *n* лири́ческое стихотворе́ние 2. *a* лири́ческий; ~**al** [-əl] лири́ческий

M

macabre [məˈkɑːbrə] мра́чный, жу́ткий

machine [məˈʃiːn] 1) маши́на 2) механи́зм

machinery [məˈʃiːnərɪ] 1) маши́ны 2) механи́змы

mad [mæd] 1) сумасше́дший, безу́мный; be ~ **about** быть помешанным на (чём-л.) 2) бе́шеный (*о собаке*)

made [meɪd] *past и p. p. от* make

made-up [ˈmeɪdʌp] 1) накра́шенный 2) приду́манный

magazine [ˌmæɡəˈziːn] журна́л

magic [ˈmædʒɪk] волше́бный; ~**ian** [məˈdʒɪʃn] волше́бник

magnet [ˈmæɡnɪt] магни́т; ~**ic** [mæɡˈnetɪk] магни́тный

magnificent [mæɡˈnɪfɪsnt] великоле́пный, пы́шный

magpie [ˈmæɡpaɪ] соро́ка

maid [meɪd] го́рничная, служа́нка

mail [meɪl] 1. *n* по́чта 2. *v* посыла́ть по́чтой

main [meɪn] гла́вный; in the ~ в основно́м

mainland [ˈmeɪnlənd] материк

mainly [ˈmeɪnlɪ] гла́вным о́бразом

maintain [menˈteɪn] 1) подде́рживать 2) содержа́ть 3) утвержда́ть 4) продолжа́ть

majesty [ˈmædʒɪstɪ] 1) вели́чественность 2) вели́чество (*титул*)

major [ˈmeɪdʒə] 1. *a* 1) гла́вный 2) *муз.* мажо́рный 2. *n* майо́р; ~**ity** [məˈdʒɔrɪtɪ] 1) большинство́ 2) совершенноле́тие

make [meɪk] (made; made) 1) де́лать; производи́ть; соверша́ть 2) заставля́ть; ~ **out** а) различа́ть; б) поня́ть; ~ **up** а) выду́мывать; б) гримирова́ть ◇ ~ **up one's mind** реши́ться

make-up [ˈmeɪkʌp] косме́тика; грим

male [meɪl] 1. *a* мужско́й
2. *n* саме́ц

malicious [mə'lɪʃəs] зло́б-
ный

malignant [mə'lɪgnənt] 1)
зло́бный, зло́стный 2) злока́-
чественный

mammal ['mæml] млеко-
пита́ющее

man [mæn] 1) челове́к 2)
мужчи́на

manage ['mænɪdʒ] 1) ру-
ководи́ть; управля́ть; заве́до-
вать 2) ухитри́ться, суме́ть;
~ment [-mənt] управле́ние;
~r [-ə] заве́дующий; управ-
ля́ющий, дире́ктор

mane [meɪn] гри́ва

mania ['meɪnjə] ма́ния

manifest ['mænɪfest] 1. *a*
я́вный 2. *v* проявля́ть(ся)

mankind [mæn'kaɪnd] че-
лове́чество; род челове́че-
ский

manner ['mænə] 1) спо́-
соб; стиль; мане́ра; in this ~
таки́м о́бразом 2) *pl* мане́ры;
поведе́ние

mansion ['mænʃn] особня́к

manual ['mænjuəl] 1. *n*
руково́дство, спра́вочник 2. *a*
ручно́й; ~ labour физи́че-
ский труд

manufacture [mænju
'fæktʃə] произво́дство, изго-
товле́ние

manure [mə'njuə] удобре́-
ние

manuscript ['mænjuskrɪpt]
ру́копись

many ['menɪ] 1. *a* мно́гие;

мно́го; how ~? ско́лько?; as ~
as сто́лько же ско́лько 2. *n*:
a great ~ мно́жество

map [mæp] 1) ка́рта (*гео-
графи́ческая*) 2) план

maple ['meɪpl] клён

marble ['ma:bl] мра́мор

March [ma:tʃ] март

march [ma:tʃ] 1. *v* марши-
рова́ть; идти́ 2. *n* марш ◇ ~
of events ход, разви́тие собы́-
тий

mare [mɛə] кобы́ла

margin ['ma:dʒɪn] 1) край
2) по́ле (*страни́цы*) 3) запа́с
(*вре́мени, де́нег и т. п.*)

marine [mə'ri:n] 1. *a* мор-
ско́й 2. *n* 1) флот 2) *pl* мор-
ска́я пехо́та; ~r ['mærɪnə]
моря́к

mark [ma:k] 1. *n* 1) знак
2) при́знак 3) мише́нь 4) от-
печа́ток; след 5) отме́тка ◇
up to the ~ на до́лжной вы-
соте́ 2. *v* отмеча́ть; замеча́ть

market ['ma:kɪt] ры́нок
(*тж. эк.*)

marketing ['ma:kətɪŋ] ма́р-
кетинг

marriage ['mærɪdʒ] брак;
жени́тьба, заму́жество

married ['mærɪd] жена́-
тый, заму́жняя

marry ['mærɪ] 1) же-
ни́ть(ся); выходи́ть за́муж;
выдава́ть за́муж 2) венча́ть-
ся

marsh [ma:ʃ] боло́то

marshal ['ma:ʃəl] ма́ршал

martial ['ma:ʃəl] вое́нный;

воинственный ◇ ~ law воéнное положéние

martin [′mɑ:tn] лáсточка; стриж

martyr [′mɑ:tə] 1. *n* мýченик, жéртва 2. *v* мýчить

marvellous [′mɑ:vɪləs] удивительный, замечáтельный

Marxism [′mɑ:ksɪzm] марксизм

masculine [′mɑ:skjulɪn] 1) мужскóй 2) *грам.* мужскóго рóда

mash [mæʃ] 1. *n* картóфельное пюрé 2. *v* мять

mask [mɑ:sk] мáска

mason [′meɪsn] 1) кáменщик 2) (M.) масóн

masquerade [mæskə′reɪd] 1. *n* маскарáд 2. *v* маскировáться; притворяться

mass [mæs] 1) мáсса; мнóжество 2) *pl* нарóдные мáссы

massacre [′mæsəkə] резня, избиéние

massage [′mæsɑ:ʒ] 1. *n* массáж 2. *v* массажировать

massive [′mæsɪv] массивный; солидный

mass media [mæs′mi:dɪə] срéдства мáссовой информáции

mast [mɑ:st] мáчта

master [′mɑ:stə] 1. *n* 1) хозяин 2) учитель 3) мáстер 2. *v* овладéть; ~piece [-pi:s] шедéвр

mat [mæt] половик; дорóжка; кóврик

match I [mætʃ] спичка

match II [mætʃ] 1. *n* 1) рóвня, пáра 2) брак 3) состязáние, матч 2. *v* подходить друг к дрýгу

mate [meɪt] 1) товáрищ 2) самéц, сáмка

material [mə′tɪərɪəl] 1. *a* 1) материáльный 2) сущéственный 2. *n* 1) материáл 2) *текст.* матéрия

materialism [mə′tɪərɪəlɪzm] материализм

maternal [mə′tə:nəl] материнский

mathematics [mæθɪ′mætɪks] математика

matter [′mætə] 1. *n* 1) вещество́ 2) матéрия 3) дéло, вопрóс; what’s the ~? в чём дéло?; as a ~ of fact в сáмом дéле 2. *v* имéть значéние; it doesn’t ~ невáжно, ничегó

mattress [′mætrɪs] матрáц

mature [mə′tjuə] 1. *a* зрéлый; созрéвший 2. *v* созревáть

May [meɪ] май; ~ Day Пéрвое мáя

may [meɪ] (*past* might) мочь; ~be [′meɪbi:] мóжет быть

mayor [mɛə] мэр

me [mi:] мне; меня

meadow [′medəu] луг

meal [mi:l] едá, трáпеза

mean I [mi:n] (meant; meant) 1) намеревáться; хотéть; what d’you ~? что вы хотите этим сказáть? 2) иметь в виду; подразумевать 3) значить; it ~s значит

mean II [mi:n] 1) подлый 2) скупой

mean III [mi:n] 1. *a* средний 2. *n* середина

meaning ['mi:nɪŋ] значение; смысл; what's the ~ of this? Это что значит?

meaningless ['mi:nɪŋləs] бессмысленный

means [mi:nz] *pl* средства; by ~ of посредством; by all ~ во что бы то ни стало; by no ~ отнюдь не; ни в коем случае

meant [ment] *past и p. p. от* mean I

meantime ['mi:ntaɪm]: in the ~ между тем, тем временем

meanwhile ['mi:nwaɪl] тем временем

measles ['mi:zlz] корь; German ~ краснуха

measure ['meʒə] 1. *n* 1) мера 2) мерка 3) *муз.* такт 4) размер (*стиха*) 2. *v* 1) измерять; отмерять 2) иметь (определённый) размер; ~ment [-mənt] 1) измерение 2) *pl* размеры

meat [mi:t] мясо

mechanic [mɪ'kænɪk] механик; ~al [-əl] механический; ~s [-s] механика

mechanism ['mekənɪzm] механизм

meddle ['medl] вмешиваться

medical ['medɪkəl] медицинский

medicine ['medsɪn] 1) медицина 2) лекарство

medieval [medɪ'i:vəl] средневековый

meditate ['medɪteɪt] размышлять; обдумывать

medium ['mi:djəm] 1. *n* 1) средство 2) *физ.* среда 2. *a* средний

meek [mi:k] кроткий

meet [mi:t] (met; met) 1) встречать(ся) 2) собираться; ~ing ['mi:tɪŋ] 1) встреча 2) собрание, митинг

mellow ['meləu] зрелый; созревший

melody ['melədɪ] мелодия

melon ['melən] дыня

melt [melt] 1) таять; *перен.* смягчать 2) плавить(ся)

member ['membə] член; ~ship [-ʃɪp] членство

memorable ['memərəbl] памятный

memorial [mɪ'mɔ:rɪəl] 1) памятник 2) *pl* историческая хроника

memory ['memərɪ] 1) память 2) *pl* воспоминания

men [men] *pl от* man

menace ['menəs] 1. *n* угроза 2. *v* угрожать

mend [mend] исправлять, чинить; штопать

mental ['mentl] 1) умственный 2) мысленный

mention ['menʃn] 1. *v* упоминать; dont ~ it не стоит благодарности; not to ~ не

говоря́ уже́ о 2. *n* упомина́-
ние

menu ['menju:] меню́

mercenary ['mə:sınərı] 1. *a*
коры́стный; прода́жный 2. *n*
наёмник

merchant ['mə:tʃənt] ку-
пе́ц, торго́вец

merciful ['mə:sıful] мило-
се́рдный

merciless ['mə:sıləs] бес-
поща́дный

mercury ['mə:kjurı] ртуть

mercy ['mə:sı] 1) милосе́р-
дие 2) ми́лость; поми́лова-
ние

mere [mıə] просто́й; a ~
child ещё ребёнок; it was a ~
chance э́то бы́ло случа́йно

merely ['mıəlı] то́лько,
про́сто

merge [mə:dʒ] сли-
ва́ть(ся), соединя́ть(ся)

meridian [mə'rıdıən] мери-
диа́н

merit ['merıt] 1. *n* 1) за-
слу́га 2) досто́инство 2. *v* за-
слу́живать

merry ['merı] весёлый, ра́-
достный

mess [mes] 1. *n* беспоря́-
док, пу́таница 2. *v* пу́тать; ~
up по́ртить

message ['mesıdʒ] 1) сооб-
ще́ние 2) посла́ние 3) пору-
че́ние

messenger ['mesındʒə] 1)
курье́р 2) ве́стник 3) рас-
сы́льный

met [met] *past и p. p. om*
meet

metal ['metl] мета́лл

meteor ['mi:tjə] метео́р

meter ['mi:tə] счётчик

method ['meθəd] 1) ме́тод;
спо́соб 2) систе́ма

metre ['mi:tə] 1) метр 2)
разме́р (*стиха*)

mice [maıs] *pl om* mouse

microscope ['maıkrəskəup]
микроско́п

microwave ['maıkrəuweıv]:
~ oven микроволно́вая печь

midday ['mıddeı] по́лдень

middle ['mıdl] 1. *n* середи́-
на 2. *a* сре́дний; ~ classes
сре́дние кла́ссы о́бщества; ~-
-aged ['mıdl'eıdʒd] пожило́й

midnight ['mıdnaıt] по́л-
ночь

midwife ['mıdwaıf] аку-
ше́рка

might I [maıt] *past om* may

might II [maıt] могу́щест-
во; си́ла; ~y ['maıtı] могу́ще-
ственный

mild [maıld] 1) мя́гкий
(*климат, характер и т. п.*)
2) нео́стрый (*о пище*); сла́-
бый (*о пиве, вине*)

mile [maıl] ми́ля; ~age
['maılıdʒ] расстоя́ние в ми́-
лях

military ['mılıtərı] вое́н-
ный, во́инский; ~ uniform
вое́нная фо́рма

milk [mılk] 1. *n* молоко́ 2.
v дои́ть

mill [mıl] 1) ме́льница;
~er ['mılə] ме́льник 2) фа́б-
рика

millet ['mɪlɪt] про́со; пшено́

million ['mɪljən] миллио́н
millionaire [mɪljə'nɛə] миллионе́р
millstone ['mɪlstəun] жёрнов

mince [mɪns] 1. *v* пропуска́ть че́рез мясору́бку; руби́ть ◇ not to ~ words (matters) говори́ть без обиняко́в 2. *n* фарш

mind [maɪnd] 1. *n* 1) ра́зум; ум 2): bear in ~ по́мнить, име́ть в виду́ 2. *v* возража́ть, име́ть что-л. про́тив; do you ~ my smoking? вы не возража́ете, е́сли я закурю́?; I don't ~ мне всё равно́ ◇ never ~! ничего́!, не беспоко́йтесь!

mine I [maɪn] мой
mine II [maɪn] 1. *n* 1) ша́хта, рудни́к 2) *воен.* ми́на 2. *v* 1) разраба́тывать рудни́к; добыва́ть руду́ 2) мини́ровать

miner ['maɪnə] горня́к, шахтёр

mineral ['mɪnərəl] 1. *n* минера́л 2. *a* минера́льный

minimize ['mɪnɪmaɪz] преуменьша́ть

minimum ['mɪnɪməm] ми́нимум

mining ['maɪnɪŋ] го́рная промы́шленность

minister ['mɪnɪstə] 1) мини́стр 2) посла́нник 3) свяще́нник

ministry ['mɪnɪstrɪ] министе́рство
mink [mɪŋk] но́рка
minor ['maɪnə] 1. *a* 1) второстепе́нный 2) мла́дший 3) *муз.* мино́рный 2. *n* несовершенноле́тний, подро́сток; ~ity [maɪ'nɔrɪtɪ] меньшинство́

mint I [mɪnt] мя́та
mint II [mɪnt] моне́тный двор

minus ['maɪnəs] ми́нус
minute I ['mɪnɪt] 1) мину́та 2) *pl* протоко́л(ы)
minute II [maɪ'nju:t] 1) кро́шечный 2) подро́бный, дета́льный

miracle ['mɪrəkl] чу́до
mirror ['mɪrə] зе́ркало
mirth [mə:θ] весе́лье, ра́дость

misadventure [mɪsəd'ventʃə] несча́стье; несча́стный слу́чай

misapprehension [mɪsæprɪ'henʃn] недоразуме́ние

misbehaviour [mɪsbɪ'heɪvjə] недосто́йное поведе́ние

miscarriage [mɪs'kærɪdʒ] вы́кидыш

miscellaneous [mɪsɪ'leɪnjəs] сме́шанный, разнообра́зный

mischief ['mɪstʃɪf] 1) зло; беда́; make ~ се́ять раздо́ры 2) ша́лость, озорство́

mischievous ['mɪstʃɪvəs] 1) злонаме́ренный, зло́бный 2) шаловли́вый, озорно́й

miser ['maɪzə] скря́га

miserable ['mızərəbl] не-счáстный; жáлкий

misery ['mızərı] 1) несчá-стье 2) нищетá

misfortune [mıs'fɔ:tʃn] не-счáстье

misgiving [mıs'gıvıŋ] опа-сéние, предчýвствие дурнóго

misinterpret [mısın'tə:prıt] невéрно понять; непрáвиль-но истолковáть

mislay [mıs'leı] засýнуть кудá-л., потерять

mislead [mıs'li:d] (misled; misled) вводúть в заблуждé-ние

misled [mıs'led] past и p. p. от mislead

misprint ['mısprınt] опе-чáтка

miss I [mıs] 1. v 1) про-махнýться, не попáсть 2) упустúть; пропустúть 3) скучáть по 2. n прóмах

miss II [mıs] мисс (неза-мужняя женщина)

missile ['mısaıl] ракéта

missing ['mısıŋ] 1) недо-стаю́щий, отсýтствующий 2) пропáвший (бéз вести)

mission ['mıʃn] 1) мúссия 2) поручéние; командирóвка 3) призвáние

mist [mıst] тумáн, мгла

mistake [mıs'teık] 1. v (mistook; mistaken) ошибáть-ся; be ~n ошибáться 2. n ошúбка; make a ~ ошибáть-ся; ~n [-n] p. p. от mistake

mistook [mıs'tuk] past от mistake

mistress ['mıstrıs] 1) хо-зяйка 2) учúтельница 3) любóвница

mistrust [mıs'trʌst] 1. n недовéрие 2. v недоверять

misty ['mıstı] тумáнный

misunderstand ['mısʌndə 'stænd] (misunderstood; mis-understood) непрáвильно по-нять; ~ing [-ıŋ] недоразумé-ние

misunderstood ['mısʌndə 'stud] past и p. p. от mis-understand

mitten ['mıtn] вáрежка

mix [mıks] смéшивать(ся); ~ up спýтать, перепýтать; ~er ['mıksə] мúксер; ~ture ['mıkstʃə] смесь

moan [məun] 1. n стон 2. v стонáть

mob [mɔb] толпá, сбóрище

mobile ['məubaıl] подвиж-нóй

mobilization [məubılaı 'zeıʃn] мобилизáция

mock [mɔk] высмéивать; издевáться; ~ery ['mɔkərı] издевáтельство

mode [məud] спóсоб, мé-тод

model ['mɔdl] 1) образéц 2) модéль 3) натýрщик, на-тýрщица

moderate ['mɔdərıt] умé-ренный

modern ['mɔdən] совре-мéнный; сегóдняшний; ~ times нóвые временá

modest ['mɔdıst] скрóм-ный

modify ['mɔdɪfaɪ] видоизменять

moist [mɔɪst] влажный; ~en ['mɔɪsn] смачивать; увлажнять(ся); ~ure ['mɔɪstʃə] влажность

mole I [məul] родинка

mole II [məul] крот

moment ['məumənt] миг, момент

monarch ['mɔnək] монарх; ~y [-ɪ] монархия

Monday ['mʌndɪ] понедельник

monetary ['mʌnɪtərɪ] денежный

money ['mʌnɪ] деньги; ~ order денежный перевод

Mongol ['mɔŋgɔl] 1. a монгольский 2. n монгол

monitor ['mɔnɪtə] тех. монитор

monk [mʌŋk] монах

monkey ['mʌŋkɪ] обезьяна

monopoly [mə'nɔpəlɪ] монополия

monotonous [mə'nɔtənəs] однообразный, монотонный

monster ['mɔnstə] чудовище

monstrous ['mɔnstrəs] чудовищный

month [mʌnθ] месяц; ~ly ['mʌnθlɪ] 1. a (еже)месячный 2. adv ежемесячно

monument ['mɔnjumənt] памятник

mood I [muːd] настроение

mood II [muːd] грам. наклонение

moon [muːn] луна

mop [mɔp] 1. n швабра 2. v мыть пол (шваброй)

moral ['mɔrəl] 1. a моральный; нравственный 2. n 1) мораль 2) pl нравы; нравственность

more [mɔ:] 1. a больший 2. adv больше, более; ~over [mɔ:'rəuvə] более того, кроме того

morning ['mɔ:nɪŋ] утро

morose [mə'rəus] угрюмый

morse [mɔ:s] морж

morsel ['mɔ:səl] кусочек

mortal ['mɔ:tl] 1) смертный 2) смертельный; ~ity [mɔ:'tælɪtɪ] 1) смертность 2) смертельность

mortgage ['mɔ:gɪdʒ] 1. n 1) заклад 2) закладная 3) ссуда на покупку дома 2. v закладывать

mosquito [məs'ki:təu] комар

moss [mɔs] мох

most [məust] 1. a наибольший 2. adv наиболее, больше всего 3. n большинство, большая часть; ~ly ['məustlɪ] главным образом; чаще всего

motel [məu'tel] мотель

moth [mɔθ] 1) моль 2) мотылёк

mothball ['mɔθbɔ:l] антимоль

mother ['mʌðə] мать; ~-in-law ['mʌðərɪnlɔ:] тёща; свекровь; ~-of-pearl ['mʌðərəvpə:l] перламутр motion ['məuʃn] 1) движе́ние, ход; ~ picture кинофи́льм 2) предложе́ние (*на собрании*); ~less [-lis] неподви́жный

motive ['məutiv] 1. *n* моти́в; побужде́ние 2. *a* дви́жущий

motor ['məutə] дви́гатель, мото́р; ~way [-wei] шоссе́, автостра́да

motto ['mɔtəu] ло́зунг, деви́з

mould ['məuld] 1. *n тех.* фо́рма; шабло́н 2. *v* формова́ть, отлива́ть фо́рму

mound [maund] на́сыпь; хо́лмик

mount [maunt] 1) поднима́ться 2) вскочи́ть (*на коня́*) 3) монти́ровать; вставля́ть

mountain ['mauntin] гора́

mountaineering [mauntin'iəriŋ] альпини́зм

mourn [mɔ:n] горева́ть, опла́кивать; ~ful ['mɔ:nful] гру́стный; ~ing ['mɔ:niŋ] тра́ур

mouse [maus] мышь

moustache [məs'ta:ʃ] усы́

mouth [mauθ] 1) рот 2) отве́рстие 3) у́стье

move [mu:v] 1. *v* 1) дви́гать(ся) 2) переезжа́ть 3) тро́гать; ~ smb. to tears растро́гать кого́-л. до слёз 4) вноси́ть предложе́ние 2. *n* ход (*в игре́*); *перен.* посту́пок; шаг; ~ment ['mu:vmənt] движе́ние

movie ['mu:vi]: ~ camera кинока́мера

movies ['mu:viz] *pl разг.* кино́

moving ['mu:viŋ] тро́гательный

mow [məu] (mowed; mown) коси́ть; ~n [-n] *p. p. om* mow

Mr. ['mistə] (mister) господи́н

Mrs. ['misiz] (mistress) госпожа́

much [mʌtʃ] мно́го; гора́здо; how ~ ? ско́лько?; as ~ as сто́лько же

mud [mʌd] грязь; ~dy ['mʌdi] 1) гря́зный 2) му́тный

mug [mʌg] кру́жка

multiplication [mʌltipli'keiʃn] умноже́ние

multiply ['mʌltiplai] 1) увели́чивать(ся) 2) умножа́ть

multistage ['mʌltisteidʒ] многоступе́нчатый

multitude ['mʌltitju:d] 1) мно́жество 2) толпа́

mumble ['mʌmbl] бормота́ть

mummy ['mʌmi] му́мия

munitions [mju:'niʃnz] *pl* вое́нные запа́сы; снаряже́ние

murder ['mə:də] 1. *n* уби́йство 2. *v* убива́ть; ~er [-rə] уби́йца

murmur ['mə:mə] 1. *n* 1) журча́ние 2) бормота́ние 3) ро́пот 2. *v* 1) журча́ть 2) (про)бормота́ть 3) ворча́ть, ропта́ть

muscle [ˈmʌsl] му́скул, мы́шца

muse [mjuːz] размышля́ть, заду́мываться

museum [mjuːˈzɪəm] музе́й

mushroom [ˈmʌʃrum] гриб

music [ˈmjuːzɪk] 1) му́зыка 2) но́ты; ~ian [mjuːˈzɪʃn] музыка́нт

must [mʌst] быть обя́занным; I ~ go я до́лжен идти́

mustard [ˈmʌstəd] горчи́ца

mute [mjuːt] 1) молчали́вый 2) немо́й

mutilate [ˈmjuːtɪleɪt] 1) увѐчить 2) уро́довать, по́ртить

mutiny [ˈmjuːtɪnɪ] 1. n мяте́ж 2. v подня́ть мяте́ж

mutter [ˈmʌtə] бормота́ть

mutton [ˈmʌtn] бара́нина

mutual [ˈmjuːtjuəl] взаи́мный, обою́дный

muzzle [ˈmʌzl] 1) мо́рда 2) намо́рдник 3) ду́ло

my [maɪ] мой, моя́, моё; мои́

myself [maɪˈself] 1) себя́; -ся 2) сам, сама́, само́

mysterious [mɪsˈtɪərɪəs] таи́нственный

mystery [ˈmɪstərɪ] та́йна

mystify [ˈmɪstɪfaɪ] мистифици́ровать

myth [mɪθ] миф

mythology [mɪˈθɔlədʒɪ] мифоло́гия

N

nag [næg] придира́ться

nail [neɪl] 1. n 1) но́готь 2) гвоздь 2. v прибива́ть; пригвожда́ть

nail varnish [ˈneɪlvɑːnɪʃ] лак для ногте́й

naïve [nɑːˈiːv] наи́вный

naked [ˈneɪkɪd] го́лый ◇ with ~ eye невооружённым гла́зом

name [neɪm] 1. n и́мя; фами́лия 2. v называ́ть; ~ly [ˈneɪmlɪ] и́менно, то есть

nanny [ˈnænɪ] ня́ня

nap I [næp] ворс

nap II [næp] 1. n дремо́та; to take a ~ вздремну́ть 2. v вздремну́ть ◇ to catch smb. ~ping засти́гнуть кого́-л. враспло́х

nape [neɪp]: ~ of the neck заты́лок

napkin [ˈnæpkɪn] 1) салфе́тка 2) пелёнка

narrative [ˈnærətɪv] повествова́ние, расска́з

narrow [ˈnærəu] у́зкий ◇ I had a ~ escape я с трудо́м избежа́л опа́сности; ~-minded [-ˈmaɪndɪd] ограни́ченный, у́зкий

nasty [ˈnɑːstɪ] 1) га́дкий, скве́рный 2) непристо́йный, гря́зный

nation [ˈneɪʃn] на́ция, наро́д; ~al [ˈnæʃnəl] национа́льный; наро́дный; ~ality

[næʃə'nælıtı] национáль-
ность

native ['neıtıv] 1. *a* 1) роднóй 2) тузéмный 2. *n* уро-
жéнец; тузéмец

natural ['nætʃrəl] естéст-
венный, прирóдный; ~ly [-ı]
конéчно

nature ['neıtʃə] 1) прирóда
2) натýра, харáктер

naughty ['nɔ:tı] нехорóший; капрúзный (*о ребёнке*)

naval ['neıvəl] воéнно-
-морскóй

navigable ['nævıgəbl] су-
дохóдный

navigation [nævı'geıʃn] су-
дохóдство; плáвание, нави-
гáция

navvy ['nævı] землекóп,
чернорабóчий

navy ['neıvı] воéнный
флот

near [nıə] блúзко, óколо;
~ly ['nıəlı] почтú; приблизú-
тельно

neat [ni:t] 1) опрятный,
аккурáтный 2) тóчный, чёткий 3) чúстый (*о спирте*)

necessary ['nesısərı] необ-
ходúмый

necessity [nı'sesıtı] 1) не-
обходúмость 2) нуждá

neck [nek] 1) шéя 2) гóр-
лышко; ~lace ['neklıs] оже-
рéлье

need [ni:d] 1. *n* нáдобность, потрéбность; нуждá;
be in ~ of нуждáться в чём-
-л. 2. *v* нуждáться

needle ['ni:dl] 1) игóлка;
иглá 2) стрéлка (*компаса*)

negative ['negətıv] 1. *a* от-
рицáтельный 2. *n* 1) отрицá-
ние 2) негатúв

neglect [nı'glekt] 1. *v* пренебрегáть, запускáть 2. *n*
пренебрежéние

negligence ['neglıdʒəns]
небрéжность

negotiate [nı'gəuʃıeıt] вестú переговóры; договáри-
ваться

negotiation [nıgəuʃı'eıʃn]
переговóры

Negro ['ni:grəu] 1. *a* не-
гритянский 2. *n* негр

neigh [neı] ржать

neighbour ['neıbə] сосéд;
~hood [-hud] 1) сосéдство 2)
окрéстности; ~ing ['neıbərıŋ]
сосéдний

neither ['naıðə] 1. *adv*
тáкже не 2.: ~ ... nor... ни...
ни... 3. *a* никакóй 4. *pron* ни
тот, ни другóй

nephew ['nevju:] племян-
ник

nerve [nə:v] нерв

nervous ['nə:vəs] нéрвный; I'm ~ about him я óчень
беспокóюсь о нём; ~ break
down нéрвный срыв

nest [nest] 1. *n* гнездó 2. *v*
гнездúться

net I [net] сéтка, сеть

net II [net] чúстый, нéтто
(*о весе*)

nettle ['netl] крапúва

network ['netwə:k] 1) сеть
2) радиосéть 3) эл. схéма

neuter [ˈnjuːtə] *грам.* среднего рода

neutral [ˈnjuːtrəl] нейтральный; **~ity** [njuːˈtrælɪtɪ] нейтралитет

never [ˈnevə] никогда

nevertheless [nevəðəˈles] тем не менее

new [njuː] 1) новый 2) свежий; ~ potatoes молодой картофель; **~born** [ˈnjuːbɔːn] новорождённый

newcomer [ˈnjuːkʌmə] вновь прибывший

newlywed [ˈnjuːlɪwed] молодожён

news [njuːz] (*употр. как sing*) новость, известие, сообщение

news agency [ˈnjuːz ˈeɪdʒənsɪ] агентство новостей; информационное агентство

newspaper [ˈnjuːspeɪpə] газета

newsreel [ˈnjuːzriːl] кинохроника, киножурнал

next [nekst] 1. *a* следующий (*по порядку*); ближайший 2. *adv* после этого; потом 3. *prep* рядом, около

nice [naɪs] 1) хороший; симпатичный; how ~ of him! как мило с его стороны! 2) вкусный

nickel [ˈnɪkl] 1) никель 2) *амер.* монета в 5 центов

nickname [ˈnɪkneɪm] прозвище

niece [niːs] племянница

night [naɪt] ночь; вечер;

~dress [ˈnaɪtdres], **~gown** [ˈnaɪtgaun], **~ie** [ˈnaɪtɪ] ночная рубашка

nightingale [ˈnaɪtɪŋgeɪl] соловей

nightmare [ˈnaɪtmɛə] кошмар

night school [ˈnaɪtskuːl] вечерняя школа, курсы

nine [naɪn] девять; **~teen** [naɪnˈtiːn] девятнадцать; **~teenth** [naɪnˈtiːnθ] девятнадцатый; **~tieth** [ˈnaɪntɪθ] девяностый; **~ty** [ˈnaɪntɪ] девяносто

ninth [naɪnθ] девятый

nip [nɪp] щипать

nipple [ˈnɪpl] сосок

nitrogen [ˈnaɪtrɪdʒən] азот

no [nəu] 1. *part* нет; ~ bread хлеба нет 2. *adv* не (*при сравнит. степени*); no more нет (больше)

noble [ˈnəubl] благородный; **~man** [-mən] дворянин

nobody [ˈnəubədɪ] никто

nod [nɔd] 1. *v* 1) кивать головой 2) дремать 2. *n* кивок

noise [nɔɪz] шум; **~less** [ˈnɔɪzlɪs] бесшумный

noisy [ˈnɔɪzɪ] шумный

nominate [ˈnɔmɪneɪt] 1) назначать 2) выставлять кандидатуру

nomination [nɔmɪˈneɪʃn] 1) назначение (*на должность*) 2) выставление кандидатуры

nominative [ˈnɔmɪnətɪv] *грам.* именительный падеж

none [nʌn] 1. *a* никакóй; have you a cigarette? — I have ~ у вас есть сигарéта? — Нет 2. *pron* ни одúн, никтó

nonentity [nɔ'nentɪtɪ] ничтóжество

non-party ['nɔnpɑ:tɪ] беспартúйный

nonsense ['nɔnsəns] вздор, бессмы́слица, чепухá

noodle ['nu:dl] лапшá

noon [nu:n] пóлдень

nor [nɔ:] и не; тáкже не; neither... ~ ... ни... ни...

normal ['nɔ:məl] обы́чный, нормáльный

north [nɔ:θ] 1. *n* сéвер 2. *a* сéверный 3. *adv* на сéвер(е), к сéверу

northern ['nɔ:ðən] сéверный; ~ lights сéверное сия́ние

Norwegian [nɔ:'wi:dʒn] 1. *a* норвéжский 2. *n* норвéжец

nose [nəuz] нос

nostril ['nɔstrɪl] ноздря́

nosy ['nəuzɪ] *разг.* чересчýр любопы́тный

not [nɔt] не, нет, ни

notch [nɔtʃ] зарýбка

note [nəut] 1. *n* 1) примечáние; замечáние 2) запúска; make a ~ записáть 3) *дип., муз.* нóта 2. *v* 1) замечáть; отмечáть 2) запúсывать

notebook ['nəutbuk] тетрáдь

noteworthy ['nəutwə:ðɪ] достóйный внимáния

nothing ['nʌθɪŋ] ничтó, ничегó

notice ['nəutɪs] 1. *n* 1) извещéние; предупреждéние 2) замéтка 3) внимáние 2. *v* замечáть

noticeable ['nəutɪsəbl] замéтный, примéтный

notify ['nəutɪfaɪ] извещáть, уведомля́ть

notion ['nəuʃn] поня́тие; представлéние

notorious [nəu'tɔ:rɪəs] 1) извéстный 2) отъя́вленный

noun [naun] *грам.* úмя существúтельное

nought [nɔ:t] ноль; ~s and crosses крéстики и нóлики

nourish ['nʌrɪʃ] питáть; кормúть; ~ing [-ɪŋ] питáтельный; ~ment [-mənt] 1) питáние 2) пúща

novel ['nɔvl] 1. *n* ромáн 2. *a* оригинáльный

novelty ['nɔvəltɪ] 1) новизнá 2) новúнка

November [nəu'vembə] ноя́брь

novice ['nɔvɪs] новичóк, начинáющий

now [nau] тепéрь ◇ ~ and again, ~ and then врéмя от врéмени; just ~ тóлько что

nowadays ['nauədeɪz] в настоя́щее врéмя

nowhere ['nəuwɛə] нигдé; никудá

nuclear ['nju:klɪə] ядерный; ~ reactor ядерный реактор; ~ weapons ядерное оружие

nucleus ['nju:klɪəs] ядро (клетки)

nudge [nʌdʒ] подтолкнуть (локтем)

nugget ['nʌgɪt] самородок

nuisance ['nju:sns] 1) неприятность; досада; what a ~ ! какая досада! 2) неприятный, надоедливый человек

numb [nʌm] онемелый, оцепенелый

number ['nʌmbə] 1. n 1) число; количество 2) номер 2. v 1) считать 2) нумеровать 3) насчитывать

numeral ['nju:mərəl] грам. числительное

numerous ['nju:mərəs] многочисленный; ~ly [-lɪ] в большом количестве

nun [nʌn] монахиня

nurse [nə:s] 1. n 1) няня 2) сиделка, сестра 2. v 1) нянчить 2) ухаживать (за больным) 3) кормить (ребёнка)

nursery ['nə:srɪ] детская (комната)

nut I [nʌt] орех

nut II [nʌt] тех. гайка

nutritious [nju:'trɪʃəs] питательный

nuts [nʌts] разг. сумасшедший

nutshell ['nʌtʃel]: in a ~ вкратце

O

oak [əuk] дуб; ~en ['əukən] дубовый

oar [ɔ:] весло

oath [əuθ] клятва; присяга

oatmeal ['əutmi:l] овсянка

oat(s) [əut(s)] овёс

obedience [ə'bi:djəns] послушание

obedient [ə'bi:djənt] послушный

obey [ə'beɪ] слушаться, повиноваться

obituary [ə'bɪtʃuərɪ] некролог

object 1. n ['ɔbdʒɪkt] 1) предмет; объект 2) цель 3) грам. дополнение 2. v [əb'dʒekt] возражать; ~ion [əb'dʒekʃn] возражение

objective [əb'dʒektɪv] 1. n 1) цель; задача 2) грам. объектный падеж 2. a объективный

obligation [ɔblɪ'geɪʃn] 1) обязательство 2) обязанность

oblige [ə'blaɪdʒ] 1) обязывать 2) делать одолжение; ~d [-d] обязанный

oblique [ə'bli:k] косой, наклонный

obliterate [ə'blɪtəreɪt] стирать, уничтожать

oblivion [ə'blɪvɪən] забвение

oblong ['ɔblɔŋ] продолговатый, удлинённый

obscene [ɔb'si:n] непристойный, неприличный

obscure [əb'skjuə] 1) неясный 2) неизвестный; an ~ little village затерянная деревушка

obsequious [ɔb'si:kwɪəs] подобострастный, раболепный

observance [əb'zə:vəns] соблюдение (закона, обычая и т. n.)

observation [ɔbzə:'veɪʃn] 1) наблюдение 2) замечание

observe [əb'zə:v] 1) наблюдать 2) замечать 3) соблюдать; ~r [-ə] наблюдатель

obsess [əb'ses] завладеть умом; ~ion [-ʃn] одержимость

obsolete ['ɔbsəli:t] устарелый

obstacle ['ɔbstəkl] препятствие

obstinate ['ɔbstɪnɪt] упрямый

obstruct [əb'strʌkt] заграждать путь; чинить препятствия

obtain [əb'teɪn] доставать, получать

obvious ['ɔbvɪəs] очевидный; ясный

occasion [ə'keɪʒn] 1) случай 2) повод; there is no ~ for wonder нет оснований удивляться; ~al [-əl] случайный, редкий; ~ally [-əlɪ] случайно; изредка

occupation [ɔkju'peɪʃn] 1) занятие 2) оккупация

occupy ['ɔkjupaɪ] 1) занимать 2) оккупировать

occur [ə'kə:] 1) случаться, иметь место 2) приходить на ум; it ~s to me мне пришло в голову; ~rence [ə'kʌrəns] событие, случай, происшествие

ocean ['əuʃn] океан; ~ liner океанский лайнер

o'clock [ə'klɔk]: at three ~ в три часа

October [ɔk'təubə] октябрь

odd [ɔd] 1) нечётный 2) непарный 3) странный, необычный 4) случайный

odious ['əudɪəs] гнусный, отвратительный

odour ['əudə] запах, аромат

of [ɔv, əv] предлог, с помощью которого образуются родительный и предложный падежи ◇ of course конечно, разумеется

off [ɔ:f, ɔf] 1. prep с, со; от; take the book ~ the table сними книгу со стола 2. adv: hands ~! руки прочь!

offence [ə'fens] 1) обида; give ~ обижать, оскорблять; take ~ обижаться 2) нарушение (закона)

offend [ə'fend] обижать; ~er [-ə] 1) обидчик 2) нарушитель

offensive [ə'fensɪv] 1. a 1) оскорбительный 2) отврати-

тельный 3) наступа́тельный
2. *n* наступле́ние

offer ['ɔfə] 1. *v* предлага́ть
2. *n* предложе́ние

office ['ɔfɪs] 1) конто́ра, бюро́ 2) (O.) министе́рство 3) фу́нкция, до́лжность

officer ['ɔfɪsə] 1) офице́р 2) должностно́е лицо́; чино́вник

official [ɔ'fɪʃəl] 1. *a* официа́льный; служе́бный 2. *n* должностно́е лицо́, чино́вник, отве́тственный слу́жащий

often ['ɔfn] ча́сто

oil [ɔɪl] 1. *n* 1) расти́тельное ма́сло 2) маши́нное ма́сло 3) нефть 2. *v* сма́зывать; ~cloth ['ɔɪlklɔθ] клеёнка; ~ paint ['ɔɪlpeɪnt] ма́сляная кра́ска

ointment ['ɔɪntmənt] мазь

O. K.! [əu'keɪ] *амер.* ла́дно!; everything's O. K. всё в поря́дке

old [əuld] ста́рый; ~ age ста́рость; ~ boy *разг.* старина́; ten years ~ десяти́ лет; how ~ are you? ско́лько вам лет?; ~-fashioned [-'fæʃənd] 1) стари́нный 2) старомо́дный

olive ['ɔlɪv] 1. *n* оли́ва, масли́на 2. *a* оли́вкового цве́та; ~ oil прова́нское ма́сло

omen ['əumən] знак, предзнаменова́ние

ominous ['ɔmɪnəs] злове́щий

omit [əu'mɪt] опуска́ть; пропуска́ть, упуска́ть

on [ɔn] 1. *prep* 1) на 2) (*по определённым дням*) on Monday в понеде́льник; I'll see you on the third я уви́жу вас тре́тьего 2. *adv* вперёд, да́льше

once [wʌns] (оди́н) раз; одна́жды, не́когда, когда́-то ◇ ~ more ещё раз; at ~ сра́зу, сейча́с же

one [wʌn] 1. *num* оди́н 2. *pron* 1) не́кто, кто́-то; ~ another друг дру́га 2) *в безл. предложении не переводится:* ~ can't help liking him его́ тру́дно не люби́ть; ~ feels so helpless чу́вствуешь себя́ тако́й беспо́мощной

oneself [wʌn'self] 1) -ся; excuse ~ извиня́ться 2) (самого́) себя́

onion ['ʌnjən] лук

only ['əunlɪ] 1. *adv* то́лько 2. *a* еди́нственный

onward ['ɔnwəd] 1. *adv* вперёд, да́лее 2. *a* продвига́ющийся вперёд

open ['əupən] 1. *a* откры́тый 2. *v* открыва́ть(ся); ~ing ['əupnɪŋ] 1. *n* 1) отве́рстие 2) нача́ло 3) откры́тие 4) *шахм.* дебю́т 2. *a* вступи́тельный

opera ['ɔpərə] о́пера; ~ glasses *pl* бино́кль (*театра́льный*)

operate ['ɔpəreɪt] 1) де́йствовать 2) управля́ть 3) *мед.* опери́ровать

operation [ɔpə'reiʃn] опе-
рáция; дéйствие
opinion [ə'pɪnjən] мнéние
opponent [ə'pəunənt] про-
тúвник, оппонéнт
opportunity [ɔpə'tju:nɪtɪ]
удóбный слýчай; возмóж-
ность
oppose [ə'pəuz] 1) проти-
вопоставлять 2) протúвиться
opposite ['ɔpəzɪt] 1. a про-
тивополóжный 2. prep, adv
(на)прóтив 3. n противопо-
лóжность; quite the ~ совсéм
наоборóт
opposition [ɔpə'zɪʃn] 1)
сопротивлéние 2) оппозúция
oppress [ə'pres] угнетáть;
~ion [ə'preʃn] угнетéние;
~ive [-ɪv] гнетýщий; ~or [-ə]
угнетáтель
optic ['ɔptɪk] глазнóй, зрú-
тельный
optimistic [ɔptɪ'mɪstɪk] оп-
тимистúчный
optimum ['ɔptɪməm] наи-
бóлее благоприятный
option ['ɔpʃn] вы́бор, за-
мéна
opulent ['ɔpjulənt] богá-
тый, роскóшный
or [ɔ:] úли
oracle ['ɔrəkl] 1) орáкул
2) прорицáние, предсказá-
ние
oral ['ɔ:rəl] ýстный
orange ['ɔrɪndʒ] 1. n
апельсúн 2. a орáнжевый (о
цвéте)
orator ['ɔrətə] орáтор

orbit ['ɔ:bɪt] 1. n орбúта 2.
v выводúть на орбúту
orchard ['ɔ:tʃəd] фруктó-
вый сад
orchestra ['ɔ:kɪstrə] ор-
кéстр
ordeal [ɔ:'di:l] тяжёлое
испытáние
order ['ɔ:də] 1. n 1) порЯ-
док 2) прикáз 3) закáз 4)
óрден 5) воен. строй ◇ in ~
that с тем, чтóбы 2. v 1)
прикáзывать 2) закáзывать
ordinal ['ɔ:dɪnəl] грам. по-
рЯдковое числúтельное
ordinary ['ɔ:dnrɪ] обы́ч-
ный, обыкновéнный
ore [ɔ:] рудá
organ ['ɔ:gən] 1) óрган 2)
муз. оргáн; ~ic [ɔ:'gænɪk]
органúческий; ~ism [-ɪzm]
организм
organization [ɔ:gənaɪ
'zeɪʃn] организáция
organize ['ɔ:gənaɪz] орга-
низóвывать; ~r [-ə] органи-
зáтор
oriental [ɔ:rɪ'entl] востóч-
ный
origin ['ɔrɪdʒɪn] 1) истóч-
ник, начáло 2) происхождéние; ~al [ə'rɪdʒənəl] 1. a 1)
первоначáльный 2) пóдлин-
ный 3) оригинáльный 2. n
пóдлинник; ~ate [ə'rɪdʒɪneɪt]
возникáть; происходúть
ornament 1. n ['ɔ:nəmənt]
украшéние; орнáмент 2. v
['ɔ:nəment] украшáть
orphan ['ɔ:fən] 1. n сиротá
2. a сирóтский

orthodox ['ɔ:θədɔks] 1) ортодо́кс 2) (O.) *рел.* правосла́вный

osier ['əuʒə] и́ва; и́вовая лоза́

ostentatious [ɔsten'teɪʃəs] показно́й, наро́читый, хвастли́вый

ostrich ['ɔstrɪtʃ] стра́ус

other ['ʌðə] друго́й, ино́й ◇ the ~ day на днях; every ~ day че́рез день; ~wise [-waɪz] ина́че; в проти́вном слу́чае

ought [ɔ:t]: you ~ to know that... вам бы сле́довало знать, что...; it ~ to be ready э́то должно́ бы́ло бы быть гото́во

ounce [auns] у́нция

our, ours [auə, auəz] наш, на́ша, на́ше; на́ши

ourself, ourselves [auə'self, auə'selvz] 1) себя́; -сь 2) (мы) са́ми

out [aut] из; вне; нару́жу; he is ~ его́ нет до́ма

outbreak ['autbreɪk] 1) взрыв, вспы́шка 2) нача́ло (*войны и т. п.*)

outcast ['autkɑ:st] и́згнанный, бездо́мный

outclass ['autklɑ:s] превзойти́

outcome ['autkʌm] результа́т, исхо́д

outcry ['autkraɪ] 1) крик 2) проте́ст

outdoors ['autdɔ:z] на откры́том во́здухе

outer ['autə] вне́шний, нару́жный

outfit ['autfɪt] 1) снаряже́ние; обмундирова́ние 2) обору́дование

outing ['autɪŋ] экску́рсия; похо́д в теа́тр, кино́ *и т. п.*

outlaw ['autlɔ:] лицо́ вне зако́на, отве́рженный

outline ['autlaɪn] 1. *n* очерта́ния; ко́нтур 2. *v* наброса́ть в о́бщих черта́х

outlook ['autluk] вид, перспекти́ва

out-of-doors [autəv'dɔ:z] на откры́том во́здухе

output ['autput] 1) добы́ча; проду́кция 2) производи́тельность

outrageous [aut'reɪdʒəs] возмути́тельный

outright ['autraɪt] прямо́й, откры́тый

outside ['aut'saɪd] 1. *n* нару́жная сторона́ 2. *a* нару́жный 3. *adv* снару́жи

outskirts ['autskə:ts] *pl* 1) окра́ина (*го́рода*) 2) опу́шка (*ле́са*)

outspread ['autspred] 1) распространя́ть 2) простира́ться

outstanding [aut'stændɪŋ] выдаю́щийся; (хорошо́) изве́стный

outward ['autwəd] вне́шний, нару́жный

outworn [aut'wɔ:n] устаре́лый

oven ['ʌvn] печь

over ['əuvə] 1. *prep* над;

через, на, по; за; influence ~ влияние на; travel all ~ the world путешествовать по всему свету 2. *adv* больше (чем); старше (*о возрасте*); he is ~ fifty ему за 50 ◇ be ~ быть оконченным

overbearing [əuvə'bɛərɪŋ] властный

overburden [əuvə'bə:dn] перегружать

overcame [əuvə'keɪm] *past от* overcome

overcoat ['əuvəkəut] пальто

overcome [əuvə'kʌm] (overcame; overcome) побороть; преодолеть ◇ he was ~ with gratitude он был преисполнен благодарности

overdo [əuvə'du:] 1) заходить слишком далеко 2) перестараться

overflow [əuvə'fləu] 1) переливаться через край; заливать 2) переполнять

overhead ['əuvə'hed] 1. *adv* наверху; над головой 2. *a* 1) верхний 2): ~ charges, ~ expenses накладные расходы

overhear [əuvə'hɪə] (overheard; overheard) нечаянно услышать; ~d [əuvə'hə:d] *past и p. p. от* overhear

overlook [əuvə'luk] 1) не заметить, проглядеть 2) смотреть сквозь пальцы; простить

overnight [əuvə'naɪt] 1)

накануне вечером 2) всю ночь

oversea [əuvə'si:] 1. *adv* за морем 2. *a* заморский, заокеанский; ~s [-z] *см.* oversea 1

overshoe ['əuvə'ʃu:] галоша, ботик

overtake [əuvə'teɪk] (overtook; overtaken) 1) догнать 2) застигнуть врасплох; ~n [-n] *p. p. от* overtake

overthrew [əuvə'θru:] *past от* overthrow 1

overthrow 1. *v* [əuvə'θrəu] (overthrew; overthrown) 1) опрокидывать 2) свергать 2. *n* ['əuvəθrəu] ниспровержение; ~n [əuvə'θrəun] *p. p. от* overthrow

overtime ['əuvətaɪm] сверхурочный

overtook [əuvə'tuk] *past от* overtake

overturn [əuvə'tə:n] 1) опрокидывать(ся) 2) ниспровергать

overwhelm [əuvə'welm] 1) засыпать; забрасывать (*вопросами и т. п.*) 2) сокрушать; be ~ed быть ошеломлённым

owe [əu] быть должным; быть обязанным

owing ['əuɪŋ]: ~ to благодаря

owl [aul] сова

own [əun] 1. *v* 1) обладать; владеть 2) признавать(ся); ~ one's faults признáть своú ошúбки 2. *a* 1) сóбственный 2): my ~ мой дорогóй

owner ['əunə] обладáтель; владéлец, сóбственник; **~ship** [-ʃɪp] владéние; прáво сóбственности

oxide ['ɔksaɪd] *хим.* óкись, óкисел

oxygen ['ɔksɪdʒən] кислорóд

oyster ['ɔɪstə] ýстрица

P

pace [peɪs] 1. *n* шаг 2. *v* шагáть

pacific [pə'sɪfɪk] мúрный; миролюбúвый ◇ the Pacific Тúхий океáн

pack [pæk] 1. *n* 1) вьюк; кúпа; ~ of cigarettes *амер.* пáчка сигарéт 2) колóда (*карт*) 2. *v* упакóвывать(ся); **~age** ['pækɪdʒ] пакéт; свёрток

packet ['pækɪt] свя́зка; пáчка

pact [pækt] пакт, договóр; mutual assistance ~ пакт о взаимопóмощи

pad [pæd] 1. *n* мя́гкая проклáдка, подýшка 2. *v* подбивáть (*ватой и т. п.*)

paddle I ['pædl] 1. *n* корóткое веслó 2. *v* грестú однúм веслóм

paddle II ['pædl] шлёпать по водé

padlock ['pædlɔk] вися́чий замóк

pagan ['peɪgən] язы́чник

page [peɪdʒ] странúца

paid [peɪd] *past и p. p. от* pay

pail [peɪl] ведрó

pain [peɪn] 1. *n* боль ◇ take ~s старáться 2. *v* 1) причиня́ть боль 2) огорчáть; **~ful** ['peɪnful] 1) болéзненный 2) печáльный (*о собы́тии и т. п.*)

paint [peɪnt] 1. *n* крáска 2. *v* 1) крáсить 2) писáть крáсками; **~er** ['peɪntə] живопúсец; **~ing** ['peɪntɪŋ] 1) жúвопись 2) картúна

pair [pɛə] пáра; четá

pal [pæl] *разг.* прия́тель, дружóк

palace ['pælɪs] дворéц

pale [peɪl] 1. *a* блéдный 2. *v* бледнéть

palm I [pɑ:m] ладóнь

palm II [pɑ:m] пáльма

paltry ['pɔ:ltrɪ] ничтóжный, презрéнный

pamphlet ['pæmflɪt] брошю́ра; памфлéт

pan [pæn] кастрю́ля

pancake ['pænkeɪk] блин

pane [peɪn] окóнное стеклó

pang [pæŋ] óстрая боль; **~s** of conscience угрызéния сóвести

panic ['pænɪk] пáника

pansy ['pænzɪ] *бот.* аню́тины глáзки

pant [pænt] задыхáться

panther ['pænθə] пантéра

panties ['pæntız] трýсики

pants [pænts] *амер.* брюки

panty hose ['pæntıhəuz] *амер.* колгóтки

paper ['peıpə] 1. *n* 1) бумáга 2) обóи 3) газéта 4) *pl* докумéнты 2. *v*: ~ a room оклéивать кóмнату обóями

parachute ['pærəʃu:t] парашют

parade [pə'reıd] 1. *n* парáд 2. *v* 1) учáствовать в парáде 2) выставлять напокáз

paradise ['pærədaıs] 1) рай 2) *театр.* галёрка

paragraph ['pærəgra:f] 1) абзáц 2) парáграф

parallel ['pærəlel] параллéльный; ~ed [-d]: ~ed bars брýсья

paralyse ['pærəlaız] парализовáть

parcel ['pa:sl] пакéт; посылка

pardon ['pa:dn] 1. *n* прощéние; помилование; I beg your ~! простите! 2. *v* прощáть; (по)миловать

parents ['pɛərənts] *pl* родители

park [pa:k] 1. *n* парк 2. *v* постáвить на стоянку (*автомашину*)

parking lot ['pa:kıŋlət] *амер.* стоянка для автомашин

parliament ['pa:ləmənt] парлáмент

parlour ['pa:lə] гостиная

parrot ['pærət] попугáй

parsley ['pa:slı] *бот.* петрýшка

part [pa:t] 1. *n* 1) часть 2) учáстие 3) роль 4) *амер.* прообóр 2. *v* 1) делить(ся); разделять(ся) 2) расставáться

partake [pa:'teık] *шутл.* принимáть пищу; прóбовать напитки

partial ['pa:ʃəl] 1) частичный 2) пристрáстный

participate [pa:'tısıpeıt] принимáть учáстие, учáствовать

participle ['pa:tısıpl] *грам.* причáстие

particle ['pa:tıkl] частица; not a ~ of truth in it ни крупицы истины в этом

particular [pə'tıkjulə] 1. *a* 1) осóбый, осóбенный 2) определённый 3) приверéдливый 2. *n* подрóбность; in ~ в чáстности, в осóбенности; ~ly [-lı] осóбенно

parting ['pa:tıŋ] 1. *n* 1) расставáние; разлýка 2) прообóр 2. *a* прощáльный

partisan [pa:tı'zæn] 1) сторóнник, привéрженец 2) партизáн

partition [pa:'tıʃn] 1) раздел(éние), расчленéние 2) перегорóдка; перебóрка

partly ['pa:tlı] частично, отчáсти, чáстью

partner ['pa:tnə] 1) компаньóн 2) партнёр

partridge ['pa:trıdʒ] куропáтка

party ['pɑ:tɪ] 1) па́ртия 2) гру́ппа 3) *юр.* сторона́ 4) компа́ния 5) вечери́нка; tea ~ чаепи́тие

pass [pɑ:s] 1. *v* 1) проходи́ть; проезжа́ть 2) минова́ть 3) сдать (*экзамен*) 4) передава́ть 2. *n* 1) перева́л; уще́лье 2) про́пуск

passage ['pæsɪdʒ] 1) прохо́д; прое́зд 2) коридо́р 3) отры́вок (*из книги*)

passenger ['pæsɪndʒə] пассажи́р

passerby ['pɑ:sə'baɪ] прохо́жий

passion ['pæʃn] 1) страсть, пыл 2) гнев, я́рость; ~ate ['pæʃənɪt] стра́стный

passive ['pæsɪv] 1) пасси́вный, безде́ятельный 2) *грам.* страда́тельный

passmark ['pɑ:smɑ:k] удовлетвори́тельная оце́нка

passport ['pɑ:spɔ:t] па́спорт

past [pɑ:st] 1. *a* 1) про́шлый, мину́вший; for some time ~ после́днее вре́мя 2) *грам.* проше́дший 2. *n* про́шлое 3. *adv* ми́мо; she walked ~ она́ прошла́ ми́мо 4. *prep* за, по́сле; ~ four пя́тый час; ten minutes ~ four 10 мину́т пя́того

paste [peɪst] 1. *n* 1) те́сто 2) кле́йстер; па́ста 2. *v* кле́ить, скле́ивать

pastime ['pɑ:staɪm] прия́тное заня́тие, развлече́ние

pastry ['peɪstrɪ] конди́терские изде́лия

pasture ['pɑ:stʃə] па́стбище

patch [pætʃ] 1. *n* 1) запла́та 2) пятно́ 2. *v* класть запла́ты, чини́ть

patent ['peɪtənt] 1. *n* пате́нт 2. *a* 1) я́вный 2) патенто́ванный; ~ leather лакиро́ванная ко́жа 3. *v* брать пате́нт (*на что-л.*)

paternal [pə'tə:nəl] отцо́вский; оте́ческий

path [pɑ:θ] 1) доро́жка; тропи́нка 2) путь

pathetic [pə'θetɪk] тро́гательный

pathos ['peɪθɔs] воодушевле́ние, энтузиа́зм

patience ['peɪʃns] терпе́ние

patient ['peɪʃnt] 1. *n* пацие́нт, больно́й 2. *a* терпели́вый

patriot ['pætrɪət] патрио́т; ~ic [pætrɪ'ɔtɪk] патриоти́ческий; ~ism [-ɪzm] патриоти́зм

patronize ['pætrənaɪz] 1) покрови́тельствовать 2) относи́ться свысока́

pattern ['pætən] 1) образе́ц; моде́ль 2) вы́кройка 3) узо́р

pause [pɔ:z] 1. *n* па́уза; передышка 2. *v* остана́вливать(ся); де́лать па́узу

pave [peɪv] мости́ть; ~ the way прокла́дывать путь, подготовля́ть; ~ment ['peɪvmənt]

1) тротуа́р 2) *амер.* мостова́я

pavilion [pə'vɪljən] 1) пала́тка 2) павильо́н

paw [pɔ:] ла́па

pawn I [pɔ:n] *шахм.* пе́шка

pawn II [pɔ:n] закла́дывать

pay [peɪ] 1. *v* (paid; paid) плати́ть; опла́чивать 2. *n* пла́та, жа́лованье; ~ment ['peɪmənt] упла́та, платёж

pea [pi:] горо́х

peace [pi:s] 1) мир 2) поко́й; ~able ['pi:səbl] миролюби́вый; ми́рный; ~ful ['pi:sful] ми́рный; споко́йный; ти́хий

peach [pi:tʃ] пе́рсик

peacock ['pi:kɔk] павли́н

peak [pi:k] пик, верши́на

peanut ['pi:nʌt] земляно́й оре́х

pear [pɛə] гру́ша

pearl [pə:l] же́мчуг

peasant ['peznt] крестья́нин

peat [pi:t] торф

pebble ['pebl] га́лька

peck [pek] клева́ть

peculiar [pɪ'kju:ljə] 1) необы́чный, стра́нный 2) осо́бенный; ~ to сво́йственный

pedal ['pedl] педа́ль

pedestrian [pɪ'destrɪən] пешехо́д

peel [pi:l] 1. *n* 1) кожура́; шелуха́ 2) ко́рка 2. *v* 1) чи́стить, обдира́ть (*кожу, кору*) 2) шелуши́ться

peep [pi:p] 1) прогля́дывать 2) выгля́дывать

peephole ['pi:phəul] дверно́й глазо́к

peer I [pɪə] пэр, лорд

peer II [pɪə] всма́триваться

peevish ['pi:vɪʃ] сварли́вый, раздражи́тельный

peg [peg] 1) ве́шалка 2) ко́лышек

pelican ['pelɪkən] пелика́н; ~ crossing пешехо́дный перехо́д, «зе́бра»

pen [pen] перо́, ру́чка; ballpoint ~ ша́риковая ру́чка

penalty ['penəltɪ] наказа́ние; штраф

pence [pens] *pl* пе́нсы

pencil ['pensl] каранда́ш

penetrate ['penɪtreɪt] проника́ть внутрь

pen friend ['penfrend] друг по перепи́ске

peninsula [pɪ'nɪnsjulə] полуо́стров

penknife ['pennaɪf] перочи́нный нож(ик)

pen name ['penneɪm] псевдони́м

penny ['penɪ] пе́нни

pension ['penʃn] пе́нсия

pentagon ['pentəgən] 1) пятиуго́льник 2) (the P.) Пентаго́н (*США*)

pentathlon [pen'tæθlɔn] пятибо́рье

people ['pi:pl] 1. *n* наро́д; лю́ди; young ~ молодёжь 2. *v* населя́ть; заселя́ть

pepper ['pepə] пе́рец

per [pə:] 1) че́рез, посре́дством 2) в; на; ~ annum в год; ~ head на челове́ка

perceive [pə'si:v] 1) воспринима́ть 2) ощуща́ть

per cent [pə'sent] проце́нт

perception [pə'sepʃn] восприя́тие

perfect 1. *a* ['pə:fikt] соверше́нный 2. *n* ['pə:fikt] *грам.* перфе́кт; соверше́нная фо́рма 3. *v* [pə'fekt] соверше́нствовать; ~ion [pə'fekʃn] соверше́нство

perform [pə'fɔ:m] исполня́ть, выполня́ть; ~ance [-əns] 1) исполне́ние 2) *театр.* представле́ние

perfume 1. *n* ['pə:fju:m] 1) арома́т 2) духи́ 2. *v* [pə'fju:m] (на)души́ть

perhaps [pə'hæps, præps] мо́жет быть, возмо́жно

peril ['peril] опа́сность; ~ous [-əs] опа́сный, риско́ванный

period ['piəriəd] пери́од, эпо́ха

perish ['periʃ] ги́бнуть, погиба́ть

permanent ['pə:mənənt] постоя́нный

permission [pə'miʃn] позволе́ние, разреше́ние

permit 1. *v* [pə'mit] разреша́ть, позволя́ть 2. *n* ['pə:mit] про́пуск

perpendicular [pə:pən'dikjulə] перпендикуля́рный

perpetual [pə'petjuəl] ве́чный; постоя́нный

perplex [pə'pleks] смуща́ть, озада́чивать

persecute ['pə:sikju:t] пресле́довать

perseverance [pə:si'viərəns] насто́йчивость, упо́рство

Persian ['pə:ʃən] 1. *a* перси́дский 2. *n* перс, ира́нец

persist [pə'sist] упо́рствовать; ~ent [-ənt] насто́йчивый, упо́рный

person ['pə:sn] лицо́; осо́ба; челове́к; ~al [-əl] ли́чный; ча́стный; ~ality [pə:sə'næliti] ли́чность, индивидуа́льность; a strong ~ality си́льная ли́чность

perspire [pəs'paiə] поте́ть

persuade [pə'sweid] убежда́ть

pertain [pə:'tein] принадлежа́ть; относи́ться

perverse [pə'və:s] 1) извращённый, испо́рченный 2) превра́тный

pest [pest] парази́т, вреди́тель; *перен.* я́зва, бич

pet [pet] 1. *n* люби́мец, ба́ловень 2. *v* балова́ть

petal ['petl] лепесто́к

petition [pi'tiʃn] 1. *n* пети́ция, проше́ние 2. *v* подава́ть пети́цию

petrol ['petrəl] бензи́н; ~ station запра́вочная ста́нция

petroleum [pi'trəuljəm] 1) нефть 2) кероси́н

petticoat ['petɪkəut] (нѝжняя) юбка

petty ['petɪ] мѐлкий

petulance ['petjuləns] 1) раздражѝтельность 2) дурнóе настроéние

phantom ['fæntəm] 1) фантóм, прѝзрак 2) иллюзия

pharmacy ['fɑ:məsɪ] аптéка

phase [feɪz] 1) фáза, стáдия 2) аспéкт

phenomenon [fɪ'nɔmɪnən] (pl -mena) фенóмен

philologist [fɪ'lɔlədʒɪst] филóлог

philology [fɪ'lɔlədʒɪ] филолóгия

philosopher [fɪ'lɔsəfə] филóсоф

philosophy [fɪ'lɔsəfɪ] филосóфия

phone [fəun] разг. 1. n телефóн 2. v звонѝть по телефóну

phony ['fəunɪ] поддéльный; фальшѝвый

photocopy ['fəutəukɔpɪ] фотокóпия

photograph ['fəutəgrɑ:f] 1. n фотогрáфия, снѝмок 2. v фотографѝровать

phrase [freɪz] фрáза; выражéние

physical ['fɪzɪkəl] физѝческий

physician [fɪ'zɪʃn] врач

physic|ist ['fɪzɪsɪst] фѝзик; ~s ['fɪzɪks] фѝзика

piano ['pjænəu] пианѝно; grand ~ ройль

pick [pɪk] 1) рвать, собирáть (цветы, фрукты) 2) ковырять 3) выбирáть; ~ out выдёргивать; ~ out a tune подбирáть мелóдию; ~ up a) поднимáть, подбирáть; б) схвáтывать, воспринимáть

picket ['pɪkɪt] пикéт

pickle ['pɪkl] 1) pl солéнья 2) рассóл, маринáд

picture ['pɪktʃə] 1) картѝна; иллюстрáция 2) портрéт 3): the ~s кинó

picturesque [pɪktʃə'resk] живопѝсный; óбразный, йркий

pie [paɪ] пирóг

piece [pi:s] 1) кусóк 2) произведéние; пьéса; ~work ['pi:swə:k] сдéльная рабóта

pier [pɪə] 1) прѝстань 2) мол 3) свáя, бык

pierce [pɪəs] 1) пронзáть; протыкáть 2) пронѝзывать 3) проникáть

pig [pɪg] свиньй

pigeon ['pɪdʒɪn] гóлубь

pike [paɪk] щýка

pile [paɪl] 1. n кýча, грýда; штáбель 2. v нагромождáть

pilgrimage ['pɪlgrɪmɪdʒ] палóмничество

pill [pɪl] пилюля

pillar ['pɪlə] колóнна; столб; ~ box почтóвый йщик

pillow ['pɪləu] подýшка; ~case [-keɪs] нáволочка

pilot ['paɪlət] 1. n 1) пилóт; лётчик 2) лóцман 2. v вестѝ, управлять; пилотѝровать pin [pɪn] 1. *n* булáвка ◇ ~ money дéньги на мéлкие расхóды 2. *v* прикáлывать

pincers ['pɪnsəz] *pl* клéщи; щипцы́

pinch [pɪntʃ] 1. *v* 1) щипáть 2) прищемúть 2. *n* щипóк

pine I [paɪn] соснá

pine II [paɪn] (for) тосковáть

pineapple ['paɪnæpl] ананáс

pinecone ['paɪnkəun] соснóвая шúшка

ping [pɪŋ] 1) свист (*пули*) 2) жужжáние

pink [pɪŋk] 1. *a* рóзовый 2. *n бот.* гвоздúка

pint [paɪnt] пúнта (*0,57 литра*)

pious ['paɪəs] нáбожный

pip [pɪp] кóсточка, зёрнышко

pipe [paɪp] 1) трубá 2) (курúтельная) трýбка 3) дýдка

pipeline ['paɪplaɪn] трубопровóд

pique [piːk] задéтое самолюбие, раздражéние

pirate ['paɪərɪt] пирáт

pistol ['pɪstl] револьвéр; пистолéт

pit [pɪt] 1) я́ма; впáдина 2) шáхта, копь; карьéр 3) *театр.* зáдние ряды́ партéра

pitch I [pɪtʃ] смолá

pitch II [pɪtʃ] 1) высотá (*звука*) 2) ýровень, стéпень

pitch-dark [pɪtʃ'daːk] темнó, хоть глаз вы́коли

piteous ['pɪtɪəs] жáлкий, жáлобный

pitiless ['pɪtɪlɪs] безжáлостный

pity ['pɪtɪ] 1. *n* жáлость 2. *v* жалéть

pivot ['pɪvət] ось, стéржень

pizza ['piːtsə] пúцца

place [pleɪs] 1. *n* мéсто ◇ take ~ имéть мéсто; состоя́ться; ~ setting столóвый прибóр 2. *v* класть, помещáть

plague [pleɪg] 1) чумá 2) бич, нашéствие

plaid [plæd] плед

plain [pleɪn] 1. *a* 1) я́сный; простóй; ~ chocolate чúстый шоколáд 2) некрасú-вый 2. *n* равнúна

plaintive ['pleɪntɪv] жáлобный, зауны́вный

plait [plæt] косá (*волос*)

plan [plæn] 1. *n* 1) план 2) схéма; проéкт 2. *v* составля́ть план; планúровать

plane I [pleɪn] 1) плóскость 2) самолёт

plane II [pleɪn] 1. *n* рубáнок 2. *v* строгáть

planet ['plænɪt] планéта

plank [plæŋk] доскá

plant [plɑːnt] 1. *n* 1) растéние 2) завóд; фáбрика 2. *v* 1) сажáть 2) насаждáть

plantation [plæn'teɪʃn] плантáция

plash [plæʃ] плеск; всплеск

plaster ['pla:stə] 1. *n* 1) пластырь; put a ~ on накладывать пластырь 2) штукатурка 2. *v* штукатурить

plastic ['plæstik] пластик

plate [pleɪt] тарелка

platform ['plætfɔ:m] 1) платформа 2) трибуна

play [pleɪ] 1. *n* 1) игра 2) пьеса 2. *v* играть; ~bill ['pleɪbɪl] афиша; ~boy ['pleɪbɔɪ] повеса; ~mate ['pleɪmeɪt] друг детства; ~wright ['pleɪraɪt] драматург

plead [pli:d] 1) защищать дело (*в суде*) 2) оправдывать(ся) 3) (for) просить (*о чём-л.*)

pleasant ['pleznt] приятный

please [pli:z] доставлять удовольствие; be ~d быть довольным; ~ пожалуйста

pleasure ['pleʒə] удовольствие

pleat [pli:t] складка

plenty ['plentɪ] (из)обилие; множество; ~ of много, сколько угодно

pliable ['plaɪəbl] 1) сгибаемый, гибкий 2) легко поддающийся влиянию

plot [plɔt] 1. *n* 1) заговор 2) фабула, сюжет 3) участок (*земли*) 2. *v* 1) замышлять; интриговать, придумывать 2) устраивать заговор

plough [plau] 1. *n* плуг 2. *v* пахать

pluck I [plʌk] 1) ощипы-

вать; выщипывать 2) рвать (*цветы*)

pluck II [plʌk] смелость, отвага

plucky ['plʌkɪ] смелый, отважный

plug [plʌg] пробка, затычка

plum [plʌm] слива

plump [plʌmp] пухлый, полный

plunder ['plʌndə] 1. *n* добыча 2. *v* грабить

plunge [plʌndʒ] 1. *v* окунать(ся), погружать(ся) 2. *n* погружение

plural ['pluərəl] *грам.* множественное число

plus [plʌs] плюс

plywood ['plaɪwud] фанера

p. m. ['pi:'em] (post meridiem) после полудня

pocket ['pɔkɪt] 1. *n* карман; ~ money карманные деньги 2. *v* 1) класть в карман 2) присваивать; ~book [-buk] бумажник

poem ['pəuɪm] поэма; стихотворение

poet ['pəuɪt] поэт; ~ry [-rɪ] поэзия; стихи

poignant ['pɔɪnjənt] горький, мучительный

point [pɔɪnt] 1. *n* 1) точка 2) пункт; вопрос; the ~ is дело в том 3) очко 4) остриё 2. *v* показывать (пальцем); ~ out указывать; ~ed ['pɔɪntɪd] 1) острый 2) колкий, критический 3) подчёркнутый

poison ['pɔɪzn] 1. *n* яд 2. *v*

отравля́ть; ~ous [-əs] ядови́тый

poke [pəuk] 1) толка́ть, пиха́ть 2) сова́ть (нос, па́лец)

polar ['pəulə] поля́рный

Pole [pəul] поля́к

pole I [pəul] шест; столб

pole II [pəul] по́люс

police [pə'li:s] поли́ция; ~man [-mən] полице́йский; ~station [-steɪʃn] полице́йский уча́сток

policy I ['pɔlɪsɪ] поли́тика

policy II ['pɔlɪsɪ] страхово́й по́лис

Polish ['pəulɪʃ] по́льский

polish ['pɔlɪʃ] 1. v полирова́ть, шлифова́ть 2. n 1) полиро́вка 2) лоск; гля́нец

polite [pə'laɪt] ве́жливый

political [pə'lɪtɪkəl] полити́ческий

politician [pɔlɪ'tɪʃn] полити́ческий де́ятель

politics ['pɔlɪtɪks] поли́тика

poll [pəul] 1. n 1) подсчёт (голосов) 2) голосова́ние 2. v 1) голосова́ть 2) подсчи́тывать голоса́

pomp [pɔmp] пы́шность, по́мпа

pond [pɔnd] пруд

pony ['pəunɪ] по́ни

pool [pu:l] лу́жа

poor [puə] 1) бе́дный 2) ску́дный; жа́лкий 3) плохо́й, нева́жный

pop [pɔp] 1. v хло́пать, выстре́ливать (о пробке) 2. n: ~ music поп-му́зыка

popcorn ['pɔpkɔ:n] возду́шная кукуру́за

pope [pəup] па́па (ри́мский)

poplar ['pɔplə] то́поль

poppy ['pɔpɪ] мак

popular ['pɔpjulə] 1) наро́дный 2) популя́рный; ~ity [pɔpju'lærɪtɪ] популя́рность

population [pɔpju'leɪʃn] (народо)населе́ние

porcelain ['pɔ:slɪn] фарфо́р

porch [pɔ:tʃ] 1) крыльцо́ 2) амер. вера́нда, терра́са

pore [pɔ:] по́ра

pork [pɔ:k] свини́на

porridge ['pɔrɪdʒ] (овся́ная) ка́ша

port [pɔ:t] порт, га́вань

portable ['pɔ:təbl] порта́тивный, перено́сный

porter ['pɔ:tə] 1) носи́льщик 2) швейца́р

portion ['pɔ:ʃn] часть, до́ля

Portuguese [pɔ:tju'gi:z] 1. a португа́льский 2. n португа́лец

pose [pəuz] по́за

position [pə'zɪʃn] положе́ние; be in a ~ to + inf. быть в состоя́нии, мочь (сделать что-л.)

positive ['pɔzətɪv] 1. a 1) положи́тельный 2) уве́ренный 2. n грам. положи́тельная сте́пень

possess [pə'zes] владе́ть, облада́ть; ~ion [pə'zeʃn] владе́ние, облада́ние; ~ive [-ɪv] грам. притяжа́тельный; ~ive case роди́тельный паде́ж

possibility [pɔsə'bɪlɪtɪ] воз-
мо́жность

possible ['pɔsəbl] возмо́ж-
ный

post I [pəust] 1. *n* столб 2.
v вывéшивать объявлéние

post II [pəust] пост

post III [pəust] 1. *n* по́чта
(*утренняя и т. п.*) 2. *v* от-
правля́ть по́чтой; ~age
['pəustɪdʒ] почто́вые расхо́-
ды; ~al ['pəustəl] почто́вый

poster ['pəustə] плака́т

posterity [pɔs'terɪtɪ] пото́м-
ство

postman ['pəustmən] поч-
тальо́н

post office ['pəustɔfɪs]
по́чта, почто́вое отделéние

postpone [pəust'pəun] от-
кла́дывать, отсро́чивать

pot [pɔt] горшо́к

potato(es) [pə'teɪtəu(z)]
карто́фель

potency ['pəutənsɪ] си́ла,
могу́щество

potential [pə'tenʃəl] потен-
циа́льный

poultry ['pəultrɪ] дома́ш-
няя пти́ца

pound I [paund] 1) толо́чь
2) колоти́ть

pound II [paund] 1) фунт
2) фунт стéрлингов

pour [pɔ:] лить(ся); it's
~ing идёт си́льный дождь; ~
out a) налива́ть; б) излива́ть

poverty ['pɔvətɪ] бéдность

powder ['paudə] 1. *n* 1)
порошо́к 2) пу́дра; ~ puff
пухо́вка 3) по́рох 2. *v* 1)

превраща́ть в порошо́к 2)
пу́дрить(ся)

power ['pauə] 1) си́ла;
мо́щность 2) власть; 3) де-
ржа́ва 4) *мат.* стéпень; ~ful
[-ful] могу́щественный,
си́льный; мо́щный; ~less
[-lɪs] бесси́льный

practical ['præktɪkəl] прак-
ти́ческий; ~ly [-ɪ] 1) факти́-
чески 2) практи́чески

practice ['præktɪs] 1)
пра́ктика 2) учéние 3) тре-
ниро́вка

practise ['præktɪs] 1) уп-
ражня́ть(ся) 2) практико-
ва́ть, рабо́тать (*о враче,
юристе*)

praise [preɪz] 1. *v* хвали́ть
2. *n* (по)хвала́

pram [præm] дéтская ко-
ля́ска

pray [preɪ] проси́ть; мо-
ли́ть(ся); ~! пожа́луйста!;
~er [prɛə] 1) моли́тва 2)
про́сьба

preach [pri:tʃ] проповéдо-
вать; ~er ['pri:tʃə] проповéд-
ник

precaution [prɪ'kɔ:ʃn] пре-
досторо́жность

precede [prɪ'si:d] предшé-
ствовать; ~nt ['presɪdənt]
прецедéнт

preceding [prɪ'si:dɪŋ] предшéствующий

precious ['preʃəs] драго-
цéнный

precipice ['presɪpɪs] про́-
пасть; обры́в

precise [prɪ'saɪs] то́чный

precision [prɪ'sɪʒn] тóчность

predecessor ['pri:dɪsesə] предшéственник

predicate ['predɪkɪt] *грам.* сказýемое

predict [prɪ'dɪkt] предскáзывать; ~ion [prɪ'dɪkʃn] предсказáние

preface ['prefɪs] предислóвие

prefer [prɪ'fə:] предпочитáть; ~able ['prefərəbl] предпочтúтельный; ~ence ['prefərəns] 1) предпочтéние 2) преимýщество

prefix ['pri:fɪks] *грам.* прéфикс, пристáвка

pregnant ['pregnənt] 1) берéменная 2) чревáтый (*последствиями и т. п.*)

preheat [pri:'hi:t] подогревáть

prejudice ['predʒudɪs] 1. *n* 1) предубеждéние 2) предрассýдок 3) вред, ущéрб 2. *v* 1) предубеждáть 2) наносúть ущéрб, причинять вред

preliminary [prɪ'lɪmɪnərɪ] предварúтельный

premature [premə'tjuə] преждеврéменный

premiere ['premɪeə] премьéра

premise ['premɪs] 1) предпосылка 2) *pl* помещéние

premium ['pri:mjəm] 1) (страховáя) прéмия 2) нагрáда

preparation [prepə'reɪʃn] приготовлéние; подготóвка

prepare [prɪ'pɛə] приготáвливать(ся), подготáвливать(ся)

preposition [prepə'zɪʃn] *грам.* предлóг

prep school ['prep'sku:l] (чáстная) начáльная шкóла

prescribe [prɪs'kraɪb] прописывать

prescription [prɪs'krɪpʃn] 1) предписáние 2) рецéпт

presence ['prezns] присýтствие

present I ['preznt] 1. *a* 1) присýтствующий 2) тепéрешний, настоящий; ~ tense *грам.* настоящее врéмя 2. *n* настоящее врéмя; at ~ тепéрь; в дáнное врéмя; for the ~ покá

present II 1. *n* ['preznt] подáрок 2. *v* [prɪ'zent] 1) представлять 2) преподносúть, дарúть

presentation [prezən'teɪʃn] презентáция

presentiment [prɪ'zentɪmənt] предчýвствие

presently ['prezntlɪ] вскóре; I'm coming ~ я сейчáс придý

preservation [prezə:'veɪʃn] 1) сохранéние 2) сохрáнность 3) консервúрование

preserve [prɪ'zə:v] 1) сохранять 2) консервúровать

preside [prɪ'zaɪd] председáтельствовать

president ['prezɪdənt] 1) председáтель 2) президéнт

press [pres] 1. *v* 1) нажи-

ма́ть, выжима́ть; прижима́ть
2) гла́дить 3) наста́ивать 2.
n 1) пресс 2) печа́ть, пре́сса;
~ conference пресс-конфе-
ре́нция; ~ing ['presɪŋ] 1) не-
отло́жный, спе́шный 2) на-
стоя́тельный; ~man ['pres
mæn] репортёр

pressure ['preʃə] давле́-
ние; нажи́м; ~ cooker скоро-
ва́рка

presume   [prɪ'zju:m]
(пред)полага́ть

presumptuous   [prɪ
'zʌmptjuəs] самонаде́янный;
наха́льный

pretence [prɪ'tens] 1) при-
тво́рство 2) прете́нзия

pretend [prɪ'tend] притво-
ря́ться, де́лать вид

pretext ['pri:tekst] предло́г,
отгово́рка

pretty ['prɪtɪ] 1. *a* хоро́-
шенький 2. *adv разг.* дово́ль-
но; it's ~ hot here здесь до-
во́льно жа́рко; ~ well вполне́

prevail [prɪ'veɪl] 1) преоб-
лада́ть, госпо́дствовать 2)
(over) побежда́ть; truth will ~
пра́вда победи́т; ~ (up)on
убежда́ть, угова́ривать

prevent [prɪ'vent] 1) пред-
отвраща́ть 2) меша́ть; ~ion
[prɪ'venʃn] предотвраще́ние;
предупрежде́ние

previous ['pri:vjəs] преды-
ду́щий, предше́ствующий; ~
to пе́ред, пре́жде чем

prewar [pri:'wɔ:] довое́н-
ный

prey [preɪ] добы́ча; *перен.*

же́ртва; beast of ~ хи́щное
живо́тное; fall a ~ to стать
же́ртвой

price [praɪs] цена́; ~less
['praɪslɪs] бесце́нный

prick [prɪk] (у)коло́ться;
~ly ['prɪklɪ] колю́чий

pride [praɪd] го́рдость;
take ~ in горди́ться чем-л.

priest [pri:st] свяще́нник

primary ['praɪmərɪ] (перво)нача́льный, перви́чный;
основно́й

prime [praɪm] 1. *a* гла́в-
ный; Prime Minister премьер-
-мини́стр 2. *n*: in the ~ of life
во цве́те лет; в расцве́те сил

primeval [praɪ'mi:vəl] пер-
вобы́тный

primitive ['prɪmɪtɪv] 1)
примити́вный 2) первобы́т-
ный

prince [prɪns] принц;
князь

principal ['prɪnsəpəl] гла́в-
ный, основно́й; важне́йший

principle ['prɪnsəpl] при́н-
цип; пра́вило; on ~ из при́н-
ципа, принципиа́льно

print [prɪnt] 1. *n* 1) о́ттиск
2) печа́ть 3) шрифт 4) си́тец
2. *v* печа́тать; ~er ['prɪntə]
при́нтер

priority [praɪ'ɔrɪtɪ] при-
орите́т

prison ['prɪzn] тюрьма́;
~er ['prɪzənə] 1) заключённый 2) (военно)пле́нный

private ['praɪvɪt] 1. *a* ча́ст-
ный, ли́чный; ~ property ча́-

стная собственность 2. *n* рядовой

privilege ['prɪvɪlɪdʒ] привилегия, преимущество; ~d [-d] привилегированный

prize [praɪz] 1. *n* 1) премия; награда; приз; the Nobel Prize Нобелевская премия 2) выигрыш 2. *v* высоко ценить

probability [prɔbə'bɪlɪtɪ] вероятность

probably ['prɔbəblɪ] вероятно

probe [prəub] зондировать; исследовать

problem ['prɔbləm] проблема; задача

proceed [prə'si:d] 1) продолжать 2) происходить 3) приступать, переходить (*к чему-л.*); ~ing [-ɪŋ] 1) поступок 2) мероприятие 3) *pl* протоколы; записки

process ['prəuses] процесс

procession [prə'seʃn] процессия

proclaim [prə'kleɪm] провозглашать; объявлять

proclamation [prɔklə'meɪʃn] воззвание; прокламация

procure [prə'kjuə] доставать, добывать

produce 1. *v* [prə'dju:s] 1) производить 2) предъявлять 2. *n* ['prɔdju:s] продукция, продукт

producer [prə'dju:sə] продюсер, постановщик

product ['prɔdəkt] про-

дукт; результат; плоды; ~ion [prə'dʌkʃn] 1) производство 2) продукция; ~ive [prə'dʌktɪv] продуктивный

profession [prə'feʃn] профессия; ~al [prə'feʃənəl] 1. *a* профессиональный 2. *n* профессионал; специалист

professor [prə'fesə] профессор

profile ['prəufaɪl] профиль

profit ['prɔfɪt] 1. *n* 1) выгода; польза 2) прибыль 2. *v* 1) приносить пользу 2) извлекать пользу; ~able [-əbl] прибыльный; выгодный; полезный

profound [prə'faund] глубокий

prognosis [prɔg'nəusɪs] прогноз

program(me) ['prəugræm] программа

programmer ['prəugræmə] программист

programming ['prəugræmɪŋ] программирование

progress 1. *n* ['prəugres] продвижение; развитие, прогресс 2. *v* [prə'gres] продвигаться; делать успехи; ~ive [prə'gresɪv] 1) прогрессивный, передовой 2) возрастающий; прогрессирующий

prohibit [prə'hɪbɪt] запрещать; ~ion [prəuɪ'bɪʃn] 1) запрещение 2) «сухой закон»

project 1. *n* ['prɔdʒekt]

проект 2. *v* [prə'dʒekt] 1) проектировать 2) выдаваться

proletarian [prəule'tɛərɪən] 1. *n* пролетарий 2. *a* пролетарский

proliferate [prə'lɪfəreɪt] размножаться, распространяться

prolong [prə'lɔŋ] продлевать

prominent ['prɔmɪnənt] выдающийся, видный

promise ['prɔmɪs] 1. *n* обещание 2. *v* обещать

promote [prə'məut] 1) повышать; выдвигать 2) содействовать

promotion [prə'məuʃn] 1) повышение; выдвижение 2) содействие

prompt [prɔmpt] 1. *a* быстрый; немедленный 2. *v* 1) побуждать 2) подсказывать; ~er ['prɔmptə] суфлёр

pronoun ['prəunaun] *грам.* местоимение

pronounce [prə'nauns] произносить

pronunciation [prənʌnsɪ'eɪʃn] произношение, выговор

proof [pru:f] 1. *n* 1) доказательство 2) корректура; оттиск 2. *a*: ~ against *smth.* неуязвимый

prop [prɔp] 1. *n* 1) подпорка 2) опора 2. *v* подпирать

propaganda [prɔpə'gændə] пропаганда

proper ['prɔpə] 1) свойст-венный 2) правильный; надлежащий 3): ~ name, ~ noun *грам.* имя собственное; ~ly [-lɪ] как следует; ~ty [-tɪ] 1) собственность, имущество 2) свойство

prophesy ['prɔfɪsaɪ] пророчить

prophet ['prɔfɪt] пророк; ~ic [prə'fetɪk] пророческий

proponent [prə'pəunənt] сторонник

proportion [prə'pɔ:ʃn] пропорция, отношение

proposal [prə'pəuzəl] предложение

propose [prə'pəuz] 1) предлагать 2) делать предложение

proposition [prɔpə'zɪʃn] 1) предложение 2) план, проект

proprietor [prə'praɪətə] собственник, владелец

prose [prəuz] проза

prosecute ['prɔsɪkju:t] 1) проводить 2) преследовать по суду

prospect 1. *n* ['prɔspekt] 1) перспектива 2) вид 2. *v* [prəs'pekt] разведывать (*земные недра*)

prosper ['prɔspə] процветать; ~ity [prɔs'perɪtɪ] процветание; ~ous ['prɔspərəs] процветающий

prostitution [prɔstɪ'tju:ʃn] проституция

protect [prə'tekt] 1) защищать 2) покровительствовать; ~ion [prə'tekʃn] 1) защи́та 2) покрови́тельство; ~or [-ə] защи́тник; покрови́тель

protest 1. *v* [prə'test] протестова́ть 2. *n* ['prəutest] проте́ст

proud [praud] го́рдый; be ~ of горди́ться

prove [pru:v] 1) дока́зывать 2) ока́зываться (*кем-л., чем-л.*)

proverb ['prɔvəb] посло́вица

provide [prə'vaid] 1) снабжа́ть 2) обеспе́чивать; ~ for предоставля́ть; предусма́тривать; ~d [-id] е́сли, при усло́вии

providence ['prɔvidəns] провиде́ние

province ['prɔvins] 1) прови́нция; о́бласть 2) сфе́ра де́ятельности

provision [prə'viʒn] 1) обеспе́чение, снабже́ние 2) *pl* прови́зия 3) усло́вие

provocation [prɔvə'keiʃn] провока́ция

provocative [prə'vɔkətiv] 1) вызыва́ющий 2) провокацио́нный

provoke [prə'vəuk] 1) вызыва́ть 2) провоци́ровать

prudent ['pru:dənt] осторо́жный, благоразу́мный

prune [pru:n] черносли́в

psalm [sɑ:m] псало́м

psychiatrist [sai'kaiətrist] психиа́тр

psychic ['saikik] телепати́ческий

144

pub [pʌb] паб, пивна́я

public ['pʌblik] 1. *a* публи́чный; обще́ственный 2. *n*: the ~ пу́блика

publication [pʌbli'keiʃn] 1) опубликова́ние; публика́ция 2) изда́ние

publicity [pʌb'lisiti] 1) гла́сность; 2) рекла́ма

publish ['pʌbliʃ] издава́ть; ~er [-ə] изда́тель

puck [pʌk] *спорт.* ша́йба

pudding ['pudiŋ] пу́динг

puff [pʌf] 1. *n* 1) дымо́к 2) дунове́ние (*ветра*) 2. *v* дыми́ть, попы́хивать

pull [pul] 1. *v* 1) тяну́ть, тащи́ть 2) дёргать 3) нажа́ть (*курок*) 2. *n* рыво́к

pullover ['puləuvə] пуло́вер, дже́мпер

pulp [pʌlp] 1) мя́коть 2) бума́жная ма́сса

pulse [pʌls] 1. *n* пульс 2. *v* пульси́ровать

pump [pʌmp] 1. *n* насо́с; по́мпа 2. *v* кача́ть, выка́чивать

pumpkin ['pʌmpkin] ты́ква

punch I [pʌntʃ] 1. *v* 1) пробива́ть (отве́рстия) 2) ударя́ть кулако́м 2. *n* уда́р кулако́м

punch II [pʌntʃ] пунш

punctual ['pʌŋktjuəl] пунктуа́льный, аккура́тный

punctuation [pʌŋktju'eiʃn]: ~ marks зна́ки препина́ния

punish ['pʌniʃ] нака́зывать; ~ment [-mənt] наказа́ние

punk [pʌŋk] панк
pupil I ['pjuːpl] учени́к
pupil II ['pjuːpl] зрачо́к
puppet ['pʌpɪt] марионе́тка
puppy ['pʌpɪ] щено́к
purchase ['pəːtʃəs] 1. v покупа́ть 2. n поку́пка
pure [pjuə] 1) чи́стый; беспри́месный 2) непоро́чный 3) чисте́йший; ~ imagination чисте́йшая вы́думка
purity ['pjuərɪtɪ] чистота́; непоро́чность
purple ['pəːpl] лило́вый; мали́новый
purpose ['pəːpəs] цель, наме́рение; on ~ наро́чно; to по ~ тще́тно
purse [pəːs] кошелёк; перен. де́ньги
pursue [pə'sjuː] пресле́довать
pursuit [pə'sjuːt] 1) пресле́дование; пого́ня 2) заня́тие
push [puʃ] 1. v 1) толка́ть, продвига́ть 2) прота́лкиваться 2. n 1) толчо́к; уда́р 2) эне́ргия, реши́мость
put [put] (put; put) класть; ста́вить; ~ down запи́сывать; ~ in вставля́ть; ~ off откла́дывать; ~ on надева́ть; ~ out туши́ть
puzzle ['pʌzl] 1. n зада́ча; зага́дка 2. v озада́чивать, ста́вить в тупи́к; ~ over лома́ть себе́ го́лову над

pyjamas [pə'dʒaːməs] pl пижа́ма
pyramid ['pɪrəmɪd] пирами́да

Q

quake [kweɪk] дрожа́ть, трясти́сь
qualification [kwɔlɪfɪ'keɪʃn] 1) квалифика́ция 2) огово́рка, ограниче́ние 3) сво́йство, ка́чество
quality ['kwɔlɪtɪ] 1) ка́чество; досто́инство 2) сво́йство
quantity ['kwɔntɪtɪ] коли́чество
quarrel ['kwɔrəl] 1. n ссо́ра 2. v ссо́риться
quarry ['kwɔrɪ] камено-ло́мня, карье́р
quarter ['kwɔːtə] 1. n 1) че́тверть 2) кварта́л (го́да) 3) амер. моне́та в 25 це́нтов 4) pl жили́ще; воен. кварти́ры 2. v (on) расквартиро́вывать
quay [kiː] на́бережная
queen [kwiːn] 1) короле́ва 2) шахм. ферзь
queer [kwɪə] 1) стра́нный, эксцентри́чный 2): feel ~ пло́хо себя́ чу́вствовать
quell [kwel] подавля́ть
quench [kwentʃ] утоля́ть (жа́жду)
quest [kwest] по́иски
question ['kwestʃn] 1. n

вопрóс; ~ mark вопроси́тель-
ный знак 2. *v* 1) задава́ть
вопро́с(ы), спра́шивать 2)
подверга́ть сомне́нию
questionnaire [kwestɪə'nɛə]
анке́та
queue [kju:] 1. *n* о́чередь
2. *v* (up) стоя́ть в о́череди
quick [kwɪk] 1. *a* бы́стрый
2. *adv* бы́стро; be ~! скоре́е;
~ly ['kwɪklɪ] бы́стро, прово́р-
но
quicksilver ['kwɪksɪlvə]
ртуть
quiet ['kwaɪət] 1. *n* поко́й,
тишина́ 2. *a* споко́йный, ти́-
хий 3. *v* успока́ивать(ся);
~down утиха́ть
quilt [kwɪlt] стёганое одея́-
ло
quit [kwɪt] оставля́ть, по-
кида́ть
quite [kwaɪt] соверше́нно,
вполне́, совсе́м, всеце́ло
quiver ['kwɪvə] 1. *v* дро-
жа́ть; трепета́ть 2. *n* дрожь;
тре́пет
quiz [kwɪz] виктори́на
quotation [kwəu'teɪʃn] ци-
та́та; ~ marks кавы́чки
quote [kwəut] цити́ровать;
ссыла́ться

R

rabbit ['ræbɪt] кро́лик
raccoon [rə'ku:n] ено́т
race I [reɪs] го́нка; *pl* бега́,
го́нки, ска́чки

race II [reɪs] ра́са
racial ['reɪʃəl] ра́совый
racing ['reɪsɪŋ] ска́чки
racket I ['rækɪt] *спорт.*
раке́тка
racket II ['rækɪt] рэ́кет;
~eer [rækə'tɪə] рэкети́р
radiant ['reɪdjənt] 1) лу-
чи́стый 2) сия́ющий; луче-
за́рный
radiator ['reɪdɪeɪtə] радиа́-
тор
radical ['rædɪkəl] 1. *a* ко-
ренно́й; радика́льный 2. *n*
радика́л
radio ['reɪdɪəu] ра́дио
radish ['rædɪʃ] реди́ска
rag [ræg] 1) тря́пка 2) *pl*
лохмо́тья
rage [reɪdʒ] я́рость
ragged ['rægɪd] истрёпан-
ный; обо́рванный; рва́ный
raid [reɪd] налёт
rail [reɪl] 1) пери́ла 2) пе-
рекла́дина 3) рельс; go by ~
е́хать по́ездом
railing ['reɪlɪŋ] огра́да; пе-
ри́ла
railroad ['reɪlrəud] *амер.*
желе́зная доро́га
railway ['reɪlweɪ] желе́зная
доро́га
rain [reɪn] 1. *n* дождь 2. *v*:
it ~s, it is ~ing дождь идёт;
~bow ['reɪnbəu] ра́дуга;
~-coat ['reɪnkəut] дождеви́к,
плащ
rainy ['reɪnɪ] дождли́вый
raise [reɪz] 1. *v* 1) подни-
ма́ть; ~ one's hopes возбужда́ть наде́жды; ~ one's voice

повыша́ть го́лос 2) воспи́ты-
вать 3) выра́щивать; разво-
ди́ть 2. *n амер.* повыше́ние
(*зарплаты*)

raisin [′reɪzn] изю́м

rake [reɪk] гра́бли

rally [′rælɪ] 1) ма́ссовый
ми́тинг; слёт 2) восстановле́-
ние 3) автора́лли

ram [ræm] бара́н

ran [ræn] *past om* run 1

ranch [rɑ:ntʃ] ра́нчо, (ско-
тово́дческая) фе́рма

random [′rændəm]: at ~
науга́д, наобу́м

rang [ræŋ] *past om* ring II,
1

range [reɪndʒ] 1. *n* 1) го́р-
ная цепь 2) преде́л; разма́х,
диапазо́н 3) ку́хонная плита́
2. *v* 1) простира́ться 2) вы-
стра́ивать(ся) в ряд; ста́вить
в поря́дке

rank [ræŋk] 1) ряд, ше-
ре́нга 2) чин, ранг, разря́д

ransom [′rænsəm] 1. *n* вы́-
куп 2. *v* выкупа́ть

rape [reɪp] наси́ловать

rapid [′ræpɪd] 1. *a* бы́ст-
рый, ско́рый 2. *n pl* поро́ги
(*реки́*)

rare [rɛə] ре́дкий; необык-
нове́нный

rash I [ræʃ] стреми́тель-
ный; поспе́шный; опроме́т-
чивый

rash II [ræʃ] сыпь

raspberry [′rɑ:zbərɪ] ма-
ли́на

rat [ræt] кры́са

rate [reɪt] 1. *n* 1) но́рма;

расце́нка; ста́вка 2) темп;
ско́рость 3) нало́г ◇ at any ~
во вся́ком слу́чае; at this ~ в
тако́м слу́чае, при таки́х ус-
ло́виях 2. *v* оце́нивать

rather [′rɑ:ðə] 1) скоре́е;
лу́чше 2) слегка́; не́сколько

ratify [′rætɪfaɪ] ратифици́-
ровать

ration [′ræʃn] паёк

rational [′ræʃnəl] разу́м-
ный, рациона́льный

rattle [′rætl] 1. *v* треща́ть;
греме́ть; грохота́ть 2. *n*
треск, гро́хот 2) погрему́ш-
ка; трещо́тка

raven [′reɪvn] во́рон

raw [rɔ:] сыро́й; необрабо́-
танный; ~ material сырьё

ray [reɪ] луч

razor [′reɪzə] бри́тва

re [ri:] *юр:* ~ your letter
ссыла́ясь на ва́ше письмо́

re- [ri:-] *приставка* пере-;
сно́ва, обра́тно

reach [ri:tʃ] 1. *v* 1) дости-
га́ть; доходи́ть; доезжа́ть 2)
достава́ть; дотя́гиваться 3)
простира́ться 2. *n:* within ~ в
преде́лах досяга́емости; под
руко́й; out of ~ вне преде́лов
досяга́емости

react [ri:′ækt] реаги́ровать

reaction [ri:′ækʃn] реа́к-
ция

read [ri:d] (read [red];
read [red]) чита́ть; ~er
[′ri:də] 1) чита́тель 2) хре-
стома́тия (*шко́льная*); ~ing
[′ri:dɪŋ] 1) чте́ние; ~ing room

читальный зал 2) вариант текста, разночтение

ready ['redɪ] готовый ◇ ~ money наличные деньги

ready-made ['redɪ'meɪd] готовый (о платье)

real [rɪəl] 1) действительный, настоящий 2): ~ estate недвижимость

realistic [rɪə'lɪstɪk] реалистический; трёзвый

reality [ri:'ælɪtɪ] действительность

realize ['rɪəlaɪz] 1) осуществлять 2) понимать; представлять себе

really ['rɪəlɪ] действительно, в самом деле

reap [ri:p] 1) жать 2) пожинать; ~er ['ri:pə] 1) жнец, жница 2) жатвенная машина, жатка

rear I [rɪə] 1. a задний 2. n тыл; задняя сторона; in the ~ в тылу

rear II [rɪə] 1) становиться на дыбы 2) воспитывать, растить

reason ['ri:zn] 1. n 1) причина, основание; довод 2) разум, благоразумие 2. v рассуждать; ~able ['ri:zənəbl] 1) разумный 2) приемлемый (о цене)

reassure [ri:ə'ʃuə] успокаивать

rebel 1. n ['rebl] повстанец; мятежник 2. v [rɪ'bel] восставать; ~lion [rɪ'beljən] восстание; бунт; ~lious

[rɪ'beljəs] мятежный, бунтарский

recall [rɪ'kɔ:l] 1. v 1) отзывать 2) отменять 3) вспоминать 2. n отозвание (представителя, посланника и т. п.)

receipt [rɪ'si:t] 1) получение 2) расписка, квитанция

receive [rɪ'si:v] 1) получать 2) принимать (гостей)

receiver [rɪ'si:və] 1) получатель 2) тех. приёмник 3) трубка (телефонная)

recent ['ri:snt] недавний, новый, свежий; ~ly [-lɪ] недавно

reception [rɪ'sepʃn] 1) приём 2) восприятие

recess [rɪ'ses] каникулы (парламента)

recipe ['resɪpɪ] рецепт

recite [rɪ'saɪt] читать, декламировать

reckless ['reklɪs] отчаянный; безрассудный; опрометчивый

reckon ['rekən] 1) считать, подсчитывать 2) разг. думать, считать; ~ on рассчитывать на

recognition [rekəg'nɪʃn] признание

recognize ['rekəgnaɪz] признавать; узнавать

recollect [rekə'lekt] припоминать; ~ion [rekə'lekʃn] воспоминание

recommend [rekə'mend] рекомендовать, советовать;

~ation [rekəmen'deɪʃn] рекомендáция

recompense ['rekəmpens] 1. *v* вознаграждáть; компенсúровать 2. *n* вознагражде́ние; компенсáция

reconcile ['rekənsaɪl] примирять

reconstruct [ri:kəns'trʌkt] перестрáивать; реконструúровать; ~ion ['ri:kəns'trʌkʃn] перестрóйка; реконстру́кция

record 1. *v* [rɪ'kɔ:d] запúсывать; регистрúровать 2. *n* ['rekɔ:d] 1) зáпись; протокóл 2) граммофóнная пластúнка 3) рекóрд 4) лúчное де́ло; ~ of service послужнóй спúсок ◇ bad ~ плохáя репутáция; off the ~ не для протокóла; ~ player прóигрыватель

recover [rɪ'kʌvə] 1) возвращáть 2) выздорáвливать; поправляться; ~y [rɪ'kʌvərɪ] 1) выздоровле́ние 2) восстановле́ние

recreation [rekrɪ'eɪʃn] óтдых, развлече́ние

recruit [rɪ'kru:t] 1. *n* новобрáнец, ре́крут 2. *v* вербовáть

recur [rɪ'kə:] 1) возвращáться (*к чему-л.*) 2) повторяться

red [red] крáсный

redeem [rɪ'di:m] 1) выкупáть 2) искупáть 3) выполнять (*обещание и т. п.*)

reduce [rɪ'dju:s] 1) понижáть 2) (to) доводúть до; снижáть до

reduction [rɪ'dʌkʃn] сниже́ние; скúдка; уменьше́ние

reed [ri:d] тростнúк; камы́ш

reel I [ri:l] 1) катýшка 2) *тех.* барабáн 3) *кино* часть, бобúна

reel II [ri:l] пошáтываться; спотыкáться

refer [rɪ'fə:] 1) ссылáться на 2) направлять комý-л.; ~ee [refə'ri:] *спорт.* судья́, ре́фери; ~ence ['refrəns] 1) спрáвка 2) ссы́лка; упоминáние; with ~ence to а) ссылáясь на; б) относúтельно

refill [ri:'fɪl] заправлять рýчку

refine [rɪ'faɪn] очищáть

reflect [rɪ'flekt] 1) отражáть(ся) 2) размышлять; ~ion [rɪ'flekʃn] 1) отраже́ние 2) размышле́ние

reform [rɪ'fɔ:m] 1. *v* 1) реформúровать 2) исправлять(ся) 2. *n* рефóрма

refrain I [rɪ'freɪn] припе́в

refrain II [rɪ'freɪn] (from) воздéрживаться (от)

refresh [rɪ'freʃ] освежáть; ~ment [-mənt] 1) подкрепле́ние (*сил и т. п.*) 2) *pl* закýски и напúтки; ~ment room буфе́т

refrigerator [rɪ'frɪdʒəreɪtə] холодúльник

refuge ['refju:dʒ] убе́жище; take ~ спасáться

refugee [refju:'dʒi:] бе́женец

refusal [rɪ'fju:zəl] отка́з

refuse [rɪ'fju:z] отка́зывать(ся)

refute [rɪ'fju:t] опроверга́ть

regain [rɪ'geɪn] дости́чь; ~ the shore возврати́ться к бе́регу ◇ ~ consciousness прийти́ в себя́; ~ one's health попра́виться

regard [rɪ'gɑ:d] 1. v 1) смотре́ть 2) рассма́тривать; счита́ть 3) каса́ться; as ~s что каса́ется 2. n 1) уваже́ние 2) pl покло́н, приве́т ◇ in (with) ~ to относи́тельно

regatta [rɪ'gætə] рега́та

regime [reɪ'ʒi:m] строй, режи́м

regiment ['redʒɪmənt] полк

region ['ri:dʒən] 1) о́бласть 2) сфе́ра

register ['redʒɪstə] 1. n журна́л (записей) 2. v регистри́ровать; ~ed letter заказно́е письмо́

registration [redʒɪs'treɪʃn] регистра́ция

registry ['redʒɪstrɪ] регистрату́ра

regret [rɪ'gret] 1. v сожале́ть; раска́иваться 2. n сожале́ние

regular ['regjulə] пра́вильный; регуля́рный

regulate ['regjuleɪt] 1) регули́ровать 2) приспоса́бливать

regulation [regju'leɪʃn] 1)

150

регули́рование 2) pl пра́вила; регла́мент

rehearsal [rɪ'hə:səl] репети́ция

rehearse [rɪ'hə:s] репети́ровать

reign [reɪn] 1. n ца́рствование; перен. госпо́дство 2. v ца́рствовать; перен. госпо́дствовать

reindeer ['reɪndɪə] се́верный оле́нь

reinforce [ri:ɪn'fɔ:s] уси́ливать, подкрепля́ть; укрепля́ть

reins [reɪnz] pl пово́дья, во́жжи ◇ the ~ of government бразды́ правле́ния

reiterate [ri:'ɪtəreɪt] повторя́ть

reject [rɪ'dʒekt] отверга́ть

rejoice [rɪ'dʒɔɪs] ра́довать(ся)

relate [rɪ'leɪt] расска́зывать

relation [rɪ'leɪʃn] 1) отноше́ние 2) ро́дственник

relationship [rɪ'leɪʃnʃɪp] 1) родство́ 2) (взаимо)отноше́ние; связь

relative ['relətɪv] 1. a относи́тельный; сравни́тельный 2. n ро́дственник

relax [rɪ'læks] 1) ослабля́ть; смягча́ть 2) отдыха́ть, расслабля́ться, де́лать переды́шку; ~ation [ri:læk'seɪʃn] ослабле́ние; расслабле́ние

release [rɪ'li:s] 1. v 1) освобождать 2) отпускать; выпускать 2. *n* освобождéние

relent [rɪ'lent] смягчáться; ~**less** [-lɪs] безжáлостный

reliable [rɪ'laɪəbl] надёжный

reliance [rɪ'laɪəns] довéрие; увéренность

relief [rɪ'li:f] 1) облегчéние 2) пóмощь; пособие 3) смéна (*дежурных и т. п.*)

relieve [rɪ'li:v] 1) облегчáть 2) окáзывать пóмощь 3) освобождáть 4) сменять

religion [rɪ'lɪdʒn] релúгия

religious [rɪ'lɪdʒəs] религиóзный

relish ['relɪʃ] 1) (прú)вкус 2) сóус, приправа

reluctant [rɪ'lʌktənt] нерасполóженный; be ~ быть нерасполóженным; ~**ly** [-lɪ] неохóтно

rely [rɪ'laɪ] (upon) полагáться (на)

remain [rɪ'meɪn] 1. *v* оставáться 2. *n pl* 1) остáтки 2) остáнки; ~**der** [-də] остáток

remark [rɪ'mɑ:k] 1. *v* замечáть 2. *n* замечáние; ~**able** [-əbl] замечáтельный

remedy ['remɪdɪ] 1. *n* 1) срéдство 2) лекáрство 2. *v* исправлять

remember [rɪ'membə] пóмнить, вспоминáть

remembrance [rɪ'membrəns] воспоминáние; пáмять

remind [rɪ'maɪnd] напоминáть

reminiscence [remɪ'nɪsns] воспоминáние

remittance [rɪ'mɪtəns] пересылка, перевóд дéнег

remnant ['remnənt] остáток

remorse [rɪ'mɔ:s] угрызéние сóвести

remote [rɪ'məut] отдалённый; уединённый; ~ control дистанциóнное управлéние

removal [rɪ'mu:vəl] 1) удалéние; устранéние 2) перeéзд на другýю квартúру

remove [rɪ'mu:v] 1) удалять; устранять; снимáть 2) переезжáть

renew [rɪ'nju:] возобновлять

renounce [rɪ'nauns] 1) откáзываться (*от прав и т. п.*) 2) отрекáться (*от друзéй*)

rent [rent] 1. *n* арéндная плáта 2. *v* нанимáть *или* сдавáть в арéнду

repaid [ri:'peɪd] *past и p. p. от* repay

repair [rɪ'pɛə] 1. *v* ремонтúровать; исправлять 2. *n* почúнка, ремóнт; in good ~ в хорóшем состоянии

repay [ri:'peɪ] (repaid; repaid) возмещáть; отплáчивать

repeat [rɪ'pi:t] повторять

repel [rɪ'pel] оттáлкивать; внушáть отвращéние

repent [rɪ'pent] раскáиваться; ~**ance** [-əns] раскáяние

repertoire ['repətwɑ:] ре-
пертуа́р

repetition [repɪ'tɪʃn] повто-
ре́ние

replace [ri:'pleɪs] 1) поло-
жи́ть обра́тно 2) заменя́ть;
замеща́ть

reply [rɪ'plaɪ] 1. v отвеча́ть
2. n отве́т

report [rɪ'pɔ:t] 1. n 1) до-
кла́д; донесе́ние; ра́порт; отчёт 2) звук взры́ва, вы́стрела
2. v сообща́ть; докла́дывать;
~er [-ə] 1) докла́дчик; 2)
репортёр

repose [rɪ'pəuz] 1. v 1) от-
дыха́ть 2) лежа́ть, поко́иться
2. n о́тдых; поко́й

represent [reprɪ'zent] 1)
представля́ть 2) изобража́ть;
~ation [reprɪzen'teɪʃn] 1)
представле́ние 2) изображе́-
ние

representative [reprɪ
'zentətɪv] 1. n представи́тель
2. a представля́ющий; пред-
стави́тельный

repress [rɪ'pres] подав-
ля́ть; ~ion [rɪ'preʃn] подав-
ле́ние, репре́ссия

reproach [rɪ'prəutʃ] 1. n
упрёк; осужде́ние 2. v упре-
ка́ть

reproduce [ri:prə'dju:s]
воспроизводи́ть

reproduction [ri:prə'dʌkʃn]
воспроизведе́ние, репроду́к-
ция

reproof [rɪ'pru:f] порица́-
ние; вы́говор

reprove [rɪ'pru:v] пори-
ца́ть; де́лать вы́говор

reptile ['reptaɪl] пресмы-
ка́ющееся

republic [rɪ'pʌblɪk] респу́б-
лика

repulse [rɪ'pʌls] 1. v 1) от-
ража́ть (нападение) 2) от-
верга́ть; отта́лкивать 2. n от-
по́р

repulsive [rɪ'pʌlsɪv] отта́л-
кивающий, омерзи́тельный

reputation [repju:'teɪʃn]
репута́ция

request [rɪ'kwest] 1. n
про́сьба 2. v проси́ть

require [rɪ'kwaɪə] 1) нуж-
да́ться (в чём-л.) 2) тре́бо-
вать; ~ment [-mənt] тре́бова-
ние, потре́бность

rescue ['reskju:] 1. v спа-
са́ть 2. n спасе́ние; to the ~
на по́мощь

research [rɪ'sə:tʃ] иссле́до-
вание; нау́чная рабо́та

resemblance [rɪ'zembləns]
схо́дство

resemble [rɪ'zembl] похо-
ди́ть, име́ть схо́дство

resent [rɪ'zent] обижа́ться;
возмуща́ться; ~ment [-mənt]
возмуще́ние

reservation [rezə'veɪʃn] 1)
огово́рка 2) резерва́ция

reserve [rɪ'zə:v] 1. v 1)
сберега́ть; запаса́ть 2) резер-
ви́ровать 2. n 1) запа́с, ре-
зе́рв 2) сде́ржанность 3) за-
пове́дник; ~d [-d] скры́т-
ный; сде́ржанный

reside [rɪ'zaɪd] прожива́ть;

~nce ['rezɪdəns] местожи́-
тельство; резиде́нция; ~nt
['rezɪdənt] постоя́нный жи́-
тель

resign [rɪ'zaɪn] уходи́ть в
отста́вку; ~ oneself to подчи-
ня́ться, покоря́ться; ~ation
[rezɪg'neɪʃn] 1) отста́вка; за-
явле́ние об отста́вке 2) по-
ко́рность, смире́ние

resigned [rɪ'zaɪnd] поко́р-
ный, безро́потный

resist [rɪ'zɪst] сопротив-
ля́ться; ~ance [-əns] сопро-
тивле́ние

resolute ['rezəlu:t] реши́-
тельный

resolution [rezə'lu:ʃn] 1)
реше́ние, резолю́ция 2) ре-
ши́мость

resolve [rɪ'zɔlv] ре-
ша́ть(ся); принима́ть реше́-
ние

resort [rɪ'zɔ:t] 1. v (to)
прибега́ть (к) 2. n прибе́жи-
ще; summer ~ да́чное ме́сто

resound [rɪ'zaund] 1) зву-
ча́ть; оглаша́ть(ся) 2) гре-
ме́ть, производи́ть сенса́цию

resources [rɪ'sɔ:sɪz] ресу́р-
сы, сре́дства

respect [rɪs'pekt] 1. n 1)
уваже́ние 2): in ~ to в отно-
ше́нии 2. v уважа́ть; ~able
[-əbl] 1) почте́нный 2) по-
ря́дочный; ~ful [-ful] почти́-
тельный; ~ive [-ɪv] соотве́т-
ственный

respite ['respaɪt] переды́ш-
ка; отсро́чка

respond [rɪs'pɔnd] отве-
ча́ть; отзыва́ться

response [rɪs'pɔns] отве́т;
о́тклик

responsibility [rɪspɔnsə-
'bɪlɪtɪ] 1) отве́тственность 2)
обя́занность

responsible [rɪs'pɔnsəbl]
отве́тственный; be ~ for от-
веча́ть за

responsive [rɪs'pɔnsɪv] от-
зы́вчивый

rest I [rest] 1. n 1) о́тдых;
поко́й 2) опо́ра 2. v 1) отды-
ха́ть; поко́иться 2) опира́ть-
ся

rest II [rest]: the ~ осталь-
но́е; остальны́е; оста́ток

restaurant ['restrɔ:ŋ] ре-
стора́н

restless ['restlɪs] беспо-
ко́йный, неугомо́нный

restoration [restə'reɪʃn]
восстановле́ние, реставра́ция

restore [rɪ'stɔ:] 1) восста-
на́вливать, реставри́ровать
2) возвраща́ть

restrain [rɪs'treɪn] сде́ржи-
вать

restriction [rɪs'trɪkʃn] огра-
ниче́ние

result [rɪ'zʌlt] 1. n резуль-
та́т, сле́дствие 2. v: ~ in кон-
ча́ться, име́ть результа́том

resume [rɪ'zju:m] возоб-
новля́ть

retail 1. n ['ri:teɪl] рознич-
ная прода́жа 2. adv ['ri:teɪl]
в ро́зницу 3. v [ri:'teɪl] про-
дава́ть(ся) в ро́зницу

retain [rɪ'teɪn] сохраня́ть

retire [rɪ'taɪə] 1) удаля́ть-
ся 2) уходи́ть в отста́вку 3)
ложи́ться спать; ~ment
[-mənt] 1) отста́вка 2) уеди-
не́ние

retreat [rɪ'triːt] 1. v отсту-
па́ть 2. n 1) отступле́ние 2)
убе́жище

return [rɪ'tə:n] 1. v 1) воз-
враща́ть(ся) 2) отвеча́ть 2. n
1) возвраще́ние; in ~ for в
отве́т на 2) возвра́т, отда́ча;
in ~ в опла́ту; в обме́н 3) до-
хо́д, при́быль

reveal [rɪ'viːl] открыва́ть,
обнару́живать

revelation [revɪ'leɪʃn] от-
кры́тие, обнаруже́ние

revenge [rɪ'vendʒ] 1. n
месть 2. v мстить

revenue ['revɪnjuː] годово́й
дохо́д

reverence ['revərəns] поч-
те́ние; благогове́ние

reverse [rɪ'və:s] 1. a об-
ра́тный; переве́рнутый 2. v
1) переве́ртывать 2) меня́ть
направле́ние (движения,
вращения) 3. n 1) противо-
поло́жное, обра́тное; quite
the ~! совсе́м наоборо́т! 2)
неуда́ча, превра́тность 3) за́-
дний ход

review [rɪ'vjuː] 1. n 1) об-
зо́р 2) обозре́ние; журна́л 3)
реце́нзия 2. v 1) пересма́т-
ривать 2) де́лать обзо́р, ре-
цензи́ровать

revise [rɪ'vaɪz] исправля́ть;
пересма́тривать

revive [rɪ'vaɪv] 1) ожива́ть

2) оживля́ть 3) восстана́вли-
вать; возобновля́ть

revolt [rɪ'vəult] 1. v вос-
става́ть 2. n восста́ние; мя-
те́ж

revolution [revə'luːʃn] ре-
волю́ция

revolutionary [revə
'luːʃənərɪ] 1. a революцио́н-
ный 2. n революционе́р

revolve [rɪ'vɔlv] вра-
ща́ть(ся)

reward [rɪ'wɔ:d] 1. n на-
гра́да 2. v награжда́ть

rheumatism ['ruːmətɪzm]
ревмати́зм

rhinoceros [raɪ'nɔsərəs]
носоро́г

rhyme [raɪm] 1. n ри́фма
2. v рифмова́ть

rib [rɪb] ребро́

ribbon ['rɪbən] ле́нта

rice [raɪs] рис

rich [rɪtʃ] 1) бога́тый 2)
плодоро́дный 3) жи́рный (о
пище); ~es ['rɪtʃɪz] pl 1) бо-
га́тство 2) изоби́лие

rid [rɪd] (rid, ridded; rid,
ridded) освобожда́ть, избав-
ля́ть; get ~ of отде́лываться,
избавля́ться

ridden ['rɪdn] p. p. от ride
1

riddle ['rɪdl] зага́дка

ride [raɪd] 1. v (rode;
ridden) 1) е́хать верхо́м 2)
е́хать 2. n 1) езда́ 2) прогу́л-
ка (в машине)

rider ['raɪdə] нае́здник,
вса́дник

ridge [rɪdʒ] 1) го́рный

хребе́т 2) гре́бень (*горы́ и т. n.*) 3): ~ of the roof конёк (кры́ши)

ridiculous [rɪ'dɪkjuləs] смехотво́рный, неле́пый

riding ['raɪdɪŋ] верхова́я езда́

rifle ['raɪfl] винто́вка; ~**man** [-mən] стрело́к

rift [rɪft] 1) тре́щина, щель 2) просве́т

right [raɪt] 1. *a* 1) пра́вильный; ве́рный; you are ~ вы пра́вы; ~ you are! пра́вильно! 2) пра́вый 3) прямо́й; ~ angle прямо́й у́гол 2. *n* 1) пра́во 2) пра́вая сторона́; turn to the ~ поверни́те напра́во 3. *adv* 1) пра́вильно; all ~ хорошо́ 2) пря́мо 3) напра́во

rigid ['rɪdʒɪd] засты́вший; негну́щийся; жёсткий

rim [rɪm] ободо́к, край

rind [raɪnd] 1) кожура́, кора́ 2) ко́рка

ring I [rɪŋ] 1) круг 2) кольцо́ 3) ринг, аре́на

ring II [rɪŋ] 1. *v* (rang; rung) 1) звони́ть 2) звуча́ть; ~ off дава́ть отбо́й; ~ up звони́ть (по телефо́ну) 2. *n* звон; звоно́к

rink [rɪŋk] като́к

rinse [rɪns] полоска́ть

riot ['raɪət] 1) бунт 2) разгу́л

ripe [raɪp] спе́лый; созре́вший; ~**n** ['raɪpən] зреть, созрева́ть

rise [raɪz] 1. *v* (rose; risen) 1) встава́ть; поднима́ться 2) восходи́ть (*о со́лнце*) 3) восстава́ть 4) увели́чиваться 2. *n* 1) подъём 2) нача́ло 3) восхо́д (*со́лнца*) 4) увеличе́ние (*зарпла́ты*)

risen ['rɪzn] *p. p. от* rise 1

risk [rɪsk] 1. *n* риск 2. *v* рискова́ть

rite [raɪt] церемо́ния, обря́д

rival ['raɪvəl] сопе́рник; конкуре́нт

river ['rɪvə] река́

road [rəud] доро́га

roam [rəum] броди́ть, скита́ться

roar [rɔ:] 1. *v* реве́ть 2. *n* 1) рёв 2) хо́хот

roast [rəust] 1. *v* жа́рить(ся) 2. *a* жа́реный 3. *n* жарко́е

rob [rɔb] гра́бить, обворо́вывать; ~**ber** ['rɔbə] граби́тель, разбо́йник; ~**bery** ['rɔbərɪ] кра́жа, грабёж

robin ['rɔbɪn] мали́новка

rock I [rɔk] 1) скала́ 2) *амер.* ка́мень 3) рок (*му́зыка*)

rock II [rɔk] кача́ть(ся); убаю́кивать

rocket ['rɔkɪt] раке́та

rod [rɔd] 1) прут 2) у́дочка

rode [rəud] *past от* ride 1

rogue [rəug] плут; моше́нник

role [rəul] роль

roll [rəul] 1. *v* 1) кати́ть(ся) 2) свёртывать(ся)

3) раскатывать (*тесто*) 2. *n*
1) свёрток 2) список 3) рулон 4) булочка 5) качка; ~
call перекличка; ~er ['rəulə]
каток, валик, ~er-skates
['rəuləskeɪts] *pl* роликовые
коньки, ролики
Roman ['rəumən] 1. *a*
римский; ~ Catholic католик
2. *n* римлянин
Romanian [ru:'meɪnjən]
1. *a* румынский 2. *n* румын
romance [rə'mæns] 1) романтика 2) романтическая
история
romantic [rə'mæntɪk] романтический; романтичный
roof [ru:f] 1. *n* крыша;
кров 2. *v* настилать, крыть
крышу
rook I [ruk] грач
rook II [ruk] *шахм.* ладья
room [ru:m] 1) комната 2)
место, пространство 3) номер (*гостиницы*)
root [ru:t] 1. *n* корень;
take ~ пускать корни 2. *v*: ~
out искоренять
rope [rəup] верёвка, канат
rose I [rəuz] *past om* rise 1
rose II [rəuz] роза
rosy ['rəuzɪ] розовый; румяный
rot [rɔt] 1. *v* гнить 2. *n*
гниение; гниль
rotation [rəu'teɪʃn] 1) вращение 2) чередование
rotten ['rɔtn] 1) гнилой 2)
sl отвратительный
rough [rʌf] 1) грубый; неровный; шероховатый 2)

буйный, бурный 3) неотделанный; ~ copy черновик
round [raund] 1. *a* круглый 2. *n* 1) круг 2) обход 3)
раунд, тур 3. *adv* 1) вокруг
3) по кругу
rouse [rauz] 1) будить 2)
побуждать
route [ru:t] маршрут
routine [ru:'ti:n] режим,
порядок
rove [rəuv] 1) скитаться
2) блуждать (*о взгляде*)
row I [rəu] ряд
row II [rəu] грести
row III [rau] *разг.* ссора,
скандал; свалка
royal ['rɔɪəl] королевский
rub [rʌb] 1) тереть(ся) 2)
натирать
rubber ['rʌbə] 1) резина;
каучук 2) *амер. pl* галоши
rubbish ['rʌbɪʃ] 1) хлам,
мусор 2) вздор
rudder ['rʌdə] руль
rude [ru:d] грубый; невежливый
ruffle ['rʌfl] 1) ерошить
(*волосы*) 2) рябить (*воду*)
rug [rʌg] 1) коврик; ковёр
2) плед
rugby ['rʌgbɪ] *спорт.* регби
ruin [ruɪn] 1. *n* гибель,
крушение 2) (*обыкн. pl*)
развалины 2. *v* 1) (по)губить
2) разрушать; разорять
rule [ru:l] 1. *n* 1) правило;
as a ~ обычно 2) правление
2. *v* 1) править, управлять
2) линовать

S

ruler ['ru:lə] 1) правитель
2) линейка

Rumanian [ru:'meɪnjən]
см. Romanian

rumour ['ru:mə] слух,
молва

rumple ['rʌmpl] мять

run [rʌn] 1 v (ran; run) 1)
бегать, бежать 2) идти (о
поезде, машине) 3) течь
4) гласить 5) вести (дело,
предприятие); управлять
(машиной); ~ over зада-
вить 2. n 1) бег 2) ход; in
the long ~ в конечном счёте
3) работа, действие (маши-
ны)

rung [rʌŋ] p. p. от ring II,
1

runner ['rʌnə] бегун

running ['rʌnɪŋ]: ~ jump
прыжок с разбега; three days
~ три дня подряд

runway ['rʌnweɪ] ав.
взлётная полоса

rural ['ruərəl] сельский

rush [rʌʃ] мчаться; ~ into
врываться

Russian ['rʌʃən] 1. a русский 2. n 1) русский 2) русский язык

rust [rʌst] 1. n ржавчина
2. v ржаветь

rustle ['rʌsl] 1. n шелест;
шорох 2. v шелестеть, шур-
шать

rusty ['rʌstɪ] 1) заржав-
ленный 2) порыжевший

ruthless ['ru:θlɪs] безжалостный

rye [raɪ] рожь

sable ['seɪbl] 1) соболь 2)
соболий мех

sack [sæk] мешок

sacred ['seɪkrɪd] 1) свя-
щённый 2) неприкосновён-
ный

sacrifice ['sækrɪfaɪs] 1. n
1) жертвоприношение 2)
жертва 2. v приносить в
жертву; жертвовать

sad [sæd] печальный

saddle ['sædl] 1. n седло
2. v седлать

safe [seɪf] 1. a 1) невреди-
мый 2) безопасный 2. n
сейф

safeguard ['seɪfgɑ:d] 1. n
гарантия; предосторожность
2. v охранять

safety ['seɪftɪ] безопас-
ность; ~ measures меры пре-
досторожности; ~ razor без-
опасная бритва

said [sed] past и p. p. от
say

sail [seɪl] 1. n 1) парус 2)
плавание (на корабле) 2. v
плавать (на корабле); ~or
['seɪlə] моряк; матрос

saint [seɪnt] святой

sake [seɪk]: for the ~ of ради

salad ['sæləd] салат

salary ['sælərɪ] жало-
ванье, оклад

sale [seɪl] продажа; рас-
продажа; on ~ в продаже

salesman ['seɪlzmən] продавец

salmon ['sæmən] лосось; сёмга

salt [sɔ:lt] 1. *n* соль 2. *a* солёный 3. *v* солить; ~y ['sɔ:ltɪ] солёный

salute [sə'lu:t] 1. *n* приветствие; салют 2. *v* приветствовать; салютовать

same [seɪm] тот же, одинаковый; it's all the ~ to me мне это безразлично; all the ~ всё же, всё-таки

sample ['sɑ:mpl] 2. *n* образец; образчик 2. *v* пробовать

sanction ['sæŋkʃn] 1. *n* санкция; разрешение 2. *v* санкционировать

sand [sænd] песок

sandal ['sændl] сандалия

sandwich ['sænwɪdʒ] сандвич, бутерброд

sane [seɪn] нормальный, в здравом уме; разумный

sang [sæŋ] *past om* sing

sanitary ['sænɪtərɪ] санитарный; гигиенический

sank [sæŋk] *past om* sink I

Santa Claus ['sæntə'klɔ:z] Санта Клаус; Дед Мороз

sap I [sæp] сок (*растений*)

sap II [sæp] подрывать

sardine [sɑ:'dɪn] сардина

sat [sæt] *past u p. p. om* sit

satellite ['sætəlaɪt] *астр.* спутник

satin ['sætɪn] 1. *n* атлас 2. *a* атласный

satire ['sætaɪə]] сатира

satisfaction [sætɪs'fækʃn] удовлетворение

satisfactory [sætɪs'fæktərɪ] удовлетворительный

satisfy ['sætɪsfaɪ] 1) удовлетворять 2) утолять

Saturday ['sætədɪ] суббота

sauce [sɔ:s] соус; ~pan ['sɔ:spən] кастрюля

saucer ['sɔ:sə] блюдце

saucy ['sɔ:sɪ] наглый, дерзкий

sausage ['sɔsɪdʒ] сосиска; колбаса

savage ['sævɪdʒ] 1. *a* 1) дикий 2) свирепый, жестокий 2. *n* дикарь

save I [seɪv] 1) спасать 2) экономить, беречь; ~ up копить деньги

save II [seɪv] кроме, исключая

savings ['seɪvɪŋz] сбережения

saw I [sɔ:] *past om* see

saw II [sɔ:] 1. *n* пила 2. *v* (sawed; sawed, sawn) пилить

sawn [sɔ:n] *p. p. om* saw II, 2

say [seɪ] (said; said) говорить, сказать; ~ing ['seɪɪŋ] поговорка

scaffold ['skæfəld] эшафот; ~ing [-ɪŋ] леса (*строительные*)

scald [skɔ:ld] 1. *v* обваривать, ошпаривать 2. *n* ожог

scale I [skeɪl] чешуя

scale II [skeɪl] 1) чаша весов 2) *pl* весы

scale III [skeɪl] 1) шкала́; масшта́б 2) *муз.* га́мма

scandal ['skændl] 1) сканда́л; позо́р 2) злосло́вие, спле́тни

Scandinavian [skændɪ'neɪvjən] скандина́вский

scanty ['skæntɪ] ску́дный, недоста́точный

scar [skɑ:] шрам, рубе́ц

scarce [skɛəs] 1) недоста́точный, ску́дный 2) ре́дкий; дефици́тный; ~ly ['skɛəslɪ] едва́, с трудо́м 2) едва́ ли, вря́д ли

scarcity ['skɛəsɪtɪ] нехва́тка, недоста́ток

scare [skɛə] пуга́ть; be ~d испуга́ться; боя́ться

scarf [skɑ:f] шарф, косы́нка

scarlet ['skɑ:lɪt] а́лый ◇ ~ fever скарлати́на

scatter ['skætə] 1) разбра́сывать; рассыпа́ть 2) рассе́ивать, разгоня́ть 3) рассыпа́ться в ра́зные сто́роны, разбега́ться

scene [si:n] 1) явле́ние (*в пьесе*) 2) ме́сто де́йствия 3) сканда́л; make a ~ устра́ивать сканда́л, сце́ну ◇ behind the ~s за кули́сами; ~ry ['si:nərɪ] 1) пейза́ж 2) декора́ции

scent [sent] 1. *n* 1) за́пах 2) духи́ 3) след 2. *v* 1) почу́ять 2) ню́хать

schedule ['ʃedju:l, *амер.* 'skedju:l] расписа́ние, гра́фик

scheme [ski:m] 1. *n* 1) схе́ма; план 2) *pl* интри́ги, про́иски 2. *v* замышля́ть, интригова́ть

scholar ['skɔlə] учёный; ~ship [-ʃɪp] 1) эруди́ция 2) стипе́ндия

school [sku:l] шко́ла; ~boy ['sku:lbɔɪ] шко́льник; ~days ['sku:ldeɪz] шко́льные го́ды; ~girl ['sku:lgə:l] шко́льница

science ['saɪəns] нау́ка; ~ fiction нау́чная фанта́стика

scientific [saɪən'tɪfɪk] нау́чный

scientist ['saɪəntɪst] учёный

scissors ['sɪzəz] *pl* но́жницы

scold [skəuld] брани́ть, руга́ть

scope [skəup] кругозо́р; охва́т; разма́х; it is beyond my ~ э́то вне мое́й компете́нции

scorch [skɔ:tʃ] обжига́ть(ся); (с)пали́ть

score [skɔ:] 1. *n* 1) счёт; what is the ~ now? *спорт.* како́й сейча́с счёт?; on that ~ на э́тот счёт 2) два деся́тка 3) *муз.* партиту́ра 2. *v* 1) де́лать отме́тки 2) *спорт.* вести́ счёт 3) выи́грывать

scorn [skɔ:n] 1. *n* презре́ние 2. *v* презира́ть; ~ful ['skɔ:nful] презри́тельный

Scotch [skɔtʃ]: the ~ шотла́ндцы

Scottish ['skɔtɪʃ] шотла́ндский

scoundrel ['skaundrəl] негодя́й

scout [skaut] разве́дчик; boy ~ бойска́ут

scramble ['skræmbl] кара́бкаться ◇ ~d eggs я́ичница-болту́нья

scrap [skræp] 1. *n* 1) клочо́к, лоскуто́к; кусо́чек 2) лом 3) брак (*испорченная вещь*); ~ heap помо́йка, сва́лка 2. *v* бракова́ть

scratch [skrætʃ] 1. *v* цара́пать(ся); чеса́ть(ся) 2. *n* цара́пина

scream [skri:m] 1 *v* пронзи́тельно крича́ть 2. *n* вопль, крик

screen [skri:n] 1. *n* ши́рма; экра́н 2. *v* 1) загора́живать; защища́ть, укрыва́ть 2) демонстри́ровать на экра́не

screw [skru:] 1. *n* винт 2. *v* зави́нчивать

script [skrɪpt] сцена́рий

scruple ['skru:pl] 1. *n* сомне́ние, колеба́ние 2. *v* колеба́ться; не реша́ться на что-л.

scrupulous ['skru:pjuləs] 1) щепети́льный 2) добросо́вестный

scull [skʌl] весло́

sculptor ['skʌlptə] ску́льптор

sculpture ['skʌlptʃə] скульпту́ра

scythe [saɪð] *с.-х.* коса́

sea [si:] мо́ре, океа́н

sea-calf ['si:ka:f] тюле́нь

seagull ['si:gʌl] ча́йка

seal I [si:l] тюле́нь

seal II [si:l] 1. *n* печа́ть; пло́мба 2. *v* скрепля́ть печа́тью; запеча́тывать

seam [si:m] шов

seaman ['si:mən] моря́к; матро́с

search [sə:tʃ] 1. *v* 1) иска́ть 2) обы́скивать 2. *n* 1) по́иски 2) о́быск

seasick ['si:sɪk]: be ~ страда́ть морско́й боле́знью; ~ness [-nɪs] морска́я боле́знь

seaside ['si:saɪd] морско́й бе́рег, побере́жье

season ['si:zn] 1. *n* вре́мя го́да; сезо́н 2. *v* приправля́ть (*пищу*); ~ed [-d] вы́держанный (*о вине, дереве*); закалённый (*о человеке*)

seat [si:t] 1. *n* 1) стул, сиде́нье; take a ~ сади́ться 2) ме́сто (*в аудитории*) 2. *v* усади́ть, посади́ть; вмеща́ть; ~ oneself сади́ться, сесть

second I ['sekənd] 1. *num* второ́й 2. *v* подде́рживать (*предложение*)

second II ['sekənd] секу́нда

secondary ['sekəndərɪ] второстепе́нный ◇ ~ school сре́дняя шко́ла

second-hand [sekənd 'hænd] поде́ржанный; ~ bookshop букинисти́ческий магази́н

second-rate [sekənd'reɪt] второсо́ртный, второразря́дный

secret ['si:krɪt] 1. *n* секре́т,

та́йна 2. *a* секре́тный, та́йный

secretary ['sekrətrı] 1) секрета́рь 2) мини́стр; Secretary of State мини́стр (*в Англии*); мини́стр иностра́нных дел (*в США*)

section ['sekʃn] се́кция; отде́л; часть; отделе́ние

secure [sı'kjuə] 1. *a* 1) про́чный, надёжный 2) обеспе́ченный 2. *v* 1) обеспе́чивать, гаранти́ровать 2) закрепля́ть, скрепля́ть

security [sı'kjuərıtı] 1) безопа́сность 2) гара́нтия; обеспе́чение

sedative ['sedətıv] успока́ивающий, болеутоля́ющий

sediment ['sedımənt] оса́док

seduce [sı'dju:s] соблазня́ть, совраща́ть

see [si:] (saw; seen) ви́деть; смотре́ть; ~ off провожа́ть (*уезжающего*) ◇ ~ smb. home проводи́ть кого́-л. домо́й; I ~ понима́ю; let me ~ да́йте поду́мать

seed [si:d] се́мя

seek [si:k] (sought; sought) 1) иска́ть 2) пыта́ться, стара́ться (to)

seem [si:m] каза́ться

seen [si:n] *p. p. om* see

segregation [segrı'geıʃn] изоля́ция; сегрега́ция

seize [si:z] 1) схва́тывать 2) захва́тывать 3) понима́ть (*смысл, мысль*)

seldom ['seldəm] ре́дко

select [sı'lekt] 1. *v* выбира́ть 2. *a* и́збранный, отбо́рный; ~ion [sı'lekʃn] вы́бор

self [self] сам, себя́

self- [self-] *приставка* само-

self-confident [self 'kɔnfıdənt] самоуве́ренный

self-conscious [self'kɔnʃəs] засте́нчивый

self-control ['selfkən'trəul] самооблада́ние

self-defence [selfdı'fens] самооборо́на

selfish ['selfıʃ] эгоисти́чный

self-service ['self'sə:vıs] самообслу́живание

self-support [selfsə'pɔ:t] незави́симость

sell [sel] (sold; sold) продава́ть(ся); ~er ['selə] продаве́ц

selves [selvz] *pl om* self

semicolon [semı'kəulən] то́чка с запято́й

semifinal [semı'faınl] *спорт.* полуфина́л

senate ['senıt] сена́т

senator ['senətə] сена́тор

send [send] (sent; sent) 1) посыла́ть; отправля́ть; ~ for вызыва́ть; посыла́ть за 2) передава́ть (*по радио*)

senior ['si:njə] ста́рший

sensation [sen'seıʃn] 1) ощуще́ние, чу́вство 2) сенса́ция

sense [sens] 1. *n* 1) чу́вство; созна́ние 2) смысл 2. *v* чу́вствовать; ~less ['senslıs]

1) бессмы́сленный 2) бесчу́вственный

sensible ['sensəbl] (бла-го)разу́мный; be ~ of сознава́ть, чу́вствовать

sensitive ['sensɪtɪv] чувстви́тельный

sensual ['sensjuəl] чу́вственный

sent [sent] *past и p. p. om* send

sentence ['sentəns] 1. *n* 1) фра́за, предложе́ние 2) пригово́р 2. *v* осужда́ть, пригова́ривать

sentiment ['sentɪmənt] чу́вство; ~al [sentɪ'mentl] сентимента́льный

sentry ['sentrɪ] часово́й

separate 1. *a* ['seprɪt] отде́льный; осо́бый 2. *v* ['sepəreɪt] 1) отделя́ть(ся) 2) разлуча́ть(ся)

separation [sepə'reɪʃn] 1) отделе́ние, разделе́ние 2) разлу́ка

September [səp'tembə] сентя́брь

sequel ['si:kwəl] 1) продолже́ние 2) результа́т

sequence ['si:kwəns] после́довательность; ряд; поря́док

serf [sə:f] *ист.* крепостно́й; раб

sergeant ['sɑ:dʒənt] сержа́нт

series ['sɪəri:z] се́рия; ряд

serious ['sɪərɪəs] серьёзный; ва́жный

sermon ['sə:mən] про́поведь

serpent ['sə:pənt] змея́; змей

servant ['sə:vənt] слуга́; прислу́га

serve [sə:v] 1) служи́ть 2) подава́ть *(на стол)* 3) обслу́живать 4) отбыва́ть *(срок)*

service ['sə:vɪs] 1) слу́жба 2) обслу́живание 3) услу́га 4) серви́з 5) *спорт.* пода́ча *(мяча)*

serviette [sə:vɪ'et] салфе́тка

servile ['sə:vaɪl] раболе́пный, уго́дливый

session ['seʃn] 1) се́ссия 2) заседа́ние

set [set] 1. *v* (set; set) 1) ста́вить, класть 2) вправля́ть *(кость)* 3) приводи́ть *(в поря́док, в движе́ние)*; ~ free освобожда́ть 4) *полигр.* набира́ть 5) сади́ться *(о со́лнце)* 2. *n* 1) набо́р, компле́кт 2) гру́ппа; круг *(лиц)* 3) сет *(в те́ннисе)* 4) прибо́р, аппара́т

setting ['setɪŋ] опра́ва *(камня)*

settle ['setl] 1) посели́ть(ся), устро́ить(ся) 2) ула́живать(ся); устана́вливать(ся) 3) реша́ть; ~ment [-mənt] 1) поселе́ние; коло́ния 2) урегули́рование, реше́ние *(вопроса)*

seven ['sevn] семь; ~teen [sevn'ti:n] семна́дцать;

~teenth [sevn'ti:nθ] семнадцатый; ~th [-θ] седьмой; ~tieth [-tɪθ] семидесятый; ~ty [-tɪ] семьдесят

several ['sevrəl] несколько

severe [sɪ'vɪə] суровый; строгий

sew [səu] (sewed; sewed, sewn) шить; ~ing [-ɪŋ] шитьё; ~ing machine швейная машина

sewn [səun] p. p. от sew

sex [seks] биол. пол; ~ual ['seksjuəl] половой, сексуальный

shabby ['ʃæbɪ] потрёпанный, поношенный

shade [ʃeɪd] 1. n 1) тень 2) оттенок 3) амер. штора 2. v заслонять (от света); затемнять

shadow ['ʃædəu] 1. n тень 2. v следить, выслёживать

shady ['ʃeɪdɪ] 1) тенистый 2) сомнительный, тёмный

shaft [ʃɑ:ft] 1) дрёвко 2) ручка, рукоятка 2) тех. вал

shaggy ['ʃægɪ] лохматый

shake [ʃeɪk] 1. v (shook; shaken) 1) трясти, встряхивать; ~ hands обменяться рукопожатием 2) дрожать 2. n встряска

shaken ['ʃeɪkn] p. p. от shake 1

shall [ʃæl] (should) 1) как вспомогат. глагол служит для образования будущего времени 1-го лица ед. и мн. ч. 2) во 2 и 3 л. выражает долженствование, уверен-

ность в чём-л.; he ~ be there at six ему нужно быть там в 6

shallow ['ʃæləu] 1. a 1) мёлкий 2) повёрхностный 2. n (от)мель

sham [ʃæm] 1) обман 2) поддёлка

shame [ʃeɪm] 1. n стыд, позор ◇ ~ on you! как тебё не стыдно! 2. v стыдить; ~ful ['ʃeɪmful] позорный; ~less ['ʃeɪmlɪs] бесстыдный

shampoo [ʃæm'pu:] шампунь

shape [ʃeɪp] форма; очертание; ~less ['ʃeɪplɪs] бесформённый

share [ʃɛə] 1. n 1) часть, доля 2) пай; акция 2. v 1) делить(ся) 2) разделять; имёть долю (в чём-л.); участвовать; ~holder ['ʃɛə həuldə] пайщик; держатель акций

shark [ʃɑ:k] акула

sharp [ʃɑ:p] 1. a 1) острый 2) рёзкий 2. n муз. диёз; ~en ['ʃɑ:pən] точить

shatter ['ʃætə] 1) разбить(ся) вдрёбезги 2) расшатать (здоровье)

shave [ʃeɪv] 1. v (shaved; shaved, shaven) брить(ся) 2. n бритьё

shaven ['ʃeɪvn] p. p. от shave 1

shaving ['ʃeɪvɪŋ] бритьё

shawl [ʃɔ:l] платок, шаль

she [ʃi:] она

shear [ʃɪə] стричь (овец)

shed I [ʃed] (shed; shed)
1) ронять, терять *(шерсть, листья)* 2) проливать, лить *(слёзы, кровь)*

shed II [ʃed] сарай

sheep [ʃi:p] овца; ~dog ['ʃi:pdɔg] овчарка

sheer [ʃɪə] явный

sheet [ʃi:t] 1) простыня 2) лист *(бумаги, железа)*

shelf [ʃelf] полка

shell [ʃel] 1. *n* 1) скорлупа 2) раковина 3) оболочка 4) гильза *(патрона)* 5) снаряд 2. *v* 1) чистить, снимать скорлупу 2) бомбардировать

shelter ['ʃeltə] 1. *n* приют, кров; убежище 2. *v* приютить; укрыть(ся)

shelves [ʃelvz] *pl от* shelf

shepherd ['ʃepəd] пастух

shield [ʃi:ld] 1. *n* щит 2. *v* защищать; прикрывать

shift [ʃɪft] 1. *v* перекладывать; передвигать 2. *n* смена

shilling ['ʃɪlɪŋ] шиллинг

shin [ʃɪn] голень

shine [ʃaɪn] (shone; shone) сиять, светить(ся); блестеть

ship [ʃɪp] 1. *n* корабль, судно 2. *v* отправлять *(пароходом)*; ~ment ['ʃɪpmənt] 1) погрузка 2) груз; ~wreck ['ʃɪprek] кораблекрушение; ~yard ['ʃɪpja:d] верфь

shirt [ʃə:t] мужская рубашка

shiver ['ʃɪvə] 1. *v* дрожать 2. *n* дрожь

shock [ʃɔk] 1. *n* 1) удар, толчок 2) потрясение 2. *v*

потрясать; шокировать; ~ing ['ʃɔkɪŋ] возмутительный, ужасный

shod [ʃɔd] *past и p. p. от* shoe 2

shoe [ʃu:] 1. *n* ботинок, туфля 2. *v* (shod; shod) подковывать; ~maker ['ʃu:meɪkə] сапожник

shone [ʃɔn] *past и p. p. от* shine

shook [ʃuk] *past от* shake 1

shoot [ʃu:t] 1. *v* (shot; shot) 1) стрелять 2) застрелить 3) пускать ростки 2. *n* побег, росток

shop [ʃɔp] *n* 1) магазин, лавка; ~ window витрина 2) мастерская; цех; ~ping ['ʃɔpɪŋ]; go ~ping делать покупки

shore [ʃɔ:] берег

short [ʃɔ:t] 1) короткий; низкорослый 2): be ~ of испытывать недостаток в

shortage ['ʃɔtɪdʒ] недостаток *(в чём-л.)*

shortcoming ['ʃɔ:tkʌmɪŋ] недостаток; дефект

shorten ['ʃɔ:tn] сокращать(ся), укорачивать(ся)

shorthand ['ʃɔ:thænd] стенография

shortly ['ʃɔ:tlɪ] 1) незадолго 2) вскоре 3) резко

shorts ['ʃɔ:ts] *pl* трусики; шорты

shortsighted [ʃɔ:t'saɪtɪd] близорукий; *перен.* недальновидный shot I [ʃɔt] *past u p. p. от* shoot 1

shot II [ʃɔt] 1) вы́стрел 2) дробь 3) стрело́к 4) *кино* кадр

should [ʃud] *мода́льный глаго́л; выража́ет долженствова́ние*: you ~ be more careful вы должны́ быть бо́лее осторо́жны

shoulder [ʃəuldə] 1. *n* плечо́ 2. *v* 1) прота́лкиваться 2) взвали́ть *(на спи́ну)*; брать на себя́ *(ответственность, вину́)*

shout [ʃaut] 1. *v* крича́ть 2. *n* крик

shove [ʃʌv] 1. *v* толка́ть(ся), пиха́ть 2. *n* толчо́к

shovel [ʃʌvl] лопа́та

show [ʃəu] 1. *v* (showed; showed, shown) пока́зывать(ся); ~ in ввести́ *(в дом, в ко́мнату)*; ~ off хва́статься 2. *n* 1) вы́ставка 2) спекта́кль, шоу

shower [ʃauə] 1. *n* ли́вень, дождь; ~ bath душ 2. *v* лить как из ведра́

shown [ʃəun] *p. p. от* show 1

shrank [ʃræŋk] *past от* shrink

shrewd [ʃru:d] 1) проница́тельный 2) ло́вкий *(делец)*

shriek [ʃri:k] 1. *v* крича́ть; вскри́кнуть 2. *n* пронзи́тельный крик

shrill [ʃrɪl] ре́зкий, пронзи́тельный

shrink [ʃrɪŋk] (shrank, shrunk; shrunk) 1) отпря́нуть 2) сади́ться *(о мате́рии)*

shrubbery [ʃrʌbərɪ] куста́рник

shrug [ʃrʌg]: ~ one's shoulders пожима́ть плеча́ми

shrunk [ʃrʌŋk] *past u p. p. от* shrink

shudder [ʃʌdə] 1. *n* дрожь 2. *v* вздра́гивать; содрога́ться

shut [ʃʌt] (shut, shut) закрыва́ть(ся); ~ in запира́ть; ~ off выключа́ть *(ток, во́ду и т.п.)*; ~ up: ~ up! молчи́!

shutter [ʃʌtə] 1) ста́вень 2) затво́р

shy [ʃaɪ] ро́бкий, засте́нчивый; be ~ стесня́ться; робе́ть

sick [sɪk] больно́й; be ~ of пресы́титься; I am ~ of мне надое́ло

sickle [sɪkl] серп

sick leave [sɪkli:v] о́тпуск по боле́зни

sick list [sɪklɪst] бюллете́нь

sickly [sɪklɪ] хи́лый, боле́зненный

sickness [sɪknɪs] 1) боле́знь 2) тошнота́, рво́та

side [saɪd] сторона́; бок; ~ by ~ ря́дом; ~walk [saɪdwɔ:k] *амер.* тротуа́р; ~ways [saɪdweɪz] 1) бо́ком 2) ко́свенно

siege [si:dʒ] оса́да

sieve [sɪv] решето́, си́то

sigh [saɪ] 1. *v* вздыхáть 2. *n* вздох

sight [saɪt] 1) зрéние 2) вид; зрéлище; catch ~ of увúдеть 3) *pl* достопримечáтельности

sign [saɪn] 1. *n* 1) знак 2) прúзнак 2. *v* распúсываться, подпúсывать(ся)

signal ['sɪgnəl] 1. *n* сигнáл, знак 2. *v* сигнализúровать

signature ['sɪgnɪtʃə] пóдпись

signboard ['saɪnbɔːd] вúвеска

significance [sɪg'nɪfɪkəns] значéние

significant [sɪg'nɪfɪkənt] вáжный, сущéственный; многозначúтельный

signify ['sɪgnɪfaɪ] 1) знáчить, означáть 2) имéть значéние

silence ['saɪləns] 1. *n* молчáние, тишинá 2. *v* застáвить замолчáть; заглушúть

silent ['saɪlənt] безмóлвный, молчалúвый

silk [sɪlk] шёлк

sill [sɪl] подокóнник

silly ['sɪlɪ] глýпый

silver ['sɪlvə] 1. *n* серебрó 2. *a* серéбряный

similar ['sɪmɪlə] схóдный, подóбный

simple ['sɪmpl] простóй, неслóжный

simultaneous [sɪməl'teɪnjəs] одновремéнный, синхрóнный

sin [sɪn] 1. *n* грех 2. *v* (со)грешúть

since [sɪns] 1. *prep* с; she hasn't seen him ~ last year онá не вúдела егó с прóшлого гóда 2. *conj* 1) с тех пóр как; where have you been ~ I saw you last? где вы бúли с тех пóр, как я вас вúдел в послéдний раз? 2) так как; sit down ~ you are here садúтесь, раз уж вы тут 3. *adv* с тех пóр; I've never been there ~ с тех пóр я там не был

sincere [sɪn'sɪə] úскренний; ~ly [-lɪ] úскренне

sincerity [sɪn'serɪtɪ] úскренность

sing [sɪŋ] (sang; sung) 1) петь 2) воспевáть; ~er ['sɪŋə] певéц; певúца

single ['sɪŋgl] 1. *a* 1) едúнственный; not a ~ ни одногó 2) отдéльный 3) холостóй; незамýжняя 2. *v* выбирáть, отбирáть

singular ['sɪŋgjulə] 1. *a* стрáнный; необúчный 2. *n* *грам.* едúнственное числó

sink I [sɪŋk] (sank; sunk) 1) тонýть, погружáться 2) опускáться; осéдать 3) топúть; ~ a ship потопúть корáбль

sink II [sɪŋk] рáковина (*водопровóдная*)

sir [sə:] сэр, господúн

sister ['sɪstə] сестрá; ~-in-law ['sɪstərɪnlɔ:] невéстка; золóвка

sit [sɪt] (sat; sat) 1) сидеть
2) заседать; ~ down садиться
site [saɪt] местонахожде́-
ние, местоположе́ние
sitting ['sɪtɪŋ] заседа́ние; ~
room гости́ная
situated ['sɪtjueɪtɪd] располо́женный
situation [sɪtju'eɪʃn] 1) местоположе́ние 2) до́лжность
3) обстоя́тельства, ситуа́ция
six [sɪks] шесть; ~teen
[sɪks'ti:n] шестна́дцать;
~teenth [sɪks'ti:nθ] шестна́дцатый; ~th [-θ] шесто́й;
~tieth ['sɪkstɪɪθ] шестидеся́тый; ~ty ['sɪkstɪ] шестьдеся́т
size [saɪz] разме́р, величина́
skate [skeɪt] 1. *n* спорт.
конёк 2. *v* ката́ться на коньках
skateboard ['skeɪtbɔ:d]
скейтборд
skating rink ['skeɪtɪŋrɪŋk]
като́к
skein [skeɪn] мото́к пря́жи
skeleton ['skelɪtn] скеле́т;
о́стов
sketch [sketʃ] 1. *n* 1) эски́з; набро́сок; рису́нок 2)
скетч 2. *v* набра́сывать
(план, рисунок и т.п.)
ski [ski:] 1. *n* лы́жа; лы́жи
2. *v* (skied; skied) ходи́ть на
лы́жах
skied [ski:d] *past и p. p.
от* ski 2
skier ['ski:ə] лы́жник
skiing ['ski:ɪŋ] лы́жный
спорт

skilful ['skɪlful] иску́сный,
уме́лый
skill [skɪl] иску́сство; мастерство́; ло́вкость; ~ed [-d]
квалифици́рованный; иску́сный
skin [skɪn] 1. *n* ко́жа;
шку́ра; кожура́ 2. *v* сдира́ть
ко́жу
skin diving ['skɪndaɪvɪŋ]
подво́дное пла́вание в ма́ске
skirt [skə:t] ю́бка
skull [skʌl] че́реп
sky [skaɪ] не́бо; ~lark
['skaɪlɑ:k] жа́воронок
skyscraper ['skaɪskreɪpə]
небоскрёб
slacken ['slækən] ослабля́ть; ослабева́ть
slalom ['sleɪləm] сла́лом
slander ['slɑ:ndə] 1. *n*
клевета́ 2. *v* клевета́ть
slang [slæŋ] жарго́н, сленг
slap [slæp] шлёпать, хло́пать
slapstick ['slæpstɪk] дешё́вый, гру́бый фарс
slate [sleɪt] 1) сла́нец, ши́фер 2) гри́фельная доска́
slaughter ['slɔ:tə] 1. *n* резня́; убо́й 2. *v* ре́зать; убива́ть
Slav [slɑ:v] 1. *a* славя́нский 2. *n* славяни́н
slave [sleɪv] раб; ~ry
['sleɪvərɪ] ра́бство
sled [sled] *см.* sledge
sledge [sledʒ] са́ни
sleep [sli:p] 1. *n* сон 2. *v*
(slept; slept) спать
sleeping car ['sli:pɪŋkɑ:]
спа́льный ваго́н

sleeping pills ['sli:pɪŋpɪlz] снотво́рное сре́дство

sleepy ['sli:pɪ] со́нный; сонли́вый

sleeve [sli:v] рука́в

slender ['slendə] то́нкий, стро́йный

slept [slept] *past и p. p. от* sleep 2

slice [slaɪs] ло́мтик

slid [slɪd] *past и p. p. от* slide 1

slide [slaɪd] 1. *v* (slid; slid) скользи́ть 2. *n* 1) слайд 2) зако́лка; ~ fastener застёжка «мо́лния»; ~ rule логарифми́ческая лине́йка

slight [slaɪt] лёгкий, незначи́тельный; ~est ['slaɪ tɪst] мале́йший; ~ly ['slaɪtlɪ] слегка́

slim [slɪm] то́нкий, стро́йный

slime [slaɪm] 1) слизь 2) ли́пкая грязь, ил

slip [slɪp] 1. *v* 1) скользи́ть 2) поскользну́ться 3) вы́скользнуть 4) сде́лать оши́бку 2. *n* 1) скольже́ние 2) оши́бка, обмо́лвка; про́мах; make a ~ сде́лать оши́бку 3) комбина́ция *(бельё)* ◇ ~ of paper бума́жка

slipper ['slɪpə] 1) ту́фля- -ло́дочка 2) ко́мнатная ту́фля

slippery ['slɪpərɪ] ско́льзкий

slogan ['sləugən] ло́зунг

slope [sləup] отко́с; склон

168

slot machine ['slɔtməʃi:n] (торго́вый) автома́т

slow [sləu] 1. *a* ме́дленный; медли́тельный; my watch is ~ мои́ часы́ отстаю́т 2. *v:* ~ down замедля́ть(ся); ~ly ['sləulɪ] ме́дленно

sly [slaɪ] хи́трый; on the ~ тайко́м

small [smɔ:l] ма́ленький, ме́лкий

smart [smɑ:t] наря́дный; изя́щный

smash [smæʃ] разбива́ть(ся) вдре́безги

smell [smel] 1. *n* 1) за́пах 2) обоня́ние 2. *v* (smelt; smelt) 1) па́хнуть 2) обоня́ть; ню́хать

smelt I [smelt] *past и p. p. от* smell 2

smelt II [smelt] пла́вить

smile [smaɪl] 1. *n* улы́бка 2. *v* улыба́ться

smoke [sməuk] 1. *n* дым 2. *v* 1) дыми́ть(ся) 2) кури́ть 3) оку́ривать, копти́ть

smoking car ['sməukɪŋkɑ:] ваго́н для куря́щих

smoking room ['sməu kɪŋru:m] кури́тельная ко́мната

smooth [smu:ð] 1. *a* 1) гла́дкий; ро́вный 2) пла́вный 2. *v* сгла́живать; ~ over смягча́ть

snack [snæk] заку́ска; ~ bar заку́сочная

snake [sneɪk] змея́

snap I [snæp] 1) ца́пнуть,

укуси́ть 2) огрыза́ться 3) щёлкать *(чем-л.)*

snap II [snæp] 1) щёлканье 2) треск 3) защёлка, щеко́лда; ~ fastener кно́пка *(застёжка)*

snare [snɛə] лову́шка

snarl [snɑ:l] 1. *v* рыча́ть; огрыза́ться 2. *n* 1) рыча́ние 2) ворча́ние

snatch [snætʃ] хвата́ть(ся); схвати́ть(ся)

sneer [snɪə] 1. *n* усме́шка; насме́шка 2. *v* насмеха́ться, издева́ться

sneeze [sni:z] 1. *v* чиха́ть 2. *n* чиха́нье

sniff [snɪf] сопе́ть; ~ at ню́хать

snore [snɔ:] 1. *v* храпе́ть 2. *n* храп

snow [snəu] 1. *n* снег 2. *v:* it ~s, it is ~ing идёт снег; ~ball ['snəubɔ:l] снежо́к; ~storm ['snəustɔ:m] мете́ль

snub-nosed [snʌb'nəuzd] курно́сый

snug [snʌg] ую́тный

so [səu] так; таки́м о́бразом; ита́к; so far до сих пор, пока́; so long! *амер.* пока́!

soak [səuk] 1) намочи́ть; пропи́тывать 2) проса́чиваться

so-and-so ['səuənsəu] тако́й-то *(вместо имени)*

soap [səup] 1. *n* мы́ло 2. *v* намы́ливать

sob [sɔb] 1. *n* рыда́ние, всхли́пывание 2. *v* рыда́ть, всхли́пывать

sober ['səubə] тре́звый

soccer ['sɔkə] футбо́л

sociable ['səuʃəbl] общи́тельный

social ['səuʃəl] обще́ственный; социа́льный

socialism ['səuʃəlɪzm] социали́зм

socialist ['səuʃəlɪst] 1. *n* социали́ст 2. *a* социалисти́ческий

society [sə'saɪətɪ] о́бщество

sock [sɔk] носо́к

socket ['sɔkɪt] 1) патро́н *(эл. лампочки)* 2) глазна́я впа́дина

soda ['səudə] 1) со́да 2) газиро́ванная вода́

sofa ['səufə] дива́н

soft [sɔft] мя́гкий, не́жный, ти́хий; ~-boiled ['sɔftbɔild] всмя́тку *(о яйце)*; ~en ['sɔfn] смягча́ть(ся)

software ['sɔftwɛə] програ́ммное обеспе́чение

soil I [sɔil] земля́, по́чва

soil II [sɔil] па́чкать(ся), грязни́ть(ся)

soiree ['swɑ:reɪ] вече́рний приём *(с концертом)*

sold [səuld] *past и p. p. от* sell

solder ['sɔldə] пая́ть

soldier ['səuldʒə] солда́т, во́ин

sole I [səul] 1. *n* подо́шва; подмётка 2. *v* ста́вить подмётку

sole II [səul] еди́нственный

solemn ['sɔləm] серьёзный; торжественный

solicitor [sə'lɪsɪtə] присяжный; стряпчий; поверенный

solid ['sɔlɪd] 1. *a* 1) твёрдый 2) сплошной 3) крепкий 4) солидный; основательный 2. *n физ.* твёрдое тело

solitary ['sɔlɪtərɪ] одинокий; уединённый

solitude ['sɔlɪtjuːd] одиночество; уединение

solution [sə'luːʃn] 1) решение 2) раствор

solve [sɔlv] решать, разрешать

sombre ['sɔmbə] тёмный, мрачный

some [sʌm] 1. *a* 1) какой--либо, какой-нибудь; некоторый; некий 2) несколько 2. *pron* 1) некоторые 2) некоторое количество; ~body ['sʌmbədɪ] кто-то; некто; ~how ['sʌmhau] как-нибудь; ~one ['sʌmwʌn] *см.* somebody; ~thing ['sʌmθɪŋ] что-то, кое-что; нечто; ~times ['sʌmtaɪmz] иногда; ~what ['sʌmwɔt] несколько, до некоторой степени; ~where ['sʌmwɛə] где-нибудь; куда-нибудь

son [sʌn] сын

sonde [sɔnd] зонд

song [sɔŋ] песня

sonic ['sɔnɪk]: ~ barrier звуковой барьер

son-in-law ['sʌnɪnlɔː] зять

soon [suːn] вскоре, скоро; as ~ as как только

soot [sut] сажа

soothe [suːð] 1) успокаивать, утешать 2) облегчать *(боль)*

sorcery ['sɔːsərɪ] колдовство

sore [sɔː] 1. *a* 1) чувствительный, болезненный; I have a ~ throat у меня болит горло 2) огорчённый; обиженный; my heart is ~ у меня болит сердце 2. *n* болячка; рана

sorrow ['sɔrəu] горе, печаль; скорбь; ~ful ['sɔrəful] печальный; скорбный

sorry ['sɔrɪ]: be ~ жалеть; быть огорчённым; ~! виноват; I'm (so) ~! простите!

sort [sɔːt] 1. *n* сорт; род, вид 2. *v* сортировать, разбирать

sought [sɔːt] *past и p.p. от* seek

soul [səul] душа

sound I [saund] 1. *n* звук 2. *v* звучать

sound II [saund] 1) здоровый, крепкий; safe and ~ цел и невредим 2) здравый, правильный

sound III [saund] измерять глубину

soup [suːp] суп

sour ['sauə] кислый; turn ~ прокисать

source [sɔːs] 1) источник 2) начало

souse [saus] 1. *v* солить;

мариновáть 2. *n* рассóл; маринáд

south [sauθ] 1. *n* юг 2. *a* ю́жный 3. *adv* на юг(е), к ю́гу

southern ['sʌðən] ю́жный

sovereign ['sɔvrɪn] 1) монáрх; повели́тель 2) соверéн *(золотая монета в 1 фунт стерлингов);* ~ty ['sɔvrəntɪ] суверенитéт

Soviet ['səuvɪet] 1. *n* совéт *(орган государственной власти)* 2. *a* совéтский

sow [səu] (sowed; sown, sowed) сéять, засевáть; ~n [-n] *p.p. om* sow

space [speɪs] 1) прострáнство 2) расстоя́ние, протяжéние 3) кóсмос

spaceman ['speɪsmən] космонáвт

spaceship ['speɪsʃɪp] косми́ческий корáбль

spacious ['speɪʃəs] 1) простóрный; обши́рный; помести́тельный 2) *перен.* широ́кий, большóй

spade [speɪd] лопáта; зáступ ◇ call a ~ a ~ называ́ть вéщи свои́ми именáми

Spaniard ['spænjəd] испáнец

Spanish ['spænɪʃ] испáнский

spare [spɛə] 1. *v* 1) щади́ть, берéчь 2) эконом́ить 3) уделя́ть *(время и т.п.)* 2. *a* запáсный, ли́шний

spark [spɑːk] и́скра, вспы́шка

sparkle ['spɑːkl] сверкáть; и́скри́ться

sparrow ['spærəu] воробéй

spat [spæt] *past u p. p. om* spit

speak [spiːk] (spoke; spoken) говори́ть, разговáривать; ~er ['spiːkə] 1) орáтор 2): the Speaker спи́кер *(в парламенте)*

spear [spɪə] дрóтик; копьё

spearmint ['spɪəmɪnt] мя́та

special ['speʃəl] 1) специáльный 2) осóбый 3) э́кстренный; ~ist [-ɪst] специали́ст; ~ize [-aɪz] специализи́роваться

specific [spɪ'sɪfɪk] 1) характéрный 2) осóбый, специфи́ческий 3) определённый 4) *физ.* удéльный; ~ weight удéльный вес

specify ['spesɪfaɪ] тóчно определя́ть, устанáвливать

specimen ['spesɪmɪn] образéц, обрáзчик

spectacle ['spektəkl] зрéлище

spectacles ['spektəklz] *pl* очки́

spectator [spek'teɪtə] зри́тель

speculate ['spekjuleɪt] 1) размышля́ть; стрóить догáдки 2) спекули́ровать

speculation [spekju'leɪʃn] 1) размышлéние; предположéние 2) спекуля́ция

sped [sped] *past u p. p. om* speed 2

speech [spi:tʃ] речь; ~less ['spi:tʃlıs] безмолвный

speed [spi:d] 1. *n* скорость, быстрота 2. *v* (sped, sped) спешить; ~ up ускорять

spell I [spel] чары, обаяние

spell II [spel] (spelt; spelt) писать *или* произносить по буквам; ~ing ['spelıŋ] правописание

spelt [spelt] *past и p. p. от* spell II

spend [spend] (spent; spent) 1) тратить, расходовать 2) проводить *(время)*

spent [spent] *past и p. p. от* spend

sphere [sfıə] 1) шар 2) сфера; поле деятельности

spice [spaıs] пряность; *собир.* специи

spider ['spaıdə] паук; ~'s web паутина

spike [spaık] 1) остриё 2) шип

spill [spıl] (spilt; spilt) 1) проливать(ся) 2) рассыпать(ся)

spilt [spılt] *past и p. p. от* spill

spin [spın] (spin; spun) 1) прясть 2) крутить(ся)

spine [spaın] позвоночный столб, позвоночник

spinster ['spınstə] незамужняя женщина; старая дева

spire ['spaıə] шпиль

spirit I ['spırıt] 1) дух 2)

pl настроение; high ~s хорошее настроение; low ~s плохое настроение

spirit II ['spırıt] 1) спирт 2) *pl* спиртные напитки

spirited ['spırıtıd] живой; бойкий

spiritual ['spırıtjuəl] духовный

spit [spıt] (spat; spat) плевать(ся)

spite [spaıt] злость; злоба ◇ in ~ of несмотря на; ~ful ['spaıtful] злобный

splash [splæʃ] 1. *v* брызгать(ся); забрызгать; плескать(ся) 2. *n* плеск; брызги

splendid ['splendıd] великолепный, роскошный; блестящий

splendour ['splendə] великолепие, роскошь; блеск

splinter ['splıntə] 1) щепка; осколок 2) заноза

split [splıt] 1. *v* (split; split) колоть; раскалывать(ся) 2. *n* 1) раскол 2) трещина

spoil [spɔıl] 1. *v* (spoilt, spoiled; spoilt, spoiled) 1) портить(ся) 2) баловать 2. *n* добыча; ~t [-t] *past и p. p. от* spoil 1

spoke [spəuk] *past от* speak; ~n ['spəukən] *p. p. от* speak

sponge [spʌndʒ] 1. *n* губка; ~ cake бисквит 2. *v* 1) мыть губкой 2) жить за чей-л. счёт

sponsor ['spɔnsə] 1. *v* 1) ручаться 2) устраивать 3)

субсиди́ровать 2. *n* 1) пору-
чи́тель 2) организа́тор 3)
спо́нсор

spontaneous [spɔn'teɪnjəs]
1) самопроизво́льный 2) не-
посре́дственный

spool [spu:l] кату́шка;
шпу́лька

spoon [spu:n] ло́жка

sport [spɔ:t] 1) спорт 2)
развлече́ние

sportsman ['spɔ:tsmən]
спортсме́н

spot [spɔt] 1) пятно́ 2) ме́-
сто 3) пры́щик; ~less
['spɔtlɪs] безупре́чный

spout [spaut] 1) но́сик
(посуды) 2) жёлоб

sprang [spræŋ] *past om*
spring I, 1

spray [spreɪ] 1. *v* 1) опры́-
скивать 2) распыля́ть 2. *n* 1)
бры́зги 2) пульвериза́тор;
спрей

spread [spred] (spread;
spread) 1) расстила́ть *(скатерть и т.п.)* 2) распрост-
раня́ться 3) простира́ться

spring I [sprɪŋ] 1. *v*
(sprang; sprung) 1) пры́гать;
вска́кивать 2) проистека́ть 2.
n 1) прыжо́к 2) пружи́на 3)
исто́чник, ключ

spring II [sprɪŋ] весна́

sprinkle ['sprɪŋkl] бры́з-
гать

sprout [spraut] 1. *v* пус-
ка́ть ростки́ 2. *n* отро́сток,
побе́г

sprung [sprʌŋ] *p. p. om*
spring I, 1

spume [spju:m] пе́на

spun [spʌn] *past и p. p.
om* spin

spur [spə:] 1. *n* 1) шпо́ра
2) сти́мул 2. *v* 1) пришпо́ри-
вать 2) подстрека́ть

spy [spaɪ] 1. *n* шпио́н 2. *v*
шпио́нить

squad [skwɔd] 1) гру́ппа
2) кома́нда 3) отря́д

squadron ['skwɔdrən] 1)
эскадро́н 2) *мор.* эска́дра

square [skwɛə] 1. *a* квад-
ра́тный 2. *n* 1) квадра́т; пря-
моуго́льник 2) пло́щадь;
сквер

squash [skwɔʃ] 1. *v* да-
ви́ть; сжима́ть 2. *n* да́вка;
толпа́

squeeze [skwi:z] 1. *v* 1)
выжима́ть 2) сжима́ть; да-
ви́ть 3) впи́хивать 4) проти́-
скиваться 2. *n* сжа́тие; да́вка

squint [skwɪnt] 1. *n* косо-
гла́зие 2. *v* коси́ть *(о глазах)*

squirrel ['skwɪrəl] бе́лка

stab [stæb] 1. *v* заколо́ть;
уда́рить ножо́м 2. *n* уда́р
(ножо́м и т.п.)

stability [stə'bɪlɪtɪ] 1) ус-
то́йчивость 2) сто́йкость,
про́чность

stable I ['steɪbl] 1) усто́й-
чивый 2) сто́йкий; про́чный

stable II ['steɪbl] коню́шня

stack [stæk] 1) стог 2) ку́-
ча, гру́да

stadium ['steɪdjəm] стади-
о́н

staff [stɑ:f] 1) штат; пер-
сона́л 2) *воен.* штаб

stag [stæg] 1. *n* олень-самéц 2. *a* холостяцкий

stage I [steɪdʒ] 1. *n* сцéна 2. *v* инсценировать, стáвить *(пьесу)*

stage II [steɪdʒ] фáза, стáдия

stagger ['stægə] шатáться

stagnation [stæg'neɪʃn] застóй

stain [steɪn] 1. *n* пятнó 2. *v* пятнáть; пáчкать

stainless ['steɪnlɪs] безупрéчный; ~ steel нержавéющая сталь

stair [steə] 1) ступéнька 2) *pl* лéстница; ~case ['steəkeɪs] лéстница

stake [steɪk] стáвка, заклáд *(в пари)*

stale [steɪl] 1) чéрствый 2) зáтхлый; ~ joke избитая шýтка

stalk [stɔ:k] стéбель

stall [stɔ:l] 1) стóйло 2) ларёк 3) *театр.* крéсло в партéре

stallion ['stæljən] жеребéц

stammer ['stæmə] заикáться, запинáться

stamp [stæmp] 1. *v* 1) тóпать ногóй 2) наклáдывать штамп 3) наклéивать мáрку 2. *n* 1) почтóвая мáрка 2) штамп; штéмпель

stand [stænd] 1. *v* (stood; stood) 1) стоять 2) постáвить 3) выдéрживать, выносить; ~ up for защищáть 2. *n* 1) позиция 2) стóйка; стенд

standard ['stændəd] 1. *n* 1) знáмя 2) мерило, стандáрт; ~ of living жизненный ýровень 2. *a* стандáртный

standpoint ['stændpɔɪnt] тóчка зрéния

standstill ['stændstɪl]: be at a ~ остановиться на мёртвой тóчке

staple ['steɪpl] скреплять

star [stɑ:] звездá

starch [stɑ:tʃ] 1. *n* крахмáл 2. *v* крахмáлить

stare [steə] 1. *v* пристáльно смотрéть; глазéть 2. *n* пристáльный взгляд

starling ['stɑ:lɪŋ] скворéц

start [stɑ:t] 1. *v* 1) начинáть 2) отправляться 3) вскочить 4) вздрáгивать 2. *n* 1) начáло 2) *спорт.* старт

startle ['stɑ:tl] 1) испугáть 2) поражáть

starvation [stɑ:'veɪʃn] гóлод; истощéние

starve [stɑ:v] 1) голодáть; умирáть от гóлода 2) морить гóлодом

state I [steɪt] 1) госудáрство 2) штат

state II [steɪt] 1. *n* состояние 2. *v* заявлять; формулировать

stately ['steɪtlɪ] величáвый, величественный

statement ['steɪtmənt] заявлéние, утверждéние

statesman ['steɪtsmən] госудáрственный дéятель

station ['steɪʃn] 1. *n* 1) стáнция, вокзáл 2) общéственное положе́ние 2. *v* ста́вить, размеща́ть

stationary ['steɪʃnərɪ] 1) неподви́жный 2) постоя́нный

stationery ['steɪʃnərɪ] писчебума́жные принадле́жности

statistics [stə'tɪstɪks] стати́стика

statue ['stætju:] ста́туя; па́мятник

stature ['stætʃə] рост; of high ~ высо́кого ро́ста; grow in ~ расти́

statute ['stætju:t] 1) зако́н; стату́т 2) уста́в

stay [steɪ] 1. *v* 1) остава́ться 2) остана́вливаться; гости́ть *(у кого-л.)* 2. *n* 1) пребыва́ние 2) остано́вка

stay-at-home ['steɪəthəum] домосе́д (ка)

steady ['stedɪ] 1. *a* 1) усто́йчивый 2) постоя́нный; ро́вный 2. *v* де́лать (ся) усто́йчивым

steak [steɪk] бифште́кс

steal [sti:l] (stole; stolen) красть, ворова́ть

steam [sti:m] 1. *n* пар 2. *v* 1) выпуска́ть пар 2) разводи́ть пары́; ~er, ~ship ['sti:mə, 'sti:mʃɪp] парохо́д

steel [sti:l] 1. *n* сталь 2. *a* стально́й

steep [sti:p] круто́й

steer [stɪə] 1) пра́вить рулём, управля́ть *(машиной)* 2) направля́ть

stellar ['stelə] звёздный

stem [stem] ствол; сте́бель

step [step] 1. *n* 1) шаг; keep in ~ идти́ в но́гу 2) ступе́нька 2. *v* ступа́ть, шага́ть

stepdaughter ['stepdɔ:tə] па́дчерица

stepfather ['stepfɑ:ðə] о́тчим

stepmother ['stepmʌðə] ма́чеха

stepson ['stepsʌn] па́сынок

stereo ['sterɪəu] *сокр. от* stereophonic; ~ system *разг.* стереосисте́ма

stereophonic [sterɪə'fɔnɪk] стереофони́ческий

stern I [stə:n] суро́вый, стро́гий

stern II [stə:n] *мор.* корма́

stew [stju:] 1. *v* туши́ть *(мясо и т.п.)*; ~ed fruit компо́т 2. *n* тушёное мя́со

steward ['stjuəd] 1) официа́нт *(на парохо́де, самолёте)* 2) управля́ющий *(имением)*

stick I [stɪk] па́лка, трость

stick II [stɪk] (stuck; stuck) 1) втыка́ть 2) прикле́ивать (ся); ~ in застрева́ть; ~ to быть ве́рным; приде́рживаться

sticky ['stɪkɪ] ли́пкий, кле́йкий

stiff [stɪf] негну́щийся; засты́вший; *перен.* холо́дный, натя́нутый; ~en [-n] (о)коченеть; (о)деревене́ть

still I [stɪl] 1. *a* 1) ти́хий 2) неподви́жный ◇ ~ waters run deep ≈ в ти́хом о́муте чёрти вóдятся 2. *n* тишинá 3. *v* успокáивать

still II [stɪl] 1) до сих пóр; всё ещё; однáко 2) ещё *(в сравнении);* ~ better ещё лýчше

stimulant ['stɪmjulənt] 1) возбуждáющее срéдство 2) стímул

stimulate ['stɪmjuleɪt] побуждáть, стимулíровать

sting [stɪŋ] 1. *v* (stung; stung) жáлить 2. *n* 1) жáло 2) укýс

stir [stə:] 1. *v* 1) шевелíть(ся) 2) размéшивать 3) возбуждáть 2. *n* движéние, оживлéние; make a ~ возбудíть óбщий интерéс

stitch [stɪtʃ] 1. *n* стежóк, пéтля *(в вязании)* 2. *v* шить; ~ up зашивáть

stock [stɔk] 1) род, порóда 2) запáс; фонд; ~ exchange бíржа 3) акционéрный капитáл 4) áкция; ~broker ['stɔkbrəukə] биржевóй мáклер, брóкер; ~holder ['stɔkhəuldə] акционéр

stocking ['stɔkɪŋ] чулóк

stole [stəul] *past от* steal; ~n ['stəulən] *p. p. от* steal

stomach ['stʌmək] желýдок; живóт

stone [stəun] 1. *n* 1) кáмень 2) кóсточка *(плода)* 2. *a* кáменный 3. *v* 1) побíть камнями 2) вынимáть кóсточки *(из плодов)*

stood [stud] *past и p.p. от* stand 1

stool [stu:l] табурéтка

stoop [stu:p] 1) наклонять(ся), нагибáть(ся) 2) сутýлиться, гóрбиться

stop [stɔp] 1. *v* 1) остáнавливать(ся); прекращáть(ся) 2) затыкáть, задéлывать; пломбировáть *(зуб)* 2. *n* 1) останóвка; задéржка 2) знак препинáния; full ~ тóчка

stopper ['stɔpə] прóбка; затычка

storage ['stɔ:rɪdʒ] хранéние

store [stɔ:] 1. *n* 1) запáс 2) склад 3) магазíн; *pl* универмáг ◇ set great ~ by óчень ценíть, дорожíть 2. *v* 1) запасáть 2) хранíть на склáде

storey ['stɔ:rɪ] этáж

stork [stɔ:k] áист

storm [stɔ:m] 1. *n* 1) бýря; грозá 2) *воен.* штýрм 2. *v* 1) бушевáть 2) *воен.* штурмовáть; ~y ['stɔ:mɪ] бýрный

story ['stɔ:rɪ] расскáз, пóвесть; истóрия

stout [staut] 1) тóлстый, пóлный 2) крéпкий

stove [stəuv] печь, пéчка, кýхонная плитá

straight [streɪt] 1. *a* прямóй 2. *adv* прямо; ~en ['streɪtn] выпрямлять(ся)

strain [streɪn] 1. *v* 1) натягивать 2) напрягáть(ся) 2. *n* напряжéние

strait [streɪt] 1. *a* ýзкий 2. *n* 1) пролíв 2) *(обыкн. pl)* затрудни́тельное материа́льное положе́ние, нужда́

strange [streɪndʒ] 1) стра́нный 2) чужо́й; незнако́мый; ~r [ˈstreɪndʒə] незнако́мец; чужо́й, посторо́нний челове́к

strangle [ˈstræŋgl] 1) (за)души́ть 2) задыха́ться 3) подавля́ть

strap [stræp] 1. *n* реме́нь 2. *v* стя́гивать ремнём

straw [strɔ:] 1. *n* соло́ма; соло́минка 2. *a* соло́менный

strawberry [ˈstrɔ:bərɪ] земляни́ка; клубни́ка

stray [streɪ] 1. *v* сбива́ться с пути́ 2. *a* заблуди́вшийся ◇ ~ bullet шальна́я пу́ля

stream [stri:m] 1. *n* 1) пото́к; руче́й 2) тече́ние 2. *v* 1) течь, струи́ться 2) развева́ться

street [stri:t] у́лица; ~car [ˈstri:tkɑ:] *амер.* трамва́й

strength [streŋθ] си́ла; ~en [ˈstreŋθən] уси́ливать(ся); крепи́ть

stress [stres] 1. *n* 1) стресс 2) нажи́м, давле́ние 3) ударе́ние 2. *v* подчёркивать; ста́вить ударе́ние

stretch [stretʃ] 1. *v* 1) протя́гивать 2) растя́гивать(ся) 3) тяну́ться 2. *n* 1) вытя́гивание 2) протяже́ние ◇ at a ~ без переры́ва, подря́д

stretcher [ˈstretʃə] носи́лки

strict [strɪkt] 1) стро́гий 2) то́чный

strident [ˈstraɪdnt] ре́зкий, скрипу́чий

strike I [straɪk] (struck; struck) 1) ударя́ть(ся) 2): ~ a match заже́чь спи́чку 3) поража́ть 4) бить *(о часах)*

strike II [straɪk] 1. *n* ста́чка, забасто́вка 2. *v* бастова́ть; ~r [ˈstraɪkə] забасто́вщик

string [strɪŋ] 1. *n* 1) верёвка; тесёмка, шнуро́к; завя́зка 2) ни́тка *(бус)* 3) струна́ 4) ряд, верени́ца 2. *v* (strung; strung) 1) завя́зывать 2) натя́гивать *(струну)* 3) нани́зывать

strip [strɪp] 1. *v* 1) обдира́ть 2) раздева́ться 2. *n* лоску́т; поло́ска; полоса́

stripe [straɪp] 1) полоса́ 2) наши́вка; ~d [-t] полоса́тый

strive [straɪv] (strove; striven) 1) стара́ться 2) боро́ться; ~n [ˈstrɪvn] *p. p. om* strive

stroke [strəuk] 1. *n* 1) уда́р 2) взмах 2. *v* гла́дить, погла́живать

stroll [strəul] 1. *v* броди́ть, прогу́ливаться 2. *n* прогу́лка

strong [strɔŋ] си́льный; кре́пкий

strove [strəuv] *past om* strive

struck [strʌk] *past u p. p. om* strike I

structure [ˈstrʌktʃə] 1) строе́ние, структу́ра 2) постро́йка

struggle ['strʌgl] 1. v бо-
ро́ться 2. n борьба́

strung [strʌŋ] past и p. p.
от string 2

stubborn ['stʌbən] упо́р-
ный, упря́мый

stuck [stʌk] past и p. p. от
stick II

stud [stʌd] за́понка

student ['stju:dənt] 1) сту-
де́нт; уча́щийся 2) изуча́ю-
щий что-л.

study ['stʌdɪ] 1. n 1) изу-
че́ние 2) предме́т изуче́ния
3) кабине́т 4) этю́д 2. v 1)
изуча́ть 2) учи́ться, зани-
ма́ться

stuff [stʌʃ] 1. n вещество́;
материа́л 2. v 1) набива́ть 2)
фарширова́ть 3) затыка́ть

stumble ['stʌmbl] 1) спо-
тыка́ться 2) запина́ться

stumbling block ['stʌmb
lɪŋblɔk] ка́мень преткнове́ния

stump [stʌmp] 1) пень 2)
обру́бок

stun [stʌn] оглуша́ть; оше-
ломля́ть

stung [stʌŋ] past и p. p.
от sting 1

stupefy ['stju:pɪfaɪ] 1)
отупля́ть 2) изумля́ть, оше-
ломля́ть

stupid ['stju:pɪd] глу́пый,
тупо́й

stupor ['stju:pə] оцепене́-
ние

sturdy ['stə:dɪ] кре́пкий;
здоро́вый

sturgeon ['stə:dʒən] осётр

style [staɪl] 1) стиль; слог
2) мо́да; фасо́н

subdue [səb'dju:] подчи-
ня́ть; ~d [-d] пода́вленный

subject 1. a ['sʌbdʒɪkt] 1)
подчинённый; подвла́стный
2) (to) подве́рженный 2. n
['sʌbdʒɪkt] 1) предме́т, те́ма
2) грам. подлежа́щее 3. v
[səb'dʒekt] 1) подчиня́ть 2)
подверга́ть (де́йствию чего́-
-л.)

subjunctive [səb'dʒʌŋktɪv]
грам. сослага́тельное накло-
не́ние

submarine ['sʌbməri:n] 1.
a подво́дный 2. n подво́дная
ло́дка

submerge [səb'mə:dʒ] по-
гружа́ть(ся) в во́ду

submission [səb'mɪʃn] под-
чине́ние; поко́рность

submit [səb'mɪt] 1) подчи-
ня́ться; покоря́ться 2) пред-
ставля́ть на рассмотре́ние

subordinate [sə'bɔ:dənɪt]
подчинённый

subpoena [səb'pi:nə] пове́-
стка (в суд)

subscribe [səb'skraɪb] под-
пи́сываться; ~r [-ə] подпи́с-
чик

subscription [səb'skrɪpʃn]
1) по́дпись 2) подпи́ска

subsequent ['sʌbsɪkwənt]
после́дующий; ~ly [-lɪ] впос-
ле́дствии, пото́м

subside [səb'saɪd] 1) па́-
дать; убыва́ть 2) утиха́ть;
умолка́ть

substance ['sʌbstəns] 1)

сущность 2) вещество, материя

substitute ['sʌbstɪtjuːt] **1.** *n* 1) заместитель 2) заменитель, суррогат **2.** *v* заменять; замещать

subtle ['sʌtl] тонкий, неуловимый; ~ty [-tɪ] тонкость

subtract [səb'trækt] *мат.* вычитать; ~ion [səb'trækʃn] *мат.* вычитание

suburb ['sʌbəːb] 1) пригород 2) *pl* предместье, окрестности *(города)*; ~an [sə'bəːbən] пригородный

subway ['sʌbweɪ] 1) тоннель 2) *амер.* метрополитен

succeed [sək'siːd] 1) следовать *(за чем-л.)*; быть преемником 2) достигать цели; иметь успех; I ~ed in мне удалось

success [sək'ses] успех, ~ful [-ful] удачный, успешный

succession [sək'seʃn] 1) последовательность 2) непрерывный ряд

successively [sək'sesɪvlɪ] последовательно, по порядку

successor [sək'sesə] преемник, наследник

such [sʌtʃ] такой

suck [sʌk] сосать

sudden ['sʌdn] **1.** *a* внезапный **2.** *n:* all of a ~ вдруг, внезапно; ~ly [-lɪ] вдруг, внезапно

sue [sjuː] преследовать судебным порядком, возбуждать дело в суде

suffer ['sʌfə] страдать; ~ing ['sʌfərɪŋ] страдание

sufficient [sʌ'fɪʃənt] достаточный

suffix ['sʌfɪks] *грам.* суффикс

suffocate ['sʌfəkeɪt] 1) душить 2) задыхаться

suffrage ['sʌfrɪdʒ] право голоса; universal ~ всеобщее избирательное право

sugar ['ʃugə] сахар; ~ beet сахарная свёкла; ~cane [-keɪn] сахарный тростник; ~y ['ʃugərɪ] 1) сахарный 2) льстивый

suggest [sə'dʒest] 1) предлагать 2) внушать; намекать; ~ion [sə'dʒestʃn] 1) предложение 2) внушение

suicide ['sjuɪsaɪd] 1) самоубийство; commit ~ покончить с собой 2) самоубийца

suit [sjuːt] **1.** *n* 1) костюм 2) комплект, набор 3) прошение; *юр.* иск **2.** *v* 1) подходить; годиться 2) быть к лицу

suitable ['sjuːtəbl] подходящий

suitcase ['sjuːtkeɪs] чемодан

suite [swiːt] 1) свита 2) несколько комнат, аппартаменты

sulphur ['sʌlfə] сера

sultry ['sʌltrɪ] знойный, душный

sum [sʌm] **1.** *n* 1) сумма, итог 2) арифметическая задáча 2. *v:* ~ up подводи́ть ито́г

summary ['sʌmərɪ] крáткое изложéние, резюмé, свóдка

summer ['sʌmə] лéто

summit ['sʌmɪt] 1) верши́на 2) предéл; верх 3) встрéча в верхáх, на вы́сшем у́ровне

summon ['sʌmən] 1) вызывáть *(в суд)* 2) созывáть

sun [sʌn] сóлнце; ~beam ['sʌnbi:m] сóлнечный луч; ~-blind ['sʌnblaɪnd] тент, навéс; ~burn ['sʌnbə:n] загáр; ~burnt ['sʌnbə:nt] загорéлый

Sunday ['sʌndɪ] воскресéнье

sunflower ['sʌnflauə] подсóлнух

sung [sʌŋ] *p. p. от* sing

sunk [sʌŋk] *p. p. от* sink I

sunlight ['sʌnlaɪt] сóлнечный свет

sunny ['sʌnɪ] 1) сóлнечный 2) рáдостный

sunrise ['sʌnraɪz] восхóд сóлнца

sunset ['sʌnset] закáт

sunshine ['sʌnʃaɪn] сóлнечный свет

sunstroke ['sʌnstrəuk] сóлнечный удáр

superficial [sju:pə'fɪʃəl] повéрхностный, внéшний

superfluous [sju:'pə:fluəs] изли́шний, чрезмéрный

superintend [sju:prɪn'tend] надзирáть (за); ~ent [-ənt] управля́ющий, завéдующий

superior [sju:'pɪərɪə] 1. *a* вы́сший, превосходя́щий; лýчший 2. *n* стáрший, начáльник; ~ity [sju:pɪərɪ'ɔrɪtɪ] превосхóдство

superlative [sju:'pə:lətɪv] *грам.* превосхóдная стéпень

supermarket ['sju:pəma:kɪt] универсáльный магази́н самообслýживания; супермáркет

superstition [sju:pə'stɪʃn] суевéрие; предрассýдки

supper ['sʌpə] ýжин

supplement 1. *n* ['sʌplɪmənt] дополнéние, приложéние 2. *v* ['sʌplɪment] пополня́ть, дополня́ть

supply [sə'plaɪ] 1. *v* снабжáть; поставля́ть 2. *n* 1) снабжéние 2) запáс 3) *эк.* предложéние

support [sə'pɔ:t] 1. *v* 1) поддéрживать 2) содержáть 2. *n* поддéржка; ~er [-ə] сторóнник, привéрженец

suppose [sə'pəuz] предполагáть; полагáть

suppress [sə'pres] 1) подавля́ть 2) запрещáть *(газету)* 3) скрывáть *(правду)*; ~ion [sə'preʃn] 1) подавлéние 2) запрещéние *(газеты и т.п.)*

supreme [sju:'pri:m] вы́сший; верхóвный

sure [ʃuə] 1. *a* увéренный; несомнéнный; be ~ быть увéренным; a ~ way надёжный спóсоб 2. *adv* несомнéнно; навернякá; ~ly ['ʃuəlɪ] несомне́нно; коне́чно; ~ly you don't mean that! неуже́ли вы э́то всерьёз?

surf [sə:f] прибо́й

surface ['sə:fɪs] пове́рхность

surfing ['sə:fɪŋ] *спорт.* сёрфинг

surgeon ['sə:dʒn] 1) хиру́рг 2) вое́нный врач

surgery ['sə:dʒərɪ] 1) хирурги́я 2) приёмная *(хирурга)*

surname ['sə:neɪm] фами́лия

surpass [sə:'pɑ:s] превосходи́ть

surplus ['sə:pləs] 1. *n* изли́шек 2. *a* изли́шний

surprise [sə'praɪz] 1. *v* 1) удивля́ть; be ~d удивля́ться 2) захвати́ть враспло́х 2. *n* 1) удивле́ние 2) неожи́данность; сюрпри́з; take smb. by ~ захвати́ть кого́-л. враспло́х

surrender [sə'rendə] 1. *n* сда́ча, капитуля́ция 2. *v* сдава́ть(ся); капитули́ровать

surround [sə'raund] окружа́ть; ~ings [-ɪŋz] *pl* 1) окре́стности 2) среда́, окруже́ние

survey 1. *n* ['sə:veɪ] 1) обозре́ние, осмо́тр 2) топографи́ческая съёмка 2. *v* [sə:'veɪ] 1) обозрева́ть 2) межева́ть, де́лать съёмку

survive [sə'vaɪv] пережи́ть, вы́жить

survivor [sə'vaɪvə] уцеле́вший; оста́вшийся в живы́х

suspect 1. *v* [səs'pekt] подозрева́ть 2. *n* ['sʌspekt] подозрева́емый (челове́к)

suspend [səs'pend] 1) подве́шивать 2) приостана́вливать, отсро́чивать

suspenders [səs'pendəz] *амер.* подтя́жки

suspicion [səs'pɪʃn] подозре́ние

suspicious [səs'pɪʃəs] подозри́тельный

swallow I ['swɔləu] 1. *v* глота́ть, поглоща́ть 2. *n* глото́к; at a ~ одни́м глотко́м

swallow II ['swɔləu] ла́сточка

swam [swæm] *past om* swim

swamp [swɔmp] боло́то, топь

swan [swɔn] ле́бедь

swarm [swɔ:m] 1. *n* 1) рой 2) толпа́ 2. *v* 1) ро́иться 2) толпи́ться

sway [sweɪ] кача́ть(ся); раска́чивать(ся)

swear [swɛə] (swore; sworn) 1) кля́сться, присяга́ть 2) руга́ться

sweat [swet] 1. *n* пот 2. *v* 1) поте́ть 2) эксплуати́ровать

sweater ['swetə] сви́тер

Swede [swi:d] швед

Swedish ['swi:dɪʃ] шве́дский

sweep [swi:p] 1. *v* (swept; swept) 1) нести́сь 2) мести́; вымета́ть 3) смета́ть 2. *n* взмах, разма́х

sweet [swi:t] 1. *a* 1) слад-

кий 2) ми́лый 2. *n* 1) сла́д-
кое 2) *pl* конфе́ты, сла́дости

sweetheart ['swi:tha:t] 1)
возлю́бленный; -ая 2) доро-
го́й; -а́я *(как обращение)*

swell [swel] (swelled;
swollen) распуха́ть, вздува́ть-
ся

swelling ['sweliŋ] вы́пук-
лость; о́пухоль

swept [swept] *past и р. р.
от* sweep 1

swift [swift] ско́рый, бы́ст-
рый

swim [swim] (swam; swum)
плыть, пла́вать; ~mer
['swimə] пловéц; ~ming
['swimiŋ] пла́вание; ~ming
pool пла́вательный бассéйн

swindle ['swindl] 1. *n* об-
ма́н 2. *v* обма́нывать, наду-
ва́ть

swing [swiŋ] 1. *v* (swung;
swung) 1) кача́ть(ся) 2) раз-
ма́хивать 2. *n* 1) разма́х 2)
кача́ние 3) каче́ли

Swiss [swis] 1. *a* швейца́р-
ский 2. *n* швейца́рец

switch [switʃ] 1. *n* 1) прут,
хлыст 2) ж.-д. стре́лка 3) эл.
выключа́тель 2. *v* переклю-
ча́ть; ~ off выключа́ть; ~ on
включа́ть

swollen ['swəulən] *р. р. от*
swell

sword [sɔ:d] меч; шпа́га;
са́бля

swore [swɔ:] *past от* swear

sworn [swɔ:n] *р. р. от*
swear

swum [swʌm] *р. р. от*
swim

swung [swʌŋ] *past и р. р.
от* swing 1

syllable ['siləbl] слог; *перен.* слóво; not a ~ ни слóва

symbol ['simbəl] си́мвол,
знак

sympathize ['simpəθaiz]
сочу́вствовать

sympathy ['simpəθi] сочу́в-
ствие

symphony ['simfəni] сим-
фо́ния

symptom ['simptəm] при́-
знак, симптóм

syringe ['sirindʒ] шприц;
спринцо́вка

system ['sistim] систéма;
строй

T

table ['teibl] 1) стол 2)
пи́ща, стол 3) табли́ца;
~cloth [-klɔ:θ] ска́терть

tacit ['tæsit] молчали́вый;
~ agreement молчали́вый
угово́р

tact [tækt] такт; ~ful
['tæktful] такти́чный; ~less
['tæktlis] беста́ктный

tag [tæg] ярлы́к

tail [teil] хвост

tailor ['teilə] портнóй

take [teik] (took; taken)
брать; взять; ~ off снима́ть;
~ out вынима́ть ◇ ~ care
(по)забо́титься; ~ care! осто-

рожнее!; ~ place случа́ться;
~n ['teɪkn] p. p. om take
tale [teɪl] 1) расска́з, по́-
весть 2): tell ~s спле́тничать
talent ['tælənt] тала́нт;
~ed [-ɪd] тала́нтливый
talk [tɔ:k] 1. v говори́ть;
разгова́ривать 2. n разгово́р
tall [tɔ:l] высо́кий
tame [teɪm] 1. a ручно́й 2.
v прируча́ть; укроща́ть
tangerine [tændʒə'ri:n]
мандари́н (плод)
tangle ['tæŋgl] 1. n спле-
те́ние; пу́таница 2. v запу́-
тывать(ся)
tank [tæŋk] 1) бак; резер-
вуа́р 2) танк
tap I [tæp] 1. v (по)сту-
ча́ть; (по)хло́пать (по плечу)
2. n стук; посту́кивание
tap II [tæp] кран (водо-
проводный и т. п.)
tape [teɪp] 1) тесьма́ 2)
телегра́фная ле́нта
tape recorder ['teɪprɪkɔ:də]
магнитофо́н
tar [tɑ:] 1. n смола́; дёготь
2. v ма́зать дёгтем; смоли́ть
target ['tɑ:gɪt] мише́нь
task [tɑ:sk] зада́ние; зада́-
ча
taste [teɪst] 1. n 1) вкус 2)
скло́нность 2. v 1) про́бовать
2) име́ть (при)вкус
taught [tɔ:t] past и p. p.
om teach
tax [tæks] 1. n нало́г 2. v
облага́ть нало́гом
taxi ['tæksɪ] такси́
tea [ti:] чай

teach [ti:tʃ] (taught;
taught) учи́ть, обуча́ть; ~er
['ti:tʃə] учи́тель; ~ing
['ti:tʃɪŋ] 1) обуче́ние 2) (чаще pl) уче́ние
team [ti:m] 1) упря́жка 2)
спорт. кома́нда 3) брига́да
рабо́чих 4) экипа́ж су́дна
teapot ['ti:pɔt] ча́йник
(для заварки)
tear I [tɪə] слеза́
tear II [tɛə] 1. v (tore;
torn) рвать(ся); отры-
ва́ть(ся); раздира́ть 2. n ды-
ра́, проре́ха
tease [ti:z] 1. v дразни́ть
2. n зади́ра
teaspoon ['ti:spu:n] ча́йная
ло́жка
technical ['teknɪkəl] техни́-
ческий
technique [tek'ni:k] те́хни-
ка
tedious ['ti:djəs] ску́чный;
утоми́тельный
teem [ti:m] кише́ть
teenager ['ti:neɪdʒə] под-
ро́сток, тинэ́йджер
teeth [ti:θ] pl om tooth
telegram ['telɪgræm] теле-
гра́мма
telegraph ['telɪgrɑ:f] 1. n
телегра́ф 2. v телеграфи́ро-
вать
telephone ['telɪfəun] 1. n
телефо́н 2. v звони́ть по те-
лефо́ну
television ['telɪvɪʒn] теле-
ви́дение
telex ['teleks] те́лекс
tell [tel] (told; told) 1)

сказа́ть; говори́ть; ~ him to come попроси́ его́ прийти́ 2) расска́зывать 3) (on) ска́зываться; his years are beginning to ~ on him его́ во́зраст начина́ет ска́зываться

temper ['tempə] 1) хара́ктер 2) настрое́ние; lose one's ~ вы́йти из себя́

temperate ['tempərıt] возде́ржанный; уме́ренный

temperature ['temprıtʃə] температу́ра

temple I ['templ] храм

temple II ['templ] висо́к

temporary ['tempərərı] вре́менный

tempt [tempt] искуша́ть, соблазня́ть

temptation [temp'teıʃn] искуше́ние, собла́зн

ten [ten] де́сять

tenant ['tenənt] 1) аренда́тор 2) жи́тель

tend [tend] склоня́ться; ~ency ['tendənsı] накло́нность, тенде́нция

tender ['tendə] не́жный; чувстви́тельный

tennis ['tenıs] те́ннис

tense [tens] *грам.* вре́мя

tension ['tenʃn] напряже́ние

tent [tent] пала́тка

tenth [tenθ] деся́тый

tepid ['tepıd] теплова́тый

term [tə:m] 1) срок 2) семе́стр 3) те́рмин; выраже́ние 4) *pl* усло́вия 5) *pl* отноше́ния

terminal ['tə:mınl] коне́чная ста́нция; air ~ аэровокза́л

terminate ['tə:mıneıt] конча́ть(ся)

termination [tə:mı'neıʃn] коне́ц; оконча́ние

terrace ['terəs] терра́са; усту́п

terrible ['terəbl] стра́шный, ужа́сный

terrify ['terıfaı] ужаса́ть

territory ['terıtərı] террито́рия

terror ['terə] 1) у́жас 2) терро́р

test [test] 1. *n* 1) испыта́ние; nuclear weapon ~ испыта́ние я́дерного ору́жия 2) про́ба 2. *v* подверга́ть испыта́нию; испы́тывать

testify ['testıfaı] свиде́тельствовать

testimony ['testımənı] показа́ние; свиде́тельство

text [tekst] текст; ~book ['tekstbuk] уче́бник, руково́дство

textile ['tekstaıl] тексти́льный

than [ðæn] чем; не́жели

thank [θæŋk] 1. *v* благодари́ть; ~ you!, ~s! спаси́бо! 2. *n pl* благода́рность; ~s to благодаря́ *(чему-л.)*; ~ful ['θæŋkful] благода́рный

that [ðæt] 1. *pron* 1) (э)тот, (э)та, (э)то 2) кото́рый 2. *conj* 1) что 2) что́бы; in order ~ для того́, что́бы

thaw [θɔ:] 1. *v* та́ять 2. *n* о́ттепель

the [ðɪ *перед гласным*, ðə *перед согласным*] 1. *грам. определённый артикль* 2. *adv* тем; ~ more ~ better чем больше, тем лучше

theatre ['θɪətə] театр

theft [θeft] кража

their, theirs [ðɛə, ðɛəz] их; свой

them [ðem] им; их

theme [θi:m] тема

themselves [ðəm'selvz] 1) себя; -ся 2) (они) сами

then [ðen] 1. *pron* 1) тогда 2) затем, потом 2. *conj* в таком случае; ~ I'll go в таком случае я уйду

theory ['θɪərɪ] теория

there [ðɛə] 1) там 2) туда 3) здесь, тут 4): ~ is, ~ are есть, имеется, имеются; ~by ['ðɛə'baɪ] тем самым; ~fore ['ðɛəfɔ:] поэтому; следовательно; ~upon [ðɛərə'pɔn] 1) после чего 2) на что

these [ði:z] эти

they [ðeɪ] они

thick [θɪk] 1) толстый; плотный 2) густой; ~ hair густые волосы

thief [θi:f] вор

thieves [θi:vz] *pl om* thief

thigh [θaɪ] бедро

thimble ['θɪmbl] напёрсток

thin [θɪn] 1) тонкий 2) худой 3) редкий; ~ hair редкие (жидкие) волосы

thing [θɪŋ] 1) вещь; предмет 2) дело, факт 3) *pl* вещи, принадлежности

think [θɪŋk] (thought;

thought) думать; ~er ['θɪŋkə] мыслитель

third [θə:d] третий

thirst [θə:st] 1. *n* жажда 2. *v* испытывать жажду; ~ for жаждать

thirsty [θə:stɪ]: be ~ хотеть пить

thirteen ['θə:'ti:n] тринадцать; ~th [-θ] тринадцатый

thirtieth ['θə:tɪɪθ] тридцатый

thirty ['θə:tɪ] тридцать

this [ðɪs] этот, эта, это

thorn [θɔ:n] шип; колючка; ~y ['θɔ:nɪ] колючий; *перен.* тернистый

thorough ['θʌrə] полный, совершённый; тщательный

thoroughfare ['θʌrəfɛə]: no ~ проезд запрещён (*надпись*)

those [ðəuz] те

though [ðəu] 1. *conj* хотя; as ~ как будто бы 2. *adv* однако

thought I [θɔ:t] *past и p. p. om* think

thought II [θɔ:t] мысль; мышление; ~ful ['θɔ:tful] 1) задумчивый, погружённый в размышления 2) глубокий (*анализ и т.п.*) 3) заботливый, внимательный; ~less ['θɔ:tlɪs] 1) необдуманный 2) беспечный 3) эгоистичный

thousand ['θauzənd] тысяча

thrash [θræʃ] 1) молотить 2) бить

thread [θred] нить, нитка

threat [θret] угро́за; ~en [-n] угрожа́ть

three [θri:] три

thresh [θreʃ] *см.* thrash

threshold ['θreʃhəuld] поро́г

threw [θru:] *past om* throw

thrift [θrɪft] бережли́вость; ~y ['θrɪftɪ] 1) бережли́вый, эконо́мный 2) процвета́ющий

thrill [θrɪl] 1. *n* тре́пет, содрога́ние 2. *v* си́льно взволнова́ть(ся)

thriller ['θrɪlə] рома́н *или* фильм у́жасов

throat [θrəut] го́рло; гло́тка

throb [θrɔb] си́льно би́ться; ~bing ['θrɔbɪŋ] пульса́ция, бие́ние

throne [θrəun] трон

through [θru:] 1) че́рез; сквозь; see ~ a telescope ви́деть в телеско́п 2) посре́дством, благодаря́

throughout [θru:'aut] 1. *adv* повсю́ду, везде́; the epidemic spread ~ the country эпиде́мия распространи́лась по всей стране́ 2. *prep* в продолже́ние *(всего времени)*; ~ the century на протяже́нии всего́ ве́ка

throw [θrəu] (threw; thrown) броса́ть, кида́ть; ~n ['θrəun] *p. p. om* throw

thrust [θrʌst] 1. *v* (thrust; thrust) 1) толка́ть 2) вонза́ть 2. *n* 1) толчо́к 2) уда́р; вы́пад

thumb [θʌm] большо́й па́лец *(руки)*

thunder ['θʌndə] 1. *n* гром 2. *v* греме́ть; ~storm [-stɔ:m] гроза́

Thursday ['θə:zdɪ] четве́рг

thus [ðʌs] так, таки́м о́бразом

ticket ['tɪkɪt] 1) биле́т 2) ярлы́к

tickle ['tɪkl] щекота́ть

tide [taɪd] прили́в и отли́в

tidy ['taɪdɪ] 1. *a* аккура́тный, опря́тный 2. *v* прибира́ть

tie [taɪ] 1. *v* свя́зывать; привя́зывать 2. *n* 1) связь; *pl перен.* у́зы 2) га́лстук 3) *тех.* скре́па

tiger ['taɪgə] тигр

tight [taɪt] 1) туго́й; кре́пкий 2) те́сный; ~en ['taɪtn] натя́гивать(ся); ~s [-s] *pl* колго́тки

tile [taɪl] 1) черепи́ца 2) ка́фель

till [tɪl] 1. *prep* до 2. *conj* до тех пор пока́, пока́ не; I won't go to bed ~ you come я не ля́гу спать пока́ ты не придёшь

timber ['tɪmbə] строево́й лес

time [taɪm] 1. *n* 1) вре́мя 2) срок; in ~ во́время 3) раз 2. *v* 1) приуро́чить ко вре́мени 2) хронометри́ровать; ~table ['taɪmteɪbl] расписа́ние

timid ['tɪmɪd] ро́бкий, засте́нчивый

tin [tɪn] 1) о́лово 2) жесть 3) ба́нка *(консервов)*

tinkle ['tɪŋkl] звене́ть; позвя́кивать

tint [tɪnt] отте́нок, тон; кра́ска

tiny ['taɪnɪ] кро́шечный

tip I [tɪp] 1. *n* ко́нчик 2. *v:* ~ over, ~ up опроки́дывать

tip II [tɪp] 1. *n* 1) чаевы́е 2) намёк, сове́т 2. *v* дава́ть «на чай»

tiptoe ['tɪptəu]: on ~ на цы́почках

tire I ['taɪə] утомля́ть(ся); I am ~d я уста́л

tire II ['taɪə] ши́на

tiresome ['taɪəsəm] надое́дливый, ску́чный

tiring ['taɪərɪŋ] утоми́тельный

title ['taɪtl] 1) загла́вие, назва́ние 2) ти́тул; зва́ние

to [tu:, tu] 1) *(указывает направление)* к, в, на; he goes to school он хо́дит в шко́лу; come to me! подойди́те ко мне!; he has gone to a concert он пошёл на конце́рт 2) *соответствует русскому дательному падежу:* to my friend моему́ дру́гу 3) *(о времени)* до; from four to six от 4 до 6 4) *ставится при инфинитиве:* to be быть

toad [təud] жа́ба

toast I [təust] 1. *n* тост 2. *v* пить за чьё-л. здоро́вье

toast II [təust] 1. *n* подсу́шенный ло́мтик хле́ба; грено́к 2. *v* подсу́шивать *(хлеб)*

tobacco [tə'bækəu] таба́к

today [tə'deɪ] сего́дня

toe [təu] 1) па́лец ноги́ 2) носо́к *(чулка, башмака)*

together [tə'geðə] вме́сте

toil [tɔɪl] 1. *v* труди́ться 2. *n* (тяжёлый) труд

toilet ['tɔɪlɪt] 1. *n* 1) туале́т 2) *амер.* убо́рная 2. *a* туале́тный

token ['təukən] 1) знак 2) приме́та, при́знак

told [təuld] *past и p. p. от* tell

tolerable ['tɔlərəbl] сно́сный, допусти́мый

tolerant ['tɔlərənt] терпи́мый

tomato [tə'ma:təu] помидо́р

tomb [tu:m] моги́ла, гробни́ца

tomorrow [tə'mɔrəu] за́втра

ton [tʌn] то́нна

tone [təun] 1) тон 2) *мед.* то́нус

tongs [tɔŋz] *pl* щипцы́; кле́щи

tongue [tʌŋ] язы́к

tonight [tə'naɪt] сего́дня ве́чером, сего́дня но́чью

too [tu:] 1) та́кже, то́же; к тому́ же 2) сли́шком, чересчу́р

took [tuk] *past от* take

tool [tu:l] инструме́нт, ору́дие

tooth [tu:θ] зуб; ~ache ['tu:θeɪk] зубна́я боль; ~brush ['tu:θbrʌʃ] зубна́я щётка; ~paste ['tu:θpeɪst] зубнáя пáста

top [tɔp] 1. *n* 1) верх 2) вершúна; макýшка 2. *a* вéрхний; вы́сший

topic ['tɔpɪk] предмéт, тéма; ~al [-əl] злободнéвный

torch [tɔ:tʃ] фáкел

tore [tɔ:] *past om* tear II, 1

torment 1. *v* [tɔ:'ment] мýчить 2. *n* ['tɔ:mənt] мýка, мучéние

torn [tɔ:n] *p.p. om* tear II, 1

torrent ['tɔrənt] потóк

tortoise ['tɔ:təs] черепáха

torture ['tɔ:tʃə] 1. *n* пы́тка 2. *v* пытáть

toss [tɔs] 1) качáть(ся) 2) ворóчаться 3) швыря́ть

total ['təutl] 1. *a* 1) весь 2) пóлный, абсолю́тный 2. *n* óбщая сýмма; итóг

touch [tʌtʃ] 1. *v* трóгать; (при)касáться 2. *n* 1) прикосновéние 2) осязáние; ~ing ['tʌtʃɪŋ] трóгательный

tough [tʌf] 1) жёсткий 2) выно́сливый 3) упóрный; упря́мый

tour [tuə] 1. *n* путешéствие; турнé 2. *v* путешéствовать

toward(s) [tə'wɔ:d(z)] (по направлéнию) к

towel ['tauəl] полотéнце

tower ['tauə] 1. *n* бáшня 2. *v* 1) (over) вы́ситься (над) 2) выделя́ться

town [taun] гóрод

toy [tɔɪ] игрýшка

trace [treɪs] 1. *n* след 2. *v* 1) проследúть 2) чертúть

track [træk] 1. *n* 1) след 2) ж.-д. колея́ 3) тропúнка, дорóга 2. *v* выслéживать

tractor ['træktə] трáктор

trade [treɪd] 1. *n* 1) торгóвля 2) ремеслó, профéссия; ~ union профсою́з 2. *v* торговáть

tradition [trə'dɪʃn] 1) традúция 2) предáние

traffic ['træfɪk] ýличное движéние; трáнспорт; ~ lights светофóр

tragedy ['trædʒɪdɪ] трагéдия

tragic ['trædʒɪk] трагúческий

trail [treɪl] 1. *v* 1) волочúть(ся), тащúть(ся) 2) выслéживать 2. *n* след; ~er ['treɪlə] трéйлер, прицéп к автомобúлю

train I [treɪn] 1) пóезд 2) шлейф *(плáтья)* 3) свúта

train II [treɪn] 1) обучáть; воспúтывать 2) тренировáть(ся); ~ing ['treɪnɪŋ] 1) обучéние 2) тренирóвка

traitor ['treɪtə] измéнник, предáтель

tram [træm] трамвáй

tramp [træmp] 1. *v* 1) бродúть 2) грóмко тóпать 2. *n* бродя́га

trample ['træmpl] топтáть

tranquil ['træŋkwɪl] спокóйный; ~lity [træŋ'kwɪlɪtɪ] спокóйствие

transaction [træn'zækʃn]

1) де́ло, сде́лка 2) веде́ние *(дел)* 3) *pl* труды́, протоко́лы *(общества)*

transfer 1. *v* [træns'fə:] 1) перемеща́ть; переноси́ть 2) передава́ть **2.** *n* ['trænsfə:] 1) перено́с 2) переда́ча 3) перево́д

transform [træns'fɔ:m] превраща́ть

transit ['trænsɪt] транзи́т, перево́зка

transition [træn'sɪʒn] перехо́д

transitive ['trænsɪtɪv] *грам.* перехо́дный *(о глаголе)*

translate [træns'leɪt] переводи́ть (ся)

translation [træns'leɪʃn] перево́д

transmission [trænz'mɪʃn] переда́ча

transparent [træns'pɛərənt] прозра́чный

transplant [træns'plɑ:nt] переса́живать; **~ation** [trænsplɑ:n'teɪʃn] трансплантáция

transport 1. *n* ['trænspɔ:t] перево́зка; тра́нспорт **2.** *v* [træns'pɔ:t] перевози́ть

trap [træp] западня́, лову́шка, капка́н; **~door** ['træpdɔ:] люк

travel ['trævl] **1.** *v* 1) путеше́ствовать 2) передвигáться **2.** *n* путеше́ствие; **~ler** [-ə] путеше́ственник; **~ler's cheque** тури́стский чек

traverse ['trævə:s] пересекáть

tray [treɪ] подно́с

treacherous ['tretʃərəs] преда́тельский

treachery ['tretʃərɪ] преда́тельство, изме́на

tread [tred] (trod; trodden) ступа́ть; наступа́ть

treadle ['tredl] педа́ль

treason ['tri:zn] (госуда́рственная) изме́на

treasure ['treʒə] **1.** *n* сокро́вище, клад **2.** *v* цени́ть; дорожи́ть

treat [tri:t] 1) обраща́ться, обходи́ться 2) угоща́ть 3) лечи́ть

treatment ['tri:tmənt] 1) обхожде́ние 2) обрабо́тка 3) лече́ние

treaty ['tri:tɪ] догово́р

tree [tri:] де́рево

tremble ['trembl] дрожа́ть, трепета́ть

tremendous [trɪ'mendəs] огро́мный

trench [trentʃ] ров; око́п

trespass ['trespəs] преступáть, наруша́ть грани́цу *(владения)*; **~ on** злоупотребля́ть

trial ['traɪəl] **1.** *n* 1) испытáние 2) суд, суде́бное разбира́тельство **2.** *a* про́бный

triangle ['traɪæŋgl] треуго́льник

tribe [traɪb] пле́мя; род

tribute ['trɪbju:t] дань

trick [trɪk] 1) хи́трость, уло́вка 2) фо́кус, трюк

trifle ['traɪfl] пустя́к

trigger ['trɪgə] куро́к

trim [trɪm] 1. *a* подтя́нутый 2. *v* 1) подра́внивать, подстрига́ть 2) отде́лывать; украша́ть

trip [trɪp] 1) экску́рсия; пое́здка 2) пла́вание, рейс *(корабля́)*

triumph ['traɪəmf] 1. *n* торжество́ 2. *v* (вос)торжествова́ть; ~al [traɪ'ʌmfəl] триумфа́льный; ~ant [traɪ'ʌmfənt] 1) торжеству́ющий 2) победоно́сный

trod [trɔd] *past om* tread

trodden ['trɔdn] *p. p. om* tread

trolley ['trɔlɪ] вагоне́тка; ~bus [-bʌs] тролле́йбус

troops [tru:ps] *pl* войска́

trophy ['trəufɪ] трофе́й

tropic ['trɔpɪk] тро́пик; the ~s тро́пики; ~al [-əl] тропи́ческий

trot [trɔt] 1. *n* рысь, рысца́ 2. *v* бежа́ть ры́сью

trouble ['trʌbl] 1. *n* 1) беспоко́йство 2) забо́та, хло́поты 3) го́ре, беда́ 2. *v* беспоко́ить(ся); ~some [-səm] 1) тру́дный, неприя́тный 2) капри́зный *(о ребёнке)*

trousers ['trauzəz] *pl* брю́ки

truce [tru:s] 1) переми́рие 2) переды́шка; зати́шье

truck [trʌk] 1) грузови́к 2) ваго́н-платфо́рма

true [tru:] 1) и́стинный; пра́вильный 2) по́длинный 3) ве́рный, пре́данный

truly ['tru:lɪ]: yours ~

пре́данный вам *(в конце́ письма́)*

trumpet ['trʌmpɪt] *муз.* труба́

trunk [trʌŋk] 1) ствол 2) ту́ловище; ко́рпус 3) чемода́н; сунду́к 4) хо́бот

trust [trʌst] 1. *n* 1) дове́рие 2) трест 2. *v* 1) ве́рить 2) наде́яться, полага́ться; ~ee [trʌs'ti:] опеку́н; попечи́тель

truth [tru:θ] пра́вда; и́стина; ~ful ['tru:θful] правди́вый

try [traɪ] 1) попыта́ться; стара́ться 2) про́бовать, испы́тывать 3) суди́ть; ~ on примеря́ть *(пла́тье)*

tub [tʌb] 1) таз 2) ва́нна

tube [tju:b] 1) тру́бка 2) тю́бик 3): the ~ метрополите́н *(в Ло́ндоне)*

Tuesday ['tju:zdɪ] вто́рник

tulip ['tju:lɪp] тюльпа́н

tune [tju:n] 1. *n* мело́дия; out of ~ расстро́енный; фальши́вый 2. *n* настра́ивать

tunnel ['tʌnəl] тунне́ль

turf [tə:f] дёрн

Turk [tə:k] ту́рок

turkey ['tə:kɪ] индю́к; индю́шка

Turkish ['tə:kɪʃ] туре́цкий; ~ towel махро́вое полоте́нце

turn [tə:n] 1. *n* 1) верте́ть(ся); крути́ть(ся) 2) повора́чивать(ся) 3) де́латься, станови́ться; ~ pale побледне́ть; ~ off закрыва́ть *(кран)*; ~ on открыва́ть *(кран);* включа́ть *(свет);* ~ out а) выключа́ть *(свет);* б) ока́зываться **2.** *n* 1) поворо́т 2) о́чередь 3) вито́к

turner ['tə:nə] то́карь

turnip ['tə:nɪp] ре́па

turpentine ['tə:pəntaɪn] скипида́р

turquoise ['tə:kwɑ:z] **1.** *n* бирюза́ **2.** *а* бирюзо́вый цвет

tuxedo [tʌk'si:dəu] *амер.* смо́кинг

twelfth [twelfθ] двена́дцатый

twelve [twelv] двена́дцать

twentieth ['twentɪθ] двадца́тый

twenty ['twentɪ] два́дцать

twice [twaɪs] два́жды; ~ as вдво́е

twig [twɪg] вет(оч)ка; пру́тик

twilight ['twaɪlaɪt] су́мерки

twinkle ['twɪŋkl] 1) мерца́ть; сверка́ть; мига́ть 2) мелька́ть

twins [twɪnz] близнецы́

twist [twɪst] **1.** *v* 1) крути́ть; скру́чивать(ся) 2) искажа́ть **2.** *n* 1) искривле́ние; изги́б 2) верёвка

twitter ['twɪtə] щебета́ть, чири́кать

two [tu:] два

type [taɪp] **1.** *n* 1) тип 2) шрифт **2.** *v* печа́тать на маши́нке; ~writer ['taɪpraɪtə] пи́шущая маши́нка

typhoid ['taɪfɔɪd]: ~ fever брюшно́й тиф

typical ['tɪpɪkəl] типи́чный

typist ['taɪpɪst] машини́стка

tyranny ['tɪrənɪ] тирани́я; деспоти́зм

tyrant ['taɪərənt] тира́н

tyre ['taɪə] *см.* tire II

U

ugly ['ʌglɪ] некраси́вый; отта́лкивающий

ultimate ['ʌltɪmɪt] оконча́тельный

umbrella [ʌm'brelə] зо́нтик

umpire ['ʌmpaɪə] посре́дник, трете́йский судья́

un- [ʌn-] *приставка* не-; без-

unable ['ʌn'eɪbl] неспосо́бный; be ~ не быть в состоя́нии; I am ~ я не могу́

unanimous [ju:'nænɪməs] единоду́шный, единогла́сный

unbutton [ʌn'bʌtn] расстёгивать

uncertainty [ʌn'sə:tntɪ] 1) неопределённость; неизве́стность 2) неуве́ренность

uncle ['ʌŋkl] дя́дя

uncomfortable [ʌn'kʌmfətəbl] неудо́бный

uncommon [ʌn'kɔmən] необыкнове́нный

unconscious [ʌn'kɔnʃəs] 1) бессозна́тельный 2): be ~ of не сознава́ть 3) нево́льный

undeniable [ʌndɪ'naɪəbl] неоспори́мый, несомне́нный

under ['ʌndə] 1) под 2) при; ~ modern conditions при совреме́нных усло́виях; ~ no circumstances ни при каки́х обстоя́тельствах 3) ме́ньше (чем); ни́же *(о стоимо́сти);* he is ~ fifty ему́ ме́ньше 50

underclothes ['ʌndəkləuðz] *pl* (ни́жнее) бельё

underestimate ['ʌndər'estɪmeɪt] недооце́нивать

undergo [ʌndə'gəu] (underwent; undergone) подверга́ться; испы́тывать; ~ne [ʌndə'gɔn] *p. p. om* undergo

underground 1. *adv* [ʌndə'graund] под землёй 2. *a* ['ʌndəgraund] 1) подзе́мный 2) подпо́льный 3. *n* ['ʌndəgraund]: the ~ метрополите́н

underline [ʌndə'laɪn] подчёркивать

undermine [ʌndə'maɪn] подрыва́ть, подка́пывать

underneath [ʌndə'ni:θ] 1. *adv* вниз; внизу́ 2. *prep* под; from ~ из-под

understand [ʌndə'stænd] (understood; understood) понима́ть

understood [ʌndə'stud] *past u p. p. om* understand

undertake [ʌndə'teɪk] (undertook; undertaken) 1) предпринима́ть 2) руча́ться; ~n [-n] *p. p. om* undertake

undertaker ['ʌndəteɪkəz] похоро́нное бюро́

undertaking [ʌndə'teɪkɪŋ]

192

1) предприя́тие 2) обяза́тельство

undertook [ʌndə'tuk] *past om* undertake

underwear ['ʌndəwɛə] ни́жнее бельё

underwent [ʌndə'went] *past om* undergo

undid ['ʌn'dɪd] *past om* undo

undo ['ʌn'du:] (undid; undone) развя́зывать; расстёгивать; ~ne ['ʌn'dʌn] *p. p. om* undo

undoubted [ʌn'dautɪd] несомне́нный; ~ly [-lɪ] несомне́нно

undress ['ʌn'dres] раздева́ть(ся)

uneasiness [ʌn'i:zɪnɪs] 1) трево́га 2) нело́вкость

uneasy [ʌn'i:zɪ] 1) встрево́женный 2) нело́вкий

unemployed ['ʌnɪm'plɔɪd] безрабо́тный

unemployment ['ʌnɪm'plɔɪmənt] безрабо́тица

unequal [ʌn'i:kwəl] нера́вный

unexpected ['ʌnɪks'pektɪd] неожи́данный

unfinished ['ʌn'fɪnɪʃt] незако́нченный

unfit ['ʌn'fɪt] него́дный, неподходя́щий

unfortunate [ʌn'fɔ:tʃnɪt] 1) несча́стный; несчастли́вый 2) неуда́чный; ~ly [-lɪ] к несча́стью

ungrateful [ʌn'greɪtful] неблагода́рный

unhappy [ʌn'hæpɪ] несча́стный; несчастли́вый

unhealthy [ʌn'helθɪ] нездоро́вый

uniform ['ju:nɪfɔ:m] 1. *n* фо́рма, мунди́р 2. *a* единообра́зный; одноро́дный

uninterrupted ['ʌnɪntə'rʌptɪd] непреры́вный

union ['ju:njən] 1) сою́з 2) объедине́ние

unit ['ju:nɪt] 1) едини́ца 2) во́инская часть

unite [ju:'naɪt] соединя́ть(ся); объединя́ть(ся)

unity ['ju:nɪtɪ] 1) еди́нство 2) *мат.* едини́ца

universal [ju:nɪ'və:səl] универса́льный; всео́бщий

universe ['ju:nɪvə:s] мир, вселе́нная

university [ju:nɪ'və:sɪtɪ] университе́т

unkind [ʌn'kaɪnd] злой, жесто́кий

unknown ['ʌn'nəun] неизве́стный

unless [ʌn'les] е́сли не; I won't go ~ the weather is fine я не пое́ду, е́сли не бу́дет хоро́шей пого́ды

unlike ['ʌn'laɪk] 1. *a* непохо́жий 2. *prep* в отли́чие от

unlimited [ʌn'lɪmɪtɪd] неограни́ченный

unload ['ʌn'ləud] 1) разгружа́ть(ся) 2) разряжа́ть *(оружие)*

unlock ['ʌn'lɔk] отпира́ть

unlucky [ʌn'lʌkɪ] несчастли́вый, неуда́чный

unmoved ['ʌn'mu:vd] равноду́шный

unnatural [ʌn'nætʃrəl] неесте́ственный, противоесте́ственный

unnecessary [ʌn'nesɪsərɪ] ненужный, изли́шний

unpleasant [ʌn'pleznt] неприя́тный

unprofitable [ʌn'prɔfɪtəbl] невы́годный; нерента́бельный

unreasonable [ʌn'ri:zənəbl] неразу́мный, неблагоразу́мный

unrest ['ʌn'rest] беспоко́йство, волне́ние

unscrupulous [ʌn'skru:pjuləs] беспринци́пный, неразбо́рчивый в сре́дствах

unselfish ['ʌn'selfɪʃ] бескоры́стный; самоотве́рженный

unsteady ['ʌn'stedɪ] неусто́йчивый, нетвёрдый

until [ən'tɪl] 1. *prep* до 2. *conj* пока́ не

unusual ['ʌn'ju:ʒuəl] необыкнове́нный, необы́чный

unwelcome [ʌn'welkəm] 1) нежела́нный 2) неприя́тный

unwilling ['ʌn'wɪlɪŋ] несклонный, нерасполо́женный; I am ~ to refuse him я бы не хоте́л ему́ отказа́ть

unwise ['ʌn'waɪz] не(благо)разу́мный

unworthy [ʌn'wəːðɪ] недо-
стóйный

up [ʌp] 1. *adv* навéрх;
вверх; up and down вверх и
вниз; взад и вперёд 2. *prep*
вверх

upbringing ['ʌpbrɪŋɪŋ] вос-
питáние

upon [ə'pɔn] *см.* on 1

upper ['ʌpə] вéрхний; вы́с-
ший

upright 1) ['ʌpraɪt] прямóй; вертикáльный 2)
['ʌpraɪt] чéстный; справедлúвый

uproar ['ʌprɔː] шум; волнéние

uproot [ʌp'ruːt] вырывáть
с кóрнем; *перен.* искореня́ть

upset [ʌp'set] (upset;
upset) 1) опрокúдывать(ся)
2) огорчáть; расстрáивать

upside down [ʌpsaɪd'daun]
вверх дном

upstairs [ʌp'stɛəz] 1. *adv*
навéрх; вверх (по лéстнице)
2. *a* (находя́щийся) на вéрх-
нем этажé

up-to-date ['ʌptə'deɪt] со-
врéмéнный; передовóй; мóд-
ный

upward ['ʌpwəd] напрáв-
ленный вверх; ~s [-z] вверх

urge [əːdʒ] убеждáть *(на-
стóйчиво);* ~ the horse пону-
кáть лóшадь

urgent ['əːdʒənt] срóчный;
вáжный; настоя́тельный

urn [əːn] ýрна

us [ʌs] нам; нас

usage ['juːzɪdʒ] 1) упот-
реблéние 2) обы́чай

use 1. *n* [juːs] 1) пóльза
2) пóльзование, употреблé-
ние 2. *v* [juːz] 1) употреб-
ля́ть, пóльзоваться 2) обращáться; ~ up использовать

used [juːst]: he is ~ to
он привы́к; he ~ to work at
home рáньше он рабóтал дóма

useful ['juːsful] полéзный;
пригóдный

useless ['juːslɪs] бесполéзный

usher ['ʌʃə] билетёр; ка-
пельдúнер

usual ['juːʒuəl] обы́чный,
обыкновéнный; ~ly [-ɪ]
обы́чно, обыкновéнно

usurp [juː'zəːp] узурпúро-
вать; ~er [-ə] узурпáтор

utensil [juː'tensl] ýтварь

utility [juː'tɪlɪtɪ] 1) полéз-
ность; вы́годность 2) *pl*
удóбства, коммунáльные ус-
лýги

utilize ['juːtɪlaɪz] использовать

utmost ['ʌtməust] 1. *a*
крáйний; предéльный 2. *n*
сáмое большóе; do one's ~
дéлать всё, что в чьих-л. сú-
лах

utter I ['ʌtə] пóлный;
крáйний; ~ darkness кро-
мéшная тьма

utter II ['ʌtə] издавáть
(звýки); произносúть; вы́-
молвить

utterly ['ʌtəlɪ] совершéнно

V

vacancy ['veɪkənsɪ] 1) пустота, пустое пространство 2) вакансия

vacant ['veɪkənt] 1) пустой 2) вакантный; свободный 3) рассеянный; бессмысленный (*взгляд*)

vacation [və'keɪʃn] 1) каникулы 2) *амер.* отпуск

vacuum cleaner ['vækju əm'kli:nə] пылесос

vague [veɪg] смутный, неясный; неопределённый

vain [veɪn] 1) тщетный; in ~ напрасно 2) пустой; тщеславный; самодовольный

valid ['vælɪd] 1) *юр.* действительный, имеющий силу 2) веский, обоснованный

valley ['vælɪ] долина

valuable ['væljuəbl] 1. *a* ценный 2. *n pl* драгоценности

value ['vælju:] 1. *n* 1) ценность 2) *эк.* стоимость 3) *мат.* величина 2. *v* 1) оценивать 2) ценить

valve [vælv] 1) клапан 2) створка 3) *радио* электронная лампа

van I [væn] 1) фургон 2) багажный вагон

van II [væn] *см.* vanguard

vanguard ['vængɑ:d] авангард

vanish ['vænɪʃ] исчезать

vanity ['vænɪtɪ] тщеславие

vanquish ['væŋkwɪʃ] побеждать; преодолевать

vapour ['veɪpə] 1) пар 2) пары

variety [və'raɪətɪ] 1) разнообразие 2) разновидность 3) варьете

various ['vɛərɪəs] различный; разный

varnish ['vɑ:nɪʃ] 1. *n* 1) лак 2) лоск 2. *v* лакировать

vary ['vɛərɪ] 1) (из)меняться 2) разнообразить

vase [vɑ:z] ваза

vast [vɑ:st] обширный, громадный

vault [vɔ:lt] свод

veal [vi:l] телятина

vegetable ['vedʒɪtəbl] 1. *a* растительный 2. *n* овощ

vegetarian [vedʒə'tɛərɪən] 1. *n* вегетарианец 2. *a* вегетарианский

vegetation [vedʒə'teɪʃn] растительность

vehement ['vi:ɪmənt] страстный, неистовый

vehicle ['vi:ɪkl] экипаж, повозка

veil [veɪl] 1. *n* вуаль 2. *v* завуалировать

vein [veɪn] 1) вена 2) жила; жилка

velvet ['velvɪt] бархат

vengeance ['vendʒəns] месть, мщение

ventilate ['ventɪleɪt] проветривать, вентилировать

venture ['ventʃə] рискнуть; отважиться

verb [və:b] *грам.* глагол

verbal ['və:bəl] 1) у́стный 2) *грам.* отглаго́льный

verdict ['və:dɪkt] пригово́р

verdure ['və:dʒə] зе́лень

verge [və:dʒ] 1. *n* грань; *перен.* край 2. *v:* ~ **on** грани́чить; быть на гра́ни

verify ['verɪfaɪ] проверя́ть

verse [və:s] 1) стих (и́) 2) строфа́

vertical ['və:tɪkəl] вертика́льный

very ['verɪ] 1. *adv* о́чень; весьма́ 2. *a* и́стинный, су́щий; the ~ (тот) са́мый

vessel ['vesl] 1) сосу́д 2) кора́бль; су́дно

vest [vest] *амер.* 1) жиле́т 2) ма́йка

vet [vet] *разг.* ветерина́р

veteran ['vetərən] 1) ветера́н 2) (бы́вший) уча́стник войны́

vex [veks] раздража́ть, серди́ть; ~**ation** [vek'seɪʃn] доса́да, раздраже́ние

vibrate [vaɪ'breɪt] вибри́ровать

vice [vaɪs] поро́к

vice- [vaɪs-] ви́це-

vicinity [vɪ'sɪnɪtɪ] 1) окре́стности 2) сосе́дство, бли́зость

vicious ['vɪʃəs] 1) поро́чный 2) зло́бный

victim ['vɪktɪm] же́ртва

victorious [vɪk'tɔ:rɪəs] победоно́сный

victory ['vɪktərɪ] побе́да

victuals ['vɪtlz] *pl* прови́зия, продово́льствие

video cassette [vɪdɪəu kə'set] видеокассе́та

videotape recorder ['vɪdɪ əuteɪprɪ'kɔ:də] видеомагнитофо́н

view [vju:] 1. *n* 1) вид 2) взгляд; point of ~ то́чка зре́ния 2. *v* 1) осма́тривать 2) рассма́тривать

vigilance ['vɪdʒɪləns] бди́тельность

vigorous ['vɪgərəs] си́льный, энерги́чный

vile [vaɪl] по́длый

village ['vɪlɪdʒ] дере́вня, село́; ~**r** [-ə] се́льский жи́тель

villain ['vɪlən] злоде́й, него́дяй

vindicate ['vɪndɪkeɪt] опра́вдывать

vine [vaɪn] виногра́дная лоза́

vinegar ['vɪnɪgə] у́ксус

vineyard ['vɪnjəd] виногра́дник

violate ['vaɪəleɪt] 1) наруша́ть, попира́ть 2) наси́ловать

violence ['vaɪələns] 1) си́ла, неи́стовство 2) наси́лие

violent ['vaɪələnt] 1) си́льный, неи́стовый, бу́йный 2) наси́льственный

violet ['vaɪəlɪt] 1. *n* фиа́лка 2. *a* фиоле́товый

violin [vaɪə'lɪn] скри́пка

viper ['vaɪpə] гадю́ка

virgin ['və:dʒn] де́вственный

virtual [′və:tʃuəl] действи́-
тельный, факти́ческий

virtue [′və:tju:] 1) добро-
де́тель 2) досто́инство

virus [′vaɪrəs] ви́рус

visa [′vi:zə] ви́за

visible [′vɪzəbl] 1) ви́ди-
мый 2) очеви́дный

vision [′vɪʒn] 1) зре́ние 2)
ви́дение

visit [′vɪzɪt] 1. *n* посеща́ть
2. *n* визи́т, посеще́ние; ~or
[-ə] гость, посети́тель

visual [′vɪzjuəl] 1) зри́-
тельный 2) нагля́дный

vital [′vaɪtl] 1) жи́зненный
2) насу́щный; ва́жный

vivacious [vɪ′veɪʃəs] жи-
во́й, оживлённый

vivid [′vɪvɪd] живо́й, я́р-
кий

vocabulary [və′kæbjulərɪ]
слова́рь, запа́с слов

vocal [′vəukəl] 1) голосо-
во́й 2) вока́льный

vocation [vəu′keɪʃn] при-
зва́ние

vogue [vəug] мо́да; in ~ в
мо́де

voice [vɔɪs] 1) го́лос 2)
грам. зало́г

void [vɔɪd] 1) лишённый
2) *юр.* недействи́тельный
(*тж.* null and ~)

volcano [vɔl′keɪnəu] вул-
ка́н

volition [və′lɪʃn] во́ля, хо-
те́ние

volume [′vɔljum] 1) объём
2) том

voluntary [′vɔləntərɪ] доб-
рово́льный

volunteer [vɔlən′tɪə] 1. *n*
доброво́лец 2. *v* вы́зваться
(*что-л. сделать*)

vote [vəut] 1. *n* 1) го́лос
(*на выборах*) 2) голосова́ние
2. *v* голосова́ть; ~r [′vəutə]
избира́тель

vow [vau] 1. *n* обе́т; кля́т-
ва 2. *v* дава́ть обе́т; кля́сться

vowel [′vauəl] гла́сный
(*звук*)

voyage [′vɔɪdʒ] путеше́ст-
вие (*по воде*); ~r [′vɔɪədʒə]
путеше́ственник (*по морю*)

vulgar [′vʌlgə] 1) вульга́р-
ный, по́шлый 2) гру́бый

W

wade [weɪd] пробира́ться,
идти́ с трудо́м

wag [wæg] маха́ть; разма́-
хивать; кача́ть

wage [weɪdʒ] 1) *pl* зара́-
ботная пла́та (*рабочего*) 2):
living ~ прожи́точный ми́ни-
мум

waggon [′wægən] пово́зка;
фурго́н; вагон-платфо́рма

wail [weɪl] 1. *n* вопль; вой
2. *v* вопи́ть; выть

waist [weɪst] та́лия; ~coat
[′weɪskəut] жиле́т; ~line
[′weɪstlaɪn] та́лия, ли́ния та́-
лии

wait [weɪt] 1. *v* (for)
ждать; ~ on прислу́живать

2. *n:* lie in ~ for поджида́ть, подстерега́ть; ~er ['weɪtə] официа́нт

waiting list ['weɪtɪŋlɪst] спи́сок кандида́тов, спи́сок очереднико́в

waiting room ['weɪtɪŋruːm] 1) зал ожида́ния 2) приёмная *(врача и т. п.)*

waitress ['weɪtrɪs] официа́нтка

waive [weɪv] отка́зываться *(от права, требования)*

wake [weɪk] (woke, waked) буди́ть; пробужда́ть(ся)

walk [wɔːk] 1. *n* прогу́лка; go for a ~ идти́ гуля́ть 2. *v* идти́ пешко́м; гуля́ть

wall [wɔːl] стена́

wallet ['wɔlɪt] бума́жник

wallow ['wɔləu] 1) валя́ться, ката́ться *(в чём-л.)* 2) погря́знуть

wall painting ['wɔːlpeɪntɪŋ] настённая жи́вопись

wallpaper ['wɔːlpeɪpə] обо́и

walnut ['wɔːlnət] гре́цкий оре́х

walrus ['wɔːlrəs] морж

wan [wɔn] 1) бле́дный, боле́зненный 2) ту́склый, сла́бый

wander ['wɔndə] 1) броди́ть; стра́нствовать 2) блужда́ть; ~er ['wɔndərə] стра́нник

wanderings ['wɔndərɪŋz] *pl* стра́нствия

wane [weɪn]: on the ~ в упа́дке, на уще́рбе

want [wɔnt] 1. *n* 1) недо-

ста́ток; отсу́тствие 2) нужда́; be in ~ нужда́ться 3) *pl* потре́бности 2. *v* 1) жела́ть, хоте́ть 2) нужда́ться

war [wɔː] 1. *n* война́ 2. *a* вое́нный

ward [wɔːd] 1) пала́та 2) (тюре́мная) ка́мера

warden ['wɔːdn] смотри́тель

wardrobe ['wɔːdrəub] платяно́й шкаф; гардеро́б

warehouse ['wɛəhaus] склад; пакга́уз

warfare ['wɔːfɛə] война́

warily ['wɛərɪlɪ] осторо́жно, осмотри́тельно

warlike ['wɔːlaɪk] во́инственный

warm [wɔːm] 1. *a* тёплый; *перен.* серде́чный; горя́чий 2. *v* гре́ться

warmth [wɔːmθ] 1) тепло́; теплота́ 2) *перен.* серде́чность

warn [wɔːn] предупрежда́ть; предостерега́ть; ~ing ['wɔːnɪŋ] предупрежде́ние; предостереже́ние

warp [wɔːp] 1) искривля́ться, коро́биться, деформи́роваться 2) искажа́ть, извраща́ть

warrant ['wɔrənt] 1. *n* 1) полномо́чие 2) о́рдер 2. *v* гаранти́ровать

warranty ['wɔrəntɪ] разреше́ние, са́нкция

warrior ['wɔrɪə] во́ин

warship ['wɔːʃɪp] вое́нный кора́бль

wartime ['wɔ:taɪm] вое́нное вре́мя

wary ['wɛərɪ] осторо́жный, осмотри́тельный

was [wɔz, wəz] *past sing om* be

wash [wɔʃ] 1. *v* 1) мы́ть(ся) 2) смыва́ть 3) стира́ть *(бельё)* 2. *n* сти́рка

washed-out [wɔʃt'aut] 1) линя́лый, полиня́вший 2) измождённый, обесси́ленный

washed-up [wɔʃt'ʌp] ко́нченый

washing machine ['wɔʃ ɪŋməʃi:n] стира́льная маши́на

washing-up [wɔʃɪŋ'ʌp] мытьё посу́ды

washstand ['wɔʃstænd] умыва́льник

wasp [wɔsp] оса́

waste I [weɪst] пусты́ня

waste II [weɪst] 1. *n* 1) отбро́сы 2) изли́шняя тра́та 2. *v* тра́тить; теря́ть *(время)*

wasteful ['weɪstful] расточи́тельный

wasteland ['weɪstlənd] пусты́рь

wastepaper basket [weɪst 'peɪpə'bɑ:skɪt] корзи́на для бума́г

waste product ['weɪst prɔdʌkt] отхо́ды (произво́дства)

watch I [wɔtʃ] 1. *v* 1) следи́ть, наблюда́ть 2) сторожи́ть 2. *n* 1) бди́тельность; be on the ~ остерега́ться;

keep ~ сторожи́ть 2) стра́жа, карау́л 3) *мор.* ва́хта

watch II [wɔtʃ] часы́

watchful ['wɔtʃful] бди́тельный

watchman ['wɔtʃmən] (ночно́й) сто́рож

water ['wɔ:tə] 1. *n* вода́ 2. *v* полива́ть; ~ biscuit гале́та; ~colour [-kʌlə] акваре́ль; ~fall [-fɔ:l] водопа́д

waterfront ['wɔ:təfrʌnt] порт, райо́н по́рта; порто́вая часть го́рода

watering can ['wɔ:tərɪŋ kæn] ле́йка

watering place ['wɔ:tərɪŋ pleɪs] 1) водопо́й 2) во́дный куро́рт

waterline ['wɔ:təlaɪn] ватерли́ния

water main ['wɔ:təmeɪn] водопрово́дная магистра́ль

watermelon ['wɔ:təmelɔn] арбу́з

water polo ['wɔ:təpəuləu] *спорт.* во́дное по́ло, ватерпо́ло

waterproof ['wɔ:təpru:f] 1. *a* непромока́емый 2. *n* непромока́емый плащ

water skiing ['wɔ:təski:ɪŋ] *спорт.* во́дные лы́жи

water supply ['wɔ:təsəplaɪ] водоснабже́ние

watertight ['wɔ:tətaɪt] водонепроница́емый

watery ['wɔ:tərɪ] водяни́стый

wave [weɪv] 1. *n* 1) волна́ 2) взмах 2. *v* 1) колыха́ться, развева́ться 2) маха́ть 3) завива́ть(ся)

wavelength ['weɪvleŋθ] *радио* длина́ волны́

wax [wæks] 1. *n* воск 2. *a* восково́й

waxworks ['wækswə:ks] *pl* восковы́е фигу́ры

way [weɪ] 1) доро́га, путь 2) мане́ра, спо́соб ◇ ~ out вы́ход; by the ~ ме́жду про́чим; a long ~ off далеко́; get one's own ~ доби́ться своего́

we [wi:] мы

weak [wi:k] сла́бый; ~en ['wi:kən] 1) слабе́ть 2) ослабля́ть; ~ness ['wi:knɪs] сла́бость

wealth [welθ] бога́тство; ~y ['welθɪ] бога́тый

wean [wi:n] 1) отнима́ть от груди́ 2) (from, off) отуча́ть

weapon ['wepən] ору́жие

wear [wɛə] (wore; worn) носи́ть *(одежду);* ~ out изна́шивать(ся)

weariness ['wɪərɪnɪs] уста́лость

weary ['wɪərɪ] 1. *a* 1) уста́лый 2) утоми́тельный 2. *v* 1) утомля́ть(ся) 2) устать, потеря́ть терпе́ние

weasel ['wi:zəl] *зоол.* ла́ска

weather ['weðə] пого́да; ~ forecast прогно́з пого́ды; ~-beaten [-bi:tn] 1) обве́тренный 2) вида́вший ви́ды

weave [wi:v] (wove; woven)

1) ткать 2) плести́; ~r ['wi:və] ткач

web [web] паути́на

we'd [wi:d] *разг.* 1) = we had 2) = we should, we would

wedding ['wedɪŋ] сва́дьба

wedge [wedʒ] 1. *n* клин 2. *v* вбива́ть клин

Wednesday ['wenzdɪ] среда́

weed [wi:d] 1. *n* сорня́к 2. *v* поло́ть

week [wi:k] неде́ля; ~day ['wi:kdeɪ] бу́дний день, бу́дни; ~end [wi:k'end] о́тдых (с суббо́ты до понеде́льника); ~ly ['wi:klɪ] 1. *a* еженеде́льный 2. *n* еженеде́льник 3. *adv* еженеде́льно

weep [wi:p] (wept; wept) пла́кать

weigh [weɪ] 1) ве́сить 2) взве́шивать(ся) 3) име́ть вес, значе́ние

weight [weɪt] 1) вес; 2) тя́жесть; груз 3) ги́ря 4) значе́ние

weight lifting ['weɪt'lɪftɪŋ] подня́тие тя́жестей; тяжёлая атле́тика

weighty ['weɪtɪ] ве́ский

weir [wɪə] плоти́на, запру́да

weird [wɪəd] стра́нный, необы́чный

welcome ['welkəm] 1. *n* приве́тствие; warm ~ раду́шный приём 2. *a* жела́нный 3. *v* 1) приве́тствовать 2) раду́шно встреча́ть 4. *int* добро́ пожа́ловать!

weld [weld] *mex.* сва́ривать мета́лл

welfare ['welfɛə] благополу́чие; ~ state систе́ма социа́льной защищённости

well I [wel] 1) коло́дец 2) родни́к

well II [wel] 1. *adv* хорошо́; ~ done! прекра́сно! 2. *a:* be ~ чу́вствовать себя́ хорошо́ 3. *int* ну?; ну что же?

we'll [wi:l] *разг.* = we shall; we will

wellbeing [wel'bi:ŋ] благополу́чие

wellbred [wel'bred] воспи́танный, с хоро́шими мане́рами

well-known [wel'nəun] хорошо́ изве́стный

well-off [wel'ɔf] бога́тый, состоя́тельный

well-read [wel'red] начи́танный

well-to-do [weltə'du:] состоя́тельный, зажи́точный

went [went] *past om* go

wept [wept] *past u p. p. om* weep

were [wə:, wə] *past pl om* be

we're [wɪə] *разг.* = we are

weren't [wə:nt] *разг.* = were not

west [west] 1. *n* за́пад 2. *a* за́падный 3. *adv* на за́пад(e), к за́паду; ~ern ['westən] за́падный; ~wards ['westwədz] к за́паду, в за́падном направле́нии

wet [wet] 1. *a* 1) мо́крый, вла́жный 2) дождли́вый 2. *v* сма́чивать, увлажня́ть

wet blanket ['wetblæŋkɪt] *разг.* челове́к, отравля́ющий други́м удово́льствие, ра́дость

whale [weɪl] кит; ~bone ['weɪlbəun] кито́вый ус

what [wɔt] что; како́й; ~ever [wɔt'evə] всё что; что бы ни

wheat [wi:t] пшени́ца

wheel [wi:l] 1. *n* 1) колесо́ 2) руль, штурва́л 2. *v* кати́ть; везти́; ~barrow ['wi:l bærəu] та́чка; ~chair ['wi:l tʃɛə] инвали́дное кре́сло

when [wen] когда́

whenever [wen'evə] вся́кий раз как; когда́ бы ни

where [wɛə] где; куда́

whereas [wɛər'æz] 1) принима́я во внима́ние 2) тогда́ как

wherever [wɛər'evə] где бы ни, куда́ бы ни

whether ['weðə] ли; и́ли

which [wɪtʃ] кото́рый, како́й; ~ of you? кто из вас?

while [waɪl] 1. *conj* пока́; в то вре́мя как 2. *n* вре́мя, промежу́ток вре́мени; for a ~ на вре́мя

whim [wɪm] причу́да; капри́з

whimper ['wɪmpə] хны́кать

whimsical ['wɪmzɪkəl] причу́дливый, прихотли́вый

whine [waɪn] 1. *n* визг 2. *v* скули́ть

whip [wɪp] 1. *n* кнут;

хлыст 2. *v* 1) хлестáть; сечь 2) взбивáть *(сливки, яйца)*

whip hand ['wɪphænd] власть, контрóль *(над ситуáцией)*

whirlwind ['wə:lwɪnd] вихрь

whiskers ['wɪskəz] *pl* 1) бакенбáрды 2) усы́ *(у живóтных)*

whisper ['wɪspə] 1. *v* шептáть 2. *n* шёпот

whistle ['wɪsl] 1. *n* 1) свист 2) свистóк 2. *v* 1) свистéть 2) давáть свистóк, гудóк

white [waɪt] 1. *a* 1) бéлый 2) седóй 2. *n* 1) белизнá 2) белóк

whitewash ['waɪtwɔʃ] 1. *n* побéлка 2. *v* белить

who [hu:] ктó; котóрый; **~ever** [hu:'evə] кто бы ни; котóрый бы ни

whole [həul] 1. *a* весь; цéлый 2. *n* цéлое

wholemeal ['həulmi:l] из непросéянной муки

wholesale ['həulseɪl] 1. *n* оптóвая торгóвля 2. *a* оптóвый 3. *adv* óптом

wholesome ['həulsəm] полéзный, здорóвый, благотвóрный

whom [hu:m] когó, комý

whooping cough ['hu:pɪŋ kɔf] коклюш

whose [hu:z] чей

why [waɪ] 1. *adv* почемý 2. *int* да ведь

wicked ['wɪkɪd] 1) злой; плохóй 2) безнрáвственный

wide [waɪd] 1. *a* ширóкий; обширный 2. *adv* ширóко; **~n** ['waɪdn] расширять(ся)

widow ['wɪdəu] вдовá; **~er** [-ə] вдовéц

width [wɪdθ] ширинá

wife [waɪf] женá

wig [wɪg] парик

wild [waɪld] дикий; **~ flower** полевóй цветóк

wilderness ['wɪldənɪs] пустыня; глушь

wilful ['wɪlful] 1) своевóльный, упрямый 2) преднамéренный; умышленный

will I [wɪl] 1) вóля; желáние; at ~ по желáнию 2) завещáние

will II [wɪl] (would) 1) *как вспомогат. глагол служит для образования будущего времени 2-го и 3-го лица ед. и мн. ч.:* he ~ do it он сдéлает э́то 2) *в 1 лице выражает обещание, намерение:* I ~ help you я охóтно вам помогý

willing ['wɪlɪŋ]: he is ~ он соглáсен, он готóв (сдéлать что-л.); **~ly** [-lɪ] охóтно

willow ['wɪləu] ива

willpower ['wɪlpauə] сила вóли

wilt [wɪlt] вянуть, поникáть

wily ['waɪlɪ] лукáвый, хитрый

win [wɪn] (won; won) 1)

выи́грывать 2) одержа́ть побе́ду

wince [wɪns] содрога́ться, мо́рщиться *(от боли)*

wind I [wɪnd] ве́тер

wind II [waɪnd] (wound; wound) 1) нама́тывать 2) заводи́ть *(часы, механизм)*; ~ up а) конча́ть; б) ула́дить, разреши́ть *(вопрос и т. п.)*

windfall ['wɪndfɔ:l] 1) па́данец 2) неожи́данная уда́ча *(особ. о деньгах)*

winding ['waɪndɪŋ] изви́листый

wind instrument ['wɪnd 'ɪnstrəmənt] духово́й инструме́нт

windmill ['wɪnmɪl] ветряна́я ме́льница

window ['wɪndəu] окно́; ~ dressing украше́ние, оформле́ние витри́н; ~pane [-peɪn] око́нное стекло́; ~sill [-sɪl] подоко́нник

windscreen ['wɪndskri:n] ветрово́е стекло́

windsurfing ['wɪndsə:fɪŋ] *спорт.* виндсе́рфинг

windward ['wɪndwəd] с наве́тренной стороны́

wine [waɪn] вино́; ~glass бока́л; рю́мка

wing [wɪŋ] 1) крыло́ 2) фли́гель 3) *воен.* фланг 4): the ~s *театр.* кули́сы

wink [wɪŋk] 1. *v* морга́ть, мига́ть; ~ at а) подми́гивать кому́-л.; б) смотре́ть сквозь па́льцы 2. *n* морга́ние; мига́ние

winner ['wɪnə] победи́тель *(в соревновании)*

winter ['wɪntə] 1. *n* зима́ 2. *v* зимова́ть

wipe [waɪp] вытира́ть; осуша́ть; ~ out уничтожа́ть

wire [waɪə] 1. *n* 1) про́волока; про́вод 2) телегра́мма 2. *v* телеграфи́ровать; ~less [waɪəlɪs] 1. *a* беспро́волочный 2. *n* ра́дио

wire-tapping ['waɪətæpɪŋ] подслу́шивание телефо́нных разгово́ров

wiry ['waɪərɪ] жи́листый

wisdom ['wɪzdəm] му́дрость

wise [waɪz] 1) му́дрый 2) благоразу́мный

wisecrack ['waɪzkræk] *разг.* остроу́мный отве́т; остро́та

wish [wɪʃ] 1. *v* жела́ть; I ~ he's come хоть бы он пришёл 2. *v* жела́ние

wistful ['wɪstful] заду́мчиво-печа́льный

wit [wɪt] 1) ум; остроу́мие 2) остроу́мный челове́к, остря́к

witch [wɪtʃ] ве́дьма; ~craft ['wɪtʃkrɑ:ft] колдовство́; чёрная ма́гия

with [wɪð] 1) с, вме́сте с 2) *перев. твор. пад.:* ~ a knife ножо́м 3) *(по причине)* от; tremble ~ fear дрожа́ть от стра́ха

withdraw [wɪð'drɔ:] (withdrew; withdrawn) отдёргивать; брать наза́д: ~al [-əl]

1) изъя́тие, удале́ние 2) ухо́д; ~n [-n] *p. p. от* withdraw

withdrew [wɪð'dru:] *past от* withdraw

wither ['wɪðə] вя́нуть, со́х-нуть

withhold [wɪð'həuld] уде́р-живать, не отдава́ть

within [wɪð'ɪn] 1) внутри́ 2) в преде́лах *(чего-л.)*

without [wɪð'aut] без

witness ['wɪtnɪs] 1. *n* сви-де́тель; очеви́дец; bear ~ to свиде́тельствовать 2. *v* 1) быть свиде́телем 2) свиде́-тельствовать 3) заверя́ть *(подпись, документ)*

witty ['wɪtɪ] остроу́мный

wives [waɪvz] *pl от* wife

wizard ['wɪzəd] колду́н; маг, волше́бник

wobble ['wɔbl] шата́ться; кача́ться; вихля́ться

wobbly ['wɔblɪ] ша́ткий

woe [wəu] го́ре; скорбь, несча́стье; ~begone ['wəu bɪgɔn] го́рестный, удручён-ный

woke [wəuk] *past и p.p. от* wake

wolf [wulf] волк; ~hound ['wulfhaund] волкода́в

wolves [wulvz] *pl от* wolf

woman ['wumən] же́нщина

womb [wu:m] *анат.* ма́тка

women ['wɪmɪn] *pl от* woman

won [wʌn] *past и p. p. от* win

wonder ['wʌndə] 1. *n* 1)

удивле́ние; it's a ~ удиви́-тельно; по ~ неудиви́тельно 2) чу́до 2. *v* удивля́ться; I ~ хоте́л бы я знать; ~ful [-ful] замеча́тельный, удиви́тель-ный

won't [wəunt] *разг.* = will not

woo [wu:] 1) уха́живать, волочи́ться 2) угова́ривать, ула́мывать

wood [wud] 1) лес 2) де́-рево *(материал)* 3) дрова́

woodcutter ['wudkʌtə] дровосе́к

wooden ['wudn] деревя́н-ный

woodland ['wudlənd] леси́-стая ме́стность

woodpecker ['wudpekə] дя́тел

woodpulp ['wudpʌlp] дре-ве́сная ма́сса

wool [wul] шерсть; ~len ['wulən] шерстяно́й

word [wə:d] сло́во; ~ing ['wə:dɪŋ] реда́кция, фо́рма выраже́ния, формулиро́вка

word processor ['wə:d prɔsəsə] текстово́й проце́с-сор

wore [wɔ:] *past от* wear

work [wə:k] 1. *n* 1) рабо́-та; труд 2) произведе́ние 2. *v* рабо́тать; труди́ться

workaday ['wə:kədeɪ] бу́д-ничный, се́рый; ску́чный

workbook ['wə:kbuk] сбор-ник упражне́ний; рабо́чая тетра́дь

workday ['wə:kdeɪ] бу́дний день, рабо́чий день

worker ['wə:kə] рабо́чий

works [wə:ks] заво́д

workshop ['wə:kʃɔp] семина́р; симпо́зиум

workstudy ['wə:kstʌdɪ] совершéнствование технологии произво́дства

world [wə:ld] 1. *n* мир; свет 2. *a* мирово́й; ~ly ['wə:ldlɪ] све́тский, мирско́й

worm [wə:m] 1. *n* червь; глист; *перен.* ничто́жество 2. *v:* ~ out вы́ведать

worn [wɔ:n] *p.p. om* wear; ~-out [wɔ:n'aut] 1) изно́шенный 2) уста́лый

worried ['wʌrɪd] обеспоко́енный

worry ['wʌrɪ] 1. *v* беспоко́ить(ся) 2. *n* беспоко́йство, трево́га, забо́та

worse [wə:s] 1. *a* ху́дший 2. *adv* ху́же

worsen ['wə:sən] ухудша́ть

worship ['wə:ʃɪp] 1. *n* поклоне́ние 2. *v* боготвори́ть; поклоня́ться

worst [wə:st] 1. *a* наиху́дший 2. *adv* ху́же всего́ 3. *n* са́мое плохо́е

worth [wə:θ] 1. *n* 1) досто́инство 2) цена́ 2. *a* сто́ящий; be ~ сто́ить; ~less ['wə:θlɪs] ничего́ не сто́ящий, дрянно́й; ~y ['wə:ðɪ] досто́йный

would [wud] *past om* will II

wound I [wu:nd] 1. *n* ра́на 2. *v* ра́нить

wound II [waund] *past и p.p. om* wind II

wounded ['wu:ndɪd] ра́неный

wound-up [waund'ʌp] взви́нченный; взбудора́женный

wove [wəuv] *past om* weave; ~n [-n] *p. p. om* weave

wrangle ['ræŋgl] 1. *n* препира́ния, до́лгие спо́ры 2. *v* препира́ться, пуска́ться в до́лгие спо́ры

wrap [ræp] 1. *v* завёртывать; ~ oneself up ку́таться 2. *n* 1) шаль; плед 2) обёртка

wrapping(s) ['ræpɪŋ(z)] обёртка; обёрточная бума́га

wrath [rɔ:θ] гнев, я́рость

wreath [ri:θ] вено́к

wreck [rek] 1. *n* круше́ние 2. *v* 1) вы́звать круше́ние 2) ру́хнуть (*о планах и т. п.*)

wreckage ['rekɪdʒ] обло́мки

wrestle ['resl] боро́ться

wretch [retʃ] 1) несча́стный; poor ~ бедня́га 2) негодя́й; ~ed ['retʃɪd] несча́стный; жа́лкий

wring [rɪŋ] (wrung; wrung) 1) скру́чивать 2) выжима́ть

wrinkle ['rɪŋkl] 1. *n* морщи́на 2. *v* мо́рщить(ся)

wrist [rɪst] запя́стье; ~watch ['rɪstwɔtʃ] ручны́е часы́

writ [rɪt] пове́стка, предписа́ние

write [raɪt] (wrote; written) писа́ть; ~ down запи́сывать

writer ['raɪtə] писа́тель

writing ['raɪtɪŋ]: in ~ в пи́сьменной фо́рме; ~ pad блокно́т

written ['rɪtn] p. p. om write

wrong [rɔŋ] 1. a непра́вильный; не тот; something is ~ что́-то не в поря́дке 2. adv непра́вильно 3. n несправедли́вость 4. v быть несправедли́вым (к кому́-л.), ~doing ['rɔŋdu:ɪŋ] просту́пок; правонаруше́ние; ~ful ['rɔŋful] 1) несправедли́вый 2) незако́нный

wrote [rəut] past om write

wrought iron [rɔ:t'aɪən] ко́вкая мя́гкая сталь

wrung [rʌŋ] past и p.p. om wring

wry [raɪ] криво́й, ки́слый (об улыбке и т. п.)

X

xenophobia [zenə'fəubɪə] нелюбо́вь, неприя́знь к иностра́нцам

xerox ['zɪərɔks] ксе́рокс

x-rays ['eks'reɪs] 1. n pl рентге́новы лучи́ 2. v просве́чивать рентге́новыми луча́ми

xylophone ['zaɪləfəun] ксилофо́н

Y

yacht [jɔt] я́хта

yard I [jɑ:d] ярд

yard II [jɑ:d] двор

yawn [jɔ:n] 1. v зева́ть 2. n зево́та

year [jə:] год; ~ly ['jə:lɪ] 1. a ежего́дный 2. adv ежего́дно

yearning ['jə:nɪŋ] си́льное жела́ние; о́страя тоска́

yeast [ji:st] дро́жжи

yell [jel] 1. n пронзи́тельный крик 2. v крича́ть, вопи́ть

yellow ['jeləu] 1) жёлтый 2) зави́стливый, ревни́вый 3) разг. трусли́вый

yes [jes] да; ~man ['jesmæn] подхали́м, подпева́ла

yesterday ['jestədɪ] вчера́

yet [jet] 1. adv ещё; вдоба́вок 2. conj одна́ко; несмотря́ на э́то; and ~ и всё же

yield [ji:ld] 1. v 1) уступа́ть, сдава́ться 2) приноси́ть (урожай); производи́ть 2. n 1) урожа́й 2) проду́кция

yoga ['jəugə] йо́га

yoke [jəuk] и́го, ярмо́

yolk [jəuk] желто́к

you [ju:, ju] вы, ты

young [jʌŋ] молодо́й, ю́ный

youngster ['jʌŋstə] ю́ноша, юне́ц

your, yours [jɔ:, jɔ:z] ваш, твой; ва́ши, твои́

yourself, yourselves [jɔ:'self, jɔ:'selvz] 1) себя́, -ся 2) (ты) сам; (вы) са́ми

youth [ju:θ] 1) мо́лодость, ю́ность 2) молодёжь 3) ю́ноша; **~ful** ['ju:θful] ю́ный, ю́ношеский

Z

zeal [zi:l] усе́рдие, рве́ние; **~ous** ['zeləs] усе́рдный, ре́вностный

zebra crossing [zebrə 'krɔsɪŋ] пешехо́дный перехо́д

zenith ['zenɪθ] зени́т

zero ['zɪərəu] нуль; ничто́; ~ **hour** час нача́ла выступле́ния, ата́ки *и т. п.*

zest [zest] «изю́минка», интере́с

zink [zɪŋk] 1. *n* цинк 2. *a* ци́нковый 3. *v* оцинко́вывать

zip fastener ['zɪpfɑ:snə] застёжка-мо́лния

zipper ['zɪpə] *см.* zip fastener

zodiac ['zəudɪæk] зодиа́к

zone [zəun] зо́на, по́яс; полоса́; райо́н

zoo [zu:] зоопа́рк

zoology [zəu'ɔlədʒɪ] зооло́гия

zoom [zu:m] 1) бы́стро передвига́ться с нараста́ющим гу́лом 2) взмыть

СПИСОК ГЕОГРАФИЧЕСКИХ НАЗВАНИЙ
GEOGRAPHICAL NAMES

Accra [ə'krɑ:] Аккра

Addis Ababa ['ædɪs 'æbəbə] Аддис-Абеба

Afghanistan [æf'gænɪstæn] Афганистан

Africa ['æfrɪkə] Африка

Alabama [ælə'bæmə] Алабама

Aland Islands ['ɑ:lənd 'aɪləndz] Аландские о-ва

Alaska [ə'læskə] Аляска

Albania [æl'beɪnjə] Албания

Algeria [æl'dʒɪərɪə] Алжир (страна)

Algiers [æl'dʒɪəz] Алжир (город)

Alps, the [ælps] Альпы

Amazon ['æməzən] р. Амазонка

America [əmerɪkə] Америка

Amman [ə'mɑ:n] Амман

Amsterdam ['æmste'dæm] Амстердам

Angola [æŋ'gəulə] Ангола

Ankara ['æŋkərə] Анкара

Antarctic, the [ænt'ɑ:ktɪk] Антарктика

Apennines, the ['æpɪnaɪnz] Апеннины

Arctic ['ɑ:ktɪk] Арктика

Arctic Ocean ['ɑ:ktɪk 'əuʃn] Северный Ледовитый океан

Argentina [ɑ:dʒən'ti:nə] Аргентина

Arizona [ærɪ'zəunə] Аризона

Arkansas ['ɑ:kənsɔ:] Арканзас (штат и город)

Asia ['eɪʃə] Азия

Athens ['æθɪnz] Афины

Atlantic Ocean [ət 'læntɪk 'əuʃn] Атлантический океан

Australia [ɔs'treɪljə] Австралия

Austria ['ɔstrɪə] Австрия

Bag(h)dad ['bægdæd] Багдад

Bahrain [bə'reɪn] Бахрейн

Balkans, the ['bɔ:lkənz] Балканы

Baltic Sea ['bɔltɪk'si:] Балтийское море

Bamako [bɑ:mɑ:'kəu] Бамако

Bangladesh ['bæŋglədeʃ] Бангладеш

Belgium ['beldʒəm] Бельгия

Belgrade [bel'greɪd] Белград

Benin [bə'ni:n] Бенин

Berlin [bə:'lın] Берлин
Bern(e) [bə:n] Берн
Birmingham ['bə:mıŋəm] Бирмингем
Bolivia [bə'lıvıə] Боливия
Bonn [bɔn] Бонн
Boston ['bɔstən] Бостон
Botswana [bɔ'tswɑ:nə] Ботсвана
Brasilia [brə'zılıə] Бразилиа *(город)*
Brazil [brə'zıl] Бразилия *(страна)*
Brazzaville ['bræzəvıl] Браззавиль
Brussels ['brʌslz] Брюссель
Bucharest ['bju:kərest] Бухарест
Budapest ['bju:də'pest] Будапешт
Buenos Aires ['bwenəs 'aıərız] Буэнос-Айрес
Bulgaria [bʌl'gɛərıə] Болгария
Burkina Faso [bu(r)-kı'nɑ:fʌ'sɔ:] Буркина Фасо
Burma ['bə:mə] Бирма; *см.* Myanma

Cabo Verde ['kʌbə'və:də] Кабо-Верде
Cairo ['kaıərəu] Каир
Calcutta [kæl'kʌtə] Калькутта
California [kælı'fɔ:njə] Калифорния
Cambodia [kəm'bəudıə] Камбоджа
Cambridge ['keımbrıdʒ] Кембридж
Cameroon [kæmə'ru:n] Камерун

Canada ['kænədə] Канада
Canberra ['kænbərə] Канберра
Canterbury ['kæntəbərı] Кентербери
Cape Town, Capetown ['keıptaun] Кейптаун
Carpathians, the [kɑ:'peıθjənz] Карпаты
Chad [tʃæd] Чад
Chicago [ʃı'kɑ:gəu] Чикаго
Chile ['tʃılı] Чили
China ['tʃaınə] Китай
Clyde [klaıd] Клайд
Colombia [kə'lɔmbıə] Колумбия
Colombo [kə'lʌmbəu] Коломбо
Colorado [kɔlə'rɑ:dəu] Колорадо
Columbia [kə'lʌmbıə] Колумбия
Conakry ['kɔnəkrı] Конакри
Congo ['kɔŋgəu] Конго
Connecticut [kə'netıkət] Коннектикут
Copenhagen [kəupn'heıgən] Копенгаген
Cordilleras, the [kɔ:dı'ljərəz] Кордильеры
Costa Rica ['kɔstə'ri:kə] Коста-Рика
Côte d'Ivoire ['kɔtdvu'ɑ:] Кот-д'Ивуар
Coventry ['kɔvəntrı] Ковентри
Crete [kri:t] Крит
Cuba ['kju:bə] Куба
Cyprus ['saıprəs] Кипр
Czechoslovakia ['tʃekəusləu'vækıə] Чехословакия

Damascus [də'mɑ:skəs]
Дамаск
Dardanelles [dɑ:də'nelz]
Дарданеллы
Dar es Salaam, Daressa-
lam ['dɑ:ressə'lɑ:m] Дар-эс-
Салам
Delaware ['deləwɛə] Дела-
вэр
Delhi ['delɪ] Дели
Denmark ['denmɑ:k] Да-
ния
Detroit [də'trɔɪt] Детройт
Djakarta [dʒə'kɑ:tə] Джа-
карта
Dominican Republic [də'
mɪnɪkənrɪ'pʌblɪk] Домини-
канская Республика
Dover ['dəuvə] Дувр
Dover, Strait of ['streɪtəv
'dəuvə] Па-де-Кале
Dublin ['dʌblɪn] Дублин

Ecuador [ekwə'dɔ:] Эква-
дор
Edinburgh ['edɪnbərə]
Эдинбург
Egypt ['i:dʒɪpt] Египет
El Salvador [el'sælvədɔ:]
Сальвадор
England ['ɪŋglənd] Англия
English Channel
['ɪŋglɪʃ'tʃænl] Ла-Манш
Equatorial Guinea [ekwə
'tɔ:rɪəlgɪnɪ] Экваториальная
Гвинея
Erie, Lake ['leɪk'ɪərɪ] озеро
Эри
Ethiopia [i:θɪ'əupjə] Эфио-
пия
Europe ['juərəp] Европа
Everest ['evərest] Эверест

Finland ['fɪnlənd] Фин-
ляндия
Florida ['flɔrɪdə] Флорида
France [frɑ:ns] Франция

Gabon [gə'bɔ:ŋ] Габон
Gambia ['gæmbɪə] Гамбия
Geneva [dʒɪ'ni:və] Женева
Georgia I ['dʒɔ:dʒjə]
Джорджия (штат США)
Georgia II ['dʒɔ:dʒjə] Гру-
зия
Germany ['dʒə:mənɪ] Гер-
мания
Ghana ['gɑ:nə] Гана
Gibraltar [dʒɪ'brɔ:ltə] Гиб-
ралтар
Glasgow ['glɑ:sgəu] Глаз-
го
Great Britain ['greɪt
'brɪtən] Великобритания
Greece [gri:s] Греция
Greenland ['gri:nlənd]
Гренландия
Greenwich ['grɪnɪdʒ]
Грин(в)ич
Guatemala [gwætɪ'mɑ:lə]
Гватемала
Guinea ['gɪnɪ] Гвинея
Guinea-Bissau ['gɪnɪbɪ
'sau] Гвинея-Бисау
Gulf Stream, the ['gʌlf
'stri:m] Гольфстрим
Guyana [gaɪ'ɑ:nə] Гайана

Hague, the [heɪg] Гаага
Haiti ['heɪtɪ] Гаити
Hanoi [hæ'nɔɪ] Ханой
Havana [hə'vænə] Гавана
Hawaii [hɑ:waii:] Гавай-
ские острова
Helsinki ['helsɪŋkɪ] Хель-
синки

210

Himalaya(s), the [ˈhɪmə leɪə(z)] Гималаи

Hiroshima [hɪˈrɔːʃɪmɑː] Хироси́ма

Honduras [hɔnˈdjuərəs] Гондура́с

Hong Kong [hɔŋˈkɔŋ] Гонко́нг

Hungary [ˈhʌŋgərɪ] Ве́нгрия

Huron, Lake [ˈleɪk ˈhjuːərən] о́зеро Гуро́н

Iceland [ˈaɪslənd] Исла́ндия

Idaho [ˈaɪdəhəu] Айда́хо

Illinois [ɪlɪˈnɔɪ] Иллино́йс

India [ˈɪndjə] И́ндия

Indiana [ɪndɪˈænə] Индиа́на

Indian Ocean [ˈɪndjən ˈəuʃn] Инди́йский океа́н

Indonesia [ɪndɔˈniːzjə] Индоне́зия

Iowa [ˈaɪəuwə] А́йова

Iran [ɪˈrɑːn] Ира́н

Iraq [ɪˈrɑːk] Ира́к

Ireland [ˈaɪələnd] Ирла́ндия

Israel [ˈɪzreɪəl] Изра́иль

Istanbul [ɪstænˈbuːl] Стамбу́л

Italy [ˈɪtəlɪ] Ита́лия

Jamaica [dʒəˈmeɪkə] Яма́йка

Japan [dʒəˈpæn] Япо́ния

Jerusalem [dʒəˈruːsələm] Иерусали́м

Jordan [ˈdʒɔːdn] Иорда́ния

Kabul [kəˈbuːl] Кабу́л

Kansas [ˈkænzəs] Ка́нзас

Kentucky [kənˈtʌkɪ] Кенту́кки

Kenya [ˈkiːnjə] Ке́ния

Khart(o)um [kɑːˈtuːm] Харту́м

Kiev [ˈkiːev] Ки́ев

Kinshasa [kɪnˈʃɑːsɑː] Кинша́са

Klondike [ˈklɔndaɪk] Кло́ндайк

Korea [kəˈrɪə] Коре́я

Kuwait [kuˈweɪt] Куве́йт

Laos [lauz] Лао́с

Latin America [ˈlætɪnə ˈmerɪkə] Лати́нская Аме́рика

Lebanon [ˈlebənən] Лива́н

Lesotho [ləˈsəutəu] Лесо́то

Liberia [laɪˈbɪərɪə] Либе́рия

Libya [ˈlɪbɪə] Ли́вия

Liechtenstein [ˈlɪktənstaɪn] Ли́хтенштейн

Lisbon [ˈlɪzbən] Лис(с)або́н

Liverpool [ˈlɪvəpuːl] Ли́верпуль

London [ˈlʌndən] Ло́ндон

Los Angeles [lɔsˈændʒɪliːz] Лос-А́нджелес

Louisiana [luiːzɪˈænə] Луизиа́на

Luxemburg [ˈlʌksəmbəːg] Люксембу́рг

Madagaskar [mædəˈgæskə] Мадагаска́р

Madrid [məˈdrɪd] Мадри́д

Maine [meɪn] Мэн

Malawi [məˈlɑːwɪ] Мала́ви

Malaysia [məˈleɪzɪə] Мала́йзия

Maldives ['mɔ:ldɪvz] Мальди́вы

Mali ['mɑ:li:] Мали́

Malta ['mɔ:ltə] Ма́льта

Manchester ['mænt∫ɪstə] Ма́нче́стер

Maryland ['mɛərɪlænd] Мэ́риленд

Massachusetts [mæsə'tʃu:sets] Массачу́сетс

Mauritania [mɔ:rɪ'teɪnjə] Маврита́ния

Mauritius [mə'rɪʃəs] Маври́кий

Mediterranean Sea [medɪtə'reɪnjən'si:] Среди-зе́мное мо́ре

Mexico ['meksɪkəu] Ме́ксика

Mexico (City) ['meksɪkəu ('sɪtɪ)] Ме́хико

Minnesota [mɪnɪ'səutə] Миннесо́та

Mississippi [mɪsɪ'sɪpɪ] Миссиси́пи

Missouri [mɪ'zuərɪ] Миссу́ри

Monaco ['mɔnəkəu] Мона́ко

Mongolia [mɔn'gəuljə] Монго́лия

Montana [mɔn'tænə] Монта́на

Morocco [mə'rɔkəu] Маро́кко

Moscow ['mɔskəu] Москва́

Mozambique [məuzəm'bi:k] Мозамби́к

Myanma ['mjɑ:nma] Мья́нма

Namibia [nə'mɪbjə] Нами́бия

Nanking [næn'kɪŋ] Нанки́н

Nebraska [nɪ'bræskə] Небра́ска

Nepal [nɪ'pɔ:l] Непа́л

Netherlands ['neðələndz] Нидерла́нды

Nevada [nə'vɑ:də] Нева́да

Newcastle ['nju:kɑ:sl] Ньюка́сл

New Hampshire [nju:'hæmpʃɪə] Нью-Ге́мпшир

New Jersey [nju:'dʒə:zɪ] Нью-Дже́рси

New Mexico [nju:'meksɪkəu] Нью-Ме́ксико

New York ['nju:'jɔ:k] Нью-Йо́рк

New Zealand [nju:'zi:lənd] Но́вая Зела́ндия

Nicaragua [nɪkə'rægjuə] Никара́гуа

Niger [naɪdʒə] Ни́гер

Nigeria [naɪ'dʒɪərɪə] Ниге́рия

Nile [naɪl] Нил

North Carolina ['nɔ:θkærə'laɪnə] Се́верная Кароли́на

North Dakota ['nɔ:θdə'kəutə] Се́верная Дако́та

North Sea ['nɔ:θ'si:] Се́верное мо́ре

Norway ['nɔ:weɪ] Норве́гия

Odessa [əu'desə] Оде́сса

Ohio [əu'haɪəu] Ога́йо

Oklahoma [əuklə'həumə] Оклахо́ма

Oregon ['ɔrɪgən] Орего́н

Oslo ['ɔsləu] О́сло

Ottawa ['ɔtəwə] Отта́ва

Oxford ['ɔksfəd] О́ксфорд

Pacific Ocean [pə'sıfık 'əuʃən] Тихий океа́н
Pakistan [pɑ:kıs'tɑ:n] Пакиста́н
Palestine ['pælıstaın] Палести́на
Panama [pænə'mɑ:] Пана́ма
Paraguay ['pærəgwaı] Парагва́й
Paris ['pærıs] Пари́ж
Peking [pi:'kıŋ] Пеки́н
Pennsylvania [pensıl'veınjə] Пенсильва́ния
Persian Gulf ['pə:ʃən'gʌlf] Перси́дский зали́в
Peru [pə'ru:] Перу́
Philadelphia [fılə'delfjə] Филаде́льфия
Philippines ['fılıpi:nz] Филиппи́ны
Plymouth ['plıməθ] Пли́мут
Poland ['pəulənd] По́льша
Portsmouth ['pɔ:tsməθ] По́ртсмут
Portugal ['pɔ:tjugəl] Португа́лия
Prague [prɑ:g] Пра́га
Pretoria [prı'tɔ:rıə] Прето́рия
Pyongyang ['pjə:ŋ'jɑ:ŋ] Пхенья́н
Pyrenees, the [pırə'ni:z] Пирене́и

Quebec [kwı'bek] Квебе́к

Rangoon [ræŋ'gu:n] Рангу́н; *см.* Yangown
Republic of South Africa [rı'pʌblıkəvsauθ'æfrıkə] Ю́жно-Африка́нская Респу́блика

Reykjavik ['reıkjəvi:k] Ре́йкьявик
Rhode Island [rəud'aılənd] Род-А́йленд
Rio de Janeiro ['ri:əudədʒə'nıərəu] Ри́о-де-Жане́йро
Rocky Mountains ['rɔkı 'mauntınz] Скали́стые го́ры
Rome [rəum] Рим
R(o)umania [ru:'meınjə] Румы́ния
Russia ['rʌʃə] Росси́я

Sahara [sə'hɑ:rə] Саха́ра
Saint Petersburg [seınt 'pi:təzbə:g] Санкт-Петербу́рг
Sana(a) [sɑ:'nɑ:] Сана́
San Francisco [sænfrən'sıskəu] Сан-Франци́ско
Santiago [sæntı'ɑ:gəu] Сантья́го
Saudi Arabia ['saudıə 'reıbjə] Сау́довская Ара́вия
Scotland ['skɔtlənd] Шотла́ндия
Senegal [senı'gɔ:l] Сенега́л
Seoul [səul] Сеу́л
Sevastopol [sə'vɑ:stəpəl] Севасто́поль
Shanghai [ʃæŋ'haı] Шанха́й
Sheffield ['ʃefi:ld] Шéффилд
Shetland Islands ['ʃetlənd'aıləndz] Шетла́ндские о-ва́
Sierra Leone [sı'erəlı'əun] Сье́рра-Лео́не
Singapore [sıŋgə'pɔ:] Сингапу́р
Sofia ['səufjə] Софи́я

Somalia [səu'mɑːlɪə] Сомали

South America ['sauθə'merɪkə] Южная Америка

South Carolina ['sauθkærə'laɪnə] Южная Каролина

South Dakota ['sauθdə'kəutə] Южная Дакота

Spain [speɪn] Испания

Sri Lanka [srɪ'læŋkə] Шри-Ланка

Stockholm ['stɔkhəum] Стокгольм

Sudan, the [suː'dɑːn] Судан

Suez Canal ['suːɪzkə'næl] Суэцкий канал

Superior, Lake ['leɪksjuː-'pɪərɪə] озеро Верхнее

Swaziland ['swɑːzɪlænd] Свазиленд

Sweden ['swiːdn] Швеция

Switzerland ['switsələnd] Швейцария

Taiwan [taɪ'wæn] Тайвань

Tanganyika [tæŋgə'njiːkə] Танганьика

Tanzania [tænzə'nɪə] Танзания

Teh(e)ran [tɪə'rɑːn] Тегеран

Tel Aviv ['telɑː'viːv] Тель-Авив

Tennessee [tenə'siː] Теннесси

Texas ['teksəs] Техас

Thailand ['taɪlænd] Таиланд

Thames [temz] Темза

Tibet [tɪ'bet] Тибет

Tirana [tɪ'rɑːnə] Тирана

Togo ['təugəu] Того

Tokyo ['təukjəu] Токио

Tunisia [tjuː'nɪzɪə] Тунис

Turkey ['təːkɪ] Турция

Uganda [juː'gændə] Уганда

Ulan Bator ['uːlɑːn'bɑːtɔː] Улан-Батор

United Kingdom of Great Britain and Northern Ireland [juː'naɪtɪd'kɪŋdəməvgreɪt'brɪtə nənd'nɔːðən'aɪələnd] Соединённое Королевство Великобритании и Северной Ирландии

United States of America [juː'naɪtɪdsteɪtsəvə'merɪkə] Соединённые Штаты Америки

Uruguay ['urugwaɪ] Уругвай

Utah ['juːtɑː] Юта

Vatican ['vætɪkən] Ватикан

Venezuela [venə'zwiːlə] Венесуэла

Vermont [vəː'mɔnt] Вермонт

Vienna [vɪ'enə] Вена

Vietnam ['vjet'næm] Вьетнам

Virginia [və'dʒɪnjə] Вирджиния

Volga ['vɔlgə] Волга

Volgograd [vɔlgə'græd] Волгоград

Wales [weɪlz] Уэльс

Warsaw ['wɔːsɔː] Варшава

Washington ['wɔʃɪŋtən] Вашингтон

Wellington ['welɪŋtən] Вёллингтон

West Virginia ['westvə 'dʒɪnjə] Западная Виргиния

Winnipeg ['wɪnɪpeg] Вйннипег

Wisconsin [wɪs'kɔnsɪn] Вискóнсин

Wyoming [waɪ'əumɪŋ] Вайóминг

Yangown [jæŋ'gəun] Янгóн

Yemen ['jemən] Йéмен

Yugoslavia ['ju:gəu'slɑ:vjə] Югослáвия

Zaire [zə'i:rə] Зайр

Zambia ['zæmbɪə] Зáмбия

Zimbabwe [zɪm'bɑ:bwɪ] Зимбáбве

NTC's
Compact
RUSSIAN
and
ENGLISH
Dictionary

РУССКИЙ АЛФАВИТ
RUSSIAN ALPHABET

Аа	Ии	Рр	Шш
Бб	Йй	Сс	Щщ
Вв	Кк	Тт	Ъъ
Гг	Лл	Уу	Ыы
Дд	Мм	Фф	Ьь
Ее, Ёё	Нн	Хх	Ээ
Жж	Оо	Цц	Юю
Зз	Пп	Чч	Яя

A

a but; and; a то or (else); a
и́менно that is; ná́mely

абажу́р lámpshade

абза́ц páragraph

абитурие́нт univérsity
éntrant

абон|еме́нт subscríption;
séason tícket; líbrary card
(*библиотечный*); ~е́нт
subscríber

або́рт abórtion

абрико́с ápricot

абсолю́тн|о útterly; ~ый
ábsolute; ~ый слух ábsolute
pitch

абстра́ктный ábstract

абсу́рд absúrdity

аванга́рд vánguard

ава́нс advánce; ~ом in
advánce

авантю́р|а advénture; ~и́ст
advénturer

ава́рия áccident (*несчастный случай*); crash (*крушение*); *мор.* wreck

а́вгуст Áugust

авиаба́за air base

авиазаво́д áircraft works

авиакомпа́ния áirline

авиали́ния áirline

авиано́сец áircraft cárrier

авиапо́чта air mail

авиасъёмка air photó-
graphy

авиацио́нный air(-);
áircraft(-); aviátion(-)

авиа́ция aviátion, áircraft;
разве́дывательная ~ recón-
naissance áircraft; истреби́-
тельная ~ fíghter áircraft;
гражда́нская ~ cívil air
fleet

авитамино́з avitaminósis

аво́сь perháps; на ~ on the
off chance

австрали́|ец, ~йский Aus-
trálian

автобиогра́фия auto-
biógraphy

авто́бус bus; coach (*марш-
рутный, туристский*)

автовокза́л coach státion

авто́граф áutograph

автозаво́д áutomobile plant

автома́т 1) automátic
machíne 2) (*телефон*)
(públic) télephone 3) (*билет-
ный и т. п.*) slot machíne 4)
воен. tómmy gun; ~и́ческий
automátic; ~чик *воен.* tómmy
gúnner

автомоби́ль (mótor)car,

áutomobile; áuto; грузовóй ~ lórry; truck (*амер.*)

автонóм|ия autónomy; ~ный autónomous; ~ная респýблика autónomous repúblic

автопилóт automátic pílot

автопортрéт sélf-pórtrait

áвтор áuthor

авторитáрный authoritárian

авторитéт authórity; ~ный authóritative

áвтор|ский áuthor's; ~ское прáво cópyright; ~ство áuthorship

автотрáнспорт mótor tránsport

агéнт ágent; ~ство ágency; ~ýра ágency; ágents

агит|áтор propagándist, ágitator; ~áция propagánda; agitátion; ~и́ровать make propagánda, ágitate (for, agáinst)

агитпýнкт electionéering céntre

агóния ágony

агрáрный agrárian

агрегáт únit

агресси́вный aggréssive

агрéсс|ия aggréssion; ~ор aggréssor

агронóм agrónomist; ~и́ческий agronómic(al); ~ия agrónomy

ад hell

адвокáт láwyer; attórney (*амер.*); ~ýра the bar

администр|ати́вный administrative; ~áтор administrator, mánager; ~áция administrátion

адмирáл ádmiral

áдрес addréss; ~áт addressée; ~ный: ~ный стол inquíry óffice; ~ная кни́га diréctory; ~овáть addréss; send (*направлять*)

азáрт pássion, excítement; ~ный réckless, pássionate; ~ная игрá game of chance

áзбука álphabet

азербайджáн|ец Azerbaijánian; ~ский Azerbaiján(ian)

азиáтский Ásian; Asiátic

азóт nítrogen

áист stork

айвá quince

акадéм|ик mémber of an Acádemy; academícian; ~и́ческий académic; ~ия Acádemy

аквалáнг *спорт.* áqualung

акварéль wátercolour

аккомпан|емéнт accómpaniment; ~и́ровать accómpany

аккóрд *муз.* chord

аккредити́в létter of crédit

аккумуля́тор stórage báttery (cell), accúmulator

аккурáтн|ость punctuálity, regulárity (*точность*); néatness, tidiness (*опрятность*); ~ый púnctual, régular (*точный*); neat, tídy (*опрятный*); consciéntious (*добросовестный*)

акробáт ácrobat; ~и́ческий acrobátic

акт 1) act 2) (*документ, протокол*) deed

актёр áctor.

акти́в 1) áctive mémbers 2) *фин.* ássets; ~ность actívity; ~ный áctive

актри́са áctress

актуа́льный of présent interest; úrgent (*неотло́жный*)

аку́ла shark

аку́стика acóustic

акце́нт áccent

акционе́р sháreholder; ~ный: ~ое о́бщество jóint-stock cómpany

а́кция share

алба́нец Albánian

алба́нский Albánian

а́лгебра álgebra

алиме́нты álimony

алкого́ль álcohol

аллего́рия állegory

аллерги́я állergy

алле́я álley; ávenue

алло́! húlló!

алма́з díamond

алта́рь áltar

алфави́т álphabet; ~ный alphabétical

а́лчный gréedy, ávid

а́лый scárlet

альбо́м álbum; skétchbook (*для эски́зов*)

альпини́ст mountainéer

алюми́ний alumínium

амба́р barn, gránary

амбулато́рия dispénsary

америка́н|ец, ~ский Américan

амни́стия ámnesty

а́мпула ámpoule

ампут|а́ция amputátion; ~и́ровать ámputate

амфитеа́тр *театр.* ámphitheatre, circle

ана́лиз análysis; ~и́ровать ánalyse

аналоги́чный análogous, párallel

анало́гия análogy

анана́с píneapple

анархи́зм ánarchism

ана́рхия ánarchy

ана́том anátomist; ~и́ровать disséct

анато́мия anátomy

анга́р hángar

а́нгел ángel

анги́на tonsillítis

англи́йский Énglish

англича́нин Énglishman

анекдо́т ánecdote, stóry

анке́та form, questionnáire

анне́ксия annexátion

аннули́ровать annúl, cáncel

анони́мный anónymous

анса́мбль 1) group; cómpany 2) (*архитекту́рный*) ensémble

анте́нна anténna, áerial

антибио́тики antibiótics

антивое́нный ánti-wár

антиква́рный: ~ магази́н antíque-shop

антиправи́тельственный ánti-góvernment

антисанита́рный insánitary

антифаши́ст ánti-fáscist; ~ский ánti-fáscist

анти́чный antíque

анто́ним ántonym

антра́кт ínterlude

ао́рта aórta

апартеид apártheid
апатичный apathétic
апатия ápathy
апелл|и́ровать appéal; ~я́ция appéal
апельси́н órange
аплоди|ровать appláud; ~сме́нты appláuse (*ед. ч.*)
аппара́т apparátus
аппендици́т appendicítis
аппети́т áppetite; ~ный áppetizing
апре́ль Ápril
апте́ка chémist's (shop); drúgstore (*амер.*)
ара́б Árab; ~ский Arábian
арбитра́ж arbitrátion
арбу́з wátermelon
аргуме́нт árgument
аре́на aréna, ring; *перен.* scene, field
аре́нд|а lease; ~а́тор ténant, léaseholder; ~ова́ть rent
аре́ст arrést; ~ова́ть, ~о́вывать arrést
аристокра́т áristocrat; ~и́ческий aristocrátic
арифме́тика aríthmetic
а́рия ária, air
а́рка arch
аркти́ческий árctic
а́рмия ármy
арм|яни́н, ~я́нский Arménian
арома́т pérfume; ~ный frágrant
арсена́л ársenal
арте́ль artél
арте́рия ártery
артилл|ери́йский artíl-

lery(-); ~ери́ст artílleryman; ~е́рия artíllery
арти́ст áctor (*актёр*); singer (*певец*); perfórmer (*музыкант, танцор и т. п.*); ~и́ческий artístic
а́рфа harp
археоло́гия archaeólogy
архи́в árchives (*мн. ч.*)
архипела́г archipélago
архите́кт|ор árchitect; ~у́ра árchitecture; ~у́рный architéctural
аскорби́нов|ый: ~ая кислота́ ascórbic ácid, vítamin C
аспе́кт áspect
аспира́нт postgráduate (stúdent); ~у́ра postgráduate course, reséarch schólarship
ассамбле́я assémbly; Генера́льная Ассамбле́я Géneral Assémbly
ассигнова́ть assígn; apprópriate
ассисте́нт assístant
ассортиме́нт seléction of goods
ассоциа́ция associátion
а́стма ásthma
астрона́вт ástronaut, spáceman
астроно́м astrónomer; ~ия astrónomy
асфа́льт asphált
ата́к|а attáck; ~ова́ть attáck; charge
атеи́ст átheist
атланти́ческий Atlántic
а́тлас *геогр.* átlas
атла́с sátin
атле́т áthlete; ~ика athlétics

атмосфер|а átmosphere (*тж. перен.*); ~ный atmosphéric; ~ное давле́ние atmosphéric préssure

а́том átom; ~ный atómic; ~ный вес atómic weight; ~ная бо́мба átom bomb; ~ная эне́ргия atómic énergy; ~ное ядро́ atómic núcleus; ~ное ору́жие atómic wéapons

атташе́ attaché

аттест|а́т certíficate; ~ зре́лости schóol-leaving certíficate; ~ова́ть cértify; régister

аттракцио́н sídeshow (*в парках*); númber (*в цирке*)

аудито́рия 1) (*помещение*) auditórium 2) (*слушатели*) áudience

аукцио́н áuction

ау́л aúl

афе́ра shády transáction

афи́ша póster; театра́льная ~ pláybill

африка́нский Áfrican

аэродро́м áerodrome

аэрозо́ль áerosol, spray

аэропо́рт áirport

аэроста́т (áir-)ballóon; ~ загражде́ния bárrage ballóon

аэрофотосъёмка air photógraphy

Б

ба́ба *разг.* wóman ◇ сне́жная ~ snówman

ба́бочка bútterfly; ночна́я ~ moth

ба́бушка grándmother; gránny (*разг.*)

бага́ж lúggage; bággage (*амер.*); сдава́ть ве́щи в ~ régister one's lúggage, have one's lúggage régistered

багро́вый deep red, crímson

бадминто́н bádminton

ба́за base; *перен.* básis

база́р márket; bazáar (*на Восто́ке; тж. благотвори́тельный и т. п.*)

бази́ровать base; ~ся (*на чём-л.*) base one's árguments upón

ба́зис básis

байда́рка canóe, káyak

бак tank, cístern; bóiler (*для белья*)

бакале́йный: ~ магази́н grócery

бакале́я gróceries (*мн. ч.*)

баклажа́н éggplant; áubergine

бактерио́|лог bacterió-logist; ~логи́ческий bacterioló-gical; ~ло́гия bacteriólogy

бакте́рия bactérium

бал ball

бала́нс bálance, bálance sheet

балери́на bállet dáncer

бале́т bállet

ба́лка beam

балко́н bálcony

балла́ст bállast; *перен.* lúmber (*лишнее*), dead weight

баллоти́ровать vote, bállot; ~ся stand for

баллотиро́вка vóting bállot
балова́ть spoil; ~ся (ша-
ли́ть) be náughty, be nóisy;
не балу́йся! beháve yoursélf!,
don't be náughty!
бальза́м balm, balsám
бана́н banána
ба́нда band; gang
бандеро́ль prínted mátter;
~ю by bóokpost.
банди́т bándit; gángster
(амер.); ~и́зм gángsterism
банк bank
ба́нка 1) (стекля́нная)
jar; (жестяна́я) tin; can
(амер.) 2) мед. cúpping-glass
банке́т bánquet
банки́р bánker
банкро́тство bánkruptcy,
insólvency; fáilure (о фи́рме)
бант bow
ба́ня báthhouse
бар bar
бараба́н 1) drum 2) тех.
reel; ~ить drum
бара́к bárracks (мн. ч.),
hut
бара́н ram; ~ина mútton
ба́ржа barge
баррика́да barricáde
барс snow léopard
барсу́к bádger
ба́рхат vélvet; ~ный vélvet
барье́р bárrier
бас bass
баскетбо́л básketball
басносло́вный fábulous
ба́сня fáble
бассе́йн básin, réservoir
(водохрани́лище); ~ для пла́-
вания swimming bath,

swímming pool; каменно-
уго́льный ~ cóalfield
бастова́ть strike, be on
strike
батаре́йка эл. báttery
батаре́я 1) воен. báttery 2)
rádiator
бато́н long loaf; bar
батра́к fármhand
башма́к shoe
ба́шня tówer; оруди́йная ~
gun túrret
бая́н муз. accórdion
бди́тельн|ость vígilance;
~ый vígilant
бег rún(ning); ~а́ ráces
бе́гать run
беглец́ fúgitive
бе́глый 1) (о чте́нии, ре́-
чи) flúent 2) (убежа́вший)
rúnaway
бего́м at a run, rúnning
бе́гство flight
бегу́н спорт. rúnner
беда́ misfórtune; ~ в том,
что... the tróuble is that...
бе́дн|ость póverty; ~ота́
собир. the poor; ~ый poor;
~я́га poor thing; ~я́к poor
man; ~яки́ собир. poor péople
бедро́ thigh (ля́жка); hip
(бок)
бе́дствие disáster, calámity
бежа́ть run; flee (убега́ть)
бе́женец refugée
без without; ~ пяти́ шесть
five mínutes to six
безалкого́льный álcohol-
free; soft
безбо́жник átheist
безболе́зненный páinless

безвкусный tásteless; insípid

безводный wáterless; árid (*сухой*)

безвозвратный irrévocable

безвоздушн|ый: ~ое пространство vácuum

безвозмездн|о free (of charge), grátis; ~ый free; gratúitous, unpáid

безво|лие wéakness of will; ~льный wéak-willed

безвредный hármless

безвыходный hópeless, désperate

безграмотн|ость illíteracy; ~ый illíterate

безграничный bóundless; *перен.* ínfinite

бездарный wórthless, dull, ungífted (*о художнике и т. п.*); féeble, uninspíred, médiocre (*о произведении и т. п.*)

бездейств|ие ináction; ~овать be out of órder (*о машине*); do nóthing, be ídle (*о человеке*)

бездель|е ídleness; ~ник ídler, lóafer; ~ничать ídle, loaf

бездна abýss

бездомн|ый hómeless; ~ая собака stray dog

бездушный héartless, cállous

безжалостный pítiless, mérciless; rúthless (*жестокий*)

безжизненный lífeless

беззаботный líght-héarted, cárefree

беззаветный útter, sélfless

беззащитный defénceless, hélpless

безличный impérsonal

безмолвный tácit

безнадёжный hópeless

безнаказанно with impúnity

безнравственный immóral

безобидный ínnocent

безобраз|ие 1) úgliness 2): ~! outrágeous!; ~ный 1) úgly 2) (*о поступке*) outrágeous

безоговорочн|ый uncondítional; ~ая капитуляция uncondítional surrénder

безопасн|ость sáfety; secúrity; ~ый safe

безоружный unármed

безответственный irrespónsible

безошибочный corréct, right

безработ|ица unemplóyment; ~ный unemplóyed

безразличн|о it's all the same; ~ый indífferent

безразмерный óne-size

безрассудный réckless, fóolhardy

безрезультатн|о in vain; ~ый inefféctual, fútile

безукоризненный irrepróachable

безум|ие mádness; fólly; ~ный mad, crázy; ~ство *см.* безумие

безупречный irrepróachable

безусло́вно undóubtedly, cértainly; of course

безуспе́шн|о in vain; unsuccéssfully; ~ый unsuccéssful

безуча́стный indífferent

беле́ть 1) (вдали) gleam white 2) (становиться белым) whíten, becóme white

белизна́ whíteness

бели́ла zinc white (цинковые); white lead (свинцовые)

бе́лка squírrel

беллетри́стика fíction

бело́к 1) (яйца, глаза) the white 2) хим., биол. prótein, álbumen

белору́с Byelorússian

белору́сский Byelorússian

белосне́жный snów-white

белу́га white stúrgeon

бе́лый white

бельги́|ец, ~йский Bélgian

бельё línen (постельное); únderwear (нижнее)

бензи́н 1) хим. bénzine 2) (горючее) pétrol; gásoline, gas (амер.)

бензоколо́нка pétrol státion, fílling státion, sérvice státion; gas státion (амер.)

бе́рег shore; coast; bank (реки)

береги́сь! look out!; take care!; cáution! (автомобиля и т. п.)

берегово́й cóastal

бережли́вый económical, thrífty

берёза birch

бере́менн|ая prégnant; ~ость prégnancy

бере́т béret

бере́чь take care of (заботиться); guard (хранить); spare (щадить)

бесе́да conversátion, talk, chat

бесе́дка árbour, súmmer house

бесе́довать talk, chat

беси́ть enráge, mádden, infúriate

бескла́ссов|ый clássless; ~ое общество clássless society

бесконе́чный infinite; éndless, intérminable (длинный)

бескоры́стный disínterested

беспа́мятный forgétful

беспарти́йный 1. прил. nonpárty 2. сущ. nonpárty man

бесперспекти́вный hópeless

беспе́чн|ость cárelessness; ~ый cáreless, líght-héarted (легкомысленный)

беспла́тн|о grátis; free of charge; ~ый free

беспло́д|ие sterílity; ~ный stérile; bárren (о почве); перен. frúitless, fútile

бесповоро́тный irrévocable

беспоко́ить 1) (волновать) wórry 2) (мешать, тревожить) distúrb, tróuble; ~ся 1) (волноваться) wórry, be ánxious 2) (утруждать себя) bóther; не беспоко́йтесь! don't bóther!

беспокóй|ный réstless; ánxious; ~ство 1) (*тревога*) anxíety, unéasiness 2) (*хлопоты*) tróuble, wórry

бесполéзный úseless

беспóмощный hélpless

беспорядок disórder; confúsion (*путаница*)

беспосáдочный: ~ перелёт nón-stop flight, diréct flight

беспóшлинный dúty-frée

беспощáдный rúthless, mérciless

бесправный depríved of rights

беспредéльный bóundless

беспрерывный contínuous; úninterrúpted

беспрестáнный incéssant

беспризóрный 1. *прил.* hómeless 2. *сущ.* waif, hómeless child

беспристрáстный impártial

беспровóлочный wíreless

беспросвéтный pítch-black; *перен.* hópeless

беспроцéнтный béaring no ínterest

бессвязный (*о речи*) incohérent

бессердéчный héartless

бесси|лие pówerlessness; ímpotence; ~льный pówerless; ímpotent

бесслéдно léaving no trace

бессмéртн|ый immórtal; ~ая слáва undýing fame

бессмысл|енный absúrd; ~ица nónsense

бессóвестный unscrúpulous

бессодержáтельный

émpty; cómmonplace (*о человеке*)

бессознáтельный uncónscious; instínctive (*безотчётный*)

бессóнн|ица insómnia; sléeeplessness; ~ый sléepless

бесспóрн|о cértainly; ~ый indispútable

бессрóчный pérmanent

бесстрáстный impássive

бесстрáшный féarless, intrépid

бесстыдный shámeless

бестáктный táctless

бестолкóвый 1) stúpid; múddle-héaded 2) (*путаный*) confúsed

бесхарáктерный weak

бесхозяйственность mismánagement

бесцвéтный cólourless

бесцéльный áimless

бесцéнный inváluable

бесцéнок: за ~ dirt cheap, for a song

бесчеловéчный inhúman

бесчéстный dishónourable

бесчúсленный innúmerable

бесчýвственный (*жестокий*) cállous

бесшýмный nóiseless

бетóн cóncrete

бéшен|ство 1) fúry 2) *мед.* hydrophóbia; rábies; ~ый mad; *перен.* fúrious

библиотéка líbrary; ~рь librárian.

Бúблия Bíble

бидóн can

биéние beat; thrób(bing), palpitátion

бизнес búsiness; ~мéн búsinessman

билéт 1) tícket 2) (доку-мент) card; ~ный: ~ная кácca bóoking óffice

бильярд bílliards

бинóкль ópera gláss(es); полевóй ~ field gláss(es)

бинт bándage; ~овáть bándage

биогрáфия biógraphy

био|лог biólogist; ~логи́че-ский biológical; ~лóгия biólogy

би́ржа stock exchánge

бис encóre; на ~ as an encóre, by way of encóre

би́тва báttle

бить 1) beat 2) (разби-вать) break 3) (о часах) strike ◇ ~ тревóгу sound the alárm

би́ться 1) (бороться) fight 2) (о сердце) beat 3) (ста-раться) strúggle

бич whip; перен. scourge

блáго сущ. wélfare

благодари́ть thank

благодáрн|ость grátitude; не стóит ~ости don't méntion it; ~ый gráteful; thánkful

благодаря́ ówing to; thanks to

благополу́ч|ие wéllbeing; ~но well; прибы́ть ~но arríve sáfely; ~ный succéssful

благоприя́тный fávourable

благоразу́м|ие prúdence,

cómmon sense; ~ный prúdent, réasonable

благорóд|ный nóble; gén-erous; ~ство generósity

благосклóнный wéll--dispósed

благосостоя́ние prospérity, wéllbeing

благотвори́тельный chári-table

благоустрóенный cóm-fortable; equípped with mód-ern convéniences

блажéнство bliss

бланк form

бледнéть turn pale

блéдн|ость pállor; ~ый pale

блеск lústre; brílliance

блеснýть flash

блестéть shine; glítter

блестя́щий brílliant; shíning

ближáйш|ий the néarest; где здесь ~ая стáнция метрó? where is the néarest métro státion?

бли́же néarer

близ near

бли́з|кий 1) near; close; ~кое расстоя́ние short dístance 2) (о друге) íntimate; ~ко near (by), close (to)

близнецы́ twins

близорýк|ий shórt-síghted; ~ость мед. myópia

бли́зость 1) proximity 2) (об отношениях) íntimacy

блин páncake

блистáть shine

блок I тех. block, púlley

блок II *полит.* bloc, coalítion

блокáда blockáde

блокнóт wríting-pad; nóte-book

блохá flea

блуждáть roam

блýзка blouse

блю́до dish

блю́дце sáucer

боб bean

бобёр béaver

Бог God

богáт|ство ríches (*мн. ч.*), wealth; ~ый rich, wéalthy

богаты́рь 1) légendary héro; wárrior 2) (*силач*) Hércules, strápping féllow

богáч 1) rich man 2) *мн. собир.* the rich

богослужéние divíne sérvice

бóдр|ость chéerfulness; ~ствовать be awáke; sit up (*ночью*); ~ый brisk, chéerful

боевóй fíghting; mílitant

боеприпáсы ammunítion

боеспосóбный effícient

боéц fíghter, sóldier

божéственный divíne

бой fight, báttle

бóйкий lívely

бойкóт bóycott

бóйня sláughterhouse; *перен.* mássacre.

бок side

бокáл góblet, glass

боковóй láteral, side

бóком sídeways

бокс bóxing; ~ёр bóxer, púgilist

болгáрин Bulgárian

бóлее more; ~ и́ли мéнее more or less; ~ тогó more; тем ~ all the more; тем ~, что эспéциально as; не ~ не мéнее, как áctually

болéзненный 1) (*слабый*) délicate 2) (*причиняющий боль*) páinful

болéзнь íllness; diséase (*определённая*)

болéльщик fan

болéть 1) ache, hurt 2) (*хворать*) be ill

болеутоля́ющее páinkiller

болóто bog; swamp, marsh

болт|áть (*говорить*) chátter; ~ли́вый gárrulous

боль pain, ache

больни́ца hóspital

больни́чный hóspital; ~ лист médical certíficate

бóльно 1. *нареч.* bádly; páinfully; дéлать комý-л. ~ hurt smb. 2. *безл.* it is páinful, it hurts

больнóй 1. *сущ.* pátient, ínvalid 2. *прил.* sick; ill; diséased (*о печени и т.п.*); sore (*оцарапанный, стёртый*); ~ ребёнок sick child; он бóлен he is ill

бóльше 1. *прил.* bígger, lárger 2. *нареч.* more

большинствó majórity

большóй big, large; *перен.* great; ~ пáлец thumb (*на руке*); big toe (*на ноге*)

бóмба bomb

бомбарди́р|овáть bombárd; bomb *разг.*; ~óвка

bombárdment; ~о́вщик bómber

бомб|ёжка *разг.* bómbing; ~и́ть *разг.* bomb

бомбоубе́жище bomb--shélter.

бор|е́ц 1) (*сторонник*) chámpion 2) *спорт.* wréstler

бормота́ть mútter

борода́ beard

борозда́ fúrrow

борона́ hárrow

боро́ться 1) fight, strúggle 2) *спорт.* wréstle

борт board; на ~у́ on board; за ~ом óverboard

борьба́ 1) strúggle 2) *спорт.* wréstling

бос|ико́м bárefoot; ~о́й bárefóoted

босоно́жки (*обувь*) (ópen--toe) sándals

бота́н|ик bótanist; ~ика bótany; ~и́ческий botánical; ~и́ческий сад botánical gárdens (*мн. ч.*)

бо́тики high óvershoes

боти́нки boots, shoes

бо́чка bárrel

боя́|знь fear; ~ться be afráid (of), fear

брак I márriage

брак II *mex.* spóilage; deféct (*изъян*)

брани́ть abúse, scold

брат bróther; ~ский brótherly, fratérnal; ~ство brótherhood

брать take; ~ся 1) (*предпринимать*) undertáke 2) (*руками*) touch

бревно́ beam; log

бред delírium; ~ить rave, be delírious

брезгли́вость fastídiousness

брезе́нт tarpáulin

бре́мя búrden

брига́д|а brigáde

бриллиа́нт, ~овый díamond

брита́нский British

бри́тва rázor; безопа́сная ~ sáfety rázor

бри́тый cléan-shaven

брить shave; ~ся shave; have a shave

бровь éyebrow

броди́ть I wánder; rámble

броди́ть II *хим.* fermént

бродя́|га tramp, vágabond; vágrant; hóbo (*амер.*); ~чий wándering, róving

броже́ние 1) fermentátion 2) (*недовольство*) unrést

броневи́к ármoured car

бро́нза 1) bronze 2) (*изделия*) brónzes (*мн. ч.*)

брониро́ванный ármoured

бронхи́т bronchítis

броня́ ármour

броса́ть 1) throw 2) (*покидать*) abándon 3) (*переставать*) give up, stop; ~ся throw onesélf; rush ◇ ~ся в глаза́ strike

бро́сить(ся) *см.* броса́ть(ся)

брошь broach

брошю́ра pámphlet, bóoklet

бру́сья párallel bars

бры́з|гать splash; spátter; ~ги spláshes; sparks (*металла*) брю́ки tróusers

брюне́тка brunétte; dárk-
-haired girl

брюшно́й abdóminal; ~
тиф týphoid féver

буди́льник alárm clock

буди́ть wake

бу́дка box, cábin, booth

бу́дни wéekday(s)

бу́дничный éveryday; *пе-
рен.* dull

бу́дто as if, as though

бу́дущ|ее the fúture; ~ий
fúture; в ~ем году́ next year;
~ность fúture

бу́йвол búffalo

бу́й|ный víolent; ~ствовать
rage, storm.

бу́кв|а létter; прописна́я ~
cápital létter; ~а́льный líteral;
~а́рь ABC

буке́т bóuquet, bunch of
flówers

букинисти́ческий: ~ мага-
зи́н sécond-hand bóokshop

букси́р túg(boat)

була́вка pin; безопа́сная ~
sáfety pin

бу́л|ка loaf; ~очка roll;
~очная bákery

булы́жник cóbblestone

бульва́р bóulevard

бульдо́г búlldog

бульо́н clear soup, broth

бума́га páper

бума́жник wállet, pócket-
book

бума́жный I páper

бума́жный II (*о материи*)
cótton

бунт revólt; ríot; ~ова́ть
revólt; ~о́вщик rébel

бура́н snówstorm

буре́ние drílling, bóring

буржу|ази́я bourgeoisíe;
~а́зный bóurgeois

бури́ть bore; drill

бу́рный stórmy, víolent

бу́рый brown

бу́ря storm

бу́сы beads

бутербро́д sándwich

буто́н bud

буты́лка bóttle

бу́фер búffer

буфе́т 1) refréshment room;
snack bar; búffet 2) (*шкаф*)
sídeboard

буха́нка loaf

бухга́лт|ер bóokkeeper; ac-
cóuntant; ~е́рия bóokkeeping

бу́хта bay

бушева́ть storm, rage

бы: кто бы э́то мог быть?
who could that be?; вы бы
присе́ли sit down, won't you?;
я хоте́л бы I would like

быва́ть 1) (*находиться*)
be 2) (*случаться*) háppen 3)
(*посещать*) vísit

бы́вший fórmer, late; ex-

бык bull

бы́стрый quick; rápid, fast

быт mode of life

бытие́ béing, exístence

бытов|о́й éveryday; ~ы́е
усло́вия condítions

быть be

бюдже́т búdget

бюллете́|нь 1) búlletin;

избира́тельный ~ vóting páper 2) (*больничный лист*) dóctor's certíficate; быть на ~не be on a sick list

бюро́ óffice, buréau; спра́вочное ~ inquíry-óffice

бюрокра́т búreaucrat; ~и́ческий bureaucrátic, red tape; ~ия buréaucracy

бюст bust

бюстга́льтер brassière, bra

В

в 1) (*указывает на местонахождение*) in; at (*подразумевает посещение*); в ва́шем до́ме in your house; at your house (*у вас*); в теа́тре in the théatre (*в здании театра*); at the théatre (*на представлении*) 2) (*в значении «вовнутрь»*) in, ínto; класть в я́щик put in a box; войти́ в дом go ínto a house 3) (*указывает на направление*) to, for; éхать в Москву́ go to Móscow; уезжа́ть в Москву́ leave for Móscow 4) (*указывает на время*) in (*о годе, месяце*); on (*о дне*); at (*о часе*); в 1990 году́ in 1990; в ию́не in June; в сре́ду on Wédnesday; в три часа́ at three o'clock; в про́шлом году́, ме́сяце last year, month

ваго́н cárriage; car (*амер.*)

вагоновожа́тый tram dríver

ва́жничать put on airs, give onesélf airs

ва́жн|о it is impórtant; ~ость 1) impórtance 2) (*надменность*) pompósity; ~ый 1) impórtant 2) (*надменный*) pómpous

ва́за vase

вака́нсия vácancy

вакци́на váccine

вал I *воен.* rámpart

вал II *тех.* shaft

вал III (*волна*) wave

ва́ленки felt boots

вале́т knave

вали́ть throw down; ~ся fall (down)

валю́та cúrrency; конверти́руемая ~ hard cúrrency

валя́ться lie abóut

вам you

ва́ми (by, with) you

ва́нн|а bath; приня́ть ~у have a bath; ~ая báthroom

варёный boiled

варе́нье jam

вариа́нт vérsion; réading, váriant (*текста*)

вари́ть boil; cook (*готовить*)

вас you

василёк córnflower

ва́та cótton wool; cótton (*амер.*); wádding (*для подкладки*)

ваш your; yours

вбе|га́ть, ~жа́ть run in, come rúnning in

вбива́ть, вбить drive in

вблизи́ near

вброд: переходи́ть ~ ford

введе́ние introdúction
ввезти́ *см.* ввози́ть
вверх up, úpwards
вверху́ at the top
вверя́ть entrúst
ввести́ *см.* вводи́ть
ввиду́ in view (of); ~ того́,
что since, as
вводи́ть bring in; introdúce
ввоз import; ~и́ть impórt
вглубь deep (into); ~ страны́ ínland
вгля́дываться look inténtly,
peer into
вдалеке́, вдали́ in the
dístance
вдаль ínto the dístance
вдво́е dóuble the (*с существительным*); twice as (*с
прилагательным*)
вдвоём togéther
вдвойне́ dóuble; twice
вдева́ть, вдеть: ~ ни́тку в
иго́лку thread a néedle
вдоба́вок besídes
вдов|á wídow; ~е́ц wídower
вдо́воль to one's heart's
contént
вдого́нку in pursúit of;
áfter
вдоль 1. *предлог* alóng 2.
нареч. léngthways ◇ ~ и попере́к far and wide
вдохнов|е́ние inspirátion;
~и́ть(ся) *см.* вдохновля́ть
(ся); ~ля́ть inspíre; ~ля́ться
becóme inspíred
вдохну́ть *см.* вдыха́ть
вдре́безги (*разбить*) to
píeces, ínto smitheréens
вдруг súddenly

вду́мчивый thóughtful
вдыха́ть breathe in, inhále
вегетариа́нец vegetárian
ве́дома: без его́ ~ withóut
his consént
ве́домость régister; платёжная ~ páyroll
ве́домство depártment
ведро́ pail
веду́щий léading
ведь but, why
ве́ер fan
ве́жлив|ость cóurtesy,
políteness; ~ый cóurteous,
políte
везде́ éverywhere
везе́ние luck
везти́ 1) *см.* вози́ть 2)
безл. ему́ везёт he álways has
luck, he is álways lúcky
век age (*эпоха*); céntury
(*столетие*)
ве́ко éyelid
ве́ксель bill of exchánge;
prómissory note (*амер.*)
веле́ть allów, permít
велика́н gíant
вели́к|ий 1) great 2)
(*только кратк. формы —
слишком большой*) too big
(for); сапоги́ ему́ ~и́ the
boots are too big for him
великоду́ш|ие generósity,
magnanímity; ~ный génerous,
big-héarted, magnánimous
великоле́пный spléndid,
magníficent
вели́чественный majéstic
вели́чие májesty
величина́ 1) size 2) *мат.*
quántity, válue

велогонка (bí)cycle race

велосипед (bí)cycle; ~ист cýclist

вельвет córduroy; velvetéen

вена vein

венгерский Hungárian

венгр Hungárian

венерический venéreal

веник broom, (straw) bésom

венок wreath

вентиля|тор véntilator; fan; ~ция ventilátion

вера faith; belíef

верба pússy willow

верблюд cámel; drómedary (*одногорбый*)

верб|овать recrúit; ~овка recrúitment

верёвка cord; rope (*толстая*); string (*бечёвка*)

верить belíeve

верн|о 1) (*правильно*) corréctly; right 2) (*преданно*) fáithfully; ~ость 1) (*преданность*) fáithfulness 2) (*правильность*) truth, corréctness

вернуть (*отдать обратно*) give back; ~ся come back, retúrn

верный 1) (*правильный*) corréct, right 2) (*преданный*) fáithful, true 3) (*надёжный*) sure

вероломный perfídious, tréacherous

вероятн|о próbably; I dare say; ~ость probabílity; ~ый próbable

версия vérsion

вертеть turn; ~ся turn (round)

вертикальный vértical

вертолёт hélicopter

верующий relígious pérson

верфь dóckyard

верх 1) top 2) (*высшая степень*) height ◇ одержать ~ preváil; ~ний úpper

верховный supréme; Верховный Совет Supréme Sóviet

верхом on hórseback; ездить ~ ride

вершина súmmit

вес weight

веселиться have fun; make mérry

весёлый mérry, gay

веселье fun, mérrymaking

весенний spring(-)

весить weigh

весло oar; scull

весн|а spring; ~ой in spring

веснушки fréckles

вести condúct, lead ◇ ~ дневник keep a díary; ~ войну wage war; ~ себя beháve; ~ хозяйство keep house

вестибюль lóbby

вест|ь news; пропасть без ~и be míssing

весы scales; bálance (*ед. ч.*)

весь all

весьма híghly

ветвь branch, bough

ветер wind

ветеран véteran

ветеринар véterinary súrgeon

ве́тка branch ◇ железно-
доро́жная ~ branch line

ве́то véto

ве́тхий old, rámshackle

ветчина́ ham

ве́чер évening; ~ом in the
évening; сего́дня ~ом toníght;
вчера́ ~ом last night

ве́чный etérnal

ве́шалка hállstand; peg
(*крючок*); hánger, tab (*на
одежде*); hánger (*плечики*)

ве́шать I 1) hang up 2)
(*казнить*) hang

ве́шать II (*взвешивать*)
weigh

вещество́ súbstance, mátter

ве́щи things, belóngings

вещь thing

ве́ялка wínnowing machíne

ве́ять I (*о ветре*) blow

ве́ять II (*зерно*) wínnow

взад: ~ и вперёд up and
down, to and fro, back and
forth

взаимн|ость recíprócity;
~ый mútual, recíprocal

взаимовы́годный mútually
advantágeous

взаимо|де́йствие inter-
áction; ~отноше́ния relátions,
ínterrelátions; ~по́мощь
mútual aid; ка́сса ~по́мощи
mútual aid fund; ~понима́ние
mútual understánding

взаймы́: брать ~ bórrow;
дава́ть ~ lend

взаме́н in exchánge

взбеси́ть infúriate; ~ся go
mad

взбешённый fúrious,
enráged

взве́|сить, ~шивать weigh

взвод platóon

взволнова́ть ágitate, excíte;
upsét (*расстроить*); move
(*растрогать*)

взгляд 1) look; glance 2)
(*мнение*) view

вздор nónsense

вздох deep breath; sigh
(*как выражение чувства*);
~ну́ть draw, take a deep
breath; sigh

вздра́гивать, вздро́гнуть
start, give a start

вздыха́ть sigh

взлёт *ав.* tákeoff

взлете́ть fly up; *ав.* take off
◇ ~ на во́здух (*взорваться*)
blow up

взлётн|ый: ~ая полоса́
táke-óff rúnway

взлома́ть break ópen

взмах stroke, flap

взма́х|ивать, ~ну́ть wave;
flap (*крыльями*)

взмо́рье beach, séashore,
séaside

взнос páyment; чле́нский ~
mémbership dues (*мн. ч.*);
вступи́тельный ~ éntrance fee

взойти́ *см.* всходи́ть

взор look; gaze (*присталь-
ный*)

взорва́ть(ся) *см.* взры-
ва́ть(ся)

взро́слый adúlt; grówn-úp
(*разг.*)

взрыв explósion ◇ ~ сме́ха

burst of láughter; ~áть blow up; ~áться explóde, burst

взрывчат|ый: ~ое вещество explósive

взя́тка bribe

взя́точник bríber

взять take; ~ себя́ в ру́ки take onesélf in hand, pull onesélf togéther; ~ся *см.* бра́ться

вид 1) (*внешность*) appéarance, look, air, áspect 2) (*пейзаж*) view 3) (*разновидность*) varíety 4) *биол.* spécies

видео|за́пись vídeotape recórding ; ~кассе́та vídeo cassétte; ~магнитофо́н vídeotape (recórder); ~фи́льм videofílm

ви́деть see

ви́дим|ость visibílity; ~ый vísible

ви́дн|о *безл.* 1) one can see; отсю́да всё ~ you can see éverything from here 2) (*заметно*) it is óbvious; ~ый 1) vísible 2) (*выдающийся*) próminent

ви́за vísa

визг squeal; yelp (*собаки*)

визжа́ть squeal; yelp (*о собаке*)

визи́т vísit; call

ви́лка fork

ви́лы pítchfork

виля́ть: ~ хвосто́м wag its tail

вина́ guilt, fault

винегре́т Rússian sálad

вини́тельный: ~ паде́ж accúsative case

вини́ть blame

вино́ wine

вино́вн|ик cúlprit; *перен.* cause; ~ый guílty

виногра́д grapes (*мн. ч.*); ~ник víneyard

виноде́л wínegrower; ~ие wine grówing

винт screw

винто́вка rífle

винтов|о́й: ~а́я ле́стница wínding stáircase

виолонче́ль 'céllo

виртуо́з éxpert; virtuóso

ви́рус vírus; ~ный: ~ное заболева́ние vírus diséase

ви́селица gállows

висе́ть hang

висо́к témple

високо́сный: ~ год leap year

витами́н vítamin

витри́на shop window; shówcase (*музейная*)

вить twist; ~ гнездо́ build a nest; ~ венки́ weave wreaths; ~ся 1) (*о волосах*) curl 2) (*о реке, дороге*) wind 3) (*кружиться*) dance; hóver (*о птице*)

вихрь whírlwind

вице-президе́нт vice-président

ви́шня 1) chérry 2) (*дерево*) chérry tree

вклад depósit; invéstment; *перен.* contribútion; ~чик depósitor; invéstor; ~ывать 1) put in; enclóse 2) (*деньги*) invést

включ│а́ть 1) inclúde 2) *эл., радио* switch on; ~**а́ться** join in; ~**е́ние** inclúsion; ~**и́тельно** inclúsive; ~**и́ть(ся)** *см.* включа́ть(ся)

вкра́тце bríefly

вкруту́ю: яйцо́ ~ hárd-boiled egg; свари́ть яйцо́ ~ boil an egg hard

вкус taste; ~**ный** delícious, nice

вла́га móisture

владе́│лец ówner; ~**ние** posséssion; ~**ть** own, posséss; ~**ть собо́й** have sélf-contról; ~**ть языко́м** know a lánguage

вла́жн│ость móisture, humídity; dámpness (*сырость*); ~**ый** moist, húmid; damp (*сырой*)

вла́ст│вовать dóminate, rule (óver); ~**ный** impérious, despótic

власть 1) pówer; authórity 2) (*владычество*) rule

вле́во to the left

влеза́ть, влезть get (*куда-л.*); climb (*на что-л.*)

влета́ть, влете́ть fly ínto

влече́ние inclinátion

влечь: ~ за собо́й invólve, entáil

вливать pour in; ~**ся** flow ínto

влить(ся) *см.* вливáть(ся)

влия́│ние ínfluence; ~**тельный** influéntial; ~**ть** ínfluence; have ínfluence

вложи́ть *см.* вкла́дывать

влюб│и́ться *см.* влюбля́ться; ~**лённый** in love with; ~**ля́ться** fall in love with

вме́сте togéther ◇ ~ с тем at the same time

вмести́мость capácity

вмести́│тельный spácious; ~**ть** *см.* вмеща́ть

вме́сто instéad of

вмеша́тельство interférence

вмеша́ться, вме́шиваться interfére

вмеща́ть contáin, hold

вмиг in the twínkling of an eye

внаём: сдава́ть ~ let

внача́ле at first

вне óutside, out of; ~ себя́ besíde onesélf

внедря́ть ínculcate; instíl; introdúce (*технику и т. п.*)

внеза́пн│о súddenly; ~**ый** súdden

внести́ *см.* вноси́ть

вне́шн│ий 1) óutward, extérnal 2) (*о политике, торговле*) fóreign; ~**ость** extérior; appéarance (*человека*)

внешта́тный non-sálaried; frée-lance; not pérmanent

вниз dówn(wards); ~ по ле́стнице downstáirs

внизу́ belów; downstáirs (*в нижнем этаже*)

внима́│ние atténtion ◇ принима́ть во ~ take ínto considerátion; ~**тельный** atténtive

вничью́: игра́ ~ a draw

вновь agáin

вноси́ть 1) cárry in, bring in 2) (*плату*) pay (in) ◇ ~ предложе́ние bring a mótion; ~ измене́ния make alterátions; ~ в спи́сок énter on a list

внук grándson

вну́тренн|ий 1) ínner; ínside 2) (*о политике, торговле*) home (-); ~ости intéstines; ~ость intérior

внутри́ insíde; in

внутрь in; ínto; insíde

вну́чка gránddaughter

внуш|а́ть inspíre (with); ~ мысль give *smb.* the idéa (of); put it ínto *smb.'s* head (that); ~е́ние suggéstion; inspirátion; ~и́ть *см.* внуша́ть

вня́тный distínct; áudible

вовлека́ть draw in

вовлече́ние dráwing in

вовле́чь *см.* вовлека́ть

во́время in time

во́все at all; ~ нет not at all

вовсю́ with all one's might

во-вторы́х sécondly

вода́ wáter; ~ из-под кра́на tap wáter

води́тель (*автомашины*) dríver

води́ть 1) lead; condúct 2) (*автомобиль*) drive

во́дный wáter (-); aquátic (*о спорте*)

водоворо́т whírlpool; éddy

водока́чка wáter tówer (*башня*)

водола́з díver

водонепроница́емый wátertight; wáterproof

водопа́д wáterfall

водопо́й wátering place

водопрово́д wáter pipe (*в доме*); с ~ом with wáter laid on; ~чик plúmber

водоро́д hýdrogen

во́доросль séaweed

водоснабже́ние wáter-supply

водохрани́лище réservoir

водяни́стый wátery

водяно́й wáter (-)

воева́ть make war (on); wage war (upón); be at war

военнообя́занный súbject to mílitary sérvice

военнопле́нный prísoner of war

вое́нно-промы́шленный: ~ ко́мплекс war índustry

вое́нн|ый 1. *прил.* war (-); mílitary; ~ая слу́жба mílitary sérvice; ~ая фо́рма mílitary úniform 2. *сущ.* mílitary man

вожа́тый léader

вождь léader; chíeftain

во́жжи reins

воз cart

возбуди́тель stímulus

возбуди́ть, возбужда́ть excíte; stímulate

возбужде́ние excítement

возбуждённый excíted

возвра́т retúrn

возврати́ть (ся) *см.* возвраща́ть (ся)

возвра́тный *грам.* refléxive

возвращ|а́ть retúrn; ~а́ться retúrn, come back; ~е́ние retúrn

возвы́|сить, ~ша́ть raise;

~шéние elevátion; éminence; plátform (*помост*)

возвышенн|ость height; ~ый high, élevated; lófty, exálted (*о мыслях, чувствах*)

возглáв|ить, ~лять be at the head of

вóзглас exclamátion; óutcry

воздв|игáть, ~игнуть eréct

воздéйств|ие ínfluence; ~овать ínfluence

воздерж|áние absténtion (from); ~áться *см.* воздéрживаться

воздéрживаться abstáin (from); refráin (from)

вóздух air

воздýшн|ый air(-); ~ое сообщéние air tránsport

воззвáние proclamátion; appéal

возúть cárry (*груз*); drive, take (*кого-л. на автомобиле и т. п.*); draw (*тележку*)

возúться 1) be búsy with 2) (*резвиться*) romp

возлагáть lay (on); ~ надéжды place one's hopes (on)

вóзле by, near

возложúть *см.* возлагáть

возлюбленн|ая *сущ.* swéetheart, belóved; místress (*любовница*); ~ый 1. *прил.* belóved 2. *сущ.* swéetheart, belóved; lóver (*любовник*)

возмéздие véngeance; retribútion

возме|стúть, ~щáть cómpensate; ~щéние compensátion

возмóжн|о 1. *безл.* it is póssible 2. *вводн. сл.* póssibly; perháps; óчень ~ véry líkely 3. *нареч.* as... as póssible; ~ость possibílity; opportúnity (*удобный случай*); ~ости means; ~ый póssible; líkely

возму|тúтельный outrágeous; ~тúться, ~щáться be indígnant; ~щéние (*негодование*) indignátion; ~щённый indígnant

вознагра|дúть, ~ждáть rewárd, récompense; ~ждéние rewárd, récompense

возник|áть aríse; ~новéние órigin, rise, begínning

вознúкнуть *см.* возникáть

возня 1) (*шум*) noise 2) (*хлопоты*) bóther

возобнов|úть *см.* возобновлять; ~лéние renéwal; ~лять renéw; resúme

возра|жáть objéct; ~жéние objéction; ~зúть *см.* возражáть

вóзраст age

возро|дúть revíve; regénerate; ~дúться revíve; ~ждáть(ся) *см.* возродúть(ся); ~ждéние revíval; эпóха Возрождéния Renáissance

вóин wárrior, sóldier; ~ский mílitary; ~ская обязанность mílitary dúty

воинственный wárlike; mártial

вой howl

войнá war

войскá troops

войти́ *см.* входи́ть
вокза́л (ráilway) státion
вокру́г (a)róund
вол ox, búllock
волды́рь blíster
волево́й stróng-willed
волейбо́л vólleyball
во́лей-нево́лей wílly-nílly
волк wolf
волна́ wave
волне́ние 1) (*душевное*) agitátion, emótion 2) (*народное*) unrést
волни́стый wávy
волнова́ть excíte (*возбуждать*); upsét, wórry (*беспокоить*); ~ся be excíted (*быть возбуждённым*); be upsét, wórry (*беспокоиться*)
волну́ющий excíting, thrílling
волокно́ fíbre, fílament
во́лос a hair; ~ы hair (*ед. ч.*)
во́лчий wólfish
волше́бник magícian
волше́бный mágic, enchánting
во́льный free
во́л|я 1) will; си́ла ~и wíllpower 2) (*свобода*) fréedom
вон! get out!
вон|ь stench, stink; ~я́ть stink
вообра|жа́ть imágine, fáncy; ~же́ние imaginátion; ~зи́ть *см.* вообража́ть
вообще́ génerally, on the whole; ~ не at all; я его́ ~ не зна́ю I don't know him at all

воодушев|и́ть *см.* воодушевля́ть; ~ле́ние enthúsiasm; ~ля́ть inspíre
вооружа́ть arm; ~ся arm onesélf
вооруж|е́ние ármament; ~ённый armed; ~ённое восста́ние armed rísing; ~и́ть(ся) *см.* вооружа́ть(ся)
во-пе́рвых in the first place
вопию́щ|ий crýing; ~ая несправедли́вость crýing injústice
вопло|ти́ть, ~ща́ть embódy
вопль cry, wail
вопреки́ in spite of, despíte, cóntrary to
вопро́с quéstion; ~и́тельный interrógative; ~и́тельный знак quéstion mark
вор thief
ворва́ться burst ínto
воробе́й spárrow
воров|а́ть steal; ~ство́ theft
во́рон ráven
воро́на crow
воро́нка fúnnel; cráter (*от снаряда*)
воро́та gate
воротни́|к, ~чо́к cóllar
ворча́ть grúmble; growl (*о собаке*)
ворчли́вый quérulous; grúmpy
восемна́дца|тый eightéenth; ~ть eightéen
во́семь eight; ~десят éighty; ~со́т eight húndred
воск wax
восклиц|кну́ть excláim; ~а́ние exclamátion; ~а́-

тельный exclámatory; ~ца́-
тельный знак exclamátion
mark

воскресе́нье Súnday

воспале́ние inflammátion;
~ лёгких pneumónia

воспита́ние educátion;
úpbringing

воспи́танник púpil

воспи́танный wéll-bréd

воспита́ть, воспи́тывать
bring up; raise (*амер.*)

воспламен | и́ться, ~я́ться
be inflámed (*тж. перен.*);
catch fire (*загореться*)

воспо́льзоваться use, make
use of; ~ слу́чаем seize the
opportúnity

воспомина́н | ие re-
colléction, remémbrance; ~ия
лит. reminíscences, mémoirs

воспре | ти́ть, ~ща́ть pro-
híbit, forbíd; ~ща́ться: кури́ть
~ща́ется! no smóking!

воспри | и́мчивый sus-
céptible; ~нима́ть grasp;
~я́тие percéption

воспроиз | вести́, ~води́ть
1) reprodúce 2) (*в памяти*)
recáll

воспря́нуть: ~ ду́хом cheer
up

восстава́ть rise; revólt,
rebél

восстана́вливать 1) restóre
2) (*силы, здоровье*) recóver
3) (*в памяти*) revíve one's
mémory of 4) (*кого-л. против*) put *smb.* agáinst

восста́ние revólt, in-
surréction, rebéllion

восстанов | и́ть *см.* восста-
на́вливать; ~ле́ние re-
storátion

восста́ть *см.* восстава́ть

восто́к east; Да́льний Вос-
то́к the Far East; Бли́жний
Восто́к the Near East;
Сре́дний Восто́к the Míddle
East

восто́рг delíght, enthúsiasm;
~а́ться be delíghted, be
enthusiástic

восто́чный éastern, oriéntal

востре́бован | ие: до ~ия
poste réstante

восхити́ | тельный de-
líghtful; delícious (*вкусный*);
~ть *см.* восхища́ть

восхищ | а́ть delíght;
enchánt; ~а́ться admíre;
~е́ние admirátion

восхо́д: ~ со́лнца súnrise

восхожде́ние ascént (of)

восьмидеся́тый éightieth

восьмо́й eighth

вот here; ~ он! here he is!;
~ э́тот this one; ~ хорошо́!
spléndid!; ~ как? réally?; ~ и
всё that's all

воткну́ть thrust in

вошь louse

вою́ющий bellígerent

впада́ть fall into

впа́дина hóllow; глазна́я ~
eye sócket

впасть *см.* впада́ть

впервы́е for the first time;
я здесь ~ it's my first time
here

вперёд fórward

впереди́ in front of; befóre, ahéad (of)

впечатле́ние impréssion

вписа́ть, впи́сывать insért; énter (*в список*)

впита́ть, впи́тывать absórb; *перен.* imbíbe

вплотну́ю close (by)

вплоть до down to, up to

вполго́лоса in an úndertone, in a low voice; напева́ть ~ hum

вполне́ quite, pérfectly

впопыха́х in one's haste

впо́ру: быть ~ fit (*об одежде, обуви*)

впосле́дствии áfterwards, láter

впотьма́х in the dark

впра́в|ить, ~ля́ть (*о кости*) set (a bone)

впра́во to the right

впредь in fúture

в продолже́ние dúring

впро́чем howéver; but

впры́с|кивание injéction; ~кивать, ~нуть injéct

впус|ка́ть, ~ти́ть let in

впусту́ю all for nóthing

враг énemy; *поэт.* foe

враж|да́ hostílity; ~де́бный hóstile

вра́жеский hóstile, énemy ('s)

вразбро́д in disórder, hapházardly; rággedly (*недружно*)

вразре́з cóntrary (to)

враспло́х unawáres; by surpríse

вратáрь *спорт.* góalkeeper

врать lie, tell lies

врач dóctor

враче́бный médical

вращ|а́ть, ~а́ться revólve; turn; ~е́ние rotátion

вред harm, ínjury; dámage

вреди́тель *с.-х.* pest

вреди́ть harm, ínjure; dámage

вре́дный hármful, bad; unhéalthy (*нездоровый*)

вре́менн|о témporarily; ~ый témporary; provísional

вре́мя 1) time 2) *грам.* tense

вро́де like, such as

врождённый inhérent, inbórn

врозь apárt, séparately

вруч|а́ть hand (in), delíver; ~е́ние delívery; bestówal (*ордена и т. п.*); ~и́ть *см.* вруча́ть

врыва́ться *см.* ворва́ться

вряд ли scárcely; (be) unlíkely (to)

вса́дник ríder, hórseman

вса́сывать soak up, absórb

все all; éverybody

всё all; éverything; ~ равно́ it's all the same

всевозмо́жный várious, all kinds of

всегда́ álways

вселе́нная úniverse

всел|и́ть, ~я́ть instáll; move in; *перен.* inspíre

всеми́рный world(-); univérsal; Всеми́рный конгрécc сторóнников мńра World Peace Cóngress

всенарóдный nátional, nátion-wide

всеóбщ|ий géneral, univérsal; ~ee избирáтельное прáво univérsal súffrage

всерьёз sériously, in éarnest

всесторóнний thórough; comprehénsive; áll-róund

всё-таки yet, still, nevertheléss

всецéло entírely

вскáкивать jump up

вскáпывать dig up

вскипáть, вскипéть boil up; *перен.* seethe

вскипятńть boil

вскользь cásually, by the way

вскóре soon, in a short time

вскочńть *см.* вскáкивать

вскрńк|ивать, ~нуть cry out

вскрывáть 1) ópen 2) (*обнаруживать*) find out, discóver; expóse (*разоблачать*) 3) (*труп*) disséct, make a postmórtem examinátion

вскрń|тие *анат.* postmórtem, áutopsy; ~ть *см.* вскрывáть

вслед áfter

вслéдствие in cónsequence of, ówing to

вслух alóud

всмáтриваться *см.* вглядываться

всмятку: яйцó ~ sóft-boiled

egg; сварńть яйцó ~ boil an egg líghtly

всосáть *см.* всáсывать

вспахáть, вспáхивать plough up

всплывáть, всплыть come to the súrface; emérge

вспоминáть, вспóмнить recolléct, remémber; recáll

вспомогáтельный auxíliary

вспылńть fire up, flare up, blaze up

вспńльчив|ость irascibílity; ~ый hót-témpered

вспńх|ивать, ~нуть flash; flare up; *перен.* burst out, break out

вспńшка flare, flash; *перен.* óutburst, óutbreak

вставáть get up; rise

встáв|ить *см.* вставлáть; ~ка 1) insértion 2) (*в платье*) inset

вставлáть insért; put in

встать *см.* вставáть

встревóжить alárm; ~ся be alármed; take fright (*испугаться*)

встрéтить(ся) *см.* встречáть(ся)

встрéч|а 1) méeting 2) (*приём*) recéption; ~áть 1) meet 2) (*принимать*) recéive; ~áть Нóвый год see the New Year in; ~áться meet; ~ный cóntrary; cóunter(-)

вступ|áть énter; ~ в пáртию join the párty; ~ńтельный éntrance(-); introdúctory; ~ńтельный взнос éntrance fee; ~ńтельное слóво ópening addréss; ~и́ть *см.* вступа́ть; ~ле́ние 1) (*куда-л.*) éntry 2) (*к чему-л.*) introdúction

всходи́ть 1) (*подниматься*) ascénd; mount 2) (*о светилах*) rise 3) (*о семенах*) sprout

всхо́ды shoots

всю́ду éverywhere

вся all

вся́кий 1. *прил.* ány; évery (*каждый*) 2. *в знач. сущ.* ányone, éveryone

вся́ческий in évery way

втáйне sécretly, in sécret

в тече́ние dúring; ~ неде́ли шёл дождь it rained for a week; ~ всего́ дня the whole day long

втор|га́ться, вто́ргнуться inváde; ~же́ние intrúsion (into); invásion (of)

втори́чно for the sécond time

вто́рник Túesday

второ́й sécond

второстепе́нный sécondary; mínor

в-тре́тьих thírdly

втро́е three times (as)

втроём the three of (us, you, them), all three

втя́гивать, втяну́ть 1) draw in 2) (*вовлекать*) invólve

вуа́ль veil

вуз (вы́сшее уче́бное заведе́ние) hígher educátional ínstitute; univérsity, cóllege

вулка́н volcáno

вульга́рный vúlgar

вход éntrance; ~ воспреща́ется! no admíttance!

входи́ть go in, come in, énter; войди́те! come in!; come! (*амер.*)

вчера́ yésterday; ~шний yésterday's; ~шний день yésterday

вче́тверо four times (as)

вчетверо́м the four of (us, you, them), all four

въезд 1) (*действие*) éntry 2) (*место*) drive, éntrance

въезжа́ть, въе́хать 1) drive (in); ride in (*на велосипеде, верхом на лошади*) 2) (*в квартиру*) move (into)

вы you

выбира́ть 1) choose; seléct (*отбирать*) 2) (*голосованием*) eléct

вы́бор choice; seléction (*отбор*)

вы́борный 1. *прил.* eléctive; vóting (*относящийся к выборам*) 2. *сущ.* délegate

вы́боры eléctions

выбра́сывать throw out; throw awáy

вы́брать *см.* выбира́ть

вы́бросить *см.* выбра́сывать

выбыва́ть, вы́быть leave

вывáливать, вы́валить throw out; pour out

вы́везти *см.* вывози́ть

вы́вернуть *см.* вывора́чивать

вы́вернуться wríggle out

(of a dífficulty); éxtricate onesélf

вы́весить *см.* выве́шивать

вы́веска sígn (board)

вы́вести *см.* выводи́ть

выве́шивать hang out

вы́винтить, выви́нчивать unscréw

вы́вих *мед.* dislocátion; ~нуть díslocate

вы́вод 1) (*войск*) evacuátion, remóval 2) (*заключе́ние*) conclúsion; не спеши́те с ~ами don't rush to the conclúsions; ~и́ть 1) lead out 2) (*уничтожа́ть*) extérminate; remóve (*пятно́*) 3) (*де́лать заключе́ние*) conclúde

вы́воз éxport; ~и́ть expórt

вывора́чивать (*наизна́нку*) turn insíde out

вы́гадать, выга́дывать gain; save

выгиба́ть bend

вы́гладить *см.* гла́дить 2)

вы́глядеть look

выгля́дывать, вы́глянуть look out

вы́гнать *см.* выгоня́ть

вы́гнуть *см.* выгиба́ть

вы́говор 1) réprimand 2) (*произноше́ние*) pronunciátion, áccent

вы́год|а prófit; advántage; ~ный prófitable; advantágeous

вы́гон pásture land

выгоня́ть drive awáy, turn out

выгружа́ть, вы́грузить unlóad

вы́грузка unlóading; disembarkátion (*с корабля́*); detráining (*из ваго́на*)

выдава́ть, вы́дать 1) give out, distríbute 2) (*предава́ть*) give awáy, betráy

вы́дача 1) delívery; distribútion 2) (*престу́пника*) extradítion

выдаю́щийся outstánding; (*о челове́ке тж.*) próminent

выдвига́ть, вы́двинуть put fórward; promóte (*на до́лжность, рабо́ту*)

выдвиже́ние 1) nominátion 2) (*по рабо́те*) promótion

вы́делить *см.* выделя́ть

вы́делка 1) (*изготовле́ние*) manufácture 2) (*ка́чество*) make, quálity

выде́лывать 1) make, manufácture; prodúce 2) (*обраба́тывать ко́жу*) dress léather

выделя́ть 1) (*отбира́ть*) pick out 2) (*отлича́ть*) distínguish; síngle *smb.* out

вы́держ|анный 1) sélf-contrólled 2) (*сыр, таба́к и т. п.*) ripe, séasoned; ~ать *см.* выде́рживать; ~ать экза́мен pass an examinátion

выде́рживать bear, endúre, stand

вы́держка I (*самооблада́ние*) sélf-contról, firmness

вы́держка II (*из статьи́, кни́ги*) éxtract

вы́дох expirátion

вы́дохнуть breathe out

вы́дра ótter

вы́дум|ать *см.* выду́мывать; ~ка invéntion

выду́мывать invént; make up (*сочинять*)

вы́езд depárture

выезжа́ть, вы́ехать go awáy, leave; depárt

вы́жать squeeze out; wring out (*бельё*)

выжива́ть survíve; stay alíve

выжима́ть *см.* вы́жать

вы́жить *см.* выжива́ть

вы́звать *см.* вызыва́ть

выздора́вливать, вы́здороветь get well, recóver

выздоровле́ние recóvery

вы́зов 1) call 2) (*на соревнование*) chállenge

вызыва́ть 1) call 2) (*на соревнование*) chállenge 3) (*возбуждать*) cause; ~ интере́с aróuse ínterest

вызыва́ющий provócative; defiant

вы́играть, вы́игрывать win

вы́игрыш gain; prize; ~ный wínning; *перен.* advantágeous; ~ный заём lóttery loan; ~ная роль rewárding part

вы́йти *см.* выходи́ть 1) *и* 2)

выки́дывать throw out

вы́кидыш abórtion; miscárriage

вы́кинуть *см.* выки́дывать

выкла́дывать spread, lay out

выключа́тель switch

выключа́ть, вы́ключить

turn out (*свет*); turn off (*газ, воду*)

вы́копать dig up; dig out (*откопать*)

вы́кормить 1) (*ребёнка*) bring up 2) (*домашних животных*) rear; raise (*амер.*)

вы́корчевать, выкорчёвывать stub (up); *перен.* root out; erádicate

вы́крик cry, shout

вы́кроить cut out

вы́кройка páttern

вы́купать bathe

выкупа́ть redéem; ránsom (*пленного*)

выку́ривать, вы́курить (*откуда-л.*) smoke out

выла́вливать fish out

вы́лазка sálly

вылеза́ть, вы́лезти 1) get out (of) 2) *см.* выпада́ть 2)

вы́лет tákeoff; plane depárture

вылета́ть, вы́лететь fly out; *ав.* start

вылечивать, вы́лечить cure

вылива́ть, вы́лить pour out

вы́ловить *см.* выла́вливать

вы́ложить *см.* выкла́дывать

вым|ереть, ~ира́ть die out; becóme extínct (*о породе животных*)

вымог|а́тельство extórtion; ~а́ть extórt

вы́мысел fíction, invéntion

вы́мыть wash; ~ посу́ду wash up

вы́мя údder

вы́нести *см.* выноси́ть

вынима́ть take out; extráct (*извлекать*)

выноси́ть 1) take out, cárry out 2) (*терпеть*) endúre; не выношу́ его́! I can't bear (stand) him! ◇ ~ приговóр séntence; ~ резолю́цию pass a resolútion; ~ решéние make a decísion

выно́слив|ость endúrance; ~ый tough; hárdy (*тж. о растениях*)

вы́нудить, вынужда́ть force, compél

вы́нужденный forced

вы́нуть *см.* вынима́ть

вы́пад attáck

выпада́ть, вы́пасть 1) fall 2) (*о волосах*) come out

выпека́ть, вы́печь bake

выпива́ть drink; take (*кофе, чай*)

вы́писать 1) write out 2) (*заказать*) órder

вы́писка 1) éxtract cútting 2) (*из больницы*) dischárge

выпи́сывать *см.* вы́писать

вы́пить *см.* выпива́ть

вы́плав|ить smelt; ~ка 1) smélting 2) (*металл*) smélted métal; ~лять smelt

вы́пл|ата páyment; ~атить, ~а́чивать pay (off)

выполнéние 1) fulfílment 2) (*обязанностей и т. п.*) execútion

вы́полн|ить, ~я́ть cárry out, fulfíl

вы́полоскать rinse out

вы́править, выправля́ть 1)

stráighten (out) 2) (*исправлять*) corréct

вы́пуклый 1) convéx 2) (*рельефный*) in relíef 3) (*выступающий*) próminent; búlging (*о глазах*)

вы́пус|к 1) (*продукции*) óutput 2) (*журнала, денег*) íssue 3) (*часть издания*) prínting, edítion; ~ка́ть 1) (*на свободу*) reléase; let out (*из окна, двери и т. п.*) 2) (*издавать*) públish; íssue 3) (*пропускать*) omít

выпускни́к final-year stúdent; (*школьник*) léaver

выпускно́й final-year; léavers'

вы́пустить *см.* выпуска́ть

вы́путаться, вы́пу́тываться éxtricate onesélf; ~ из беды́ get onesélf out of a scrape

выраба́тывать, вы́работать 1) prodúce 2) (*план*) work out

вы́работка 1) manufácture; óutput (*продукция*) 2) (*составление*) elaborátion, dráwing up

выраж|а́ть expréss; ~éние expréssion ◇ ~éние лица́ expréssion

вырази́тельный expréssive

вы́разить *см.* выража́ть

выраста́ть, вы́расти grow

вы́растить, выра́щивать 1) (*детей*) bring up; raise (*амер.*) 2) (*растения*) grow, raise

вы́рвать *см.* вырыва́ть I

вы́рез|а́ть cut out; ~ка (*га-*

зетная) cútting, clípping; (сорт мяса) fíllet

вы́ро|диться, ~ждáться degénerate; ~ждéние generátion

вы́ронить drop

вы́ругать scold; ~ся swear

выручáть, вы́ручить 1) help *smb.* out; save (спасти) 2) (деньги) gain

вырывáть I pull out; extráct (зуб); tear out (страницу); snatch out (из рук)

вырывáть II, вы́рыть dig; dig up

вы́садить(ся) *см.* высáживать(ся)

вы́садка disembarkátion; lánding (с судна); detráinment (с поезда); ~ десáнта lánding; descént

высáживать, ~ся (на берег) land, disembárk

выселéние evíction

вы́сел|ить, ~ять evíct

вы́сказать(ся) *см.* выскáзывать(ся)

выскáзыва|ние opínion, sáying; ~ть, ~ться speak out; expréss an opínion

вы́скочить jump out; leap out

вы́скочка *разг.* úpstart

вы́слать *см.* высылáть

вы́следить trace, track

вы́слуг|а: за ~у лет for length of sérvice

вы́слушать, выслýшивать 1) hear 2) *мед.* sound

высмéивать rídicule, make fun (of)

высóкий high; tall (рослый)

высококáчественный high-quálity

высокомéрный supercílious, pátronizing

высокооплáчиваемый well-páid

высотá height; áltitude

вы́сохнуть *см.* высыхáть

вы́спаться have a good sleep; have *one's* sleep out

вы́ставить *см.* выставлять

вы́став|ка exhibítion; ~лять 1) (вперёд) push fórward; advánce 2) (напоказ) exhíbit, displáy

вы́стрел shot; ~ить shoot, fire (a shot)

выступáть, вы́ступить 1) come fórward 2) (с речью) speak

выступлéние 1) (войск) start; depárture 2) (публичное) (públic) appéarance; speech (речь); perfórmance (на сцене)

вы́сунуть put out, thrust out

высýшивать, вы́сушить dry

вы́сш|ий hígher; the híghest; the supréme; ~ сорт best quálity; ~ая математика hígher mathemátics; ~ее образовáние hígher educátion

высылáть 1) (посылку и т. п.) send 2) (администрати́вно) éxile, bánish

высыхáть dry up

вытáскивать, вы́тащить 1) draw out 2) (*украсть*) steal

вытек|áть 1) (*из сосуда*) run out (of) 2) (*о реке*) have its source in 3) (*являться следствием*) fóllow; отсю́да ~áет, что (hence) it fóllows that

вы́тереть *см.* вытирáть

вы́тесн|ить, ~я́ть force smb. out; supplánt (*выжить*)

вы́течь *см.* вытекáть

вытирáть wipe; dry (*досуха*)

выть howl

вытя́гивать, вы́тянуть 1) draw out; extráct 2) (*растягивать*) stretch, pull out

вы́учить 1) (*что-л.*) learn 2) (*кого-л.*) teach, train

выхлопн|о́й: ~ы́е гáзы exháust

вы́ход éxit; way out (*тж. перен.*); другóго ~а нé было there was no altérnative; ~и́ть 1) go out 2) (*о книге и т. п.*) come out 3) (*об окне*) look out (on) ◇ ~и́ть из себя́ lose one's témper

выходнóй: ~ день day off

вы́цвести, выцветáть fade

вычёркивать, вы́черкнуть cross out, strike out, cáncel

вы́честь *см.* вычитáть

вы́чет dedúction

вычисли́тельный cál-culating, compúting

вы́числ|ить, ~я́ть cálculate

вы́чистить clean, pólish; brush (*щёткой*)

вычитá|ние *мат.* sub-tráction; ~ть 1) dedúct 2) *мат.* subtráct

вы́ше 1. *прил.* hígher; táller (*ростом*) 2. *нареч.* 1) hígher 2) (*раньше*) abóve; смотри́ ~ see abóve; как скáзано ~ as státed abóve 3. *предлог* abóve; ~ нуля́ abóve zéro

вышеупомя́нутый abóve--méntioned

вышивáть embróider

вы́шивка embróidery

вышинá height

вы́шить *см.* вышивáть

вы́яв|ить, ~ля́ть discóver; revéal

выяснéние elucidátion, cléaring up

вы́ясн|ить, ~я́ть elúcidate; ascertáin, find out (*узнать*)

вью́га snówstorm

вяз elm

вязáнье knítting

вязáть knit

вя́зкий stícky; víscous; swámpy (*топкий*)

вял|ость lángour; ~ый lánguid

вя́нуть wíther; fade, lose heart (*о человеке*)

Г

гáвань hárbour, port

гадáть 1) (*предполагать*) guess; conjécture (*угадывать*) 2) (*кому-л. на картах и т. п.*) tell fórtunes

гáд|кий vile; násty, hórrid;
~ость 1) trash, muck 2) (*подлость*) dírty trick
гадюка ádder; víper
газ *хим.* gas
газéта néwspaper
гáзовый gas; ~ завóд gásworks
газóн lawn, turf
газопровóд gásmain
гáйка nut; fémale screw
галантерéйный: ~ магазин háberdashery
галерéя gállery
гáлка jáckdaw, daw
галóпом at a gállop
галóши galóshes; rúbbers
гáлстук tie
гáмма *муз.* scale; *перен.* gámut
гантéли dúmpbells
гарáж gárage
гарантировать guarantée
гарáнтия guarantée
гардерóб 1) clóakroom 2) (*шкаф*) wárdrobe 3) (*одежда*) wárdrobe
гардины cúrtains
гармóния hármony
гарнизóн gárrison
гарнир gárnish; végetables
гарнитур set; suit
гасить extínguish, put out
гáснуть go out
гастрóли tour (*ед. ч.*); guéstperformance (*ед. ч.*)
гастронóм food store(s); food shop; delicatéssen (*амер.*)
гвоздика I (*цветок*) carnátion

гвоздика II (*пряность*) clove
гвоздь nail
где where
гдé-либо, гдé-нибудь, гдé-то sómewhere, ánywhere
генерáл géneral
генерáльный géneral; básic
гениáльн|ый of génius, great; ~ человéк génius; ~ труд the work of génius; ~ая идéя spléndid (brílliant) idéa
гéний génius
геóгр|аф geógrapher; ~афический geográphical; ~áфия geógraphy
геó|лог geólogist; ~логический geológical; ~лóгия geólogy; ~метрический geométrical; ~метрия geómetry
герáнь geránium
герб arms; госудáрственный ~ State émblem
герметически hermétically
герó|изм héroism; ~иня héroine; ~ический heróic
герóй héro; Герóй Совéтского Союза Héro of the Sóviet Únion
гибель ruin; ~ный rúinous; fátal, disástrous
гибкий fléxible, súpple, pliant
гигáнт gíant; ~ский gigántic
гигиéна hýgiena
гид guide
гидро|плáн *ав.* hýdroplane; ~стáнция wáter-

power station, hydroeléctric státion

гильза (cártridge) case

гимн hymn; госудáрственный ~ nátional ánthem

гимнáстика gymnástics

гипнóз 1) (сила) hýpnotism 2) (состояние) hypnósis

гипóтеза hypóthesis

гипсовый pláster

гиря weight

гитáра guitár

главá I head

главá II (в книге и т. п.) chápter

главнокомáндующий Commánder-in-Chíef

глáвн|ый chief, main; príncipal; ~ гóрод cápital (столица) ◇ ~ым óбразом máinly, móstly

глагóл грам. verb

глáдить 1) (ласкать) stroke, caréss 2) (бельё) íron

глáдкий smooth

глаз eye ◇ за ~á behínd smb.'s back; говорить с ~у на ~ have a prívate talk; ~нóй eye(-); ~нóй врач óculist

глáнды tónsils

глáсность ópenness; glásnost

глáсный (звук) vówel

глина clay

глист intéstinal worm

глобáльный glóbal

глóбус globe

глотáть swállow

глóтк|а throat; во всю ~у at the top of one's voice

глотóк sip; gulp

глóхнуть grow deaf

глуб|инá depth; ~óкий deep; перен. тж. profóund; ~óкая тарéлка soup plate; ~óкая óсень late áutumn

глуп|ость stupídity; nónsense (бессмыслица); ~ый fóolish; sílly; stúpid (тупой)

глух|óй deaf ◇ ~óе мéсто óut-of-the-wáy place; ~онемóй deaf mute; ~отá déafness

глушь wílderness; thícket (лесная)

глыба clod (земли); block (льда)

глядéть look

гнать drive; chase, drive awáy (прогонять)

гнев ánger; ~ный ángry

гнездó nest

гнёт press; weight; перен. oppréssion; yoke (иго)

гни|éние rótting; decáy, corrúption; ~лóй rótten; decáyed; ~ть rot; decáy

гной pus, mátter; ~ный púrulent; séptic; мед. súppurative

гнýсный vile, disgústing

гнуть, ~ся bend

говорить talk, speak; могли бы Вы ~ мéдленнее? speak slówly, please

говядина beef

год year; прóшлый ~ last year; бýдущий ~ next year; Нóвый ~ New Year's Day

годи|ться do, be súitable;

251

Это (никуда) не ~тся! that won't do!

годи́чный ánnual

го́дный 1) fit 2) (*действи́тельный*) válid

годов|о́й ánnual; ~щи́на anniversary

гол goal; забить ~ score a goal

голла́ндец Dútchman

голла́ндский Dutch

голов|а́ head; ~но́й: ~на́я боль héadache; ~но́й убо́р hat

го́лод húnger; starvátion; fámine (*бедствие*); ~а́ть starve

голо́д|ный húngry; я го́лоден I'm húngry; ~о́вка húnger strike

гололёд ícing; сего́дня ~ it's áwfully slíppery todáy

го́лос 1) voice 2) (*избира́тельный*) vote; ~ова́ние vóting; pólling; та́йное ~ова́ние bállot, sécret vóting; ~ова́ть vote

голубо́й líght-blue

го́лубь pígeon, dove; ~ ми́ра the dove of peace

го́лый náked

го́льфы knée-length socks

гомеопа́т hómoeopath; ~ия homoeópathy

гоне́ние persecútion

го́нка haste, húrry; ~ вооруже́ний ármaments race

го́нки *спорт.* ráces

гонора́р páyment; fee; róyalties

гоня́ть drive; chase

гора́ móuntain

гора́здо much, far

горб hump, hunch; ~а́тый húmp-backed; ~иться stoop; ~у́н húnchback

горди́ться be proud of

го́рд|ость pride; ~ый proud

го́ре grief; ~ва́ть grieve

горе́лка búrner

горе́ть 1) burn; be on fire 2) (*блестеть*) spárkle

го́рец híghlander

го́речь bítterness

горизо́нт horízon; ~а́льный horizóntal

гори́стый móuntainous

го́рл|о throat; ~ышко (*бутылки*) bóttleneck

гормо́н hórmone

горн *муз.* bugle

горнолы́жный: ~ спорт móuntain skíing

го́рн|ый 1) móuntain(ous) 2) (*о промышленности*) míning; ~я́к míner

го́род town; cíty; ~ско́й town(-); úrban; munícipal (*об учреждениях*)

горожа́нин tównsman, cíty dwéller

горо́х pea(s)

горсть hándful

горта́нь lárynx

горчи́|ца mústard; ~чник mústard pláster

горшо́к pot

го́рький bítter

горю́чее fuel

горя́чий hot; warm (*о при-*

ёме, встрече); árdent (*страстный*)

горячи́ться fly into a pássion

го́спиталь (mílitary) hóspital

госпо́дств|о suprémacy; dominátion; ~овать dóminate; prevа́il (*преобладать*); ~ующий dóminant; prevа́iling (*преобладающий*)

гостеприи́мный hóspitable

гости́ница hotél; inn (*небольшая*)

гост|ь guest; vísitor; пойти́ в ~и pay a vísit; быть в ~ях be on a vísit

госуда́рственный State

госуда́рство State

гото́в|ить prepа́re, make réady; cook (*пищу*); ~иться get réady, prepа́re; ~ый 1) réady 2) (*о платье*) réady--mа́de

грабёж róbbery

граби́тель róbber

гра́бить rob; plúnder

гра́бли rake (*ед. ч.*)

гра́вий grа́vel

гравю́ра engrа́ving, print; étching (*офорт*)

град hail

гра́дус degrée; ~ник thermómeter

гражд|ани́н cítizen; ~а́нский cívil; ~а́нство cítizenship; приня́ть ~а́нство be nа́turalized

грамза́пись (grа́mophone) recórding

грамм grа́m(me)

грамма́тика grа́mmar

гра́мот|а 1) réading and wríting 2) (*документ*) credéntials (*мн. ч.*); ~ность líteracy; ~ный líterate; éducated

грана́т pómegranate

грана́та grenа́de

грани́т grа́nite

грани́|ца 1) (*государственная*) fróntier; bóundary 2) (*предел*) límit; ~чить (*с чем--л.*) bórder (upón); *перен.* verge

грань side; fа́cet

графа́ cólumn

гра́фик schédule

гра́фика drа́wing; grа́phic art

графи́н decа́nter

грацио́зный grа́ceful

гра́ция grace

грач rook

гребёнка, гре́бень comb

гребе́ц óarsman

гре́бля rо́wing

грёзы dа́ydreams

грек Greek

гре́лка hót-water bóttle; hót-water bag (*амер.*); eléctric pad (*электрическая*)

греме́ть rа́ttle, thúnder (*о громе*)

грести́ row

греть warm; ~ся warm onesélf

грех sin

гре́цкий: ~ оре́х wа́lnut

гре́ческий Greek

гречи́ха búckwheat

гриб múshroom

грива mane

грим máke-up

гримáс|a grimáce; ~ничать make fáces

грипп 'flu

гроб cóffin

грозá thúnderstorm, storm

грозить thréaten

грóзный térrible (*страшный*); ménacing (*угрожающий*)

гром thúnder ◇ ~ аплодисмéнтов storms of appláuse

громáдный enórmous

грóмк|ий loud; ~оговоритель loud spéaker

громóздкий búlky, unwíeldy

громоотвóд líghtning condúctor

гроссмéйстер grand máster

грóхот crash, rúmble; ~áть rúmble

грубить be rude

груб|ость rúdeness; rude remárk; ~ый coarse; rough; rude (*невежливый*)

грýда heap, pile

груднóй: ~ ребёнок ínfant in arms, báby

грудь breast; chest (*грудная клетка*); bósom (*бюст*)

груз load; cárgo (*судна*)

грузин Géorgian; ~ский Géorgian

грузить load

грýзный córpulent

грузовик lórry; truck (*амер.*)

грýзчик loader (*ж.-д.*); stévedore (*судовой*)

грунт 1) (*почва*) soil 2) (*в живописи*) ground; ~овóй: ~овые вóды súbsoil wáters

грýппа group

грустить be sad, be mélancholy

грýстный sad

грусть sádness

грýша 1) pear 2) (*дерево*) pear tree

грызть gnaw; níbble

грызýн *зоол.* ródent

грядá 1) (végetable) bed 2) (*гор*) ridge

грядка *см.* грядá 1)

грязный dírty

грязь dirt; mud (*слякоть*)

губá lip

губить ruin

гýбка sponge

губн|óй: ~áя помáда lípstick

гудéть buzz; hoot

гудóк hóoter; síren (*фабричный*); horn (*автомобильный*)

гул rúmble; hum (*голосов*)

гýлкий hóllow, resóunding

гулянье (*празднество*) públic mérrymaking

гулять walk, go for a walk

гуманизм húmanism

гуманитáрн|ый: ~ые наýки the humánities

гумáнный humáne

гýсеница cáterpillar

густóй thick; dense

гусь goose; ~кóм in síngle file

гýща 1) (*осадок*) sédiment; grounds (*мн. ч.*) (*кофейная*);

lees, dregs (*мн. ч.*) (*пивная*)
2) (*леса*) thicket

Д

да I (*утвердительная частица*) yes

да II *союз* 1) (*соединительный*) and 2) (*противительный*) but

да III (*модальная частица*) (*пусть*): да здравствует! long live!

дава́|ть 1) give; да́йте мне, пожалуйста... give me, please 2) (*позволять*) let, allów *smb.* (to) ◇ ~ знать let *smb.* know; ~йте игра́ть let's play; ~ доро́гу make way (for); ~ кля́тву swear

дави́ть 1) press, squeeze 2) (*раздавить*) crush 3) (*угнетать*) oppréss

да́вка crush

давле́ние préssure

да́вн|ий of long stánding, old; с ~их пор of old

давно́ long agó; for a long time; for áges

да́же éven

да́лее fúrther; then (*затем*); и так ~ and so on, etc.

далёк|ий remóte; ~ое расстоя́ние a great dístance

далеко́ far awáy, a long way off

даль dístance

дальне́йший fúrther

дальнови́дный farséeing

дальнозо́ркий lóng-sighted

да́ль|ность dístance; ~ше
1. *прил., нареч.* fárther, fúrther 2. *нареч.* (*затем*) then

да́ма lády

да́нн|ые dáta, facts; ~ый gíven; в ~ый моме́нт at the móment, at présent

дань tríbute

дар gift

дари́ть make a présent (of); give

да́ром free of charge, for nóthing, grátis

да́та date

да́тельный: ~ паде́ж dátive (case)

да́т|ский Dánish; ~ча́нин Dane

дать *см.* дава́ть

да́ч|а súmmer cóttage; búngalow; на ~e in the cóuntry; ~ный subúrban

два two

двадца́тый twéntieth

два́дцать twénty

два́жды twice

двена́дцатый twelfth

двена́дцать twelve

дверь door

две́сти two húndred

дви́гатель éngine; mótor

дви́гать, ~ся move

движе́ние móvement; у́личное ~ tráffic

дво́е two

двоето́чие cólon

дво́йка two; low mark (*отметка*)

двойни́к dóuble

двойно́й dóuble; twófold

двойня́ twins (*мн. ч.*)

двор yard

дворе́ц pálace

дво́рник já nitor, yárdman

дворяни́н nóble, nóbleman

дворя́нство nobílity, géntry

двою́родн|ый: ~ брат, ~ая сестра́ cóusin

двоя́кий dóuble

двули́чный dóuble-faced

двуру́шник dóuble-déaler; dóuble-crósser

двусмы́сленный ambíguous

двусторо́нний biláteral; twó-wáy

двухко́мнатн|ый: ~ая кварти́ра twó-room flat

двухэта́жный twó--stórey(ed)

двуязы́чный bilíngual

деба́ты debáte

де́бри thíckets; *перен.* lábyrinth

дебю́т début

дева́ть put; ~ся go; куда́ он де́лся? what has becóme of him?

деви́ца *разг.* girl

де́вочка (líttle) girl

де́вушка girl

девяно́сто nínety

девяно́стый nínetieth

девятна́д|цатый nínetéenth; ~цать nínetéen

девя́тый ninth

де́вять nine; ~со́т nine húndred

дёготь tar

деграда́ция degradátion

де́душка grándfather

дееприча́стие *грам.* gérund, advérbial párticiple

дежу́р|ить be on dúty; ~ный on dúty; *воен.* órderly

дезерти́р desérter

дезерти́ровать desért

дезинфе́кция disinféction

дезодора́нт deódorant; spray

де́йственный efféctive

де́йствие 1) deed, áction 2) (*влияние*) efféct 3) *театр.* act

действи́тельн|о réally, in fact; ~ость reálity; ~ый 1) áctual, real 2) (*о документе*) válid

де́йств|овать act; work; ~ующий in force; ~ующие ли́ца cháracters

дека́брь Decémber

дека́да décade

дека́н dean; ~а́т dean's óffice

деклара́ция declarátion

декорати́вный décorative; ornaméntal

декора́ция scénery, décor; the sets (*мн. ч.*)

декре́т decrée

де́лать do; make; ~ вы́вод draw a conclúsion; ~ся 1) (*становиться*) becóme 2) (*происходить*) háppen

делега́|т délegate, députy; ~ция delegátion

деле́ние divísion

деле́ц búsiness man

делика́тный 1) táctful 2) (*щекотливый*) délicate

дели́ть divíde; ~ся 1) be

divíded 2) (*с кем-л.*) share (with)

де́ло 1) affáir, búsiness 2) (*поступок*) deed 3) (*цель, интересы*) cause; о́бщее ~ cómmon cause 4) *юр.* case 5) *канц.* file ◇ в чём ~ ? what's the mátter?; ~ в том the point is; как дела́? how are you?

делово́й búsiness(-); búsinesslike

де́льный effícient (*тж. о человеке*); práctical, sénsible (*тж. о предложении*)

дельфи́н dólphin

демаго́г démagogue

демокра́т démocrat

демократи́ческий democrátic

демокра́тия demócracy

демонстр|а́ция demonstrátion; ~и́ровать ´ démonstrate

де́нежный móney(-); fináncial; ~ перево́д móney órder

день day; че́рез ~ évery óther day

де́ньги móney

депре́ссия depréssion

депута́т députy

дёргать pull; jerk

дереве́нский rúral; rústic; víllage(-)

дере́вня the cóuntry; víllage (*посёлок*)

де́рево 1) tree 2) (*материал*) wood

деревя́нный wóoden

держа́ва pówer

держа́ть hold; keep (*хра-*

нить) ◇ ~ сло́во keep one's prómise; ~ экза́мен go in for an examinátion; ~ся 1) (*за что-л.*) hold on (to) 2) (*на чём-л.*) be suppórted by; пу́говица де́ржится на ни́точке the bútton is hánging by a thread ◇ ~ся вме́сте keep togéther; ~ся в стороне́ stand aside

дерз|кий ínsolent; dáring (*смелый*); ~ость ínsolence

дёрнуть *см.* дёргать

деса́нт lánding; ~ный: ~ные войска́ lánding force

десе́рт dessért

десна́ gum

десятибо́рье *спорт.* decáthlon

десятидне́вный tén-day

десятиле́т|ие décade; ~ний tén-year

десяти́чный décimal

деся́ток ten

деся́тый tenth

де́сять ten

дета́ль détail; ~но in détail

детекти́в 1) (*произведение*) detéctive stóry 2) (*сыщик*) detéctive

детёныш the young (of)

дет|и chíldren; ~ский child's; chíldren's; chíldish (*ребяческий*); ~ский сад núrsery school; kíndergarten; ~ский дом órphanage; ~ство chíldhood

деть(ся) *см.* дева́ть(ся)

дефе́кт deféct

дефици́т shórtage

дешев|е́ть fall in price;

becóme chéaper; go down; ~ѝзна low príces (*мн. ч.*)

дёшево cheap

дешёвый cheap

де́ятель wórker; госуда́рственный ~ státesman; ~ность actívity; ~ный áctive, energétic

джаз jazz

дже́мпер júmper; púllover

джи́нсы jeans

джу́нгли júngle

диа́гноз diagnósis

диагона́ль diágonal

диале́кт díalect

диале́кт|ика dialéctics; ~и́ческий dialéctic(al)

диало́г díalogue

диапозити́в slide

диафра́гма díaphragm

дива́н sófa

диве́рсия sábotage; divérsion

диви́зия divísion

дие́т|а díet; ~и́ческий dietétic

диза́йн design

дизентери́я dýsentery

дика́рь sávage

ди́кий wild

дикта́нт dictátion

диктату́ра dictátorship

диктова́ть dictáte

ди́ктор annóuncer; bróadcaster

дилета́нт ámateur

дина́мика dynámics

динами́т dýnamite

динами́чный dynámic

дипло́м diplóma; degrée

диплома́т díplomat; ~и́че-

ский diplomátic; ~ия diplómacy

директи́ва diréctions, instrúctions (*мн. ч.*)

дире́ктор diréctor; mánager

дирижа́бль dírigible

дирижёр condúctor

диск disk, disc

дисквалифици́ровать disquálify

дискоте́ка discothéque

дискреди́тировать discrédit

дискримина́ция discrimination

диску́ссия discússion

диспансе́р dispénsary

дисппле́й displáy

ди́спут debáte

диссерта́ция thésis, dissertation

диста́нция dístance

дисциплин|а 1) díscipline 2) (*отрасль науки*) súbject; ~и́рованный well trained, dísciplined

дитя́ child

дифтери́т diphthéria

дичь game

длина́ length

дли́нный long

дли́тельный prolónged, long

дли́ться last

для for; to; ~ чего́? what for?; ~ того́, чтобы in órder to

дневни́к díary

дневно́й day-; ~ спекта́кль matinée

днём in the dáytime

дно bóttom; вверх ~м úpside-dówn

до 1) (*раньше*) befóre 2) (*указывает на временной предел*) to, till, untíl 3) (*указывает на пространственный предел*) (up, down) to ◇ до свидáния goodbýe

добáв|ить *см.* добавлять; ~лéние addítion; súpplement; ~лять add; ~очный addítional

добивáться seek; strive for

добúться achíeve, get; attáin

добрó I 1) good 2) (*имущество*) próperty; things (*мн. ч.*)

добрó II: ~ пожáловать! wélcome!

добровó|лец voluntéer; ~льный vóluntary

добродéтель vírtue

добродýшный good--nátured

доброжелáтельный benévolent, kind

доброкáчественный 1) good-quálity 2) *мед.* benígn, nón-malígnant

добросóвестный consciéntious

добротá kíndness

добр|ый good; kind ◇ по ~ой вóле of one's own free will; ~ая половúна a good half; ~ое ýтро! good mórning!; ~ день! good áfternóon!; ~ вéчер! good évening!

добывáть, добыть 1) obtáin; get 2) (*полезные ископаемые*) extráct; mine

добы|ча 1) (*сырья*) extráction 2) (*добытое, захваченное*) prey; bóoty; plúnder (*награбленное*)

довéр|енность (written) authorizátion; pówer of attórney; ~ие trust; cónfidence; ~ить *см.* доверять; ~чивый trústing, confíding

довершéние: в ~ всегó to crown all

доверять 1) (*что-л.*) entrúst 2) (*кому-л.*) trust; confíde in (*секрет, тайну*)

довестú *см.* доводúть

дóвод réason, árgument

доводúть 1) lead (up to, to) 2) (*приводить к чему-л.*) bring, redúce (to)

довоéнный prewár

довóльно enóugh

довóльный sátisfied; pleased

догадáться *см.* догадываться

догáд|ка guess; ~ливый quíck-wítted; ~ываться guess; suspéct (*подозревать*)

дóгма dógma

догнáть *см.* догонять

договáриваться come to an agréement, negotiáte

договóр 1) agréement 2) *юр.* cóntract 3) *полит.* tréaty; ~úться *см.* договáриваться

догонять overtáke

дождь rain; ~ идёт it's ráining

дожива́ть, дожи́ть live until; reach

до́за dose

доистори́ческий prehistóric

дои́ть milk

дойти́ *см.* доходи́ть

док dock

доказ|а́тельство proof; *юр.* évidence; ~а́ть, дока́зывать prove

до́кер dócker

докла́д lécture; repórt (*отчётный*); ~чик spéaker

докла́дывать 1) infórm; repórt 2) (*о ком-л.*) annóunce

до́ктор dóctor

докуме́нт dócument

документа́льный: ~ фильм documéntary

долг 1) (*обязанность*) dúty 2) (*обязательство*) debt

до́лгий long

долгожи́тель old man

долгоигра́ющ|ий: ~ая пласти́нка lóng-pláyer

долгосро́чный lóng-térm

долгота́ *геогр.* lóngitude

должни́к débtor

должно́ быть próbably

до́лжность post

до́лжный due; próper

доли́на válley

доложи́ть *см.* докла́дывать

долой! awáy with!, down with!

до́ля I (*судьба*) lot

до́ля II (*часть*) share

дом house (*здание*); home

(*домашний очаг*); ~ о́тдыха rest home

до́ма at home

дома́шний doméstic

домини́ровать dóminate, predóminate

до́мна blast fúrnace

домо́й home

домоуправле́ние house administrátion

донес|е́ние repórt; dispátch; ~ти́ *см.* доноси́ть

до́нор dónor

доно́с denunciátion; ~и́ть (*на кого-л.*) denóunce

допла́|та addítional páyment; éxtra páyment; ~ти́ть, ~чивать pay éxtra

дополн|е́ние cómplement; súpplement; ~и́тельно in addítion; ~и́тельный suppleméntary

допо́лн|ить, ~я́ть compléte

допра́шивать quéstion; intérrogate

допро́с interrogátion, cross-examinátion; ~и́ть *см.* допра́шивать

до́пус|к admíssion; ~ка́ть, ~ти́ть 1) admít 2) (*предполагать*) assúme

дореволюцио́нный pre-revolútionary

доро́га 1) road; way 2) (*путешествие*) jóurney

доро́г|о dear; (*о стоимости тж.*) expénsive; ~ови́зна high príces; high cost of líving; ~о́й dear; (*о стоимости тж.*) expénsive

дорожи́ть válue

дорож|ка path; ~ный trávelling (-)

досад|а annóyance, vexátion; ~но: как ~но! what a núisance!; ~ный annóying

доска plank; board; клáсс- ная ~ bláckboard; the board; ~ для объявлéний nótice board

дослóвн|о líterally, word for word; ~ый líteral; verbátim

досрóчн|о pretérm, befóre the appóinted time; ~ый pretérm

доставáть 1) (касáться чего-л.) reach 2) (выни- мáть) take out 3) (добы- вáть) get

достáв|ить см. доставлять; ~ка delívery; с ~кой нá дом delívery to cústomer; ~лять 1) (товáры и т. п.) delíver 2) (причинять) cause; give

достáточн|о enóugh (пóсле прил.); sufficiently (перед прил.); ~ умён cléver enóugh; sufficiently cléver; ~ый suf- fícient

достáть см. доставáть

дост|игáть, ~игнуть reach; перен. achíeve; ~ижéние achíevement

достовéрный relíable

достóинств|о 1) dígnity; чувство сóбственного ~а sélf- -respéct 2) (качество) mérit, vírtue

достóйный wórthy, de- sérving

достопримечáтельности sights

достояние próperty

дóступ áccess

достýпный accéssible; éasy

досýг léisure

дóсуха dry

дóсыта to one's heart's contént

дотáция súbsidy, grant

дотрáгиваться, дотрóнуть- ся touch

дохóд retúrns (мн. ч.); íncome (регулярный)

доходить 1) reach 2) (о сýмме и т. п.) amóunt

дохóдный prófitable

доцéнт réader, séniour lécturer; assístant proféssor

дочь dáughter

дошкóльный preschóol

доярка mílkmaid

драгоцéнн|ости jéwelry; ~ость jéwel; ~ый précious

дразнить tease

дрáка fight

дрáма dráma; ~тический dramátic; ~тург pláywright

дрáться fight

древ|есина wood; wood pulp; ~éсный wood(-); ~éс- ный ýголь chárcoal

дрéв|ний áncient; ~ность antíquity

дремáть doze

дремýчий thick, dense

дрессировáть train

дробь 1) (small) shot 2) мат. fráction

дровá fírewood (ед. ч.)

дрожáть trémble; shíver

дрóжжи yeast (ед. ч.)

дрозд thrush; чёрный ~ bláckbird

друг friend; ~ дру́га one anóther; each óther

друго́й óther; anóther (*ещё один*)

дру́ж|ба fríendship; ~еский, ~ественный fríendly

дружи́ть be friends

дру́жный (*единодушный*) unánimous

дрянно́й wórthless

дря́хлый decrépit

дуб oak (tree)

дублёнка shéepskin (coat)

дубли́ровать únderstudy (*в театре*); ~ фильм dub

дуга́ arc

ду́ло múzzle

ду́мать think

дунове́ние breath, whiff

дупло́ hóllow

дур|а́к fool; ~но́й bad

дуть blow

дух 1) spírit 2) *разг.*: прису́тствие ~a présence of mind; па́дать ~ом lose heart; поднима́ть ~ raise the morále; собра́ться с ~ом pluck up one's cóurage

духи́ scent, pérfume

духове́нство clérgy

духо́вка óven

духо́вный spíritual

духово́й: ~ инструме́нт wind ínstrument; ~ орке́стр brass bánd (*медных инструментов*)

духота́ (*жара*) súltriness; кака́я ~! how stúffy it is!

душ shówer

душа́ soul

душе́вный córdial, héartfelt

души́стый frágrant; swéet-scénted ◇ ~ горо́шек sweet pea

души́ть strángle

ду́шный stúffy, close

дуэ́т dúet

дым smoke; ~и́ть, ~и́ться smoke; ~охо́д flue

ды́ня mélon

дыр|а́ hole; ~я́вый rágged

дыха́|ние breath; ~тельный respíratory; ~тельное го́рло wíndpipe

дыша́ть breathe

дья́вол dévil

дю́жина dózen

дю́на dune

дя́дя úncle

дя́тел wóodpecker

Е

Ева́нгелие the Góspel

евре́й Jew; ~ский Jéwish

европе́|ец, ~йский Européan

его́ I (*род., вин. п. от* он, оно́) him; (*для неодушевл. предм.*) it

его́ II *мест. притяж.* his; (*для неодушевл. предм.*) its

еда́ food; meal (*завтрак, обед, ужин*)

едва́ hárdly, scárcely; ~ ли it is dóubtful (whéther, that)

едине́ние únity

едини́ца 1) únit 2) (*цифра, отметка*) a one

едини́чный síngle; ísolated

единогла́сный unánimous

единоли́чный indivídual; pérsonal

единомы́шленник adhérent, conféderate; sýmpathizer (*сочувствующий*)

единообра́зие unifórmity

еди́нственн|ый ónly; ~ в своём ро́де uníque; ~ое число́ *грам.* síngular

еди́нство únity

еди́ный united (*объединённый*); indivísible (*неделимый*)

е́дкий cáustic; púngent (*о дыме*)

её I (*род., вин. п. от* она́) her; (*для неодушевл. предм.*) it

её II *мест. притяж.* her, hers; (*для неодушевл. предм.*) its

ёж hédgehog

ежеви́ка bláckberries; brámble

ежего́дн|ик yéarbook, ánnual; ~ый yéarly, ánnual

ежедне́вн|о, ~ый dáily

ежеме́сячный mónthly

еженеде́льн|ик wéekly; ~ый wéekly

езда́ ride, ríding; drive; dríving (*на машине*)

е́здить go; go by... (*на чём-л.*); drive (*на машине*); ride (*верхом*); trável (*путешествовать*)

ездо́к ríder, hórseman

ей her, to her; (*для неодушевл. предм.*) to it

е́ле, е́ле-е́ле hárdly, scárcely

ёлка fírtree; New Year's tree (*новогодняя*)

ель fírtree

ёмк|ий capácious; ~ость capácity; vólume

ему́ him, to him; (*для неодушевл. предм.*) to it

ено́т raccóon

е́ресь héresy; *перен. разг.* rúbbish

ёрзать fídget

ерунда́ nónsense

ёрш ruff

е́сли if; ~ бы не but for; ~ не if not, unléss; ~ то́лько províded

есте́ственный nátural

естествозна́ние nátural scíences

есть I eat

есть II 1) is 2) *безл.* there is, there are; *перев. тж. личн. формами гл.* have; у меня́ ~ I have

е́хать go; drive (*на машине*); ride (*верхом*)

ехи́дный cáustic; malícious, spíteful

ещё 1) (*всё ещё*) still; ~ не not yet 2) (*больше*) some more; ~ лу́чше (холодне́е *и т. п.*) still bétter (cóoler, *etc.*); ~ раз once more

е́ю (by, with) her

263

Ж

жа́ба toad

жа́бры gills

жа́воронок (skу́)lark

жа́дный gréedy, avarícious

жа́жд|а thirst; испы́тывать ~у be thirsty; ~ать thirst, crave (for)

жаке́т jácket

жале́ть 1) (*сожалеть*) be sórry (for); píty 2) (*щадить*) spare 3) *разг.* (*скупиться*) grudge

жа́лить sting

жа́лкий pítiful, wrétched; míserable (*ничтожный*)

жа́лко (*кого-л.*) píty *smb.*, be sórry (for); ~! too bad; как ~! what a píty!

жа́ло sting

жа́лоб|а compláint; ~ный pláintive

жа́ловаться compláin

жа́лость píty

жаль *см.* жа́лко; мне ~ его́ I am sórry for him

жанр génre

жар 1) (*зной*) heat 2) (*пыл*) árdour 3) (*повышенная температура*) témperature, féver

жара́ heat, hot wéather

жарго́н járgon; slang, cant

жа́р|еный róasted; fried; ~ хлеб toast; ~ить roast, fry; toast (*о хлебе*)

жа́ркий 1) hot; *перен. тж.*

árdent 2) (*бурный*) héated; ~ спор héated árgument

жарко́е roast, sécond course

жаропонижа́ющее fébrifuge

жасми́н jéssamin(e)

жа́тва hárvest

жать I 1) (*давить*) squeeze, press 2) (*об обуви*) pinch

жать II (*рожь*) reap

жгу́чий búrning; ~ стыд búrning shame

ждать wait; expéct

же I *союз* but, and; он уезжа́ет, я же остаю́сь he will go and I will stay here

же II *усилительная частица*: скорей же be quick

же III *означает тождество*: тако́й же the same

жева́тельн|ый: ~ая рези́нка chéwing gum

жева́ть chew

жела́|ние wish, desíre; ~тельный desírable; ~ть wish, want; ~ю вам хорошо́ отдохну́ть I hope you will have a good rest

желе́ jélly

железа́ gland

желе́зная доро́га ráilway; ráilroad (*амер.*)

железнодоро́жн|ик ráilwayman; ~ый ráilway(-); ráilroad(-) (*амер.*)

желе́зный íron

желе́зо íron; ~бето́н ferrocóncrete

жёлоб groove; gútter (*на крыше*)

желтéть turn yéllow

желтизнá yéllowness

желтóк yolk

жёлтый yéllow

желýдок stómach

желýдочный gástric

жёлудь ácorn

жёлчный bílious; *перен.* jáundiced

жёлчь gall; *перен. тж.* bile

жемáнный míncing; affécted

жёмчуг pearl

женá wife

женáтый márried

женить, ~ся márry

жених fiancé

жéнский 1) féminine; fémale 2) (*для женщин*) wómen's 3) *грам.* féminine

жéнщина wóman

жердь pole

жеребёнок foal, colt

жеребéц stállion

жеребьёвка cásting of lots

жерлó mouth; ~ вулкáна mouth of a volcáno

жéртв|а 1) sácrifice 2) (*пострадавший*) víctim; ~овать give; *перен.* sácrifice

жест gésture; ~икулировать gestículate

жёсткий 1) hard; tough (*о мясе*) 2) (*негнущийся; тж. перен.*) rígid

жестóк|ий crúel; *перен.* sevére; ~ость crúelty; *перен.* sevérity

жесть tin

жечь burn

живóй 1) líving, alíve 2) (*оживлённый*) lívely; (*о разговоре и т. п. тж.*) ánimated

живописный picturésque

живопись páinting

живóт stómach

животновóдство stóck-raising

живóтное ánimal

живýчий hárdy; endúring

жидк|ий líquid; wátery (*водянистый*); weak (*о чае, кофе*); ~ость líquid

жизненный vítal

жизнерáдостный chéerful

жизнь life

жила vein; sínew (*сухожилие*)

жилéт wáistcoat

жилéц lódger

жилистый wíry; grístly (*о мясе*)

жилище dwélling

жилищно-строительный: ~ кооператив (ЖСК) hóusing coóperative

жилищный hóusing

жил|óй: ~áя плóщадь living space

жильё dwélling

жир fat; greese; ~ный gréasy; rich (*о пище*); ~ное пятнó gréasy stain

житель inhábitant; ~ство: мéсто ~ства place of résidence, dómicile

жить live

жокéй jóckey

жонглёр júggler

жрéбий lot, déstiny; бросáть (тянýть) ~ cast (draw) lots ◇ ~ брóшен the die is cast

жрец priest

жужжáть hum; buzz

жук béetle; bug; мáйский ~ cóckchafer

жýлик swíndler, crook

журáвль crane

журнáл 1) magazíne; jóurnal 2) (книга записей) régister; ~úст jóurnalist, néwspaperman

журч|áние múrmur, bábble, rípple; ~áть múrmur, bábble, rípple

жýткий uncánny; разг. ghástly

жюрú júry

З

за 1) (о местоположении) behínd, beyónd (позади); acróss, óver (по ту сторону); out of (вне) 2) (вслед, следом) áfter; день за днём day áfter day 3) (во имя кого-л., чего-л.; вместо; в течение; при указании цены) for; за дéньги for móney 4) (старше) past; óver; ей ужé за 30 she is past thírty 5) (во время) at; за обéдом at dínner 6) (раньше) befóre; за недéлю до э́того a week befóre ◇ за столóм at táble; за исключéнием with the excéption of

забáва amúsement

забавля́ть(ся) amúse (onesélf)

забáвный amúsing, fúnny

забаст|овáть go on strike; ~óвка strike; ~óвочный: ~óвочный комитéт strike committee; ~óвщик stríker

забвéние oblívion

забéг спорт. heat; предварúтельный ~ tríal

заберéменеть becóme prégnant

забивáть 1) drive in (гвоздь); nail down (ящик) 2) (затыкать, загораживать) block up

забинтовáть bándage

забúть см. забивáть; ~ся (о сердце) beat, thump

заблудúться lose one's way, get lost

заблужд|áться be mistáken; ~éние érror, mistáke

заболевáние diséase; íllness

заболéть fall ill (о человеке); ache, hurt (о части тела)

забóр fence

забóт|a care; anxíety (беспокойство); tróuble (хлопоты); ~иться take care of; ~ливый cáreful, thóughtful

забраковáть rejéct

забрáсывать, забрóсить 1) throw 2) (переставать заниматься) negléct

забывáть forgét

забы́|тый forgótten; ~ть см. забывáть

завар|ивать, ~и́ть make

заведе́ние institútion; уче́бное ~ educátional institútion, school

заве́д|овать mánage; ~ующий mánager

заве́рить см. заверя́ть

заверну́ть, завёртывать 1) wrap up 2) (кран и т. п.) turn off ◇ заверну́ть за́ угол turn the córner

заверш|а́ть compléte; ~а́ющий conclúding; ~е́ние complétion; в ~е́ние всего́ to crown all; ~и́ть см. заверша́ть

заверя́ть 1) assúre 2) (по́дпись) wítness, cértify

заве́с|а cúrtain; screen (дымовая и т. п.); ~ить см. заве́шивать

завести́ см. заводи́ть

заве́т téstament; légacy; Ве́тхий Заве́т Old Téstament; Но́вый Заве́т New Téstament

заве́шивать cúrtain off; ~ окно́ put up (window) cúrtains

завеща́|ние will; ~ть leave; bequéath

завива́ть wave; curl

зави́вка wave

зави́довать énvy

зави́с|еть depénd (on); ~имость depéndence

зави́стливый énvious

за́висть énvy

зави́ть см. завива́ть

заво́д fáctory, works, plant, mill

заводи́ть 1) (куда-л.) bring smb. to a place 2) (приобре-

тать) acquíre; buy (покупать) 3) (порядки и т. п.) establish 4) (часы и т. п.) wind up

заводн|о́й: ~а́я игру́шка mechánical toy

завоев|а́ние cónquest; ~а́ть, завоёвывать 1) cónquer 2) (добиться) win

за́втра tomórrow

за́втрак bréakfast

за́втракать (have) bréakfast

завяза́ть см. завя́зывать

завя́з|ка 1) string 2) (дра́мы) plot; ~ывать tie, bind ◇ ~ывать отноше́ния énter into relátions (with)

загад|ка púzzle, ríddle; mýstery (тайна); ~очный mystérious, enigmátic

зага́р súnburn, tan

заги́б 1) bend 2) разг. (преувеличение) exaggerátion

загла́вие títle

заглуш|а́ть, ~и́ть drown (звук); suppréss (чувства); still (боль)

загля́дывать, загляну́ть 1) peep; look ínto 2) (заходить к кому-л.) call (on smb.)

загнива́ть, загни́ть decáy, rot

за́го|вор plot; conspíracy; ~во́рщик conspírator

заголо́вок súbtitle, héading; héadline (газетный)

загора́ть get brown, get súnburnt; tan onesélf

загора́ться catch fire; перен. burn (with)

загоре́лый súnburnt, tanned

загоре́ть *см.* загора́ть

загоре́ться *см.* загора́ться

загоро́дка fence

за́городн|ый cóuntry (-); subúrban; ~ая прогу́лка cóuntry walk (*пешком*); trip to the cóuntry (*экскурсия*)

загот|а́вливать, ~о́вить 1) prepáre 2) (*запасать*) lay in, store up; ~о́вка stórage

загра|ди́ть, ~жда́ть block

за грани́цей, за грани́цу abróad

заграни́чный fóreign

загромождéние blócking up; *перен.* overlóading

загрязнéние: ~ окружа́ющей среды́ pollútion of envíronment

загрязн|и́ть, ~я́ть soil

загс (отдел за́писей а́ктов гражда́нского состоя́ния) régistry óffice

зад behínd; buttocks, seat

задава́ть set (*урок, задачу*); ~ вопро́с put a quéstion; ask a quéstion

зада́ние task

зада́тки inclinátions

зада́ток depósit

зада́ть *см.* задава́ть

зада́ча próblem; task (*задание*)

задева́ть 1) be caught on (*зацепляться*); brush agáinst (*касаться*) 2) (*обидеть, оскорбить*) sting, hurt

задержа́ть, заде́рживать detáin; deláy (*отсрочить*); я

немно́го задержу́сь I'll be láter a bit

заде́ржка deláy

заде́ть *см.* задева́ть

за́дн|ий back; rear (*тех., воен.*); ~яя нога́ hind leg ◇ ~яя мысль méntal reservátion

задолжа́ть owe

задо́лженность debts (*мн. ч.*); liabílities (*мн. ч.*); arréars (*мн. ч.*)

задо́р (*пыл*) férvour; defiance; ~ный defiant, provócative

задохну́ться *см.* задыха́ться

заду́м|ать plan, inténd; ~аться becóme thóughtful; be deep in thought; ~чивый thóughtful

задуши́ть strángle

задыха́ться be súffocated; choke; be out of breath (*запыхаться*)

заём loan

зажа́ть *см.* зажима́ть

зажéчь *см.* зажига́ть

зажива́ть heal; (*о ране тж.*) close

зажига́|лка líghter; ~ть set fire to; light

зажима́ть clutch (*в тисках, когтях*); grip, hold tight (*в руках*)

зажи́точный wéll-to-dó, prósperous, wéll-óff

зажи́ть I begín to live

зажи́ть II *см.* зажива́ть

заземлéние earth

заи́грывать make up (to)

заика́ться stámmer

займствовать bórrow

заинтересо́в|анность ínterest; ~а́ть ínterest, excíte curió́sity

за́искивать cúrry fávour with

зайти́ *см.* заходи́ть

зака́з órder; на ~ (made) to órder; ~а́ть *см.* зака́зывать; я хочу́ ~а́ть I would like to make an órder; ~но́й: ~но́е письмо́ régistered létter; ~чик cústomer; ~ывать órder

закалённый témpered (*о ста́ли*); hárdened (*о челове́ке*)

зака́лка tráining

зака́нчивать fínish

зака́пывать búry

зака́т (*со́лнца*) súnset; *перен.* declíne

закла́дывать I (*отдава́ть в зало́г*) pawn; mórtgage (*недви́жимость*)

закла́дывать II (*фунда́мент*) lay

закле́|ивать, ~ить paste, gum; seal up (*письмо́*)

заклейми́ть *см.* клейми́ть

заключ|а́ть conclúde; ~ соглаше́ние conclúde an agréement; ~ в себе́ contáin; ~ в тюрьму́ impríson; ~е́ние в *разн. знач.* conclúsion; тюре́мное ~е́ние imprísonment; ~ённый *сущ.* prísoner; ~и́тельный fínal, conclúding; ~и́тельное сло́во clósing words (*мн. ч.*); ~и́ть *см.* заключа́ть

заколдо́ванный enchánted

заколо́|ть 1) sláughter (*живо́тное*); stab (*челове́ка*) 2) *безл.*: у меня́ ~ло в боку́ I have a stitch in my side

зако́н law; ~ный légal, legítimate

законода́тельный législative

законода́тельство legislátion

закономе́рный régular

законопрое́кт bill, draft law

зако́нчить *см.* зака́нчивать

закопа́ть *см.* зака́пывать

закреп|и́ть, ~ля́ть fásten; secúre; fix

закрича́ть cry (out), shout

закрыва́ть shut, close; когда́ закрыва́ется (магази́н)? when is the closing time?

закр|ы́тый closed ◇ ~ы́тое пла́тье high-nécked dress; ~ы́ть *см.* закрыва́ть

заку́пка púrchase

закур|ивать, ~и́ть light a cigarétte, pipe, *etc.*; разреши́те закури́ть? would you mind if I smoke?

закуси́ть have a bite

заку́с|ка snack; hors d'œuvre (*перед обе́дом*); ~очная snack bar

зал hall

зали́в bay, gulf

зал|ива́ть, ~и́ть 1) overflów, ínundate 2) (*облива́ть*) pour óver

зало́г pledge; secúrity (*денежный*)

заложи́ть I, II *см.* закла́-
дывать I, II

зало́жник hóstage

залп vólley; dischárge (*за-
ря́д*)

зама́н|ивать, **~и́ть** lure,
entíce

замаскирова́ть 1) mask,
disguíse 2) *воен.* cámouflage

замёдл|ить, **~я́ть** slow
down

замён|а 1) (*действие*)
substitútion 2) (*то, что за-
меня́ет*) súbstitute; **~и́ть**,
~я́ть súbstitute (for)

замерза́ть, **замёрзнуть**
freeze

замести́тель vice-; députy

замести́ть *см.* замеща́ть

замёт|ить *см.* замеча́ть;
~ка note; páragraph (*в газете*)

замётн|ый nóticeable; **~ая**
ра́зница a marked dífference

замеча́ние 1) remárk,
observátion 2) (*выговор*)
réprimand

замеча́тельный re-
márkable; spléndid (*великолепный*)

замеча́ть 1) nótice 2) (*делать замечание*) remárk,
obsérve

замеша́тельство confúsion,
perpléxity

замеща́ть repláce; act for
(*исполнять обязанности*)

зами́нка hitch; hesitátion

за́мок cástle

замо́к lock; pádlock (*вися-
чий*)

замолка́ть, **замо́лкнуть** *см.*
замолча́ть

замолча́ть becóme sílent

замора́живать freeze

заморо́женный frózen

за́муж: вы́йти **~** márry

за́мужем márried

замучить tórture; wear out
(*утомить*); bore *smb.* to
death (*надоесть*)

за́мш|а suéde; chámois
léather; **~евый** suéde

замыка́ние: коро́ткое **~** *эл.*
short círcuit

за́мысел devíce, scheme,
desígn; inténtion (*намерение*)

замы́|слить, **~шля́ть** con-
céive; plot

за́навес cúrtain

занаве́ска cúrtain

занести́ *см.* заноси́ть

занима́тельный enter-
táining

занима́ть I 1) óccupy 2)
(*интересовать*) entertáin

занима́ть II (*брать взаймы*) bórrow

занима́ться 1) do; óccupy
onesélf, be engáged in, atténd
to 2) (*учиться*) stúdy, learn

за́ново all óver agáin

зано́за splínter

заноси́ть 1) (*приносить*)
bring 2) (*вписывать*) put
(write) down; énter ◇ **~** снé-
гом cóver with snow

зано́счивый stuck-úp

зано́сы (snow) drífts

заня́тие 1) occupátion 2)
(*учебное*) lésson; class

заня́тный amúsing

за́нято (*о телефоне*) engáged

заня́той búsy

за́нятость emplóyment

заня́ть I, II *см.* занима́ть I, II

заостр|и́ть, ~я́ть shárpen; *перен.* émphasize

забчн|о (*об обучении*) by correspóndence; ~ый: ~ое обуче́ние correspóndence course

за́пад west; ~ный west, wéstern

западня́ trap

запа́с stock, supplý; ~а́ть store; províde for; ~а́ться lay in ◇ ~а́ться терпе́нием arm onesélf with pátience; ~но́й, ~ный spare; ~ный вы́ход emérgency éxit; ~ти́(сь) *см.* запаса́ть(ся)

за́пах smell

запере́ть, запира́ть lock (in, up)

записа́ть *см.* запи́сывать

запи́с|ка note; ~ки 1) (*воспоминания*) notes; mémoirs 2) (*научного общества*) transáctions; ~но́й: ~на́я кни́жка nótebook

запи́сывать take down, write down; récord (*на плён-ку*)

за́пись 1) registrátion 2) (*записанное*) éntry, récord

запла́та patch

заплати́ть pay

запове́дник reservátion; sánctuary

запо́лн|ить, ~я́ть fill in

запомина́ть, запо́мнить remémber

за́понка stud; cuff link (*на манжете*)

запо́р I bolt; на ~e bólted

запо́р II *мед.* constipátion

запра́в|ить, ~ля́ть 1) (*еду*) séason, flávour, dress 2) (*горючим*) fill up, refúel

запра́вочн|ый: ~ая ста́нция fílling státion

запре́т prohibítion

запре|ти́ть, ~ща́ть forbíd, prohíbit

запреще́ние *см.* запре́т; ~ а́томного ору́жия ban on atómic wéapons

запро́с inquíry

запро́сы demánds; expectátions

за́пуск (*ракеты и т. п.*) láunching

запус|ка́ть, ~ти́ть I (*ракету и т. п.*) launch

запус|ка́ть ~ти́ть II (*не заботиться*) negléct

запу́танный tángled; *перен.* íntricate, invólved

запу́тать(ся) *см.* запу́тывать(ся)

запу́тывать tángle; *перен.* múddle up; ~ся entángle (onesélf)

запча́сти spare parts, spares

запя́стье wrist

запята́я cómma

зараб|а́тывать, ~о́тать earn

за́работная пла́та wáges (*мн. ч.*); sálary (*служащих*)

за́работок éarnings (*мн. ч.*)

зараж|а́ть inféct; ~е́ние inféction; ~е́ние кро́ви blood pо́isoning

зара́з|а inféction; ~и́тельный inféctious; ~и́ть *см.* заража́ть; ~и́ться catch; ~ный inféctious, contágious

зара́нее befórehand; in good time (*своевременно*)

за́рево glow

заре́зать kill; sláughter (*животное*)

заро́дыш émbryo; *перен.* germ

зарубе́жный fóreign

зарыва́ть, зары́ть búry

заря́ dawn; вече́рняя ~ súnset, évening glow

заря́д charge; ~и́ть *см.* заряжа́ть

заря́дка *спорт.* sétting-up éxercises

заряжа́ть charge; load (*ружьё*)

заса́да ámbush

засева́ть sow

засед|а́ние sítting; méeting; ~а́ть sit

засе́ять *см.* засева́ть

заслу́га mérit

заслуж|енный 1) mérited, wéll-desérved 2) (*звание*) hónoured; ~ивать, ~и́ть mérit, desérve; be wórthy (of)

засмея́ться laugh, burst out láughing

засну́ть *см.* засыпа́ть I

засори́ть, засоря́ть lítter

засо́хший dried; wíthered, dead (*о растениях*)

заста́ва 1) gate, town gate (way) 2) *воен.* óutpost; пограни́чная ~ fróntier guards (*мн. ч.*)

застава́ть find, catch; ~ враспло́х take, catch unawáres

заста́в|ить, ~ля́ть make, compél

заста́ть *см.* застава́ть

застёгивать, застегну́ть bútton (up), fásten

застёжка fástening; clasp

засте́нок tórture chámber

засте́нчивый shy; báshful

засто́й stagnátion; déadlock; depréssion

застрахова́ть insúre

застрели́ть shoot; ~ся shoot onesélf; blow out one's brains (*разг.*)

засту́п|а́ться, ~и́ться (за) intercéde; plead; stand up (for)

за́суха drought

засучи́ть: ~ рукава́ roll up one's sleeves

засыпа́ть I fall aslе́еp

засыпа́ть II, засы́пать 1) (*яму*) fill up 2) (*покрывать*) cóver

затаи́ть: ~ дыха́ние hold one's breath; ~ оби́ду bear a grudge

зата́пливать (*печку*) light a fire

затвор|и́ть, ~я́ть shut, close

затева́ть undertáke; start

затём then; ~ чтóбы in órder that

затемнéние bláckout

затерáться be lost; *перен.* be forgótten

затéя énterprise

затéять *см.* затевáть

затишье calm

заткнýть *см.* затыкáть

затмéние eclípse

затó but; ah, but

затонýть sink

затопúть I *см.* затáпливать

затопúть II, затоплáть (*наводнить*) flood

затóр block, jam

затормозúть put on the brakes; *перен.* slow down

затрáгивать afféct; *перен.* touch

затрáта expénditure

затрóнуть *см.* затрáгивать

затрудн|éние dífficulty; ~úтельный dífficult; ~úть, ~áть tróuble, embárrass (*кого-л.*); put óbstacles in the way (of)

зáтхлый músty, móuldy; stúffy

затыкáть stop up ◇ ~ ýши stop one's ears

затылок back of the head; nape (of the neck)

затя|гивать, ~нýть 1) tíghten 2) (*срок*) deláy

захвáт séizure; usurpátion; ~úть *см.* захвáтывать; ~чик usúrper, aggréssor; ~ывать 1) (*завладевать*) seize; óccupy (*о территории*) 2) (*брать с собой*) take, bring

захлебнýться choke

захлóпнуть slam

захóд (*солнца*) súnset; ~úть 1) (*о солнце*) set 2) (*посещать*) drop in, call (on)

захотéть wish

зацеп|úть, ~лáть catch *smth.* (on)

зачáточный rudiméntary

зачéм why (*почему*); what for (*для чего*); ~-то for some réason or óther

зачёркивать, зачеркнýть cross out, strike out

зачёт test; examinátion; сдать ~ pass a test

зачúнщик instigátor

зачúслить, зачислáть inclúde; enlíst (*в армию*); take on the staff (*в штат*)

зашивáть, зашúть sew up; mend (*чинить*)

защúт|а defénce; protéction; ~úть *см.* защищáть; ~ник 1) protéctor, defénder 2) *юр.* bárrister, cóunsel (for the defénce) 3) (*в футболе*) fúllback

защищáть defénd

заявúть *см.* заявлáть

заявл|éние declarátion, státement; applicátion (*ходатайство*); ~áть decláre

зáяц hare

звáние rank, títle; почётное ~ hónorary títle; учёное ~ (académic) rank

звать 1) call; как вас зовýт? what's your name? 2) (*приглашать*) invíte

звездá star

звенѣ́ть ring; jíngle (*о клю-чах и т. п.*)

звено́ link

звѐр|ский brútal; ~ство brutálity

зверь beast

звон rínging; ~и́ть ring; ~и́ть по телефо́ну ring up, call up; call (*амер.*); ~кий rínging, clear; ~о́к bell (*на двери*); ring (*звук*)

звук sound; ~ово́й sound (-); ~ово́й барье́р sónic bárrier

звуча́ть sound; ring

зву́чный resóunding, sonórous, rínging

зда́ние búilding

здесь here

здоро́ваться greet

здоро́вый héalthy; strong (*сильный*); whólesome (*полезный*); он здоро́в he is well

здоро́вье health; как Ва́ше ~? how are you?

здравоохране́ние health sérvices

здра́вствуй(те) how do you do; good mórning (áfternoon *и т. д.*)

здра́вый sénsible; sound

зева́ть, зевну́ть yawn; не зева́й(те)! look out!

зелёный green

зе́лень 1) (*раститель-ность*) vérdure 2) (*овощи*) végetables (*мн. ч.*)

земе́льный land

землевладе́лец lándowner

земле|де́лец fármer; ~де́-лие ágriculture

землетрясе́ние éarthquake

земля́ earth; land, próperty (*владение*); soil (*почва*); the world (*земной шар*)

земля́к cóuntryman, compátriot

земляни́ка wild stráwberry

земно́й éarthly; ~ шар the world

зени́т: в ~е сла́вы at the height of one's fame

зе́ркало lóoking glass, mírror

зерно́ grain; ко́фе в зёрнах cóffee beans

зерновы́е céreals

зернохрани́лище gránary

зигза́г zígzag

зима́ wínter

зи́мний wínter(-)

зимова́ть (spend the) wínter; *зоол.* híbernate

зимо́й in wínter

зла́ки céreals

зле́йший: ~ враг worst énemy

злить írritate; ~ся be ángry, be cross

зло 1. *сущ.* évil; harm (*вред*) 2. *нареч.* malíciously

зло́ба málice, ráncour

зло́бный malícious, ráncorous

злободне́вный: ~ вопро́с búrning quéstion

злоде́й víllain

злодея́ние crime

злой wícked; cross, bád--témpered (*сердитый*)

злока́чественный malíg-nant

злопа́мятный unforgíving, ráncorous

злора́дный spíteful

злосло́вие scándal, malígnant góssip

зло́стный ill-nátured

злоупотребл|е́ние abúse; ~я́ть abúse

змея́ snake; sérpent

знак sign; tóken (*симвoл*); ~ препина́ния punctuátion mark; мя́гкий ~ soft sign; доро́жный ~ tráffic sign; ~ разли́чия badge of rank; insígnia

знако́м|ить introdúce; ~иться 1) (*с чем-л.*) acquáint onesélf with; look ínto (*рассматривать*) 2) (*с кем-л.*) meet, make the acquáintance of; ~ство acquáintance; knówledge (of) (*знание*)

знако́мый 1. *прил.* famíliar 2. *сущ.* acquáintance

знамени́тый fámous, célebrated

знамено́сец stándard--bearer

зна́мя bánner

зна́ние knówledge

зна́тный nótable, distínguished

знато́к éxpert; connoisséur

знать know; я его́ зна́ю I have met him

значе́ние méaning, signíficance

зна́чит so, then

значи́тельный 1) (*важный*) impórtant 2) (*выразительный*) signíficant 3) (*довольно большой*) consíderable

зна́чить mean, sígnify

значо́к badge; mark (*пометка*)

зноби́ть: меня́ зноби́т I féel chílly

зной heat; ~ный hot, súltry

зола́ áshes (*мн. ч.*)

зо́лот|о gold; ~о́й gold; *перен.* gólden

зо́на zone; ~ о́тдыха recreátion área

зонд probe

зонт umbrélla; parasól (*от солнца*)

зоологи́ческий zoológical

зооло́гия zoólogy

зоопа́рк zoo; zoológical gárdens (*мн. ч.*)

зо́ркий lýnx-eyed; vígilant

зрачо́к púpil

зре́лище sight, spéctacle; (*театральное*) perfórmance

зре́л|ость matúrity; ~ый matúre

зре́ние éyesight

зреть rípen

зри́тель spectátor; ónlooker; *собир.* áudience; ~ный vísual; óptical; ~ный зал auditórium

зря all for nóthing, in vain

зуб tooth; ~но́й tooth(-); déntal; ~на́я па́ста tóothpaste; ~на́я щётка tóothbrush; ~на́я боль tóothache; ~но́й врач déntist

зубочи́стка tóothpick

зубча́тый toothed

зуд itch

зы́бкий unstéady (*тж. перен.*)

зя́бкий sénsitive to cold, chílly

зя́бнуть feel cold; be chílly

зять són-in-law (*муж дочери*); bróther-in-law (*муж сестры*)

И

и *союз* and; и... и... both... and...; и тот и друго́й both

и́ва wíllow

игла́ néedle

иглоука́лывание acupúncture

игнори́ровать ignóre

и́го yoke

иго́лка *см.* игла́

игр|а́ 1) game 2) (*как действие*) play, pláying; ácting (*на сцене*); ~а́ть play; act (*на сцене*); ~о́к pláyer; gámbler (*в азартные игры*); ~у́шка toy, pláything

идеа́л idéal

идеали́ст idéalist

идеа́льный idéal

иде́йный ideológical; high-minded (*о человеке*)

идео́лог ideólogist

идеоло́гия ideólogy

иде́я idéa

идио́ма ídiom

идио́т ídiot

и́дол ídol

ид|ти́ 1) go 2) (*быть к лицу*) suit; becóme; э́та шля́па вам ~ёт this hat suits you

иждиве́н|ец depéndant;

~ие: быть на ~ии у кого́-л. be suppórted by sómebody

из 1) (*откуда*) from; out of (*изнутри*) 2) (*при обозначении части от целого; о материале*) of; из чего́ э́то сде́лано? what is it made of?

изба́ cóttage, péasant's house

изба́вить(ся) *см.* избавля́ть(ся)

избавля́ть delíver, save *smb.* from; ~ся get rid of, shake off

избало́ванный spoilt

избега́ть, избе́гнуть avóid

избежа́ние: во ~ to avóid

избива́ть beat; give a sevére béating, beat up

избира́|тель eléctor; vóter; ~тельный eléctoral; ~тельный уча́сток eléctoral área; ~ть eléct

изби́ть *см.* избива́ть

и́збранный chósen, selécted; elécted (*выбранный*)

избра́ть *см.* избира́ть

избы́ток súrplus; abúndance; plénty (*изобилие*)

изверже́ние erúption

изве́ст|ие news; ~и́ть *см.* извеща́ть

изве́стн|о: it is (well-)knówn; ~ость reputátion ◇ (по)ста́вить в ~ость infórm of; ~ый 1) well-knówn; notórious (*с плохой стороны*) 2) (*некоторый*) a cértain

и́звесть lime

извещ|а́ть nótify, let *smb.*

know; ~ение notificátion; nótice; súmmons (*повестка*)

извин|éние excúse; apólogy; ~и́ть, ~я́ть excúse; ~я́ться apólogize, beg párdon

извлека́ть extráct; *перен.* deríve

извлечéние 1) (*действие*) extráction 2) (*выдержка*) éxtract

извлéчь *см.* извлека́ть

извнé from óutside

изворóтливый resóurceful

извра|ти́ть, ~ща́ть distórt, misreprescént, misintérpret; ~щéние pervérsion; distórtion, misinterpretátion (*искажение*)

изги́б bend, curve

изгна́ние 1) bánishment 2) (*ссылка*) éxile

изгна́ть *см.* изгоня́ть

изголóвь|е head of a bed; сидéть у ~я sit at the bédside (of)

изгоня́ть 1) bánish 2) (*ссылать*) éxile

и́згородь fence

изготóвить, изготовля́ть make, manufácture

издава́ть 1) (*книги*) públish 2) (*звуки*) útter

издалека́, и́здали from afár

изда́ние 1) edítion 2) (*производство*) publicátion

изда́тель públisher; ~ство públishing house, públishers

изда́ть *см.* издава́ть

издевá|тельство móckery; ~ться mock (at), scoff (at)

издéл|ие árticle; próduct; ~ия wares; (manufáctured) goods

издéржки 1) expénses 2) *юр.* costs

из-за 1) (*по причине*) ówing to; becáuse of 2) (*откуда-л.*) from behínd

излага́ть state, set forth

излéч|ивать, ~и́ть cure

изли́ш|ек excéss, súrplus; ~ний supérfluous

излия́ние óutpouring

излож|éние accóunt; súmmary (*краткое*); exposítion, páraphrase (*школьное*); ~и́ть *см.* излага́ть

излучéние radiátion

измéна tréachery; unfáithfulness (*неверность*); *полит.* tréason

изменéние change; alterátion

измени́ть(ся) *см.* изменя́ть(ся)

измéнник tráitor

измéнчивый chángeable

изменя́ть 1) (*менять*) change, álter 2) (*чему-л., кому-л.*) betráy, be unfáithful to; ~ся change

измерéние 1) méasuring 2) *мат.* diménsion

измéр|ить, ~я́ть méasure

изму́ченный exháusted, worn out

измя́ть crúmple; rúmple (*платье и т. п.*)

изна́нка wrong side; revérse

изна́шивать, ~ся wear out

изнем|огáть, ~óчь be exháusted

износúть(ся) см. изнáши-вать(ся)

изнурéние exháustion

изнутрú from withín

изобú|лие abúndance; ~льный abúndant

изображ|áть represént; ~éние 1) (действие) representátion, portráyal 2) (образ) pícture, ímage

изобразúтельн|ый: ~ые искýсства gráphic arts

изобразúть см. изобра-жáть

изобрестú см. изобретáть

изобрет|áтель invéntor; ~áть invént; ~éние invéntion

изол|úровать ísolate; ~яция isolátion

изорвáть tear to píeces

из-под from benéath

израсхóдовать use (up); spend (деньги)

úзредка évery now and then, occásionally

изречéние máxim, sáying; ádage

изувéчить crípple

изум|úтельный wónderful, márvellous; ~úть см. изум-лять; ~лéние amázement; ~лять astónish, amáze

изумрýд émerald

изурóдовать disfígure, defórm

изуч|áть stúdy, learn; ~éние stúdy; ~úть см. изу-чáть

изъян flaw, deféct

изъя́|тие withdráwal; без ~тия withóut exémption; ~ть withdráw; cónfiscate

изыскáние investigátion, reséarch

изы́сканный súbtle; éxquisite, refíned

изю́м ráisins (мн. ч.)

изя́щ|ество grace; ~ный élegant

ик|áть, ~нýть híccup

икóна ícon

икрá I 1) (рыбья) roe 2) (как кушанье) cáviar(e)

икрá II (ноги) calf

ил slime, silt

úли or; ~ же or else; ~ ... ~ ... éither... or...

иллю́зия illúsion

иллюстрáция illustrátion

им I (тв. п. от он) (by, with) him

им II (дат. п. от онú) them

имéние estáte

именúны name day

именúтельный: ~ падéж nóminative (case)

úменно just; a ~ námely

имé|ть have; ~ться перев. действ. формами глаг. have или оборотами there is, there are; у меня́ ~ются вá-ши кнúги I have your books

úми (by, with) them

имитúровать ímitate

иммунитéт immúnity

императóр émperor

империал|úзм impérialism; ~истúческий imperialístic

и́мпорт import; ~и́ровать impórt

импровиза́ция improvisátion

и́мпульс ímpulse

иму́щество próperty

и́мя first name, chrístian name; gíven name (*амер.*); ~ существи́тельное noun; ~ прилага́тельное ádjective

ина́че 1) (*по-другому*) differently, in a different way 2) (*в противном случае*) ótherwise, or else; так и́ли ~ one way or anóther

инвали́д disábled wórker, sóldier

инвента́рь invéntory, stock

ингаля́ция inhalátion

инде́ец Américan Índian

инде́йка túrkey (-hen)

и́ндекс índex

индивидуа́льный indivídual

инди́|ец, ~й́ский Índian

индустриализ|а́ция industrializátion; ~и́ровать indústrialize

индустриа́льный indústrial

инду́стри́я índustry

индю́к, индю́шка túrkey

и́ней hóarfrost, rime

ине́рц|ия inértia; по ~ии mechánically

инжене́р enginéer

инициа́лы inítials

инициати́ва inítiative

инициати́вный full of inítiative

инициа́тор inítiator

инкуба́тор íncubator

иногда́ sómetimes

ино́й (an)óther

инопланетя́нин a béing from anóther plánet

иностра́н|ец fóreigner; ~ный fóreign

инсти́нкт ínstinct; ~и́вный instínctive

институ́т 1) ínstitute 2) (*учреждение, установление*) institútion

инстр|укти́ровать instrúct; brief; ~у́ктор instrúctor; ~у́к-ция instrúctions, diréctions (*мн. ч.*)

инструме́нт 1) tool 2) (*музыкальный*) ínstrument

инсу́льт cérebral thrombósis; stroke

интелле́кт íntellect

интеллиге́н|т an intelléctual; ~тный cúltured; éducated; ~ция intelléctuals; the intelligéntsia

интенси́вный inténsive; áctive

интерва́л ínterval

интерве́нция intervéntion

интервью́ ínterview

интере́с ínterest; ~ный ínteresting; ~ова́ться be ínterested in

интерна́т bóarding school

интернационали́зм internátionalism

интернациона́льный internátional

инти́мный íntimate

интона́ция intonátion

интри́га intrígue

интуи́ция intuítion

инфа́ркт córonary thrombósis; heart attáck

инфекцио́нный inféctious

инфе́кция inféction

инфинити́в infínitive

инфля́ция inflátion

информ|а́ция informátion; ~и́ровать infórm

инциде́нт íncident

инъе́кция injéction

ипподро́м rácecourse

ирла́ндец Írishman

ирла́ндский Írish

ирони́ческий irónical

иро́ния írony; зла́я ~ bíting írony

иск *юр.* suit, claim

искаж|а́ть pervért, distórt; ~е́ние distórtion

исказ́ить *см.* искажа́ть

искале́чить crípple

иска́ть look for, search

исключ|а́ть 1) expél 2) (*из списка*) strike off; ~а́я with the excéption of; ~е́ние excéption; expúlsion (*откуда--л.*); в ви́де ~ения as an excéption; ~и́тельно ex-clúsively; ~и́тельный excép-tional; ~и́ть *см.* исключа́ть

ископа́емые fóssils; поле́з-ные ~ mínerals

искорен|и́ть, ~я́ть upróot; erádicate; extérminate (*уничтожить*)

и́скоса sídeways, sídelong

и́скра spark; *перен.* gleam

и́скренн|ий sincére; ~e Ваш sincérely yours; ~ость sincérity

искрив|и́ть *см.* искрив-ля́ть; ~ле́ние distórtion; ~ля́ть distórt

искуп|а́ть, ~и́ть: ~ вину́ atóne for one's guilt

иску́сный skílful

иску́сственный artifícial

иску́сство 1) art 2) (*умение*) skill

искуш|а́ть tempt; ~е́ние temptátion

исла́м Íslam

исла́ндец Ícelander

исла́ндский Icelándic

испа́нец Spániard

испа́нский Spánish

испар|е́ние 1) evaporátion 2) *мн.* fumes; ~и́ться, ~я́ться eváporate; *перен.* vánish

испа́чкать soil

испе́чь bake

и́споведь conféssion

исподтишка́ on the sly, stéalthily

исполко́м (исполни́тель-ный комите́т) exécutive commíttee

исполн|е́ние execútion; fulfílment; ~ обя́занностей perfórmance of one's dúties; ~и́тель exécutor; perfórmer (*артист*)

испо́лнить(ся) *см.* испол-ня́ть(ся)

исполня́ть 1) cárry out, éxecute, fulfíl; do (*долг*) 2) (*обещание*) keep 3) play (*роль, музыкальное произве-дение*); sing (*петь*); ~ся 1) (*о желаниях, предчувстви-*

ях) come true 2): ему испо́лнилось 30 лет he is thírty

испо́льзовать use, make use of

испо́р|тить spoil; ~ своё здоро́вье rúin one's health; ~ченный 1) spoiled 2) (*о человеке*) deprávcd

испра́в|ить(ся) ' *см.* исправля́ть(ся); ~ле́ние corréction; ~ля́ть corréct; rémedy; repáir (*чинить*); ~ля́ться refórm; ~ный in órder, in good repáir

испу́г fright, fear; ~а́ть frighten; ~а́ться be frightened

испыта́|ние tríal; test; *перен.* ordéal; ~ я́дерного ору́жия núclear wéapon test; ~ть *см.* испы́тывать

испы́тывать 1) feel; expérience (*переживать*) 2) (*подвергать испытанию*) test, try

иссле́дов|ание investigátion; reséarch; ~атель invéstigator; explórer (*путешественнник*); ~ать exámine; invéstigate; explóre (*страну и т. п.*)

иссяка́ть, иссякнуть dry up; be exháusted

истека́ть (*о сроке*) expíre
исте́рика hystérics
истече́ние (*срока*) expirátion
и́стин|а truth; ~ный true
исто́к source
исто́р|ик histórian; ~и́ческий histórical; histó́ric (*имеющий историческое значе-*

ние); ~ия 1) history 2) (*повествование*) stóry

исто́чник spring; *перен.* source, órigin

истощ|а́ть exháust; ~е́ние exháustion; ~и́ть *см.* истоща́ть

истреб|и́тель *ав.* fighter; ~и́ть, ~ля́ть destróy

истяз|а́ние tórture; ~а́ть tórture

исхо́д íssue; resúlt; óutcome; ~ный inítial; ~ное положе́ние point of depárture

исхуда́лый emáciated
исчеза́ть disappéar, vánish
исчезнове́ние disappéarance
исче́знуть *см.* исчеза́ть
исче́рпать, исче́рпывать exháust; вопро́с исче́рпан the quéstion is séttled

исче́рпывающий exháustive

исчисле́ние calculátion
ита́к so, and so
италья́н|ец, ~ский Itálian
и т. д. (и так да́лее) etc., and so on

ито́г sum; tótal; *перен.* resúlt ◇ в коне́чном ~e in the end; в ~e as a resúlt

их I (*род., вин. п. от* они́) them

их II *мест. притяж.* their, theirs

ишак ass
ище́йка blóodhound; políce dog

июль Julý
июнь June

Й

йог yógi ['jəugɪ]
йод íodine

К

к 1) to; towárds, in the diréction of (*по направлению к*) 2) (*о времени*) by; abóut 3) (*по отношению к*) for, of, to; любóвь к мýзыке love of músic ◇ к обéду for dínner

кабáк pub

кабáн wild boar

кабачóк *бот.* végetable márrow

кáбель cáble

кабúна booth; cábin (*само- лёта*)

кабинéт 1) stúdy, room; ~ врачá consúlting room 2) *по- лит.* cábinet

каблýк heel

кáверзный trícky; ~ вопрóс púzzling quéstion

кавкáзский Caucásian

кавычки quotátion marks, invérted cómmas

кáдка tub

кадр (*в кино*) still

кáдры personnél, staff (*ед. ч.*)

кáждый 1. *прил.* évery, each; ~ день évery day; ~ из нас each of us 2. *в знач. сущ.* éveryone

кáжется it seems

казáк Cóssack

казáрма bárracks (*мн. ч.*)

казáться seem

казáх, ~ский Kazákh

казначéй tréasurer; ~ство tréasury

казнúть éxecute; put to death

казнь execútion; смéртная ~ cápital púnishment

как 1) (*вопросит.*) how; what 2) (*относит.*) as ◇ ~ бýдто as if; ~ бы то нú было at all evénts; ~..., так и... both... and...; ~ раз just, exáctly; ~ тóлько as soon as

кáк-нибудь 1) sómehow 2) (*когда-нибудь*) sometime

какóй what; which; ~ бы то нú было whatéver

какóй-либо, какóй-нибудь ány, some

какóй-то 1) some, a 2) (*похожий на*) a kind of

кáк-то 1) sómehow 2) (*од- нажды*) one day 3) (*а имен- но*) that is

калéка crípple

календáрь cálendar

кáлий potássium

калúтка wícketgate

калькулятор cálculator

кáльций cálcium

кáмбала flátfish, plaice

каменúстый stóny

каменноýгóльный coal

кáменный stone-; ~ ýголь coal

кáменщик brícklayer

кáмень stone

ка́мера 1) cell; ~ хране́ния clóakroom 2) *кино́, фо́то* cámera

ками́н fíreplace

кампа́ния campáign; избира́тельная ~ eléction campáign

кана́ва ditch; gútter (*сто́чная*)

кана́д|**ец** Canádian; ~ский Canádian

кана́л canál; ~иза́ция séwerage

кана́т rope

кандалы́ fétters

кандида́т cándidate; ~у́ра cándidature

кани́кулы hólidays; vacátion (*ед. ч.*); мы прие́хали на ~ we are here on hólidays

кану́н eve

канцеля́р|**ия** óffice; ~ский: ~ские принадле́жности státionery, óffice equípment

канцероге́нный carcinogénic

ка́нцлер cháncellor

ка́п|**ать** drip; ~елька drop

капита́л cápital; ~и́зм cápitalism; ~и́ст cápitalist; ~исти́ческий capitalíst(ic)

капита́льн|**ый** fundaméntal; ~ая стена́ main wall; ~ ремо́нт májor repáirs

капита́н cáptain

капитуля́ция capitulátion

капка́н trap

ка́пля drop

капри́з whim; ~ный

caprícious, whímsical; náughty (*о ребёнке*)

ка́псула cápsule

капу́ста cábbage; цветна́я ~ cáuliflower

ка́ра púnishment

кара́бкаться climb, clámber

карава́н caraván; *мор.* cónvoy

кара́куль astrakhán

караме́ль cáramels

каранда́ш péncil

каранти́н quárantine

кара́сь crúcian carp

кара́|**тельный** púnitive; ~ть púnish

карата́ karáte

карау́л guard; почётный ~ guard of hónour; ~ить watch

кардиогра́мма cárdiogram

кардиоло́гия cardiólogy

каре́та coach, cárriage

ка́рий brown; házel

карикату́ра caricatúre

карка́с frámework

ка́рлик dwarf

карма́н pócket

карнава́л cárnival

карни́з córnice

карп carp

ка́рта 1) map 2) (*игра́льная*) card

карти́на pícture

карто́н cárdboard; ~ка cárdboard box

карто́фель potátoes (*мн. ч.*)

ка́рточка card; фотографи́ческая ~ phóto

карье́ра caréer

карьерист clímber, go-gétter

каса|ться 1) touch 2) (*иметь отношение*) concérn; что ~ется меня as far as I am concérned

каска hélmet

касса 1) cash desk; pay desk; till bóoking óffice (*билетная*); cash régister (*автоматическая*) 2) (*наличность*) cash

кассета cassétte

кассир cashíer

каста caste

касторка cástor oil

кастрюля sáucepan

каталог cátalogue

катание: фигурное ~ fígure skáting

катастрофа catástrophe, disáster

катать 1) (*кого-л. в автомобиле*) take *smb.* for a drive; ~ ребёнка в коляске wheel a báby in a pram 2) (*что-л.*) roll; wheel (*на колёсах*)

кататься go for a drive (*в автомобиле, экипаже*); ~ на лодке go rówing; ~ на коньках skate; ~ на велосипеде cýcle; ~ с гор tobóggan

категория cátegory, class

катер mótorboat

каток *спорт.* skáting rink

католик Róman cátholic

католический Róman Cátholic

каторга pénal sérvitude, hard lábour

катушка reel; *тех.* bóbbin

каучук rúbber

кафе café; cóffee shop, tea shop

кафедра chair

качать 1) rock; swing; shake; ~ головой shake one's head 2) (*насосом*) pump; ~ся 1) rock; swing 2) (*пошатываться*) stágger

качели swing

качественный high-quálity

качество quálity

каша pórridge

каш|ель cough; ~лять cough

кашне scarf

каштан chéstnut

каюта cábin

каяться repént

квадрат square; ~ный square

квалифи|кация qualificátion; ~цированный skilled; quálified

квартал 1) (*города*) block 2) (*четверть года*) quárter

кварт|ира apártment; flat; ~плата rent

кверху up, úpwards

квитанция recéipt

кегли skíttles

кедр cédar

кем by (with) whom; ~ ты хочешь быть? what do you want to be?

кепка cap

керамика cerámics

керосин kérosene, petróleum

кефир yóghurt

кибернётика cybernétics

кивáть, кивнýть nod

кидáть throw

килó, килогрáмм kílogram(me)

киломéтр kílometre

кúлька sprat

кинжáл dágger

кинó cínema, píctures, móvies

кино|кáмера móvie cámera; ~режиссёр film diréctor; ~стýдия film stúdio; ~съёмки shóoting; ~теáтр cínema; ~фильм film; móvie

кúнуть *см.* кидáть

киóск stall, stand, booth

кипарúс cýpress

кипéть boil

кипя|тúть boil; ~тóк bóiling wáter; ~чёный boiled

киргúз, ~ский Kírghiz

кирпúч brick; ~ный brick; ~ный завóд bríckyard

кисéль thin jélly

кислорóд óxygen

кисл|отá ácid; ~óтность acídity

кúслый sour

кисть 1) (*художника, маляра*) (páint)brush 2) (*украшение*) tássel 3) (*рукú*) hand ◇ ~ виногрáда bunch of grapes

кит whale

китáец Chinése

китáйский Chinése

кишéчн|ик bówels (*мн. ч.*), intéstines (*мн. ч.*); ~ый intéstinal

кишкá 1) *анат.* intéstine

2) (*для поливки*) hose, hósepipe

клавиатýра kéyboard (*компьютера и т. п.*)

клáвиша key

клад tréasure

клáдбище cémetery

кладовáя stóreroom

клáняться bow; greet (*приветствовать*)

клáпан valve

класс 1) (*общественный*) class 2) (*группа, разряд*) class 3) (*школьная аудитория*) clássroom

клáссик clássic; ~а the clássics

классúческий clássical

класть put, place; depósit (*деньги в банк*)

клевáть peck, pick; bite, níbble (*о рыбе*)

клéвер clóver

клеветá slánder, cálumny; líbel (*наказуемая законом*); ~ть slánder

клеёнка óilcloth

клéить glue; gum; paste (*мучным клеем*)

клей glue

клей|мúть brand; ~мó brand; trade mark (*фабричное*)

клён máple

клéтка 1) cage 2) *биол.* cell 3) (*рисунок*) check (*на материи*); square (*на бумаге*)

клéщи píncers

клúзма énema

клúка clique

кли́мат clímate
клин wedge
кли́ника clínic
клино́к blade
кли́чка nickname
клоп bug, bédbug
кло́ун clown
клочо́к scrap
клуб club
клубни́ка stráwberry
клубо́к ball
клу́мба flówerbed
клык tusk, fang; (*у человека*) cánine (tooth)
клюв beak
клю́ква cránberry
клю́нуть *см.* клева́ть
ключ I key (*тж. муз.*)
ключ II (*источник*) spring
ключи́ца cóllarbone
клю́шка club
кля́кса blot
кля́сться swear, vow
кля́тва oath
кни́га book
кни́жный book(-); *перен.* líterary, bóokish
кни́зу dównwards
кно́пка 1) (*на платье*) préss-stud; snap fástener (*амер.*) 2) (push) bútton 3) (*канцелярская*) dráwing pin; thúmbtack (*амер.*)
кнут whip
коали́ция coalítion
кобура́ hólster
кобы́ла mare
кова́рный insídious, cráfty
кова́ть forge
ковёр cárpet; rug (*небольшой*)

ковш scoop; ládle (*для воды*)
ковыря́ть pick (at)
когда́ when; ~ бы ни whenéver; ~-либо, ~-нибудь some day (*о будущем*); éver (*о прошлом; тж. в вопросит. предл.*); ~-то at one time, fórmerly
кого́ whom
ко́готь claw
код code
ко́декс code
ко́е-где́ here and there
ко́е-ка́к 1) (*небрежно*) ányhow 2) (*с трудом*) with difficulty
ко́е-кто́ some (péople)
ко́е-что́ sómething
ко́жа 1) skin 2) (*материал*) léather; ~ный léather(-)
коз|а́, ~ёл goat ◇ ~ёл отпущéния scápegoat
ко́злы tréstle (*ед. ч.*)
ко́зни machinátions; intrígues
ко́зырь trump
ко́йка bed; *ж.-д., мор.* berth
коке́тка coquéttish girl
кокс coke
кокте́йль cócktail
колбаса́ sáusage
колго́тки tights
колду́н sórcerer; ~ья sórceress, witch
колеб|а́ние 1) oscillátion, vibrátion 2) (*нерешительность*) hesitátion; ~а́ться 1) óscillate 2) (*не решаться*) hésitate

колéно knee
колесó wheel
колéй rut; *ж.-д.* track
колúчество quántity
кóлкость cáustic remárk
коллéга colléague
коллéгия board
коллектúв colléctive
(bódy); group, the commúnity
коллектúвный colléctive; ~
договóр colléctive agréement
коллекционéр colléctor
коллéкция colléction
колóдец well
кóло|кол, ~кóльчик bell
колони|áльный colónial;
~зáция colonizátion
колóния cólony
колóнка 1) (*автозапра-
вочная*) fílling státion 2)
(*столбец*) cólumn
колóнна cólumn, píllar
колорúтный cólourful,
picturésque
кóлос ear, spike
колотúть beat, thrash
колóть I prick
колóть II (*раскалывать*)
chop (*дрова*); crack (*орехи*);
break (*сахар*)
колпáк 1) cap 2) (*стек-
лянный*) béll-glass
колхóз kolkhóz, colléctive
farm
колыбéль crádle
кольé nécklace
кольцó ring; *mex. mж.*
hoop
колюч|ий príckly, thórny;
~ая прóволока barbed wire

колáска 1) cárriage 2) (*детская*) pram, báby-carriage
комáнда 1) (*приказ*)
commánd 2) (*отряд*)
detáchment 3) *мор.* crew 4)
спорт. team
командúр commánder
командир|овáть send (on
a míssion); ~óвка míssion;
búsiness trip
комáнд|ный commánding;
~ование commánd; ~овать
commánd; ~ующий com-
mánder
комáр mosquíto
комбáйн cómbine
комбáйнер cómbine
óperator
комбинáт : ~ бытовóго об-
слýживания repáir céntre
комбинáция 1) combi-
nátion 2) (*бельё*) slip
комбинезóн óveralls (*мн.
ч.*)
комбинúровать combíne
комéдия cómedy
комендáнт commandánt
комéта cómet
комиссиóнный: ~ магазúн
sécond-hand shop
комúссия commíttee;
commíssion
комитéт commíttee; испол-
нúтельный ~ *см.* исполкóм
комúческий cómic
комментáрий cómmentary;
explánatory note
коммéрческий commércial
коммýна cómmune
коммунáльный cómmunal;
munícipal

коммунизм cómmunism
коммутатор switchboard
комнат|а room; ~ный
índoor; ~ная температура
índoor témperature; ~ная со-
бáка hóuse-dog; láp-dog;
~ные игры índoor games
   комóд chest of dráwers
   комóк lump
   компáния cómpany
   кóмпас cómpass
   компенс|áция com-
pensátion; ~ировать cómpens-
ate
   компетéнтный cómpetent
   кóмплекс cómplex
   комплéкт set
   комплéкция (bódily)
constitútion
   комплимéнт cómpliment
   композитор compóser
   компóт stewed fruit
   компрометировать cóm-
promise
   компромисс cómpromise
   компьютер compúter
   комý whom
   комфóрт cómfort
   конвéйер convéyor
   конвéрт énvelope
   конвертируемый эк.
convértible
   конвóй éscort; cónvoy
(мор.)
   конгрéсс cóngress
   кондитерская con-
féctioner's (shop)
   кондýктор guard; con-
dúctor
   кон|éц end; в ~цé ~цóв
áfter all

конéчно of course
конéчности extrémities
конéчный fínal
конкрéтный cóncrete
конкур|éнция competítion;
~ировать compéte
кóнкурс competítion
конопля hemp
консервативный con-
sérvative
консерватóрия con-
sérvatoire, consérvatory
консéрвы tinned food;
canned goods (амер.)
конспéкт súmmary
конспир|ативный sécret;
~áция conspíracy
констатировать state
конституциóнный con-
stitútional
конституция constitútion
констрýк|тор desígner;
~ция desígn; constrúction
кóнсул cónsul
кóнсуль|ский cónsular;
~ство cónsulate
консульт|áнт consúltant;
~áция consultátion; ~ировать
consúlt
контáкт cóntact
контéйнер contáiner
контéкст cóntext
континéнт cóntinent,
máinland; ~áльный
continéntal
контóра óffice
контрабáнда smúggling
контрáкт cóntract
контрибýция contribútion
контрол|ёр 1) inspéctor 2)
ж.-д., театр. tícket colléctor;

tícket inspéctor; ~и́ровать check

контро́ль contról

контрразве́дка secúrity, sécret sérvice

конту́женный shéll-shocked

ко́нтур cóntours, óutline

конура́ kénnel

конфедера́ция confederátion

конферансье́ cómpere

конфере́нц-за́л cónference hall

конфере́нция cónference

конфе́та sweet; cándy (*амер.*)

конфиденциа́льный confidéntial

конфиск|а́ция confiscátion; ~ова́ть cónfiscate

конфли́кт cónflict

конфронта́ция confrontátion

концентрацио́нный: ~ ла́герь concentrátion camp

концентри́ровать cóncentrate

конце́пция concéption

конце́рт cóncert

конце́ссия concéssion

конча́ть 1) fínish, end 2) (*уче́бное заведе́ние*) gráduate (from); ~ся (come to an) end; expíre (*о сро́ке*)

ко́нчить(ся) *см.* конча́ть(ся)

конь 1) horse 2) *шахм.* knight

коньки́ skates

конькобе́жец skáter

конъюнкту́ра state of affáirs; situátion

коню́шня stáble

коопер|ати́в 1) coóperative socíety; жили́щно-строи́тельный ~ hóusing coóperative 2) (*магази́н*) coóp(erative); ~а́ция cooperátion

копа́ть dig

копе́йка cópeck

ко́пи mines, pits

копирова́льн|ый: ~ая бума́га cárbon páper

копи́ровать cópy

копи́ть save up

ко́пия cópy

копна́ rick, stack

ко́п|оть soot; ~ти́ть smoke

копчёный smoked

копы́то hoof

копьё spear

кора́ bark; земна́я ~ crust

корабле|круше́ние shípwreck; ~строе́ние shípbuilding

кора́бль ship

коре́|ец, ~йский Koréan

корена́стый thicksét

коренно́й fundaméntal, rádical

ко́р|ень root; вы́рвать с ~нем tear up by the roots; *перен.* upróot, erádicate

корешо́к 1) *бот.* root 2) back (*кни́ги*); cóunterfoil, stub (*че́ка*)

корзи́н|а, ~ка básket; потреби́тельская ~ *эк.* consúmer goods básket

коридо́р córridor, pássage

кори́чневый brown

ко́рка crust (*хле́ба*); peel (*плода́*); rind (*сы́ра*)

корм фо́dder

корма́ *мор.* stern, poop

корми́ть 1) feed; nurse (*гру́дью*) 2) (*содержа́ть*) keep

корнепло́д root, túber

коро́бка box

коро́ва cow

короле́ва queen

коро́ль king

коро́на crown

коро́нка (*зу́ба*) crown

коро́ткий short

корпора́ция corporátion

корре́кт|ор próofreader; **~у́ра** proofs (*мн. ч.*)

корреспонде́н|т corrspóndent; **~ция** correspóndence

корру́пция corrúption

корт (ténnis-)court

ко́рчиться wríggle; writhe

ко́ршун kite

коры́стный mércenary

коры́то trough

корь measles

коря́вый rough; gnárled

коса́ I *с.-х.* scythe

коса́ II *геогр.* spit

коса́ III (*воло́с*) plait, tress, braid

ко́свенный indiréct

коси́лка mówer

коси́ть I *с.-х.* mow

коси́ть II: у неё глаз коси́т she has a cast in one eye (*слегка́*); she squints (*сильно́*)

косме́тика cosmétics

косми́ческий space; cósmic; **~ кора́бль** spáceship; **~ полёт** space flight

космодро́м cósmodrome

космона́вт cósmonaut, ástronaut

ко́смос space

ко́сность consérvatism; stagnátion

косну́ться *см.* каса́ться 1)

косо́й 1) slánting, oblíque 2): он **~** he squints

костёр bónfire

ко́сточка 1) bone 2) (*плода́*) pip, seed, stone

костьль crutch

кость 1) bone 2) *мн.* (*игра́льные*) dice

костю́м cóstume, suit

косы́нка kérchief

кот tómcat

котёл bóiler

котело́к pot; kéttle (*амер.*)

коте́льная bóiler room

котёнок kítten

котле́та ríssole; méatball; hámburger (*амер.*)

кото́рый who (*о лю́дях*); which (*о живо́тных и неодушевлённых предме́тах*)

ко́фе cóffee

кофева́рка pércolator, exprésso

кофе́йник cóffeepot

кофемо́лка cóffee-mill

ко́фт|а, ~очка blouse

кочева́ть rove

коче́в|ник nómad; **~о́й** nomádic

коченеть stíffen, grow numb

кочергá póker

кошелёк purse

кóшка cat

кошмáр níghtmare

крáденый stólen

краевóй régional

крáжа theft; búrglary (*со взломом*)

край 1) bórder, edge 2) (*местность*) région; cóuntry

крáйн|ий extréme ◇ по ~ей мéре at least; ~ость 1) extrémes; extrémity 2) (*необходимость*) emérgency

кран tap; fáucet (*амер.*); подъёмный ~ crane

крапúва néttle

крáпинка spot

красáв|ец hándsome man; ~ица béautiful wóman, béauty

красúвый béautiful

крáсить paint; dye (*материю, волосы*)

крáс|ка paint; dye (*для материи, волос*); ~ки cólours

краснéть 1) (*о лице*) blush, rédden 2) (*о предметах*) turn red

красно|речúвый éloquent; ~рéчие éloquence

крáсный red

красотá béauty

красть steal; ~ся steal, creep

крáткий brief, concíse

крáтко bríefly

кратко|врéменный tránsitory, shórt-lived; ~срóчный shórt-term

крах crash; fáilure (*банка, предприятия*)

крахмá|л starch; ~лить starch; ~льный starched

крáшеный páinted; dyed (*о материи, волосах*)

кредúт crédit; ~óр créditor

крéйсер crúiser

крем cream

крематóрий cremratórium

кремéнь flint

крéпкий strong; ~ сон sound sleep

крепостн|óй: ~óе прáво sérfdom

крéпость *воен.* fórtress

крéсло ármchair

крест cross

крестúть baptíze

крестьáн|ин péasant; ~ство péasantry

крещéние báptism

крив|изнá cúrvature; ~óй 1) curved, cróoked 2) *разг.* (*одноглазый*) one-éyed

крúзис crísis

крик cry, shout

крúкнуть *см.* кричáть

криминáльный críminal

кристáлл crýstal

критéрий critérion

крúтик crític

крúтик|а críticism; ~овáть críticize

критúческий crítical

кричáть cry, shout

кров shélter; остáться без ~a be withóut a roof óver one's head

кровáвый blóody

кровáть bed; bédstead (*без*

постельных принадлежностей)

крово|излияние háemorrhage; ~обращение circulátion (of the blood); ~пролитие blóodshed; ~течение bléeding; háemorrhage (*мед.*)

кровь blood
кройть cut out
кройка cútting (out)
кролик rábbit
кроме but, excépt, save; ~ того moreóver, besídes
кропотливый páinstaking, labórious
кросс cróss-cóuntry race
кроссворд cróssword (púzzle)
кроссовки tráining shoes
крот mole
кроткий mild, géntle
крошечный tíny
крошить, ~ся crúmble
крошка 1) crumb 2) (*малютка*) líttle one
круг círcle; ~лый round ◇ ~лый год all the year round; ~овóй círcular; ~óм (a)róund
кругосветн|ый: ~ое путешествие a vóyage aróund the world, cruise
кружево lace
кружиться turn, spin round
кружка mug
кружóк círcle
круйз cruise
крупá groats (*мн. ч.*); мáнная ~ semolína
крупный 1) big 2) (*важный*) great

крут|óй (*о спуске*) steep ◇ ~óe яйцó hárd-bóiled egg
крушение áccident, wreck
крыжóвник góoseberry
крылáтый winged
крылó wing
крыльцó porch
крыса rat
крыша roof
крышка lid, cóver
крюк, крючóк hook
ксéрокс Xérox
кстáти to the point; by the way (*между прочим*); это было бы ~ that would be very convénient
кто who; ~ ни whoéver; ~-либо, ~-нибудь sómebody; ánybody; ~-то sómeone, sómebody
куб cube
кубики bricks; blocks (*амер.*)
кубок cup
кувшин jug; pítcher (*большой*)
кудá where (to); ~-нибудь, ~-то sómewhere
кудр|и locks; curls; ~явый cúrly
кузнéц blácksmith
кузнéчик grásshopper
кузница forge
кузов bódy
кукла doll
кукуруза maize; corn (*амер.*)
кукушка cúckoo
кулáк fist
кулинáрия cóokery, the cúlinary art

кули́с|ы *театр.* wings; за ~ами behind the scenes

культ cult; ~ ли́чности personálity cult

культиви́ровать cúltivate

культу́р|а cúlture; ~ный cúltured

куми́р ídol

купа́|льник báthing suit; ~льный báthing; ~ние báthing; ~ть, ~ться bathe

купе́ *ж.-д.* compártment

купе́ц mérchant, trádesman

купи́ть buy; я хоте́л бы ~ I would like to buy

купле́т cóuplet

кура́нты chime

кур|и́льщик smóker; ~и́ть smoke

ку́рица hen; chícken (*кушанье*)

курно́сый snúb-nosed; túrned-up (*о носе*)

куро́к trígger, cock

куропа́тка pártridge

куро́рт health resórt

курс course; *перен.* pólicy; ~а́нт stúdent

ку́рсы cóurses

ку́ртка jácket

курье́р cóurier; méssenger

куря́щ|ий *сущ.* smóker; ваго́н для ~их smóking cárriage

куса́ть bite; sting (*о пчёлах, осах*)

кусо́к bit, piece, mórsel; lump (*сахару*) ◇ ла́комый ~ títbit

куст bush; ~а́рник shrúbbery

куста́|рный hándicraft, hóme-máde; ~рные про́мыслы arts and crafts; ~рные изде́лия hándicraft wares; ~рь hándicraftsman

ку́таться wrap onesélf up

ку́хня kítchen

ку́ча 1) heap 2) (*множество*) heaps (*мн. ч.*)

куша́к belt

ку́шанье dish

ку́шать eat

куше́тка couch

Л

лабири́нт maze, lábyrinth

лаборато́рия labóratory

лави́на ávalanche

ла́вка I (*магазин*) shop; store (*амер.*)

ла́вка II (*скамья*) bench

лавр láurel

ла́герь camp

ла́дно all right, véry well; okáy (*амер.*)

ладо́нь palm

ла́зать climb, clámber

ла́зер láser

ла́зить *см.* ла́зать

лай bárk(ing)

ла́йнер líner; air líner

лак várnish, lácquer; pólish; ~ для ногте́й nail várnish

лаке́й fóotman; *перен.* flúnkey; ~ский sérvile

лакиро́ванн|ый várnished, lácquered; ~ая ко́жа pátent léather ламп|а lamp; ~очка 1) *эл.* bulb 2) *радио* valve

ландыш lily of the valley

лапа paw

лапша noodles (*мн. ч.*)

ларёк stall

ласк|а caress; ~ать caress; ~ово kindly; ~овый affectionate, kindly

ласт flipper; *спорт.* swim fin

ласточка swallow

латвийский Latvian

латыш Lett; Latvian; ~ский Lettish

лауреат laureate

лаять bark

лгать lie, tell lies

лгун liar

лебедь swan

лев lion

левый 1) left 2) *полит.* left-wing

лёгкий 1) (*на вес*) light 2) (*нетрудный*) easy

лёгкое lung

легкомысленный frivolous, light-minded (*о человеке*); rash, careless (*о поступке*); irresponsible (*об отношении к чему-л.*)

лёд ice

леденец fruit-drop, lollipop

ледник icehouse; icebox

ледник *геол.* glacier

ледокол icebreaker

ледоход floating of ice

ледяной icy

лежать lie

лезвие blade

лезть climb

лейка watering can, watering pot (*амер.*)

лейкемия leukemia

лейкопластырь sticking plaster

лейкоцит leucocyte

лейтенант lieutenant

лекарство medicine, drug

лексический lexical

лектор lecturer, reader

лекц|ия lecture; читать ~ии lecture, give lectures; слушать ~ии attend lectures

лён flax

ленивый lazy

лениться be lazy

лента 1) ribbon 2) *тех.* band; tape

лентяй sluggard, lazybones

лень laziness

леопард leopard

лепесток petal

лепет babble, murmur

лепёшка scone

лепить model, mould, sculpture

лес 1) wood; forest (*глухой*) 2) (*материал*) timber; lumber (*амер.*)

леса (*строительные*) scaffolding

лесной 1) forest 2) (*о материале, промышленности*) timber(-)

лесонасаждение afforestation

лестница staircase; stairs (*мн. ч.*); ladder (*приставная*)

лестный flattering

лесть flattery

летáть, летéть fly

лéтний súmmer

лéтный flýing

лéт|о súmmer; ~ом in súmmer

летýч|ий: ~ая мышь bat

лётчик flíer, pílot, áviator

лечéбн|ица hóspital; ~ый cúrative; médical

леч|éние médical tréatment; ~йть treat; ~йться undergó (médical) tréatment; take cure (for)

лечь см. ложйться

лещ bream

лжец líar

лжйвый lýing; false

ли whéther

лйбо or; ~ ... ~ ... éither... or...

лйвень héavy dównpour

лйга league

лйдер léader

лизáть lick

ликвид|áция liquidátion; ~йровать líquidate

ликёр liquéur

ликов|áние exultátion; tríumph; ~áть exúlt, tríumph

лйлия líly

лилóвый púrple

лимóн lémon

линéйка rúler; slide rule (логарифмическая)

лйния line

линять fade; run (в воде)

лйпа línden, lime (tree)

лйп|кий stícky; ~нуть stick

лисá, лисйца fox

лист leaf; sheet (бумаги); ~вá fóliage

лйственн|ый léaf-bearing; ~ое дéрево fóliage tree; shade tree (амер.)

листóвка léaflet

литерату́р|а líterature; ~ный líterary

литóв|ец, ~ский Lithuánian

литр lítre

лить pour; shed (слёзы, кровь); ~ся flow, stream

лифт lift; élevator (амер.)

лихорáд|ка féver; ~очный féverish

лицемéр|ие hypócrisy; ~ить be hypocrítical; play the hýpocrite; ~ный hypocrítical

лиц|ó 1) face; ~óм к ~ý face to face; черты́ ~á féatures 2) (человек) pérson; дéйствующее ~ cháracter (в пьесе)

лйчн|о pérsonally; ~ый pérsonal

лишáть depríve; ~ся lose

лиш|ённый depríved of; lácking; ~йть(ся) см. лишáть(ся)

лйш|ний supérfluous; unnécessary (ненужный) ◇ бы́ло бы не ~не there would be no harm in

лишь ónly; ~ бы if ónly; ~ тóлько as soon as

лоб fórehead

ловйть catch; ~ ры́бу fish

лóвк|ий adróit; smart; ~ ход (шаг) cléver move; ~ость adróitness

ловýшка trap

логйч|еский, ~ный lógical

лóджия lóggia
лóдка boat
лóдырь *разг.* ídler, lóafer
лóжа *театр.* box
ложúться lie (down); ~ спать go to bed
лóжка spoon
лóжный false; mistáken (*ошибочный*)
ложь lie
лóзунг slógan
лóкон lock, curl
лóкоть élbow
лом I (*инструмент*) crów(bar)
лом II (*сломанные металлические предметы*) scrap
ломáть, ~ся break
лóмка bréaking
ломóть, лóмтик slice
лопáта shóvel, spade
лóп|аться, ~нуть burst
лопýх búrdock
лосóсь sálmon
лось elk
лотерéя lóttery
лотó lótto
лохмáтый dishévelled; shággy (*о животных*)
лохмóтья tátters, rags
лóшадь horse
луг méadow
лýжа púddle
лужáйка lawn
лук I *бот.* ónion
лук II (*оружие*) bow
лукáвый sly, cúnning
лунá moon
лýнн|ый moon; lúnar; ~ая ночь móonlit night

лýпа mágnifying glass
луч ray; beam
лучев|óй 1) rádial 2) *физ.* radiátion ◊ ~áя болéзнь radiátion síckness
лучúстый rádiant
лýчше bétter
лýчш|ий bétter; the best ◊ в ~ем слýчае at best
лыж|а ski; ходúть на ~ах ski; вóдные ~и wáter skis; гóрные ~и móuntain skis
лыж|ник skíer; ~ня skí-track
лыс|ина bald spot; ~ый bald
львúн|ый líon's ◊ ~ая дóля the líon's share
льгóт|а prívilege, advántage; ~ный fávourable; preferéntial (*о пошлинах*)
льдúна block of ice, ice floe
льнян|óй fláxen; línen (*о материи*); ~ое мáсло línseed oil; ~ое полотнó línen
льстец flátterer
льстить flátter
любéзный kind, oblíging, políte
любúм|ец fávourite, pet; ~ый fávourite
любúтель 1) lóver 2) (*непрофессионал*) ámateur; ~ский ámateur
любúть love; like
любовáться admíre
любóвн|ик lóver; ~ица místress
любóвь love
любознáтельный cúrious, inquísitive

любо́й ány; ~ цено́й at ány price

любопы́т|ный cúrious, inquísitive; ~ство curiósity

лю́бящий lóving, afféctionate

лю́ди péople

лю́дный crówded (*об у́лице и т. п.*)

люкс de lúxe; (*но́мер*) suite

лю́стра chandelíer

ляга́ть, ~ся kick

лягу́шка frog

M

мавзоле́й mausoléum

магази́н shop; store; продово́льственный ~ food store

магистра́ль main line

маги́ческий mágic (al)

магни́т mágnet; ~ный magnétic; ~ое по́ле magnétic field

магнитофо́н tape recórder

ма́зать spread; ~ ма́слом bútter

мазь óintment

май May; Пе́рвое ма́я the First of May, May Day

ма́йка T-shirt, fóotball shirt

майоне́з mayonnáise

майо́р májor

ма́йский May; May Day (*о пра́зднике*)

мак póppy

макаро́ны macaróni

максима́льный máximum

мале́йший least; slíghtest

ма́ленький 1. *прил.* 1) little, small 2) (*незначи́тельный*) slight 2. *в знач. сущ.* (the) báby, (the) child

мали́н|а ráspberry; ~овый 1) ráspberry 2) (*цвет*) crímson

ма́ло not much; ónly a few; not enóugh (*недоста́точно*) ◇ ~ того́ moreóver; ~ ли что! what abóut it?, what of it?

малокро́вие anáemia

малоле́тний young, júvenile, únder age; ~ престу́пник júvenile delínquent

малолитра́жный: ~ автомоби́ль mínicar

малонаселённый spársely populáted, thínly populáted

ма́ло-пома́лу grádually, little by little

малочи́сленный small (in númber), not númerous, scánty

ма́лый 1. *прил.* líttle; он ещё ~ ребёнок he is ónly a child 2. *сущ. разг.* chap, lad, féllow

малы́ш child, kíd (dy)

ма́льчик boy

маля́р hóuse-painter

маляри́я malária

ма́ма móther, mammá

мандари́н tangeríne

манёвр manóeuvre

манёвры *воен.* manóeuvres

мане́ра mánner, style

манже́та cuff

манифе́ст manifésto; ~а́ция demonstrátion

мара́ть soil, dírty

ма́рганец mangan**é**se

маргари́н margar**í**ne

маргари́тка d**á**isy

мариновáть p**í**ckle; *перен.* shelve

мáрка (p**ó**stage) stamp; фабри́чная ~ trade mark

мáркéтинг m**á**rketing

мáрля gauze

мармелáд fruit j**é**llies, m**á**rmalade

март March

марш march

мáршал m**á**rshal

маршировáть march

маршру́т route; it**í**nerary

мáск│а mask; сбро́сить ~у throw off the mask; сорвáть ~у unm**á**sk

маскарáд m**á**sked ball, masquer**á**de

маск│ировáть mask; disgu**í**se; *воен.* c**á**mouflage; ~иро́вка disgu**í**se; *воен.* c**á**mouflage

масл│и́на, ~и́чный **ó**live

мáсл│о b**ú**tter (*коро́вье*); oil (*расти́тельное*) ◇ как по ~у sw**í**mmingly

мáслян│ый **ó**ily, gr**é**asy; ~ая крáска oil paint, oils

мáсса 1) mass 2) (*мно́жество*) a lot of

массáж m**á**ssage

масси́в m**á**ssif; ~ный m**á**ssive

мáссов│ый mass(-); ~ое произво́дство mass prod**ú**ction

мáссы the m**á**sses

мáстер 1) (*на заво́де*) f**ó**reman; skilled w**ó**rkman 2)

(*знато́к*) **é**xpert, m**á**ster; ~скáя w**ó**rkshop; ~ство́ skill

масштáб scale

мат *шахм.* ch**é**ckmate

математик mathemat**í**cian

математика mathem**á**tics

материáл mat**é**rial

материали│зм mat**é**rialism; ~сти́ческий material**í**st(ic)

материáльн│ый mat**é**rial; fin**á**ncial; ~ые усло́вия l**í**ving conditions

матери́к c**ó**ntinent; m**á**inland

матери́н│ский mat**é**rnal; m**ó**therly; ~ство mat**é**rnity

матéрия 1) *филос.* m**á**tter 2) (*ткань*) cloth, mat**é**rial, stuff

мáтка 1) (*сáмка*) f**é**male; queen (*у пчёл*) 2) *анат.* **ú**terus, womb

мáтовый mat; dull

матрáц m**á**ttress

матро́с s**á**ilor

матч *спорт.* match

мать m**ó**ther

мáфия m**á**fia

мах│áть, ~ну́ть wave; flap (*кры́льями*)

мáчеха st**é**pmother

мáчта mast

маши́на 1) mach**í**ne; **é**ngine 2) *разг.* (*автомоби́ль*) car; **á**uto (*амер.*)

машинáльно mech**á**nically

машини́ст **é**ngine dr**í**ver

машини́стка t**ý**pist

маши́нка (*пи́шущая*) t**ý**pewriter; (*швейная*) s**é**wing machine машиностроéние mechánical enginéering

маяк líghthouse

мáятник péndulum

мгла mist, haze

мгновéн|ие ínstant, móment; ~ный instantáneous; mómentary

мéбель fúrniture; мягкая ~ uphólstered fúrniture

меблир|овáть fúrnish; ~óвка fúrnishing(s); (*мебель*) fúrniture

мёд hóney

медáль médal

медвéдь bear

медиц́ин|а médicine; ~ский médical; ~ская сестрá (trained) nurse; hóspital nurse

мéдл|енный slow; ~ить be slow, línger

мéдный cópper; brass (*латунный*)

медóвый hóney ◇ ~ мéсяц hóneymoon

медпýнкт first aid post

медýза medúsa; jéllyfish

медь cópper

междомéтие *грам.* interjéction

мéжду 1) betwéen 2) (*среди*) amóng ◇ ~ прóчим by the way, by the by; ~ тем méanwhile; ~ тем как while

междугорóдный: ~ телефóн trúnk line

междунарóдный internátional

межпланéтн|ый interplánetary; ~ая стáнция interplánetary státion

мел chalk

мелéть becóme shállow

мéлк|ий 1) (*неглубокий*) shállow; ~ая тарéлка dínner (flat) plate 2) (*некрупный*) small; *перен.* pétty; ~ая буржуаз́ия pétty bourgeoisíe

мелóдия mélody, tune

мéлочный pétty

мéлочь 1) trífle 2) (*деньги*) (small) change

мель shállow; сесть на ~ run agróund

мельк|áть, ~нýть flash, gleam

мéльком in pássing; увидеть ~ catch a glimpse of

мéльни|к míller; ~ца mill

мемуáры mémoirs

мéна exchánge

мéнеджер mánager

мéнее less ◇ тем не ~ nevertheléss

мéньше 1. *прил.* smáller 2. *нареч.* less

меньшинствó minórity

меню́ ménu, bill of fare

меня me

меня́ть change; ~ся 1) change 2) (*обмениваться*) exchánge

мéр|а méasure ◇ по мéньшей ~е at least; по ~е тогó как as; в ~у móderately

мéрзкий vile, lóathsome

мёрзнуть freeze

меридиáн merídian

мéрить 1) (*измерять*) méasure 2) (*примерять*) try on

мéрк|а méasure; снять ~у

с кого́-л. take sómebody's méasure

ме́ркнуть fade

ме́рный méasured, régular

мероприя́тие méasure

мертве́ц dead man

мёртвый dead

мерца́|ние shímmer, glímmer; ~ть glímmer

меси́ть knead

мести́ sweep

ме́стн|ость locálity, place; ~ый lócal; ~ый жи́тель inhábitant, dwéller; nátive

ме́сто 1) place; spot (*истори́ческое, живопи́сное*) 2) (*свобо́дное простра́нство*) space; мест ско́лько уго́дно there is plénty of room 3) (*до́лжность*) post, job

местожи́тельство place of résidence

местоиме́ние *грам.* prónoun

местоположе́ние position, situátion; site

месть vengeance, revénge

ме́сяц 1) month 2) (*луна́*) moon

ме́сячный mónthly

мета́лл métal; ~и́ческий metállic

металл|урги́ческий: ~ заво́д fóundry, works; ~у́ргия métallurgy

мета́ть throw, cast

мете́ль snówstorm

метео́р méteor

ме́тить (*це́литься*) aim (at)

ме́тка mark

ме́тк|ий well-áimed; keen

(*о гла́зе*); *перен. тж.* póinted; ~ стрело́к good shot; ~ость márksmanship, áccuracy (*стрельбы́*)

метла́ broom

ме́тод méthod

метр métre; méter (*амер.*)

ме́трика, метри́ческое свиде́тельство birth certíficate

метро́, метрополите́н únderground (ráilway); súbway (*амер.*); the Métro (*в Москве́*); tube (*в Ло́ндоне*)

мех fur

механ|иза́ция mechanizátion; ~изи́ровать méchanize; ~и́зм méchanism; machínery

меха́н|ик mechánic; ~ика mechánics; ~и́ческий mechánical

мехово́й fur

меч sword

мече́ть mósque

мечта́ dream; ~ть dream

меша́ть I (*разме́шивать*) stir, mix

меша́ть II 1) (*препя́тствовать*) prevént, hínder 2) (*беспоко́ить*) distúrb

мешо́к bag; sack (*большо́й*)

мещан|ский Philistine, nárrow-mínded; vúlgar; ~ство nárrow-míndedness; vulgárity; phílistinism

миг ínstant

мига́ть, мигну́ть blink

ми́гом in a flash, in a jíffy

мигра́ция migrátion

мизи́нец líttle fínger

микро́б microbe

микроволно́вая печь microwave óven

микроско́п microscope

микрофо́н microphone; the mike (*разг.*)

ми́ксер mixer

милитар|и́зм mílitarism; ~и́ст mílitarist

мил|иционе́р mílítiaman; ~и́ция milítia

миллиа́рд mílliard; bíllion (*амер.*)

миллиме́тр mílimetre

миллио́н míllion; ~е́р millionáire

милосе́рдие mércy, chárity

ми́лосты|ня alms; проси́ть ~ню beg

ми́лос|ть fávour; ~ти про́сим! wélcome!

ми́лый 1) nice; sweet 2) (*в обращении*) dear

ми́ля mile

ми́мо by, past; пройти́ ~ pass by, go past

мимолётный pássing, tránsient

мимохо́дом on one's way

ми́на *воен.* mine

минаре́т mínaret

минда́ль álmond

минера́л míneral; ~ьный míneral

минима́льный mínimum

министе́рство mínistry; depártment (*амер.*)

мини́стр mínister (for); sécretary

минова́ть pass; be óver; э́того не ~ it is inévitable

мину́вшее the past

ми́нус 1) mínus 2) (*недостаток*) dráwback

мину́та mínute

мину́ть *см.* минова́ть

мир I (*покой*) peace

мир II (*вселенная*) world; úniverse

мири́ть réconcile; ~ся 1) (*после ссоры*) make it up 2) (*с чем-л.*) réconcile onesélf to

ми́рн|ый péaceful; ~ догово́р peace tréaty; ~ое сосуще́ствова́ние péaceful coexístence

мирово́й world(-)

миролюби́вый péaceable, péaceful; péace-loving

ми́ска básin, bowl

ми́ссия 1) (*поручение*) comíssion 2) (*дипломатическая*) míssion

ми́тинг méeting

миф myth

мише́нь tárget

младе́н|ец ínfant; báby; ~ческий ínfantile; ~чество ínfancy

мла́дший yóunger (*более молодой*); са́мый ~ the yóungest

млекопита́ющее mámmal

мне me

мне́ние opínion

мни́мый imáginary

мни́тельный hypochóndriac; distrústful, suspícious (*подозрительный*)

мно́гие mány

мно́го much; plénty of, a lot of (*сколько угодно*)

многокра́тн|о repéatedly; ~ый repéated, fréquent

многоле́тний 1) of long stánding 2) *бот.* perénnial

многонациона́льный multinátional

многосторо́нний mány-sided, vérsatile

многоступе́нчатый múltistage

многочи́сленный númerous

мно́жественное число́ *грам.* plúral

мно́жество a númber of, mány; heaps of (*куча*)

мно́жить múltiply

мной, мно́ю (by, with) me

мобилиз|а́ция mobilizátion; ~ова́ть móbilize

моги́ла grave, tomb

могу́чий míghty, pówerful

могу́щество might, pówer

мо́д|а fáshion; по ~е fáshionable; быть в ~е be in fáshion

моде́ль módel

мо́дный fáshionable

мо́жет быть perháps, may be

мо́жно one can; one may (*разрешено*)

мозг brain

мозо́|листый hórny; ~ль corn; blíster (*волдырь*)

мой my, mine

мо́кнуть get wet

мокро́та spútum

мо́крый wet

мол pier, bréakwater

молва́ rúmour

молдава́нин Moldávian

молда́вский Moldávian

моле́кул|а mólecule; ~я́рный molécular

моли́тва prayer

моли́ться pray (to)

мо́лния 1) líghtning 2) (*телеграмма*) expréss méssage 3) (*застёжка*) zip (fastener); zípper, slide fástener (*амер.*)

молодёжь youth, young péople

молоде́ц fine féllow, good sport; ~! brávo!, well done!, good for you!

молодо́й young

мо́лодость youth

молоко́ milk

мо́лот hámmer

молот|и́лка thréshing machíne; ~и́ть thresh

молото́к hámmer

моло́ть grind

молочн|ая dáiry; ~ый milk (-)

мо́лч|а sílently; ~али́вый táciturn, quíet, sílent; ~а́ние sílence; ~а́ть be sílent, be quíet

моль moth

мольба́ prayer, entréaty

моме́нт móment; ~а́льно ínstantly; ~а́льный instantáneous

мона́рхия mónarchy

монасты́рь mónastery; (*женский*) núnnery, cónvent

мона́х monk; ~иня nun

монго́л Móngol

монго́льский Mongólian

моне́та coin

монитóр *тех.* mónitor

монолúтный mássive, united

монополистúческий monopolístic

монопóлия monópoly

монтáж 1) assémbling, móunting 2) (*в кино*) cútting

монтёр electrícian

монумéнт mónument; ~áль-ный monuméntal

мопéд móped

морáль móral

морáльн|ый móral; ~oe состоя́ние morále

моратóрий moratórium

морг|áть, ~нýть blink; wink (*одним глазом*)

мóрда múzzle

мóре sea

морúть extérminate; ~ гó-лодом starve

морковь cárrot

морóженое ice cream

морóз frost; ~ный frósty

морск|óй sea(-); maríne; nával; ~áя болéзнь séa-sickness; ~áя бáза nával base

морщúна wrínkle

мóрщить: ~ лоб knit one's brows, frown; ~ся wrínkle; frown; make fáces (*делать гримасы*)

моря́к séaman, sáilor

москвичú inhábitants of Móscow, Múscovites

мост bridge

мостúть pave

мостовáя road

мотéль motél

мотúв 1) *муз.* tune 2) (*причина*) mótive

мотóр éngine

моторóллер (mótor) scóoter

мотоцúкл mótor cýcle, mótor bike

мотылёк bútterfly; ночнóй ~ moth

мох moss

мохéр móhair

мохнáт|ый háiry, shággy; ~oe полотéнце Túrkish tówel

мочá úrine

мочáлка bast, fácecloth; wáshcloth, wáshrag (*амер.*)

мочúть wet; soak (*вымачи-вать*)

мочь be áble to; я могý I can

мошéнник swíndler

мóшка gnat

мóщность pówer

мóщный pówerful

мощь pówer; might

мрак dárkness, gloom

мрáмор márble

мрáчный glóomy; *перен. тж.* sómbre

мстúтельный vindíctive

мстить 1) (*кому-л.*) revénge onesélf (upón) 2) (*за что-л.*) revénge onesélf (for)

мудрéц sage

мýдр|ость wísdom; ~ый wise

муж húsband

мýжественный brave; courágeous; mánly

мýжество cóurage

мужск|óй 1) (*мужского*

пола) male 2) (*для мужчин*) man's, men's; ~ая шляпа a man's hat 3) *грам.* másculine

мужчи́на man

му́за muse

музе́й muséum

му́зык|а músic; ~а́льный músical; ~а́нт musícian

му́ка tórment

мука́ flour

мулла́ múllah

мультипликацио́нный: ~ фильм (ánimated) cartóon(s)

мунди́р úniform

мундшту́к cigarétte hólder

мураве́й ant; ~ник ánthill

му́скул múscle

му́сор rúbbish; gárbage (*амер.*); ~ный: ~ный я́щик dústbin; gárbage-can (*амер.*)

мусульма́нин Móslem, Múslim

му́тный múddy, túrbid; ~ взгляд dull glance

му́ха fly

муче́ние 1) tórture 2) *разг.* (*беспокойство*) wórry, bóther

му́чить tormént, tórture; wórry (*беспокоить*)

мча́ться speed, tear alóng, húrry

мще́ние véngeance

мы we

мы́лить soap, láther

мы́ло soap; хозя́йственное ~ láundry soap; туале́тное ~ tóilet soap

мы́льн|ица sóapdish; ~ый soap(-); ~ая пе́на sóapsuds (*мн. ч.*), láther

мыс cape

мы́сленный 1) méntal 2) (*воображаемый*) imáginary

мысли́тель thínker

мысль thought

мыть wash; ~ся wash (onesélf)

мыча́ть low, béllow; moo (*разг.*)

мышело́вка móusetrap

мышле́ние way of thinking; mentálity

мы́шца múscle

мышь mouse

мю́зикл músical

мя́гкий soft; génial, mild (*о климате*); *перен.* géntle

мяс|ни́к bútcher; ~ной meat

мя́со meat

мя́та mint

мяте́ж revólt; rebéllion; ~ник rébel; ~ный 1) rebéllious 2) (*бурный, неспокойный*) réstless, pássionate

мя́тный mint

мять rúmple; crúmple (*комкать*)

мяч ball

Н

на I 1) (*сверху, на поверхности; тж. указывает на местоположение*) on; на столе́ on the táble; го́род на Во́лге a town on the Vólga 2) (*указывает на местопребывание*) in; at; на ю́ге in the

South; на Украи́не in the Ukráine; на заво́де at the fáctory; на конце́рте at a cóncert 3) (*куда*) to; towárds (*в направлении*); на се́вер to the North; на Кавка́з to the Cáucasus; дви́гаться на ого́нь move towárds the fire 4) (*при обозначении способа передвижения*) by; in; е́хать на парохо́де go by stéamer 5) (*во время, в течение*) dúring; in (*при обозначении года*); on (*при обозначении дня*); на кани́кулах dúring the vacátion; на деся́том году́ in one's tenth year; на тре́тий день on the third day 6) (*при обозначении срока*) for; на два дня for two days

на! II (*возьми*) here you are!

наба́т alárm; бить в ~ raise the alárm

набе́г raid

на́бережная embánkment, quay

набира́ть 1) gáther, colléct 2) *полигр.* set up 3) *воен.* recrúit ◇ ~ но́мер (*по телефо́ну*) díal

наблюд|а́тель obsérver; ~а́тельный obsérvant; ~а́ть 1) watch, obsérve 2) (*надзира́ть*) look áfter; ~е́ние 1) observátion 2) (*надзор*) supervísion

набо́р 1) (*комплект*) set 2) (*учащихся*) admíssion, recéption 3) *воен.* lévy 4)

полигр. týpesetting; сдано́ в ~ at the printers'

набо́рщик compósitor

набра́ть *см.* набира́ть

набро́сок sketch, rough draft

наве́ки for éver

наве́рн|о(е) 1) (*несомненно*) for cértain 2) (*вероятно*) próbably; véry líkely; ~яка́: он ~яка́ придёт he is sure to come

наверста́ть, навёрстывать make up for

наве́рх up, úpwards; upstáirs (*по лестнице*)

наверху́ abóve; upstáirs (*на верхнем этаже*)

навести́ *см.* наводи́ть

наве|сти́ть, ~ща́ть vísit, call on, go and see

наводи́ть (*направлять*) diréct; point (*оружие*) ◇ ~ на мысль put it ínto one's head; ~ спра́вки make inquíries

наводне́ние flood, inundátion

наво́з manúre

на́волочка píllowcase

навсегда́ for éver; for good; раз ~ once and for all

навстре́чу towárds; идти́ ~ *перен.* meet *smb.* halfwáy

на́вык skill, práctical knówledge; expérience (*опыт*)

навяза́ть, навя́зывать tie on; *перен.* impóse *smth.* (on), thrust *smth.* (on); press *smth.* (on) нагибáть bend; ~ся stoop, bend

нáгл|ость ímpudence, ínsolence; ~ый ímpudent, ínsolent

наглядн|о cléarly, gráphically; ~ый: ~ый урóк óbject lésson; ~ые посóбия vísual aids

нагнýть(ся) *см.* нагибáть(ся)

наготóве réady, in réadiness

награ́|да rewárd; decorátion (*знак отличия*); prize (*школьная*); ~дить, ~ждáть rewárd; décorate (*орденом*)

нагревáть, нагрéть warm, heat

нагру|жáть, ~зить load; búrden (*обременять*)

нагрýзка load

над óver, abóve

надевáть put on

надéжда hope

надёжный relíable

надéть *см.* надевáть

надéяться hope; ~ на когó--л. relý upón smb.

надзóр supervísion

надлежáщий próper, due

надмéнный háughty, árrogant

на днях one of these days, in a day or two (*о будущем*); the óther day, a day or two agó (*о прошлом*)

нáдо it is nécessary; one must

нáдобность necéssity; need

надоедáть, надоéсть bore; bóther, tróuble (*беспокоить*); мне э́то надоéло I'm fed up with it

нáдпись inscríption

надувáть 1) puff up; infláte 2) *разг.* (*обманывать*) cheat

надувн|óй inflátable; ~áя лóдка rúbber inflátable boat

надýманный fár-fétched

надýть *см.* надувáть

наединé alóne, in prívate

наём hire; ~ный híred; ~ный труд wage lábour, híred lábour

нажáть, нажимáть press (on); push

назáд báck(wards); томý ~ agó

назвá|ние name; títle (*книги*); ~ть *см.* называ́ть

назлó out of spite; как ~ as ill luck would have it; ~ комý--л. to spite smb.

назнач|áть 1) (*на должность и т. п.*) appóint 2) (*устанавливать*) fix; ~éние 1) appóintment, nominátion 2) (*цель*) púrpose

назнáчить *см.* назначáть

назóйливый 1) impórtunate, tíresome 2) (*неделикатный*) intrúsive, púshing

называ́ть call, name; ~ся be called

наибóлее (the) most

наивн|ость naívety; simplícity; ~ый ingénuous, naíve

наизна́нку inside out, on the wrong side

наизу́сть by heart

наилу́чший best

на́искось oblíquely, aslánt; on the bías (*в кройке*)

найти́ *см.* находи́ть

наказ|а́ние púnishment; pénalty (*взыскание*); ~а́ть, нака́зывать púnish

накану́не the day befóre; on the eve (of) (*перед каким-л. событием*)

накла́дывать lay, put *smth.* on

наклоне́ние *грам.* mood

наклони́ть(ся) *см.* наклоня́ть(ся)

накло́нн|ость inclinátion; име́ть ~ к чему́-л. be inclíned to smth., have a téndency to smth.; ~ый slóping, oblíque, inclíned

наклоня́ть bend, bow; ~ся bend óver

наконе́ц at last, fínally

накоп|и́ть accúmulate; ~ле́ние accumulátion

накорми́ть feed

накрыва́ть, накры́ть cóver; ~ на стол lay the táble

нала́|дить, ~живать arrа́nge; put *smth.* right (*поправить*)

нале́во to (on) the left

налегке́ 1) (*без багажа*) with no lúggage; light 2) (*в лёгком костюме*) lightly clad

налёт I raid

налёт II (*слой*) cóating; ~ в го́рле *мед.* patch

налива́ть, нали́ть pour out

налицо́: быть ~ be présent (*о человеке*); be aváilable (*о предмете*)

нали́чие présence

нали́чн|ый : ~ые де́ньги cash (*ед. ч.*); плати́ть ~ыми pay in cash

нало́г tax

наложи́ть *см.* накла́дывать

нам us, to us

нама́зать put, spread; ~ хлеб ма́слом bútter bread

намёк hint

намек|а́ть, ~ну́ть hint (at)

намерева́ться inténd

наме́рение inténtion; púrpose

наме́тить, намеча́ть 1) (*кандидатов*) nóminate 2) (*план*) óutline

на́ми (by, with) us

нанести́ *см.* наноси́ть

нанима́ть hire

наноси́ть 1) (*песок и т. п.*) drift 2) (*причинять*) inflíct; ~ уще́рб cause dа́mage

наня́ть *см.* нанима́ть

наоборо́т 1. *вводн. сл.* on the cóntrary 2. *нареч.* (*не так, как следует*) the wrong way

наобу́м at rа́ndom

наотре́з flа́tly, categóri-ically; отказа́ться ~ flа́tly refúse, refúse póint-blа́nk

напад|а́ть attа́ck, assа́ult;

~а́ющий *спорт.* fórward; ~е́ние attáck, assáult

напа́лм nápalm

напа́сть *см.* напада́ть

напева́ть hum

напе́вный melódious

напёрсток thímble

написа́ть 1) write 2) (*карти́ну*) paint

напи́|ток drink, béverage; ~ться 1) (*утоли́ть жа́жду*) drink, quench one's thirst 2) (*опья́неть*) get drunk

наплы́в ínflux, rush

напои́ть give *smb.* sómething to drink

напока́з for show

напо́лн|ить, ~я́ть fill

наполови́ну half(-)

напомина́ть, напо́мнить remind

направ|ить(ся) *см.* направля́ть(ся); ~ле́ние diréction; ~ля́ть 1) diréct 2) (*посыла́ть*) send; ~ля́ться go, be bound for

напра́во to (on) the right

напра́сн|о 1) (*зря*) in vain; úselessly; for nóthing 2) (*несправедли́во*) wróngfully; ~ый 1) (*бесполе́зный*) vain; úseless 2) (*несправедли́вый*) wróngful; unjúst

наприме́р for exámple

напрока́т on hire; брать ~ hire

напро́тив 1) ópposite 2) (*наоборо́т*) on the cóntrary

напря|га́ть strain; ~же́ние strain; ténsion; éffort (*уси-

лие*); ~жённый strained, tense

напря́чь *см.* напряга́ть

наравне́ équally with

нараста́ть grow, incréase

нарва́ть I (*цвето́в, плодо́в*) pick

нарва́ть II *см.* нарыва́ть

наре́чие 1) díalect 2) *грам.* ádverb

нарисова́ть draw

нарко́з anaesthésia

наркома́н drug áddict

нарко́тик narcótic, drug

наро́д péople; ~ность nationálity; ~ный péople's, nátional; ~ное хозя́йство nátional ecónomy; ~ный суд Péople's Court

наро́чно on púrpose; púrposely for fun (*в шу́тку*)

нару́жн|ость appéarance; ~ый extérnal, extérior

нару́жу óutside; вы́йти ~ come out

нару́чн|ики hándcuffs; ~ый: ~ые часы́ wrístwatch (*мн. ч.*)

наруш|а́ть break; infrínge, víolate (*зако́н, пра́вило*); distúrb (*тишину́*); ~е́ние breach; infríngement, violátion (*зако́нов, пра́вил*); distúrbance (*тишины́*)

нару́шить *см.* наруша́ть

нарци́сс narcíssus

нары́в ábscess; ~а́ть féster; gáther

наря́д dress, attíre; ~и́ть(ся) *см.* наряжа́ть(ся); ~ный smart

наряжа́ть, ~ся dress up

нас us

насади́ть, насажда́ть (im)plánt

насеко́мое ínsect

насел|е́ние populátion; ~ённый pópulated; ~и́ть см. населя́ть 1); ~я́ть 1) pópulate; séttle (поселять) 2) (обитать) inhábit

наси́л|ие víolence; ~овать force; rape (женщину)

наси́льственн|ый fórcible; forced; ~ая смерть víolent death

насквозь through

наско́лько 1) (вопросит.) how much 2) (относит.) as far as

на́скоро hástily, húrriedly

наслажд|а́ться enjóy, take pléasure; ~е́ние enjóyment, delíght, pléasure

насле́д|ие légacy; ~ник heir; ~овать inhérit; ~ство inhéritance

насме́ш|ка móckery; ~ливый sarcástic, derísive

на́сморк cold

насо́с pump

наста́ивать insíst (on)

на́стежь wide ópen

насто́йчив|ость persístence; ~ый persístent; préssing

насто́лько so; ~ наско́лько as much as

насто́льн|ый: ~ая ла́мпа táble lamp

настоя́ть см. наста́ивать

настоя́щий 1) real 2) (о времени) présent

настрое́ние mood

наступа́тельный offénsive

наступа́ть I (ногой) tread on

наступа́|ть II fall; appróach; сро́ки ~ют the term is expíring

наступа́ть III воен. advánce, be on the offénsive

наступи́ть I, II см. наступа́ть I, II

наступле́ние I cóming, appróach

наступле́ние II воен. offénsive

насу́щный úrgent

насчёт as regárds, concérning

насчи́тывать, ~ся númber

насы́п|ать, ~а́ть 1) pour smth. ínto 2) (наполнить) fill

на́сыпь ж.-д. embánkment

ната́лкиваться 1) run agáinst 2) (встречаться) run acróss, meet with

на́тиск ónslaught

натолкну́ться см. ната́лкиваться

натоща́к on an émpty stómach

натюрмо́рт still life

натя́гивать, натяну́ть stretch; draw on

нау́ка scíence

научи́ть teach; ~ся learn

нау́чный scientífic

нау́шники радио éarphones, héadphones

нахал impértinent (ímpudent) féllow

нахаль|ный impértinent, chéeky; ~ство impértinence, ímpudence, cheek

находить 1) find 2) (*считать*) consíder; ~ся be

наход|ка find; бюро ~ок lost próperty óffice

находчивый ingénious, resóurceful; quick-witted; réady, quick (*об ответе и т. п.*)

национализ|ация nationalizátion; ~ировать nátionalize

национализм nátionalism

национальн|ость nationálity; ~ый nátional

нация nátion

начало 1) begínning 2) (*источник*) órigin; source

начальник chief, head; boss

начальн|ый: ~ая школа eleméntary school

начать, начинать begín

начинка fílling

наш our, ours

наяву in one's wáking hours; сон ~ dáydream

не not; no, none (*никакой, никакие*)

небесный celéstial, héavenly

неблагодарный ungráteful; *перен.* thánkless

неблагоприятный unfávourable

неблагоразумный unréasonable

небо sky

нёбо pálate

небольшой small; short (*о расстоянии, сроке*)

небоскрёб skýscraper

небрежный négligent; cáreless

небывалый unprécedented

неважн|о 1. *безл.* it doesn't mátter, néver mind 2. *нареч.*: он себя ~ чувствует he doesn't feel véry well; ~ый (*плохой*) bad, poor

невежество ígnorance

невежливый rude, impolíte

неверный 1) wrong 2) (*изменивший*) unfáithful; false (*лживый*)

невероятный incrédible

невеста fiancée, bride

невестка dáughter-in-law (*жена сына*); síster-in-law (*жена брата*)

невиданный unprécedented, incrédible

невинн|ость ínnocence; ~ый ínnocent

невкусный unpálatable

невмешательство non-interférence, non-intervéntion

невнима|ние inatténtion; ~тельный inatténtive

невод seine, swéep-net

невозможный impóssible

невозмутимый impertúrbable

невольн|о invóluntarily; ~ый invóluntary

невооружённ|ый unármed ◇ ~ым глазом with the naked eye

невоспи́танный ill-bréd

невреди́мый unhármed, uninjured, safe; це́лый и ~ safe and sound

невы́годный unprófitable; unfávourable, disadvantágeous (*неблагоприятный*)

невыноси́мый unbéarable

невыполне́ние nón--execútion

невыполни́мый impóssible

негати́в *фото* négative

не́где there's no room; nówhere

негодова́|ние indignátion; ~ть be indígnant

негодя́й scóundrel

негр Négro

негра́мотн|ость illíteracy; ~ый illíterate

неда́вно látely, récently

недалеко́ not far awáy; ~ от not far from

неда́ром 1) (*не без основания*) not withóut réason 2) (*не напрасно*) not in vain

недви́жимость real estáte; immóvables (*мн. ч.*)

недействи́тельный 1) inefféctive 2) *юр.* inválid

неде́ля week

недобросо́вестн|ость lack of consciéntiousness; ~ый unconsciéntious

недове́рие distrúst, mistrúst

недово́ль|ный displéased, disconténted, dissátisfied; ~ство dissatisfáction, discontént

недога́дливый slow(-wítted)

недо́лго not long; ~ ду́мая withóut stópping to think, as quick as thought

недооце́н|ивать, ~и́ть underéstimate

недопусти́мый inadmíssible

недоразуме́ние misunderstánding

недосмо́тр óversight; по ~у by an óversight

недост|ава́ть *безл.* not have enóugh; lack; ~а́ток 1) lack; defíciency, shórtage 2) (*дефект*) deféct, shórtcoming

недоста́точно insufficiently; он ~ умён he is not cléver enóugh

недостижи́мый unattáinable, unachíevable

недосто́йный unwórthy

недосту́пный inaccéssible

недоум|ева́ть be perpléxed, be bewíldered; ~е́ние perpléxity, bewílderment

недочёт 1) (*нехватка*) shórtage; defícit (*денежный*) 2) (*в работе*) deféct

неесте́ственный 1) unnátural 2) (*притворный*) affécted

не́жн|ость ténderness; ~ый ténder; délicate (*о красках и т. п.*)

незабу́дка forgét-me-nót

незави́сим|ость indepéndence; ~ый indepéndent

незако́нный illícit, unláwful

незамени́мый irrepláceable, indispénsable

незаме́тный impercéptible; unnóticeable; insigníficant (*незначи́тельный*)

не́зачем there is no need

незащищённый unprotécted, unshéltered

нездоро́вый unhéalthy; он нездоро́в he is ill

незнако́м|ый unfamíliar; ~ые лю́ди strángers

незна́ние ígnorance

незначи́тельный insigníficant; unimpórtant

незре́лый unrípe; green; *перен. тж.* immatúre

неизбе́жный inévitable

неизве́стный unknówn

неизлечи́мый incúrable

неизме́нный 1) inváriable 2) (*постоя́нный*) cónstant

неизмери́мый imméasurable

неи́скренний insincére

неисправи́мый incórrigible; *перен. тж.* hópeless

неиспра́вн|ость disrepáir; ~ый out of órder

неиспы́танный (*непережи́тый*) nóvel

неистощи́мый, неисчерпа́емый inexháustible

нейтралите́т neutrálity

нейтра́льный néutral

нейтро́н *физ.* néutron

не́кий a cértain

не́когда I (*когда́-то*) once, at one time

не́когда II: мне ~ I have no time

не́который 1) a cértain 2) *мн. ч.* some

некраси́в|о not nice; ~ый úgly

некроло́г obítuary

некста́ти not to the point, irrélevant; táctless (*беста́ктно*)

не́кто sómebody, sómeone

не́куда nówhere

некульту́рный ígnorant, uncúltured

некуря́щ|ий *сущ.* non--smóker; ваго́н для ~их non--smóking cárriage, non-smóker

нелега́льный illégal; únderground (*подпо́льный*)

неле́пый absúrd

нело́вк|ий áwkward; ~о áwkwardly; э́то ~о it's áwkward

нельзя́ one can't, it is impóssible (*невозмо́жно*); it is prohíbited (*запреща́ется*)

нелюбо́вь dislíke

нема́ло much, a good deal, quite a númber (lot); plénty of (*доста́точно*)

немедленн|о immédiately; ~ый immédiate

не́мец Gérman

неме́цкий Gérman

немно́го a líttle, some; a few; ~ ма́сла a líttle bútter; ~ са́хару some súgar; ~ люде́й a few péople

немо́й 1. *прил.* dumb 2. *сущ.* dumb man

ненави́деть hate

не́нависть hátred

ненадёжный unrelíable; insecúre

ненорма́льный 1) abnórmal 2) (*психически*) mad

ненýжный unnécessary

необдýманный hásty, rash

необитáемый uninhábited; ~ óстров désert ísland

необоснóванный gróundless

необрабóтанный 1) (*о земле*) uncúltivated, untílled 2) (*о материале*) raw

необразóванный unéducated

необходи́м|ость necéssity; ~ый nécessary, indispénsable, esséntial

необыкновéнный extraórdinary, remárkable

неограни́ченный unlímited; unrestrícted; ábsolute (*о власти*)

неоднокрáтн|о repéatedly; ~ый repéated

неодобрéние disappróval

неожи́данный unexpécted

неокóнченный unfínished

неопределённ|ость uncértainty; ~ый indéfinite, vague

неопровержи́мый incontrovértible

неóпытный inexpérienced

неоснователный unfóunded, gróundless

неосторóжн|ость incáutiousness, imprúdence; ~ый imprúdent, cáreless, incáutious

неотлóжн|ый úrgent; ~ая пóмощь first aid

неохóтно relúctantly, unwíllingly

непобеди́м|ость invincibílity; ~ый invíncible

неподви́жный immóvable, mótionless, still; fixed

неподходя́щий unsúitable, inapprópriate

непоколеби́мый unshákable, stéadfast

непóлный incompléte

непонимáние fáilure; (inabílity) to understánd

непоня́тный incompre-hénsible; strange

непослéдовательный inconsístent

непослýшный disobédient

непосрéдственный 1) diréct 2) (*естественный*) spontáneous

непостоя́нный chángeable; unstáble, incónstant (*о человеке*)

непохóжий unlíke, dífferent

непрáвда untrúth, lie; э́то ~ it is not true

непрáвильн|о wrong; ~ый 1) irrégular 2) (*неверный*) wrong, incorréct

непредви́денный unforeséen

непремéнно withóut fail; be sure to

непреодоли́мый insúperable; irresístible (*о желании и т. п.*)

непрерывный contínuous, unbróken, uninterrúpted

непригóдный unfit, úseless

неприе́млемый unaccéptable, unsúitable

неприкосновéнность inviolabílity; дипломати́ческая ~ diplomátic immúnity

неприли́чный indécent

непримири́мый implácable, irréconcilable

непринуждённ|о at ease; ~ый nátural, éasy

непристу́пный inaccéssible; imprégnable (о крепости)

неприя́тель énemy; ~ский énemy

неприя́тн|ость unpléasantness; ~ости tróubles; ~ый unpléasant, disagréeable

непроизводи́тельный unprodúctive

непромокáемый wáterproof; ~ плащ ráincoat

непроницáемый impénetrable

непро́чный unstáble, not strong; flímsy

нерáв|енство inequálity; ~ный unéqual; ~ные шáнсы long odds

неразбо́рчивый 1) (в средствах) unscrúpulous 2) (о почерке) illégible

нерáзвитый undevéloped; báckward (о ребёнке)

неразгово́рчивый táciturn, réticent, uncommúnicative

неразлу́чный inséparable

неразреш|ённый 1) unsólved 2) (недозволенный)

forbídden, prohíbited; ~и́мый insóluble

неразры́вный indissóluble, inséparable

нераствори́мый хим. insóluble

нерв nerve; ~ничать wórry, be nérvous; ~ный nérvous

нереши́тельн|ость indecísion; irrésoluteness; ~ый 1) (о человеке) irrésolute, undecíded 2) (об ответе и т. п.) half-héarted

неро́вный unéven

неря́шливый untídy

нéсколько 1. числит. a few; a líttle 2. нареч. (в некоторой степени) sómewhat, ráther

нескро́мный immódest; indiscréet (нетактичный)

неслы́ханный unhéard of, incrédible

несмотря́ на in spite of, notwithstánding

несовершеннолéтний 1. прил. únder-age 2. сущ. юр. mínor

несовершéнный impérfect

несовмести́мый incompátible (with)

несоглáсие disagréement, difference of opínion

несознáтельный 1) uncónscious; invóluntary (непроизвольный) 2) (неразумный) irrespónsible

несокруши́мый indestrúctible; invíncible (непобедимый)

несомнéнн|о undóubtedly;

without doubt; ~ый undóubted, évident, unmistákable

несостоя́тельный 1) insólvent; bánkrupt 2) (о теории) unténable

неспосо́бный incápable (of), unáble (to); dull (об ученике)

несправедли́в|ость injústice; ~ый unjúst, unfáir

несравн|ённый, ~и́мый incómparable

нести́ 1) cárry 2) (терпеть) bear

нести́сь 1) rush alóng 2) (о курице) lay eggs

несча́стный unfórtunate; ~ слу́чай áccident

несча́сть|е misfórtune, disáster; к ~ю unfórtunately

нет 1) no 2) (не имеется) there is no, there are no

нетерпели́вый impátient

нетерпи́мый intólerant

нето́чный ináccurate

нетрудоспосо́бный disábled

неуве́ренн|ость uncértainty, díffidence; ~ый díffident

неуда́ч|а fáilure; потерпе́ть ~у fail; ~ный unsuccéssful

неудо́б|ный inconvénient; uncómfortable; ~ство inconvénience

неудовлетвор|ённый dissátisfied; ~и́тельный unsatisfáctory

неуже́ли réally

неукло́нный stéadfast

неуклю́жий clúmsy, áwkward

неуме́стный inapprópriate; póintless; irrélevant

неумоли́мый reléntless, inéxorable

неурожа́й bad hárvest, poor crop

неусто́йчивый unstéady

неутоли́мый insátiable

неутоми́мый indefátigable, untíring

нефтепрово́д (óil) pípeline

нефт|ь oil; ~яно́й oil(-)

нехоро́ший bad

нехорошо́ 1. нареч. bádly 2. безл. that's too bad!

не́хотя unwíllingly, relúctantly

неча́янно accidéntally, uninténtionally

не́чего 1. мест. nóthing; ему́ ~ чита́ть he has nóthing to read 2. безл. (бесполезно) it's no use; ~ разгова́ривать it's no use tálking

нече́стный dishónest

нечётный odd

нечистопло́тный dírty; перен. unscrúpulous

не́что sómething

нея́вка ábsence, nonappéarance

нея́сный vague

ни néither, not; ни... ни... néither... nor...; ни оди́н none

ни́ва córnfield

нигде́ nówhere

ни́же 1. прил. lówer, shórter (о росте) 2. нареч.

lówer 3. *предлог* belów; *перен.* benéath; ~ нуля́ belów zéro; ~ вся́кой кри́тики benéath contémpt

ни́жний únder; lówer; ~ эта́ж ground floor

низ lówest part; bóttom

ни́зкий 1) low 2) (*подлый*) base, mean

ни́зменность lówland

ни́зость méanness

ника́к by no means; ~о́й none; no; not ány

никогда́ néver

никто́ nóbody, no one

никуда́ nówhere

ниско́лько not at all, not a bit

ни́тка thread

нитра́т *хим.* nítrate

нить *см.* ни́тка

ничего́ nóthing; ~! néver mind!; it doesn't mátter!

ниче́й nóbody's

ничто́ nóthing

ничто́жный insigníficant; contémptible (*презренный*)

ничу́ть *см.* ниско́лько

ничья́ *спорт.* a draw

ни́ша niche

нищета́ póverty

ни́щий 1. *сущ.* béggar 2. *прил.* béggarly, póverty-stricken

но but

нова́тор ínnovator

нови́нка nóvelty

новичо́к new boy; *перен.* nóvice

нововведе́ние innovátion

нового́дний new year's

новорождённый néw-born

новосе́лье hóuse-warming

новостро́йка new building

но́вость news

но́вшество innovátion

но́вый new

нога́ foot (*ступня*); leg (*выше ступни*) ◇ идти́ в но́гу keep in step

но́готь nail; tóenail (*на ноге*)

нож knife

но́жницы scíssors

но́жны sheath (*ед. ч.*)

ноздря́ nóstril

ноль *см.* нуль

но́мер 1) númber 2) (*обуви и т. п.*) size 3) (*в гостинице*) room 4) (*программы*) ítem

нора́ hole, búrrow

норве́ж|ец, ~ский Norwégian

но́рма norm, rate; дневна́я ~ (*работы*) dáily work quóta

норма́льный nórmal

нос 1) nose 2) (*корабля*) bow

носи́лки strétcher (*ед. ч.*), lítter (*ед. ч.*)

носи́льщик pórter

носи́ть 1) cárry 2) (*одежду*) wear; ~ся 1) (*по воде*) drift 2) (*с кем-л., с чем-л.*) fuss óver, make a fuss abóut

носо́к 1) (*сапога, чулка*) toe 2) (*короткий чулок*) sock

но́та note

нота́риус nótary

но́т|ы músic (*ед. ч.*); игра́ть по ~ам play from músic; игра́ть без нот play by heart

ноч|ева́ть pass (spend) the night; ~лёг lódging for the night

ночни́к níght-light

ночно́й night(-)

ночь night; ~ю in the night

но́ша búrden

ноя́брь Novémber

нра́в|иться please; он мне ~ится I like him

нра́вственность morálity; mórals

нра́вы mórals; ways

ну! well!

нужда́ need; ~ться 1) (в чём-л.) need, be in need of 2) (бедствовать) be véry poor

ну́жно it is nécessary; мне ~ I must, I have to

ну́жный nécessary

нуль nought, zéro

нумера́ция númbering

ну́трия nútria

ныр|ну́ть, ~я́ть dive

ню́хать smell

ня́нчить nurse; (ребёнка) look áfter; dándle (на руках)

ня́ня nurse

О

о(б) 1) (относительно) abóut, of; on (на тему); кни́га о жи́вописи a book on art 2) (при обозначении со-

прикоснове́ния, столкнове́ния) agáinst, on, upón; уда́риться о дверь hit agáinst the door

о́ба both

обва́л fall; collápse; ávalanche (снежный); ~иваться, ~иться fall

обвин|е́ние accusátion, charge; ~и́тель юр. prósecutor; ~и́тельный: ~и́тельный пригово́р vérdict of guílty; ~и́ть см. обвиня́ть; ~я́емый accúsed; юр. deféndant; ~я́ть accúse (of); charge (with)

обгоня́ть overtáke; outstríp

обду́м|ать, ~ывать think smth. óver, consíder

о́бе both

обе́д dínner; ~ать dine, have dínner; ~енный: ~енный переры́в lunch time

обезбо́ливание anaesthésia

обезвре́|дить, ~живать rénder smth. hármless

обездо́ленный déstitute

обезопа́сить secúre (against)

обезору́ж|ивать, ~ить disárm

обезья́на mónkey; ape (человекообразная)

оберега́ть protéct (from); guard (against)

оберну́ться см. обора́чиваться

обеспе́чен|ие secúrity; guarantée; социа́льное ~ sócial secúrity; ~ный 1) províded with 2) *(состоя-тельный)* wéll-to-dó

обеспéчи|вать, ~ть 1) *(снабжать)* províde (with) 2) *(гарантировать)* secúre, ensúre

обессúлеть grow féeble; *разг.* be tíred out

обессмéртить immórtalize

обещá|ние prómise; ~ть prómise

обжéчься *см.* обжигáть(ся)

обжигáть 1) burn 2) *тех.* fire, bake; ~ся burn onesélf

обзóр súrvey, revíew

обивáть *(мебель)* uphól-ster; ~ желéзом bind with íron

обúвка 1) *(мебели)* up-hólstering 2) *(материал)* up-hólstery

обúда offénce; ínsult; ínjury

обúд|еть(ся) *см.* обижáть(ся); ~но! what a píty!; мне ~но I am offénded; ~ный offénsive; ~чивый tóuchy

обижáть offénd, hurt; ~ся take offénce, be offénded, be hurt

обúлие abúndance

обúльный abúndant, pléntiful

обитáть inhábit

обúть *см.* обивáть

облáва raid

облагáть *(налогами)* tax

обладá|ние posséssion; ~тель posséssor, ówner; ~ть posséss

óблако cloud

областнóй régional

óбласть région, dístrict; próvince *(тж. перен.)*

óблачный clóudy

облегч|áть facílitate; make *smth.* éasy (for); relíeve *(боль);* ~éние relíef

облегчúть *см.* облегчáть

обледенéть be cóvered with ice

обле|тáть, ~тéть 1) fly round 2) *(о листьях)* fall

обливáть pour (óver); spill óver *(нечаянно)*

облигáция bond

óблик appéarance; cháracter *(характер)*

облúть *см.* обливáть

облич|áть, ~úть expóse; revéal

обложúть *см.* облагáть

облóжка cóver; (dúst) jácket *(суперобложка)*

облóм|ки wréckage *(ед. ч.);* ~ок frágment

обмáн fraud, decéption; ~úть *см.* обмáнывать; ~чивый decéptive; ~щик fraud, impóstor; ~ывать 1) decéive 2) *(подводить)* disappóint

обмáтывать wind round

обмéн exchánge; ~иваться exchánge

óбморок faint; пáдать в ~ faint

обмотáть *см.* обмáтывать

обмундировá|ние equíp-ment; ~ть equíp

обнаглéть grow ímpudent (ínsolent)

обнадёжи|вать, ~ть raise hopes

обнажа́ть expóse; bare

обнаро́довать prómulgate, make públic

обнару́жи|вать 1) (находить) discóver 2) (выка́зывать) displáy; ~ваться 1) (отыскиваться) be found, turn up 2) (выясняться) appéar, turn out; ~ть(ся) см. обнару́живаться

обнима́ть embráce; put one's arms round

обнища́|ние impóverishment; ~ть becóme impóverished

обнов|и́ть, ~ля́ть renéw, rénovate

обня́ть см. обнима́ть

обобща́ть géneralize, súmmarize

обобществи́ть см. обобществля́ть

обобществ|ле́ние socializátion; ~лённый sócialized; ~ля́ть sócialize

обобщи́ть см. обобща́ть

обога|ти́ть, ~ща́ть enrích; ~ще́ние enríchment

обогна́ть см. обгоня́ть

обогрева́ть, обогре́ть warm

ободре́ние encóuragement

ободр|и́ть, ~я́ть encóurage

обо́з 1) string of carts (slédges) 2) воен. tránsport; train (амер.)

обозн|ача́ть 1) (помечать) mark 2) (значить) mean; sígnify; ~а́чить см. обознача́ть 1)

обозрева́тель reviewer, cómmentator

обозрева́ть (осма́тривать) survéy

обозре́ние review

обо́и wállpaper (ед. ч.)

обо́йти см. обходи́ть

обойти́сь см. обходи́ться

обокра́сть rob

оболо́чка cóver; сли́зистая ~ múcous mémbrane

оболь|сти́ть, ~ща́ть charm, fáscinate; sedúce (соблазни́ть)

обоня́ние sence of smell

обора́чиваться turn (round)

оборва́ть см. обрыва́ть

оборо́н|а defénce; ~и́тельный defénsive; ~я́ть defénd; ~я́ться defénd onesélf

оборо́т 1) turn; (при враще́нии тж.) revolútion 2): на ~e on the back of; смотри́ на ~e p.t.o. (please turn óver)

обору́дова|ние equípment; machínery (машинное); ~ть equíp, fit out

обоснов|а́ние básis, ground; ~а́ть base, ground; ~а́ться séttle down

обосно́вывать(ся) см. обоснова́ть(ся)

обостр|е́ние (ухудшение) turn for the worse; ~и́ть(ся) см. обостря́ть(ся); ~я́ть make mátters worse, ággravate; ~я́ться becóme worse (о боле́зни); becóme strained (об отношениях)

обраба́тыв|ать treat;

cúltivate *(землю)*; ~ающий: ~ающая промы́шленность manufácturing índustry

обрабо́т|ать *см.* обраба́тывать; ~ка tréatment; cultivátion *(земли́)*

обра́довать rejóice, make *smb.* háppy; ~ся be glad

о́браз 1) ímage 2) *(способ)* mánner; ~ жи́зни mode of life ◇ каки́м ~ом? how?; нико́им ~ом by no means

образе́ц módel; sámple, páttern, spécimen

образова́ние I formátion

образ|ова́ние II *(просве-ще́ние)* educátion; дать ~ éducate; ~о́ванный (well) éducated

образова́ть(ся) *см.* обра-зо́вывать(ся)

образо́вывать make, form; órganize *(организовать)*; ~ся be formed

образцо́вый módel, exémplary

обра́зчик spécimen; páttern *(материи)*

обрати́ть *см.* обраща́ть; ~ся *см.* обраща́ться 1)

обра́тн|о back; ~ый 1) *(противоположный)* revérse; ópposite 2): ~ый биле́т retúrn tícket; ~ый путь the way back

обраща́ть turn; ~ внима́ние nótice; pay atténtion (to); ~ чьё-л. внима́ние (на) draw sómebody's atténtion (to); не ~ внима́ния (на) not nótice; take no nótice (of), pay no atténtion (to);

disregárd; ignóre *(пренебре-га́ть)*; ~ на себя́ внима́ние attráct atténtion (to onesélf) ◇ ~ в бе́гство put *smb.* to flight

обращ|а́ться 1) *(к кому--л.)* addréss; appéal; applý to *(с просьбой)* 2) *(с кем-л.)* treat; ~е́ние 1) *(к кому-л.)* addréss; appéal 2) *(с кем-л.)* tréatment

обре́з|ать, ~а́ть cut off; ~а́ться cut onesélf

обрека́ть, обре́чь condémn

обруче́ние betróthal

обру́ш|иваться, ~иться come down

обры́в précipice

обрыва́ть tear off; pick *(цветы, плоды)*

обры́згать sprínkle, splash

обсле́дова|ние inspéction; ~ть inspéct; invéstigate; exámine *(больного)*

обслу́жива|ние sérvice; ~ть atténd to, serve; supplý *(снабжать)*

обстано́вка 1) *(мебель и т.п.)* fúrniture 2) *(положе́-ние дела)* situátion 3) *(среда)* átmosphere

обстоя́тельство círcumstance

обстре́л fire; shélling *(ар-тиллери́йский)*; ~ивать, ~я́ть ópen fire (upón); shell *(ар-тиллери́йским огнём)*

обсу|ди́ть, ~жда́ть discúss; ~жде́ние discússion

обтека́емый stréamlined

обува́ться put on one's shoes

о́бувь fóotwear; shoes, boots

обузда́ть, обу́здывать curb

обусло́вить 1) *(ограничить условием)* stípulate (for) 2) *(быть причиной)* cause, call forth

обуч|а́ть teach, instrúct; ~е́ние instrúction; ~и́ть *см.* обуча́ть

обхо́д round; пойти́ в ~ go round

обходи́ть 1) *(вокруг)* go round 2) *(распространяться)* spread 3) *(избегать)* avóid; ~ молча́нием pass óver in sílence 4) *(закон и т.п.)* eváde

обходи́ться 1) *(без чего--л.)* mánage withóut 2) *(стоить)* cost, come to 3) *(обращаться)* treat

обши́рный exténsive, vast

обща́ться assóciate with, meet

общежи́тие hóstel

общеизве́стный well--knówn

общенаро́дный públic, nátional

обще́ние cóntact

обще́ственн|ик sócial (públic) wórker; ~ость públic, públic opínion; ~ый sócial, públic; ~ая рабо́та sócial work

о́бщество socíety

о́бщ|ий cómmon; géneral; для ~его по́льзования for géneral use; ничего́ ~его не

име́ет has nóthing to do with

общи́тельный sóciable

о́бщность commúnity

объедине́ние 1) *(союз)* únion 2) *(действие)* unificátion

объединённый uníted; combíned

объедин|и́ть(ся) *см.* объединя́ть(ся); ~я́ть, ~я́ться uníte

объезжа́ть go round, skirt

объе́кт óbject; *воен.* objéctive

объекти́в lens, objéctive

объекти́вный objéctive

объём vólume

объе́хать *см.* объезжа́ть; ~ весь мир have been all óver the world

объяви́ть *см.* объявля́ть

объявл|е́ние 1) annóuncement; advértisement 2) *(действие)* declarátion; ~я́ть decláre; annóunce

объясн|е́ние explanátion; ~и́ть(ся) *см.* объясня́ть(ся); ~я́ть expláin; ~я́ться expláin; have it out with *smb.* *(начистоту)*

объя́тие embráce

обыгра́ть, обы́грывать beat *smb.;* кого́-л. на пять рубле́й win five rúbles of smb.

обыкнове́н|но úsually, génerally; ~ный órdinary

о́быск search; ~а́ть *см.* обы́скивать

обы́скивать search

обы́ч|ай cústom; ~но

úsually; ~ный *см.* обыкновённый

обязанн|ость dúty; ~ый
oblíged; быть ~ым must *(сделать что-л.)*; owe *smth.*
(чем-л.); я емý мнóгим обязан I owe him much

обязáтель|но cértainly,
withóut fail; ~ный compúlsory; ~ство obligátion

обязáть, обя́зывать oblíge;
э́то ко мнóгому обя́зывает
that puts one únder great
obligátions

овёс oats *(мн. ч.)*

овла|девáть, ~дéть 1) take
posséssion of; seize 2) *(знаниями)* máster

óвощи végetables

овощнóй végetable; ~ магазин gréengrocer's, végetable
shop

оврáг ravíne

овцá sheep

овцевóдство shéep-
-breeding

овчáрка shéep-dog

оглавлéние (táble of)
cóntents

огласи́ть *см.* оглашáть

оглáска publícity

оглаш|áть 1) annóunce 2)
(предавать огласке) make
smth. públic; ~éние: не подлежи́т ~éнию not for
publicátion

оглóхнуть becóme deaf

оглуш|áть, ~и́ть 1) déafen
2) *(ударом)* stun

оглядéть exámine, look

óver; ~ся look round; look
abóut *(ориентироваться)*

огля|дываться, ~нýться
look back

óгненный fíery

огнеопáсный inflámmable

огнестрéльное орýжие
fire-arms *(мн. ч.)*

огнетуши́тель fire-extínguisher

огнеупóрный fíreproof

оговáривать, оговори́ть 1)
(обусловить) stípulate (for)
2) *(оклеветать)* slánder

оговóрка reservátion

огóнь 1) fire 2) *(свет)*
light

огорáживать fence (in),
enclóse

огорóд kítchen gárden

огороди́ть *см.* огорáживать

огорч|áть distréss, pain,
grieve; disappóint *(разочаровывать)*; ~éние grief,
sórrow; к моемý ~éнию to my
great disappóintment; ~и́ть
см. огорчáть

ограб|ить rob; ~лéние
róbbery; búrglary *(со взломом)*

ограда fence; wall *(стена)*

огра|ди́ть, ~ждáть protéct

огран|ичéние limitátion;
~и́ченный 1) límited 2) *(неумный)* nárrow-mínded;
~и́чивать, ~и́чить limit,
restríct

огрóмный huge, imménse

огурéц cúcumber

одарённый gífted, tálented

одевать dress; ~ся dress (oneself)

одежда clothes *(мн. ч.)*

одеколон eau-de-Cológne

одержать: ~ победу gain a victory

одеть(ся) *см.* одевать(ся)

одеяло blánket; quilt *(стёганое)*

один 1) one; ~ раз once; ~ и тот же the same 2) *(в одиночестве)* alóne

одинаков|о équally; ~ый idéntical, the same

одиннадца|тый eléventh; ~ть eléven

одино|кий lónely, sólitary; síngle *(холостой)*; ~чество sólitude

одна *см.* один

однажды once

однако howéver, (and) yet

одно *см.* один

одновременн|о simultáneously; at the same time; ~ый simultáneous

однообраз|ие monótony; ~ный monótonous

одноразовый: ~ шприц single-use sýringe

однородный homogéneous, úniform

односторонний óne-síded

одноэтажный one-stórey(ed)

одобрение appróval

одобр|ить, ~ять appróve (of)

одолевать, одолеть overcóme

одолж|éние fávour; ~ить *(дать взаймы)* lend

одурман|ить, ~ивать stúpefy

одуряющий: ~ запах héavy scent

одухотворённый inspíred

одушев|иться, ~ляться be inspíred by

ожесточ|áть hárden, embítter; ~éние violence; bítterness; ~ённый fierce; bítter

оживать come to life

оживить *см.* оживлять

оживл|éние 1) animátion 2) *(торговли, человека)* revíving; ~ённый ánimated; ~ять revíve; enlíven, bríghten up *(придавать бодрости)*

ожида|ние expectátion; ~ть expéct

ожирéние obésity

ожить *см.* оживать

ожог burn; scald *(кипятком, паром)*

озабóченный preóccupied; wórried

озаглáв|ить, ~ливать call, entítle

озелен|ить, ~ять plant vérdure

óзеро lake

озимые winter crops

озлоблéние embítterment; animósity *(враждебность)*

ознакóм|иться, ~ляться becóme acquáinted with; acquáint, familiarize onesélf with

ознаменовáть 1) *(отме-*

тить) signify, mark 2) *(от-
праздновать)* célebrate
означа́ть mean, signify
озно́б (fit of) shívering
озо́н ózone; ~овый: ~овый
слой ózone láyer
озя́бнуть be cold
оказа́ть(ся) *см.* ока́зы-
вать(ся)
ока́зывать rénder; ~ся 1)
turn out, prove (to be) 2)
(очути́ться) find onesélf
ока́нчивать fínish; ~ся end,
términate
океа́н ócean
о́кись óxide
оккуп|а́ция occupátion;
~и́ровать óccupy
окла́д sálary
окле́|ивать, ~ить paste; ~
обо́ями páper
окно́ window
око́вы fétters
о́коло 1) near, by; next to
(рядом) 2) *(приблизитель-
но)* abóut
оконча́|ние 1) terminátion;
end *(конец)* 2) *грам.* énding
3) *(учёбы)* graduátion; ~тель-
ный fínal
око́нчить(ся) *см.* ока́нчи-
вать(ся)
око́п trench
о́корок ham, gámmon
окра́ина *(города)* óutskirts
(мн. ч.)
окра́ска 1) *(действие)*
cólouring; páinting; *(ткани,
волос)* dýeing 2) *(цвет)* tint,
cólour
окре́пнуть grow strong

окре́стность néighbourhood
о́круг dístrict; избира́тель-
ный ~ eléctoral dístrict,
constítuency
округл|и́ть, ~я́ть round off
окруж|а́ть 1) surróund
(by) 2) *воен.* encírcle; ~е́ние
1) envíronment 2) *воен.*
encírclement 3) *(люди)* co-
-mátes; ~и́ть *см.* окружа́ть
окру́жность circúmference
октя́брь Octóber
окун|а́ть dip, plunge; ~а́ть-
ся plunge; ~у́ть(ся) *см.* оку-
на́ть(ся)
о́кунь perch
оку́рок *(сигареты)*
(cígarette-)butt; *(сигары)*
(cigár-)butt, cigár-stub
ола́дьи frítters
оле́нь deer; се́верный ~
réindeer
оли́вков|ый ólive; ~ое
ма́сло ólive oil
олимпи́йск|ий: ~ие и́гры
Olýmpic games
о́лово tin
омрач|а́ть cast a gloom
óver; ~а́ться get dark;
~и́ть(ся) *см.* омрача́ть(ся)
о́мут whírlpool
он he; *(для неодушевл.
предметов)* it
она́ she; *(для неодушевл.
предметов)* it
онда́тр|а músquash;
~овый: ~овая шу́ба músquash
coat
онеме́ть grow dumb
они́ they
онко́лог éxpert in oncólogy

онó it

опáздывать be late

опас|áться fear; ~éние fear

опáсн|ость dánger; ~ый dángerous

óпера ópera

оперáтор 1) óperator 2) *кино* cámeraman

операция operátion

опере|дúть,   ~жáть outstríp; be ahéad of, forestáll *(во времени)*

оперéние plúmage

оперéтта operétta, músical (cómedy)

оперúровать óperate

опечáтка mísprint

опúлки sáwdust *(ед. ч.)*

опирáться lean agáinst

опис|áние descríption; ~áть *см.* опúсывать

опúсывать 1) describe 2) *(имущество)* distráin

óпись list, invéntory

оплá|та páy(ment); ~тúть, ~чивать pay

оплеýха *разг.* slap in the face

оплóт strónghold

оплóшность cárelessness, slip, inadvértence

опозд|áние unpunctuálity; deláy *(задержка)*; ~áть *см.* опáздывать

опóмниться come to one's sénses, colléct onesélf

опóра suppórt

опóшл|ить, ~ять vúlgarize, debáse

оппозúция opposítion

оппонéнт oppónent

опрáва rim; sétting *(камня)*; frame *(очков)*

оправд|áние 1) justificátion; excúse 2) *юр.* acquíttal; ~áть(ся) *см.* опрáвдывать(ся)

опрáвдывать 1) excúse 2) *юр.* acquít; ~ся 1) excúse onesélf 2) *(сбываться)* prove true

определ|éние definítion; ~ённый définite; ~úть, ~ять defíne, detérmine

опро|вергáть,   ~вéргнуть refúte; ~вержéние refutátion

опрокúдывать, опрокúнуть upsét, overtúrn; knock óver

опромéтчивый rash, hásty

опрóс quéstioning; ~ общéственного мнéния públic poll

опрятный tídy, neat

óптика óptics

оптóвый whólesale

опубликовá|ние publicátion; ~ть públish

опускáть 1) lówer; ~ гóлову hang the head 2) *(пропускать)* omít, leave out; ~ся fall; sink *(погружаться)*; *перен.* detériorate

опустéть becóme émpty, becóme desérted

опустúть(ся) *см.* опускáться

опустош|áть lay waste, dévastate; ~éние devastátion

опухáть, опýхнуть swell (up)

óпухоль swélling, túmour

ОПЫ

опыт 1) expérience 2) (проба) expériment; ~ный 1) (знающий) expérienced 2) (научный) experiméntal

опять agáin

орава разг. mob, horde

оранжевый órange

оратор spéaker

орган órgan

орган муз. órgan

организ|атор órganizer; ~ация organizátion; Организация Объединённых Наций United Nátions Organizátion

организм órganism; constitútion (о здоровье)

организ|овать, ~овывать órganize

орден órder, decorátion; наградить ~ом décorate

орденоносец pérson décorated with an órder

орёл éagle

орех nut

оригинальный oríginal

оркестр órchestra; band (духовой)

оросить, орошать írrigate

орошение irrigátion

оруди|е 1) ímplement; tool; ínstrument; ~я производства means of prodúction 2) воен. gun

оружие wéapon; arms (мн. ч.)

орфография spélling

оса wasp

осада siege

осадить см. осаждать

осад|ки (атмосферные) precipitátions; ~ок sédiment

326

ОСЛ

осаждать воен. besíege

осанка cárriage, béaring

осваивать máster; ~ся feel at home

осведомитель infórmer

осведом|иться, ~ляться make inquíries, inquíre

осве|тить, ~щать illúminate, light (up); перен. throw light upón; ~щение 1) (действие) illuminátion; перен. elucidátion 2) (свет) light, líghting

освободитель líberator; ~ный líberating; emáncipatory

освобо|дить, ~ждать (set) free, líberate, reléase; ~ждéние reléase, liberátion

освоить(ся) см. осваивать(ся)

оседлать sáddle

осёдлый séttled

осёл ass, dónkey

осенний áutumn

осень áutumn; fall (амер.); ~ю in áutumn

осётр stúrgeon

осина asp

осколок splínter, frágment

оскорбить см. оскорблять

оскорб|лéние ínsult; ~лять insúlt

ослабевать, ослабеть becóme weak

ослабить, ослаблять 1) wéaken 2) (уменьшить напряжение) reláx

ослеп|ительный dázzling; ~ить см. ослеплять; ~лéние blíndness; ~лять blind; перен. dázzle ослёпнуть go blind, lose one's sight

осложн|ёние complicátion; ~йть, ~ять cómplicate

ослы́шаться mishéar

осмáтривать inspéct, exámine; look at *(картины)*; go óver *(здание, завод и т.п.)*

осмéли|ваться, ~ться dare

осмóтр inspéction, examinátion

осмотрéть *см.* осмáтривать

осмотрйтельность cáution

оснóв|a base; básis; ~áние foundátion; *перен.* ground, réason; ~áтель fóunder; ~áтельный sólid; well-gróunded *(обоснованный)*; ~áть *см.* оснóвывать; ~нóй príncipal; fundaméntal

оснóвывать found

осóбенн|о espécially, partículary; in partícular; ~ость peculiárity; в ~ости espécially, partícularly; ~ый spécial; partícular

осóбый spécial; partícular

óспа smáll-pox

оспáривать contést, dispúte

оставáться 1) stay; remáin 2) *(быть оставленным)* be left; ~ на вторóй год fail to get one's remóve

остáв|ить, ~лять leave; abándon *(покинуть)*; ~ить в покóе leave *smb.* alóne

остальн|óе the rest; ~óй the rest of; ~ые the óthers *(о людях)*

останáвливать stop; ~ся stop; stay at *(в гостинице и т.п.)*; ни перед чём не ~ся stop at nóthing

остан|овйть(ся) *см.* останáвливать(ся); ~óвка stop

остáток remáinder, the rest; rémnant *(о материале)*

остáться *см.* оставáться

остерегáться be cáreful; bewáre (of), look out for

осторóжн|ость cáution; cárefulness; ~ый cáutious, cáreful

острие́ point; edge *(лезвия)*

острйть joke, jest

óстров ísland

острóта *(остроумное выражение)* joke, wítticism; wísecrack *(амер.)*

острота́ 1) *(ножа)* shárpness 2) *(положения и т.п.)* acúteness 3) *(слуха, зрения)* kéenness

остроýм|ие wit; ~ный wítty; ~ное изобретéние ingénious invéntion

óстрый sharp; *перен. тж.* keen

остывáть, остыть get cold, cool (down)

осудйть *см.* осуждáть

осужд|áть 1) *(порицать)* blame; críticize 2) *(приговаривать)* séntence; ~éние 1) *(порицание)* blame, cénsure, críticism 2) *(приговор)* convíction

осуществ|йть *см.* осуществлять; ~лéние realizátion;

~лять cárry out; réalise; fulfíl, accómplish

осыпа́ть, осы́пать strew with, cóver with; ~ся fall

ось áxis; *тех.* áxle

осяза́|ние sense of touch; ~тельный tángible; ~ть feel

от from; of; от Москвы́ from Móscow

отбива́ть 1) beat off *(неприятеля, атаку)*; retúrn *(мяч)* 2) *(отламывать)* break off

отбивна́я chop

отбира́ть 1) *(отнимать)* take awáy 2) *(выбирать)* choose, seléct; pick out

отби́ть *см.* отбива́ть

отбо́р seléction; ~ный seléct, picked

отбра́сывать, отбро́сить throw asíde, rejéct

отбро́сы waste, réfuse; gárbage *(мусор)*

отбыва́ть, отбы́ть *(уехать, уйти)* depárt (from), leave ◇ ~ наказа́ние serve a séntence

отва́|га brávery, cóurage; ~жный féarless, courágeous

отва́р broth

отверга́ть, отве́ргнуть rejéct

отверну́ться *см.* отвора́чиваться

отве́рстие ópening, áperture, órifice

отвёртка scréwdriver

отве́с plúmmet

отве́сный vértical plumb; sheer *(о скале и т.п.)*

отвести́ *см.* отводи́ть

отве́т ánswer, replý; ~ить *см.* отвеча́ть

отве́тственн|ость responsibílity; ~ый respónsible; ~ый рабо́тник exécutive

отвеча́ть 1) ánswer, replý 2) *(за что-л.)* be respónsible for, ánswer for

отвлека́ть distráct, divért; ~ся *(от темы)* wánder from, digréss

отвлечённый ábstract

отвле́чь(ся) *см.* отвлека́ть(ся)

отводи́ть 1) lead, take; draw *smb.* asíde *(в сторону)* 2) *(отвергать)* rejéct 3) *(помещение, участок земли)* allót

отвора́чиваться turn awáy (from)

отвор|и́ть, ~я́ть ópen

отвра|ти́тельный disgústing; ~ще́ние disgúst

отвыка́ть, отвы́кнуть becóme unaccústomed to; ~ от куре́ния get out of (lose) the hábit of smóking

отвяза́ть, отвя́зывать untíe, unfásten; ~ся 1) get loose, come undóne 2) *разг. (отделяться)* get rid (of), shake off

отгада́ть *см.* отга́дывать

отга́д|ка ánswer, solútion; ~ывать guess

отгово́рка excúse, prétext

отдава́ть, отда́ть give; give back, retúrn *(возвраща́ть)*

отде́л depártment; ~е́ние

1) *(действие)* separátion 2) *(часть чего-л.)* séction; divísion; ~éние милúции lócal milútia státion; ~úть *см.* отделять

отдéлка *(украшение)* trímming

отдéльный séparate; indivídual

отделять séparate

отдохнуть *см.* отдыхáть

óтдых rest; ~áть rest

отéц fáther

отéчественный nátive; home; Велúкая Отéчественная войнá the Great Patriótic War

отéчество nátive land, móther cóuntry, fátherland

óтзыв opínion; recommendátion; revíew *(рецензия)*; дать хорóший ~ speak well of

отзывáть recáll

отзывáться 1) *(о ком-л.)* speak 2) *(отвечать)* respónd

отзывчивый respónsive

откáз refúsal; ~áть(ся) *см.* откáзывать(ся); ~ывать refúse; ~ываться 1) refúse, declíne 2) *(от)* give up

отклáдывать 1) *(в сторону)* lay asíde 2) *(про запас)* lay up 3) *(отсрочивать)* put off, deláy

óткл|ик respónse; écho; ~икáться, ~úкнуться respónd

отклонéние deviátion

отклон|úть, ~ять declíne, rejéct

откóрмленный fat, fátted

откóс slope

откровéнн|ость fránkness; ~ый frank

открывáлка *разг.* ópener

открывáть 1) ópen 2) *(делать открытие)* discóver 3) *(разоблачать)* expóse

откры́т|ие 1) ópening 2) *(научное)* discóvery; ~ка póstcard; ~ый ópen

откры́ть *см.* открывáть

откуда where... from; ~-нибудь from sómewhere or óther

откупор|ивать, ~ить uncórk, ópen

откусúть, откусывать bite off

отлúв I ebb, low (fálling) tide

отлúв II *(оттенок)*: с крáсным, зелёным ~ом shot with red, green

отличáть distínguish; ~ся 1) differ from 2) *(выделяться)* distínguish onesélf (by) 3) *(характеризоваться чем-л.)* be remárkable for

отлúч|ие distínction; знáки ~ия insígnia

отличúть *см.* отличáть; ~ся *см.* отличáться 2)

отлúчный *(превосходный)* éxcellent

отлóгий slóping

отложúть *см.* отклáдывать

óтмель sándbank, shállow

отмéн|а abolítion *(упразднение)*; revocátion *(закона)*; ~úть, ~ять cáncel, abólish

отмé|тить, ~чáть mark, note

отнести́ *см.* относи́ть; ~сь *см.* относи́ться 1)

отнима́ть 1) take awáy 2) *(ампутировать)* ámputate

относи́тельно concérning, regárging

относи́тельный rélative .

относи́ть cárry (awáy); ~ся 1) *(обращаться с кем-л.)* treat; хорошо́ ~ся like; пло́хо ~ся dislíke 2) *(иметь отношение)* concérn, applý to

отноше́н|ие 1) *(связь)* relátion; не име́ть ~ия к чему́-л. have nóthing to do with 2) *(позиция)* áttitude 3) *(обращение)* tréatment

отню́дь: ~ не by no means; ánything but

отня́ть *см.* отнима́ть

отобра́ть *см.* отбира́ть

отовсю́ду from éverywhere

отодвига́ть, отодви́нуть move asíde (back)

отождеств|и́ть, ~ля́ть idéntify (with)

отозва́ть *см.* отзыва́ть; ~ся *см.* отзыва́ться

отойти́ *см.* отходи́ть

отомсти́ть revénge onesélf upón

отопле́ние héating

оторва́ть(ся) *см.* отрыва́ть(ся)

отосла́ть *см.* отсыла́ть

отпада́|ть, отпа́сть fall off; вопро́с ~ет the quéstion no lónger aríses

отпере́ть *см.* отпира́ть

отпеча́ток ímprint; ~ па́льца fínger-print

отпира́ть ópen; unlóck *(ключом)*

отплати́ть repáy

отплыва́ть, отплы́ть sail

отпо́р rebúff; дать ~ rebúff

отправи́тель sénder

отпра́в|ить(ся) *см.* отправля́ть(ся); ~ка dispátch; ~ле́ние 1) *(поезда и т.п.)* depárture 2) *(обязанностей)* perfórmance; ~ля́ть send, dispátch; ~ля́ться set off, leave (for)

о́тпус|к hóliday(s), leave; vacátion; ~ка́ть, ~ти́ть let go; set free

отрав|и́ть *см.* отравля́ть; ~ле́ние póisoning; ~ля́ть póison

отраж|а́ть 1) *(о свете и т.п., тж. перен.)* refléct 2) *(отбивать)* repúlse, párry; ~е́ние 1) *(света и т.п., тж. перен.)* refléction 2) *(нападения)* repúlse, wárding off

отрази́ть *см.* отража́ть

о́трасль branch

отраст|а́ть, ~и́ grow

отре́з|ать, ~а́ть cut off

отре|ка́ться renóunce; ábdicate *(от престола)*; ~че́ние renunciátion; abdicátion *(от престола)*

отре́чься *см.* отрека́ться

отрица́|ние deníal; ~тельный négative; ~ть dený

отрыва́ть tear awáy (off, from); ~ся 1) come off 2) *(отвлекаться от чего-л.)* tear onesélf awáy (from)

отры́вок frágment; *(из*

текста   тж.)   éxtract, pássage

отря́д detáchment

отсро́ч|ивать, ~ить postpóne, put off; ~ка postpónement

отстава́ть lag behínd; be slow *(о часах)*

отста́вка resignátion

отста́ивать deffénd

отста́л|ость báckwardness; ~ый báckward

отста́ть *см.* отстава́ть

отстоя́ть *см.* отста́ивать

отступ|а́ть, ~и́ть retréat; *перен.* recóil; ~ле́ние retréat

отсу́тств|ие 1) ábsence 2) *(неимение)* lack (of); ~овать be ábsent

отсыла́ть send awáy (off)

отсю́да from here; *перен. (из этого)* hence

отта́лки|вать push awáy; ~вающий repúlsive

отте́нок shade

о́ттепель thaw

оттесн|и́ть, ~я́ть drive back

о́ттиск impréssion; print

оттого́ thérefore; ~ что becáuse

оттолкну́ть *см.* отта́лкивать

отту́да from here

отупе́ние stupefáction, stúpor

отходи́ть leave, go awáy from

отхо́ды *мн.* waste (próducts), scrap

отцве|сти́, ~та́ть cease blóoming; fade *(увянуть);* ро́зы ~ли́ the róses are óver

отча́сти pártly

отча́ян|ие despáir; ~ный désperate

отчего́ why

о́тчество patronýmic

отчёт accóunt; repórt *(доклад)* ◊ отдава́ть себе́ ~ réalise

отчётливый distínct

о́тчим stépfather

отчита́ться, отчи́тываться give an accóunt

отше́льник hérmit; *перен.* reclúse

отъе́зд depárture

отыска́ть find

оты́скивать search for, look for

офице́р ófficer

официа́льный offícial

официа́нт wáiter; stéward *(на судне, самолёте)*

офо́рм|ить, ~ля́ть 1) *(придать форму)* put ínto shape 2) *(узаконить)* légalise

охвати́ть, охва́тывать embráce, compríse

охла|ди́ть, ~жда́ть cool down; ~жда́ться becóme cool

охо́та I húnting, shóoting

охо́та II *(желание)* inclinátion; desíre

охо́т|иться hunt, shoot; *перен.* run áfter; ~ник húnter

охо́тно willingly; gládly

охра́н|а 1) *(действие)* guárding 2) *(стража)* guard; ~я́ть guard

охри́пнуть becóme hoarse

оце́н|ивать, ~и́ть éstimate;
~ка 1) evaluátion; estimátion
2) *(отметка)* mark

оча́г 1) hearth; дома́шний
~ home 2) *(рассадник)*
céntre, hótbed

очар|ова́тельный chárming, fáscinating; ~ова́ть,
~о́вывать charm, fáscinate

очеви́дец éyewitness

очеви́дно évidently, appárently *(как будто)*;
óbviously *(несомненно)*

о́чень véry; véry much; ~
хо́лодно it's véry cold; я его́ ~
уважа́ю I respéct him véry much

очередн|о́й 1) the next in
turn 2) *(обычный)* the úsual;
~ое недоразуме́ние the úsual
misunderstánding

о́чередь 1) turn 2)
(хвост) queue, line

о́черк sketch; éssay

очи́стить, очища́ть 1)
clean, púrify 2) *см.* чи́стить
2)

очки́ spéctacles, glásses;
(защитные) góggles

очко́ *спорт.* point, score

очну́ться regáin cónsciousness, come to onesélf

о́чн|ый: ~ая ста́вка
confrontátion

очути́ться find onesélf

ошиб|а́ться, ~и́ться make
a mistáke; be mistáken; be
wrong

оши́б|ка mistáke; érror
(заблуждение); по ~ке by
mistáke

оши́бочно erróneously, by
mistáke

оштрафова́ть fine

о́щупью by touch

ощути́тельный percéptible,
tángible

ощу|ти́ть, ~ща́ть feel;
~ще́ние féeling, sensátion

П

павильо́н pavílion

павли́н péacock

па́дать fall

паде́ж *грам.* case

паде́ние fall

па́дчерица stépdaughter

паёк rátion

пай share; вступи́тельный
~ inítial shares *(мн. ч.)*;
~щик sháreholder

паке́т pácket, párcel; для
вас ~ there's a létter for you

пала́та 1) *(больничная)*
ward 2) *(учреждение)* chámber; ~ о́бщин the House of
Cómmons; ~ мер и весо́в
Board of Weights and
Méasures

пала́тка 1) tent 2) *(ларёк)*
booth, stall

пала́ч hángman; *перен.*
bútcher

па́лец fínger *(руки)*; toe
(ноги)

па́лка stick

пало́мник pílgrim

па́луба deck

па́льма pálm(-tree)

пальто́ (óver)coat

па́мятник mónument; memórial *(тж. перен.)*

па́мять 1) mémory; плоха́я ~ poor mémory 2) *(воспоминание)* recolléction, remémbrance

па́ника pánic

панихи́да fúneral sérvice

панора́ма panoráma

пансио́н 1) *(школа)* bóarding-school 2) *(гостиница)* bóarding-house

панте́ра pánther

па́па I *(отец)* papá, dáddy

па́па II *(глава католической церкви)* Pope

па́пка file

па́поротник fern

пар I steam

пар II *с.-х.* fállow

па́ра pair

пара́граф páragraph

пара́д paráde; *воен.* revíew; ~ный gála; ~ная дверь front door

парализова́ть páralyse

парали́ч parálysis

паралле́ль párallel

парапсихоло́гия parapsychólogy

парашю́т párachute; ~и́ст párachutist, párachute-jumper

па́рень féllow, chap

пари́ bet; держа́ть ~ (lay a) bet

пари́к wig

парикма́хер háirdresser; bárber; ~ская háirdressing salóon; the háirdresser's *(разг.);* the bárber's *(мужская)*

парите́т párity

парк park

парке́т párquet

парла́мент párliament

парни́к fórcing-frame

па́рный mátching; twin(-), pair

парово́з stéam-engine

парово́й steam(-)

паро́ль pássword

паро́м férry(-boat)

парохо́д stéamer, (stéam) ship

па́рта desk

парте́р *театр.* pit; stalls *(мн. ч.) (передние ряды)*

партиза́н guerílla; ~ский guerílla(-); ~ская война́ guerílla wárfare

парти́йность Párty-membership

па́ртия 1) párty; член па́ртии mémber of the Párty, Párty-member 2) *(отряд)* detáchment; párty 3) *(товара)* batch, consígnment 4) *(в игре)* game 5) *муз.* part

партнёр pártner

па́рус sail

паруси́на cánvas; tarpáulin *(просмолённая)*

парфюме́рия perfúmery

па́сека ápiary

па́смурный dull, místy, clóudy; *перен.* glóomy, súllen

пасова́ть pass

па́спорт pássport

пассажи́р pássenger; ~ский pássenger(-)

пассивный pássive
па́ста paste; зубна́я ~ tóoth-paste
па́стбище pásture
пасти́, ~сь graze
пасту́х shépherd
пасть I *гл.* fall
пасть II *сущ.* jaws *(мн. ч.)*; mouth
Па́сха Éaster
па́сынок stépson
пате́нт pátent, lícence
патрио́т pátriot; ~и́зм pátriotism; ~и́ческий patriótic
патро́н *воен.* cártridge
патру́ль patról
па́уза pause
пау́к spíder
паути́на cóbweb, spíder's web
паха́ть plough, till
па́хнуть smell
пацие́нт pátient
па́чка búndle; pack, pácket *(папирос)*
па́чкать soil, stain
па́шня árable
паште́т paste, pâté
пая́ть sólder
пев|е́ц, ~и́ца sínger
педаго́г téacher; ~ика pedagógics; ~и́ческий pedagógical
педа́ль pédal
пейза́ж view, lándscape
пека́рня bákery
пелена́ть swáddle
пелёнка nápkin; díaper *(амер.)*
пельме́ни pelméni, meat dúmplings

пе́на foam
пе́ние sínging
пе́нка skin
пенсионе́р pénsioner
пе́нсия pénsion
пень trée-stump
пе́пел ásh(es)
пе́пельница ásh-tray
пе́пельный áshy
пе́рвенство 1) priórity 2) *спорт.* chámpionship
первобы́тный prímitive
первокла́ссный fírst-rate
первоку́рсник fírst-year man (stúdent)
первонача́льный oríginal
первосо́ртный fírst-rate; best quálity *(о товаре)*
пе́рвый first
перебе|га́ть, ~жа́ть cross, run acróss
перебива́ть *(прерывать)* interrúpt
переби́ть I см. перебива́ть
переби́ть II 1) *(уничтожить)* kill, extérminate 2) *(посуду и т.п.)* break
перебр|а́сывать, ~о́сить 1) throw *smth.* óver 2) *(войска, грузы)* transfér
перева́л pass
перева́р|ивать, ~и́ть 1) overdó 2) *(о желудке)* digést
перевезти́ см. перевози́ть
переверну́ть, перевёртывать turn *smth.* óver
перевести́ см. переводи́ть
перево́д 1) *(в другое место)* tránsfer 2) *(на другой язык)* translátion; interpretátion *(устный)* 3) *(де-*

нежный) remíttance; почтóвый ~ póstal órder; ~и́ть 1)
(в другое место) transfér,
move 2) *(на другой язык)*
transláte; intérpret *(устно)*
3) *(деньги)* remít; ~чик
translátor; intérpreter *(устный)*

перевози́ть transpórt

перевóзка tránsport,
transportátion

переворóт óverturn; revo-
lútion

перевы́боры (re-)eléctions

перевыполнéние overful-
filment

перевы́полн|ить, ~я́ть
excéed

перевяза́ть *см.* перевя́зы-
вать

перевя́з|ка 1) bándage 2)
(действие) dréssing; ~ывать
1) *(верёвкой)* tie up 2) *(пе-
ребинтовывать)* bándage;
dress *(рану)*

перегна́ть *см.* перегоня́ть

переговóры negotiátions;
воен. párley *(ед. ч.)*

перегоня́ть outstríp; outrún

перегорóдка partítion

перегру|жа́ть, ~зи́ть
overlóad

перегру́зка overwórk

перегр|ыза́ть, ~ы́зть gnaw
through

пéред 1) *(у)* in front of 2)
(до) befóre; ~ обéдом befóre
dinner

перёд front

передава́ть 1) pass; give;
hand *(вручать)* 2) *(по ра-*

дио) bróadcast 3) *(сообщать)* tell

передáтчик *радио* trans-
mítter, transmítting set

переда́ть *см.* передава́ть

передáча 1) *(действие)*
tránsfer, hánding óver *(вруче-
ние)* 2) *(по радио)* bróadcast
3) *тех.* gear, transmíssion

передвигáть move; shift;
~ся move

передвижéн|ие móvement;
срéдства ~ия means of
communicátion

передви́нуть(ся) *см.* пере-
двигáть(ся)

передéл|ать álter; ~ка
alterátion

передний front

передник ápron

передняя hall

передовáя *(статья в газете)* léader; editórial

передовóй advánced,
progréssive

переду́мать change one's
mind

переды́шка réspite

переéзд 1) pássage; cróssing 2) *(на другое место)*
remóval

пере|езжáть, ~éхать 1)
(через что-л.) cross 2) *(на
другое место)* move

пережива́ть *(испыты-
вать)* go through, expérience

пережи́ток survíval

пережи́ть 1) *см.* пережи-
ва́ть 2) *(кого-л.)* survíve,
outlíve

переиз|бира́ть, ~бра́ть re-eléct

переизд|ава́ть repúblish; reprínt; ~а́ние reprínt; reíssue; ~а́ть *см.* переиздава́ть

перейти́ *см.* переходи́ть

пе́рекись *хим.* peróxide; ~ водоро́да hýdrogen peróxide

перекла́дывать 1) shift, place sómewhere else 2) *(на му́зыку)* set to músic

перекли́чка róll-call

переключ|а́ть(ся), ~и́ть (ся) switch

перекрёстный: ~ допро́с cróss-examinátion; ~ ого́нь cróss-fire

перекрёсток cróss-roads; interséction, júnction

перекуси́ть *разг.* have a snack

перелёт 1) flight 2) *(птиц)* migrátion

пере|лета́ть, ~лете́ть fly óver, fly

перелива́ние: ~ кро́ви *мед.* transfúsion of blood

пере|лива́ть, ~ли́ть pour *smth.* (from... ínto...)

переложи́ть *см.* перекла́дывать

перело́м 1) *(кости)* frácture 2) *(кризис)* crísis 3) *(поворотный пункт)* túrning-point

переме́н|а 1) change 2) *(в школе)* ínterval; ~и́ть, ~и́ться change

перемеша́ть mix; ~ся get mixed

переми́рие ármistice, truce

перенаселе́ние overpopulátion

перенести́ I, II *см.* переноси́ть I, II

переноси́ть I 1) *(куда-л.)* cárry, transfér 2) *(откладывать)* postpóne, put off

переноси́ть II *(боль и m. n.)* endúre, stand, bear

перено́сица bridge of the nose

перено́сн|ый: в ~ом смы́сле fíguratively, in the fígurative méaning

пере|одева́ться 1) change one's clothes 2) *(с целью маскировки)* dress up (as); disguíse onesélf as; ~оде́тый disguíse; ~оде́ться *см.* переодева́ться

переосмысле́ние revaluátion

переоце́н|ивать, ~и́ть overráte, overéstimate

перепа́лка *разг.* héated árgument

перепеча́тать reprínt; type

переписа́ть *см.* перепи́сывать

перепи́ска 1) *(действие)* cópying; týping *(на машинке)* 2) *(корреспонденция)* correspóndence, létters

перепи́сывать 1) cópy; type *(на машинке)*; rewríte *(заново)* 2) *(составлять список)* make a list (of); ~ся correspónd (with)

пе́репись *(населения)* cénsus

переплести́ *см.* переплета́ть

переплёт bínding, (bóok-) cover

переплета́ть *(кни́гу)* bind

пере|плыва́ть, ~плы́ть swim acróss; cross *(в ло́дке, на парохо́де)*

перепо́лненный overcrówded

перепо́лох commótion

перепра́ва 1) *(брод)* ford 2) *(вре́менная)* témporary (flóating) bridge 3) *(на паро́ме, ло́дке)* férry

перепроизво́дство *эк.* overprodúction

перепры́г|ивать, ~нуть jump óver

перепу́тать entángle; confúse

перераст|а́ть, ~и́ devélop (ínto)

перере́з|ать, ~а́ть cut; cut off *(отре́зать)*

перере́рыв ínterval, break

пересади́ть *см.* переса́живать

переса́дка 1) *(расте́ний)* transplantátion 2) *ж.-д.* transfér, change

переса́живать 1) *(расте́ние)* transplánt 2) *(кого́-л.)* make *smb.* change pláces; ~ся change seats *(на друго́е ме́сто)*; change trains *(на друго́й по́езд)*

пересека́ть cross

пересел|е́ние migrátion; ~и́ться, ~я́ться migráte; move *(на но́вую кварти́ру)*

пересе́сть *см.* переса́живаться

пересе́чь *см.* пересека́ть

переска́з narrátion, relátion

пересла́ть *см.* пересыла́ть

пересма́тривать, пересмотре́ть revíse, review, reconsíder *(реше́ние)*

пересоли́ть oversált

переспе́лый overrípe

переспр|а́шивать, ~оси́ть ask agáin

перест|ава́ть, ~а́ть stop, cease

перестр|а́ивать, ~о́ить 1) reconstrúct 2) *(реоргани́зовать)* reórganize; ~о́йка 1) reconstrúction 2) *(реоргани́зация)* reorganizátion 3) *полит.* perestróika

пересыла́ть send

переу́лок síde-street, bý-street

переутом|и́ться, ~ля́ться tire onesélf out

перехо́д 1) pássage; *воен.* march 2) *(превраще́ние)* transítion; convérsion

переходи́ть 1) pass, cross, go óver 2) *(превраща́ться)* turn 3) *(в други́е ру́ки)* pass (to); change (hands)

перехо́дный 1) transítional 2) *грам.* tránsitive

пе́рец pépper

пе́речень list

переч|ёркивать, ~еркну́ть cross out

перечи́сл|ить, ~я́ть enúmerate

пе́речница pépper-box

перешáг|ивать, ~нýть step óver, cross

перешéек ísthmus

перúла ráil(ing); bánisters (*лестницы*)

перúод périod

перламýтр móther-of-pearl

перó 1) (*птичье*) féather; plume (*поэт.*) 2) (*для письма*) pen

перочúнный: ~ нож pénknife

пéрсик peach

персонáж cháracter

персонáл staff

перспектúва 1) perspéctive 2) (*виды на будущее*) óutlook

пéрхоть dándruff

перчáтка glove

песéц pólar fox

пéсня song

песóк sand ◇ сáхарный ~ gránulated súgar

пёстрый mótley, gay; *перен.* mixed

пéтля 1) loop 2) búttonhole (*для пуговицы*); eye (*для крючка*) 3) (*в вязании*) stitch 4) (*окна, двери*) hinge

петрýшка *бот.* pársley

петýх cock

петь sing

пехóта ínfantry

печáль grief, sórrow; ~ный sad, móurnful

печáтать print; ~ на машúнке type; ~ся 1) (*быть в печати*) be in print 2) (*печатать свои произведения*) write for; appéar in

печáть I seal, stamp

печáт|ь II 1) (*пресса*) press 2) (*печатание*) print; вы́йти из ~и come out, be públished 3) (*шрифт*) print, type

пéчень líver

печéнье bíscuit

печь I *сущ.* stove; óven (*духовая*); *тех.* fúrnace

печь II *гл.* bake

пешехóд pedéstrian

пéшка *шахм.* pawn

пешкóм on foot

пещéра cave

пианú|но (úpright) piáno; ~ст piánist

пúво beer

пиджáк coat

пижáма pyjámas (*мн.ч*)

пúки *карт.* spádes

пикнúк pícnic

пил|á saw; ~úть saw; *перен.* nag, péster

пилóт pílot

пилю́ля pill

пиóн péony

пионéр pionéer

пионервожáтый pionéer léader

пир feast

пирóг pie; tart (*сладкий*)

пирóжное cake

пирожóк pátty

писáтель wríter

писáть write

пистолéт pístol

писчебумáжн|ый: ~ магазúн státioner's; ~ые принадлéжности státionary (*ед.ч.*)

пúсьменн|ый wríting(-);

written; ~ стол writing-table, desk; ~ая рабóта written work

письмó létter

питá|ние nóurishment; ~тельный nóurishing; ~ться live (on), feed (on)

питóмник núrsery (gárden)

пить drink

пи́шущ|ий: ~ая маши́нка týpe-writer

пи́ща food

пища́ть squeak

пищеваре́ние digéstion

пла́вание 1) (вид спорта) swímming 2) (на судах) navigátion; vóyage, trip (путешествие)

пла́вать 1) swim; float (на поверхности воды) 2) (на судах) návigate, sail, cruise

пла́вить melt, smelt; ~ся melt

пла́вки swímming, báthing trunks

плака́т póster

пла́кать weep, cry

пла́мя flame

план plan

планёр glíder

плане́та plánet

плани́ровать plan

пла́но|вый planned; ~мéрный systemátic; planned

пла́стик plástic

пласти́нка 1) plate 2) (для проигрывания) disk

пластма́сса plástic

пла́стырь pláster

пла́та páyment; fare (за проезд)

платёж páyment

пла́тина plátinum

плати́ть pay; ~ нали́чными pay in cash

платóк shawl; носовóй ~ hándkerchief

платфóрма 1) (перрон) plátform 2) (вагон) truck 3) (полит. программа) plátform

пла́тье 1) (женское) dress, gown 2) (одежда) clothes (мн.ч.), clóthing

плацка́рта ж.-д. resérved seat

плач wéeping; ~éвный lámentable

плащ ráincoat

плева́ть spit

плед rug; plaid

пле́мя tribe

племя́нн|ик néphew; ~ица niece

плен captívity; взять в ~ take smb. prísoner, cápture

плёнка film

пле́нн|ик, ~ый prísoner

пле́нум plénum

пле́сень mould

плеск splash; lápping (волн)

плести́ weave (корзину, кружево); spin (паутину)

плести́сь drag alóng

плечó shóulder

плита́ (кухонная) cóoking range; gás-stove (газовая)

пли́тка 1) slab; bar (шоколада) 2): электри́ческая ~ eléctric stove

пловéц swímmer

плод fruit

плодоро́дный fértile

плодотво́рный frúitful

пло́мб|а 1) seal 2) *(зуб-
ная)* stópping; fílling *(амер.)*; поста́вить ~y stop a tooth; fill a tooth *(амер.)*

пло́ский 1) flat 2) *(по-
шлый)* banál

плот raft

плоти́на dam, dike

пло́тник cárpenter

пло́тн|ость dénsity; ~ый dense

пло́х|о bád(ly); not good; not well; он ~ себя́ чу́вствует he doesn't feel well; ~о́й bad

площа́дка 1) ground 2) *(для игр)* pláyground; (spórts-)ground *(спортив-
ная)*; те́ннисная ~ ténnis-
-court 3) *(лестницы)* lánding 4) *(вагона)* plátform

пло́щадь 1) square 2) *мат.* área

плуг plough

плут cheat; ~ова́ть cheat

плыть *см.* пла́вать

плю́нуть *см.* плева́ть

плюс 1) *мат.* plus 2) *(преимущество)* advántage

пляж beach

пляса́ть dance

по 1) *(на)*: идти́ по траве́ walk on the grass 2) *(вдоль)* alóng 3) *(посредством; со-
гласно)* by; óver; по по́чте by post; по ра́дио óver the rádio; по распоряже́нию by órder 4) *(вследствие)* by; *(из-за)* through; по оши́бке by mistáke; по чьей-л. вине́

through smb.'s fault 5) *(при обозначении времени)* in, at, on; по ноча́м at nights; по вечера́м in the évenings; по суббо́там on Sáturdays 6) *(при разделении)*: по́ два, по́ три two, three each 7) *(до)* to; up to; по по́яс (up) to one's waist

побе́г I *(бегство)* escápe, flight

побе́г II *(росток)* sprout, shoot

побе́д|а víctory; ~и́тель wínner, víctor; ~и́ть *см.* побежда́ть; ~оно́сный victórious

побежда́ть win; *(преодолевать)* cónquer

побере́жье sea coast

поби́ть beat

побледне́ть turn pale

побли́зости near

побо́и béating *(ед.ч.)*

побу|ди́ть, ~жда́ть impél

побужде́ние mótive, indúce-
ment

побыва́ть be, vísit

по́вар cook

поведе́ние behávious, cón-
duct

повели́тельный impérative, authóritative

пове́рить belíeve

поверну́ть(ся) *см.* повора́-
чивать(ся)

пове́рх óver

пове́рхностный superfícial

пове́рхность súrface

пове́сить hang

пове́стка nótice; súmmons

(в суд) ◇ ~ дня agénda, órder of the day

повесть stóry

повидáться see one anóther, meet

по-вѝдимому appárently

повѝдло jam

повинов|áться obéy; submít (to); ~éние obédience; submíssion (to)

пóвод occásion; réason; по ~y in connéction with

повора́чивать, ~ся turn

поворóт túrning *(дороги);* bend *(реки); перен.* túrning-point

повре|дѝть, ~жда́ть hurt; spoil *(машину и т. п.);* ~жде́ние ínjury; dámage *(о вещах)*

повсю́ду éverywhere

повтор|éние repetítion; ~ѝть, ~я́ть repéat

повы́сить(ся) *см.* повыша́ть(ся)

повыш|áть raise; ~áться rise; ~éние rise

повя́зка bándage

погасѝть put out, extínguish; ~ свет turn off the light

погибáть, погѝбнуть pérish

погло|тѝть, ~ща́ть absórb

поговóрка sáying

погóда wéather

погранѝчн|ик fróntier-guard; ~ый fróntier(-)

пóгреб céllar

погребéние intérment, búrial

погремýшка ráttle

погружáть plunge; ~ся sink, plunge (ínto)

погрузѝть(ся) *см.* погружáть(ся)

погрýзка lóading

погубѝть rúin

погуля́ть stroll, take a walk

под 1) únder 2) *(около)* near 3) *(накануне)* on the eve of 4) *(наподобие)* in imitátion 5) *(в сопровождении)* to; петь ~ мýзыку sing to músic ◇ ~ дождём in the rain; ~ вéчер towárds évening; ~ ýтро towárds mórning

подавáть give; serve *(за столом);* ~ заявлéние hand in an applicátion

подав|ѝть *см.* подавля́ть; ~лéние suppréssion

подáвленный depréssed, dispírited

подавля́ть suppréss

подарѝть give; presént *smb.* with

подáрок presént, gift

подáть *см.* подавáть

подáча *спорт.* sérvice, serve

подбирáть 1) *(поднимать)* pick up 2) *(отбирать)* seléct 3) *(мелодию)* play by ear

подбóр seléction

подборóдок chin

подвáл 1) básement 2) *(погреб)* céllar

подвезтѝ *(попутно)* give a lift

подвергáть expóse (to); ~ся

be expósed (to); udergó *(ис-пытанию)*

подвéр|гнуть(ся) *см.* подвергáть(ся); ~женный súbject (to)

подвестú *см.* подводúть

пóдвиг éxploit, feat

подвижнóй móbile

подвúжный *(о человеке)* áctive, lívely

подвúнуть move; ~ся 1) *(вперёд)* advánce 2) *(посторонúться)* make room; ~ся блúже draw néarer

подводúть 1) lead *smb.* up to 2) *(ставить в неприятное положение)* let *smb.* down ◇ ~ итóг sum up

подвóдный súbmarine

подгот|áвливать prepáre; ~овúтельный prepáratory; ~óвить *см.* подготáвливать; ~óвка preparátion; *(обучение)* tráining

пóддан|ный súbject; ~ство cítizenship

поддéл|ать *см.* поддéлывать; ~ка fórgery *(документа);* imitátion *(вещи);* ~ывать forge; cóunterfeit *(деньги)*

поддержáть *см.* поддéрживать

поддéрж|ивать suppórt; ~ка suppórt

подéржанный sécond-hand

поджáри|вать, ~ть roast, fry

поджéчь, поджигáть set fire (to), set *smth.* on fire

поджóг árson

подзéмный únderground, subterránean; ~ перехóд súbway

подклáдка líning

подключ|áться, ~úться 1) *эл.* be connécted up 2) *разг.* *(стать участником)* get the hang of things

подкóв|а hórseshoe; ~áть, ~ывать shoe

подкóп undermíning

под|крáдываться, ~крáсться steal up to

пóдкуп bríbery; graft *(амер.)*

подкупáть bribe; graft *(амер.);* *перен.* win óver

подлежáщее *грам.* súbject

подлéц scóundrel

подлúвка sauce; grávy *(мясная)*

пóдлинн|ик oríginal; ~ый génuine, authéntic

подлóг fórgery

подлóжный forged

пóдлый base

подмен|úть, ~ять súbstitute *smth.* (for)

подме|стú, ~тáть sweep

подмётка sole

подмúг|ивать, ~нýть wink (at)

под мышкой: нестú ~ cárry únder one's arm

поднимáть 1) raise 2) *(подбирать)* pick up; ~ся rise

поднóжие *(горы)* foot

поднóс tray

поднять(ся) *см.* поднимáть(ся)

подобн|о like; ~ый like, símilar ◇ ничего ~ого nóthing of the kind

подобрáть *см.* подбирáть

подо|гревáть, ~грéть warm (up)

пододея́льник blánket cóver, slip

подозр|евáть suspéct; ~éние suspícion; ~и́тельный suspícious; fishy *(разг.)*

подойти́ *см.* подходи́ть

подоко́нник window-sill

подо́лгу long; for hours

подорвáть *см.* подрывáть

подоро́жник plántain

подохо́дный: ~ налóг íncome-tax

подо́шва sole

подписáть(ся) *см.* подпи́сывать(ся)

подпи́с|ка subscríption; ~чик subscríber; ~ывать sign; ~ываться 1) sign 2) *(на что--л.)* subscríbe

по́дпись sígnature

подражá|ние imitátion; ~ть ímitate

подразумевáть implý, mean

подраст|áть, ~и́ grow up

подрéз|ать, ~áть cut, trim; prune

подро́бн|ость détail; ~ый détailed

подро́сток téenager, youth

подру́|га (girl-)friend; ~жи́ться make friends

по́д руку: идти́ ~ walk árm--in-árm (with); брать ~ take *smb.'s* arm

подры́в undermíning; ~áть undermíne

подря́д rúning, in succéssion; четы́ре дня ~ four days rúnning

подсвéчник cándlestick

подск|азáть, ~áзывать prompt

подслу́ш(ив)ать overhéar *(невольно)*; éavesdrop *(нарочно)*

подснéжник snówdrop

подсо́лнух súnflower

подстро́чник wórd-for-wórd translátion

подсуди́мый the deféndant

подсчёт calculátion; ~ голосо́в poll

подтвер|ди́ть, ~ждáть confírm; corróborate; ~ждéние confirmátion; corroborátion

подтя́жки bráces; suspénders *(амер.)*

поду́мать think

поду́шка píllow; cúshion *(диванная)*

подхали́м tóady

подхо́д appróach

подходи́ть 1) come up to, appróach 2) *(годиться)* do; suit *(кому-л.)*

подходя́щий súitable

подчёркивать, подчеркну́ть underlíne; *перен.* émphasize, lay stress on

подчин|éние submíssion; ~ённый subórdinate; ~и́ть(ся) *см.* подчиня́ть(ся); ~я́ть subdúe, subjéct; ~я́ться submít

подш|ивáть, ~и́ть 1) *(юбку)* hem 2) *(к делу)* file

подъе́зд éntrance, porch, dóorway

подъезжа́ть drive up (to)

подъём 1) *(грузов и т.п.)* lífting 2) *(восхождение)* ascént 3) *(ноги)* ínstep 4) *(развитие)* devélopment 5) *(воодушевление)* enthúsiasm, animátion

подъёмный: ~ кран crane

подъе́хать *см.* подъезжа́ть

по́езд train

пое́здка trip, excúrsion; tour *(гастрольная)*

пое́сть have *smth.* to eat

пое́хать go

пожа́луйста please *(просьба)*; not at all!, here you are!, cértainly!, with pléasure! *(разрешение, согласие)*; have some... *(при угощении)*

пожа́р fire; ~ный 1. *прил.* fire(-); ~ная кома́нда fire--brigade 2. *сущ.* fíreman

пожа́ть *см.* пожима́ть

пожела́ние wish

поже́ртвовать sácrifice

пожива́|ть: как ~ете? how are you?

пожи́зненный life(-)

пожило́й élderly

пожима́ть: ~ плеча́ми shrug one's shóulders; пожа́ть друг дру́гу ру́ки shake hands

позавчера́ the day befóre yésterday

позади́ behínd

позва́ть call

позво́л|ить, ~я́ть allów

позвони́ть ring; ring up *(по телефону)*

позвоно́чник spine, báckbone

поздне́е láter

по́зд|ний , ~но late

поздоро́ваться greet

поздра́в|ить, ~ля́ть congrátulate; ~ кого́-л. с Но́вым го́дом wish smb. a háppy New Year; ~ля́ю вас с Но́вым го́дом a háppy New Year to you

по́зже láter (on)

пози́ция 1) posítion 2) *(отношение)* áttitude

познако́миться acquáint onesélf with *(с чем-л.)*; meet, make the acquáintance of *(с кем-л.)*

позо́р disgráce; ~ный disgráceful

по́иски search (for), pursúit (of) *(ед. ч.)*

по́ить give *smth.* to drink; wáter *(о скоте)*

пойма́ть catch

пойти́ go

пока́ 1. *союз* 1) *(в то время как)* while 2) *(до тех пор пока)* till 2. *нареч.* *(до сих пор)* so far; ~ всё ти́хо éverything is quíet so far; вы ~ порабо́тайте you work in the méantime

пока́з show

показа́ние *юр.* téstimony, évidence

показа́тель 1) índex 2) *мн. ч.* fígures; ~ный signíficant; módel *(образцовый)* показ|а́ть show; ~а́ться 1) show onesélf; come in sight 2) *безл.*: мне ~а́лось it seemed to me, I thought

показу́ха *разг.* window-dréssing, show

пока́зывать *см.* показа́ть; ~ся *см.* показа́ться 1)

покида́ть, поки́нуть abándon; leave *(уезжать)*

покло́н bow; переда́йте мой ~ (give) my cómpliments to; ~и́ться bow

поко́й rest, peace

поко́йник the decéased

поко́йный *(умерший)* late

поколе́ние generátion

поко́нчить put an end (to) ◇ ~ с собо́й commít súicide

покор|е́ние cónquest; ~и́ться *см.* покоря́ть(ся)

поко́рный obédient, submíssive

покоря́ть subdúe; cónquer *(завоёвывать)*; ~ся submít (to)

покрасне́ть *см.* красне́ть

покрови́тельствовать pátronize

покро́й cut

покры́в|а́ло veil; ~а́ть cóver; ~а́ться cóver onesélf; get cóvered

покры́|ть(ся) *см.* покрыва́ть(ся); ~шка *(шины)* tíre-cover

покуп|а́тель cústomer; búyer *(оптовый)*; ~а́ть buy

поку́пк|а púrchase; де́лать ~и go shópping

покуш|а́ться attémpt; ~е́ние attémpt

пол I floor

пол II *биол.* sex

полага́|ть suppóse; assúme; guess *(амер.)*; ~ться 1) *(рассчитывать)* relý (upón) 2) *безл.* ~ется one is suppósed (to); не ~ется you mustn't

полго́да six months

по́лдень noon

по́ле 1) field; ~ зре́ния field of vísion 2) *мн.ч. (книги, тетради)* márgins 3) *мн.ч. (шляпы)* brim *(ед.ч.)*; ~во́й field; ~вы́е цветы́ wild flówers

поле́зн|ый 1) úseful; good for; э́то ему́ бу́дет ~о it will do him good; it will be good for him 2) *(для здоровья)* héalthy, whólesome

полéмика polémics; dispúte

поле́но log

полёт flight

полете́ть fly

по́лз|ать, ~ти́ creep, crawl

пол|ива́ть wáter; ~и́вка wátering

полиго́н firing ground

полиграфи́я printing índustry

поликли́ника outpátients clínic, polyclínic

полиня́ть *см.* линя́ть

полиомиели́т poliomyelítis

полиро́ванный pólished

поли́т|ика pólitics; pólicy *(линия поведения)*; ~и́ческий polítical

полить *см.* поливать
полицейский policeman
полиция police
полк régiment
полка shelf
полковник cólonel
полководец géneral
полковой regiméntal
полнолуние full moon
полномоч|ие authórity;
~ный plenipoténtiary
полностью fúlly, in full
полнота 1) plénitude *(оби-
лие)*; complèteness *(цель-
ность)* 2) *(тучность)*
córpulence
полночь mídnight
полный 1) *(наполненный)*
full 2) *(весь)* compléte 3)
(совершенный) ábsolute 4)
(о человеке) stout, fat
поло *спорт.:* водное ~
wáter pólo
половина half
положение 1) situátion;
posítion 2) *(социальное, об-
щественное)* státus, stánding
3) *(устав)* regulátions
(мн.ч.), státute; ~ о выборах
státute of eléctions ◇ ~ дел
state of affáirs
положительный 1) pósitive
2) *(об ответе)* affírmative 3)
(о человеке) relíable
положить put; ~ся *см.* по-
лагаться
полоса 1) stripe 2) *(узкий
кусок)* strip 3) *геогр.* zone;
~тый striped
полоскать rinse; ~ горло
gárgle

полотенце tówel
полотн|о 1) línen; cánvas
(картина) 2) *ж.-д.*
pérmanent way; ~яный línen
полоть weed
полтора one and a half;
~ста a húndred and fífty
полугодие hálf-yéar
полузащитник *спорт.*
hálf-báck
полукруг sémicircle
полумрак dusk
полуостров península
полуфабрикат prepáred
foods
полуфинал *спорт.* sémi-
-fínal
получ|ать recéive; ~аться
(выходить) come out;
~ить(ся) *см.* получать(ся)
получка pay
полушарие hémisphere
полчаса half an hour
польз|а use; good, bénefit;
~оваться use, make use of
(использовать); enjóy
(иметь); ~оваться случаем
take an opportúnity
польский Pólish
полюбить grow fond of; fall
in love with *(влюбиться)*
полюс pole
поляк Pole
поляна glade
полярный pólar, árctic; ~
круг pólar círcle
помада: губная ~ lípstick
поместить(ся) *см.* поме-
щать(ся)
помесь cróss-breed, hýbrid;
перен. míxture

помéха híndrance; óbstacle (*препятствие*)

помешáтельство insánity; *перен.* craze

помешáть I (*размешать*) stir

помешáть II 1) (*препятствовать*) hínder 2) (*обеспокоить*) distúrb

помешáться go mad; ~ на be mad abóut

помещ|áть place; ~áться be sítuated; ~éние 1) (*жилое*) prémises (*мн. ч.*) 2) (*действие*) plácing

помéщик lándowner, lándlord

помидóр tomáto

помúловать párdon

помúмо 1) (*кроме*) apárt from 2) (*без ведома кого-л.*) without *smb.'s* knówledge

помирúть réconcile

пóмнить remémber; keep in mind

помогáть help

по-мóему 1) (*по моему мнению*) in my opínion 2) (*по моему желанию*) as I would have it

помóчь *см.* помогáть

помóщник assístant; help

пóмощь help; пéрвая ~ first aid

понедéльник Mónday

понемнóгу líttle by líttle, grádually

пониж|áть lówer, redúce; ~áться fall, sink; ~éние fall

понúзить(ся) *см.* понижáть(ся)

понимá|ние understánding; ~ть understánd

понóс diarrhóea

понóшенный worn, shábby

пóнчик dóugh-nut

понятие idéa, nótion; *филос.* concéption

понятный intélligible, clear

понять *см.* понимáть

поочерёдно by turns

поощр|éние encóuragement; материáльное ~ fináncial incéntive, bónus; ~úть, ~ять encóurage

попадáть, попáсть 1) (*куда-л.*) get; catch (*на поезд и т.п.*); find onesélf in (*очутиться*) 2) (*в цель*) hit

поперёк acróss

поперемéнно in turn

попопáм in two, in half

пополýдни p. m., post merídiem

поправ|ить(ся) *см.* поправлять(ся); ~ка 1) corréction; améndment (*к закону*) 2) (*починка*) repáiring 3) (*о здоровье*) recóvery; ~лять 1) (*чинить*) repáir 2) (*ошибку*) corréct; ~ляться (*выздоравливать*) recóver

по-прéжнему as álways

попрóбовать try; taste (*на вкус*)

попугáй párrot

популярный pópular

попýтно in pássing, on *one's* way

попýтчик féllow-tráveller

попытáться try, attémpt, endéavour

попы́тка attémpt, endéavour

пора́ 1. *сущ.* time; давно́ ~ it's high time; с каки́х пор? since when?; до сих пор hitherto *(о времени)*; so far, up to here *(о месте)* 2. *безл.* it is time

порабоще́ние enslávement; subjugátion

поража́ть 1) *(наносить удар)* strike; deféat *(неприятеля)* 2) *(удивлять)* amáze

пораже́ние deféat

порази́|тельный astóunding; extraórdinary *(удивительный)*; ~ть *см.* поража́ть

поре́зать cut; ~ся cut onesélf

порица́|ние blame, cénsure; ~ть repróach (with), cénsure (for)

по́ровну équally

поро́г thréshold

поро́ги *(на реке)* rápids

поро́да 1) breed 2) *геол.* rock

поро́к vice

поросёнок súcking-pig

по́рох (gún) powder

порошо́к pówder; стира́льный ~ detérgent

порт port

по́ртить spoil; ~ся be spoilt; decáy *(о зубах)*

портн|и́ха dréssmaker; ~о́й táilor

портре́т pórtrait

портсига́р cigarétte-case

португа́лец Portuguése

португа́льский Portuguése

портфе́ль bríef-case; bag

по-ру́сски (in) Rússian; напи́сано ~ wrítten in Rússian; говори́ть ~ speak Rússian

поруч|а́ть charge with; entrúst with *(вверять)*; ~е́ние commíssion; méssage *(устное)*

по́ручень hándrail

поручи́ть *см.* поруча́ть

по́рци|я pórtion; hélping *(кушанья)*; dose *(лекарства)*; три ~и моро́женого three íces; две ~и сала́та sálad for two

по́рча dámage

поры́в 1) *(ветра)* gust 2) *(чувства)* fit; burst; ímpulse; ~истый impúlsive

поря́док órder

поря́дочный 1) *(честный)* décent 2) *(большой)* consíderable

посади́ть 1) *(растение)* plant 2) *(усадить)* seat, place

поса́дка 1) *(растений)* plánting 2) embarkátion *(на пароход)*; bóarding, entráining *(на поезд)* 3) *ав.* lánding

по-сво́ему in one's own way

посвя|ти́ть, ~ща́ть 1) devóte 2) *(произведение)* dédicate 3) *(в тайну и т.п.)* inítiate

посе́в sówing; ~но́й: ~на́я пло́щадь área únder crop; ~на́я кампа́ния sówing campáign

посе́вы crops

посели́ть séttle; ~ся séttle

посёлок small víllage; séttlement

посереди́не in the míddle

посети́|тель vísitor; ча́стый ~ fréquent vísitor; ~ть *см.* посеща́ть

посеща́|емость atténdance; ~ть 1) vísit 2) *(лекции и т. п.)* atténd

посеще́ние vísit; call

посе́ять sow

поскользну́ться slip

поско́льку 1) *(насколько)* so far as 2) *(так как)* so long as, since ◇ посто́льку ~ (in) so far as

посла́нец méssenger

посла́ние méssage

посла́нник énvoy, émissary

посла́ть *см.* посыла́ть

по́сле 1. *нареч.* láter (on); áfterwards 2. *предлог* áfter

после́дний last

после́дователь fóllower

после́довательный 1) *(логичный)* consístent 2) *(о порядке)* successíve, consécutive

после́дствие cónsequence

послеза́втра the day áfter tomórrow

посло́вица próverb

послу́шный obédient

посме́ртный pósthumous

посмотре́ть look

посо́бие 1) grabt, relíef 2) *(учебник)* téxt-book

посо́л ambássador

посо́льство émbassy

поспева́ть I *(созревать)* rípen

поспева́ть II *(успевать)* be in time

поспе́ть I, II *см.* поспева́ть I, II

поспе́шность húrry, haste

посред|и́, ~и́не in the míddle (of)

посре́дник intermédiary

посре́дственный médiocre

посре́дством by means of

поссо́риться quárrel

поста́вить *см.* ста́вить

поста́в|ка supplý(ing); ~ля́ть supplý; ~щи́к supplíer

постанови́ть *см.* постановля́ть

постано́вка 1) *театр.* prodúction 2): ~ вопро́са formulátion of the quéstion 3): ~ го́лоса voice tráining

постановл|е́ние decrée; resolútion *(решение)*; *юр.* rúling; ~я́ть decrée; decíde *(решать)*

посте́ль bed; постели́ть ~ make the bed

постепе́нный grádual

посторони́ться make way, step aside

посторо́нн|ий 1. *сущ.* stránger, outsíder; ~им вход воспрещён no admíttance 2. *прил.* óutside; irrélevant; ~яя по́мощь outsíde aid; ~ие дела́ irrélevant mátters

постоя́н|ный cónstant; pérmanent *(неизменный)*; perpétual *(вечный)*; ~ство cónstancy

постри́чься have one's hair cut

построить build, construct

постройка building

поступ|áть, ~и́ть 1) act; do 2) *(в школу, организацию и т. п.)* énter; join

поступки *(поведение)* behíviour *(ед. ч.)*

посту́пок áct(ion)

поступь step

постучáть, ~ся knock (at)

посу́да plates and díshes; чáйная ~ téa-things; фая́нсовая ~ cróckery; фарфóровая ~ chína; ку́хонная ~ cóoking uténsils

посылáть send, dispátch; ~ по пóчте post; mail *(амер.)*

посы́лка 1) *(действие)* sénding 2) *(почтовая)* párcel

посыпáть, посы́пать sprínkle *(сахаром и т. п.)*; strew *(песком, гравием)*

посяг|áть, ~ну́ть encróach (upón)

пот perspirátion, sweat

потасóвка *разг.* brawl, fight

потеплéние rise in témperature

потерпéвший *сущ.* víctim

потерпéть súffer

потёртый shábby

потéря loss; ~ врéмени waste of time

потеря́ть lose; ~ся be lost

потéть perspíre, sweat

потихóньку *(тайком)* stéalthily

потóк stream tórrent; flow

потолóк céiling

потóм áfterwards *(после)*; then *(затем)*; láter on *(позже)*

потóмство postérity

потому́, ~-то that is why; ~ что becáuse

потопи́ть sink

потреб|и́тель consúmer; ~лéние consúmption; ~ля́ть consúme, use

потрéбность requírements *(мн. ч.)*; demánd *(спрос)*

потрясéние shock

потухáть, поту́хнуть go out

похвал|á praise; ~и́ть praise

похи́тить, похищáть steal; kídnap *(человека)*

похóд campáign

похóдка walk

похождéние advénture

похóж|ий: ~ на like; он похóж на брáта he is like his bróther; э́то на негó ~e it's just like him; ~e на то, что бу́дет дождь it looks like rain

похолодáние fall in témperature

похорони́ть búry

похорóнный fúneral(-)

пóхороны fúneral *(ед. ч.)*

похудéть grow thin

поцеловáть kiss

поцелу́й kiss

пóчва soil

почему́ why

пóчерк hándwriting

почёт hónour; ~ный hónorary

по|чини́ть repáir; mend; ~чи́нка repáiring; repáirs *(мн. ч.)*; ménding

почка I *анат.* kídney
почка II *бот.* bud
почт|а 1) post 2) *(почтовое отделение)* póst-office 3) *(корреспонденция)* mail; ~альён póstman; ~áмт póst-office
почтён|ие respéct; estéem; ~ный respéctable, hónourable
почти álmost
почтительный respéctful
почтóв|ый póst(al); ~ящик létter-box; ~ая бумáга nóte-paper; ~ые расхóды póstage *(ед.ч.)*
пошатнýть shake
пóшлина cústoms dúty
пóшл|ость banálity, cómmonplace; ~ый banál; vúlgar
пощáд|а mércy; ~ить spare
пощёчина slap in the face
поэ|зия póetry; ~ма póem
поэт póet; ~ический poétic(al)
поэтому thérefore, that's why, cónsequently
появ|иться *см.* появляться; ~лéние appéarance; ~ляться appéar
пояс 1) belt 2) *геогр.* zone
поясн|éние explanátion, elucidátion; ~ить *см.* пояснять
поясница loins
пояснять expláin, elúcidate
прабáбка gréat-grándmother
прáвд|а truth; это ~ that is true; ~ивый trúthful

прáвил|о rule; ~а уличного движéния dríving regulátions, tráffic regulátions
прáвильн|о corréctly; ~! quite right!; это ~ that's right; ~ый 1) right; corréct 2) *(симметричный, регулярный)* régular
правительст|венный governmént(al); ~во góvernment
прáвить 1) *(страной)* góvern, rule; reign *(о монархе)* 2) drive *(лошадьми, машиной)* 3) *(судном, яхтой)* steer
правлéние 1) góvernment 2) *(учреждения)* the mánagement, board (of diréctors)
прáвнук gréat-grándson
прáв|о 1) right; ~ гóлоса vote, súffrage 2) *(наука)* law 3) *мн. ч. (свидетельство)* lícence; водительские ~á dríver's lícence
правовóй légal
правонарушéние offénce
правописáние spélling, orthógraphy
правосýдие jústice
прáвый 1) right 2) *полит.* right-wing
прáвящий rúling
прáдед gréat-grándfather
прáздн|ик hóliday; ~овать célebrate
прáздный ídle
прáкт|ика práctice; ~икáнт trainée; ~ический práctical
прах dust; áshes *(мн. ч.)* *(останки)*

пра́ч|ечная láundry; ~ка láundress, wásherwoman

пребыва́ние sójourn; stay

превзойти́, превосходи́ть outdó, surpáss

превосхо́дный spléndid, éxcellent

превосхо́дство superiórity

превра|ти́ть(ся), ~ща́ть (ся) turn (into)

превы́|сить, ~ша́ть excéed

прегра́да óbstacle

прегра|ди́ть, ~жда́ть block (up)

предава́ть betráy ◇ ~ суду́ sue; ~ся give onesélf up to, indúlge (in)

пре́данн|ость devótion; ~ый devóted, fáithful

преда́тель tráitor; ~ский tréacherous; ~ство tréachery; tréason (измена)

преда́ть(ся) см. предава́ть(ся)

предвари́тельный prelíminary

предви́деть foresée, foreknów

предвы́борн|ый pre-eléction(-); ~ая кампа́ния electionéering campáign

преде́л límit; положи́ть ~ (чему-л.) put a stop to

предисло́вие préface, fóreword, introdúction

пре́дки fórefathers, áncestors

предлага́ть 1) óffer, propóse 2) (советовать) suggést

предло́г I (повод) excúse, prétext

предло́г II грам. preposítion

предложе́ние I 1) óffer, propósal, suggéstion; mótion (на собрании) 2) эк. supplý; спрос и ~ supplý and demánd

предложе́ние II грам. séntence; гла́вное ~ príncipal clause; прида́точное ~ subórdinate clause

предложи́ть см. предлага́ть

предло́жный: ~ паде́ж preposítional case

предме́стье súburb

предме́т 1) óbject 2) (тема) súbject; ~ догово́ра mátter

предназн|ача́ть, ~а́чить inténd (for)

пре́док fórefather, áncestor

предоста́в|ить, ~ля́ть 1) (давать) give 2) (позволять) leave; ~ кого́-л. самому́ себе́ leave one to onesélf

предосте|рега́ть, ~ре́чь warn

предосторо́жность precáution

предотвра|ти́ть, ~ща́ть prevént, avért, ward off

предохрани́тель тех. sáfety devíce

предохран|и́ть, ~я́ть protéct (from, agáinst)

предписа́ние órder; instrúctions (мн.ч.)

предписа́ть, предпи́сывать órder

предполага́ть 1) *(намере-ваться)* inténd, propóse 2) *(думать)* suppóse

предполо|же́ние supposítion, hypóthesis; ~жи́ть *см.* предполага́ть

предпосле́дний last but one

предпоч|е́сть, ~ита́ть prefér; ~те́ние préference

предприи́мчивый énterprising; resóurceful *(находчивый)*

предпринима́тель emplóyer, manufácturer; búsinessman

предпри|нима́ть, ~ня́ть undertáke

предприя́тие undertáking, énterprise; búsiness *(деловое)*; совме́стное ~ joint vénture

предрасположе́ние predisposítion

предрассу́док préjudice

председа́тель cháirman *(собрания)*; président *(правления и т.п.)*

пред|сказа́ть, ~ска́зывать foretéll; forecást *(погоду)*

представи́тель represéntative; ~ство representátion

предста́в|ить(ся) *см.* представля́ть(ся); ~ле́ние 1) *театр.* perfórmance 2) *(документов и т.п.)* presentátion 3) *(понятие)* idéa; ~ля́ть 1) *(предъявля́ть)* presént; prodúce 2) *(знакомить)* introdúce, presént *smb.* (to) 3): ~ля́ть

себе́ imágine 4): ~ля́ть собо́ю represént 5) *(доставлять)* óffer; э́то не ~ля́ет для меня́ интере́са it's of no ínterest to me; ~ля́ться 1) *(возникать)* aríse, presént itsélf 2) *(знакомиться)* introdúce onesélf

предсто|я́ть: мне ~и́т I shall have to; I am faced with; ~я́щий cóming, fórthcoming; impénding *(неминуемый)*

предубежде́ние préjudice

предупре|ди́ть, ~жда́ть 1) *(известить)* let *smb.* know; nótify 2) *(предостеречь)* warn 3) *(предотвратить)* prevént, avért 4) *(опередить)* forestáll; ~жде́ние 1) nótice 2) wárning 3) prevéntion

предусма́тривать, предусмотре́ть 1) foresée 2) *(обеспечивать)* províde for

предусмотри́тельный prúdent

предчу́вств|ие preséntiment; ~овать have a preséntiment

предше́ств|енник prédecessor; ~овать precéde

предъяв|и́тель béarer; ~и́ть, ~ля́ть prodúce; show *(показать)*; ~ля́ть тре́бования make a demánd; ~и́те биле́ты! tíckets, please!

предыду́щий precéding

пре́жде befóre; fórmerly *(в прежнее время)*

пре́жний prévious; fórmer, ex- *(бывший)*

презервати́в cóndom

президе́нт président
прези́диум presídium
през|ира́ть despíse; ~ре́ние contémpt; ~ре́нный déspicable, contémptible; ~ри́тельный contémptuous
преиму́щество advántage
прекра́сн|о éxcellently, spléndidly; ~! spléndid!; ~ый 1) (красивый) béautiful 2) (отличный) éxcellent, cápital, fine
прекра|ти́ть, ~ща́ть stop, cease; ~ще́ние cessátion
преле́стный chárming, delíghtful, lóvely
пре́лесть charm
премирова́ть awárd a prize; awárd a bónus
пре́мия bónus; prize, rewárd (награда)
премье́ра first night
премье́р-мини́стр prime mínister
пренебре|га́ть negléct, disregárd; ~же́ние 1) negléct (of); disregárd (of) (к обязанностям и т.п.) 2) (презрение) scorn, disdáin (for)
пренебре́чь см. пренебрега́ть
пре́ния debáte (ед. ч.)
преоблада́ть predóminate; preváil
преодолева́ть, преодоле́ть overcóme
преподава́|ние téaching; ~тель téacher; ~ть teach
препя́тств|ие óbstacle, impédiment; ~овать prevént

smb. from; hínder smb. (мешать)
прерва́ть, прерыва́ть break off; interrúpt (кого-л.)
преследова|ние 1) (погоня) pursúit 2) (притеснение) persecútion; ~ть 1) (гнаться) pursúe, chase; перен. haunt 2) (притеснять) pérsecute
пресмыка́ющееся зоол. réptile
пре́сный 1) (о воде) fresh 2) (безвкусный) insípid
пресс press
пре́сса the press
пресс|-конфере́нция press cónference; ~-центр press céntre
прест|упле́ние crime; ~у́пник críminal
претендова́ть claim
претéнзия claim
преуве|личе́ние exaggerátion; ~ли́чивать, ~ли́чить exággerate
при 1) (около) by, at, near 2) (в присутствии кого-л.) in the présence of; ~ мне in my présence 3) (во время, в эпоху) únder, in the time of 4) (при известных обстоятельствах) when 5) (с собой) with; abóut; ~ себе́ with (abóut, on) one
приба́в|ить add; ~ка 1) addítion 2) (к зарплате) rise; raise (амер.); ~ля́ть см. приба́вить
прибега́ть I come rúnning

при|бегáть II, ~бéгнуть resórt to, have recóurse to

прибежáть *см.* прибегáть I

при|бивáть, ~бить 1) *(гвоздями)* fásten down, nail 2) *(к берегу и т.п.)* throw, wash *smth.* (ashóre)

приближ|áться appróach, come néarer; ~éние appróach

приблизи́тельн|о appróximately; ~ый appróximate

прибли́зиться *см.* приближáться

прибóй surf

прибóр 1) apparátus 2) desk set *(письменный)*; dínner-set *(столовый)*; tóilet set *(туалетный)*

прибывáть 1) arríve 2) *(о воде)* rise

при́быль prófit; ~ный prófitable

прибы́|тие arríval; ~ть *см.* прибывáть

привáл halt

приватиз|áция privatizátion; ~и́ровать prívatize

привезти́ *см.* привози́ть

привéрженец adhérent

привести́ *см.* приводи́ть

привéт regárds *(мн.ч.)*, ~ливый áffable, fríendly; ~ствие gréeting; ~ствовáть 1) greet 2) *(одобрять)* wélcome

прив|ивáть 1) *мед.* inóculate; ~ óспу váccinate 2) *бот.* engráft; ~и́вка 1) *мед.* inoculátion; ~и́вка óспы vaccinátion 2) *бот.*

engráfting; ~и́ть *см.* прививáть

при́вкус taste, flávour

привлекáтельный attráctive

привлекáть, привлéчь attráct, draw; ~ к судý prósecute

приводи́ть 1) *(куда-л.)* bring 2) *(к чему-л.)* lead (to), resúlt (in) 3) *(цитаты, примеры)* cite 4) *(в отчаяние и т.п.)* drive *smb.* to; ~ в порядок put in órder; ~ в исполнéние cárry out; ímplement

приводнéние splásh-down

привози́ть bring

при|выкáть, ~вы́кнуть get accústomed (to), get used to; ~вы́чка hábit

привязанн|ость attáchment; ~ый: быть ~ым к комý-л., чемý-л. be fond of

при|вязáть, ~вязывать tie, fásten

пригла|си́ть, ~шáть invíte; ~шéние invitátion

приговóр séntence; ~и́ть séntence, condémn

пригоди́ться come in hándy

при́город súburb; ~ный subúrban; ~ный пóезд lócal train

приготóв|ить(ся) *см.* приготовля́ть(ся); ~лéние preparátion; ~ля́ть 1) prepáre 2) *(пищу)* cook; ~ля́ться prepáre (for)

придавáть: ~ большóе значёние attách great impórtance to

придýм|ать, ~ывать invént

приéз|д arrível; ~жáть arríve

приéзжий vísitor; guest; newcómer, (new) arríval

приём 1) recéption 2) *(способ)* méthod; ~ная *(у врача)* consúlting-room; wáiting-room

приёмник *радио* rádio

приёмный 1) *(усыновлённый)* adópted 2) *(день, час и т.п.)* recéption(-)

приéхать *см.* приезжáть

при|жáть, ~жимáть press; clasp *(к груди)*

приз prize

призвáние vocátion, inclinátion

призвáть *см.* призывáть

приземл|éние lánding; ~йться, ~ться land

признавáть admít; ~ся conféss; ~ся в любви́ decláre one's féelings

при́знак sign

признáние 1) *(чего-л.)* acknówledgement 2) *(в чём--л.)* conféssion; declarátion *(в любви)*

при́знанный acknówledged, récognized

признáть(ся) *см.* признавáть(ся)

призовóй prize(-)

при́зрак ghost

призы́в 1) appéal 2) *(лозунг)* slógan 3) *(в армию)*

cálling-up; ~áть 1) call 2) *(на военную службу)* call up

при́иск mine; золоты́е ~и góldfields

прийти́(сь) *см.* приходи́ть(ся)

прикáз órder, commánd; ~áние órder; ~áть, ~ывать órder, commánd

прикасáться touch

приклáд *(ружья)* butt

прикладнóй applíed

приключéн|ие advénture; ~ческий advénture; ~ческий фильм thríller

прикомандировáть attách

прикосн|овéние touch; ~ýться *см.* прикасáться

прикреп|и́ть, ~ля́ть fásten; attách; я к вам ~лён I have been sent to you for help

при|крывáть, ~кры́ть cóver; shield *(защищать)*

прилáвок cóunter

прилагáтельное *грам.* ádjective

прилагáть 1) apply 2) *(к письму)* enclóse

прилéжный díligent

приле|тáть, ~тéть arríve

прили́в 1) flow; high tide; *перен.* surge 2) *(крови)* rush

прили́ч|ие décency; ~ный décent; respéctable

прилож|éние 1) *(к журналу и т.п.)* súpplement 2) *(к письму и т.п.)* enclósure; ~и́ть *см.* прилагáть

примáнка bait

примен|éние applicátion;

use; ~и́ть, ~я́ть apply, use, employ

приме́р exámple

приме́рить *см.* примеря́ть

приме́рка fítting

приме́рный 1) *(образцо́вый)* exémplary 2) *(приблизи́тельный)* appróximate

примеря́ть try on

при́месь admíxture; с ~ю mixed with

примеча́ние cómment; fóotnote *(сноска)*

примире́ние reconciliátion

примир|и́ться, ~я́ться réconcile

примкну́ть join

примыка́ть 1) *см.* примкну́ть 2) *(грани́чить)* bórder (on); adjóin

принад|лежа́ть belóng (to); ~ле́жности accéssories, things; посте́льные ~ле́жности bédding *(ед. ч.)*

принести́ *см.* приноси́ть

принима́ть 1) take 2) *(посети́теля)* recéive 3) *(зако́н, резолю́цию)* pass 4) *(в каку́ю-л. организа́цию и т.п.)* accépt 5) *(приобрета́ть)* assúme

приноси́ть bring ◊ ~ по́льзу be of use

принуди́тельный forced, compúlsory

прину́|дить, ~жда́ть force

при́нцип prínciple; ~иа́льно on prínciple; ~иа́льный of prínciple

прин|я́тие *(зако́на, резо-*

люции) pássing (of); ~я́ть *см.* принима́ть

приобре|сти́, ~та́ть 1) acquíre 2) *(купи́ть)* buy

припа́док fit, attáck; pároxysm

припа́сы supplíes

припе́в refráin

приписа́ть, припи́сывать *(что-л. кому́-л.)* áttribute, ascríbe

припомина́ть, припо́мнить recáll

припра́ва séasoning, flávouring

приро́д|а náture; ~ный 1) nátural 2) *(врождённый)* inbórn

приро́ст growth, íncrease

прируч|а́ть, ~и́ть tame

присва́ивать *см.* присво́ить

присв|ое́ние appropriátion; ~о́ить 1) apprópriate 2) *(зва́ние и т.п.)* confér upón

приседа́ть, присе́сть *(на ко́рточки)* squat

присла́ть *см.* присыла́ть

прислон|и́ться, ~я́ться lean (agáinst)

прислу́ш|аться, ~иваться lísten

присоедин|е́ние 1) addítion *(чего́-л.)*; jóining *(кого́-л.)* 2) эл. connéction; ~и́ть (ся) *см.* присоединя́ть(ся); ~я́ть 1) add, join 2) эл. connéct; ~я́ться join

приспосо́б|ить *см.* приспособля́ть; ~ле́ние *(устрой-*

ство) devíce; gádget *(разг.)*;
~ля́ть adápt

приставáть 1) *(к берегу)*
put in 2) *(надоедать)* péster,
vex

приста́вка *грам.* préfix

при́стальный stéady, fixed

при́стань pier, quay; wharf
(товарная)

пристáть *см.* приставáть

пристрáстие bent, wéakness (for); *(необъективное)*
bías; относи́ться с ~м be
préjudiced agáinst *(враждебно)*; show partiálity for *(доброжелательно)*

пристрáстный pártial;
bíassed; préjudiced *(предвзятый)*

при́ступ *(припадок)* fit,
attáck

приступ|áть, ~и́ть *(к делу)* set to

прису|ди́ть, ~жда́ть 1)
condémn; adjúdge 2) *(премию, степень)* awárd; confér
(on)

прису́тств|ие présence;
~овать be présent

присыла́ть send

прися́га oath

притвор|и́ться, ~я́ться preténd, feign

притесн|éние oppréssion,
restríction; ~я́ть oppréss, deal
hárdly

прито́к 1) *(реки)* tríbutary
2) *(подъём)* surge

прито́м besídes, moreóver

притя́гивать attráct

притяжéние: земнóе ~
grávity

притяну́ть *см.* притя́гивать

приуч|а́ть, ~и́ть train,
accústom

прихо́д 1) arríval 2) *бухг.*
recéipts *(мн. ч.)*

приходи́ть come

приходи́ться *безл.:* мне
(ему́) пришло́сь I (he) had
to

прицéп tráiler

причáл|ивать, ~ить moor

причáстие *грам.* párticiple

причём: ~ тут я? what
have I to do with it?

причеса́ть(ся) *см.* причёсывать(ся)

причёс|ка hair style; hair-do *(разг.)*; ~ывать do *smb.'s*
hair; ~ываться do one's hair;
have one's hair done *(у парикмахера)*

причи́на cause; reason *(основание)*; побуди́тельная ~
mótive

причин|и́ть, ~я́ть cause,
do

при|шивáть, ~ши́ть sew
(on)

прищеми́ть pinch

прищёпка clóthes peg

прию́т shélter, réfuge; *(детский)* órphanage

прия́тель friend, pal,
cróny; ~ский friendly,
ámicable

прия́тный pléasant, agréable

про abóut; ~ себя́ to onesélf

про́ба 1) *(действие)* tríal,

test 2) *(образчик)* sámple 3)
(клеймо) háll-mark
пробе́г run
про|бега́ть, ~бежа́ть run
(by)
пробе́л gap
пробива́ть break through,
pierce
пробира́ться make one's
way
проби́ть *см.* пробива́ть
про́бка 1) cork; stópper
(стеклянная) 2) *(затор
уличного движения)* tráffic
jam
пробле́ма próblem
про́блеск gleam
про́бовать try; taste *(на
вкус)*
пробо́р párting; косо́й ~
side párting; прямо́й ~ míddle
párting
пробра́ться *см.* пробира́ть-
ся
пробы́ть stay
прова́л *(неудача)* fáilure;
~и́ться 1) *(упасть)* fall,
come down 2) *(потерпеть
неудачу)* fail
прове́р|ить *см.* проверя́ть;
~ка 1) verificátion; examin-
nátion *(документов, знаний
и т. п.)* 2) *(контроль)*
chéck-up; ~я́ть check, vérify
провести́ *см.* проводи́ть II
прове́три|вать, ~ть air,
véntilate
прови́зия provísions *(мн.
ч.)*
провини́ться be guílty (of)

про́вод wire
проводи́ть I *см.* прово-
жа́ть
проводить II 1): ~ доро́гу
build a road; ~ электри́чество
install eléctrical equípment 2)
(работу и т. п.) condúct 3)
(осуществлять) cárry out
проводни́к 1) guide 2) *(в
поезде)* guard 3) *физ.*
condúctor
провожа́ть accómpany; see
smb. off
прово́з tránsport
провозгла|си́ть, ~ша́ть
procláim
провока́ция provocátion
про́волока wire
прогл|а́тывать, ~оти́ть
swállow
прогна́ть *см.* прогоня́ть
прогно́з wéather fórecast;
мед. prognósis
проголода́ться be (feel)
húngry
прогоня́ть drive awáy
програ́мма prógramme
программ|и́рование pró-
gramming; ~и́ровать pró-
gramme; ~и́ст prógrammer
прогре́сс prógress; ~и́вный
progréssive
прогу́л ábsence from work;
absénteeism
прогу́лка walk
продава́ть sell; ~ся be for
sale
продав|е́ц séller; sálesman,
shóp-assistant *(в магазине)*;
~щи́ца shóp-girl; shóp-
-assistant

продáж|а sale; ~ный (*подкупный*) corrúpt

продáть *см.* продавáть

продвигáться advánce

продвижéние adváncement

продвúнуться *см.* продвигáться

продл|éние prolongátion; ~ёнка *разг.* exténded-day class; ~úть prolóng

продлúться last

продовóльств|енный food (-); ~ие food; provísions (*мн. ч.*)

продолж|áть contínue; ~áйте! go on!; ~éние continuátion; séquel (*романа*); ~éние слéдует to be contínued

продолжúтельность durátion

продóлжить *см.* продолжáть

продýкт próduct

продуктúвный prodúctive

продуктóвый: ~ магазúн grócery

продýкция prodúction, óutput

проéзд pássage; ~ воспрещён! no thóroughfare!

проезднóй: ~ билéт (séason) tícket

проéздом while pássing through, on one's way (to)

проезжáть pass (by, through); go (past, by)

проéкт próject, desígn; ~ резолюции draft resolútion; ~úровать make desígn (for)

проéхать *см.* проезжáть

прожéктор séarchlight

проживáть 1) (*жить*) live, resíde 2) (*тратить*) spend

прóза prose

прóзвище nickname

прозрáчный transpárent

проигрáть *см.* проúгрывать

проúгрыватель récord-player; phónograph

проúгрывать lose

прóигрыш lósses (*мн. ч.*)

произведéн|ие work; úзбранные ~ия selécted works

произвестú *см.* производúть

производúтельность prodúctivity

производúть 1) prodúce 2) (*выполнять*) make, éxecute

произвóдственник prodúction wórker

произвóдственн|ый: ~ процéсс prócess of prodúction; ~ план prodúction plan; ~ые отношéния prodúction relátions

произвóдство 1) prodúction 2) *разг.* (*фабрика, завод*) fáctory, works, plant

произвóл árbitrary rule; ~ьный árbitrary; unfóunded

произн|естú, ~осúть pronóunce; ~ речь make a speech; ~ошéние pronunciátion

про|изойтú, ~исходúть 1) (*случиться*) háppen, take place 2) (*откуда-л.*) come (from) 3) (*из-за чего-л.*) be the resúlt of

происхожде́ние órigin
происше́ствие íncident;
evént *(событие)*
пройти́ *см.* проходи́ть
прока́т *тех.* 1) rólling 2)
(изделие) rolled métal
прокла́дывать make, build;
~ путь build a road; *перен.*
pave the way (for)
прокл|ина́ть, ~я́сть curse;
~я́тие curse
прокуро́р públic prósecutor
пролетариа́т proletáriat(e)
пролета́р|ий proletárian;
~ский proletárian
проли́в strait
пролива́ть, проли́ть 1)
spill 2) *(кровь, слёзы)* shed
проложи́ть *см.* прокла́ды-
вать
про́мах miss *(при стрель-
бе); перен.* slip; blúnder
(грубая ошибка)
промедле́ние deláy
промежу́ток 1) ínterval 2)
*(между досками, в двери и
т. п.)* gap
промёрзлый frózen
промока́тельн|ый: ~ая бу-
ма́га blótting-paper
промока́ть, промо́кнуть
get wet through
промолча́ть say nóthing,
maintáin sílence
промочи́ть: ~ но́ги get
one's feet wet
промтова́рный: ~ магази́н
depártment store
промтова́ры manufáctured
goods, consúmer goods

промча́ться *(мимо)* dart
by, rush by
про́мысел trade, craft
промы́шленн|ость índus-
try; ~ый indústrial
пронзи́тельный píercing
проника́ть, прони́кнуть
pénetrate
проница́тельный pénetrat-
ing
пропага́нд|а propagánda;
~и́ровать propagándize
пропада́ть, пропа́сть be
lost; disappéar *(исчезать)*
про́пасть précipice, abýss
прописа́ть(ся) *см.* пропи́-
сывать(ся)
пропи́с|ка registrátion;
~ывать 1) *(лекарство)*
prescríbe 2) *(регистрировать)* régister; ~ываться
régister
про́пуск 1) *(документ)*
pass 2) *(пустое место)*
blank, gap 3) *(в тексте)*
omíssion; cut
пропус|ка́ть, ~ти́ть 1)
(дать пройти) let *smb.* pass
2) *(выпускать)* omít, leave
out 3) *(занятия, случай)*
miss
проры́в break; ~а́ть break
(through)
просвещ|а́ть enlíghten;
~е́ние enlíghtment; educátion
(образование)
проси́ть ask
прослав|и́ться *см.* про-
славля́ться; ~ленный fámous;
~ля́ться becóme fámous
проследи́ть trace

просмáтривать *(книгу)* go through

просмóтр súrvey; préview *(картины, пьесы)*

просмотрéть 1) *см.* просмáтривать 2) *(не заметить)* overlóok 3) *(пьесу)* see

проснýться *см.* просыпáться

прóсо míllet

проспáть 1) oversléep 2) *(пропустить)* miss

просрóчи|ть: я ~л билéт my tícket has expíred; он ~л пáспорт his pássport has run out; онá ~ла óтпуск she overstáyed her leave

простирáться stretch, reach (to)

проститýтка próstitute; call girl; *(уличная)* stréetwalker

простúть *см.* прощáть; ~ся *см.* прощáться

простóй símple; éasy *(лёгкий)*; órdinary, cómmon *(обыкновенный)*

простоквáша sour milk

простóр space, room; ~ный spácious

простотá simplícity

прострáн|рый détailed; eláborate *(об объяснении, извинении)*; ~ство space

простýд|а cold, chill; ~úться catch cold

простыня sheet

просыпáться wake up

прóсьба requést

протéз artifícial limb

протекáть 1) flow, run 2)

(просачиваться) leak 3) *(о времени)* elápse

протéст prótest; ~овáть protést

прóтив 1) agáinst 2) *(напротив)* ópposite

прóтивень óven-pan

протúвник oppónent; énemy *(враг)*

протúвный disgústing; objéctionable *(неприятный)*

противоáтомн|ый anti-núclear; ~ая защúта anti-núclear defénce

противогáз gás-mask

противодéйствие counteráction; opposítion

противополóжн|ость cóntrast; ~ый ópposite

противопостáв|ить, ~лять oppóse

противоракéтн|ый anti-míssile; ~ая защúта anti-míssile defénce

противорéч|ие contradíction; ~ить contradíct

противостоять oppóse; resíst

проткнýть *см.* протыкáть

протокóл mínutes *(мн. ч.)*; prótocol

протóчн|ый: ~ая водá rúnning wáter

протыкáть pierce

протягивать, протянýть stretch (out), exténd

проучúть give *smb.* a lésson

профессионáльный proféssional

профéссия   proféssion; trade *(ремесло)*

профéссор proféssor

профилактóрий preventórium

прóфиль prófile

профориентáция vocátional gúidance

профсоюз trade únion; ~ный tráde-union; ~ный билéт tráde-union card

прохлáд|а cóolness; ~ный cool

прохóд pássage; ~ закрыт! no thóroughfare!; ~йть go, pass

прохóжий pásser-by

процвет|áние prospérity; ~áть prósper

процéнт percéntage; per cent

процéсс prócess; судéбный ~ tríal

процéссия procéssion

прочéсть, прочитáть read

прóчный *(крепкий)* strong, sólid; *перен.* lásting

прочь awáy; рýки ~! hands off!; ~ отсюда! get out!

прошéдш|ее the past; ~ий past; ~ее врéмя *грам.* past tense

прошлогóдний last year's

прóшл|ое the past; ~ый the last *(последний)*

прощá|й!, ~йте! goodbýe!; ~льный párting, farewéll; ~ние párting

прощáть forgíve

прощáться take leave (of), say goodbýe (to)

прощéние forgíveness, párdon

проявíтель devéloper

прояв|íть *см.* проявлять; ~лéние 1) manifestátion 2) *фото* devélopment; ~лять 1) show, displáy 2) *фото* devélop

пруд pond

пружíна spring

прыг|áть, ~нуть jump

прыжóк jump

прядь lock

пряжа yarn

пряжка búckle

прям|о straight; ~ой 1) straight 2) *(непосредственный)* diréct

пряник gíngerbread; медóвый ~ hóney-cake

пряности spíces

прясть spin

прятать hide; concéal; ~ся hide (onesélf)

псевдонím pséudonym, *(литературный)* pén-name

психíческий méntal, psýchical

психолóгия psychólogy

птíца bird; домáшняя ~ póultry

птицевóдство póultry--breeding

птицефáбрика póultry farm

ПТУ (профессионáльно--технíческое учíлище) (vocátional) téchnical school/cóllege

пýблика públic; áudience *(зрители)*

публиковáть públish
публи́чный públic
пугáть fríghten
пугли́вый tímorous, tímid
пýговица bútton
пýдр|а pówder; ~еница cómpact; ~ить pówder
пузырёк *(бутылочка)* bóttle (for médicine, scent)
пузы́рь 1) *(мыльный и т.п.)* búbble 2) *анат.* bládder 3) *(волдырь)* blíster
пулемёт machíne-gun
пульс pulse; ~и́ровать pulsáte
пýля búllet
пункт 1) póint 2) *(организационный центр)* státion 3) *(параграф)* ítem; clause
пургá snówstorm
пускáть, пусти́ть 1) *(отпустить)* let *smb.* go; set *smb.* free 2) *(впускать)* let *smb.* in
пустó|й émpty; *(о разговоре тж.)* ídle; ~тá 1) émptiness 2) *физ.* vácuum
пусты́нный desérted; uninhábited *(безлюдный)*
пусты́ня désert
пусты́рь waste land; émpty lot *(в городе)*
пусть *переводится через* let + *inf.*; ~ он придёт let him come
пустя́к trífle
пýта|ница múddle; ~ть confúse
путёвка pass; vóucher; órder; у меня́ ~ в санатóрий

I have a pass to the sanatórium
путеводи́тель guide (-book)
путепровóд óverpass; únderpass; bridge
путешéст|венник tráveller; ~вие jóurney; ~вовать trável
пут|ь road, way; по ~и́ on the way
пух down
пýхнуть swell
пуши́стый flúffy
пýшка gun, cánnon
пушни́на furs *(мн. ч.)*
пчел|á bee; ~овóдство bée-keeping
пшени́ца wheat
пшенó míllet
пыл árdour
пылáть blaze, be in flames
пылесóс vácuum cléaner
пы́лкий árdent
пыль dust; ~ный dústy
пытáть tórture
пытáться attémpt, try
пы́тка tórture
пы́шный 1) respléndent; magníficent 2) *(о растительности)* luxúriant, rich
пьéса play
пьянéть get drunk
пьян|и́ца drúnkard; ~ство drúnkenness; ~ый drunk
пюрé mash; картóфельное ~ máshed potátoes
пя́теро five
пятибóрье pentáthlon
пятидеся́тый fíftieth
пятиконéчный pentágonal
пятилéтка five-year plan
пятилéтний five-year

пя́титься back
пя́тка heel
пятна́дца|тый fiftéenth;
~ть fiftéen
пятни́стый spótted; spótty
пя́тница Fríday
пятно́ spot; *перен. тж.* stáin
пя́тый fifth
пять five
пятьдеся́т fifty
пятьсо́т five húndred

Р

раб slave
рабо́т|а work; ~ать work;
~ник, ~ница wórker; дома́шняя ~ница sérvant, maid; help
(амер.)
работоспосо́бность capácity for work
рабо́ч|ий 1. *сущ.* wórker 2.
прил. wórking; ~ класс
wórking class; ~ день wórking
hours
ра́бство slávery, sérvitude,
bóndage
ра́венство equálity
равни́на plain
равно́: всё ~ all the same
равнове́сие bálance, equilíbrium
равноду́ш|ие indífference;
~ный indífferent; disínterested
(амер.)
равноме́рный régular; éven
равнопра́вие equálity (of
rights)

ра́вный équal
равня́ться 1) be équal,
amóunt to 2) *воен.* dress
рад glad; я рад I am glad
ра́ди for the sake of; ~ кого́-л. for smb.'s sake
радиа́ция radiátion
ра́дио rádio; передава́ть по
~ bróadcast
радиоакти́вн|ость radioactívity; ~ый radioáctive;
~ые вещества́ radioáctive
matérials
ра́дио|веща́ние bróadcasting; ~люби́тель rádio
ámateur, rádio ham; ~переда́ча bróadcast; ~приёмник
rádio(set); ~ста́нция
bróadcasting státion; ~устано́вка rádio
ради́ст wíreless óperator;
мор. telégraphist
ра́диус rádius
ра́д|овать gládden; ~оваться be glad; rejóice; ~остный
jóyful; ~ость joy
ра́дуга ráinbow
раду́шный córdial, héarty
раз I 1) time; ещё ~ once
more 2) *(при счёте)* one
раз II 1. *нареч. (однажды)*
once 2. *союз;* ~ так if that's
the case
разбáв|ить, ~ля́ть dilúte
разбе́г: прыжо́к с ~а
rúnning jump
разбе|га́ться, ~жа́ться run
off; scátter *(в разные стороны)*
разбива́ть 1) break 2) *военен.* deféat; ~ся break

разбира́тельство investigátion

разбира́ть 1) *(на части)* take apárt 2) *(расследовать)* look ínto; invéstigate 3)*(стараться понять)* try to make out; ~ся understánd

разби́тый bróken

разби́ть(ся) *см.* разбива́ть(ся)

разбогате́ть get rich

разбо́й róbbery; ~ник róbber, bándit

разбо́р análysis

разбо́рчивый 1) *(о почерке)* légible 2) *(требовательный)* fastídious

разбра́сывать, разброса́ть throw *smth.* abóut, scátter

разбуди́ть wake; wake up; *перен.* awáken, aróuse

разва́л collápse, decáy; disorganizátion; rúining; ~ивать *(работу и т. п.)* disórganize; wreck; ~иваться collápse; go to píeces; ~ины rúins; ~и́ть(ся) *см.* разва́ливать(ся)

ра́зве réally; ~ он прие́хал? oh, has he come? has he come then?; ~ вы не зна́ете? d'you mean to say you háven't heard?

развева́ться flútter, fly

разведе́ние bréeding *(животных)*; cultivátion *(растений)*

разве́д|ка 1) *геол.* prospécting 2) *воен.* intélligence; recónnaissance; ~чик 1) scout 2) *воен.* intélligence ófficer

3) *(агент)* sécret sérvice man

разверну́ть, развёртывать unfóld; unwráp; *перен.* devélop

развести́ *см.* разводи́ть

развести́сь *см.* разводи́ться

развива́ть, ~ся devélop

развива́ющ|ийся: ~иеся стра́ны devéloping cóuntries

разви́тие devélopment

развито́й 1)*(физически)* wéll-devéloped, wéll-grówn 2) *(умственно)* intélligent

разви́ть(ся) *см.* развива́ть(ся)

развле|ка́ть entertáin, amúse; ~ка́ться amúse onesélf; ~че́ние amúsement

развле́чь(ся) *см.* развлека́ть(ся)

разво́д divórce

разводи́ть breed *(животных, птиц)*; cúltivate, grow *(растения)*

разводи́ться divórce

развра́т deprávity; ~и́ть *см.* развраща́ть; ~ный deprával

развраща́ть corrúpt

развяза́ть *см.* развя́зывать

развя́зка denóuement *(в романе, пьесе)*; óutcome *(дела)*

развя́зный free and éasy

развя́зывать undó

разгада́ть, разга́дывать solve

разга́р clímax; híghest point; в ~e in full swing

разгла|си́ть, ~ша́ть 1)

(распространить) spread abróad 2) *(тайну)* give awáy

разгова́ривать talk, speak

разгово́р conversátion; ~ник phrásebook; ~ный collóquial; ~чивый tálkative

разгоня́ть drive awáy, dispérse

разгорячи́ться get excíted

разграниче́ние demarcátion

разгро́м rout; crúshing deféat; ~и́ть smash

разгру|жа́ть, ~зи́ть unlóad

разгру́зка unlóading

раздава́ть distríbute, give out

раздава́ться *(о звуках)* resóund

раздави́ть crush

разда́ть *см.* раздава́ть

разда́ться *см.* раздава́ться

раздева́лка clóakroom

раздева́ть undréss; ~ся undréss; take off one's things

разде́л, ~е́ние divísion; ~и́ть, ~я́ть 1) divíde; séparate 2) *(участь, мнение)* share

разде́ть(ся) *см.* раздева́ть(ся)

раздо́р díscord, dissénsion

раздраж|а́ть írritate; ~е́ние irritátion; ~и́тельный írritable, iráscible

раздува́ть *(преувеличивать)* exággerate

разду́мать change one's mind

разду́мье 1) meditátion, thóughtful mood 2) *(колебание)* hesitátion

разду́ть *см.* раздува́ть

разжёчь, разжига́ть kíndle; *перен.* infláme

разлага́ться decompóse

разла́д díscord

разли́в *(реки́)* flood

разл|ива́ть, ~и́ть 1) *(проливать)* spill 2) *(наливать)* pour out

различа́ть distínguish; ~ся differ from

различ|ие 1) *(отличительный признак)* distínction 2) *(неодинаковость)* difference; ~и́ть *см.* различа́ть; ~ный 1) *(неодинаковый)* different 2) *(разнообразный)* divérse, várious

разлож|е́ние *(упадок)* decáy; ~и́ться *см.* разлага́ться

разлу́|ка separátion, párting; ~ча́ть, ~ча́ться part; ~чи́ть(ся) *см.* разлуча́ть(ся)

разлюб|и́ть: она́ его́ ~и́ла she doesn't love him ány more

разма́х *(деятельности и т. п.)* range, scope; ~ивать swing; brándish; ~ивать рука́ми gestículate

размен|ивать, ~я́ть *(деньги)* change

разме́р size

разме|сти́ть, ~ща́ть place

размнож|а́ться breed, múltiply; ~е́ние 1) mánifolding 2) *биол.* reprodúction

размышл|е́ние refléction; ~я́ть refléct, think; méditate

разнести́ *см.* разноси́ть

ра́зница difference; dispárity *(неравенство)*

разнови́дность sort, varíety

разногла́сие disagréement

разнообра́з|ие varíety, divérsity; ~ный várious, váried

разноро́дный héterogéneous

разноси́ть delíver *(письма)*; spread *(распространять)*

разносторо́нний vérsatile

разноцве́тный of dífferent cólours

ра́зный 1) *(неодинаковый)* dífferent 2) *(непарный)* odd 3) *(разнообразный)* divérse, várious

разоблач|а́ть expóse, unmásk; ~éние expósure; ~и́ть *см.* разоблача́ть

разобра́ть(ся) *см.* разбира́ть(ся)

разогна́ть *см.* разгоня́ть

разогрева́ть, разогре́ть warm up

разозли́ть make *smb.* ángry; ~ся get ángry

разойти́сь *см.* расходи́ться

разорва́ть(ся) *см.* разрыва́ть(ся)

разор|éние 1) rúin 2) *(страны и т. п.)* devastátion; ~и́ть(ся) *см.* разоря́ть(ся)

разоруж|éние disármament; ~и́ть(ся) disárm

разоря́ть 1) destróy 2) *(кого-л.)* rúin; ~ся be rúined

разосла́ть sent out, distríbute

разочар|ова́ние disappóintment; ~о́ванный disappóinted; ~ова́ть, ~о́вывать disappóint; disillúsion

разраб|а́тывать, ~о́тать 1) *(вопрос и т. п.)* work out 2) *(недра)* explóit

разража́ться, разрази́ться break out

разре́з cut; ~ать, ~а́ть cut

разреш|а́ть 1) *(позволять)* allów, permít 2) *(решать)* solve *(проблему)*; decíde *(вопрос)*; ~éние 1) *(позволение)* permíssion 2) *(вопроса)* solútion; ~и́ть *см.* разреша́ть

разро́зненн|ый: ~ые тома́ odd númbers; ~ые уси́лия uncoórdinated éfforts

разру́ха rúin, devastátion; disorganizátion

разруш|а́ть destróy; ~éние destrúction

разру́шить *см.* разруша́ть

разры́в rúpture; ~а́ть 1) tear 2) *(порывать)* break off; ~а́ться 1) break; tear *(о материи)* 2) *(взрываться)* explóde

разрыда́ться burst ínto tears

разря́д I *(категория)* cátegory; sort

разря́д II *эл.* dischárge

разря́дка détente

ра́зум mind, intélligence

разуме́ется of course; само́ собо́й ~ it goes withóut sáying разу́мный réasonable

разу́ч|ивать, ~и́ть stúdy; ~и́ться forgét

разъедин|и́ть, ~я́ть 1) эл. cut off 2) (разделить) séparate

разъе́зд 1) (отъезд) depárture 2) ж.-д. pássing track

разъясн|е́ние elucidátion; explanátion (толкование); ~и́ть, ~я́ть elúcidate

разыска́ть find

разы́скивать look (for)

рай páradise

райо́н, ~ный dístrict

рак I cráyfish

рак II мед. cáncer

раке́та 1) rócket; míssile; косми́ческая ~ space rócket 2) (судно) hýdrofoil

раке́та-носи́тель cárrier rócket

раке́тка (теннисная) rácket

ра́ковина 1) shell 2) (водопроводная) sink

ра́ма frame

ра́на wound

ра́нен|ый 1. прил. wóunded 2. сущ. wóunded man; ~ые the wóunded

ра́нить wound

ра́нний éarly

ра́но éarly

ра́ньше éarlier; fórmerly (когда-то)

рапи́ра foil

ра́порт repórt

ра́са race

раска́иваться repént

раскалённый red-hót

раска́я|ние repéntance; ~ться см. раска́иваться

расклаầушка разг. cámp-bed

раскла́н|иваться, ~яться bow; greet

раско́л split

раскра́|сить, ~шивать paint, cólour

раскрепо|сти́ть, ~ща́ть líberate; ~ще́ние emancipátion

раскритикова́ть críticize sevérely

раскр|ыва́ть, ~ы́ть ópen; uncóver (обнажать); перен. revéal

раскуп|а́ть, ~и́ть buy up, buy all

раску́пор|ивать, ~ить uncórk, ópen

раскуси́ть 1) bite through 2) разг. (понять) see through

раску́сывать см. раскуси́ть 1)

ра́совый rácial

распа́д disintegrátion, bréak-up

распак|ова́ть, ~о́вывать unpáck

распа́рывать unríp, rip ópen

распахну́ть ópen wide, throw ópen

распашо́нка báby's vest

распеча́тать ópen, unséal

расписа́ние tímetable, schédule

расписа́ться см. распи́сываться

распис|ка recéipt; ~ываться sign

расплакаться burst ínto tears

распла|та páyment; *перен.* atónement; ~титься, ~чиваться (c) pay (off), séttle accóunts (with)

расплескать spill, splash abóut

располагать 1) *(размещать)* arránge; place 2) *(настраивать)* dispóse *smb.* (to) 3) *(иметь в своём распоряжении)* have at one's dispósal; ~ся séttle down

расположéние 1) *(размещение)* arrángement 2) *(местоположение)* situátion 3) *(настроение)* mood; inclinátion *(склонность)*

расположить *см.* располагáть 1) *и* 2); ~ся *см.* располагáться

распоря|диться, ~жáться give órders (of) *(чем-л.);* ~жéние 1) *(приказ)* órder, instrúction 2) *(указ)* decrée

расправ|а reprísals *(мн. ч.);* учинить ~у mete out púnishment

распредел|éние distribú-tion; ~ить, ~ять distríbute

распродáжа sale

распростран|éние spréad-ing, circulátion; ~ённый wídespread; ~ить, ~ять spread

распускáть 1) *(организацию, войскá)* dissólve, dismíss, disbánd 2) *(парусá, знамёна)* unfúrl 3) *(распро-*странять) spread 4) *(баловать)* let *smb.* get out of hand; ~ся 1) *(о цветáх)* ópen 2) *(о детях и т. п.)* get out of hand

распустить(ся) *см.* распускáть(ся)

распут|ать, ~ывать disen-tángle

распущенность *(о нравах)* immorálity, deprávity

рассадить, рассáживать 1) *(по местáм)* seat 2) *(врозь)* séparate 3) *(растéния)* plant out

рассвéт dawn

рассéивать dispérse; drive awáy; ~ся dispérse; clear awáy

рассердить make *smb.* ángry, ánger; ~ся get ángry

рассéянный ábsent-mínded, abstrácted

рассéять(ся) *см.* рассéи-вать(ся)

расскáз 1) stóry, tale 2) *(жанр)* short stóry; ~áть, ~ывать tell, reláte

расслéдов|ание investi-gátion; ~ать invéstigate

рассмáтривать, рассмот-рéть exámine; consíder *(дéло)*

расспрáшивать, расспро-сить quéstion, make inquíries

рассрóчк|а: в ~у by instálments

расставáться part (with)

расстáв|ить, ~лять place, arránge

расста́ться *см.* расстава́ться

расстёгивать, расстегну́ть unbútton, undó; unhóok *(крючок)*

расстоя́ние dístance

расстра́ивать upsét; ~ся be upsét

расстре́л shóoting; ~ивать, ~я́ть shoot

расстро́ить(ся) *см.* расстра́ивать(ся)

расстыко́вка *(в космосе)* undócking

рассуди́ть 1) judge 2) *(обдумать)* consíder

рассу́док réason

рассужд|а́ть réason; árgue *(в споре)*; ~е́ние réasoning

рассчита́ть *см.* рассчи́тывать 1) *и* 4); ~ся *см.* рассчи́тываться

рассчи́тывать 1) cálculate, count up 2) *(на кого-л.)* count on 3) *(предполагать)* inténd; mean 4) *(увольнять)* dismíss; ~ся settle accóunts (with)

рассы́п|ать, ~а́ть scátter, spill

растая́ть thaw

раство́р *хим.* solútion; ~и́мый sóluble; ~и́мый кóфе ínstant cóffee; ~и́ться *хим.* dissólve

расте́ние plant

растере́ть *см.* растира́ть

расте́рянн|ость confúsion; ~ый confúsed, embárrassed

растеря́ть lose; ~ся lose one's head

расти́ grow

растира́ть rub; mássage *(тело)*

расти́тельность vegetátion

растор|га́ть, расто́ргнуть cáncel, annúl; ~же́ние cancellátion; annúlment

растра́т|а embézzlement; ~ить embézzle; ~чик embézzler

растро́гать move, touch

растя́|гивать 1) stretch, strain 2) *(продлить)* prolóng; ~же́ние: ~же́ние свя́зок *мед.* stráined lígaments; ~ну́ть *см.* растя́гивать

расхи|тить, ~ща́ть misapprópriate; embézzle *(деньги)*

расхо́д expénditure, óutlay

расходи́ться 1) leave, go home *(с собрания, вечера и т. п.)*; dispérse 2) *(о линиях)* divérge 3) *(расставаться)* part, séparate 4) *(о тучах)* be dispérsed 5) *(о мнениях)* díffer 6) *(распродаваться)* be sold out

расхо́довать spend

расхо́ды expénses

расхожде́ние divérgence, discrépancy

расхохота́ться burst out láughing

расцвести́ *см.* расцвета́ть

расцве́т bloom; *перен.* héyday; в ~е сил in the prime of life; ~а́ть bloom, blóssom

расцве́тка cólour scheme

расцен|ивать, ~и́ть 1) éstimate, válue 2) *(квалифи-*

цировать) intérpret; как вы ~иваете э́то? what do you make of that?; ~ка valuátion

расчеса́ть *см.* расчёсывать

расчёска comb

расчёсывать comb

расчёт 1) calculátion 2): производи́ть ~ с кем-л. séttle accóunts with smb.; ~ливый cálculating, prúdent

расшире́ние exténsion, expánsion

расши́р|ить, ~я́ть wíden, bróaden; *перен.* exténd

расшифр|ова́ть, ~о́вывать decípher

расщепле́ние splítting

ратифика́ция ratificátion

ра́унд *спорт.* round

рационализа́ция rationalizátion

рациона́льный rátional

рва́ный torn; lácerated

рвать 1) *(на части)* tear 2) *(собирать цветы, ягоды и т. п.)* pick 3) *(выдёргивать)* upróot

рва́ться I tear; break

рва́ться II *(стреми́ться)* long to; ~ в бой be éager for the báttle

рве́ние férvour, árdour

рво́та vómiting

реабилит|а́ция réhabilitátion; ~и́ровать rehabílitate

реаги́ровать reáct; respónd *(отзываться)*

реакцио́нный reáctionary

реа́кция reáction

реализа́ция sale

реали́зм réalism

реа́льн|ость reálity; ~ный real; prácticable *(осуществимый)*

реанима́ция reanimátion

ребёнок child

ребро́ rib

ребя́|та chíldren; ~ческий chíldish

рёв roar; howl *(вой)*

рева́нш revénge

реве́ть roar; béllow *(о быке)*; howl *(выть)*; cry *(плакать)*

ревизио́нн|ый: ~ая коми́ссия inspéction commíttee

реви́зия inspéction

ревизова́ть inspéct, exámine

ревмати́зм rhéumatism

ревн|и́вый jéalous; ~ова́ть be jéalous (of)

ре́вностный jéalous

ре́вность jéalousy

револьве́р revólver

революционе́р revolútionary

революцио́нный revolútionary

револю́ция revolútion

ре́гби rúgby

регио́н région

региона́льный régional

регистр|ату́ра régistry óffice; ~а́ция registrátion; ~и́ровать régister

регла́мент *(на собрании и т. п.)* time límit

регул|и́ровать régulate; ~я́рный régular

редакти́ровать édit

реда́к|тор éditor; **~цио́нный** editórial; **~ция** 1) editórial óffice; *(коллектив)* the éditors *(мн. ч.)* 2) *(процесс)* éditing 3) *(формулировка)* wórding; vérsion *(вариант)*

реди́ска rádish

рёд|кий 1) rare; uncómmon *(необычный)* 2) thin *(о волосах)*; sparse *(о лесе)*; **~ко** séldom; я его́ ~ко ви́жу I don't óften see him; **~кость** rárity

ре́дька rádish

режи́м regíme; *(работы)* schédule

режиссёр diréctor, prodúcer

ре́зать 1) cut 2) sláughter *(скот)*; kill *(птицу)*

резе́рв resérve

рези́на rúbber

рези́нка 1) *(для стирания)* eráser, rúbber 2) *(тесьма)* elástic 3) *(подвязка)* suspénder; gárter *(круглая)*

рези́новый rúbber

ре́зкий sharp, harsh; abrúpt *(внезапный)*

резолю́ция resolútion

результа́т resúlt, óutcome

рейд 1. *воен.* raid 2. *мор.* roads *(мн. ч.)*, róadstead

рейс trip, pássage

река́ ríver

реквизи́|ровать requisítion; **~ция** requisítion

рекла́м|а advértisement; publícity *(как мероприятие)*; **~и́ровать** ádvertise

рекоменд|а́тельный: **~а́тельное письмо́** létter of introdúction; credéntials *(мн. ч.)*; **~а́ция** recommendátion, **~ова́ть** recomménd

реконстру́кция reconstrúction

реко́рд récord

рекордсме́н chámpion

рели́гия relígion

рельс rail

реме́нь strap, thong; belt *(пояс)*

реме́сленник cráftsman

ремесло́ trade, hándicraft

ремо́нт repáir; **~и́ровать** repáir

рента́бельность profitabílity

рентге́н X-rays; **~овский** X-ray; **~овский сни́мок** rádiograph; **~овский кабине́т** X-ray room

ре́па túrnip

репертуа́р répertoire

репети́ция rehéarsal

репорт|а́ж repórt; **~ёр** repórter

репре́ссия repression

репроду́ктор loud spéaker

репроду́кция reprodúction

репута́ция reputátion

ресни́ца éyelash

респу́блик|а repúblic; **~а́нский** repúblican

рессо́ра spring

рестора́н réstaurant

ресу́рсы resóurce *(ед. ч.)*

референт assístant

рефо́рма refórm

рецéнзия revíew; *(на рукопись)* opínion

рецéпт récipe; *мед.* prescríption

рéчка (small) ríver

речнóй ríver(-)

речь speech ◇ чáсти рéчи parts of speech

решáть decíde; solve *(задачу)*; ~ся make up one's mind, decíde

решáющий decísive

решéние 1) decísion 2) *(задачи и т. п.)* solútion

решётка gráting

реши|мость, ~тельность resolútion; ~тельный decísive; résolute *(твёрдый)*; ~ть(ся) *см.* решáть(ся)

ржáветь rust

ржáвчина rust

ржанóй rye(-)

ржать neigh

ринг *спорт.* ring

рис rice

риск risk; ~нуть, ~овáть risk

рисов|áние dráwing; ~áть draw

рисýнок dráwing

ритм rhythm

ритмúческ|ий rhýthmical; ~ая гимнáстика aeróbics

рúфма rhyme

рóбкий tímid, shy

рóбот róbot

ров ditch

ровéсник: мы ~и we are of the same age

рóвн|о *(точно)* exáctly; sharp *(о времени)*; ~ в два

часá at two o'clock sharp; ~ый éven

рог horn

род 1) fámily 2) *грам.* génder 3) *(вид)* sort, kind

роддóм (родúльный дом) matérnity hóspital

рóдин|а nátive land, móther cóuntry; любóвь к ~е love of one's cóuntry, pátriotism

родúтели párents

родúтельный: ~ падéж posséssive (case)

родúть have a báby; give birth (to); ~ся be born

роднóй 1) *(находящийся в родстве)* own; ~ брат bróther; ~áя сестрá síster 2) *(отечественный)* nátive; ~ язык móther tongue 3) *ласк.* own; ~ мой my dárling, my own; ~ые rélatives; one's péople

рóдственник rélative

родствó relátionship

рóды delívery, chíldbirth *(ед. ч.)*

рожáть *см.* родúть

рожд|áемость bírthrate; ~áться *см.* родúться; ~éние birth; день ~éния bírthday; мéсто ~éния bírthplace

Рождествó Chrístmas

рожь rye

рóза rose

рознь díscord

рóзовый pink; róse-coloured

рóзыгрыш draw

рой swarm

ро́лики róller skates

роль part, role

рома́н nóvel

рома́нс romа́nce; song

рома́шка dа́isy; *мед.* cа́momile

роня́ть drop, let fall

ро́п|от múrmur; ~та́ть grúmble

роса́ dew

роско́шный luxúrious

ро́скошь lúxury

ро́слый tall, wéll-grówn

ро́спись pа́inting

ро́спуск dismíssal

росси́йский Rússian

рост 1) *(процесс)* growth 2) *(вышина)* height

рот mouth

ро́та cómpany

ро́ща grove

роя́ль grand piа́no

ртуть mércury

руба́шка shirt *(мужская)*; chemíse *(женская)*; ночна́я ~ níghtdress *(женская)*

рубе́ж bóundary, bórder (line)

руби́н rúby

руби́ть chop; fell *(деревья)*

рубль róuble

ру́брика héading; *(раздел)* cólumn

ру́гань, руга́тельство abúse, bad lа́nguage

руга́ть scold, abúse; crítisize *(в печати)*; ~ся 1) swear 2) *(ссориться)* quа́rrel

руда́ ore

рудни́к mine

ружьё rífle, gun

рука́ hand; arm *(от кисти до плеча)* ◇ де́лать что-л. на ско́рую ру́ку dash smth. off, do smth. hа́stily

рука́в 1) sleeve 2) *(реки)* arm

руковод|и́тель léader, head; ~и́ть lead; diréct *(управлять)*

руково́дство gúidance, léadership; supervísion

руководя́щий léading

рукоде́лие néedlework, fа́ncy-work

ру́копись mа́nuscript; týpescript

рукоплеск|а́ние applа́use; ~а́ть applа́ud

рукопожа́тие hа́ndshake

руль rúdder, helm; wheel *(автомобиля)*

румы́н Románian

румы́нский Románian

румя́н|ец flush; ~ый rósy

ру́пор spéaking-trumpet, mégaphone

руса́лка mérmaid

ру́сло bed

ру́сский Rússian

ру́сый light brown

рути́на routíne; stagnа́tion

руча́ться vouch for, а́nswer for *(за кого-л.)*; guaranteé *(за что-л.)*

руче́й stream

ру́чка 1) *(рукоятка)* hа́ndle 2) *(для письма)* pen

ручно́й 1) hand(-) 2) *(о звере)* tame

ры́б|а fish; ~а́к físherman;

~ий fish(-); ~ий жир cód-
-liver oil; ~ный fish(-)

рывóк jerk; *перен.* spurt

рыдáние sóbbing

рыдáть sob

рыжий red, áuburn

рыло snout; mug *(разг.)*

рынок márket; мировóй ~
world márket

рысью at a trot

рыть dig

рыхлый crúmbly, fríable;
(о человеке) flábby

рыцарь knight

рычáг léver

рычáть grówl

рэкет rácket

рюкзáк knápsack

рюмка wíneglass

рябина 1) *(ягода)* rówan,
áshberry 2) *(дерево)* rówan-
-tree

рябóй *(от оспы)*
póckmarked

ряд 1) row, line 2) *(серия)*
séries; цéлый ~ a séries (of)
3) *воен.* file

рядовóй 1. *прил.* órdinary
2. *сущ. воен.* prívate

рядом near, close by

С

с 1) with; and; с детьми
with the chíldren; с большим
интерéсом with great ínterest;
брат с сестрóй ушли bróther
and síster went awáy 2) *(откуда)* from; *(прочь тж.)* off;

приéхать с Кавкáза come
from the Cáucasus; сбрóсить
со столá throw off the táble
3) *(с неопределённого мо-
мента)* since; from

сáбля sword

сад gárden

садиться sit down

садóвник gárdener

садовóдство hórticulture,
gárdening

садóвый: ~ учáсток gárden
plot; dácha

сáжа soot

сажáть 1) seat 2) *(поме-
щать)* put 3) *(о растениях)*
plant

салáт sálad; *(растение)*
léttuce

сáло fat; grease *(амер.)*;
lard *(свиное)*

салфéтка nápkin; бумáж-
ная ~ páper nápkin

салют salúte

сам mysélf *(1 л.)*, yoursélf
(2 л.), himsélf, hersélf, itsélf
(3 л.)

самéц male

сáми oursélves *(1 л.)*, your-
sélves *(2 л.)*, themsélves *(3
л.)*

сáмка fémale

самовáр sámovar

самовóльный without per-
míssion

самодéятельность ámateur
perfórmances *(мн. ч.)*

самодовóльный sélfsátis-
fied, complácent

самозащита sélf-defénce

самолёт áeroplane, áircraft; plane

само|любивый tóuchy, proud; ~любие sélf-respéct

самомнéние concéit

самонадéянный concéited, cock-súre

самообладáние sélf-cóntrol

самооборóна sélf-defénce

самообразовáние sélf--educátion

самообслýживан|ие sélf--sérvice; магазин ~ия sélf--sérvice shop

самоопределéние sélf--determinátion

самоотвéрженн|ость sélf-lessness; ~ый sélfless

самопожéртвование sélf--sácrifice

саморóдок ore; núgget; *перен.* nátural génius; a nátural

самостоя́тельн|ость in-depéndence; ~ый indepén-dent

самотёк drift

самоубийство súicide

самоувéренный sélf--cónfident; búmptious

самоуправлéние sélf--góvernment

самоучитель mánual; téach-yoursélf book

самочýвствие: как вáше ~? how do you feel?

сáм|ый 1) the véry; тот же ~ the same 2) *(для образова-ния превосх. ст.)* the most ◇ ты в ~ом дéле так дýма-ешь? do you réally belíeve

that?; на ~ом дéле as a mátter of fact

санатóрий sanatórium

сáни sleigh *(ед. ч.)*

санитáр male nurse, hóspital atténdant; ~ный sánitary

сáнки tobóggan *(ед. ч.)*

санкциони́ровать sánction

сáнкция sánction

сантéхника sánitary equíp-ment

сантимéтр céntimetre

сапёр sápper

сапóг boot, tóp-boot

сапóжник shóe-maker

сарáй shed

саранчá lócust

сардéльки sáusages

сардины sárdines

сатин satéen

сатира sátire

сáуна sáuna

сáхар súgar; ~ница súgar--básin; ~ный súgar; ~ный песóк gránulated súgar

сбегáться, сбежáться run (to)

сберегáтельн|ый: ~ банк sávings bank; ~ая книжка sávings book

сбере|гáть save; ~жéния sávings

сберéчь *см.* сберегáть

сближáть, сблизить bring togéther

сбóку from the side; at the side

сбор 1) colléction; yield *(урожая)*; ~ виногрáда víntage 2) *воен.* múster 3)

СБО

(встреча) gáthering, méeting; быть в ~e be assémbled; все в ~e? are we all here? 4) *эк.* dues; fee; lévy

сборник colléction; seléction; ~ стихóв a colléction of vérses

сбрáсывать, сбрóсить throw off

сбывáться come true

сбыт sale, márket

сбы́ться *см.* сбывáться

свáдьба wédding

свáливать throw; knock down; fell *(дерево)*; ~ вину́ на другóго shift the blame on to sómebody élse's shóulders; ~ рабóту на другóго leave the work to sómebody else; ~ся fall down; break down, fall ill *(заболевать)*

свали́ть(ся) *см.* свáливать(ся)

свари́ть 1) cook 2) *тех.* weld

свáрка wélding

свáя pile

сведéние informátion

свéдущий infórmed; expérienced

свежезаморóженный quick-frózen

свёж|есть fréshness; ~ий fresh

свёкла béet(root); сáхарная ~ súgar beet

свёкор fáther-in-law

свекрóвь móther-in-law

свергáть, свéргнуть throw down; overthrów

свержéние óverthrow

378

СВИ

сверкáть, сверкну́ть spárkle, glítter; flash *(о молнии)*

сверли́ть bore, drill, pérforate

сверлó bórer, drill

сверну́ть 1) *см.* свёртывать 2) *(в сторону)* turn

свёрт|ок búndle; ~ывать 1) *(в рулон, трубку)* roll up 2) *(сокращать)* curtáil

сверх 1) *(над)* óver 2) *(в добавление)* in addítion to, óver and abóve 3) *(превосходя)* beyónd

свéрху from abóve

сверхурóчный óvertime

сверчóк crícket

свести́(сь) *см.* своди́ть(ся)

свет I light

свет II *(мир)* wórld

свети́л|о lúminary; небéсные ~a héavenly bódies

свети́ть, ~ся shine

свéтлый light, bright; clear *(ясный)*

светофóр tráffic lights *(мн. ч.)*

свечá, свéчка cándle

свидáн|ие appóintment, ínterview; *(влюблённых)* réndezvous; date *(разг.)* ◇ до ~ия! goodbýe!

свидéтель wítness; ~ство 1) *(показание)* évidence 2) *(документ)* certíficate, lícence; ~ствовать bear wítness

свинéц lead

свини́на pork

свиновóдство píg-bréeding

свинцóвый léad(en)

свинья pig; *(разг. тж.)* swine

свирепый fierce

свист whistle

свистать, свистеть whistle

свисток whistle

свитер sweater

свобод|а freedom; liberty; ~ный free

свод domed ceiling, vault

сводить 1) take; take down *(вниз)*; bring together *(вместе)* 2) *(к чему-л.)* reduce to; ~ся come to

сводка summary, report; ~ погоды weather report

своевременн|о in time; ~ый opportune, well-timed

свой my, his, her, its; our, your, their *(мн. ч.)*

свойст|венный characteristic (of); ~во property *(предметов)*; quality *(людей)*

свысока condescendingly

свыше 1. *нареч.* from above 2. *предлог* over

связать, связывать tie; bind; *перен.* connect

связь 1) tie; bond; *перен.* connection 2) *(железнодорожная, телеграфная и т. п.)* communication

священник priest

священный sacred

сгибать, ~ся bend

сговорчивый compliant, amenable

сгорать, сгореть burn out; be consumed (by)

сгущёнка *разг.* condensed milk

сгущённый thickened; condensed

сдавать 1) hand in, give; let *(помещение)*; register *(багаж)*; check *(амер.)* 2) *(карты)* deal 3) *(крепость)* surrender 4): ~ экзамен pass an examination; ~ся surrender, capitulate

сдать(ся) *см.* сдавать(ся)

сдача 1) *воен.* surrender 2) *(деньги)* change

сделать *см.* делать

сделка deal, bargain

сдельный piece-work

сдержанный reserved, reticent *(в речах)*; self-controlled *(спокойный)*

сдержать, сдерживать 1) restrain, hold back *(кого-л.)*; restrain, suppress *(чувства)* 2) *(слово, обещание)* keep

сеанс *(в кино)* show

себестоимость cost price

себя myself, yourself, himself, herself, itself; ourselves, yourselves, themselves *(мн. ч.)*; oneself *(безл. в ед. ч.)*

сев sowing

север north; ~ный north(en)

северо-восток north-east

северо-запад north-west

сегодня today; ~шний today's

седеть become grey; turn grey *(о волосах)*

седина grey hair

седло́ sáddle
седо́й gréy(-haired)
седьмо́й séventh
сезо́н séason
сейча́с 1) *(теперь)* now 2) *(скоро)* in a mínute
секре́т sécret
секрета́рь sécretary
секре́тный sécret
се́ктор 1) *мат.* séctor 2) *(отдел)* depártment 3): госуда́рственный ~ státe-ówned séctor
секу́нда sécond
секундоме́р stópwatch
се́кция séction
селёдка hérring
селезёнка spleen
село́ víllage
се́льск│ий rúral, víllage; ~ое хозя́йство ágriculture
сельскохозя́йственный agricúltural
сельсове́т (се́льский сове́т) víllage Sóviet
семафо́р sígnal
семе́й│ный fámily(-); ~ство fámily
семена́ seeds
семе́стр term
семидеся́тый séventieth
семина́р séminar
семна́дцатый seventéenth
семь séven; ~деся́т séventy; ~со́т séven húndred
семья́ fámily
се́мя seed
се́но hay; ~ва́л háyloft; ~ко́с háymaking; ~коси́лка mówing machíne
сентя́брь Septémber

се́ра súlphur
серви́з set
се́рвис sérvice
серде́чный 1) córdial; héarty 2) *мед.* heart(-)
серди́тый ángry, cross
серди́ться be ángry
се́рдце heart; ~бие́ние palpitátion
серебро́ sílver
сере́бряный sílver
середи́на míddle
сержа́нт sérgeant
се́рия séries; part *(фильма)*
серп síckle; ~ и мо́лот hámmer and síckle
сертифика́т certíficate
сёрфинг *спорт.* súrfing
се́рый grey
серьга́ éarring
серьёзный sérious, éarnest
се́ссия séssion; экзаменацио́нная ~ examinátions *(мн. ч.)*
сестра́ síster
сесть *см.* сади́ться
се́тка, сеть net
се́ялка séeder; drill
се́ять sow
сжа́литься take píty (on)
сжа́тый 1) compréssed 2) *(об изложении)* concíse
сжать I *см.* сжима́ть
сжать II *см.* жать II
сжечь, сжига́ть burn
сжима́ть press; squeeze; clench *(зубы, руки)*
сза́ди from behínd; behínd *(позади)*
сига́ра cigár

сигаре́та cigarétte

сигна́л sígnal

сигнализа́ция 1) sígnalling 2) *(приспособление)* alárm sýstem

сиде́лка (síck-)nurse

сиде́нье seat

сиде́ть 1) sit 2) *(о пла-тье)* fit

си́л|а strength; force; *mex.* pówer; вооружённые ~ы armed fórces

си́лос sílage

си́льн|ый strong; pówerful *(мощный)*; ~ое жела́ние inténse desíre

си́мвол sýmbol

симпати́чный nice

симпа́тия líking

симпто́м sýmptom

синте́т|ика synthétics *(мн. ч.)*; ~и́ческий synthétic

симф|они́ческий symphónic; ~о́ния sýmphony

си́ний blue

синхро́нный: ~ перево́д simultáneous translátion

синя́к bruise

сире́нь lílac

сирота́ órphan

систе́ма sýstem; ~ти́ческий systemátic

си́тец cótton print

сия́ние rádiance; се́верное ~ Auróra Boreális

сия́ть shine; *перен.* be rádiant (with)

сказа́ть say; tell *(что-л., кому-л.)*

сказа́ться *см.* ска́зываться

ска́зка stóry; волше́бная ~ fáiry-tale

сказу́емое *грам.* prédicate

ска́зываться tell on; го́ды начина́ют ~ на нём his years are begínning to tell on him

скака́ть 1) jump, leap 2) *(на коне)* gállop

скала́ rock

скам|е́йка, ~ья́ bench

сканда́л row, scéne; ~ить make a row

скарлати́на scárlet féver

ска́терть táblecloth

ска́чки ráces

скачо́к jump, leap

сква́жина 1) *(замочная)* kéyhole 2) *(буровая)* drill hole

сквер (públic) gárden; square

скве́рный bad, násty

сквозня́к draught

сквозь through

скворе́ц stárling

скеле́т skéleton

ски́дка díscount, rebáte

скипида́р túrpentine

склад wárehouse, store; *воен.* dépot

скла́дка fold, pleat; *(на брюках)* crease

складно́й fólding, collápsible

скла́дывать 1) fold 2) *(убирать)* put awáy 3) *мат.* add (up), sum up; ~ся turn out *(об обстановке)*; devélop, be formed *(о характере, мнении)* скле|ивать, ~ить paste togéther

склон slope

склонéние *грам.* declénsion

склони́ть(ся) *см.* склоня́ть(ся)

склóн|ный inclíned; ~я́ть 1) inclíne 2) *грам.* declíne; ~я́ться be inclíned

скóбка brácket

сковорода́, сковорóдка frýing pan

скользи́ть slide, slip

скóльзкий slíppery

скóлько how mány; how much

скончáться die, pass awáy

скорбь grief, sórrow

скорлупа́ shell

скóр|о 1) *(вскоре)* soon 2) *(быстро)* quíckly; ~овáрка préssure cóoker; ~ость speed; ~ый 1) *(быстрый)* quick, fast; ~ая пóмощь first aid 2) *(по времени)* near

скот cáttle; ~овóдство cáttle-breeding

скрип créaking *(двери, пола)*

скрипáч víolinist

скрипéть creak

скри́пка violín

скрóмн|ость módesty; ~ый módest

скрывáть hide, concéal

скры́тный réticent

скры́тый sécret; *физ.* látent

скрыть *см.* скрывáть

скря́га míser

скýдный scánty, poor

скýка bóredom

скула́ chéekbone

скýльпт|ор scúlptor; ~ýра scúlpture

скупóй *прил.* stíngy; mean

скучáть be bored; ~ по комý-л. miss smb.

скýчный bóring, dull

слаби́тельное láxative, purge

слáб|ость wéakness; ~ый weak, féeble; ~ое здорóвье délicate health

слáва fame, glóry

слáвный 1) glórious, fámous 2) *разг. (хороший)* nice

славяни́н Slav

славя́нский Slavónic

слáд|кий sweet; ~ости sweet things, sweets

слайд slide

слáлом *спорт.* slálom

слéва to the left

слегка́ slíghtly

след trace, track; fóot-print *(ноги)*

следи́ть 1) watch, spy, fóllow 2) *(присматривать)* look áfter

слéдователь examíning mágistrate; invéstigator

слéдовательно cónsequently, thérefore

слéдовать fóllow

слéдствие 1) cónsequence 2) *(судебное)* judícial investigátion, ínquest

слéдующий fóllowing, next

слеза́ tear

слезáть, слезть come down;

dismóunt *(с лошади)*; get off, alight (from) *(с трамвая)*

слеп|óй 1. *прил.* blind 2. *сущ.* blind man; ~отá blíndness

слéсарь lócksmith

слёт *(собрание)* rálly

слúва 1) plum 2) *(дерево)* plúm tree

сливáться merge

слúв|ки cream; ~очный: ~очное мáсло bútter

слизь slime; *физиол.* múcus

слúться *см.* сливáться

слúшком too (much), óver(-)

слияние blénding, mérging

словáрь díctionary; vocábulary *(запас слов)*

слóвно as if, as though

слóво word; ~сочетáние combinátion of words, word combinátion

слог 1) sýllable 2) *(стиль)* style

слоёный: ~ пирóг fláky pástry

сложéние 1) *мат.* addítion 2) *(тела)* constitútion; build

сложúть(ся) *см.* склáдывать(ся)

слóжный 1) cómplicated 2) *(составной)* cómpound

слой láyer; *геол.* strátum

сломáть, ~ся break

слон élephant; ~óвый: ~óвая кость ívory

слугá sérvant

слýжащий employée

слýжба sérvice; work, job

служéбный official

служúть 1) serve 2) *(работать)* work ◇ ~ примéром be an exámple

слух 1) héaring; ear *(музыкальный)*; игрáть по ~у play by ear 2) *(молва)* rúmour

слýчай 1) case 2) *(возможность)* occásion, chance 3) *(случайность)* chance 4) *(происшествие)* evént, íncident

случáйн|о accidéntally, by chance; ~ встрéтиться háppen to meet; ~ость chance; ~ый accidéntal, chance, cásual

случ|áться, ~úться take place, háppen; occúr

слýш|атель lístener, héarer; stúdent; ~ать 1) lísten (to); ~аю! *(по телефону)* hulló! 2) *(лекции)* atténd; ~аться obéy

слýшать hear

слюнá salíva

слякоть slush, mire

смáз|ать, ~ывать *(маслом)* oil

смéл|ость cóurage, audácity, bóldness; ~ый courágeous, dáring, bold

смéн|а 1) change 2) *(на заводе)* shift 3) *воен.* relief; ~úть, ~ять 1) change 2) *воен.* relíeve

смеркáться grow dark

смертéльный mórtal; déadly; fátal *(о ране)*

смерть death

смерч whirlwind; wáterspout *(водяной)*

смесь míxture

смéта éstimate

сметáна sour cream

сметь dare

смех láughter

смешáть, смéшивать mix

смешнóй fúnny; ridículous (*смехотворный*)

смещéние remóval; displácement

смеяться laugh; ~ над кем--л. mock at smb., make fun of smb.

смирéн|ие humílity, méekness; ~ный húmble, meek

смирн|о 1) quíetly 2) *воен.* ~! atténtion!; ~ый quíet

смолá résin; tar (*жидкая*)

сморкáться blow one's nose

сморóдина cúrrant

смóрщ|енный wrínkled; ~иться wrínkle

смотр inspéction

смотрéть 1) look 2) (*за кем-л., чем-л.*) look áfter

смочь *см.* мочь

смýглый dark, swárthy

сму|тить, ~щáть confúse, embárrass; ~щённый confúsed; embárrassed

смывáть wash off; wash awáy (*сносить*)

смысл sense; méaning (*значение*)

смыть *см.* смывáть

смычóк bow

смягч|áть, ~ить sóften; exténuate (*вину*)

смятéние confúsion, dismáy

смять rúmple; crúmple (*скомкать*)

снаб|дить, ~жáть supplý with; províde with; ~жéние supplý

снарýжи on the outsíde; from the outsíde (*с наружной стороны*)

снаряд shell

снаря|дить, ~жáть equíp; ~жéние equípment

снаст|ь 1) *мор.* rope; ~и rígging 2): рыболóвная ~ fishing táckle

сначáла at first

снег snow; ~ идёт it's snówing

снегúрь búllfinch

снегопáд snówfall

снегýрочка Snów-máiden

снежúнка snówflake

снести *см.* сносúть

сниж|áть redúce; lówer; ~éние décrease; redúction, cut (*о ценах*)

снúзить *см.* снижáть

снúзу from belów

снимáть 1) take off 2) (*фотографировать*) phóto-graph; ~ся have one's phóto-graph táken, be phóto-graphed

снúмок phótograph

снисходúтельный condescénding, indúlgent

снúться dream

снóва agáin

сноп sheaf

сносúть 1) (*дом*) pull down 2) (*терпеть*) bear, put

up with; ~ся get in touch (with); commúnicate (with)

сно́ска fóotnote

сно́сн|о not bad; ~ый tólerable, fáirly good *(неплохо́й)*

снотво́рн|ый sporífic; ~ое sléeping pill

сноше́ния íntercourse *(ед. ч.)*; déalings; relátions

снять(ся) *см.* снима́ть(ся)

со *см.* с

соа́втор co-áuthor

соба́|ка dog; ~чий dog ◇ ~чий хо́лод béastly cold

собесе́дник interlócutor, compánion

собира́ть 1) gáther; colléct 2) *(маши́ну)* assémble; ~ся 1) *(вме́сте)* gáther, meet 2) *(намерева́ться)* be góing to (+ *inf.*)

собла́зн temptátion; ~и́тельный témpting; ~и́ть, ~я́ть tempt; sedúce *(обольща́ть)*

соблю|да́ть, ~сти́ *(пра́вила)* obsérve; ~ тишину́ keep sílence

соболе́знование condólence; вы́разить своё ~ expréss one's sýmpathy

со́боль sáble

собо́р cathédral

собра́ние 1) méeting 2) *(колле́кция)* colléction; по́лное ~ сочине́ний compléte works (of)

со́бранный precíse, áccurate *(о челове́ке)*

собра́ть(ся) *см.* собира́ть(ся)

со́бственник ówner, propríetor

со́бственн|ость próperty; ~ый own; и́мя ~ое próper name

собы́тие evént

сова́ owl

соверша́ть 1) do 2) *(преступле́ние)* commít; ~ оши́бку make a mistáke; ~ поса́дку make a lánding *(о самолёте)*

соверше́нно quite, ábsolutely

совершенноле́тний adúlt; of age

соверше́н|ный 1) *(идеа́льный)* pérfect 2) *(абсолю́тный)* ábsolute; ~ство perféction; ~ствовать perféct; impróve

соверши́ть *см.* соверша́ть

со́весть cónscience

сове́т I *(о́рган госуда́рственной вла́сти)* Sóviet; Верхо́вный Сове́т Supréme Sóviet; Сове́т наро́дных депута́тов Sóviet of People's Députies

сове́т II *(администрати́вный о́рган)* cóuncil; Сове́т Мини́стров Cóuncil of Mínisters

сове́т III *(наставле́ние)* advíce

сове́тник advíser, cóunsellor

сове́товать advíse; ~ся consúlt

сове́тский Sóviet

совещá|ние cónference; ~тельный consúltative; ~тельный гóлос delíberative voice

совещáться confér, consúlt

совладéлец joint ówner

совме|стúмость compatibílity; ~стúть combíne (with)

совмéстный joint, combíned

совмещ|áть *см.* совместúть

совóк *(для мусора)* dústpan

совпад|áть coincíde; tálly *(соответствовать)*; ~éние coíncidence

совпáсть *см.* совпадáть

совремéнн|ик contémporary; ~ый contémporary; módern *(соответствующий эпохе)*

совсéм quite

совхóз sovkhóz, state farm

соглáс|ие 1) consént 2) *(мир)* accórd 3): в ~ии in accórdance with; ~úться *см.* соглашáться

соглáсно accórding to

соглáсный *(звук)* cónsonant

соглас|овáть, ~óвывать coórdinate, adjúst

соглаш|áться consént *(на что-л.)*; agrée *(с кем-л.)*; ~éние agréement; understánding

согнýть(ся) *см.* сгибáть(ся)

согревáть, согрéть warm; ~ся get warm

сóд|а sóda; ~овая: ~овая водá sóda-water

содéйств|ие assístance; ~овать assíst; ~овать успéху contríbute to the succéss

содерж|áние 1) máintenance 2) *(содержимое)* conténts *(мн. ч.)*; ~áть 1) *(заключáть в себé)* contáin 2) *(семью)* suppórt, maintáin

сóевый sóya-bean

соедин|éние 1) *(действие)* jóining; júnction 2) *(сочетáние)* combinátion; ~úть (ся), ~я́ть(ся) uníte

сожалé|ние regrét; píty *(жáлость)*; ~ть regrét; píty, be sórry for

сожжéние búrning; cremátion *(трупа)*

созвáниваться get in touch by phone

созвáть *см.* созывáть

созвéздие constellátion

созвонúться *см.* созвáниваться

созвýчие accórd

созд|авáть creáte; ~áние 1) *(действие)* creátion 2) *(существо)* créature; ~áтель creátor; fóunder *(основáтель)*; ~áть *см.* создавáть

сознавáть be cónscious (of); réalize; ~ся admít, conféss

сознáние cónsciousness

сознáть(ся) *см.* сознавáть(ся)

созревáть, созрéть rípen

созы́в convocátion; ~áть call; convóke *(съезд и т. п.)*

сойтú *см.* сходúть; ~ с

рельсов be deráiled; ~сь *см.*
сходи́ться

сок juice; sap *(растений)*; ~овыжима́лка squéezer; júicer

со́кол fálcon

сокра|ти́ть, ~ща́ть 1) *(сделать короче)* shórten; abrídge *(книгу)* 2) *(расходы)* redúce 3) *(уволить)* dismíss; ~ще́ние 1) shórtening; abbreviátion 2) *(книги)* abrídgement 3) *(расходов, штатов)* redúction; ~щённый brief, short, concíse; abbréviated *(о слове)*

сокро́вище tréasure

сокруш|а́ть smash; ~а́ться be distréssed; ~и́тельный crúshing; stággering

сокруши́ть *см.* сокруша́ть

солга́ть lie, tell lies

солда́т sóldier

солёный salt; sálted *(посоленный)*; sálty *(на вкус)*

соле́нья píckles, sálted food(s)

солида́рность solidárity

соли́дный sérious; consíderable *(значительный)*

соли́ст, соли́стка sóloist

соли́ть salt; píckle *(огурцы и т. п.)*

со́лнечный súnny, sun(-); ~ свет súnlight, súnshine; ~ луч súnbeam

со́лнце sun

соловей́ níghtingale

соло́м|а straw; ~енный straw; ~инка straw

соло́нка sáltcellar

соль salt

со́льный sólo

сом shéatfish

сомн|ева́ться doubt; ~е́ние doubt; ~и́тельный dóubtful; dúbious *(подозрительный)*

сон sleep; dream *(сновидение)*; ~ный sléepy

соображ|а́ть 1) *(понимать)* understánd 2) *(раздумывать)* consíder; ~е́ние 1) considerátion 2) *(понимание)* understánding 3) *(причина)* réason

сообра|зи́тельный quick-wítted; ~зи́ть *см.* сообража́ть; я не ~зи́л I didn't think

сообща́ togéther

сообщ|а́ть repórt, commúnicate, infórm; ~е́ние 1) *(известие)* repórt, communicátion, informátion, státement 2) *(связь)* communicátion; плохо́е ~е́ние poor connéction; прямо́е ~е́ние through sérvice; ~и́ть *см.* сообща́ть

сообщник accómplice, pártner

сооруж|а́ть eréct; ~е́ние búilding, strúcture, constrúction

соотве́тств|енно accórdingly; in accórdance with; ~енный correspónding; ~ие accórdance, confórmity; complíance ~овать correspónd (to)

соотéчественник compátriot; cóuntryman

соотношéние correlátion

сопе́рни|к ríval; ~чество rívalry

сопоста́в|ить, ~ля́ть compáre (to, with)

сопри|каса́ться come ínto cóntact; ~коснове́ние cóntact

сопровожд|а́ть accómpany; ~е́ние accómpaniment

сопротивл|е́ние resístance; opposítion; ~я́ться resíst

сор lítter; dust, rúbbish; swéepings *(мн. ч.)*

сорва́ть(ся) *см.* срыва́ть(ся)

соревнова́|ние competítion; ~ться compéte

сори́ть lítter

со́рн|ый lítter; ~я́к weed

со́рок fórty

соро́ка mágpie

сороково́й fórtieth

соро́чка shirt *(мужская)*; chemíse *(женская)*

сорт sort, kind *(разновид-ность)*; quálity, grade *(качество)*, ~ирова́ть sort

соса́ть suck

сосе́д néighbour; ~ний néighbouring; next

соси́ска sáusage

со́ска cómforter, báby's dúmmy; teat, nípple *(на бутылочку)*

соск|а́кивать, ~очи́ть jump off; come off *(отделяться)*

соску́читься 1) *(по кому--л., по чему-л.)* miss 2) *(почувствовать скуку)* get bored (with); grow wéary (of)

сослага́тельный: ~ое наклоне́ние subjúnctive mood

сосла́ть *см.* ссыла́ть; ~ся *см.* ссыла́ться

сосна́ pínetree

сосо́к nípple

сосредото́чить cóncentrate

соста́в 1) composítion; strúcture 2) *(коллектив людей)* staff; ~ить, ~ля́ть compóse; ~но́й cómpound; compónent

состоя́ние 1) condítion; state 2) *(богатство)* fórtune

состоя́ть 1) *(быть)* be 2) *(заключаться)* consíst (of, in); ~ся take place

сострада́ние compássion

состяз|а́ние cóntest, competítion; ~а́ться compéte

сосу́д véssel

сосу́лька ícicle

сосуществова́ние coexístence

сосчита́ть count

со́т|ка *разг.* húndredth part; уча́сток земли́ в шесть ~ок a plot of six húndredth parts

со́тня a húndred

сотру́дн|ик 1) colláborator 2) *(служащий)* employée; ~ичать colláborate (with); ~ичество cooperátion

сотрясе́ние: ~ мо́зга concússion of the brain

со́ты hóneycomb

со́тый húndredth

со́ус sauce; grávy *(мясной)*; dréssing *(к салату и т. п.)*

соуча́ст|ие participátion;

~ник partícipant; accómplice *(сообщник)*

софá sófa

сóхнуть dry

сохран|éние preservátion; ~йть(ся) *см.* сохранять(ся); ~ять keep; presérve; retáin; ~яться survíve

социализм sócialism

социалист sócialist

социалистический sócialist

социальный sócial

социó|лог sociólogist; ~лóгия sociólogy

сочетá|ние combinátion; ~ть(ся) go (with), combíne

сочин|éние work; compositíon; ~йть, ~ять 1) write *(написать)*; compóse *(музыку)* 2) *(выдумать)* invént, make up

сóчный júicy; rich *(о красках и т. п.)*

сочувств|ие sýmpathy; ~овать sýmpathize (with)

сощуриться screw up one's eyes

союз I *(государство)* Únion; Советский Союз Sóviet Únion

союз II *(объединение)* allíance, únion

союз III *грам.* conjúnction

союзник allý

союзный I *(относящийся к Советскому Союзу)* Únion(-), of the Únion

союзный II allíed

сóя soya bean

СП (совместное предприя́тие) joint énterprise

спад 1) *эк.* slump, recéssion 2) *(воды, жары)* abátement; ~áть 1) fall down 2) *(о воде, жаре)* abáte

спазм spasm

спáльный: ~ вагóн sléeping car

спáльня bédroom

спáржа aspáragus

спасáтель réscuer, lífesaver

спасáтельн|ый: ~ пóяс life belt; ~ая лóдка lífeboat; ~ая пáртия réscue párty; ~ая экспедиция réscue párty

спасáть save, réscue; ~ся escápe

спасéние réscue; *перен.* salvátion

спасибо! thank you!, thanks!

спасти(сь) *см.* спасáть(ся)

спать sleep; ложиться ~ go to bed

спектáкль perfórmance, play

спекул|ировать spéculate; ~янт spéculator, profitéer; ~яция speculátion, profitéering

спéлый ripe

спервá at first

спéреди in front of; in front *(впереди)*

спёртый close, stúffy

спеть I sing

спеть II *(зреть)* rípen

специалист spécialist, éxpert

специáльн|ость speciálity; ~ый spécial

спецкóр (сóбственный

корреспондéнт) spécial correspóndent

спецодéжда óveralls *(мн. ч.)*

спешúть húrry; be fast *(о часах)*

спéшка húrry, haste

спéшн|о hástily; úrgently; ~ый úrgent, préssing

спидóметр speedómeter

спинá back

спúнка *(стула)* back

спúннинг spínning rod *(снасть)*

спиннóй spínal; ~ мозг spínal cord

спирáль spíral

спирт álcohol; ~нóй: ~ны́е напúтки spírits, alcohólic drinks

списáть *см.* спúсывать

спúсок list, roll, récord

спúсывать cópy

спúца 1) *(вязальная)* knítting néedle 2) *(колесá)* spoke

спúчка match

сплав 1) *(лéса)* float 2) *(металлов)* álloy

сплáчивать(ся) rálly, uníte

сплестú, сплетáть interláce; weave *(корзину)*

сплетáться, сплестúсь interláce

сплéтня góssip

сплотúть(ся) *см.* сплáчивать(ся)

сплочённ|ость solidárity; ~ый uníted; sérried *(о строе)*

сплошн|óй unbróken, contínuous, sólid, compáct *(о*

массе) ◇ ~áя вы́думка sheer invéntion

спокóй|ный quíet; calm; ~ствие cálmness, tranquíllity

споláскивать rinse

сполз|áть, ~тú 1) slip down 2) *разг. (с трудом спускаться)* scrámble down

сполнá complétely, in full

сполоснýть *см.* споláскивать

спор árgument, dispúte; discússion *(обсуждение)*

спóр|ить árgue, dispúte; ~ный quéstionable; debátable; ~ный пункт point at íssue

спорт sport; ~úвный spórting; ~úвная площáдка sports ground

спортсмéн spórtsman

спóсоб way, méthod; ~ употреблéния how to use; такúм ~ом in this way

спосóбн|ость abílity; tálent *(талант)*; ~ый 1) *(одарённый)* áble; cléver; gifted 2) *(на что-л.)* cápable of

спосóбствовать fúrther, assíst; promóte

споткнýться, спотыкáться stúmble (óver)

спохватúться recolléct; bethínk onesélf

спрáва to the right

справедлúв|ость jústice; ~ый just; fair *(разг.)*; э́то ~о that's fair

спрáвиться *см.* справля́ться

спрáвка 1) informátion;

réference 2) *(документ)* certíficate

справля́ться 1) *(осведомляться)* ask (abóut); make inquíries; look it up *(по книге)* 2) *(с чем-л.)* mánage, cope with

спра́вочник réference book, hándbook, diréctory

спра́шивать ask

спрос demánd ◇ без ~a withóut permíssion

спроси́ть *см.* спра́шивать

спря|га́ть *грам.* cónjugate; ~же́ние *грам.* conjugátion

спря́тать 1) *(скрыть)* hide 2) *(убрать)* put awáy

спуск 1) *(с горы)* descént 2) *(самолёта)* lánding 3) *(откос)* slope

спуска́ть 1) *(вниз)* lówer; ~ куро́к pull the trígger 2) *(судно на воду)* launch; ~ся go down, descénd

спусти́ть(ся) *см.* спуска́ть(ся)

спустя́ áfter

спу́тник 1) compánion 2) *астр.* sátellite; spútnik *(искусственный)*; запусти́ть ~ launch a sátellite, a spútnik

спя́чка hibernátion

сравне́ние compárison

сравн|ивать compáre; ~и́тельно compáratively

сравни́ть *см.* сра́внивать

сраж|а́ться fight; ~е́ние báttle

срази́ться *см.* сража́ться

сра́зу at once

сраст|а́ться, ~и́сь grow togéther; knit *(о костях)*

среда́ I *(окружение)* surróundings *(мн. ч.)*; envíronment

среда́ II *(день недели)* Wédnesday

среди́ amóng

средиземномо́рский Mediterránean

сре́дн|ий áverage; míddle *(находящийся посередине)*; ~ие века́ the Míddle Áges

сре́дство means; rémedy *(мед.)*

сре́з|ать, ~áть cut off

срисова́ть, срисо́вывать cópy

срок 1) *(назначенное время)* term, date 2) *(промежуток времени)* périod

сро́чн|о quíckly *(быстро)*; úrgently *(спешно)*; ~ый úrgent; ~ый зака́з rush órder

срыва́ть 1) *(цветок)* pick 2) *(сдёргивать)* tear off 3) *(портить)* spoil, rúin; ~ся 1) *(падать)* fall 2) *(с цепи и т. п.)* break loose 3) *(не удаваться)* fail, miscárry

сса́дина scratch; abrásion

ссо́р|а quárrel; ~иться quárrel (with)

ссу́да loan; advánce

ссыла́ть éxile

ссыла́ться refér to

ссы́лка I *(изгнание)* éxile

ссы́лка II *(сноска)* réference

стаб|илиза́тор stábilizer; ~и́льный stáble

ста́вить 1) put; place; set 2) *(пьесу)* stage, prodúce, put on 3) *(условия)* lay down

ста́вка 1) *(зарплата)* rate 2) *(в игре)* stake 3) *воен.* héadquarters

ста́вня shútter

стагна́ция stagnátion

стадио́н stádium

ста́дия stage

ста́до herd; flock *(овец, коз)*

стаж length of sérvice; ~ёр probátioner; ~ирова́ться work on probátion

стака́н glass

сталелите́йный: ~ заво́д stéelworks; ~ цех stéelplant

ста́лкиваться collíde with, run ínto; *перен.* come acróss

сталь steel; ~но́й steel

стаме́ска chísel

стан I *(фигура)* fígure

стан II *тех.* mill

станда́рт stándard

станкостройтельный: ~ заво́д machíne-tool plant

станови́ться 1) *(занимать место)* stand; станови́сь! *воен.* fall in! 2) *(делаться)* becóme, get

стано́к bench; lathe *(токарный)*

ста́нция státion; телефо́нная ~ télephone exchánge

стара́|ние éffort; díligence *(усердие)*; ~тельный díligent, páinstaking; ~ться try; endéavour

старе́ть grow old

стари́|к old man; ~нный

áncient; old *(давнишний)*; old-fáshioned *(старомодный)*

ста́роста *(группы, класса)* léader

ста́рость old age

старт start; на ~! on your marks!; ~ёр stárter; ~ова́ть start

стару́ха old wóman

ста́рший 1) *(по годам)* ólder; óldest, éldest 2) *(по положению)* sénior

старшина́ *воен.* sérgeant májor

ста́рый old

стати́ст *театр.* súper, éxtra

стати́ст|ика statístics; ~и́ческий statístic(al)

ста́тный státely

ста́туя státue

стать *см.* станови́ться

статья́ árticle

ста́чка strike

ста́я flock *(птиц)*, shoal *(рыб)*; pack *(собак, волков)*

ствол 1) *(дерева)* trunk 2) *(оружия)* bárrel

сте́бель stem

стёган|ый quílted; ~ое одея́ло quilt

стека́ть flow down, tríckle down; ~ся *(о людях)* gáther

стекл|о́ glass; ~я́нный glass

стели́ть spread; ~ посте́ль make a bed

стелла́ж shélving; shelves

сте́лька ínner sole

стена́ wall

стенд stand

стéн|ка *(мебель)* fúrniture séctions; ~нóй wall

стеногрáмма shórthand récord

стéпень degrée

степь steppes

стерéть *см.* стирáть I

стерéчь guard, watch

стéржень pívot

стеснять embárrass; ~ся feel embárrassed, be (feel) shy

стечéние: ~ обстоятельств coíncidence

стиль style

стимул stímulus, incéntive

стипéндия schólarship

стирáльн|ый wáshing; ~ порошóк detérgent; wáshing pówder; ~ая машина wáshing machíne

стирáть I wipe off

стирáть II *(бельё)* wash

стирка *(белья)* wáshing

стис|кивать, ~нуть squéeze; clench *(зубы)*

стихи póetry *(ед. ч.)*, póems

стихийный el24mèntal; spontáneous *(самопроизвольный)*

стихи|я élement ◇ быть в своéй ~и be in one's élement

стихотворéние póem

сто húndred

стог stack

стóи|мость cost; *эк.* válue; ~ть 1) cost 2) *(заслуживать)* desérve, be wórthy (of)

стóйка *(бара)* bar, cóunter

стóйкий firm, stéady

стол 1) táble 2) *(питание)* board

столб píllar

столбéц cólumn

столбняк 1) *мед.* tétanus 2) *перен.* stúpor

столéтие céntury

столи|ца cápital; ~чный cápital

столкновéние collísion

столкнýться *см.* стáлкиваться

столóвая 1) *(в квартире)* díning room 2) *(общественная)* cafetéria

стóлько so mány, so much; ~ скóлько as much as

столяр jóiner

стон moan, groan; ~áть moan, groan

стопá *(ноги)* foot

стопроцéнтный húndred per cent

стоп-сигнáл bráke-light

стóрож guard; wátchman *(ночнóй)*; cáretaker *(при дóме)*; ~ить guard; watch óver; keep watch (óver)

сторон|á 1) side 2) *(в спóре)* párty 3) *(мéстность)* place ◇ с другóй ~ы on the óther hand

сторóнник adhérent, suppórter; ádvocate; ~и мира suppórters of peace, defénders of peace

стоянка *(автомашин)* párking lot; ~ таксú táxi rank; *амер.* cab rank, cábstand

стоять 1) stand 2) *(нахо-*

диться) be ◇ ~ за *(защищать)* be for

страда|ние súffering; ~тельный: ~ залог *грам.* pássive voice; ~ть súffer

стража guard, watch

страна cóuntry

страница page

странный strange, odd

странствовать wánder

страстн|ой: ~ая неделя *церк.* Hóly Week

страстный pássionate

страсть pássion

стратегия strátegy

страус óstrich; ~овый óstrich

страх fear; на свой ~ at one's risk

страхова|ние insúrance; социальное ~ sócial insúrance; ~ть insúre

страхов|ка insúrance, guárantee; ~ой insúrance

страшный térrible, dréadful

стрекоза drágonfly

стрела árrow

стрелка 1) néedle *(компаса)*; hand *(часов)* 2) *ж.-д.* ráilway point; switch

стрелок shot; márksman

стрелочник *ж.-д.* switchman

стрельба shóoting

стрелять shoot

стремглав héadlong

стремительный impétuous

стрем|иться (к) strive (for); long for *(страстно*

желать)*; ~ление téndency; aspirátion

стремя stírrup

стремянка stép-ladder

стресс stress

стриженый short *(о волосах)*; shorn *(об овцах)*

стрижка 1) *(волос)* háircut 2) *(овец)* shéaring

стриптиз stríp-tease

стричь 1) cut 2) *(овец)* shear; ~ся have one's hair cut

строгать plane

строг|ий strict *(требовательный)*; sevére *(суровый)*; ~ость stríctness; sevérity

строевой I: ~ лес tímber

строев|ой II *воен.:* ~ые учения drill; ~ой офицер cómbatant ófficer

стро|ение 1) *(постройка)* building, constrúction 2) *(структура)* strúcture; ~итель búilder; ~ительный building; ~ительство constrúction

строить build, constrúct

строй 1) sýstem, órder; социалистический ~ sócialist sýstem 2) *воен.* órder

стройка building, constrúction

стройный 1) slénder, slim 2) *(о пении)* harmónious

строка line

строчить 1) *(шить)* stitch 2) *разг. (писать)* scríbble

строчка см. строка

строчн|ой: ~ая буква small létter

структура strúcture

струна́ string
стру́нный stringed
стру́сить quail
струя́ stream, jet; cúrrent (во́здуха)
стря́пать cook
стрях|ивать, ~ну́ть shake off
студе́нт stúdent
сту́день áspic
сту́дия stúdio
стук knock; tap (тихий); ~нуть см. стуча́ть
стул chair
ступе́нь (стадия) stage
ступе́нька step
ступня́ foot
стуча́ть knock; bang (по столу); ~ся knock; ~ся в дверь knock at the door
стыд shame; ~и́ться be ashámed; ~ли́вый shámefaced
стык joint; ~ова́ться join; dock
стыко́вка dócking
стюарде́сса (air) stéwardess
стя́гивать, стяну́ть 1) draw togéther; tie up (верёвкой) 2) (войска) gáther
суббо́та Sáturday
субси́дия súbsidy
субтро́пики the subtrópics
субъе́кт 1) грам. súbject 2) разг. (о человеке) indivídual; ~и́вный subjéctive
сувени́р sóuvenir, kéepsake
суверените́т sóvereignty
суве́ренный sóvereign
сугро́б snów-drift

суд 1) court (of law, of jústice) 2) (процесс) tríal
суда́к zánder
суди́ть judge; юр. try; ~ся (за что-л.) be tried (for)
су́дно ship, véssel
су́доро|га cramps (мн. ч.); ~жный convúlsive
судо|строе́ние shipbuilding; ~хо́дный návigable; ~хо́дство navigátion
судьба́ fate, déstiny
судья́ judge
суеве́р|ие superstítion; ~ный superstítious
суе́т|а́ fuss; ~и́ться fuss; ~ли́вый fússy, réstless
сужде́ние júdgement; opínion (мнение)
сук branch
су́ка bitch
сук|но́ cloth; ~о́нный cloth
сумасше́дший 1. прил. mad 2. сущ. mádman, lúnatic
сумато́ха bústle
сумбу́рный múddled, confúsed
су́мерки twílight (ед. ч.)
суме́ть be able (to), succéed in
су́мка bag; pouch; (hánd)bag (дамская)
су́мма sum
су́мр|ак dusk; ~ачный glóomy
сунду́к trunk, chest
суп soup
суперобло́жка dust jácket
супру́г húsband
супру́га wife

сургуч séaling wax

суровый sevére, austére, stern; rígorous *(о климате)*

суррогат súbstitute

сустав joint

сутки day (and night)

сутул|иться stoop; ~ый róund-shouldered

суть éssence; ~ дела main point

суфлёр prómpter

суффикс *грам.* súffix

сухарь piece of toast; rusk *(сладкий)*

сухожилие téndon

сухой dry; curt *(об ответе, отказе, поклоне)*

суша (dry) land

суш|ёный dried; ~ить dry

сушка drýing

существенный esséntial

существительное *грам.* noun

существ|о 1) béing, créature 2) *(сущность)* éssence, gist; по ~у as a mátter of fact

существов|ание exístence; ~ать exíst

сущность éssence

сфера sphere

схватить, схватывать seize, grasp, catch

схема scheme

сходить 1) descénd, go down; get off *(слезать)* 2) *(о коже, о краске и т. п.)* come off 3) *(за кого-л.)* pass as; ~ся 1) meet 2) *(собираться)* gáther

сходство líkeness, resémblance

сцен|а 1) *театр.* stage 2) *(явление)* scene 3) *(скандал)* scene; устроить ~у make a scene; ~арий scenário, script; ~арист scenário wríter, script wríter

сцепление 1) *физ.* cohésion 2) *тех.* cóupling

счастливый háppy; fórtunate, lúcky *(удачный)*

счастье 1) háppiness 2) *(удача)* luck

счёт 1) calculátion 2) *бухг.* accóunt 3) *(за товар)* bill 4) *муз.* bar, méasure ◇ принять на свой ~ take *smth.* to heart; ~ный accóunt

счетовод bookkéeper, accóuntant

счётчик méter

считать 1) count 2) *(полагать)* consíder; ~ся 1) réckon with 2) *(слыть)* be considered, pass for

сшить 1) *(платье)* make; have a dress made *(у портнихи)* 2) *(вместе)* sew togéther

съедать eat, eat up

съёжи|ваться, ~ться shrível, shrink

съезд cóngress; ~ партии Párty Cóngress

съезжаться assémble

съёмка súrvey; shóoting *(фильма)*

съестн|ой: ~ые припасы fóodstuffs; éatables

съесть *см.* съедать

съе́хаться *см.* съезжа́ться

сы́воротка 1) моло́чная ~ whey 2) *мед.* sérum

сыгра́ть play

сын son

сы́пать pour, strew; scátter *(остротами, словами)*

сыпь rash

сыр cheese

сыро́й 1) *(влажный)* damp 2) *(неварёный, необрабо-танный)* raw

сы́рость dámpness

сырьё raw matérial

сыт|ный nóurishing; ~ обе́д héarty meal; ~ость satíety; ~ый sátisfied; он сыт he has had enóugh

сы́щик detéctive

сюда́ here

сюже́т 1) súbject, tópic 2) *(романа)* plot

сюрпри́з surpríse

сюрту́к frock cóat

Т

та that

таба́к tobácco

табле́тка pill

табли́ца táble; ~ умноже́ния multiplicátion táble

табло́ indicátor board; scóreboard

табу́н drove (of hórses)

табуре́тка stool

таджи́к Tadjík

таджи́кский Tadjík

таёжный taigá

таз I básin; pan *(для ва-ренья)*

таз II *анат.* pélvis

таи́нственный mystérious

тайга́ taigá

тайко́м sécretly

тайм half; périod

та́йн|а sécret; mýstery; ~о sécretly, in sécret; ~ый sécret

так so; like that; ~ как as, since

та́кже álso; too; éither *(в отрицат. предложениях)*

так|о́й such; ~и́м о́бразом thus; thérefore

та́кса I fixed price

та́кса II *(собака)* dáchshund

такси́ táxi; ~ст táxi-driver

такт I tact

такт II *муз.* time *(ритм)*; в ~ in time

такт|ика táctics; ~и́ческий táctic(al)

такти́чный táctful

тала́нт tálent; gift; ~ливо finely *(прекрасно)*; ~ливый tálented, gífted

та́лия waist

тало́н cóupon

та́лый mélted; ~ снег mélted snow, slush

там there

тамо́ж|енный cústoms; ~ня cústoms

та́нго tángo

та́нец dance

танк tank

та́нкер tánker

танц|ева́ть dance; ~о́вщик, ~о́вщица (bállet) dáncer

та́почки slíppers *(домаш-
ние)*; gym shoes *(спортив-
ные)*

та́ра contáiner; *(мягкая)*
pácking

тарака́н cóckroach

тарато́рить *разг.* chátter
ráttle on

тара́щить *разг.* stare

таре́лка plate

тари́ф táriff

таска́ть 1) cárry; pull, drag
2) *разг. (воровать)* steal

тасова́ть shúffle *(карты)*

тата́р|ин Tá(r)tar; ~ский
Tá(r)tar

тафта́ táffeta

тахта́ óttoman, sófa

та́чка whéelbarrow

тащи́ть *см.* таскать 1)

та́ять 1) melt; thaw *(о
льде, снеге)* 2) *(чахнуть)*
waste awáy

тверде́ть hárden

тверди́ть reíterate, say óver
and óver agáin

твёрд|о fírmly; ~ость
solídity, hárdness; *перен.*
fírmness; ~ый hard; *перен.*
firm

твой your, yours

творе́|ние creátion, work;
~ц creátor

твори́тельный: ~ паде́ж
the insruméntal

твори́ть creáte; ~ся go on,
take place; что тут твори́тся?
what is góing on here?

творо́г curds *(мн. ч.)*,
cóttage cheese

творче|ский creátive;

~ство creátion; work *(произведения)*

те those

т. е. *см.* то́ есть

теа́тр théatre; ~а́льный
theátrical

тебе́ you

тебя́ you

тёзка námesake

текст text; words *(мн. ч.)*
(к музыке)

тексти́ль téxtile; ~ный
téxtile

теку́щий cúrrent

телеви́|дение télevision,
TV; ~зор télevision set; TV
set *(разг.)*

теле́га cart

телегра́мма télegram, wíre;
cáble *(каблограмма)*

телегра́ф télegraph; ~и́ро-
вать télegraph, wíre; cáble
(по кабелю); ~ный
télegraph; ~ный бланк
télegraph form

теле́жка hándcart

те́лекс télex

телемо́ст space bridge

телёнок calf

телепа́тия telépathy

телеско́п télescope

теле́сный córporal

телесту́дия TV stúdio

телета́йп téletype

телефо́н télephone

телефо́н-автома́т 1) públic
télephone 2) *(будка)* call box

телефони́стка télephone
óperator

телефо́нн|ый télephone;
~ая кни́га télephone diréctory

телецéнтр TV céntre
тёлка héifer
тéло bódy; ~сложéние build, frame; ~хранúтель bódyguard
телятина veal
тем I *(тв. п. от* тот*)* by this, with this; ~ врéменем méanwhile
тем II *(дат. п. от* те*)* them
тем III 1. *союз* the; чем ..., ~ ... the... the...; чем бóльше, ~ лýчше the more the bétter 2. *употр. как нареч. в сочетаниях:* ~ лýчше so much the bétter; ~ хýже so much the worse; ~ бóлее (что) espécially (as); ~ не мéнее nevertheléss
тéма 1) súbject, tópic 2) *муз.* theme
тембр tímbre
темн|éть get (grow) dark; ~отá dárk(ness)
тёмн|ый 1) dark 2) *(неясный)* obscúre; vague 3) *(подозрительный)* suspícious; dúbious; ~ая лúчность suspícious pérson; ~ое дéло dúbious affáir
темп pace; témpo
темперáмент témperament
температýра témperature
тенденциóзный tendéntious; bías(s)ed
тендéнция téndency *(склонность)*
теневóй shády; ~ кабинéт shádow cábinet

тéннис ténnis; ~úст, ~úстка ténnis-player; ~ный ténnis
тень shade *(место)*; shádow *(чья-л.)*
теорéма théorem
теорéтик théorist
теоретúческий theorétical
теóрия théory
тепéрь now, at présent
теплéть get warm
теплúца gréenhouse
теплó warmth; ~вóй thérmal; ~тá heat; *перен.* warmth
теплохóд mótor ship
теплоцентрáль héating plant
тёплый warm
терап|éвт physícian; ~úя therapéutics; thérapy *(метод лечения)*
терéть rub, grate *(измельчать)*
терзáть *(мучить)* tormént
тёрка gráter
тéрмин term
терминáл *вчт.* términal
термóметр thermómeter
тéрмос thérmos (flask)
термоядерный thermonúclear
тернúстый thórny
терп|елúвый pátient; ~éние pátience
терпéть endúre, bear; tólerate *(допускать)*
террáса térrace; verándah; porch *(амер.)*
территориáльный territórial
территóрия térritory

террόр térror; ~изм térrorism; ~ист térrorist

теря́ть lose; waste *(напрасно тратить)*

теря́ться be lost *(тж. перен.)*

тесёмка tape; braid *(отделка)*

теснот|á nárrowness; crush *(давка);* в ~é, да не в оби́де *погов.* ≈ the more the mérrier

тéсный 1) cramped; tight; nárrow *(о помещении, улице)* 2) *(близкий)* close, íntimate

тест test

тéсто dough

тесть fáther-in-law

тесьмá braid; tape

тéтерев bláckcock

тётка aunt

тетрáдь nótebook; éxercise book *(школьная)*

тётя aunt

тéфтéли (small) méatballs

тéхн|ик technícian; ~ика techníques, téchnics *(мн. ч.);* ~икум júnior téchnical cóllege; ~и́ческий téchnical

течéние 1) *(о времени)* course 2) *(ток, струя)* cúrrent, stream 3) *(направление)* trend, téndency

течь 1) flow; run 2) *(протекать)* leak

тёща móther-in-law

тигр tíger

ти́на slime

тип type; ~и́чный týpical; ~овóй stándard, módel

400

типогрáф|ия prínter's; ~ский typográphical

тир shóoting gállery

тирáж 1) circulátion; príntrun 2) *(займа)* dráwing

тирé dash

тиски́ vice *(ед. ч.);* *перен.* grip

ти́тры *(перед началом фильма)* crédit títles

ти́тул títle

тиф týphus

ти́хий quíet, calm; low *(о голосе)*

тихоокеáнский Pacífic

ти́ше! sílence!; sh!

тишинá calm, quíet; sílence

ткань 1) fábric, cloth 2) *биол.* tíssue

ткать weave

ткачи́ха wéaver

тлеть 1) *(гнить)* rot, decáy 2) *(гореть)* smóulder

то I that

то II *союз* then, ótherwise; то... то... now... now...

тобóю (by, with) you

товáр wares, goods *(мн. ч.)*

товáрищ cómrade; mate, féllow

товáрищество *(объединение)* cómpany

товáрный: ~ пóезд goods train; freight train *(амер.)*

товаровéд éxpert on mérchandise

товарооборóт commódity circulátion

тогдá 1. *нареч.* then 2. *союз:* ~ как whereás, while

тó есть that is
тождéственный idéntical
тóждество idéntity
тóже álso, too; я ~ so do I; nor do I; он лю́бит мýзыку. — Я ~ he loves músic. — So do I; он не кýрит. — Я ~ he doesn't smoke. — Néither do I
ток 1) *эл.* cúrrent 2) *с.-х.* thréshing-floor
тóкарь túrner
толк 1) *(смысл)* sense 2) *(польза)* use, good
толк|áть, ~нýть push
толковáние interpretátion
толковáть 1) intérpret 2) *разг. (разговаривать)* talk
толкотня́ crush
толóчь pound
толп|á crowd; ~и́ться crowd
толстéть grow stout (fat)
тóлстый 1) thick 2) *(о человеке)* fat, stout
толчóк push; shock *(при землетрясении)*; *перен.* ímpetus
толщинá thíckness
тóлько ónly; ~ что just
том vólume
томáтный tomáto; ~ сок tomáto juice; ~ сóус tomáto sauce
томи́ться lánguish, pine
тон tone ◇ хорóший ~ good style
тóнк|ий 1) *(о фигуре)* slénder, slim 2) *(утончённый)* délicate, súbtle 3) *(о слухе и т. п.)* keen
тóнна ton

тоннéль *см.* туннéль
тонýть drown; sink *(о предмете)*
тóпать stamp
топи́ть I *(печи)* heat
топи́ть II *(жиры, воск)* melt
топи́ть III *(утопить)* drown; sink *(судно)*
топлён|ый: ~ое мáсло clárified bútter
тóпливо fúel
тóполь póplar
топóр axe
тóпот stamp
топтáть trámple (on)
торг|овáть trade; deal in; ~óвец mérchant, trádesman; ~óвля trade; cómmerce; ~óвый tráding, commércial; ~óвый центр súpermarket
торжéственный sólemn
торжествó 1) *(победа)* tríumph 2) *(праздник)* celebrátions *(мн. ч.)*
тóрмоз brake; ~и́ть put the brake on; *перен.* hínder, hámper
торопи́ть húrry, hásten; ~ся be in a húrry
торпéда torpédo
торт cake
торф peat
торчáть stick out *(наружу)*; stick up *(вверх)*
торшéр stándard lamp
тоск|á mélancholy *(грусть)*; bóredom *(скука)*; ~ по lónging (for); ~ли́вый lónely *(одинокий)*; mélancholy *(грустный)*; dull,

bóring *(скучный)*; ~овáть pine (for), be sick at heart; ~овáть по кому́-л. long for smb.

тост toast

тот that

тóтчас immédiately, at once

точи́ть shárpen

тóчка 1) point 2) *(знак)* dot 3) *(знак препинания)* full stop ◇ ~ зрéния point of view

тóчн|о exáctly; ~ость áccuracy; precísion; ~ый exáct; áccurate

точь-в-тóчь *разг.* exáctly, precísely

тошн|и́ть feel sick; меня ~и́т I feel sick; ~отá síckness, náusea

травá grass

трави́ть *(преследовать)* pérsecute

трáвля húnting; persecútion

трáвма ínjury

трагéдия trágedy

трáктор tráctor

трамвáй tram; stréetcar *(амер.)*

трамплли́н spríngboard

транзи́стор *(радио-приёмник)* transístor

трансконтинентáльный transcontinéntal

трансля́ция bróadcast

трáнспорт tránsport

траншéя trench

трáсса route, line

трáт|а expénditure; waste *(напрасная)*; ~ить spend; waste *(напрасно)*

трáур móurning; ~ный fúneral

трéбов|áние demánd; ~а-тельный demánding; ~ать 1) demánd 2) *(нуждаться)* requíre; ~аться need, be requíred

тревó|га alárm; anxíety *(беспокойство)*; ~жить alárm *(пугать)*; distúrb, tróuble *(беспокоить)*; ~жный unéasy; alárming, distúrbing

трéзв|ость 1) sobríety 2) *(разумность)* sóberness; ~ый sóber

трек *спорт.* track

тренажёр tráiner, símulator

трéние fríction

тренировáть train; ~ся be in tráining

тренирóвка tráining

трéпет trémor, trémbling; ~áть trémble

треск crash, crack

трескá cod

трéснуть crack, burst *(лоп-нуть)*

трест trust

трéтий third

треть one third

треугóльн|ик tríangle; ~ый thrée-córnered, triángular

трéфы *карт.* clubs

трёхэтáжный thrée--stóreyed

трещáть crack

трéщина crack; cleft *(в земле)*

три three

трибу́на tríbune

тридцатый thírtieth

тридцать thírty

трижды three times

трико kníckers *(мн. ч.)* *(панталоны)*; tights *(мн. ч.)* *(театральное)*

трикотаж knítted wear, jérsey

тринадца|тый thirtéenth; ~ть thirtéen

триста three húndred

триумф tríumph

трогательный tóuching

трогать touch; *перен.* move, touch

трогаться start, move; ~ в путь set out

трое three

тройной tríple

троллейбус trólleybus

тронуть *см.* трогать; ~ся *см.* трогаться

тропики trópics

тропинка path

тропический trópical

тростник reed; сахарный ~ súgarcane

трость cane; wálking stick

тротуар pávement; sídewalk *(амер.)*

трофей tróphy

труба 1) pipe, tube 2) chímney *(дымовая)*; (smóke)stack, fúnnel *(на пароходе, паровозе)* 3) *муз.* trúmpet

трубка pipe

трубопровод pípeline

трубочист chímneysweep

труд lábour, work; ~иться work; toil

трудный dífficult

трудовой wórking

трудолюбивый hárd-wórking

трудоспособный áble-bódied; fit for work

трудящийся wórker

труп corpse

труппа cómpany, troupe

трус cóward

трусить be afráid (of), be shy (of)

трусливый cówardly

трусость cówardice

трусы shorts

трущобы shems

трюк trick

трюм *мор.* hold

тряпка rag

тряска sháking, jólting

тряс|ти shake; jolt *(в машине и т. п.)*; ~тись shake; shíver

туалет 1) *(одежда)* dress 2) *(уборная)* lávatory

туберкулёз tuberculósis

туго 1) tíght(ly) 2) *(с трудом)* with dífficulty

туда there

туз *карт.* ace

тузём|ец nátive; ~ный nátive, indígenous

туловище trunk, bódy; tórso

тулуп shéepskin coat

туман mist, fog

туннель túnnel

тупик blind álley ◇ поставить в ~ embárrass, disconcért; nonplús; стать в ~

be in a quándary; be nonplússed

тупóй 1) *(о ноже и т. п.)* blunt; ~ ýгол obtúse ángle 2) *(о человеке)* stúpid, dull

тур round

турбáза tóurist hóstel

турбúна túrbine

турéцкий Túrkish

турúзм tóurism

турúст tóurist

туркмéнский Túrkmen

турнúр tóurnament

тýрок Turk

тýсклый dim, dull

тут here; кто ~? who is here?

тýф|ля shoe; домáшние ~ли slíppers

тýх|лый rótten, bad; ~нуть go bad

тýча cloud

тушёный stewed

тушúть put out, extínguish; blow out *(задувать)*; switch off *(электричество)*; turn off *(газ)*

тщáтельный cáreful, thórough

тщеслáв|ие vánity; ~ный vain

тщéтно in vain

ты you

тýква púmpkin

тыл rear

тýсяча thóusand

тьма dárk(ness)

тюбик tube

тюк bale

тюлéнь seal

тюль tulle

тюльпáн túlip

тюрéмный príson

тюрьмá príson

тýгостный páinful, distréssing

тяжелó: с ним ~ рабóтать he is not véry éasy to work with; мне ~ егó вúдеть it grieves me to see him; éсли вам не бýдет ~ if it isn't too much tróuble (for you)

тяжёлый 1) héavy 2) *(мучительный)* sad, páinful 3) *(трудный)* hard; dífficult *(тж. о человеке, характере)*

тýжесть weight; búrden *(бремя)*

тýжкий grave, sérious; páinful *(мучительный)*

тянýть pull, draw; ~ся 1) stretch 2) *(длиться)* last

У

у 1) *(около, возле)* at, by, near 2) *(при, вместе)* with; at smb.'s place *(в доме)* 3): у меня *(есть)* I have ◇ у влáсти in pówer; у нас в странé in our cóuntry

убегáть run away, make off

убедú|тельный convíncing; ~ть(ся) см. убеждáть(ся)

убежáть см. убегáть

убежд|áть persuáde, convínce; ~áться be convínced; ~éние convíction, belíef

убе́жище ré́fuge; shélter *(укрытие)*

убива́ть kill; múrder

убий|ство múrder; assassiná́tion *(предательское)*; ~ца múrderer; assássin *(наёмный)*

убира́ть 1) take awáy *(прочь)*; put awáy *(прятать)* 2) *(комнату)* tídy; décorate *(украшать)* 3) *(урожай)* há́rvest, bring in

уби́ть *см.* убива́ть

убо́рка 1) *с.-х.* há́rvesting 2): ~ ко́мнаты dóing a room

убо́рная 1) lávatory; tóilet *(амер.)* 2) *театр.* dré́ssing-room

убо́рочн|ый: ~ая кампа́ния há́rvest campáign

убо́рщица chárwoman

убра́ть *см.* убира́ть

убыва́ть decré́ase; subsíde *(о воде)*

убы́т|ок loss; возмести́ть ~ки pay dámages

убы́ть *см.* убыва́ть

уваж|а́емый respécted, dear *(в письме)*; ~а́ть respéct; ~е́ние respéct

уве́дом|ить *см.* уведомля́ть; ~ле́ние informá́tion; nótice; ~ля́ть infórm; nótify

увезти́ *см.* увози́ть

увеличе́ние í́ncrease; rise *(повышение)*; exténsion *(расширение)*

увели́чивать 1) incré́ase; raise *(повышать)*; enlá́rge *(расширять)* 2) *(увеличительным стеклом)* má́gnify;

~ся incré́ase; rise *(повышаться)*; enlá́rge *(расширяться)*

увели́чить(ся) *см.* увели́чивать(ся)

уве́ренн|ость cónfidence; в по́лной ~ости in the firm belíef; ~ый cónfident *(в себе́)*; cértain, sure *(в чём-л.)*

увер|ить, ~ять assúre; make belíeve (that)

увести́ *см.* уводи́ть

увида́ть, уви́деть see

увлека́тельный fáscinating

увлека́ться be keen on

увлече́ние 1) pássion; craze *(мода)* 2) *(пыл)* enthúsiasm

увле́чься *см.* увлека́ться

уводи́ть lead awáy, take awáy

увози́ть take awáy

уво́лить *см.* увольня́ть

увольн|е́ние dismíssal, dischárge; ~я́ть dismíss, dischárge

увы́! alás!

увяда́|ние wíthering; ~ть fade, wíther, droop

увяза́ть, увя́зывать 1) tie up 2) *(согласовать)* coórdinate

увя́нуть *см.* увяда́ть

угада́ть, уга́дывать guess

уга́р gás-poisoning, chárcoal póisoning

угаса́ть, уга́снуть die awáy

углеко́п (cóal-)mí́ner, cóllier

углеро́д cárbon

углуби́ть(ся) *см.* углубля́ть(ся)

углубл|е́ние hóllow; ~ённый deep, profóund; ~я́ть déepen; ~я́ться go deep ínto

угнет|а́ть oppréss; *перен.* depréss; ~е́ние oppréssion; *перен.* depréssion; ~ённый oppréssed; *перен.* depréssed; ~ённые наро́ды oppréssed péople

угова́ривать try to persuáde; ~ся arránge; agrée

угово́р agréement; ~и́ть persuáde; ~и́ться *см.* угова́ривать(ся); ~ы persuásion *(ед. ч.)*

угоди́ть *см.* угожда́ть

уго́дно: как вам ~ just as you like; что вам ~? what can I do for you?; что ~ ánything; куда́ ~ ánywhere

угожда́ть please

у́гол 1) córner 2) *мат.* ángle

уголо́вный críminal

уголо́к córner; nook

у́голь *(каменный)* coal; ~ный coal(-)

уго|сти́ть, ~ща́ть give; treat (to); ~ще́ние food (and drink); refréshments *(мн. ч.)*

угрожа́|ть thréaten; ~ющий thréatening

угро́за threat, ménace

угрызе́ния: ~ со́вести remórse *(ед. ч.)*

угрю́мый súllen, moróse, glóomy

удава́ться 1) be a succéss 2) *безл.:* ему́ удало́сь he

succéeded (in); he mánaged (to)

удал|и́ть, ~я́ть remóve

уда́р blow, *перен. тж.* shock

ударе́ние áccent, stress

уда́р|ить strike; deal a blow; ~иться hit (agáinst); ~ять(ся) *см.* уда́рить(ся)

уда́ться *см.* удава́ться

уда́ч|а succéss; good luck; ~ный succéssful

удва́ивать, удво́ить dóuble

уде́л lot, déstiny

удел|и́ть, ~я́ть spare, give

удержа́ть(ся) *см.* уде́рживать(ся)

уде́рживать 1) *(кого-л.)* hold back 2) *(подавлять)* suppréss 3) *(деньги)* dedúct; ~ся 1) *(на ногах)* keep one's feet 2) *(от чего-л.)* keep from, refráin from

удиви́тельный wónderful, extraórdinary, astónishing

удиви́ть(ся) *см.* удивля́ть(ся)

удивле́ние astónishment, surpríse

удивля́ть astónish, surpríse; ~ся be astónished, be surprísed

удила́ bit *(ед. ч.);* закуси́ть ~ take the bit betwéen one's teeth

удира́ть run awáy

уди́ть fish

удлин|и́ть, ~я́ть léngthen; prolóng *(о времени)*

удо́бный cómfortable; convénient *(подходящий)*

удобре́ние manúre, fértilizer

удобр|и́ть, ~я́ть manúre, fértilize

удо́бств|а convéniences; ~о convénience, cómfort

удовлетвор|е́ние satisfáction; ~и́тельный satisfáctory; ~и́ть(ся) *см.* удовлетворя́ть(ся); ~я́ть sátisfy; ~я́ться be sátisfied; be contént with

удово́льстви|е pléasure; с ~ем with pléasure

удостовере́ние certíficate

удостове́р|ить, ~я́ть cértify; ~ по́дпись wítness a sígnature

у́дочка físhing-rod

удра́ть *см.* удира́ть

удруча́ть deprés; demóralize

уду́шливый súffocating

уедин|е́ние sólitude, seclúsion; ~ённый sólitary; lónely *(одинокий)*

уезжа́ть, уе́хать go awáy, leave

уж *зоол.* gráss-snake

у́жас hórror; térror *(страх);* како́й ~! how áwful!

ужа́сный térrible; áwful *(разг.)*

уже́ alréady; *часто не переводится:* вы ~ обе́дали? have you had lunch?

у́жин súpper; ~ать have súpper

узако́н|ивать, ~ить légalize

узбе́к Uzbék

узбе́кский Uzbék

узда́ brídle

у́зел 1) knot 2) *(свёрток)* búndle

у́зкий nárrow; tight *(об одежде)*

узн|ава́ть, ~а́ть 1) *(получать сведения)* hear, learn; find out *(выяснять)* 2) *(признавать)* know, récognize

узо́р design, páttern, fígure, trácery

уйти́ *см.* уходи́ть

ука́з decrée, édict

указа́ние indicátion; instrúctions *(мн. ч.)*

указа́тель 1) índex; guide 2) *тех.* índicator

указа́ть, ука́зывать point out, índicate, show

укла́дывать 1) lay; ~ в посте́ль put *smb.* to bed 2) *(вещи)* pack (up); ~ся 1) *(упаковываться)* pack (up) 2) *(в определённые пределы)* confíne onesélf (to), keep (withín)

укло́н inclinátion; *перен.* deviátion; ~и́ться *см.* уклоня́ться; ~чивый evásive; ~я́ться déviate *(в сторону);* avoid, eváde *(избегать)*

уко́л 1) prick 2) *мед.* injéction

уко́р repróach

укорен|и́вшийся déep-rooted; ~и́ться, ~я́ться take root

укоря́ть repróach

укра́дкой fúrtively, surreptítiously; by stealth

украйн|ец, ~ский Ukráinian

укра́|сить, ~ша́ть adórn; décorate; **~ше́ние** órnament

укреп|и́ть *см.* укрепля́ть; **~ле́ние** stréngthening; fortificátion; **~ля́ть** stréngthen; fórtify *(тж. воен.)*

укро́п dill, fénnel

укрыва́ть, укры́ть 1) concéal *(скрывать)*; shélter *(защищать)* 2) *(укутывать)* cóver

у́ксус vínegar

уку́с bite; **~и́ть** bite

ула́вливать catch

ула́|дить, ~живать settle, arránge

у́лей béehive, hive

уле|та́ть, ~те́ть fly (awáy); самолёт **~те́л** на се́вер the áirplane went north; бума́жка **~те́ла** со стола́ the páper was blown off the táble

ули́ка évidence; clue

у́лиц|а street; на **~е** out (of doors)

улич|а́ть, ~и́ть catch, convíct

уло́в catch, take

улови́ть *см.* ула́вливать

уло́вка trick, devíce

уложи́ть(ся) *см.* укла́дывать(ся)

улучш|а́ть impróve; **~е́ние** impróvement

улу́чшить *см.* улучша́ть

улыба́ться smile

улы́б|ка smile; **~ну́ться** *см.* улыба́ться

ультима́тум ultimátum

ультразвуково́й supersónic

ум mind; íntellect

ума́лчивать fail to méntion, suppréss

уме́|лый skílful, cómpetent; **~ние** skill, abílity

уменьш|а́ть decréase, dimínish; redúce; **~е́ние** décrease

уме́ренный móderate; témperate

умере́ть *см.* умира́ть

уме́стный apprópriate; tímely *(своевременный)*

уме́ть can; be áble to; know how (to)

умира́ть die

умнож|а́ть 1) incréase 2) *мат.* múltiply; **~е́ние** multiplicátion

умно́жить *см.* умножа́ть

у́мный cléver, intélligent

умоля́ть implóre, entréat

умори́|ть kill; **~** го́лодом starve *smb.* to death; он **~л** меня́ со́ смеху свои́м расска́зом his stóry was so fúnny I néarly died of láughing

у́мственный intelléctual, méntal

умыв|а́льник wáshstand; **~а́ние** wáshing

умыва́ть wash; **~ся** wash (onesélf)

у́мысел desígn, inténtion

умы́ть(ся) *см.* умыва́ть(ся)

умы́шленный delíberate, inténtional

унести́ *см.* уноси́ть

универма́г (универса́ль-

УНИ УРО У

ный магазин) stores *(мн. ч.)*, depártment store
универсáльный univérsal
университéт univérsity
униж|áть humíliate; ~éние humiliátion
унизи́тельный humíliating
уникáльный excéption; uníque
унитáз lávatory pan
унифици́ровать únify
уничт|ожáть, ~óжить destróy; wipe out *(противника)*
уноси́ть cárry awáy, take awáy
унывáть lose heart, be cast down
уны́лый glóomy; dréary; in low spírits *(о человеке)*
упáдок declíne, decáy
упáдочн|ый décadent *(об искусстве)*; ~ое настроéние low spírits *(мн. ч.)*
упаковáть *см.* упакóвывать
упакóв|ка pácking; ~ывать pack up
упáсть fall
уплá|та páyment; ~ти́ть, ~чивать pay
уполномóч|енный represéntative; ~ить áuthorize
упом|инáть, ~яну́ть méntion
упóр|ный persístent *(настойчивый)*; ~ство persístence; ~ствовать persíst *(in)*
употреб|и́тельный órdinary; cómmon; in géneral use;

~и́ть *см.* употреблять; ~лé-ние use; ~лять use
управлéние 1) *(руковод-ство)* mánagement; góvernment *(страной)* 2) *(учреж-дение)* óffice, administrátion, board
управля́ть 1) *(руково-дить)* mánage, contról; góvern *(страной)* 2) *тех.* óperate; drive *(автомоби-лем)*; steer *(рулём)*
управля́ющий mánager
упражн|éние éxercise; práctice; ~я́ться práctise
упраздня́ть abólish; annúl
упрёк repróach
упрек|áть, ~ну́ть repróach
упро|сти́ть, ~щáть símplify
упру́г|ий resílient, spríngy; ~ость resílience, elastícity
у́пряжь hárness
упря́м|ство óbstinacy; ~ый óbstinate
упус|кáть, ~ти́ть let escápe *(выпускать)*; miss *(прозе-вать)*; ~ти́ть из виду forgét; lose sight (of)
упущéние omíssion; negléct *(халатность)*
урá! hurráh!
уравнéние 1) equalizátion 2) *мат.* equátion
урáвнивать, уравня́ть lével
урагáн húrricane
урáн uránium
урегули́ровать régulate; contról
у́рна urn
у́ровень lével
урóд mónster; ~ливый

defórmed; úgly; ~ство
defórmity; úgliness
урожа́й yíeld, hárvest;
~ность productívity
урожёнец nátive
уро́к lésson
уро́н lósses *(мн. ч.)*
урони́ть drop, let fall
усади́ть *см.* уса́живать
уса́живать seat; ~ся take a
seat, sit down
усва́ивать, усво́ить
assímilate; digést *(пищу)*;
learn, máster *(овладевать)*
усе́рд│ие zeal; ~ный
zéalous
у́сики *(насекомого)*
anténnae
усиле́ние reinfórcement;
intensificátion
уси́ленный inténsive
уси́ливать inténsify;
stréngthen
уси́лие éffort
уси́лить *см.* уси́ливать
ускольз│а́ть, ~ну́ть slip
(out of, awáy)
ускоре́ние accelerátion,
spéed-up
уско́р│ить, ~я́ть speed up,
accélerate
усла́вливаться agrée upón;
arránge
усло́в│ие condítion; ~иться
см. усла́вливаться; ~ный 1)
condítional 2) *(принятый)*
convéntional
усложн│и́ть, ~я́ть cómpli-
cate
услу́│га sérvice; ~жливый
oblíging

услыха́ть, услы́шать hear
усмех│а́ться, ~ну́ться sneer
усме́шка irónic smile
усмир│и́ть, ~я́ть pácify;
suppréss; put down
усмотре́ни│е: на ~, по ~ю
at one's discrétion
усну́ть fall asléep
усоверше́нствовать im-
próve, perféct
успева́ть, успе́ть 1) have
time; be in time 2) *(в науках)*
make prógress
успе́х succéss
успе́шный succéssful
успок│а́ивать, ~о́ить calm,
soothe
уста́в chárter; státutes *(мн.*
ч.); regulátions *(мн. ч.) (во-*
ен.); ~ па́ртии Párty státutes
(мн.ч.)
устава́ть be tired
уста́л│ость fatígue, wéar-
iness; ~ый tired, wéary
устан│а́вливать, ~ови́ть 1)
(налаживать) estáblish 2)
тех. mount; ~о́вка 1)
diréctions *(мн. ч.);* дать ~о́в-
ку recomménd a course of
áction 2) *тех.* móunting
устаре́лый out of date,
óbsolete
уста́ть *см.* устава́ть
у́стный óral
усто́йчивый stéady; stáble
устоя́ть *(против)* resíst,
withstánd
устра́ива│ть arránge;
órganize; ~ет ли э́то вас?
does that suit you?
устран│е́ние remóval;

~и́ть, ~я́ть remóve; elíminate *(уничтожить)*

устрашéни|е: срéдство ~я detérrent

устро́ить *см.* устра́ивать

устро́йство arrángement; organizátion

уступ|а́ть, ~и́ть yield; give in

усту́пка concéssion; ~ в ценé abátement

у́стье mouth, éstuary

усы́ moustáche *(ед.ч.)*; whiskers *(у животных)*

усынов|и́ть, ~ля́ть adópt

усып|и́ть, ~ля́ть lull to sleep; put to sleep

утверди́тельный affírmative

утвер|ди́ть, ~жда́ть 1) affírm, maintáin 2) *юр.* rátify, confírm; ~жде́ние 1) affirmátion; státement 2) *юр.* ratificátion; confirmátion

утека́ть flow awáy

утёс rock, cliff

утеш|а́ть cómfort, consóle; ~éние cómfort, consolátion

уте́шить *см.* утеша́ть

утильсырьё scrap; réfuse

утиха́ть, ути́хнуть quíet down, calm *(успокаивать)*; abáte, subsíde *(о буре, боли)*; cease *(о шуме)*

у́тка duck

утол|и́ть, ~я́ть assuáge; quench, slake *(жажду)*; sátisfy *(голод)*

утом|и́тельный tíring; ~и́ть *см.* утомля́ть; ~лéние fatígue; ~я́ть tire, fatígue

утону́ть be drowned; sink *(о предмете)*

утончённый refíned; súbtle

утопа́ть 1) *см.* утону́ть 2): ~ в ро́скоши be rólling in lúxury; ~ в зéлени be búried in vérdure

утопи́ть drown; sink *(предмет)*

утопи́ческий Utópian

уточн|и́ть, ~я́ть spécify; make *smth.* precíse

утра́та loss

у́тро mórning; ~м in the mórning

утю́г íron

уха́ fish soup

уха́живать 1) *(за больны́м)* nurse, look áfter 2) *(за же́нщиной)* court, make love ·(to)

ухвати́ться catch hold (of); *перен.* catch at

ухитр|и́ться, ~я́ться contríve, mánage

ухмы́лка grin

у́хо ear

ухо́д I depárture

ухо́д II *(забота)* care; núrsing *(за больны́м)*

уходи́ть go awáy, leave, depárt; retíre *(со службы)*

ухудш|а́ть make *smth.* worse; ~а́ться detériorate; ~éние change for the worse

уху́дшить(ся) *см.* ухудша́ть(ся)

уцелéть survíve

уценённый *(о товарах)* cút-price

уча́ствовать participate (in); take part (in)

уча́ст|ие 1) participátion 2) *(сочувствие)* sýmpathy (for); ínterest; ~ник partícipant; mémber *(член)*

уча́сток 1) *(земли́)* plot 2) *(административный)* dístrict 3) *воен.* séctor

у́часть fate

уча́щийся púpil, schóolboy *(школьник)*; stúdent *(студент)*

учёба stúdies *(мн. ч.)*

учёбн|ик téxtbook, ма́nual; ~ый schóol(-); ~ый год schóol year

уче́ние 1) téachings *(мн. ч.)*, dóctrine *(философское и т. п.)* 2) *(учёба)* stúdies *(мн. ч.)*

учени́к púpil; discíple *(последователь)*

учёность léarning

учёный 1. *прил.* léarned 2. *сущ.* schólar; scíentist

уче́сть *см.* учи́тывать

учёт calculátion; registrátion

учи́лище school

учи́тель téacher

учи́тывать take ínto accóunt

учи́ть 1) *(кого-л.)* teach 2) *(изучать)* learn; stúdy; ~ся learn; stúdy

учре|ди́ть, ~жда́ть estáblish; found; set up; ~жде́ние institútion; estáblishment

уши́б ínjury; bruise; ~а́ться, ~и́ться hurt (onesélf)

уще́лье ravíne, cányon

ущёрб dámage, ínjury

ую́тный cósy, cómfortable

язви́мый vúlnerable

уясн|и́ть, ~я́ть understánd

Ф

фа́бр|ика fáctory; mill, plant; ~ичный fáctory; ~ичная ма́рка trade mark

фа́за phase

фа́кел torch

факт fact; ~и́чески práctically, áctually; in fact *(в сущности)*; ~и́ческий áctual, real

фа́ктор fáctor

факту́ра 1) strúcture 2) *эк.* ínvoice

факульте́т fáculty, depártment

фальсифици́ровать fálsify

фальши́вый false; forged *(подделанный)*

фами́лия fámily name, súrname

фамилья́рный unceremónious, familíar

фана́т|ик faná́tic; ~и́чный fanátical

фане́ра plýwood

фантазёр dréamer

фанта́зия 1) imaginátion 2) *(причуда)* whim, fáncy

фанта́стика: нау́чная ~ science fiction

фантасти́ческий fantástic

фа́ра *(автомобиля, паровоза)* héadlight

фармацéвт pharmacéutist
фáртук ápron
фарфóр chína, pórcelain
фарш stúffing
фарширóванный stúffed
фасáд facáde, front
фасóль háricot (beans)
фасóн style; cut *(покрой)*
фáуна fáuna
фаш|йзм fáscism; ~йст fáscist
фаянс póttery
феврáль Fébruary
федератúвный féderative
федерáция federátion
фейервéрк fireworks *(мн. ч.)*
фельетóн árticle
фен (háir-)drýer
фенóмéн phenómenon
феодалúзм féudalism
ферзь queen
фéрм|а farm; ~ер fármer
фестивáль féstival
фéтровый felt
фехтовáние féncing
фехтовáть fence
фиáлка víolet
фигýр|а fígure; ~úровать fígure (as), pass (for)
фигурúст fígure-skáter
фигýрн|ый: ~ое катáние fígure skáting
фúзи|к phýsicist; ~ка phýsics
физиó|лог physiólogist; ~логúческий physiológical; ~лóгия physiólogy
физúческий phýsical; ~ труд mánual lábour
физкультýра phýsical cúlture; лечéбная ~ médical gymnástics

фиктúвный fictítious
филателúст stamp colléctor
филé sírloin
филиáл branch
фúлин éagle-owl
филó|лог philólogist; ~логúческий philológical; ~лóгия philólogy
филó|соф philósopher; ~сóфия philósophy; ~сóфский philosóphical
фильм film
фильтр fílter
финáл finále; final *(спорт.)*
финанс|úровать fináance; ~овый fináncial
финáнсы fináances
фúник date
фúниш *спорт.* fínish
финн Finn
фúнский Fínnish
фиолéтовый víolet
фúрма firm
фитúль wick
флаг flag; поднять ~ hoist a flag
флакóн (scent) bóttle
фланг flank
флéйта flute
флúгель wing
флиртовáть flirt
фломáстер felt pen
флóра flóra
флот fleet; воéнно-морскóй ~ Návy; воздýшный ~ air force; морскóй ~ maríne; торгóвый ~ mércantile maríne

флюс *(опухоль)* swóllen cheek

фля́га, фля́жка flask

фойе́ fóyer, lóbby

фо́кус I *мед., физ.* fócus

фо́кус II *(трюк)* trick

фольга́ foil

фолькло́р fólklore

фон báckground

фона́рь lántern; у́личный ~ stréet lamp; карма́нный электри́ческий ~ flásh-light, eléctric torch

фонд fund

фоне́тика phonétics

фонта́н fóuntain

фо́рма 1) shape, form 2) *(одежда)* úniform

форма́льн|ость formálity; ~ый fórmal

форма́т size; formát

формирова́ть form

фо́рмула fórmula

формули́р|овать fórmulate; ~о́вка fórmula

форпо́ст óutpost

форси́ровать 1) *(ускорять)* speed up 2) *воен.* force; ~ ре́ку force a cróssing

фортепиа́но piáno

фортифика́ция fortificátion

фо́рточка ventilátion pane

фо́рум fórum

фо́сфор phósphorus

фо́то phóto; ~аппара́т cámera

фото́|граф photógrapher; ~графи́ровать (take a) phótogfaph; ~гра́фия 1) photógraphy 2) *(снимок)* pícture 3) *(учреждение)* photógrapher's; ~ко́пия phótocopy

фрагме́нт frágment

фра́за phrase, séntence

фрак évening dress

фра́кция fráction

франт dándy

францу́з Frénchman; ~ский French

фрахт freight

фре́ска frésko

фронт front; ~ови́к frónt-line sóldier

фрукт fruit; ~о́вый fruit; ~о́вый сад órchard

фуже́р glass

фунда́мент foundátion; ~а́льный fundaméntal

функциони́ровать fúnction

фунт pound

фура́ж fódder

фура́жка sérvice cap

фурго́н van

фуру́нкул boil

фут foot

футбо́л fóotball; sóccer; ~и́ст fóotball pláyer, fóotballer

футбо́лка T-shirt

футля́р case

фуфа́йка jérsey, swéater

фы́рк|ать, ~нуть snort; chúckle

фюзеля́ж fúselage

Х

ха́ки kháki

хала́т dréssing-gown *(домашний)*; báthrobe *(купаль-*

ный); óverall *(рабочий)*; súrgical coat *(врача)*

халáтн|ость négligence; ~ый cáreless, négligent

халтýра háckwork

хандр|á depréssion; ~и́ть be depréssed

ханжá phárisee, hýpocrite, prig

хáос cháos

хаóс *разг.* mess

харáктер cháracter; témper *(человека)*; ~и́стика characterístic; cháracter *(отзыв)*

характéрный characterístic; týpical *(типичный)*

хвали́ть praise; ~ся boast (of)

хвáст|ать, ~аться boast (of); brag; ~овствó bóasting; ~ýн bóaster; brággart

хватáть I *(схватывать)* seize; catch hold (of), grasp

хватáть II *безл.* *(быть достаточным)* suffíce; be enóugh; хвáтит! that will do!; enóugh!

хвати́ть *см.* хватáть II

хвóйный coníferous

хворáть be ill

хвост tail

хвоя́ píne-needles *(мн. ч.)*

хи́жина hut, cábin

хи́лый síckly, áiling

хи́м|ик chémist; ~и́ческий chémical; ~и́ческий карандáш indélible péncil

хи́мия chémistry

химчи́стка (хими́ческая

чи́стка) 1) drý-cléaning 2) *(мастерская)* drý-cléaner's

хи́на quiníne

хи́ппи híppie, híppy

хирýрг súrgeon; ~и́ческий súrgical; ~и́я súrgery

хи́тр|ость cúnning; slýness; ~ый cúnning, sly; ártful *(коварный)*

хихи́кать gíggle

хи́щник beast of prey *(о звере)*; bird of prey *(о птице)*

хладнокрóв|ие compósure, présence of mind; ~ный cool, compósed

хлам rúbbish, trash

хлеб 1) bread 2) *(зерно)* corn, grain

хлебозаготóвки grain colléction; corn stórage

хлебопечéние bread báking; óutput of bread

хлев cáttle shed; *перен.* pígsty

хлóп|ать, ~нуть bang, slam *(каким-л. предметом)*; clap, slap, tap *(рукой)*; flap *(крыльями)*

хлóпок cótton

хлопотáть 1) bústle; fuss 2) *(о ком-л., о чём-л.)* intercéde (for)

хлóпоты éfforts; pains

хлопчатобумáжный cótton

хлóпья *(снега)* flakes

хлы́нуть gush out

хлыст (hórse)whip

хмелéть get drunk

хмель *бот.* hop

хму́рить: ~ бро́ви knit one's brows; ~ся frown

хму́рый gloomy, sullen; dull *(о погоде)*

хны́кать whimper

хо́бби hobby

хо́бот trunk

ход 1) *(движение)* motion, speed; course *(дела, событий)* 2) *(проход)* passage; entrance, entry *(вход)* 3) *шахм.* move

ходи́ть go; walk *(пешком)*; ~ в чём-л. *(в какой-л. одежде)* go about (in)

ходьб|а́ walking; в 10 мину́тах ~ы́ от ста́нции ten minutes walk from the station

хозя́ин master; boss; owner, proprietor *(владелец)*; host *(по отношению к гостям)*

хозя́й|ничать manage everything; be the boss; ~ственный 1) *(экономический)* economic 2) *(расчётливый)* practical, thrifty; ~ство economy; дома́шнее ~ство housekeeping; фе́рмерское ~ство farm

хоккей (ice) hockey

холе́ра *мед.* cholera

холм hill; ~и́стый hilly

хо́лод cold; ~а́ cold weather *(ед. ч.)*

холоди́льник refrigerator; fridge

хо́лодно 1. *безл.* it is cold 2. *нареч.* coldly

холо́дный cold

холост|о́й unmarried; ~ за-

ря́д blank cartridge; ~я́к bachelor

холст canvas

хор chorus

хорони́ть bury

хоро́шенький pretty

хороше́ть improve in looks

хоро́ший good

хорошо́ well; quite well *(о здоровье)*; ~! all right!, very well! *(ладно)*

хот|е́ть want; я ~е́л бы I would like

хоть, хотя́ (al)though; ~ бы if only

хо́хот laughter; burst of laughter; ~а́ть laugh; roar with laughter

храбр|ость courage; ~ый brave, courageous

храм temple

хран|е́ние storage *(товара)*; сдать ве́щи на ~ register one's luggage; check one's baggage *(амер.)*; ~и́ть keep

храпе́ть snore

хребе́т 1) *(спинной)* spine 2) *(горный)* mountain range

хрен horse-radish

хрестома́тия reader

хрип wheeze, wheezing

хрипе́ть be hoarse

хрип|лый hoarse; ~ота́ hoarseness

христи|ани́н Christian; ~а́нский Christian; ~а́нство Christianity

хром|а́ть limp; ~о́й 1. *прил.* lame 2. *сущ.* lame man

хро́ника current events; newsreel, news film *(кино)*

хрони́ческий chrónic

хронологи́ческий chrono-lógical

хру́пкий frail, frágile; brittle *(ломкий)*

хруста́ль, ~ный cútglass, crýstal

хрусте́ть, хру́стнуть crunch; cráckle

хрю́кать grunt

хрящ cártilage

худе́ть grow thin; lose weight

ху́д|о: нет ~a без добра́ ≈ évery cloud has a sílver líning

худо́жественный artístic

худо́жник ártist

худо́й I thin, lean

худо́й II *(плохой)* bad; на ~ коне́ц if the worst comes to the worst

ху́дший worse; the worst

ху́же worse

хулига́н hóoligan, rúffian

ху́тор fárm (stead)

Ц

ца́пля héron

цара́п|ать scratch; ~ина scratch; ~нуть *см.* цара́пать

цари́ть reign

ца́рский tsárist

ца́рство kíngdom; ~вать reign, rule

царь tsar

цвести́ flówer

цвет *(окраска)* cólour

цвете́ние *бот.* flówering, floréscence

цветн|о́й cóloured; ~ фильм cólour film; ~а́я фотогра́фия cólour photó-graphy ◇ ~а́я капу́ста cáuli-flower

цвето́к flówer; blóssom *(на кустах, деревьях)*

цвету́щий flówering; *перен.* flóurishing

целе́бн|ый cúrative; medícinal; ~ые тра́вы medícinal herbs

целе|сообра́зный réasonable; expédient; ~устремлённый detérmined, púrpose-ful

целико́м whólly, entírely, complétely

целин|а́ vírgin soil, fállow; ~ный: ~ные зе́мли vírgin land *(ед. ч.)*

це́лить, ~ся aim (at)

целлофа́н céllophane

целова́ть kiss *smb.;* ~ся kiss

це́л|ое the whole; ~ость: в ~ости и сохра́нности intáct; safe and sound; ~ый: 1) whole; ~ый день all day 2) *(нетронутый)* intáct, safe

цель 1) aim, púrpose; goal, óbject 2) *(мишень)* tárget

цеме́нт cemént

цена́ príce, cost

ценз qualificátion; right

цензу́ра cénsorship

ценитель judge, connoisséur

ценить válue, appréciate; éstimate *(оценивать)*

ценн|ость válue; ~ый váluable; ~ое письмо régistered létter with státement of válue

центнер métric céntner *(100 кг)*; húndredweight *(в Англии = 50,8 кг, в США = 45,3 кг)*

центр céntre

центральный céntral

цепкий tenácious

цепляться cling to; catch on *(зацепиться)*

цепь chain

церемон|иться stand (up)ón céremony; ~ия céremony; ~ный ceremónious

церковь church

цех shop; ~овой shop(-)

цивилизация civilizátion

цикл cýcle

циклон cýclone

цилиндр 1) *mex.* cýlinder 2) *(шляпа)* top hat

циничный cýnical

цинк zinc

цирк círcus

циркуль cómpasses *(мн. ч.)*

цистерна tank

цит|ата quotátion; ~ировать quote, cite

циферблат díal; face *(у часов)*

цифра fígure

цыган, ~ский Gípsy

цыплёнок chícken; chick, poult

цыпочк|и: на ~ах on típtoe

Ч

чад smell of cóoking; fumes *(мн.ч.)* *(угар)*; быть как в ~у be dazed

чаевые tip *(ед.ч.)*

чай tea

чайка (séa)gull

чайник *(для заварки чая)* téapot; *(для кипячения)* kéttle

чан vat, tub

чародей magícian; enchánter

чары charms

час 1) *(60 минут)* hour 2) *(при обознач. времени)*: шесть ~ов six o'clóck; который ~? what's the time? ◇ в добрый ~! good luck!

часовой I *сущ. воен.* séntinel; séntry

часовой II *прил. (относящийся к часам)* watch(-), clock(-)

часовщик wátchmaker

частица párticle

частично pártly, in part

частник *разг.* prívate tráder

частнос|ть: в ~ти in partícular

частный 1) prívate; ~ая собственность prívate próperty 2): ~ случай spécial

case; an excéption *(исключе-
ние)*

част|о óften; ~ый fréquent

часть part; share *(доля)*;
бо́льшей ~ю móstly, for the
most part

часы́ clock; watch *(кар-
манные, ручные)*

чах|лый síckly; stúnted *(о
растительности)*; ~нуть
fade awáy; wíther *(о растениях)*

чахо́тка consúmption

ча́шка cup

ча́ща thícket

ча́ще more óften; ~ всего́
móstly

ча́яния expectátions, hopes

чва́нство pompósity,
snóbbishness

чего́ what

чей whose

чек cheque; check *(амер.)*

чека́нить mint, coin

челове́|к pérson, man;
húman being; он хоро́ший ~
he is a good man; она́ плоха́й
~ she is a bad wóman; он не
тако́й ~ he's not such a
pérson; ~ческий húman; ~че-
ство humánity; mankínd

челове́чн|ость humánity;
~ый humáne

че́люсть jaw

чем I *(тв. п. от* что I*)*
what

чем II *союз* than

чемода́н súitcase, bag

чемпио́н chámpion; ~ по
ша́хматам chess chámpion

чемпиона́т chámpionship

чему́ (to) what

чепуха́ nónsense

че́рвы *карт.* hearts

черв|ь, ~я́к worm

черда́к gárret; áttic

чередова́ться álternate,
interchánge

че́рез 1) acróss; óver;
through *(сквозь)*; ~ окно́
through the window 2) *(о времени)* in; ~ два часа́ in two
hours

черёмуха bird chérry

че́реп skull

черепа́ха tórtoise, túrtle
(морская)

черепи́ца tile

чересчу́р too much

чере́шня 1) chérry 2) *(дерево)* chérry-tree

черне́ть 1) *(вдали)* show
black; loom 2) turn black,
blácken

черни́ка bílberry

черни́ла ink

чернови́к rough cópy

чернозём chérnozem, black
earth

чернорабо́чий unskílled
wórker

черносли́в *собир.* prunes
(мн. ч.)

чёрный black; ~ хлеб black
(brown) bread

чёрпать draw

черстве́ть get stale

чёрствый stale; *перен.*
cállous

чёрт dévil

черт|а́ 1) *(линия)* line 2)
(особенность) féature; traite

(характера); ~ы лица́ féatures

чертёж draught, draft, díagram; ~ник dráughtsman

черти́ть draw

черче́ние dráughting, dráwing

чеса́ть scratch; ~ся itch *(о чём-л.)*; scratch onesélf *(о ком-л.)*

чесно́к gárlic

че́ствов|ание celebrátion; ~ать célebrate

че́стн|ость hónesty; ~ый hónest; ~ое сло́во word of hónour

често|люби́вый ambítious; ~лю́бие ambítion

честь hónour

четве́рг Thúrsday

четвере́ньк|и: на ~ах on all fours

че́тверо four

четвёртый fourth

че́тверть quárter

чёткий clear, precíse; légible *(о почерке)*

чётный éven

четы́р|е four; ~еста four húndred; ~надцатый fourtéenth; ~надцать fourtéen

чех Czech

чехо́л case; slíp-cover *(для мебели и т. п.)*

че́шский Czech

чешуя́ scales *(мн. ч.)*

чин rank, grade

чини́ть I mend, repáir

чини́ть II *(причинять)* cause

чино́вник officíal

чи́сленность númber

числи́тельное *грам.* númeral

число́ 1) númber 2) *(да-ма)* date

чи́стильщик cléaner; ~ сапо́г bóotblack

чи́ст|ить 1) clean; brush *(щёткой)* 2) *(овощи, фрук-ты)* peel; ~ка cléaning

чистокро́вный thórough-bred

чистосерде́чный sincére, frank, cándid

чистота́ cléanliness, néat-ness; *перен.* púrity

чи́ст|ый 1) clean 2) *(без примеси)* pure *(тж. перен.)*; ~ая при́быль clear prófit, net prófit

чита́ль|ный зал, ~ня réading room

чита́тель réader

чита́ть read; ~ ле́кции give léctures; lécture

чиха́ть, чихну́ть sneeze

член 1) mémber 2) *грам.* árticle; ~ский mémber's, mémbership; ~ство mémber-ship

чо́порн|ость stíffness, prímness; ~ый stiff, prim

чрезвыча́йный extraórdi-nary

чте́ние réading

что I *мест.* what; ~ э́то тако́е? what's that?

что II *союз* that; я так рад, ~ вы пришли́ I'm so glad (that) you came

что III *нареч.* *(почему)*

why; ~ он молчи́т? why is he silent?

чтóбы in órder to

чтó-либо,   чтó-нибудь sómething; ánything *(при вопрóсе)*

чтó-то 1. *мест.* sómething 2. *нареч.* sómehow

чувстви́тельн|ость sénsitiveness; ~ый sénsitive, sentiméntal; percéptible *(заметный)*

чу́вство sense; féeling *(ощущéние);* ~вать feel

чугу́н cast íron

чуда́к crank, eccéntric

чудéсный   wónderful, márvellous; *разг.* lóvely

чуднóй strange, queer

чу́дный márvellous

чу́до míracle

чудóвище mónster

чужда́ться avóid, keep awáy (from)

чу́ждый álien (to)

чуж|óй 1) *(принадлежа́щий други́м)* sómebody élse's; ~и́е дéньги óther people's móney 2) *(посторóнний)* strange

чулóк stócking

чума́ plague

чу́тк|ий sénsitive; keen *(о слу́хе);* délicate, táctful *(деликáтный);* ~ость délicacy, tact

чу́точку just a bit

чуть scárcely; ~ ли не álmost, all but

чутьё ínstinct, flair; scent *(у живóтных)*

чу́чело 1) stuffed (ánimal) *(живóтного);* stuffed (bird) *(пти́цы)* 2) *(пугáло)* scárecrow

чушь nónsense, rúbbish

чу́ять smell; *перен.* feel

чьё, чья whose

Ш

шаблóн mould, páttern; sténcil *(для рисýнка)*

шаг step; ~и́ fóotsteps; ~áть stride, pace

шáгом at a walk

шáйка gang

шалáш tent (of branches)

шали́ть *(о детя́х)* be náughty; romp *(резви́ться)*

шáл|ость prank; ~у́н míschievous boy

шаль shawl

шампу́нь shampóo

шанс chance; имéть все ~ы на успéх stand to win

шантáж bláckmail

шáпка cap

шар sphere; ball; воздýшный ~ ballóon

шарф scarf, múffler

шасси́ úndercarriage

шатáться 1) *(о гвозде́, зубé)* get loose 2) *(качáться)* reel, stágger 3) *разг. (слоня́ться)* loaf abóut

шатéн brówn-háired

шáткий unstéady; sháky

шахмати́ст chéss-player

шáхматы chess *(ед. ч.)*

шáхт|а mine; pit; ~ёр míner
шáшки *(игра)* draughts;
chéckers *(амер.)*
швед Swede; ~ский
Swédish
швéйн|ый: ~ая машúна
séwing machine
швейцáр pórter; dóor-
-keeper
швейцáрец Swiss
швейцáрский Swiss
швыр|нýть, ~ять throw,
fling, hurl
шевелúть, ~ся move, stir
шевельнýть(ся) *см.* шеве-
лúть(ся)
шедéвр másterpiece
шелестéть rústle
шёлк, ~овый silk
шелухá husk; péelings *(мн.
ч.) (картофельная)*
шепелявить lisp
шепнýть *см.* шептáть
шёпот whísper; ~ом in a
whísper, únder one's breath
шептáть, ~ся whísper
шерéнга rank
шерст|ь wool; ~янóй
wóolen
шершáвый rough
шест pole
шестнáдца|тый sixtéenth;
~ть sixtéen
шестóй sixth
шесть six; ~десят síxty;
~сóт six húndred
шеф chief; ~ство pátronage
шéя neck
шúло awl
шúна tyre, tire
шинéль óvercoat, gréatcoat

шип thorn
шипé|ние híss(ing); ~ть
hiss
шипóвник wild rose,
dógrose
ширинá width, breadth
шúрма screen
шир|óкий broad; wide;
~окó wide, wídely
широкоэкрáнный: ~
фильм wide screen
широтá 1) breadth 2) *ге-
огр.* látitude
шить sew
шифр code, cípher
шúшка 1) lump; bump *(от
ушиба)* 2) *бот.* cone
шкалá scale
шкатýлка box, cásket
шкаф cúpboad; платянóй ~
wárdrobe; кнúжный ~
bóokcase; несгорáемый ~ safe
шкóла school
шкóльн|ик schóolboy; ~ый
school(-)
шкýра hide, skin
шланг hose
шлем hélmet
шлифовáть pólish
шлюз lock, sluice
шлюпка boat
шляпа hat
шнур cord; ~овáть lace up;
~óк lace; ~óк для ботúнок
shóe-lace; shóe-string
шов seam
шок shock; ~úровать shock
шоколáд, ~ный chócolate
шóрох rústle
шóрты shorts
шоссé híghway

шотла́ндец Scot, Scótsman
шотла́ндский Scóttish
шофёр dríver
шпа́га sword
шпага́т twine, string
шпарга́лка *разг.* crib
шпи́лька háirpin
шпио́н spy; ~а́ж éspionage; ~ить spy
шприц sýringe; однора́зо-вый ~ síngle-use sýringe
шпро́ты sprats in oil
шрам scar
шрифт type, print
штаб staff, headquárters; генера́льный ~ Géneral Staff
штамп stamp
штаны́ tróusers
штат I state
штат II *(служащие)* staff, personnél
штéпсель switch, plug
што́п|ать darn; ~ка 1) dárning 2) *(нитки)* dárning cótton; dárning thread
што́пор 1) córkscrew 2) *ав.* spin
што́ра blind
шторм storm
штраф fine; ~ова́ть fine
штрих stroke, touch
шту́ка 1) piece; пять штук яи́ц five eggs 2) *разг. (вещь)* thing, trick
штукату́рка pláster
штурм attáck, storm
шту́рман *мор., ав.* návigator
штурмова́ть storm, assáult

штык báyonet
шу́ба fur coat
шум noise
шумéть make a noise; be nóisy
шу́мный nóisy
шурша́ть rústle
шути́ть joke
шу́т|ка joke; ~ли́вый jócular, pláyful; ~очный facétious, cómic
шушу́каться whísper

Щ

щавéль sórrel
щади́ть spare
щéдр|ость generósity; ~ый génerous; open-hánded
щека́ cheek
щекота́ть tíckle
щёлк|ать, ~нуть click; crack
щель chink, split
щено́к púppy
щепети́льный scrúpulous
щéпка chip
щети́на brístle
щётка brush; broom *(половая)*
щи cábbage-soup
щип|а́ть 1) pinch 2) *(траву)* níbble, crop, browse; ~ну́ть *см.* щипать 1)
щипцы́ 1) tongs; nút-crackers *(для орехов)* 2) *тех.* píncers
щит 1) shield 2) *эл.* switchboard

423

щитови́дная железа́ *анат.* thyroid gland

щу́ка pike

щу́пать feel; touch; ~ пульс feel the pulse

щу́рить: ~ глаза́ screw up one's eyes; ~ся blink

Э

эваку|а́ция evacuátion; ~и́ровать evácuate

ЭВМ compúter

эволю́ция evolútion

эго|и́зм sélfishness, égoism; ~и́ст égoist; ~исти́чный sélfish

эй! hi!

эква́тор equátor

эквивале́нт equívalent

экза́мен examinátion; вы́держать ~ pass an examinátion; ~ова́ть examine

экземпля́р сору; spécimen *(образец)*

экзоти́ческий exótic

экипа́ж 1) véhicle; cárriage 2) *(команда)* crew

эколо́гия ecólogy

эконо́мика economics

эконо́м|ить ecónomize; ~ия ecónomy; ~ный económical

экра́н screen

экску́рсия excúrsion, trip

экскурсово́д guide

экспа́нсия expánsion

экспеди́ция 1) expedítion

2) *(в учреждении)* dispátch óffice

экспериме́нт expériment

экспе́рт éxpert

эксплуат|а́ция exploitátion; ~и́ровать explóit

экспона́т exhíbit

э́кспорт éxport(s); ~и́ровать expórt; ~ный éxport, for éxport

экспре́сс *ж.-д.* expréss (train)

экстравага́нтный eccéntric

экстрасе́нс héaler

экстрема́льный extréme

экстреми́ст extrémist

э́кстренный spécial; ~ вы́пуск spécial edítion

эласти́чный elástic

элева́тор élevator

элега́нтный élegant

электр|ифика́ция electrificátion; ~и́ческий eléctric(al); ~и́чество electrícity

электри́чка *разг.* (eléctric) train

электробытов|о́й: ~ы́е прибо́ры eléctrical appliances

электрокардиогра́мма eléctric cárdiogram

электро́н *физ.* eléctron

электро́нно-вычисли́тельн|ый: ~ая маши́на (ЭВМ) compúter

электроста́нция pówer státion

электроте́хник electrícian

элеме́нт élement; ~а́рный eleméntary

эма́ль enámel

эмалиро́ванн|ый: ~ая посу́да enámelware

эмансипа́ция emancipátion

эмба́рго embárgo

эмбле́ма émblem

эмигра́нт émigrant; emigré

эмигра́ция emigrátion

эмигри́ровать émigrate

эмоциона́льный emótional

эму́льсия emúlsion

энерги́чный energétic

эне́ргия énergy

энтузиа́зм enthúsiasm

энциклопе́дия encyclo-páedia

эпиде́мия epidémic

эпизо́д épisode; íncident

эпило́г epilógue

эпице́нтр épicentre

эпо́ха époch

э́ра éra

эруди́ция erudítion, léarning

эска́др|а мор. squádron; ~и́лья ав. flýing squádron

эскала́тор éscalator, móving stáircase

эски́з sketch

эстафе́та reláy (-race)

эсте́тика aesthétics

эсто́н|ец, ~ский Estónian

эстра́д|а 1) stage, plátform 2) (вид искусства) varíety show

э́та this, that

эта́ж floor, stórey; пе́рвый ~ ground floor; второ́й ~ first floor

этало́н stándard

эта́п stage

э́ти these, those

э́тика éthics

этике́тка lábel

этни́ческий éthnic

э́то this, that

э́тот this, that

этю́д 1) лит., иск. stúdy; sketch 2) муз. stúdy, etúde

эфи́р éther

эффе́кт efféct; ~и́вность éfficacy; ~и́вный efféctive; ~ный efféctive, stríking; shówy

э́хо écho

эшело́н échelon; train

Ю

юбиле́й júbilee; ~ный júbilee

ю́бка skirt

ювели́р jéweller

юг south

ю́го-восто́к south-éast

ю́го-за́пад south-wést

ю́жный south, sóuthern

ю́мор húmour; ~исти́че-ский húmorous, cómic

ю́ность youth

ю́нош|а youth, lad; ~еский yóuth (ful); ~ество youth, young péople

ю́ный young, yóuthful

юриди́ческ|ий légal; ~ая консульта́ция légal advíce

юри́ст láwyer

ю́ркий brisk, nímble

юсти́ция jústice

ютиться find shélter; be cooped up *(в тесноте)*

Я

я *мест.* I

я́бло|ко ápple; глазно́е ~ éyeball; ~ня ápple-tree; ~чный ápple

яви́ться *см.* явля́ться

я́вка appéarance; présence

явл|е́ние 1) appéarance; phenómenon 2) *театр.* scene; ~я́ться 1) appéar 2) *(быть кем-л.)* be

я́вный évident, óbvious; ~ вздор dównright (sheer) nónsense

ягнёнок lamb

я́года bérry

я́годица *анат.* búttock

яд póison; ~ови́тый póisonous; vénomous

я́дерн|ый núclear; ~ая война́ núclear war; ~ые держа́вы núclear pówers

ядро́ 1) kérnel 2) *физ.* núcleus

я́зва úlcer

язви́тельный cáustic, bíting

язы́к 1) tongue 2) *(речь)* lánguage

языкозна́ние linguístics

язы́ческий págan, héathen

яи́чница ómelet(te);
scrambled eggs *(мн. ч.) (болту́нья)*; fríed eggs *(мн. ч.) (глазу́нья)*

яйцо́ egg

я́кобы as if, as though; suppósedly

я́корь ánchor

я́ма pit; помо́йная ~ dústheap

я́мочка *(на щеке)* dímple

янва́рь Jánuary

янта́рь ámber

япо́нец Japanése

япо́нский Japanése

я́ркий bright

ярлы́к lábel

я́рмарка fair

яров|о́й spring; ~ы́е хлеба́ spring corn

я́рос|тный fúrious; ~ть rage, fúry

я́рус *театр.* círcle; tier

я́сли 1) *(детские)* crèche; núrsery (school) 2) *(для скота)* mánger

я́сн|о clear; ~ый clear; distínct

я́стреб hawk

я́хта yacht

яхтсме́н yáchtsman

яче́йка cell

ячме́нь I *(растение)* bárley

ячме́нь II *(на глазу)* sty

я́шма jásper

я́щерица lízard

я́щик 1) box 2) *(выдвижной)* dráwer

СПИСОК ГЕОГРАФИЧЕСКИХ НАЗВАНИЙ
GEOGRAPHICAL NAMES

Австра́лия Austrália
А́встрия Áustria
Адди́с-Абе́ба Ádis Ábaba
Азербайджа́н Azerbaiján
А́зия Ásia
Азо́вское мо́ре Sea of Azóv
Алба́ния Albánia
Алжи́р 1) Algéria 2) *(го-род)* Algíers
Алма́-Ата́ Álma-Atá
Алта́й Altái
А́льпы the Alps
Аме́рика América
Амударья́ Amú Daryá
Аму́р Amúr
Ангара́ Angará
А́нглия Éngland
Анго́ла Angóla
Анкара́ Ánkara
Антаркти́да the Antárctic Cóntinent
Анта́рктика the Antárctic
Ара́льское мо́ре Arál Sea
Аргенти́на Argentína
А́рктика Árctic
Арме́ния Arménia
Арха́нгельск Arkhángelsk
Атланти́ческий океа́н the Atlántic Ócean
Афганиста́н Afghánistan
Афи́ны Áthens
А́фрика África
Ашхаба́д Ashkhabád

Багда́д Bág(h)dad
Байка́л Baikál
Баку́ Bakú
Балка́ны Bálkans
Балти́йское мо́ре Báltic Sea
Бангладе́ш Bangladésh(i)
Ба́ренцево мо́ре Bárents Sea
Бату́ми Batúmi
Бахре́йн Bahráin
Белгра́д Belgráde
Бе́лое мо́ре White Sea
Белору́ссия Byelorússia
Бе́льгия Bélgium
Бени́н Benín
Бе́рингово мо́ре Béring Sea
Берли́н Berlín
Берн Bern(e)
Бишке́к Bishkék
Болга́рия Bulgária
Боли́вия Bolívia
Бонн Bonn
Ботни́ческий зали́в Gulf of Bóthnia
Ботсва́на Botswána
Браззави́ль Brázzaville
Брази́лиа *(город)* Brasília
Брази́лия *(страна)* Brazíl
Брюссе́ль Brússels
Будапе́шт Búdapest

427

Буркина́ Фасо́ Burkiná Fasó
Бухаре́ст Búcharest

Варша́ва Wársaw
Ватика́н Vátican
Вашингто́н Wáshington
Великобрита́ния Great Brítain
Ве́на Viénna
Ве́нгрия Húngary
Венесуэ́ла Venezuéla
Ви́льнюс Vílnius
Владивосто́к Vladivostók
Во́лга the Vólga
Волгогра́д Vólgograd
Вьетна́м Vietnám

Гаа́га the Hague
Габо́н Gabón
Гава́на Gavána
Гаи́ти Haíti
Гайа́на Guyána
Га́мбия Gámbia
Га́на Ghána
Гватема́ла Guatemála
Гвине́я Guínea
Гвине́я-Биса́у Guínea-Bissáu
Герма́ния Gérmany
Гибралта́р Gibráltar
Гимала́и Himaláya (s)
Голла́ндия Hólland
Гондура́с Hondúras
Гонко́нг Hong Kóng
Гренла́ндия Gréenland
Гре́ция Greece
Гру́зия Géorgia

Дама́ск Damáscus
Да́ния Dénmark
Де́ли Délhi
Днепр the Dníeper

Доминика́нская Респу́блика Domínican Repúblic
Дон the Don
Ду́блин Dúblin
Дуна́й Dánube
Душанбе́ Dyushánbe

Евро́па Éurope
Еги́пет Égypt
Енисе́й the Eniséi
Ерева́н Yereván

Жене́ва Genéva

За́йр Zaire
За́мбия Zámbia
Зимба́бве Zimbábwe

Иерусали́м Jerúsalem
Изра́иль Ìsrael
Инди́йский океа́н the Ìndian Ócean
Йндия Ìndia
Индоне́зия Indonésia
Иорда́ния Jórdan
Ира́к Iráq
Ира́н Irán
Ирла́ндия Ìreland
Исла́ндия Ìceland
Испа́ния Spain
Ита́лия Ìtaly

Йе́мен Yémen

Ка́бо-Ве́рде Cábo Vérde
Кабу́л Kábul
Кавка́з the Cáucasus
Казахста́н Kazakhstán
Каи́р Cáiro
Ка́ма the Káma
Камбо́джа Cambódia
Камеру́н Cámeroon
Камча́тка Kamchátka

Канада Cánada
Канберра Cánberra
Карпаты the Carpáthians
Карское море Kára Sea
Каспийское море Cáspian
Sea
Кения Kénya
Киев Kíev
Киншаса Kinshása
Китай Chína
Кишинёв Kishinév
Колумбия Colómbia
Конго Cóngo
Копенгаген Copenhágen
Корея Koréa
Коста-Рика Cósta Ríca
Кот-д'Ивуар Côte d'Ivoíre
Крым the Criméa
Куба Cúba
Кувейт Kuwáit
Курильские о-ва Kuríl
íslands; the Kuríls
Кыргызстан Kirghistán

Ладожское озеро Lake
Ládoga
Ла-Манш Énglish Chánnel
Лаос Láos
Лаптевых море Láptev
Sea
Латвия Látvia
Латинская Америка Látin
América
Лена the Léna
Лесото Lesóto
Либерия Libéria
Ливан Lébanon
Ливия Líbya
Лис(с)абон Lísbon
Литва Lithuánia
Лихтенштейн Líechtenstein
Лондон Lóndon

Львов Lvov
Люксембург Lúxemburg

Маврикий Maurítius
Мавритания Mauritánia
Мадагаскар Madagáskar
Мадрид Mádrid
Малави Maláwi
Малайзия Maláysia
Мали Máli
Мальдивы the Máldives
Мальта Málta
Марокко Morócco
Мексика México
Минск Minsk
Мозамбик Mozambíque
Молдова Moldóva
Монако Mónaco
Монголия Mongólia
Москва Móscow
Мурманск Murmánsk
Мьянма Myánma

Намибия Namíbia
Нева the Néva
Непал Nepál
Нигер Níger
Нигерия Nigéria
Нидерланды Nétherlands
Никарагуа Nicarágua
Нил Nile
Новосибирск Novosibírsk
Норвегия Nórway
Нью-Йорк New York

Объединённые Арабские
Эмираты United Árab
Emirates
Обь the Ob
Одесса Odéssa
Ока the Oká

Онéжское óзеро Lake Onéga
Óсло Óslo
Оттáва Óttawa
Охóтское мóре Sea of Okhótsk

Пакистáн Pakistán
Палестíна Pálestine
Памíр the Pamírs *(мн. ч.)*
Панáма Panamá
Парагвáй Páraguay
Парíж Páris
Пекíн Pekíng
Персíдский залíв Pérsian Gulf
Пéру Perú
Пиренéи the Pyrenées
Пóльша Póland
Португáлия Pórtugal
Прáга Prague
Претóрия Pretória
Пхеньян Pyóngyáng

Рéйкьявик Réykjavik
Рейн Rhine
Рíга Ríga
Рим Rome
Россíя Rússia
Румыния R(o)umánia

Сальвадóр El Sálvador
Санкт-Петербýрг Saint Pétersburg
Сантьяго Santiágo
Саýдовская Арáвия Sáudi Arábia
Сахалíн Sakhalín
Сахáра Sahára
Свáзиленд Swazíland
Севастóполь Sevastópol
Сéверный Ледовíтый океáн the Árctic Ócean

Сенегáл Senegál
Сеýл Seóul
Сибíрь Sibéria
Сингапýр Singapóre
Сíрия Sýria
Скандинáвский полуóстров Scandinávian Península
Соединённое Королéвство Великобритáнии и Сéверной Ирлáндии United Kíngdom of Great Brítain and Nórthen Íreland
Соединённые Штáты Амéрики (США) United States of América (USA)
Сомалí Somália
Софíя Sófia
Средизéмное мóре Mediterránean (Sea)
Стамбýл Istanbúl
Стокгóльм Stóckholm
Судáн the Sudán
Сырдарья the Syr Daryá
Сьéрра-Леóне Siérra Leóne

Таджикистáн Tadjikistán
Таилáнд Tháiland
Тайвáнь Taiwán
Тáллинн Tállinn
Танзáния Tanzanía
Ташкéнт Tashként
Тбилíси Tbilísi
Тегерáн Teh(e)rán
Тель-Авíв Tel Avív
Тéмза Thames
Тибéт Tibét
Тирáна Tirána
Тíхий океáн the Pacífic Ócean
Тóго Tógo
Тóкио Tókyo
Тунíс Tunísia

Туркменистан Turkmenistán
Турция Túrkey
Тянь-Шань Tien Shán

Уганда Ugánda
Узбекистан Uzbekistán
Украина Ukráine
Улан-Батор Ulán Bátor
Урал Úral
Уругвай Úruguay

Филиппины Philippines
Финляндия Finland
Финский залив Gulf of Finland
Франция France

Ханой Hanói
Хельсинки Hélsinki
Хиросима Hiróshima

Чад Chad
Чёрное море Black Sea
Чикаго Chicágo

Чили Chíle

Швейцария Switzerland
Швеция Swéden
Шотландия Scótland
Шри-Ланка Sri Lánka

Эверест Éverest
Эквадор Ecuadór
Экваториальная Гвинея Equatórial Guínea
Эстония Estónia
Эфиопия Ethiópia

Югославия Yugoslávia
Южная Америка South América
Южно-Африканская Республика Repúblic of South África
Ямайка Jamáica
Япония Japán
Японское море Sea of Japán

ТАБЛИЦЫ ПЕРЕВОДА АНГЛО-АМЕРИКАНСКИХ ЕДИНИЦ ИЗМЕРЕНИЙ В МЕТРИЧЕСКУЮ СИСТЕМУ
WEIGHTS AND MEASURES

Линейные меры
1 mile (ml) миля = 1,760 yards = 5,280 feet = 1.609 kilometres

1 yard (yd) ярд = 3 feet = 91.44 centimetres

1 foot (ft) фут = 12 inches = 30.48 centimetres

1 inch (in.) дюйм = 2.54 centimetres

Меры веса (Avoirdupois Measure)
1 hundredweight (cwt) (gross, long) хандредвейт (большой, длинный) = 112 pounds = 50.8 kilogram(me)s

1 hundredweight (cwt) (net, short) хандредвейт (малый, короткий) = 100 pounds = 45.36 kilogram(me)s

1 stone стоун = 14 pounds = 6.35 kilogram(me)s

1 pound (lb) фунт = 16 ounces = 453.59 gram(me)s

1 ounce (oz) унция = 28.35 gram(me)s

1 grain гран = 64.8 milligram(me)s

Меры жидкостей
1 barrel (bbl) баррель = 31-42 gallons = 140.6-190.9 litres

1 barrel (for liquids) 1) British = 36 Imperial gallons = 163.6 litres; 2) U.S. = 31.5 gallons = 119.2 litres

1 barrel (for crude oil) 1) British = 34.97 gallons = 158.988 litres; 2) U.S. = 42.2 gallons = 138.97 litres

1 gallon (gal) галлон 1) British Imperial = 8 pints = 4.546 litres; 2) U.S. = 0.833 British gallon = 3.785 litres

1 pint (pt) пинта 1) British = 0.57 litre; 2) U.S. = 0.47 litre